구국경찰론

유영옥 · 박휘락 · 권옥자
강석승 · 김효중 · 차승만
송유창 · 김논선 · 하상군
안찬일 · 곽명일

도서출판 대영문화사

머리말

해방과 분단, 그리고 한국전쟁으로 이어진 질곡의 현대사 속에서 우리가 이룬 외연적 성장은 눈부시다. 그동안 한국은 원조 수혜국에서 원조 제공국으로, 근대화와 민주화라는 두 마리 토끼를 잡은 개발도상국들의 롤 모델국가로 IT산업을 포함한 첨단산업 강국 및 문화강국으로 떠올라 세계인들을 놀라게 하고 있다.

그러나 압축 성장 과정에서 양적인 성장의 이면에 드리운 그늘의 농도 또한 너무도 짙다. 이 그늘을 없애고 질적 성장과 성숙한 사회, 선진화를 성취해 내야 하는 과제가 우리 앞에 놓여 있다. 선진화란 수직적 문화에서 수평적 문화로, 형식적 민주주의에서 내용적 민주주의로, 그리고 합리성과 다양성, 세련화로 나아가는 사회 전반을 지배하는 사회적 가치와 문화의 질적 전환을 의미한다.

해방 이후 세계 최빈국에서 세계 11위의 경제대국으로 대한민국이 우뚝 서는 과정에서 우리 경찰관들은 조국을 위한 헌신과 희생을 자신들의 숙명으로 여겼다. 한국전쟁 시 개전 초기의 전투에서 몸을 던져 북한군의 남진을 지연시킴으로써 한국전쟁의 전황에 결정적인 영향을 미칠 정도의 전공(戰功)을 세우기도 했다. 그리고 우리 사회의 민주화 과정에서는 분출하는 민주화의 갈등의 유탄을 맨몸으로 막아내며 우리 사회의 민주화의 위업을 성취하는 버팀목 역할을 했다. 그럼에도 불구하고 한국 전사에서 경찰관들의 혁혁한 전공은 제대로 평가받지 못하고 있으며, 선진국의 바로미터(barometer)라고 할 수 있는 우리 사회의 공권력은 아직도 제대로 확립되어 있지 못한 것이 아쉬운 현실이다.

세계의 선진국 치고 우리처럼 공권력이 엄정하게 집행되지 못하고 무력하며 존중되지 않는 나라는 없다. 여기에는 일제 식민통치 기간에 부정적으로 각인된 '일제 치하의 경찰'이라는 이미지가 주홍글씨처럼 우리 문화에 부정적 상징으로 영향을 미친 점도 부인할 수 없다. 그러나 국민소득 3만 달러 시대 선진국의 문턱에 와 있는 시점에서 민중의 지팡이인 경찰에 대한 존중, 새로운 인식과 예우를 통한 공권력의 올바른 확립 없이는 선진국의 문턱을 넘을 수 없다. 또한, 이 책에도 수록되어 있지만 필자들은 문헌 발굴을 통한 실증적 연구·분석을 통해 한국전쟁 개전 초기에 우리 경찰의 전공에 대한 재평가의 필요성을 개진했는데, 이제라도 생명을 초개처럼 던져 조국을 지켜낸 우리 경찰들의 전공과 희생정신은 제대로 평가되어야 한다.

한국의 초기 경찰은 군정 시기부터 1949년까지 미군 6사단 및 7사단과 함께 38선의 경비를 담당했고, 1949년 미군이 철수한 이후에는 국군과 함께 그 임무를 수행했다. 이들 대부분은 경기도와 강원도의 경찰이었는데, 한국전쟁 발발 당시 경찰은 단지 카빈총으로만 무장한 채 탱크와 중화기로 무장한 북한군에 맞섰다. 특히 한국전쟁 직전에 우리 경찰은 침투한 북한군을 토벌하는 임무도 적극적으로 수행했다.

북한군은 1948년 11월 14일 1차 침투한 이래 1950년 한국전쟁 직전까지 10회에 걸쳐 2,345명이 집단을 형성해 침투했고, 경찰은 군과 함께 이들에 대한 토벌작전을 벌여 2,000명 정도를 사살 또는 생포하는 혁혁한 전과를 올렸다. 당시에 우리 경찰은 일선의 불안한 상황으로 인해 국민들의 민생 보호라는 경찰 본연의 임무에만 치중할 여유가 없었다. 따라서 군인과 함께 전투작전에 참전했다.

「경찰법」 제3조에 따르면, 한국 경찰은 "국민의 생명·신체 및 재산의 보호, 범죄의 예방·진압 및 수사, 범죄 피해자 보호, 경비·요인 경호 및 대간첩·대테러 작전 수행, 치안정보의 수집·작성 및 배포, 교통의 단속과 위해(危害)의 방지, 외국 정부기관 및 국제기구와의 국제 협력, 그 밖의 공공의 안녕과 질서 유지"로 되어 있다. 한국전쟁 시 우리 경찰은 공공의 안녕과 질서 유지라는 기본적인 임무를 뛰어넘어 군과 함께 전쟁을 수행했다. 이 과정에서 현직 경찰관 24,558명과 경찰 지원 병력 8,559명의 사상자가 발생하는 등 엄청난 희생을 치렀다. 1948년 정부 수립 직후 우리 사회는 좌익 세력이 야기한 각종 반란이 빈발해 국가의 안전과 치안이 불안한 상황이었다. 군도 창설되어 조직화되어 나가는 과정에 있었다. 이러한 상황에서 가장 신뢰할 만한 집단은 경찰이었고, 경찰의 임무는 '준(準)군사부대'라고 분류할 수 있을 정도로 전투적이었다.

이 책 『구국경찰론』은 총 17장으로 구성되어 있다. 1장에서는 연구 주제와 방법, 그리고 이론적 배경과 접근법에 대해 살펴봤다. 2장에서는 한국전쟁 시기에 경찰의 조직구조와 주요 활동 및 인사행정에 관해 고찰하고, 이에 대해 분석해 보고 교훈을 도출했다. 3장부터 6장까지는 6·25 한국전쟁 때에 경찰의 역할과 활동상을 제시했으며, 7장부터 9장까지는 6·25 한국전쟁 당시 민간인 학살의 중심에 선 북한의 인민보안성에 대한 조직 및 임무와 6·25 한국전쟁 때의 임무 수행을 살펴봤다. 10장에서는 남북한 간의 첨예한 분단 현실과 관련해서 우리의 경찰이 북한 지역에 체류하고 있는 내국인을 대상으로 한 고유 업무를 수행할 수 있는 공간은 현재로서는 전무(全無)하기 때문에 이곳에서는 과거 개성공업지구 내에서 발생한 몇몇 사안(事案)을 중심으로 하여 북한지역 체류 내국인에 관한 바람직한 신변 보호 방안을 마련할 수 있는 문제를 고찰했다.

11장에서는 테러리즘과 같이 국가안보를 위협하는 초국가적 범죄의 사전 예방적 역할을 위한 정보 주도형 경찰활동(ILP)의 의미와 그 시사점에 대해 살펴보고, 테러리즘으로 나아갈 가능성이 농후한 폭력적 극단주의에 대해 논의했다. 12장부터 13장까지는 군대와 유사하게 효과적이면서 체계적인 임무를 수행할 수 있는 국가조직은 경찰이고, 따라서 북한에서 급변 사태가 발생할 경우 경찰은 북한 내부의 안정화를 위한 주역으로 기능할 수도 있고, 군대를 적극적으로 지원하는 역할을 수행할 수도 있으며, 어느 경우든 주민 통제를 위해서는 경찰이 적극적인 임무를 수행해야 한다는 관점을 제시했다. 14장에서는 경찰의 공권력의 회복 방안을 분석했으며, 15장부터 17장까지는 조직에서 핵심적 이념으로서의 상징성을 도출하고, 이 상징들이 조직 성원의 행동에 어떤 영향을 주고 있는지를 분석하는 데 관심을 뒀다. 즉, 조직활동 속에 내재해 있는 의미의 체계를 설명하기 위해 상징들이 어떻게 연관되어 있는가를 분석하고, 이러한 이해와 해석이 보훈단체의 구성원 및 그 밖의 시민들에게 보훈문화 확산이라는 관점에서 어떠한 영향을 미치는가를 살펴봤다.

결국 국가 보훈이란 국가를 위해 헌신했거나 희생한 국가 유공자에게 국가가 응분의 보상을 통해 그들의 생활 안정과 복지 향상을 도모하고, 나아가 국민의 애국정신을 함양시키는 것을 목적으로 한다. 다시 말해, 국가 보훈은 국가가 국가 유공자를 보살피고 예우함으로써 그들의 은공에 보답하는 한편, 국민들로 하여금 그들을 본받아 애국하는 것이 숭고한 일임을 일깨워 주는 활동이라고 볼 수 있다. 이러한 맥락에서 이 책에서 소개하고 있는 경찰관들의 구국정신과 애국심은 시민들과 자라나는 학생들에게 공동체 의식과 정체성을 배양해 주고, 나아가 애국심을 함양해 주는 밑거름이 될 것이라고 필자들은 확신한다.

끝으로 이 책의 출판을 흔쾌히 맡아준 대영문화사 임춘환 사장님을 비롯해 편집과 교정에 많은 수고를 해주신 편집부 직원 여러분에게도 감사를 드린다. 특히 독자들에게 양해를 구해야 할 점은 이 책이 주로 필자들의 논문을 편집해서 책으로 제작되었기 때문에 문맥상 삭제할 수 없는 부분 때문에 내용이 중복되는 곳이 있다는 점이다. 부족한 점은 계속 보완해 갈 것이며, 아울러 독자들의 조언 또한 겸허히 받아들일 것을 약속드린다. 독자 여러분의 건승하심을 축원하며 여러분의 가정과 직장에 전지전능하신 하나님의 은총이 충만하기를 기원하면서 저자들의 공동 이름으로 이 책을 세상에 내놓을 수 있도록 인도해 주신 하나님의 은혜에 감사의 기도를 드린다.

2019년 9월
저자 일동

차 례

제2장 한국전쟁 시기 경찰의 주요 활동과 조직 및 인사행정

제 3 장 전쟁 수행 중 경찰의 역할: 낙동강 방어선 전투를 중심으로

제 4 장 한국전쟁 초기의 경찰전투 재평가: 경찰서 전투를 중심으로

제 5 장 한국전쟁 초기 경찰의 전투력 기여도 재평가

제6장 한국전쟁 수행 시 경찰의 군사활동

제7장 6·25 한국전쟁 당시 북한 내무성의 기능과 역할

제 8 장 북한의 일시적 후퇴 시 내무성의 지역사회 질서 유지

제 9 장 인민보안성 임무의 시대적 변천

제 1 장 연구방법론

제 1 절 | 일반적 접근법

사회과학에 대한 접근방법(external approach)은 논자에 따라 다양하게 제시될 수 있을 것이나, 이곳에서는 다음과 같은 일곱 가지 접근법을 소개하고자 한다. 즉, 법 제도적 접근방법, 역사적 접근방법, 체제론적 접근방법, 생태론적 접근방법, 해석학적 접근방법, 문제해결 과정적 접근방법, 행태론적 접근방법이 그것이다.

1. 법 제도적 접근방법

법 제도적 접근방법(legal and institutional approach)은 사회문제에 관한 법규나 제도에 초점을 두고 사회 현상을 연구해 나가는 방법으로, 이는 행정과 관련된 법규 및 제도를 비교 조명하고 제도 및 운영에 대한 근거를 제시해 주는 데 효과적인 접근방법이다. 정치학과 행정학에서의 전통적인 제도연구는 제도적 특성이 정책 과정과 내용에 미치는 영향을 체계적으로 연구하지 않고 특정 정부제도, 예를 들어 정부구조, 조직, 직무 및 기능 등을 기술하고 설명하는 데 그치고 있다.

최근에는 신제도주의가 등장해 단순히 제도를 상세히 설명하는 데 그치지 않고 제도적 구조와 그 특성들이 사회 현상에 어떻게 영향을 미치는가를 체계적으로 이해하려고 시도한다. 제도는 무엇이 허용되고 무엇이 금지되는가에 대한 구조적 지표를 제시함으로써 정책 내용의 공간을 제한하고 또한 각종 이해관계, 자원, 정치적 행위들의 상호 작용을 규정함으로써 정책 과정을 조직화하려 한다. 따라서 제도적 접근방법은 제도가 정책 과정과 정책 내용에 영향을 미치는 방식에 관심을 가진다.

1) 개념 및 특성

행정학에서 가장 오래된 접근방법으로서 역사적인 접근방법이나 공법과의 관계에서 행정을 보는 견해 등과 유사점이 많다. 제도론적 접근방법의 관심은 행정제도가 생성, 발전, 변혁되어 가는 과정과 이러한 제도를 통해 달성하고자 하는 목적이 과연 능률적이고 효과적으로 달성되고 있는가를 밝혀내고 그 개선 방안을 모색하고자 하는 데 있다. 이러한 제도론적 접근방법은 역사적, 법률적 접근방법에 대한 반발로서 생긴 것으로 단순히 정치 역사나 법률이 아니라 정치 실제에 대한 연구에 관심을 가진다. 가장 분명한 정치적 실제는 정치행정적 제도라는 입장을 취한다. 예를 들어 입법부, 행정부, 사법부 사이의 관계, 각 부처 간의 관계, 중앙정부와 지방정부 사이의 권한과 사무 배분 등을 정부의 각종 인사, 예산제도 등 제도를 중심으로 연구한다. 최근에는 신제도론적 접근방법이 등장했다.

경제적 생산활동의 결과는 경제활동과 사회를 지배하는 정치적 · 사회적 제도인 일단의 규칙에 크게 달려 있다는 소위 신제도론적 경제학에 기반하고 있다. 인간을 자신의 후생이나 이익을 극대화시키는 합리적 행위자라고 가정하며, 정부활동의 결과는 그 활동에 참여하는 사람들의 교호 작용의 유형에 의해 결정되며, 행위상황은 그러한 활동이 이뤄지는 지역사회의 특성이나 물리적 조건에 의해서도 결정되지만, 가장 중요한 것은 행위규칙, 즉 제도적 장치라는 것이다. 예를 들어, ① 운영규칙, ② 집합적 선택규칙, ③ 헌법상 선택규칙 등이다. 행정이 인간의 복지를 증진시키는 데 필요한 조직상의 조건이나 상황에 관한 지식에 기반을 두고 있다면, 행정학자들은 이러한 조건과 상황이 무엇인지를 지적할 수 있어야 한다는 것이 제도론자들의 생각이다.

2) 비판

첫째, 행정의 동태적인 측면을 파악하는 데 어려움이 있다.

둘째, 특히 전후 미국으로부터 각종 행정제도가 도입되었으나 성공하지 못하고 오히려 제도와 실제 간의 불일치나 괴리 현상이 초래된 것은 이 접근방법의 한계를 드러낸 것이다.

2. 역사적 접근방법

역사적 접근방법은 시대적 배경 또는 역사적 상황 속에서 사회과학이 어떻게 생성되고 변화되어 왔는지를 파악하는 접근방법으로 이런 측면에서의 접근을 통해 시도되는 이론 구성은 기술적(記述的)인 특성이 강하게 나타나며, 현대의 사회이론과 결부되어 발전적 맥락 속에서 새로운 방향을 모색하지 않는 한 이론 자체가 정태적인 성격을 띨 가능성이 많다.

1) 개념 및 특징

역사적 접근방법은 행정은 역사적인 사실 및 배경을 분석함으로써 이해될 수 있다는 것이다. 이러한 역사적 접근방법은 각종 정치행정제도의 진정한 성격과 그 제도가 형성되어온 특수한 방법을 인식하는 유일한 수단을 제공한다. 이 접근법의 특징은 인간 존재의 순환성을 강조하며, 과거를 더 잘 이해하게 되면 현재의 문제를 좀 더 효과적으로 해결할 수 있다는 시각을 가진다.

2) 기본 전제

이 접근법의 기본 전제는 과거와 현재의 사건들은 무수한 방식으로 상호 연결되어 있으며, 어떠한 시기든 인간의 존재는 결코 유리되어 있는 것이 아니라 불가피하게 과거와 연결되어 있다는 것이다.

3) 평가

인간 정신의 역사성과 지식의 상대성을 강조하는 학자들은 과학적 연구방법보다는 오히려 역사적 접근방법을 통해 행정 현상이나 혹은 사회 현상을 좀 더 정확하게 인식할 수 있다고 한다. 인간의 경험은 의식 자체에 의해 선택되고 구성되며, 이러한 의식은 시대와 문화에 따라 변화하기 때문이다. 그러나 이 방법은 과거지향적이라는 점에서 보수적이라는 한계를 지니며, 환경이 급변하고 불확실한 상황에 처해 있을 때에는 이 접근법은 유용한 분석 수단이 되지 못한다는 한계를 지닌다.

3. 문제해결 과정적 접근방법

문제해결 과정적 접근방법은 사회과학을 문제해결 방법의 관점에서 파악하는 입장이며, 효과적인 서비스의 제공에 초점을 맞춘다. 즉, 대두된 문제 또는 욕구와 이의 해결을 위한 자원의 동원을 경험적으로 조사하고 분석해 서로 연결시키는 과정의 산물을 연구하는 방법으로, 문제해결 과정의 효과적인 방법이 무엇인가를 찾아내고, 그에 관한 이론을 발전시키는 행정의 실제에 매우 유용한 접근방법이다.

4. 행태론적 접근방법

행태론적 접근방법은 사회과학에 영향을 미치는 집단들(개인, 조직 등)의 행태에 초점을 두는 것으로서 과학적 방법의 엄격한 적용을 주장한다. 즉, 이 방법은 사회과학(경제학, 사회학, 심리학, 특히 행정학 및 정치학)을 '실험을 통한 사회 현상의 파악'이라는 사고와 연결시킴으로써 자연과학과 같은 과학성을 띤 사회과학을 수립하는 데 관심을 둔다.

이러한 작업을 하는 데 주도적 역할을 담당했던 캠벨(Cambell, 1984)과 콜먼(Coleman, 1972) 등은 사회과학의 연구 대상인 사회 현상도 '과학적'이라고 주장하는데, 이때 '과학적'이라는 말은 이 사회가 사회과학 이론에 근거를 두고 발전된다는 점에서 그런 것이 아니고 과학적 방법에 의존해 파악될 수 있다는 점에서 그러하다.

과학적 방법의 엄격한 적용이란, 사회과학의 연구 대상 선정에 연구자의 주관이나 가치로부터 엄격하게 분리된 객관적 입장에서 이뤄져야 하며, 경험적 · 실증적 방법을 사용해서 어떤 현상이나 사실로부터 보편적인 법칙을 찾아내고 기술(記述)해야 한다는 것을 의미한다. 결국, 행정 및 행정연구에서 사실 판단이 아닌 가치 판단의 문제는 과학적 탐구의 대상이 될 수 없는 주관적 영역이기 때문에 배제되며, 사실에 대한 경험적 분석만이 필요하다고 본다. 따라서 이 접근방법은 관찰 가능한 인간의 행태를 경험적으로 밝힘으로써 사회과학이론을 과학화하고 체계화하려는 노력으로 평가된다. 그러나 행태론적 접근방법은 가치중립적 입장을 견지하므로 가치지향적 측면을 외면하는 경향이 있고, 실제로 사회주의권 국가는 가치중립적일 수 없으며, 그것을 연구하는 사회과학자도 연구 주제의 선택이나, 연구 결과의 해석에서 가치를 배제할 수는 없다.

1) 의의

행태론적 접근법은 원래 심리학에서 사용되었던 방법으로서 합리적 조직이나 제도, 이념, 구조, 절차보다는 집단이나 개인에 내재하는 인간적 요인에 초점을 맞춰 인간 행태를 과학적이고 체계적으로 분석함으로써 행정 현상을 파악하려는 접근방법이다. 특히 행정적 상황 안에 있는 인간의 행태를 이해하고 설명하며 예측하는 데 도움이 되는 일련의 지식 체계를 확립하는 것이 기본 시각이다. 따라서 행정학에서는 행정인의 행동양식을 파악함으로써 행정 현상을 구명(究明)하고자 하는 것이다. 행태주의 접근법은 논리실증주의를 강조하던 사이먼(Simon, 1945)이 『행정행태론』을 발표한 후에 행정학 분야에서 크게 발전되었다. 사이먼(Herbert A. Simon)은 행정 현상에 대한 경험적 연구와 방법론적 엄격성을 통해 행정학의 과학화를 기할 수 있다고 봤다. 따라서 그는 행정 현상을 의사결정 과정으로 파악하고, 의사결정에 관한 과학적 연구가 행정학 연구의 핵심이라고 한다.

2) 특징

이스턴(David Easton)은 행태론의 특징으로서 다음과 같은 것을 들고 있다.

① 인간 행태에서는 일정한 규칙성을 발견할 수 있다고 전제했다.
② 객관적 사실이나 경험적으로 입증이 될 수 있는 사실을 중시했다.
③ 행정 형태에 관한 계량적 분석에 중점을 뒀다.
④ 행정 현상 연구에서 기술적 문제를 중시했다.
⑤ 이론실증주의에 입각해서 가치의 문제와 사실의 문제를 분리했다.
⑥ 실험관찰을 통해 가설을 검증・수정・반박할 수 있도록 이론의 체계화에 주력했다.
⑦ 행정학에서 순수과학이론을 정립했다.
⑧ 사회학, 심리학, 사회심리학 등의 통합을 시도했다.

3) 내용

논리실증주의와 자연과학적 방법론에 입각해서 가치의 문제와 사실의 문제를 엄격히 분리한 후 사실의 문제만을 연구 대상으로 삼았다. 따라서 행정에서 가치의 문제를 분리시킴으로써 정치 · 행정이원론 및 공 · 사행정일원론의 입장에 섰다. 그리고 인접 사회과학의 영역과 방법, 특히 사회심리학적 방법을 행정학에 도입해 의사결정 과정을 행정에서의 핵심적 분야로 취급했다. 따라서 행정 내에 존재하는 인간적 요인과 권위의 수용이론 및 갈등이론을 중시했다. 행태론적 접근법에서는 이론의 검증성을 강조함에 따라 자연히 계량적인 기법을 많이 사용한다. 사회 현상도 자연과학과 마찬가지로 엄밀한 과학적 연구가 가능하다고 본다. 또한 사회 현상을 관찰하는 객관적 대상으로 보고 인간의 주관이나 의식을 배제해야 하며, 인식론적 근거로서 논리실증주의를 신봉하고 있다.

행태주의는 명백한 자극과 반응으로 볼 수 있는 행위 또는 행동만을 연구 대상으로 삼는 심리학적 행동주의와는 달리 측정 질문에 따른 반응을 통해 파악해 볼 수 있는 태도, 의견 개성 등도 행태에 포함시키고 있다. 행태의 규칙성, 상관성 및 인과성을 경험적으로 입증하고 설명할 수 있다고 본다. 또한 행태주의는 집단의 고유한 특성을 인정하지 않는 방법론적 개체주의의 입장을 취한다. 대체로 이러한 행태주의는 사회과학이 행태에 공통된 관심을 갖고 있기 때문에 통합된다고 보고 있다.

4) 비판

행태주의에 가해지는 비판은 다음의 몇 가지로 요약된다,

첫째, 행태론적 접근법을 가치와 사실의 문제를 분리시켜 행정이론의 과학화에 공헌한 사실이나 현실적으로 행정 분야에서 가치의 문제를 완전히 배제하는 것은 불가능한 일이며, 행정은 그렇게 하기에는 너무나 많은 가치와 윤리의 문제를 포함하고 있다.

둘째, 검증성을 지나치게 강조해 연구방법의 신뢰성에 치중하다 보니 스스로 연구 대상이나 범위를 제약하게 되는 결과를 빚었다.

셋째, 엄격성과 정확성, 논리성에 대한 지나친 집착은 행정에서의 본질적인 문제와 현실 문제를 도외시하게 되기 쉽다.

넷째, 가치의 문제를 배제하고 행정의 일반적 특징만을 밝히고자 함으로써 공공행정이 지닌 특수성을 과소평가했다.

다섯째, 행태주의는 인간의 객관적 행태를 관찰하고 설명하지만, 그 행태 이면의 진정한 의미를 파악하지 못한다.

여섯째, 객관적으로 존재하는 사실의 세계만을 다루게 되므로 경험적 보수주의에 빠진다.

일곱째, 본질이나 실체의 파악은 연구방법보다 중요하며, 따라서 사회문제의 핵심을 파악하는 것이 도구적인 연구방법보다 중시되어야 한다.

여덟째, 행태주의 연구들이 너무나 사소한 문제에만 관심을 집중시키는 경향이 있으며, 급박한 사회적 문제에는 소홀히 하고 있다.

5) 탈행태론과 후기 행태론의 대두

위와 같은 한계성을 극복하기 위해 1970년대에 이르러서는 탈행태론 및 후기 형태론이 대두되었다. 이미 1960년대 말에 이스턴은 '정치학의 새로운 혁명'으로서 후기 행태주의가 시작되었음을 선언함으로써 후기 행태주의가 관심을 끌게 되었다. 후기 행태주의의 성격은 '적실성의 신조(credo of relevance)'와 '실행'이다. 행태주의 연구는 당면한 사회적 문제를 해결하는 데 아무런 도움을 주지 못했다. 존슨(Lyndon B. Johnson) 행정부가 '위대한 사회의 건설'이라는 기치 하에 사회복지 정책을 대대적으로 추진하는 데에 지적 지원을 크게 제공하지 못한 것이다. 이에 대한 비판이 젊은 정치학자들 사이에 고조되기 시작했다. 후기 행태주의 접근방법은 가치평가적인 정책연구를 지향하고 정책학의 발전에 견인차 역할을 했다. 행정학 분야에서도 1960년대 말부터 신행정론자들에 의해서 후기 행태주의 접근방법이 도입되기 시작해, 정책지향적인 연구, 가치 판단의 문제, 바람직한 사회를 위한 정책 목표에 관한 문제, 새로운 행정 이념으로서 사회적 형평 등의 문제에 많은 관심을 갖게 되었다. 행정에서 종래에 경시해 오던 가치와 논리의 문제를 다시 강조하고 나온 신행정론이 이러한 입장을 내포하고 있다.

5. 생태론적 접근방법

생태론적 접근방법은 1940년대 후반부터 1950년대에 제시된 새로운 접근방법으로서 사회과학을 여러 가지 환경적 요인과의 관련 속에서 파악하려는 접근방법이다.[1]

---

1) 생태론적 접근방법이란, 사회과학의 연구 대상인 사회 현상을 생태학적 시각에서 바라보는 연구방법을 의미한다. 생태학(ecology)이란, 유기체와 그 유기체를 둘러싼 환경과의 상호 작용에 관

사회과학의 연구에서 환경적 요소를 중요시하는 생태론적 접근방법은 사회에 대한 이슈화에 영향을 미치는 환경적 요인에 관한 연구[2] 및 정책결정이나 집행에 영향을 미치는 환경적 요인에 학자들의 눈을 돌리게 했다는 점에서 그 의미를 찾을 수 있다.

사회 현상을 분석하는 경우, 한국적 상황 하에서 제기되는 문제나 요구와 사회의 환경 속에서 제기되는 문제나 요구는 다를 것이며, 그에 대한 해결 방법들도 서로 다를 것이다.

이와 같이 생태론적인 접근법에 따른 연구는 다양한 환경 속에서 나타나는 사회과학의 독자성을 찾는 데 이바지할 뿐만 아니라, 이들을 서로 비교할 수 있도록 해주고 다른 환경과의 관계에 관한 이론 체계를 모색하는 데에도 도움을 준다. 이러한 생태론적인 접근방법은 사회과학과 환경과의 관계를 구명(究明)하는 데 매우 유용하게 사용될 수 있고 기여하는 바도 크지만, 환경적 요인이 사회과학에 미치는 영향만을 강조함으로써 사회과학이 환경에 미치는 영향에 관해서는 소홀히 할 위험성이 있다.

1) 의의

생태론적 접근법은 행정을 하나의 유기체로 보고 유기체, 즉 행정과 그것을 둘러싼 환경과의 관계에 초점을 맞춰 행정 현상을 파악하고자 하고 있다.

여기서 환경이란 유기체 또는 유기체의 집합이 능동적 또는 감정적으로 대응하는 모든 외부적인 힘이나 요인들을 포괄하는 하나의 총체적 개념이다. 이 방법은 버나드(Chester I. Barnard)에 의해 처음으로 행정학에 도입되었으며, 1950년대에 이어 가우스(John M. Gaus)와 리그스(Fred W. Riggs)에 의해 더욱 발전되었다.

2) 환경론의 변천

예컨대, 가우스(Gaus, 1947: 8)는 행정에 영향을 미치는 환경적 요인으로서 사

한 연구로서, 유기체가 환경의 변화 속에서 어떻게 적응해 나가고 생존해 나가는가에 관한 학문이다. 따라서 사회과학에서의 연구 대상을 유기체로 간주하고 환경과의 상호 작용 속에서 어떻게 변화해 나가는가를 추적하는 것이 생태학적 접근방법이다.

2) 정책 어젠다의 짜임에 직접적으로 영향을 미치는 정책환경에 관한 연구로서는 콥과 엘더(Cobb & Elder, 1983: 84) 및 거스턴(Gerston, 1983: 30-45)의 이슈유발장치(triggering mechanism)에 관한 연구 등을 들 수 있다.

람, 장소, 물리적 기술, 사회적 기술, 바람과 관념, 재난, 인성의 일곱 가지를 들고 있다.

① 사람(people): 사람들의 수, 연령 구조, 장소에 따른 분포 따위는 사회에 많은 영향을 미친다. 예컨대, 농촌 인구의 감소와 대도시권의 발생, 아동 인구의 감소 및 노령 인구의 증가 따위는 사회의 형성이나 집행에 많은 영향을 미칠 것이다.

② 장소(place): 정책이 결정되고 집행되는 곳의 토질, 기후, 위치, 자원 및 산물 따위가 북한 행정의 내용이나 집행에 많은 영향을 미친다. 예컨대, 노인 인구가 많이 사는 농어촌의 북한 사회와 노동 인구가 많이 사는 대도시의 북한 사회는 서로 다를 것이다.

② 물리적 기술(physical technology): 교통, 통신의 발달이 사회에 많은 영향을 미친다. 예컨대, 교통, 통신, 컴퓨터 등의 물리적 기술의 발달은 기존의 행정을 분석하는 데 도움을 준다.

④ 사회적 기술(social technology): 사회제도 및 장치 역시 정책 수립이나 시행에 영향을 미친다. 예컨대, 가족제도나 종교제도 등에 따라 행정의 내용은 달라질 것이다.

⑤ 바람과 관념(wishes and ideas): 국민의 욕구나 관념은 행정 서비스의 창출에 기본적인 것이며, 정치적 행동에 많은 영향을 미친다. 현대 사회에서 행정 수요의 증대는 국가행정에 큰 영향을 미치는 요인이다.

⑥ 재난(catastrophe): 긴급사태나 자연적인 재해 역시 이에 대응하는 행정 및 제도에 영향을 미친다.

⑦ 인성(personality): 특정인의 영향력이 사회에 많은 영향을 미치는 것은 물론이다. 일반적으로 볼 때, 개혁지향적인 정치인이 집권하는 경우 사회나 제도의 발전은 급속하게 이뤄질 가능성이 있다. 반대로, 보수지향적인 정치인이 집권하게 되면 기존의 행정활동이 위축되기 쉬울 것이다.

이러한 생태론적인 접근방법은 사회과학과 환경과의 관계를 구명하는 데 매우 유용하게 사용될 수 있고 기여하는 바도 크지만, 환경적 요인이 사회과학에 미치는 영향만을 강조함으로써 행정이 환경에 미치는 영향에 관해서는 소홀히 할 위험성이 있다.

6. 체제론적 접근방법

체제론적 접근방법은 체제이론에서 따온 것으로서, 체제이론 자체가 너무나 광범위하고 다양하기 때문에 이를 한마디로 말하기는 어려우나, 단지 여기에서는 사회과학 연구에 유용한 방법으로서의 체제론적 접근방법을 논의하는 데 가장 많이 쓰이는, 그리고 가장 단순한 모형으로서의 체제적 접근방법을 설명하려 한다.

즉, 체제라는 중심 개념을 가지고 체제와 하부 체제 또는 체제와 환경, 투입과 산출을 연결시켜 주는 전환 과정에 의해, 그리고 산출이 미치는 영향과 그것이 환류되는 과정에 의해 분석할 수 있도록 해주는 접근방법이다.

1) 의의

체제론적 접근법은 오늘날 사회과학 분야에서 가장 유행하고 있는 접근방법 중의 하나이다. 여기에서 체제라는 용어에 관해서는 학자들 간에 여러 가지 정의가 내려지고 있으나 대체로 상호의존적이며, 상호 작용하는 여러 요소의 집합이라고 할 수 있다. 즉, 어느 정도의 독립성과 경계를 유지하면서 다른 대상이나 부분 및 요소들과 상호 의존, 상호 관련, 상호 작용하는 전체, 집합, 혹은 실체라 할 수 있다. 따라서 체계적 접근방법은 실체라는 개념을 기반으로 해서 체제에서 투입과 산출 간의 관계 체제와 체제 간의 상호 작용을 밝히려는 접근방법이다.

2) 체제의 개념

① 체제 개념의 다양성: 체제의 개념은 물리적 · 기계적 개념(예: computer system), 사회적 · 조직적 개념(예: 의사결정 시스템, 각 사회부문 간의 시스템), 눈에 보이지 않는 언어적 · 수량적 개념으로 이뤄진 체계(예: 정보분석기법, simmulation 등 계량기법, 개념적 설계모형) 등 다양하다.

② 체제의 정의: 우선 버탈란피(Ludwig von Bertalanffy)는 환경과 반응하면서 서로 상관관계를 유지하는 요소의 집합으로 파악하며, 먼슨(Munson)은 정보, 에너지, 물질, 유기체를 산출물로서 산출하기 위해 이들을 일정한 시간대에 운용함으로써 하나 또는 복수의 공통 목표를 추구하는 상호 작용하는 요소의 집합으로 파악한다. 대체로 체제란 일정한 목적을 달성하기 위해 상호 유기적으로 연결된 요소의 집합으로 볼 수 있다.

③ 체제 개념의 구성 요소: 체제 개념의 구성 요소로는 전체로서의 단위체, 하위 체제, 경계, 상호 작용 관계, 일정한 목적(혹은 기능적 효과) 등 다섯 가지를 들 수 있다. 한편 체제이론에서 주요한 개념으로는 목적(혹은 기능적 효과) 등 다섯 가지를 들 수 있다. 구조란 일정한 시점에서의 상태를 말하며, 과정은 시스템의 전환 과정이다. 즉, 두 시점 간의 변화를 나타낸다. 형평은 시스템 내에서 서로 반대 방향으로 작용하는 변수 간에 균형이 이뤄진 상태를 말한다. 상태란 환경으로부터 교란 작용 속에서 시스템의 형평을 유지하는 것을 말하며, 불완전 상태, 안정 상태, 중립 상태가 있다. 적응 과정이란 환경의 불확실한 교란으로부터 안정 상태로의 노력 과정이다.

3) 체제접근법의 유형

체제 접근방법은 복잡・다양해서 그 유형을 분류하기 어려우나 대체로 일반체제이론을 비탕으로 체제철학, 체제관리, 체제분석 세 가지로 정립되어 있다고 볼 수 있다.

① 일반체제이론: 근래의 학문들이 각자 특정 부분만을 부각시킴으로써 모든 학문을 포괄적으로 결속시킬 수 있는 준거를 마련하지 못했다. 이와 같은 한계를 극복하고 좀 더 일반적인 관계를 밝히기 위한 일반 이론을 정립하기 위해서 등장한 것이 일반체제이론이다.

② 체제철학: 체제철학이란 어떤 현상을 체제라는 측면에서 생각하는 방식을 말한다. 즉, 어떤 현상이나 과정은 그것을 구성하는 하위 체제들과 여러 요소로 이뤄져 있으며, 그들은 상호 의존・상호 반응하는 관계라고 생각하는 방법을 가리킨다.

③ 체제관리: 체제관리란 체제이론을 관리에 적용하는 것, 즉 체제라는 관점에서 조직을 설계하고 운영하는 것을 말한다.

④ 체제분석: 체제분석이란 어떤 문제를 해결해야 할 문제를 체제로 보고, 그것을 해결・결정하기 위한 과학적 접근방법을 말한다.

4) 체제 및 체제적 접근법의 특징

체제의 특징은 다음과 같이 다섯 가지로 요약된다.

첫째, 하나의 체제는 다른 체제와의 상호 작용 속에 존재하며, 전체 제제 속의 하위 체제로 구성되어 상호 의존 관계를 유지한다.

둘째, 각각의 하위 체제들은 경계에 의해 다른 체제들과 구별된다.

셋째, 체제는 환경과 상호 작용이 없는 폐쇄 체제로 인식할 수도 있고, 환경과 상호 작용하는 개방 체제로서 파악할 수도 있다.

넷째, 체제는 환경 → 투입 → 전환 → 산출 → 환류의 과정을 이루고 있다.

다섯째, 체제는 정태적인 균형을 이룰 수도 있고 역동적인 균형을 이룰 수도 있다.

다음으로 체제적 접근법의 특징은 다음과 같이 다섯 가지로 요약된다.

첫째, 다양성을 띠고 있는 여러 행정 체제나 행정 단위의 비교분석을 위한 일반적인 기준을 제시해 주고 있다.

둘째, 문제해결 및 의사결정에서 합리화를 기할 수 있으며, 행정 행태를 좀 더 정확하게 예측·설명할 수 있게 함으로써 행정이론의 과학화에 기여한다.

셋째, 연구 대상을 상징으로 다루기 때문에 추상적이고 구조를 중시하지 않는다는 점에서 전체론적이며, 변동을 다룬다는 점에서 볼 때에는 동태적이며, 과업과 기능 수행에 관심을 가진다는 면에서 실제적이다.

넷째, 행정 체제와 환경의 상호 관계, 투입 요인, 전환 과정, 산출 요인 및 환류 메커니즘에 주로 관심을 가진다.

다섯째, 체제와 환경, 각 체제와 구성 요소 간의 변동·발전하는 형태 및 상호 관계를 분석하는 데 도움을 준다.

5) 개방 체제와 폐쇄 체제

체제는 그 유형에서 개방 체제와 폐쇄 체제로 나뉜다.

① 개방 체제: 오늘날의 사회과학 및 행정학의 조직이론에서는 개방체제이론에 입각해서 체제는 환경 및 체제 내의 구성 요소 등과 상호 작용 관계에 있다고 보고 있다.

② 폐쇄 체제: 폐쇄 체제란 환경과 관련이 없는 자급자족적 실체로서의 체제를 말한다. 초기의 사회과학과 전통적인 조직이론에서는 폐쇄체제이론에 입각해서 체제의 문제를 다루는 데 환경과의 관계를 고려하지 않았다.

6) 체제의 기능

파슨스(Talcott Parsons)에 따르면, 어떤 체제이든 그 존립과 목표 달성을 위해 다음과 같은 네 가지의 기본적인 기능을 수행한다.

① 적응 기능: 어떤 체제가 환경과의 상호 작용 속에서 존립하기 위해서는 꾸준히 환경 변화에 적응하면서 사회적 지지와 정당성을 획득해야만 한다.

② 목표 달성 기능: 모든 체제는 외부와의 상호 관계 속에서 기능을 수행하며, 그 속에서 체제의 안정을 공고히 하기 위해 목표 달성을 추구한다.

③ 통합 기능: 체제 내의 구성 요소 및 단위들 간의 원활한 상호 작용은 체제의 역할 수행에 공헌하지만 그렇지 못할 때에는 효과적인 기능을 수행하기 위해 구성 요소와 단위들 간의 상호 조정을 꾀해야 한다.

7) 체제론적 접근법의 비판

체제론적 접근법은 행정 체제를 비교, 분석하기 위한 일반적인 기준을 제시하고 환경을 중시했으며, 행정이론의 과학화에 기여한 것은 사실이나 다음과 같은 비판을 받는다.

첫째, 체제의 유지와 균형에 치중하고 있으므로 정태성과 현상 유지를 면하기 어려우며, 변화와 발전을 설명하기 힘들다.

둘째, 체제론적 접근방법은 행정과 환경과의 교호 작용을 강조하지만 특히 발전도상국의 경우 행정의 환경에 대한 독립변수인 성격을 충분히 설명하지 못하며, 안정적인 선진국의 행정 현상을 연구하는 데 적합한 접근방법이다.

셋째, 체제의 주체적 역할을 경시하고 있다. 즉, 변수 간의 상호 의존적 관계만을 강조해 변수의 독립적 역할을 경시했다.

넷째, 체제와 체제 간의 관계를 거시적으로 파악함으로써 하위 체제들 간의 구분과 각각의 비중 파악이 어려울 뿐 아니라 특수한 성격을 지닌 개인의 존재가 무시되기 쉽다(Cohen, 1968: 204). 또한 행정 현상에서 중요한 권력, 의사 전달, 정책 결정 등의 문제나 행정의 가치 문제를 고려하지 못한다.

7. 해석학적 접근방법

캘러헌과 제닝스(Callahan & Jennings, 1983) 등이 주장하는 해석적 접근방법은 논리적 실증주의와 경험론에 대한 과학철학적 도전으로서 객관성 및 가치중립성에 대한 인식론적 회의(懷疑)로부터 말미암은 것이다.

다시 말해서 해석론적 접근방법은 미국 사회과학 연구방법의 주류를 이루고 있던 행태론적 실증주의에 대한 반동으로 등장했다. 이들은 사회과학의 연구 대상이 되는 현상이 객관적인 실체로서 존재하지 않으며, 연구자의 이데올로기나 가치에 의해 영향을 받은 대로 인지되고 그 현상은 연구자의 해석에 개방되어 있기 때문에 연구자에 따라 해석이 다양하게 제시될 수 있다는 것을 주장한다. 따라서 연구자가 연구 대상으로부터 떨어져서 가치중립적인 입장에서 객관적으로 연구한다는 것은 불가능하다고 본다.

제 2 절 | 기호학적 접근방법

1. 기호의 이론적 배경

1) 기호학과 기호학의 현실적 적용

기호학이 학문의 영역에서뿐만 아니라 우리의 일상생활에도 깊숙이 관련되어 있음에도 불구하고, 기호학이란 말 자체는 우리의 의식에 다소 생소하게 느껴지는 것 또한 사실이다. 그러나 우리는 매일같이 기호들의 세계 속에서 삶을 영위하고 있다. 거리의 신호등이나 경찰관의 호루라기 소리, 도로 광고판의 모델사진으로부터 시엠송(CM Song, commercial song)에 이르기까지 우리의 눈과 귀가 지각하는 모든 것을 기호라고 해도 과언이 아니다. 일상생활에서 사람들은 환경 속의 여러 기호에 대해 거의 자동적으로 반응하며 살아간다. 예를 들어, 빨간 신호등이 켜지면 서고, 파란 신호등이 켜지면 간다. 이렇듯 어떤 기호는 단순히 동작이나 행동을 지시해 줌으로써 우리를 도와준다. 그러나 더 많은 다른 유형의 기호는 우리의 상상력이나 감정을 의식, 무의식적으로 활성시킴으로써 특정한 인지적 · 정서적 반응을 유발시키기도 한다. 기호들은 그것이 경험되는 특정 맥락의 특성에 따라 기호처리자의 마음과 행동에 다양한 상징 작용의 효과를 나타낼 수 있다.

기호가 상징의 효과를 갖는다고 할 때, 기호는 상징과 어떻게 관련되는가 하는 질문을 제기하게 된다. 사실상 기호와 상징은 모두 '의미한다'라는 뜻을 내포하고 있다는 점에서 동일한 개념으로 간주될 수도 있다. 그러나 기호와 상징 관계에 관한 설명은 관점에 따라 입장이 다를 뿐만 아니라 동일한 학문적 관점 내에서도 다양한 정의가 제안되고 있어 혼란을 일으키기 쉽다. 학자에 따라서는 협의의 기호 개념을 받아들임으로써 기호를 상징의 하위 범주로 보는 입장이 있는가 하면,[3] 역으로 기호를 상징의 상위 범주로 봐 오히려 상징을 기호의 특수한 한 유형으로 간주하기도 한다.[4] 그러나 근래에는 기호와 상징을 완전히 서로 치환 가능한 동등한

---

3) 인지적 관점(cognitive view)을 취하고 있는 학자들은 대부분 기호를 상징의 하위 체계로 간주한다. 즉, 기호를 어떤 관념을 관례적으로 나타내주는 협의의 개념으로 받아들인다. 특히 카시러(Ernst Cassirer)는 기호와 상징을 완전히 별개의 요소로 구분해, 기호는 물리적 세계의 일부이고 상징은 의식 세계의 일부라고 본다(Cassirer, 1957). 그에 의하면 기호란 '조작자(operator)'이고 상징은 '지시자(designer)'여서 기호는 그것이 기호로 이해되고 사용될 때에도 일종의 물리적 혹은 실체적 존재이지만, 상징은 다만 기능적 가치만을 지닌다고 본다. 이 점에서 카시러는 사실상 외형으로서의 상징의 속성을 무시하고 있는 입장이라고 볼 수 있다. 그러나 화이트(L. A. White)의 경우는 기호와 상징을 같은 부류로 본다(White, 1977). 다만, 기호의 의미는 감각적으로 포착되고, 상징은 계속적인 사용의 결과로 얻어진다는 점에서 그 인지 과정에서만 차이가 있다고 주장한다. 즉, 비감각적인 수단에 의해 의미를 갖게 되는 것이 상징이라면, 감각적으로 그 의미가 포착되는 것이 기호라는 입장이다. 융(Carl G. Jung)도 이와 유사한 견지에서 기호란 그 자체로는 뜻이 없으나, 사람들이 공동으로 사용하고 뜻을 부여함으로써 의미를 지니게 된 것으로 본다(Jung, 1964). 예컨대 유엔(UN), 유니세프(UNICEF), 그 밖에 잘 알려진 상표나 약의 명칭 등과 같은 기호는 상징과는 달리 단지 일정한 대상을 가리키고 있을 뿐이다. 한편, 헤겔(Georg W. F. Hegel)은 단순한 기호의 경우는 외형구조(혹은 기호 표현)와 이미(혹은 기호 내용) 사이의 연결성이 임의적인데 반해, 기호가 상징으로 되는 경우는 좀 더 함축적인 의미를 지니게 된다고 본다. 기호와 상징의 의미구조를 인지적 관점에서 가장 구체적으로 제시하고 있는 사람으로는 랭거(Susanne K. Langer)를 꼽을 수 있다(Langer, 1942). 그는 기호를 어느 한 사물, 사건 혹은 상황의 존재(과거, 현재, 미래)를 직접적으로 나타내 주는 것으로 본다(유영옥, 2007: 104).

4) 기호학적 관점에서는 인지적 관점과는 반대로 상징을 기호 체계의 한 하위 구성 요소로 본다. 기호학 또는 기호론은 문자 그대로 기호 현상을 연구하는 학문으로서 모든 기호 현상에서 의미의 형성 과정, 전달 체계 및 변화 양태에 대한 보편적인 법칙을 찾아내고자 한다. 그러나 동일한 기호학적 관점 내에서도 기호의 어떤 측면에 초점을 두느냐에 따라 두 가지 흐름, 즉 '커뮤니케이션의 기호학'과 '의미 작용의 기호학'으로 대별될 수 있다. 먼저 '커뮤니케이션의 기호학'의 입장에 속하는 뷔상스(E. Buyssens)에 따르면, 기호학을 기호에 의해 일어나는 커뮤니케이션 현상을 다루는 학문으로 정의하고 있다. 즉, 기호학이란 사람들이 자신의 의식 상태를 전달하고, 또 자신에게 보내온 전달을 해석하는 데 사용하는 절차를 연구하는 과학이다. 이러한 관점을 모든 기호의 전제 조건으로서 발신자의 의도, 즉 전달 의도의 존재와 배후의 명확한 코드의 존재라는 두 가지 기준을 요구하게 되며, 주로 커뮤니케이션 체계에 관심을 갖게 된다. 현대적 의미의 기호학의 창시자에 속하는 소쉬르(Ferdinand de Saussure)도 기호학을 '사회 안에서 일어나는 기호들의 삶'에 대해 연구하는 학문으로 정의함으로써 '의미 작용의 기호학'의 관점을 취하고 있다(Saussure, 1967). 소쉬르는 언어라는 기호 체계를 기호 표현(signifying)과 기호 내용(signified)으로 설명하면서, 기표(記標)와 기의(記意)로부터 성립되는 전체를 기호라고 간주함으로써 기호를 좀 더 포괄적 개념으로 받아들이고 있다. 이는 결과적으로 기호가 상징에 해당하는 위치로 바뀌고, 상징은 기표와 기의가 어떤 종류의 유사성 관계를 지니는 기호의 한 유형으로 정의되는 관점으로서

개념으로 보는 관점이 우세한 상황이다. 위의 두 가지 관점이 지니는 문제점[5]을 지양하고 종합하고자 하는 문화기호학적 관점의 대표적 학자로 에코를 꼽을 수 있다. 에코(Umberto Eco)는 "문화의 총체란 의미 작용과 커뮤니케이션이다"라고 가정한다. 여기서 중요한 점은 커뮤니케이션과 의미 작용을 결코 상호 배타적인 개념으로 받아들이지 않는다는 점이다. 에코에 따르면, 문화기호학이란 "모든 문화 과정을 커뮤니케이션 과정이라고 보는 관점에서 문화를 연구하는 학문"으로 정의될 수 있다.[6]

기호학이 성립은 '기호학(semioilogy)'이라는 술어의 최초 사용은 1894년 소쉬르가 휘트니(W. D. Whitney) 추모 논문집에 게재할 계획으로 작성한 노트 속에서이다.[7] 여기서 소쉬르는 그가 기호학이라고 부르는 매우 일반적인 과학의 중요성을 강조하고 있다. 그러나 사실상 현대 기호학의 설립 이전에 이미 아리스토텔레스로부터 성 아우구스티누스를 거쳐 로크(John Locke)에 이르기까지 기호학의 패러다임은 형이상학과 인식론에 대한 비판적 담론으로서 서구 사상사의 유구한 전통을 이루고 있었다. 따라서 소쉬르의 기호학은 선구성으로서보다는 그 독창성에서 의미를 찾아야 할 것이다. 무엇보다도 소쉬르가 언어가 기호 체계라는 사실을 인식해서 언어를 언어기호를 포함하는 좀 더 폭넓은 기호학 속에 위치시킨 점을 주목해야 할 것이다. 이렇게 언어학을 기호학의 중심에 놓은 소쉬르의 언어이론은 결국 기호학의 목표가 의미 작용이나 커뮤니케이션에 관한 모든 현상을 종합적으

상징을 기호의 하위 범주로 취급하는 입장이기도 하다(유영옥, 2007: 105).

5) 기호학에서의 커뮤니케이션과 의미 작용이라는 개념을 대립시켜 '커뮤니케이션의 기호학'과 '의미 작용의 기호학'으로 구분하는 것은 지나치게 경직된 이분법으로서 바람직하다고 볼 수 없다. 특히 프리에토(L. J. Prieto)가 기호학이 나아갈 방향은 전자에 있다고 강조하면서, 기호학의 대상을 신호, 즉 인공지표나 어떤 지시(indication)를 주며 그러한 것을 명확하게 의도해서 만들어진 지각 가능한 사실에 한정하려 한 것은 기호학의 범위를 제약하게 될 수 있다. 만약 이러한 유형의 '커뮤니케이션의 기호학'을 고집하게 된다면, 커뮤니케이션을 명시적으로 목적으로 하지 않는, 다시 말해 단순한 현시(manifestation)일 뿐 순수한 전달의 문제가 아닌 문화 현상(예를 들어, 유행에서의 의미 작용)들은 기호학의 대상에서 제외될 것이다. 그렇다고 해서 의미 작용의 기호학을 지나치게 확대 적용하는 것 또한 무조건 바람직한 것은 아니다. 그럴 경우 역시 기호학의 영역이 의미 작용을 발휘하는 모든 비언어적인 사회, 문화 현상까지 연구 대상으로 포괄하는 과정에서 학문적 정체성을 위협받을 수 있기 때문이다(유영옥, 2007: 106).

6) 그러므로 기호학의 목표는 기호를 통해 나타나는 의미 작용이나 커뮤니케이션에 관한 모든 현상을 종합적으로 연구하는 이론적 가능성 및 사회적 기능을 탐구하는 것이다.

7) 소쉬르 자신은 이 노트의 출판을 포기했으나, 1901년 그의 사촌 동생인 나빌(A. Naville)의 『과학의 새로운 분류』라는 책에 삽입되었다.

로 연구하는 이론적 가능성 및 사회적 기능을 탐구하는 것이 되도록 함과 동시에 코드화의 문제와 텍스트 읽기에 중점을 두는 문화기호학의 전개를 가능케 한다. 코드란 기표와 기의가 의미 있는 결합을 하여 기호 체계를 산출하는 원리이고, 코드화란 기표와 기의 간에 정립된 관계를 기호 사용자에게 납득시키는 기호학적 조작을 말한다. 여기서 코드에 의해 생산된 산물이 텍스트이다. 문화기호학적 관점에서 보면, 기호는 커뮤니케이션 현상을 일으키는 주체일 뿐만 아니라 사회적 힘의 체현이기도 하다. 신문, 텔레비전, 영화, 만화, 연속극, 광고, 잡지, 문학이나 예술 작품 등 우리가 날마다 대하고 있는 텍스트 읽기를 통해서 우리는 세상을 읽을 수 있다. 특히 기호로 인해 일어나게 되는 심리 과정에는 이데올로기가 관련된다는 점에서 문화기호학의 중심 주제 가운데 하나가 '사회적 힘으로서의 기호'를 연구하는 것이 될 수 있다. 이러한 주장을 통해 볼 때, 문화기호학적 관점은 '커뮤니케이션의 기호학'보다는 오히려 '의미 작용의 기호학'에 더 가깝다고 볼 수 있다.

모든 인간 현상은 그 근본에 기호학적 요소를 지니고 있다. 예를 들어 문학, 예술, 건축, 과학, 공학, 군사학, 정치학, 의학, 동물학, 사회학, 광고학, 천문학, 심리학, 인류학, 법학, 종교학, 철학 등 모든 학문에 걸쳐 두루 기호학적 요소들이 발견된다. 학문의 세계는 물론 기호가 관련되지 않은 일상의 세계 또한 상상하기 어렵다. 주제가 기호에 관한 것인 한, 사실상 학문과 일상 간의 경계 자체가 무의미하다고 할 수 있다. 기호학이 모든 영역에 걸쳐 두루 관련된다는 측면은 '모든 것은 기호학'이라는 말을 현실로 입증해 주고 있는 셈이다. 방브니스트(Émile Benveniste)에 따르면, 우리의 전 인생은 기호라는 연속체라기보다는 기호의 그물망에 잡혀 있다고 표현하고 있다. 이러한 인간적 삶의 모습을 기호학적으로 탐구하려는 것이 기호학의 주 관심사이며, 그 연구 방향을 정리하면 다음과 같다.

첫째, 언설기호론이 있다. 기호론 자체가 구조언어학에서 출발한 것이고 보면, 언어야말로 기호학에서 가장 중요한 분석 대상이 된다.[8] 기호학자에게는 문장을

8) 기호 체계는 언어적 기호 체계와 비언어적 기호 체계로 분류된다. 방브니스트(Benvensite, 1971: 250)에 따르면, 언어는 기호화의 근본 과정으로서 모든 것이 언어에 의해 설명됨으로써 의미를 띠게 된다. 만일 설명되지 않은 채 우리의 머리에 들어와 있는 것들이 있다면 그것은 아직 의미에 이르지 못한 인식 요소에 불과한 것이다. 이것은 언어가 기호론의 중심이고 그것이 다른 모든 기호체계의 사활을 결정하게 된다는 것을 의미한다. 아랑구렌(J. L Aranguren)에 따르면, 언어는 커뮤니케이션을 위한 가장 완벽한 방식이다. 언어는 사람의 의식, 정서, 행동을 사회적으로 효과 있게 연결해 주는 가장 발달된 커뮤니케이션 수단이다. 언어야말로 사회를 존재할 수 있도록 해

넘어서서 서술적 언설을 다루는 것이 관심의 대상이 된다. 언설에서는 구체적으로 누가 이야기하고, 어떤 상황에서 어떻게 이야기하는가 하는 구체적인 언표 행위가 고려된다. 언설에는 신화, 전설, 설화 등 구전되는 문학에 속하는 것뿐만 아니라 문자로 서술된 문학적 언설까지가 모두 포함된다. 이렇듯 신화로부터 현대적인 신문 잡지의 보도 기사까지를 통틀어 언설(言說, discourse)로 묶어서 이에 대한 기호학적 해독을 가하는 부문이 언설의 기호론이다.

둘째, 문학기호론이다. 언어학의 분석 대상이 문구나 문장 수준의 한계에 묶이기 쉬운데 비해, 문학작품의 연구는 문장을 넘어서 문학적 언설을 연구 대상으로 삼게 된다. 이러한 연구의 분야는 넓게는 문학기호론에 포괄될 수 있는데, 일반적으로 문학적 언설이나 문학 원전에다 언어학의 원리를 확대 적용하는 방법을 택하고 있다. 다시 말해, 담론의 분석에서 더 나아가 문학의 주제와 그 상징론적 의미 작용을 구조적인 기호 체계로 간주해 연구하는 것이 문학기호론이다. 그러나 아직은 연구방법이 안정되어 있지 않고 그 기술 대상이나 방법에서도 분파에 따라 주장하는 바가 다양하다. 이러한 시도의 일환으로 야콥슨(Roman Jakobson)의 시문론을 예로 들 수 있다. 시문론에서는 시, 희곡 등을 포함한 시적인 문학의 과학을 지향하면서 문학적 언설이라는 특수 활동의 기능 작용을 고찰하고자 한다.

셋째, 영상기호론을 들 수 있다. 시각의 기호론에서 보면 영상은 자기충족적인 현시의 단위로서, 하나의 의미 작용의 총체로 중요한 기호학적 분석 대상이 된다. 엄격히 말해 '영상의 기호론'이 정보이론에 근거해서 일반적으로 영상을 유상기호(iconic sign)로 이뤄진 전언으로 간주한다면, '평면의 기호론'에서는 영상을 기호론적 대상으로 구성함으로써 분석 가능한 하나의 실현된 개별 텍스트로 본다. 또한, 영상기호론에서는 기호의 유사성이 영상의 정의에서 중요 요소가 되고 있는데 비해, 평면의 기호론에서는 유사성을 특정 문화권과 관련된 그럴듯한 공시(共示)의 효과로 본다. 그러나 영상기호를 다각적으로 분석 연구하기 위해서는 영상기호론을 좀 더 포괄적인 개념으로 받아들이는 것이 필요하다. 세부적으로 살펴보면 사진기호론, 광고기호론, 영화기호론, 회화기호론, 만화기호론 등이 모두 영상기호론의 영역에 속한다.

주는 기호 체계인 것이다. 따라서 언어기호란 다른 기호 체계에 비해 특권적 위치에 있게 되며, 실상 언어가 모든 것을 다스린다고 해도 과언이 아닐 것이다. 이는 언어 자체가 바로 기호의 체계이며, 언어 체계야말로 가장 대표적인 기호 체계이기 때문이다.

넷째, 사회문화기호론이다. 사회기호론에서는 인간의 사회문화 현상 가운데 어느 정도 규칙성이 발견되고 있는 항목에 대해 기호론적 분석을 해내고자 한다. 즉, 언어학의 모델이 되는 기호학적 의미 작용을 하는 여러 가지 사회문화 요소를 사회기호론의 주요 대상으로 삼아 분석한다. 기호학의 원칙은 사회 현상을 기호로 대체시키는 것이다. 예를 들어 친족 체계의 구조분석, 요리의 구조분석뿐만 아니라 의상 유행의 분석, 소비의 분석 등이 여기에 포함된다. 특히 문화기호론에서는 문화적 · 사회적인 관습성이라는 것을 강조하면서, 문화의 여러 가능한 측면을 기호 현상으로 포착, 분석해 내고자 한다.

지금까지 기술된 내용 이외에도 우리는 삶의 영역 곳곳에서 다양한 형태의 기호학적 요소들을 만날 수 있다. 군사학에서 쓰이는 암호와 수기(手旗) 신호도 인공기호에 속한다. 병의 증상과 증후군 역시 의학을 성립시키는 기본 기호들로서, 이 점에서 의사는 기호 해독자인 셈이다. 또한 벤젠의 화학기호는 화학자 케쿨레(Fredrich A. Kekule)의 꿈속에 자신의 꼬리를 물고 있는 뱀의 형상으로 예시되었던 기호이고 유전자물질의 분자모형은 생명의 신비를 기호학적 조작들에 속한다. 이렇듯 기호는 인간의 세계만이 아니라 자연의 세계에서도 발견된다. 따라서 기호학의 대상은 자연언어뿐만 아니라 여러 분야에서 인간이 사용하는 모든 의사소통 수단이 대상으로 될 수 있다. 나아가 동물계, 인공공학, 생물계, 천체계에서 발견할 수 있는 신호 체계까지 그 대상을 확대할 수 있다. 귀로드(Pierre Guiraud)에 따르면, 협의의 기호학이나 의미론만이 아니라 동물기호학, 인공공학, 생물기호학, 점성술 기호학 등이 성립 가능하다. 이는 모든 동물은 특수한 신호를 통해서 서로 의사를 전달하는 듯하고, 인공두뇌도 유사한 작용을 하며, 한 생물체 내에서도 여러 기관이 서로 관계를 맺고 필요에 따라 교신하는 듯하며, 점성술학적 입장에서는 천체의 운동이 인간에게 무엇인가를 예언해 주는 신호로 간주될 수 있기 때문이다.

2. 기호의 일반 성격

1) 기호의 구조

기호는 어떤 것의 대표로서 인간의 외부로부터 인간의 마음속으로 들어오는 운반체 같은 것이다. 여기서 그 어떤 것이 저 밖에 실존하는 것이냐 아니냐는 문제가 안 된다. 기호는 구체적으로 존재하는 감각자료뿐만 아니라 직접적으로 지각할 수 없는 대상조차 표상하는 능력을 가지고 있다. 즉, 기호는 즉각적 지각(immediate perception)과 상징적 개념화(symbolic conception) 사이에 존재한다. 여기서 즉각적 지각이란 기표를 이루는 물체의 '느낌'의 차원을 말하고, 상징적 개념화는 지각된 물체의 표상성 내지는 상위성에서 연유된 기의를 잡아내는 것을 가리킨다.[9] 이 점에서 기호는 물질계와 정신계, 감각과 지성, 감각의 세계와 영혼의 세계를 연결하는 역할을 하는 것이다.

기표는 어떤 것을 대표하는 운반체로 들어오는 기호의 부분을 말한다. 소쉬르는 언어학자이기 때문에 기표를 주로 음성 이미지를 가리키는 말로 사용했으나, 기표는 어떤 이미지라도 상관없다. 즉, 기표를 '기호의 이미지'로 일반화해서 이해할 필요성이 있는 것이다. 이러한 기표의 특징을 상술해 보면 첫째, 기표 자체가 물질적일 뿐만 아니라 기표를 듣고, 보고, 만지는 감각기관도 물질적이므로 커뮤니케이션 현상은 물질을 통해 일어나게 된다. 둘째, 기표가 기의와 합쳐져서 기호가 된 후에 기표는 사람의 두뇌에 의식의 세계로 드러나게 된다.

기의는 개념, 정신적 이미지, 또는 기호가 대표하고 있는 어떤 대상에 대해 진술된 것들을 포함하는 것을 말한다. 기호 자체가 무엇을 표현하는 것은 아니다. 기호는 다만 해석자로 하여금 부수적 경험에 의해서 무엇인가를 찾아내도록 지시할 뿐이다. 기표가 마음속에 들어오고 나면, 그것은 거의 무한정한 기의를 일으키게 된다. 즉, 기표가 들어오는 것을 계기로 해석자가 기의를 찾아낼 때, 기의가 기호의 내용을 이루게 된다.[10] 결과적으로 커뮤니케이션을 일으키기 위해서는 반드시 기표가 있어야 한다. 그러나 커뮤니케이션이 진행되어 최종적으로 우리의 가슴에 정신적 효과를 일으키는 것은 거의 기의에 의해서이다.

2) 기호 작용

기호 작용은 기표에 의해서 일련의 기의들을 마음에 창출시킨다는 점에서 분명

9) 바르트(Roland Barthes)도 기호의 기본 요소를 기표, 기의, 그리고 기호 자체의 세 가지로 봤다. 이 가운데 기호 자체, 즉 기호 체계란 기표와 기의가 연합해서 만들어낸 요소이고, 기표와 기의의 관계는 기호가 만들어지는 과정을 통해 설명될 수 있다.

10) 퍼스(Charles Sanders Peirce)에 따르면, 기표라는 형식이 해석자의 마음속에서 그것의 내용을 찾게 될 때 비로소 하나의 기호가 성립되는 것이다.

인간의 정신 과정이다. 기호 작용의 과정에서 기호는 커뮤니케이션을 가능하게 하고 의미 작용을 일으키는 매체로서 기능하게 된다. 따라서 커뮤니케이션을 의미 작용의 기본 과정이라고 볼 수 있다. 그러나 커뮤니케이션은 의미 작용 없이도 일어날 수 있지만, 커뮤니케이션이 존재하지 않는 의미 작용은 있을 수 없다. 이러한 의미에서 의미 작용을 좀 더 고등한 기호학적 상호 작용으로 간주하고 있는데, 이는 커뮤니케이션은 사람이 아닌 다른 어떤 것과도 일어날 수 있지만 의미 작용은 항상 사람을 상대로 일어나기 때문이다.

기호가 본질적으로 다중 의미 체계라면, 커뮤니케이션이란 애초부터 의미 작용의 다원성이 단일성으로 축소된 형태로 볼 수 있다. 이런 이유로 단일 의미 체계인 커뮤니케이션학에서는 기호라는 개념 대신 메시지라는 말을 사용하기 좋아한다. 여기서 메시지란 단일 의미를 유발하도록 만든 특수한 기호 혹은 코드화된 기호의 복합체를 의미한다. 그러나 역설적으로 기호 자체가 다중 의미체이기 때문에 메시지 또한 다중 의미체일 수밖에 없다. 결국 메시지 자체가 기호가 갖는 일반적인 특성에 따라 수신자에게 여러 가지 의미를 일으킬 수 있기 때문에 커뮤니케이션의 성공가능성은 그만큼 불확실해지는 것이다.

이와는 달리 의미 작용의 영역에는 기호를 통한 전달의 성공 여부와는 무관하게 커뮤니케이션이 주로 관심을 가지는 협의의 의도, 계산, 결과 이외에 그 모든 것과 관련된 의미성까지가 포괄된다. 다시 말해 언어 중심의 커뮤니케이션학과는 달리 의미 작용의 기호학은 언어는 물론이고, 몸짓 같은 언어 이전의 커뮤니케이션 수단이나 다른 비언어적 커뮤니케이션 수단 등 의미 작용에 관계된 것이면 무엇이건 연구 대상으로 삼는다.

단일 의미 체계로서의 커뮤니케이션은 수신자에게 단일 의미를 일으키려는 과정이라는 점에서 해독이 주 관심사가 된다. 이에 비해 의미 작용은 수신자에게 다중 의미를 일으키는 과정으로서, 해석이 관건이 된다. 즉, 의미 작용에서는 하나의 기호가 다른 사람과 다른 상황에서 얼마나 다르게 해석될 수 있는가가 흥미의 대상이 된다. 커뮤니케이션과 의미 작용에서의 '해독'과 '해석'이라는 대응적 관계는 '통제'와 '수신자의 자율성'이라는 차원에서의 차이로 맞물려지게 된다. 여기서 통제란 송신자의 메시지가 수신자에게 최적 반응을 나타낼 수 있도록 혹은 송신자와 수신자 간에 의사 일치가 일어나도록 메시지 자체를 특수화시키거나, 특수한 메시지 통로를 선택하는 작용을 말한다. 이러한 통제는 수신자를 다분히 피동적으로 만들게 된다. 결국 커뮤니케이션을 성공시키기 위해 채택하는 통제라는 개념과 수신자의 비자율성이라는 특성에서 볼 때도 커뮤니케이션이란 특수한 현상이다. 이와는 달리 의미 작용에서 다원적으로 일어나는 자연적인 해석 상태를 그대로 수용할 뿐만 아니라 수신자가 자율적으로 의미를 창출할 수 있도록 모든 가능성에 대해 개방적이다. 즉, 의미 작용은 커뮤니케이션이 성취하고자 하는 어떤 구체성을 넘어선다. 이로써 의미 작용은 커뮤니케이션 수준에서 드러나는 현상에 집착하기보다는 일층 높은 함축된 의미를 깨닫게 해준다. 이러한 점에서 의미 작용은 커뮤니케이션보다 높은 수준에서 총체적인 모습으로 일어나는 기호 작용인 셈이다.

3) 의미 작용

첫째, 기호의 의미 작용은 양방향성을 지닌다. 기호 작용 또는 의미 작용이란, 어떤 것이 사람의 마음속에서 기호로 성립되는 과정으로서 양방향적인 상호 작용으로 일어난다. 그 첫 번째 방향은 기표가 사람의 마음속에 관련된 기의를 유발할 때, 기표와 기의가 결합해서 기호로 되는 과정이다. 이러한 기호 작용은 전형적으로 연상 작용에서 볼 수 있다. 연상 작용을 통해 하나의 기표가 여러 개의 기의와 연결되며, 또 그것과 관련된 다른 기표를 불러일으키고, 그것이 또다시 그와 관련된 다른 기의들을 불러일으키면서 형성된다. 이렇게 불러일으켜진 기표와 기의 중 어떤 것은 마음속에서 여러 가지 기호로 결합되는데, 공상, 창조적 사고 등과 같은 자유연상이 여기에 포함된다.

이와는 다른 방향으로 진행되는 기호 작용은 하나의 기의가 마음속에 떠올랐을 때, 그 떠오른 기의에 알맞은 기표를 의식적으로 찾아내는 과정이다. 이때 적절한 기표를 발견하게 되면, 이것이 기의와 결합됨으로써 기호가 성립되는데, 이것은 신화나 이데올로기가 일어나는 기본 과정 가운데 하나이다. 이 점에서 신화나 이데올로기의 생산은 인간 사고와 기표가 일으키는 기호 작용의 결과인 셈이다. 결국 기호 작용(의미 작용)이란, 기표와 기의를 결합시키는 작용으로서 두 가지 방향, 즉 기호를 만들어 낼 때에만 일어나는 것이 아니라 기호의 의미를 해석할 때에도 일어나는 것이다.

둘째, 기호의 의미 창출 과정은 독립성을 지닌다. 의미 작용은 기표에 기의를 더하거나 빼내는 작용이기도 하다. 메시지의 수신자 쪽에서 보면, 의미 작용은 의미를 재생산해 내는 작용이다. 따라서 송신자 쪽에서 일어난 의미 작용이 수신자 쪽에서 일어날 의미 작용과 같을 수도 있지만. 다른 수도 있다. 다시 말해 양편의 의미 창출 과정은 서로 독립된 것이라고 볼 수 있다. 송신자와 수신자를 연결하는 것은 전달된 기표뿐이고, 전달된 기표는 수신자에게 의미를 재생산할 기회를 제공하는 역할을 수행할 뿐이다.

셋째, 기호의 의미 작용은 의미 공유와 의미 생산의 지속성을 지닌다. 의미 작용은 송신자나 수신자 각자의 내적 과정으로만 끝날 수 있다. 그러나 의미 작용과 커뮤니케이션은 서로 관련은 있지만, 서로 다른 현상이라는 사실을 주목할 필요가 있다. 커뮤니케이션은 기표(또는 메시지)를 전달하는 과정으로서 송신자와 수신자 사이에서 같은 의미 작용이 일어날 것을 기대하고 쌍방이 참여하는 행위이다. 이런 점에서 보면, 진정한 커뮤니케이션은 '의사 공유' 또는 '의미 공유'라고 해석되는 것이 좀 더 정확할 수 있다. 따라서 송신자와 수신자의 의미 재생산 과정에 의해서 의미 공유의 가망이 없는 커뮤니케이션은 사실상 할 필요가 없는 것인지도 모른다. 하지만 현실이 항상 논리적으로 진행되는 것은 아니다. 예를 들어, 어떤 두 사람 간에 의미 공유라는 차원에서의 커뮤니케이션은 일어나지 않고 있음에도 각자에게서 나름대로의 동상이몽식 의미 작용이 계속 일어날 수 있다.

커뮤니케이션 과정에서 의도한 의사 공유가 실패하더라도, 의미는 계속 빗나가면서 성립될 수 있다. 대화가 진행되면서 처음의 의도와는 다른 방향으로 새로운 의미가 계속 만들어져 나가는 경우가 그것이다. 심지어 의미 공유가 어렵거나 거의 의미 공유의 가망이 없는 커뮤니케이션을 계속해야 하는 경우도 있다. 협상이 그 좋은 예가 될 것이다. 중요한 점은 어떤 두 사람 간의 관계에서 실제로 커뮤니케이션이 이뤄지고 있는가의 문제와는 별개로 각자가 독립적으로 상대방에 대한 의미 작용을 지속할 수도 있다는 점이다.

3. 기호의 구성적 특성

기호학이 관심을 가지는 바는 현실 세계의 모형, 즉 '대리적 세계'에 관한 것이다. 사실상 진정한 현실 자체는 그 본질이 파악되지 않는 채로 항상 '저 밖에' 있고, 우리는 그것의 표상만을 잡을 수 있을 뿐이다. 따라서 "기호학적 모형이 묘사하는 것은 현실 자체가 아니라 우리가 탐구하는 방식에 의해서 드러나는 자연"이다. 인간은 세계를 기호학적으로 모형화함으로써 현실 세계를 이해할 뿐만 아니라 그렇게 기호학적으로 모형화된 세계 속에 살아가는 것이기도 하다. 우리가 파악할 수 있는 것이 현실 자체가 아니라 현실에 대한 표상이라고 한다면 그러한 표상의 세계는 우리가 선택하는 탐구 방식에 따라 그 모습을 달리할 수 있다. 그럼에도 불구하고 기호일 뿐인 그 기호가 우리 인식의 총체를 구성해 내고 있다. 결국 우리의 현실이 현실 그 자체가 아니라 기호에 의해 축조된 현실이라면, 그러한 현실계를 축조하는 데 쓰이는 기호적 고안을 살펴봄으로써, 우리는 기호의 구성적 특성에 대해 좀 더 본질적인 접근을 시도해 볼 수 있을 것이다.

1) 범주와 범주화의 영향

인간은 수많은 양의 환경정보로부터 좀 더 일관성 있는 의미를 얻어 내고자 하는 존재이다. 그러나 인간은 제한된 용량의 인지 체계에 불과하므로 다양한 환경정보를 의미 있게 분류하기 위해 고정적 체계, 즉 범주를 발달시키게 된다. 범주는 자기 자신이 포함되어 있는 주변이나 세계를 이해하는 인식행위의 기본적인 틀이다. 넓은 의미에서 범주화란 우리를 둘러싸고 있는 서로 구별되는 사물과 사건, 그리고 사람들을 어떤 부류로 묶는 것을 의미한다. 사람은 누구나 범주의 도움을 받아서 사고하고, 범주화 과정에 의존해서 일상생활을 해나간다. 문제는 이런 차원의 범주화가 사물에 내재하는 고유한 특성을 따르는 것이 아니라, 범주화하는 주체와 범주화되는 객체 사이의 상호 작용에서 일어난다는 점이다. 사람은 대상이 갖고 있는 독특성의 차원에 근거해서 반응하기보다는 대상이 속한 범주의 차원에 근거해서 반응한다고 한다. 그러나 범주 자체가 객관적 자료에 의한 영향보다 범주화하는 주체, 즉 주관적 결정에 의한다는 점이 중요하다. 바로 이러한 점에서 범주화하는 주체와 범주화되는 객체 사이에서 상호 작용이 발생되는 현상에 대한 설명이 될 수 있다.

범주화가 일어나지 않는 인식 과정은 혼란 그 자체가 될 것이다. 그러나 범주화가 순기능만 지니는 것은 아니다. 범주화의 부정적 영향으로 고정관념, 편견, 차별행동과 같은 것이 있다. 먼저 고정관념을 살펴보면, 사람들은 직면하는 현실이 너무 복잡하기 때문에 이에 직접 반응하는 불편함보다는 이미 어느 정도의 의사환경을 구성해 현실에 대한 지각과 인지를 단순화시키는데, 이러한 것을 고정관념이라고 한다. 그러나 고정관념이라는 단어에 함축되어 있는 뜻과 같이 변화에 저항적인 특성이 있다. 고정관념은 편견과 비슷한 면이 있지만, 그 개념상 고정관념은 인지와 감정 두 요소 중 인지 요소를 강조한다는 점에서 편견과는 구분된다. 고정관념 자체는 주로 외집단의 구성원에 대한 편향된 신념이지, 편견과 같이 강한 호·불호(好·不好)의 성질을 띠는 감정적·평가적 차원을 내포하고 있지는 않다.

한편 편견이란 인지보다 감정적 요소에 의한 호의 또는 비호의라고 할 수 있다. 즉, 편견에는 충분한 근거 없이 다른 사람들을 나쁘게 생각하는 부정 편견뿐만 아니라 이유 없이 좋게 판단하는 긍정 편견도 포함된다. 또한 많은 편견은 자기만족적 관점에서 정형화되고 유지된다. 그러나 일부 편견은 당시의 관습에 대한 맹목적인 동조에 의해 습득된 것으로서, 개인적 이익과 별로 중요한 관계가 없을 수도 있다. 고정관념이 편견의 직접적인 원인은 아니지만, 고정관념은 편견을 가지므로 사람에게 그들의 편견을 정당화시켜 주며, 당위성을 부여해 준다. 일단 편견이 자리 잡게 되면, 대상 집단 구성원 간의 개별적 차이가 고려되지 않은 채 편견적 정서가 대상 집단에게 무차별적으로 적용된다. 더구나 편견을 지닌 사람들은 태도에 신념을 동화하는 합리화 과정을 통해 자신의 편견적 태도에 신념을 교묘히 부합시켜 나간다. 그뿐만 아니라 자신의 태도를 지속적으로 정당화시켜 나가기 위해 신념 체계 또한 계속해서 변화시켜 나간다. 이렇듯 편견에는 일반화된 신념의 요소와 함께 호의적 또는 비호의적 태도가 함께 담겨 있기 때문에 고정관념보다 변화되기가 더욱 어렵다.

차별행동은 집단 적대의 행동적 요소로서, 이것은 특정 집단 구성원들에 대한 부정적인 외현적 행동들로 구성되어 있다. 사람들을 내집단과 외집단으로 묶는 단순한 범주화 행위가 종종 다양한 방식의 차별행동으로 이끌어질 수 있다. 특히 주목할 점은 외집단과 특별하게 불쾌한 상호 작용이 없거나, 내집단에 대한 편애로 인한 이득이 없을 때에도 내집단 편애가 외집단에 대한 차별행동을 일으킬 수 있다는 점이다. 차별행동은 일반적으로 고정관념이나 편견과 비교적 높은 상관관계를 지니지만, 그렇다고 고정관념적 신념이나 편견적 태도들이 모두 차별적인 행동으로 나타나는 것은 아니다.

2) 은유와 환유

은유(metaphor)와 환유(metonym)는 모두 기호가 의미를 나타내는 가장 기본적인 수단이다. 은유는 익숙하게 알고 있는 어떤 체험에 의해서 잘 모르는 다른 체험을 부분적으로 이해할 수 있게 해주는 데 사용되는 기호체이다. 인간의 관념세계는 수많은 개념으로 이뤄져 있고, 그것의 대부분이 은유로 되어 있다. 은유는 단순히 익숙한 기호의 특성에 의해서 낯선 기호의 부분적 이해를 하게 해준다. 사실상 인간의 사고 과정은 대체로 은유적이다. 우리가 일상에서 흔히 듣고 있는 표현인 "아는 것이 힘이다", "시간은 돈이다", "그 사람은 백과사전이다" 등은 모두 은유에 속한다. 이러한 표현들은 너무 자연스러워 우리에게 조금도 이상하게 들리지 않는다. 바로 이런 은유들이 우리의 생활공간을 은연중에 조종하고, 우리의 생활 방식을 결정해 나갈 수 있다. 무엇보다도 우리는 은유에 의해 의식적 또는 무의식적으로 문화적 체험을 현실체로 축조하며, 축조된 현실 안에서 추리도 하고, 목표를 세우기도 하며, 사회적 참여를 하기도 하고, 계획을 수행하기도 한다. 이러한 은유의 특징을 살펴보면 다음과 같다.

첫째, 연상적 치환을 들 수 있다. 하나의 은유에는 두 가지 기호가 쓰이는데, 이 두 기호는 연상 법칙에 의해 연결된다. 연상 법칙은 한 기호의 현실체(대상체)를 다른 기호의 의미의 차원으로 치환시킨다. 이러한 연상적 치환으로 말미암아 판이하게 다른 것이 서로 연결되어 있기 때문에 은유는 공상적이고, 초현실적 효과를 사람의 마음에 일으키게 된다.

둘째, 지식의 확장이 있다. 인간의 개념적 체제는 수많은 은유의 망상조직으로 이뤄져 있다. 하나의 은유가 개념의 체제 안에 들어올 때, 그 안에 약화되어 있거나 숨겨진 특성이 함께 들어와 무의식 속에 가라앉게 된다. 여기서 이해와 지식은 전체적인 것이 아니라 언제나 부분적인 것에 그친다. 그럼에도 불구하고 이 부분적 이해에 의해서 우리는 문화적 체험을 개념의 체계로 치환할 수 있다. 바로 이러한 치환이야말로 은유의 진정한 힘이라고 할 수 있다. 즉, 은유가 만들어지고, 또 낡은 은유가 새 은유로 바뀔 때마다 우리의 지식은 새로워지고 지성의 영역은 넓어지게 된다.

셋째, 돋보이기와 숨기기가 있다. 은유는 두 기호의 어떤 공통적 특성만을 돋보이게 할 뿐, 그 이외의 다른 특성들은 잘 보이지 않게 하거나 숨긴다.

넷째, 은유는 은유에서 표현되고 있는 사실을 그 은유가 기대하는 방향으로 현실화시킬 수 있다는 점에서 자기이행적 예언으로 기능한다(Lakoff & Johnson, 1980). 이것은 일단 어떤 은유가 안정되고 고착화되면 은유 사용자의 사고 자체가 그에 맞게 고정화되는 것을 의미한다. 이렇듯 은유란, 단순한 표현 기능으로 그치는 것이 아니라 특정 방향에로의 사고와 행동을 요구하는 명령적(injunctive) 힘을 지니고 있다.

은유가 연상 법칙을 따라 만들어지는 기호체임에 비해, 환유는 근접성의 법칙(the principle of contiguity)에 의해 만들어지는 기호체이다. 즉, 은유와 환유는 기호가 의미를 나르는 두 가지 서로 다른 과정이라고 할 수 있다. 은유는 그 구성에서 좀 더 상징성이 강한데 비해, 환유는 유상이나 지표에 가까운 기호이다. 또한 은유는 좀 더 가공적이고 초현실적 효과를 기호 사용자의 마음에 좀 더 현실적인 효과를 일으킨다. 은유는 다른 것에 의해서 어떤 것을 생각해 내고, 그 다른 것에 대해 잘 아는 바에 의해서 새로운 어떤 것을 이해하는 것이 목적이다. 이에 반해 환유는 어떤 것에 의해서 그것에 연결된 나머지 부분을 대표하는 것, 다시 말해 어떤 것에 의해 감춰진 전체를 지시하는 것이 목적이다. 즉 환유란, 어떤 것에 연관된 다른 것(들)을 지시하기 위해서 사용하는 바로 그 어떤 것(또는 기호)으로서, 결국 환유에는 한 부분에 의해서 나머지 전체를 이해하려는 좀 더 큰 목적이 있다(Lakoff & Johnson, 1980). "하나를 보고 열을 안다"는 우리 속담은 환유의 기능을 잘 드러내 주는 표현이다.

이러한 환유는 다음과 같은 특징을 지닌다.

첫째, 전체를 대표한다는 점이다. 예를 들어 "거기엔 발붙일 곳이 없다"라는 환유에서 '발'은 사람 전체를 대표한다. "눈 좀 붙여야겠다"라는 말에서 '눈'은 그냥 눈만 감겠다는 말이 아니라, 잠을 좀 자야겠다, 아니면 머리를 쉬게 해야겠다는 환유이다. 에티오피아나 소말리아의 피골이 상접한 아녀자들의 사진은 정치적·경제적 난국에 빠진 그들 국가를 대표한다.

둘째, 환유에 의해 관련된 것을 대치한다는 점이다. 친구에게 무슨 컴퓨터를 샀느냐고 물었을 때, 친구가 "아이비엠(IBM) 샀어"라고 대답했다고 하자. 그가 산 것은 아이비엠 회사가 아니라 아이비엠 회사 제품인 컴퓨터이지만, 그것이 제조원을 대신한다.

셋째, 기호 사용자로 하여금 추론을 통해 환유의 나머지 부분을 메우도록 유도한다는 점이다. 환유에 노출된 사람은 환유가 보여주는 일부분에서 생각을 멈추는 것이 아니라, 환유가 감추고 있는 부분을 공상하거나 추리해서 채워내게 된다. 다시 말해, 기호 사용자가 환유에 직접 참가하게 된다는 말이다. 이렇듯 기호 사용자로 하여금 드러낸 일부로부터 환유가 숨기고 있는 부분으로 사유를 확대시켜 나가게 하는 것이야말로 환유의 진정한 위력이라고 할 수 있다. 수많은 선동가와 상업

광고들이 이러한 환유의 힘을 이용하고 있다. 이들은 환유를 통해 기호 사용자의 공상과 추론의 방향이 올바른 현실 반영의 궤적 위를 따라가게 하는 것이 아니라, 오히려 자신들의 목적에 따라 멋대로 빗나가게 한다. 그런데도 기호 사용자는 이렇게 빗나간 추론으로 유도된 전체를 진실로 받아들이게 된다. 이것이 바로 환유의 힘이다. 정치 선동가나 광고 선전자들은 환유의 풍선만 띄워주면 되는 것이다. 나머지를 대중이 메운 다음에 전체를 진실로 받아들이는 것은 책임질 바가 아니다. 왜냐하면 환유의 나머지 부분을 메운 것은 자신이 아니라 바로 대중이었기 때문이라는 것이다.

넷째, 자의성이 있다. 환유를 만드는 선전자가 어떤 기호를 환유로 삼을 것인가는 전적으로 그들이 자의로 선택할 문제이다. 또, 대중이 환유의 나머지 부분을 어떻게 채워내느냐 하는 것 역시 대중들이 임의로 공상하고 추론할 문제이다.

3) 이미지

이미지란, 쉽게 말하자면 결국 어떤 대상(대상체)이 마음에 새기는, 그 대상과 비슷한 자국 또는 인상이다. 여기서 대상과 마음은 이미지를 정의하는 데 필요한 두 가지 기본 실재이다. 우선 '마음'이란 개념의 망상조직으로서, 개념의 투사막이다. 마음은 지각 작용과 상상 작용을 통해 이미지를 구성한다. 다음으로 '대상체'가 있는데, 여기에는 외부 대상체와 내부 대상체가 포함된다. 외부 대상체가 마음에 이미지를 인각하는 의미 작용이 지각 작용이라면, 내부 대상체가 마음에 이미지를 불러일으키는 의미 작용이 상상 작용이다. '이미지'도 외부 이미지와 내부 이미지로 나눠 볼 수 있다. 그 대상이 마음의 안에 있는 개념적 실체일 경우에 내부 이미지라고 한다. 결국 이미지란 마음속에 그려진 것이자 마음이 만들어 낸 것으로서, 항상 마음속에 존재하게 된다.

이러한 이미지의 특성은 첫째, 다양한 양상을 꼽을 수 있다. 흔히 이미지는 시각적 표상을 지칭하는 말로만 오해되고 있지만, 그 밖에도 도형적 이미지(그림, 사진, 조상, 도안), 광학적 이미지(영상, 투사), 지각적 이미지(감각자료, 외모), 정신적 이미지(꿈, 기억, 관념, 환상), 언어적 이미지(은유, 서술) 등이 포함된다.

둘째, 의미 작용의 불확실성을 들 수 있다. 마음에 이미지가 생기는 작용은 의미 작용임에 틀림없지만, 그것이 불확실한 매우 특수한 의미 작용이다.

셋째, 이미지란 대상체가 마음에 새기는, 그 대상과 비슷한 이상이라는 점에서 대상체와의 '유사성'을 그 특징으로 한다. 어떤 이미지가 마음에 떠오르는 기본 기제는 대상체의 이미지가 최소한 비슷하다는 것, 즉 심리－논리가 대상체와의 유사성을 긍정함으로써 이미지는 성립된다.

넷째, 모호성이다. 이미지가 우리의 지각을 사로잡는 힘은 그것이 가지고 있는 모호성에서 온다. 그 모호성은 호기심을 일으키는 단순한 불확실성에서부터 시작해서 불안, 공포 따위로 이어지는 상당히 광범위한 느낌으로써 의식이 미처 적절한 범주를 찾아주지 못한, 아직 낯선 지각 요소이다. 그래서 그것은 의식의 표면까지는 와 있지만, 의식의 내부로 편입되지 못한 상태에 있는 외부의 인상이다. 이미지는 수수께끼이고, 그 비밀이 풀리지 않는 동안, 특히 그것이 위협적인 이미지일 때 우리에게 온갖 억측과 가설을 불러일으키게 된다. 억측과 가설의 논리 중심적 담론(logo－centric discourse)의 총체가 이미지를 능가하는 법은 없다. 그럼에도 불구하고 우리의 지각이 이미지를 잡고 있는 한, 모호한 이미지는 계속해서 우리로 하여금 수많은 담론을 일으키게 한다. 바로 여기에 이미지의 위력이 있게 된다. 결국 이미지는 그것의 기회를 인간의 자유로운 담론에 이양하고 늘 모호한 기표로 남고자 하는 특별한 기호라고 볼 수 있다.

다섯째, 직감적 특성이 있다. 즉, 이미지는 머리로 이해되는 대상이 아니라 가슴으로 느끼는 대상이라는 것이다. 이미지가 우리의 정서를 요리하는 동안에 우리는 억측과 가설을 내세워 논리적 담론을 펴지만, 그것이 이미지의 본질을 파악할 수 있는 것은 아니다. 다만, 이미지를 계기로 해서 우리는 가슴으로 느끼고 나름대로의 이야기를 엮어갈 뿐이다. 시, 미술, 영화, 음악 텔레비전, 신화, 신학 등이 모두 이러한 담론들에 속한다.

4. 코드와 코드화

기호를 중심으로 일어나는 네 가지 중요한 작용으로서 의미 작용, 관습화, 동기화, 코드화를 들 수 있다. 우선 의미 작용이란 개인에게서 일어나는 비교적 주관적인 과정으로서 커뮤니케이션이 일어나기 위해서는 의미 작용이 집단적으로 일어나야 한다. 여기서 집단적 의미 작용을 용이하게 해주는 것이 바로 관습화이다. 관습화는 동기화의 정도에 따라서 쉬울 수도 어려울 수도 있다. 동기화는 기호가 지니는 자연적 특성에서 전형적인 기호학적 조작이라고 볼 수 있다. 예를 들어 이데올로기적 커뮤니케이션을 위해 의미 작용은 코드화된다. 그러나 코드화도 관습화를 동반해야만 커뮤니케이션을 일으킬 수 있다.

이 세상에 존재하는 모든 기호는 그 의미화의 정도가 천차만별이기 때문에 효과적인 커뮤니케이션을 위해서는 기호 사용자들 사이에 어떤 약속이 전제되어야 한다. 이러한 약속으로 인해 어떤 의미 작용은 항상 관습적 성격을 띠게 된다. 그러므로 기호를 배운다는 것은 기호 안에 있는 관습을 배운다는 말이기도 하다. 관습화가 잘 되어 있을수록 기호의 사용은 거의 무의식의 수준에서 물 흐르듯이 자연스럽게 일어난다. 오랜 사회화 과정을 거치면서 사람들은 자신이 속해 있는 문화 내의 기호적 관습을 익히게 된다. 이러한 기호의 관습화에 의해서 문화가 가능해지는 것이다.

어떤 코드가 사회적 상황에서 커뮤니케이션을 일으키려면 그러한 코드를 사용하는 사회구성원들의 관습에 의해 지지되지 않으면 안 된다. 관습에 의해 연결되지 않는 기호란 전혀 무의미해지거나 탈선된 해석을 초래하게 될 것이다. 이 점에서 관습이란 어떤 코드가 응집력 있는 상태를 유지할 수 있도록 해주는 일종의 접착제로 기능하는 것이다.

사실상 우리가 기호를 통해 어떤 것을 이해한다는 것은 사실상 저 밖의 실제를 그것의 본질로서 이해하는 것이라기보다는 해석자의 기대에 입각한 다분히 주관적인 것일 수밖에 없다. 해석자의 거대란 중립적인 의미 작용을 넘어선, 이해 대상에 대해 일어나는 또 한 층의 현상학적 작용으로서의 코드화를 이끌게 된다. 이러한 코드화의 특징은 다음과 같다.

첫째, 코드화는 기호의 어떤 특징을 두드러지게 강조함으로써 코드화의 위력을 발휘한다. 예를 들어 유대인의 긴 코, 매부리코, 곱슬머리 등은 유대인을 코드화하는 데 사용된 대표적인 특징이다. 사람들은 이들 몇 가지 특징으로부터 단번에 유대인을 변별해 낼 수 있다.

둘째, 코드화에 의해서 얻어지는 이해는 부분적이며 주관적이다. 왜냐하면 이해 대상이 지니는 본성의 상당 부분이 코드화 작용에서 무시된 채로 은폐되기 때문이다. 이러한 부분적인 이해는 곧 이해의 주관성과 맞물리는 문제이다. 이해에는 해석자(개인 또는 집단)의 자의성이 상당히 개입된다.

셋째, 코드화는 이데올로기적 조작의 결과이기 쉽다. 코드화에서 일부 특징만 강조되고, 코드화에 의한 이해가 부분적이고 주관적인 경향은 이데올로기적 조작을 용이하게 하는 특성이 있다. 일반적으로 이데올로기가 지니고 있는 속성[11]들은 기호 및 기호로 이뤄진 담론(discourse)과 만나는 근원이 된다.[12] 즉, 이데올로기는 주체가 없는 담론들(집단표상)에 의해 이뤄지는 것이다. 이러한 집단화된 표상은 사회 내의 한 기호 체계를 이루게 되며, 사회구성원들로 하여금 자신들의 체험을 설명할 수 있게 해주고, 전쟁 등과 같은 시련과 그에 대응하는 활동을 정당화할 수 있게 해주며, 공동의 기획을 가능하게 해준다.

기호의 기능과 이데올로기 표출의 관계를 정리하면 <표 1-1>과 같다.

일반적으로 커뮤니케이션은 코드화를 필요로 하지만, 의미 작용은 코드화와 동시에 탈코드화를 허용하기도 한다. 탈기호화는 통상적 기호 또는 원기호가 갖는 기표와 기의의 관계를 해체시키고 기표와 기의의 관계를 새로운 질서 위에서 재조립하는 것을 말한다. 이러한 탈코드화는 특히 예술에서 매우 중요하다. 예술은 탈코드화를 통해 새로운 의미를 창출한다. 따라서 예술의 커뮤니케이션은 일반적 의

표 1-1 기호 기능 및 이데올로기 표출

기호 기능						
지시적 기능		표현적 기능	선동적 기능	시적 기능	친교적 기능	메타언어적 기능
지시문 창출	의미 전이					
– 객관화 호칭 및 통합 – 전제 – 거짓 인과 관계	– 이분 – 완곡어 – 거짓 수행문	– 단합 – 당연화 – 자격 박탈 – 권위적 근거	– 주문 – 권력의 탈취 – 비의주의	– 제유 · 환유 · 은유 – 환치 · 전용 · 과장 – 범주의 오류 – 대립성 · 교차배어 · 반어 · 역설	– 의례 · 비의례의 서두 – 부인	– 의미 교체 – 통합 및 처지 비판

출처: 백선기(2007: 418).

11) 오늘날 많은 학자는 '사회의 기존 질서를 유지하기 위해 존재하는 지배적 의식'이라는 이데올로기 개념을 수용하고 있다. 이러한 개념적 규정을 통해 자연스럽게 '당파성', '집단성', '은폐성', '합리성', '권력성 혹은 권력에 대한 봉사성'이라는 이데올로기의 속성을 이끌어 낼 수 있다.

12) 바흐친(Mikhail M. Bakhtin)은 이데올로기 영역이 기호의 영역과 일치한다고 주장하는 대표적 학자이다. 그에 따르면, 모든 이데올로기가 기호론적 가치를 지니고 있기 때문에 기호 없이는 이데올로기가 존재하지 않는다고 주장한다. 또한 트루(Tony Trew)도 이데올로기와 기호와의 긴밀성을 언급하고 있는데, 그는 "한 담론 내의 개념들이 하나의 체계로서 연관되고 있는 한에서는 그 개념들은 이데올로기의 일부분이기도 하다. 그리고 여기서 이데올로기란 사물을 보고, 파악하는, 또 보고 듣고 읽은 것을 해석하는 방법인 개념과 이미지들의 체계이다"라고 주장하고 있다.

미 작용과는 다른 종류의 것이다. 예술에서 코드화가 상습화된 것을 매너리즘이라고 부른다. 그러므로 예술에 생명을 주는 것은 결국 탈코드화인 셈이다. 그러나 탈코드화 후에 높은 수준의 코드화가 진행되어야만 한다. 만일 그렇지 않다면, 새 설계나 새 의상이나 새 예술은 음미될 수 없기 때문이다.

5. 텍스트와 담론

기호 체계를 물질계와 관련해서 비유적으로 말하자면, 기호의 원자적 차원은 기호의 소립자 격인 기표와 기의의 차원이다. 기호의 분자적 차원은 환유, 은유, 범주, 이미지와 같은 기호가 좀 더 복잡한 형태를 취하고 있는 차원을 가리킨다. 기표와 기의는 분자적 차원에서 코드라고 하는 기호의 조직 원리에 의해 의미 있는 결합을 해서 기호 체계를 산출하게 된다. 그러나 사람은 일반적으로 고립된 기호가 아닌 기호의 조직화된 덩어리를 가지고 의사소통을 한다. 이렇듯 기호 체계는 원자적·분자적 차원보다 더 높은 유기체적 차원이 있는데 이에 속하는 것이 텍스트이다. 이러한 텍스트에는 신화,[13] 이데올로기, 이야기체 같은 것이 포함된다(유영옥, 2007: 196).

모더니즘에서 보면 텍스트란 글로 표현된 커뮤니케이션 형식의 기록이다. 그러나 포스트모더니즘에서 보면 모든 것이 텍스트가 된다. 포스트모더니스트들은 텍스트의 명확한 정의를 따로 하지 않고 있다. 그들은 세상의 모든 것(우리가 아는 모든 것)을 텍스트로 본다. 그러므로 포스트모던적 텍스트는 어떤 권위 있는 고정된 의미를 품은 단어의 집합체가 아니라, 그 어느 것도 원작이라고 주장할 수 없는 다양한 글이 서로 부딪치고 뒤섞이는 다차원적 공간에서 발생하는 것이다.

여기서 발생하는 포스트모던적 텍스트 읽기의 특성이 상호 텍스트성이다. 즉, 텍스트의 공간은 저자와 독자(해석자)가 만나는 기호론적 담론의 장으로서 텍스트가 제시하는 기호 체계는 나름대로의 어떤 문화적 의미성을 품고 있으면서도 정작 가능한 의미의 창출은 해석자에게 맡겨 놓고 있는 비결정성의 의미 장이다. 비유적으로 말하자면, 텍스트는 마치 의미의 우물 같은 것이지만 단지 의미의 잠재력에 불과하고, 독자가 어떤 그릇으로 물을 퍼내느냐에 따라 구체적 의미가 명시된

13) 여기서 '신화'라는 용어가 단순한 전설이나 신의 이야기를 의미하는 말이 아님을 유념할 필요가 있다.

다는 말이다. 이때 독자가 의미의 물을 퍼내는 일은 텍스트를 다시 쓰는 일과 맞먹게 된다. 그야말로 독자가 새로운 저자가 되는 것이다. 이것은 텍스트 읽기에서 포스트모더니즘이 제시하는 매우 흥미로운 반전이다. 독자가 사용한 물그릇(의미 운반체)과 텍스트에서 퍼낸 물(기의)과 그것을 마신 다음에 독자가 하는 의미 작용은 독자 자신의 것이지, 원저자의 텍스트 제작 의도(즉, 원의미)와는 별개의 것이라는 주장이다. 이러한 점에서 텍스트는 일종의 의미 창출의 기반이라고 볼 수 있다(유영옥, 2007: 201).

담론(discourse)은 아주 간단하게 말하면, 어떤 의미나 관념을 언술로 바꾸는 행위를 말한다. 여기에는 말하는 사람과 듣는 사람이 가정되었기 때문에 담론은 사회 기호학적이다. 한편 담론이 이야기체나 텍스트를 상세히 설명하는 데 그치는 것이 아니라, 어떤 힘의 행사를 은연중에 행사하는 이데올로기적 과정이라고 보는 견해도 있다.[14]

이러한 담론은 관계적이며 체계적인 특징들을 함축하고 있다. 담론의 특성은 첫째, 담론은 언술 주체가 한 시대를 특징짓는 심리사회학적인 힘들에 의해 그 위치가 정해지거나 변형된다는 의미에서 역사적이다. 둘째, 담론은 일정한 규칙[15]을 지니며 그 규칙에 종속된다. 셋째, 모든 담론은 원칙적으로 상호적 담론이거나 그 이상이다. 즉, 모든 담론은 언제나 상대방에서 말을 걸거나 다른 담론을 질문하거나 부르는 것의 결과이다. 넷째, 담론의 상호 관계적 성격은 모든 담론이 해석 관계로 존재한다는 사실을 알려준다. 다섯째, 모든 담론적 실천은 잠재적으로 상호 기호학적 실천이다. 일곱째, 담론의 생성 배경과 담론 자체 사이에 타율성이 있다 하더라도 담론의 상호 관계적 성격은 그것을 구분하기 어렵게 한다.

---

14) 대표적으로 푸코(Michel Paul Foucault)를 꼽을 수 있는데, 그는 권력과 관련된 담론분석으로 큰 영향을 미치고 있다. A. McHoul & W. Grace(1993). *A Foucault primer: Discourse, power, and the subject*, Melbourne: Melbourne University Press 참조.

15) 여기서 규칙이란, 문법적 규칙이라기보다는 대화에서 수용 가능한 사회적, 도덕적, 문화적 규칙을 말한다.

제3절 | 상징주의적 접근방법

1. 상징의 어원과 의미

'상징'의 어원은 고대 그리스 사회에서 친숙한 두 사람이 서로 헤어질 때 한 물체를 둘로 쪼개 나눠 가지고 떠난 후 뒷날 다시 만날 때 그 짝을 맞춰 봄으로써 서로를 확인하는 습속에서 '짝을 맞춘다'는 뜻의 'symballen'에서 유래되었다고 한다(유영옥, 1990; 유영옥 · 정우일, 1991). 이때 그 두 조각은 두 사람이 본인임을 확인하는 인지 표시가 되고, 나아가 그들의 실체를 대행하는 표징이 됨으로써 의미를 지니게 되는 것이다. 상징의 개념은 보는 관점에 따라 다양하게 정의될 수 있을 것이나, 여기서는 상징이란 "겉으로 드러난 객관적 존재의 차원을 넘어서 초경험적 세계에 감춰진 주관적 내용의 차원을 지닌 것으로서 그것이 처한 맥락 속에서 인식 주체의 해석에 따라 다양한 의미를 나타내고 정서와 감정을 불러일으키고 그럼으로써 사람들의 태도와 행동을 인도하는 사물, 언어, 행위, 추상적 구성물"을 말한다. 이러한 상징은 다음과 같은 네 가지 의미를 지닌다(Urban, 1951: 415-426).

첫째, 모든 상징은 다른 무엇인가를 대변한다.

둘째, 상징이 이중적 지시의 의미를 갖는다는 점이다. 이 말은 상징에는 대상에 대한 언급과 언급을 통해 얻는 파생적 의미가 담겨 있다는 의미를 내포하고 있다.

셋째, 그러므로 상징은 진실과 허구의 양자를 포함하고 있다.

넷째, 모든 상징은 이중적 적합성(二重的 適合性)을 가진다는 점이다. 이 말은 상징은 항상 이중적 구조를 가지고 있기 때문에 하나의 '기호'로써 자신의 존재를 보이면서도 자신의 의미를 직접적으로 드러내지는 않는다. 이러한 상징의 해석상의 다양성과 모호성은 상징의 존재적 가치와 본질적 가치를 가지게 하는 원인을 제공하고 있다.

2. 상징의 존재양식과 종류

상징의 존재양식과 종류는 논자에 따라 다양하다. 상징을 분류하는 데 가장 전형적으로 이용되는 사피어(Edward Sapir)의 견해에 따르면, 상징을 준거적 상징

(referential symbols)과 함축적 상징(condensational symbols)으로 나누고 있다.

이곳에서의 준거적 상징이란 사실적 토대를 가지고 있는 것으로서 언어적 표현, 쓰는 것, 부호, 국기 등과 같이 우리가 감각적으로 느낄 수 있는 대상과 경험을 나타낸다.

반면에 함축적 상징이란 정서적 토대를 가지고 있는 것으로서 종교의식, 국민의례, 국경일 등과 같이 우리가 경험적으로 접할 수 없는 정서, 믿음, 감정 등이 부여된 것을 나타낸다.

3. 상징의 효과

상징의 효과는 상황에 따라 그리고 시대적 배경에 따라 상이하다. 이곳에서는 논의의 편의를 위해 정책 단계별로 그 효과만을 살펴보고자 한다.

1) 의제 설정 단계에서의 상징 효과

정책 결정에서 가장 중요하게 영향을 미치는 요소 가운데 하나가 바로 문제를 어떻게 정의하느냐 하는 점이다. 즉, 의제 설정과 관련된다. 문제가 어떤 시각에서, 누구의 관점을 반영해 정의되었느냐에 따라 정책의 내용이 결정되기 때문이다.

2) 정책 결정 단계에서의 상징 효과

정책 결정에서 사용되는 상징의 효과는 찬성 유도와 반대 세력 논리 완화의 두 가지를 지적할 수 있다.

3) 정책 집행 과정에서의 상징 효과

정책 집행 과정에서의 상징 효과는 한마디로 정책순응이라고 할 수 있다. 이곳에서 순응이라는 개념은 특정의 행동규정이나 규칙 등에 일치하는 행위자의 모든 행동을 의미한다고 볼 수 있다(Young, 1979: 4−5).

4) 정책평가 과정에서의 상징 효과

공공정책의 평가는 상당히 어려운 작업이다. 어려운 만큼 정치성과 추상성을 띠게 되게 마련이며, 평가 과정에 상징이 기능을 할 여지가 생기게 된다. 정치적 언어, 홍보(PR), 선전 등에 의해 상징 조작이 이뤄질 경우 정책평가의 결과가 전혀 다른 방향과 모습으로 나타날 수 있다는 점이다.

4. 상징주의적 시각

상징주의적 시각(symbolic perspective)이란 무엇인가? 상징주의적 시각이란 간단하게 말하면, 어떤 대상이나 현상을 상징의 관점에서 파악한다는 것이다. 다시 말해 언어, 의식, 신화,[16] 이념, 사건, 제도 등 가시적인 것과 비가시적인 것이 은유성, 한계성 및 모호성 등의 특징이 있는가를 분석하고 이를 통해 어떠한 효과를 나타내는가를 살펴보는 시각이다. 여기서 언어, 의식, 신화 등은 상징 수단이라 할 수 있으며, 은유성, 한계성 및 모호성은 상징의 특성이며, 효과는 상징적 효과를 말한다.

참고 문헌

김용직(1998). 『상징』. 서울: 문학과지성사.

마광수(1988). 『상징시학』. 서울: 청하.

백선기(2007a). 『미디어 그 기호학적 해석의 즐거움』. 서울: 커뮤니케이션북스.

______(1997b). 『상징정책학』. 서울: 학문사.

______(2003). "국가보훈학의 개념 정립과 연구방법론". 한국보훈학회, 『국가보훈연구』. 서울: 한국보훈학회.

______(2007a). 『국가정체성 위기 진단과 재확립 방안』. 국가정체성연구팀.

______(2007b). 『상징과 기호의 사회과학』 . 서울: 홍익재.

유영옥(1997). 『상징과 기회의 정치행정론』. 서울: 학문사.

______(2007). 『상징과 기호의 사회과학』. 서울: 홍익재.

유영옥 · 정우일(1991). 『상징정책론』. 서울: 학문사.

유요한(2009). 『종교적 인간, 상징적 인간』. 서울: 이학사.

임채욱(2002). 『북한 상징문화의 세계』. 화산문화.

한전숙(1980). "현상학적 운동의 기원과 전개". 『철학논구』. 8집.

16) 신화란 일반적으로 그 사회의 맥락 속에서 의심 없이 널리 알려지고 공유된 믿음의 일종이다.

Allen, D.(1998). *Myth and Religion in Mircea Eliade.* New York: Garland.

Barnard, Chester I.(1938.) *The Functions of the Executive.* Cambridge: Harvard University Press, Chap. XII.

Callahan, Daniel & Jennings, Bruce (eds).(1983). *Ethics: the Social Sciences, and Policy Analysis.* New York: Plenum Press.

Cambell, K. K.(1970). *Foundation of Rhetorical Theory. Philosophy and Rhetoric.* Spring.

Cassirer, Ernst(1944). *An Essay on Man*, New Haven: Yale University Press.

______(1965). *The Philosophy of Symbolic Forms, II.* New Haven: Yale University Press.

Chevalier, J. & Gheerbrant, A.(1996). *Dictionnaire des symboles*, Robert Laffont.

Cobb, & Roger W. & Elder, Charles D.(1983). *Participation in American Politics: The Dynamics of Agenda Building*(2nd ed.). The Jons Hopkins University Press.

Cohen, A.(1976)/윤승용(옮김), 1982), *Two-Dimensional Man: An Essay on he Anthropology Power and Symbolism in Complex Society.* Berkely: UCLA Press.

Cohen, Persy C.(1968). *Modern Social Theory.* New York: Basic Books.

Coleman, Peter(1990). "Aging in the Twentieth Century," in John Bond & Peter Coleman(eds.). *Aging in Society: An Introduction to Social Gerontology.*

Dunbar, H. F.(1929). *Symbolism in Medieval Thought*, Yale University Press.

Dupre, L.(2000). *Symbols of the Sacred.* Wm. B. Eerdmans Publishing Company.

Eliade, Mircea(1998). *Myth and Reality.* New York: Waveland.

Frankle, C.(1954). *Liberalism and Political Symbols*, in L. Bryson et. al., Morgan, Frost & Pondy.

Gaus, John(1947). *Reflections on Public Administration.*

Gerston, L. N.(1983). *Making Public Policy: From Conflict to Resolution.* Glenview. Ill: Scott Foresman.

Gunnell, J.(1968). "Science and Political Reality: The Problem of Explanation", *Social Research*, 35, Spring.

Lakoff, George & Johnson, Mark(1980). *Metaphors We Live By.* University of Chicago Press.

Langer, Susanne K.(1982). 『예술이란 무엇인가?』. 이승훈 옮김. 서울: 고려원.

Malmberg, B.(1977). *Signeset symboles*, Picard.

Morgan, Gareth(1986). *Images of Organization*, Beverly Hill: Sage.

Morgan, Frost, & Pondy(1983). "Organizational Symbolism", in L. R. Pondy, et. al., *Organizational Symbolism.*

O'Flaherty, Wendy Doniger(1988). *Other People's Myth: The Cave of Echoes.* Chicago: University of Chicago Press.

Pfeffer, J.(1981). "Management as Symbolic Action: The Creation and Maintenance of Organizational Paradigms," in B. M. Staw & L. L. Cummings(eds.), *Research in Organizational Behavior.* Vol. 3, A. J. Press.

Rosen, M.(1985). "Political Symbolism", in S. L. Lomg(ed), *The Handbook of Political Behavior,*

New York: Plenum Press.

Sapir, Edward (1998). "Symbolism", in E. R. A. Seligman(ed.). *Encyclopedia of the Social Science*, Vol. 14, New York: Macmilan, 1984.

______(1934). "Symbolism", in E. Seligman(ed). *Encyclopedia of Social Sciences*. Vol. 14. New York: Macmillian.

Simon, Herbert A.(1957). *Administration Behavior*. New York: Macmillan.

Turner, B. A.(1986). *Sociological Aspects of Organizational Symbolism*. Organization Studies.

Urban, W. M.(1951). *The Principles of Symbolism, Language and Reality*, London: Metheun & Co. Ltd.

Young, Oran R.(1979). *Compliance and Public Authority*, Baltimore: Johns Hopkins University Press.

제 2 장 한국전쟁 시기 경찰의 주요 활동과 조직 및 인사행정

제 1 절 | 서론

한국 경찰만큼 수많은 역경과 파란만장한 과거 경험을 가진 조직도 그렇게 흔하지는 않을 것이다. 한국 경찰은 해방과 더불어 군정경찰로 출범해 한국전쟁기에는 국토 방위에 동참해 구국경찰로서의 기능을 훌륭하게 수행했고, 그 후 자유당 정권 하에서는 경찰이 정치도구화되기도 했으며, 4 · 19 때는 민주경찰의 이미지를 가지고 출발하려고 했으나 군사정권의 수립으로 좌절되기도 한 경험을 가지고 있다. 정국 안정과 고도 경제 성장 과정에서 경찰의 기능도 점차 정상화되어 가는 듯했으나 정권과의 유착 관계, 특히 1980년대 후반의 빈번한 학원 소요에 대한 대응으로 인해 정상적인 경찰의 역할과 가능을 수행하지 못한 결과를 가져오기도 했다(이황우, 1995: 26).

한국에 근대적인 경찰제도가 성립한 시기는 1894년 갑오경장을 계기로 면목을 새로이 하여 근대적 경찰제도를 가지게 되었다는 견해도 있고(이상규, 1985: 238), 대체적으로 일제강점기라고 평가하는 데 무리가 없을 것이라는 견해(김진혁, 2007: 446) 등이 있어 학자들 간에 일치된 견해는 없다. 어쨌거나 일제강점기와 미국의 군정기를 거치면서 제도화되었다고는 말할 수 있다.

1945년 해방과 동시에 북한은 소련, 남한은 미국에 의해 일본군의 무장해제가 이뤄졌으며, 남한은 동년 9월 아놀드(Archibald V. Arnold) 미 육군 소장이 군정장관으로 취임과 동시에 미군정이 실시되었다. 군정장관 아놀드 소장은 그해 10월

10일 신문회견 석상에서 “북위 38도 이남의 조선에는 오직 한 정부가 있을 뿐이다. 이 정부는 맥아더(Doughas MacArthur) 원수의 포고와 하지(John Reed Hodge) 중장의 명령과 아놀드 소장의 행정령에 의해 정당히 수립된 것이다.”라고 천명했다(매일신보, 1945).

한국 경찰은 1948년 8월 15일 정부 수립과 더불어 내무부 치안국으로 출범했으며, 경무부시대(1945~1948), 치안국시대(1948~1974), 치안본부시대(1974~1990), 경찰청시대(1991~현재)로 발전되어 왔다(경찰청 홈페이지, 2019: 경찰조직 연혁).

한국 경찰은 대륙법계인 독일, 프랑스의 경찰제도와 영미법계인 영국, 미국의 경찰제도의 혼합 형태인 경찰제도가 형성되어 오늘날의 경찰제도가 확립되었다.

이 연구의 목적은 한국전쟁 시기 경찰의 주요 활동과 조직구조 및 인사행정에 관해 고찰해 보고, 분석 및 교훈을 도출하는 데 있다. 이러한 목적을 달성하기 위해서는 먼저 한국 경찰조직의 성립 배경을 짚어볼 필요가 있다고 본다.

한국 경찰조직의 성립 배경을 크게 일제강점기의 경찰, 미군정기의 경찰로 구분해서 살펴본 후, 한국전쟁 시기 경찰조직의 주요 활동을 살펴본다. 그리고 이러한 경찰조직의 성립 배경과 주요 활동을 기초로 삼아 한국전쟁기 경찰의 조직구조와 인사행정을 고찰해 봄으로써 분석 및 교훈을 도출하고자 한다.

제 2 절 | 한국 경찰의 성립 배경

1. 경찰의 개념

경찰(police)이라는 단어의 어원은 그리스어의 ‘polis’라는 단어에서 찾을 수 있으며, 고대 그리스시대에는 polis를 사회구성원들의 생명과 재산을 보호하고 법의 집행을 담보하기 위해 형성된 사법 및 행정 체계를 총칭하는 용어로 사용했다. 이것이 오늘날 영어의 politics, policy, police로 이어진 것이다.

대륙법계 국가의 전통적인 경찰 개념은 경찰권이라고 하는 통치권적 개념을 전제로 하고 있으며, 통치권적 경찰권을 강조하는 대륙법계는 경찰과 시민의 관계를 대립 구도로 봤다. 반면, 영미법계 국가의 현대적인 경찰 개념은 주권자인 시민으로부터 자치 권한을 위임받은 조직체로서의 경찰이 주로 시민을 위해 법을 집행하고 서비스하는 역할을 중심으로 형성되었다. 따라서 경찰과 시민은 대립 관계가 아니라 수평적인 협력 관계로 보고 있으며, '국가경찰 체제'는 집권형 경찰 체제, '자치경찰 체제'는 분권형 경찰 체제에 상응한다고 할 수 있다(정태정, 2013: 5).

전통적인 경찰 개념이 실질적 의미로 개념이 확대된 것이라면, 현대적인 경찰 개념은 기능의 다양화로 국민생활의 필요한 요구에 따라서 목표 및 수단으로 확대된 개념이다. 경찰은 국민에 대해 명령과 강제만 하는 권력 행사자가 아닌 국민에게 봉사하고 헌신하는 봉사자로서 기능하게 된다. 제2차 세계대전 이후 독일과 일본 등 대륙법계 국가들은 미국을 중심으로 한 전승국들의 민주주의 사상에 입각한 경찰제도를 수용하게 되었다. 그 결과 대륙법계와 영미법계 사이의 경찰의 역할에 대한 개념적 차이는 그 간격이 점차 줄어들고 있다(정태정, 2013: 5).

실질적인 의미에서 경찰 개념의 요소는 몇 가지 측면에서 다른 행정 작용으로부터 구별될 수 있는 특징을 가지고 있다. 즉, 사회 공공의 안녕과 질서 유지를 직접적인 목적으로 하는 경찰의 목적, 일반통치권에 근거한 경찰권이라고 하는 법적 근거, 그리고 명령이나 강제를 함으로써 국민의 자유를 제한하는 경찰의 수단이라는 측면에서 구별될 수 있는 것이다.

2. 한국 경찰조직의 성립 배경

1894년 단행된 갑오경장은 한국의 근대적인 변혁을 이루는 기점이 되었고, 근대 경찰제도의 모습도 이 시기를 통해 어느 정도 골격이 이뤄졌다. 그러나 한국에 근대적인 경찰제도가 성립한 시기는 대체적으로 일제강점기라고 보는 견해가 좀 더 일반적이기 때문에 그 이전에 대한 연구는 생략하기로 한다.

한국 경찰조직의 성립 배경은 일제강점기의 경찰, 미군정기의 경찰로 구분해서 살펴본 후, 이러한 과정을 거쳐 형성된 한국 경찰조직의 한국전쟁 시기 주요 활동을 살펴보고자 한다.

1) 일제강점기의 경찰

1905년 을사보호조약이 체결되자 일본은 서울에 통감부를 설치하고 영사관 및 외국인에 대한 사무를 감독하게 되었으며, 1907년에는 한국 정부와 경찰사무 집행에 관한 취극서(取極書)를 조인함으로써 통감부가 한국의 경찰권을 실질적으로 지휘 감독할 수 있었다(김진혁, 2007: 446).

1910년부터 1919년까지 헌병경찰 통치(무단통치)를 했으나, 1919년 3 · 1독립만세운동을 계기로 보통경찰시대로 바뀌었다. 일본은 3 · 1독립만세운동이 전국적으로 일어남에 따라 강압 통치의 한계를 실감하면서 보통경찰제를 실시하게 되는데, 이때 조선총독부는 경무총감부 대신에 경무국을 설치하고 지방에는 도지사가 경찰권을 행사하도록 했다(허남오, 1998: 234). 보통경찰제로의 이행은 헌병경찰을 제복만 바꿔 입히는 데 지나지 않았고, 경찰의 수와 장비, 그 유지비는 3 · 1운동 이전보다도 크게 증가했다(허남오, 1998: 243).

경찰은 1919년 이전의 헌병경찰이든 그 이후의 보통경찰이든 관계없이 일본 식민 지배의 중추기관이었으며, 조선의 억압을 통한 일제의 통치를 수행했다. 그렇기 때문에 다양한 행정사무를 담당하면서 언어와 문화가 다른 이민족과 혼성으로 편성된 특수한 상황 속에서 경찰행정을 수행했다.

2) 미군정기의 경찰

1945년 일제의 패망으로 동년 9월 6일 미군이 남한에 주둔하면서 건국까지 약 3년간 미군의 특수한 군정이 시작되었고, 곧 경찰행정조직도 정비되어 갔다(박태현, 1994: 54).

동년 9월 14일 군정장관 아놀드(Archibald V. Arnold) 미 육군 소장이 성명서를 발표해 기존 경찰기구의 행정적 이용과 새로운 경찰 체제의 성격 및 그 기능을 명시했다(내무부 치안국, 1972, 1권－8: 926).

동년 10월 21일에는 군정청에 경무국(警務局)을 창설해 그 아래 관방, 총무과, 공안과, 수사과, 통신과 등 5개 과를 설치하고, 지방에는 도지사 밑에 경무부(警務部)를 두어 경무과, 보안과, 형사과, 경제과, 정보과, 소방과(경기도만 설치), 위생과를 설치해서 본격적인 경찰 업무를 시행하게 되었다(내무부 치안국, 1972, 1권－8: 926).

이것이 곧 국립경찰의 발족이었다고 『한국경찰사』에는 기록되어 있는데, 여기에서 말하는 국립경찰이란 진정한 의미에서의 한국의 국립경찰이 아니라 미군정 당국에서 흔히 쓰는 용어에 불과했다. 다시 말해서, 우리 국가가 유지 운영하는 경찰이 아니고 군정권에 근거를 두고 군정 당국이 유지 운영하는 군정경찰이었던 것이다.

국립경찰이라는 용어를 쓰게 된 동기는 미국에서의 주경찰·시경찰 등 지방자치단체가 유지 운영하는 경찰에 반해 연방경찰이 있듯 국립경찰은 전국적인 의미를 내포하고 있기 때문에 그렇게 불리게 된 것이다(내무부 치안국, 1972, 1권-8: 930).

그 후 동년 12월 27일에는 도지사 권한에서 경찰권을 분리해 독립관청화했으며, 1946년 2월 16일에는 중앙기구인 경무국을 경무부로 승격·독립시키고, 각 과(課)를 국(局)으로 개편하는 등 조직과 기능이 크게 확대 개편되었는데, 경찰조직이 완전한 독립을 보게 된 것이다. 동년 4월 11일에는 도경찰부를 관구경찰청으로 개편해 기구와 인력 면에서 계속 경찰력을 확대했는데 이는 당시의 극심한 정치적 혼란과 사회적 혼란에 대처하기 위해 강력한 경찰력이 요구되었기 때문이다(김봉래, 1986: 9).

특히 이 시기의 경찰행정조직은 체제나 운영 면에서 능률성보다는 민주성을 강조했고, 미군정 당국은 자국의 경찰 체제를 이식시키려고 한 데서 비롯된다. 즉, 대륙법계 제도보다는 영미법계 제도의 장점을 도입함으로써 경찰조직의 체질을 민주화하려고 했다(정진환, 1989: 356).

이 당시 경찰제도의 개혁으로 일제강점기 경찰의 사무였던 위생, 활동사진 검열과 취재, 신문 및 기타 정기간행물의 출판·배포·배부·판매 등이 일반행정기관으로 이관되는 비경찰화가 이뤄졌다. 또한 중앙경찰위원회의 설치, 공보실 창설, 감찰조직 강화 등 영미법계 국가의 민주적인 경찰제도가 도입되었다. 그리고 이때 경찰간부후보생 제도, 기마경찰대 및 철도경찰대가 창설되었고, 여자 경찰관도 모집했다(김충남, 2005: 63-65).

당시 서울에 제1경무총감부, 전주에 제2경무총감부, 대구에 제3경무총감부를 설치하고, 산하에 경찰서를 두고 그 아래에 지서, 파출소, 출장소로 체제를 정비했는데, 경찰서-지서-파출소-출장소 체계는 오늘날까지 이어져 내려오고 있다.

미군정기의 경찰조직은 한국이 독립국가로서의 체계가 정비되지 않은 과도기적인 단계라는 한계가 있지만, 정부 수립 후 한국 경찰 창설의 발판이 되었다.

제 3 절 | 한국전쟁 시기 경찰조직의 주요 활동

한국전쟁 초기 경찰은 6월 29일부터 7월 15일에 걸쳐 내무부 치안국 내 비상경비총사령부로 재편성되었다. 치안국 비상경비총사령부는 치안국장을 총사령관으로 하여 치안국 기구를 전투 편제로 전환해 행정 · 정보 · 작전 · 통신의 4개 참모부서를 뒀으며, 각 도 비상경비사령부도 이러한 편성에 따르게 했다.

원래 비상경비총사령부는 1948년 10월 19일 여순사건이 발생하자 치안 교란에 대처하기 위해 10월 20일 치안국에 설치되었고, 1949년 8월 1일에 각 도 경찰국에도 비상경비사령부를 두어 비상시의 경비 업무를 수행하도록 하고 있었던 것이다(윤장호, 1995: 92). 이러한 조직이 한국전쟁이 발발하자 전시 임무 수행을 위해 전투 체제로 재편성된 것이며, 비상경비총사령부는 정부 훈령을 근거로 전투 임무만 수행하는 전투경찰사령부를 창설해 군과 같은 방법으로 전술 책임지역 내의 일반경찰도 작전상 지휘할 수 있게 했다(강혜경, 2012: 274).

한국전쟁 시기 경찰조직의 변모는 크게 네 가지로 요약할 수 있다. 첫째는 경찰의 군사화와 그에 따른 조직의 확대 및 정비이고, 둘째는 경찰의 군사작전과 유격대 토벌작전, 셋째는 후방지역 치안 확보와 전시통제 체제, 넷째는 확대된 경찰력을 바탕으로 한 경찰의 정치화이다(정유진, 2009: 61; 강혜경, 2002: 180－223).

1. 경찰조직의 확대와 군사화

한국전쟁이 발발하면서 경찰의 임무는 국군과 유엔군의 작전에 참여해 전투활동을 수행하는 한편, 유격대 토벌작전 참가, 전선의 확대와 반복된 이동으로 인해 양산된 '부역자' 처리, 군의 주요 보급로 확보, 국가 중요 시설 경비 등 다양하고 막중한 임무를 수행하게 된다. 따라서 이러한 임무 수행을 위해 조직의 군사화와 더불어 경찰조직이 양적 확대를 거듭했다. 이러한 군사화와 양적 확대는 경찰 예산 규모의 확대를 수반하게 되었다.

경찰조직의 전시 체제로의 전환, 즉 전투경찰 체제로의 전환은 미군정기 경찰의 책임자로 초대 경무부장을 지냈으며, 야당 격인 민주국민당(민국당)의 중견이었던 조병옥을 내무부 장관으로 기용하면서부터 시작된다(정유진, 2009: 61; 강혜경, 2002:

180).

조병옥의 내무부 장관 기용은 전시 상황에서 중요한 의미를 가진다(정유진, 2009: 62). 첫째, 미군정기 경찰의 책임자였던 조병옥은 한국전쟁 기간 중 경찰을 활용함으로써 이승만 정권의 전쟁 임무 수행에 많은 도움을 줬다(김수자, 2005: 208). 이승만은 한국전쟁이라고 하는 중대한 상황에 처해 작전권이 미국에 넘겨진 입장에서 미군정기 경찰책임자였던 조병옥을 내무부 장관에 임명함으로써 경찰이라는 조직을 통해 한국전쟁에 개입하고자 한 것이다(강혜경, 2002: 180). 둘째, 전쟁 발발로 인해 보여준 이승만 정부의 무능에 대한 국회와 국민들의 비난이 고조되자 그에 대한 대응책으로 당시 거물급 인물인 조병옥을 내무부 장관에 임명해 이를 수습하고자 한 것이다(강혜경, 2002: 180). 셋째, 당시 초대 주한(駐韓) 미국 대사였던 무초(John J. Muccio: 1949년 3월 20일~1952년 9월 8일)는 행정부의 강화를 주장하며 조병옥의 입각을 건의했다. 이는 이승만 정권이 미국의 영향과 지원을 많이 받고 있음을 증명한다고 주장하는 견해도 있다(김수자, 2005: 208).

한국전쟁기에 유격대 활동으로 인해 전선이 후방 깊숙이까지 뻗어 있었기 때문에 경찰의 양적 팽창은 불가피한 조치였다고 볼 수 있다. 정부 수립 후 치안국이 내무부에 예속됨에 따라 경찰은 내무부 장관의 지휘를 받는 점을 고려해 볼 때, 조병옥을 내부부 장관으로 임명함으로써 경찰조직을 강력하게 통제할 수 있는 기반을 이승만 정부가 마련했다고 보는 것이 타당하다.

한국전쟁기의 경찰관 증편 과정을 살펴보면, 내무부 장관이 된 조병옥은 경찰조직의 재편에 착수해 경찰 병력을 65,000명으로 증원할 것을 결정했으며, 1950년 7월에 대구지구와 부산지구에 경찰훈련소를 설치해 단기간에 훈련을 마칠 수 있도록 규정을 제정하고, 1950년 12월 말까지 강력한 경찰군을 편성토록 했다. 그 결과 1947년에는 27,600명이었던 경찰의 수가 1950년 말에는 4만 8천여 명까지 증편될 수 있었고, 1951년에는 정부 수립 당시의 4배나 되는 63,000여 명에 이르게 되었던 것이다(강혜경, 2002: 185). 한국전쟁 중 경찰 인력 현황은 다음 <표 2-1>과 같다.

한국전쟁 발발 이후에는 경찰조직이 전투경찰 체제로 통합되었는데, 1950년 7월 6일 대통령령 제804호에 의거, 경찰기구는 치안국에 부국장 제도를 신설해 지휘 체제를 강화하고 보급과, 특수정보과를 신설해 비상사태 등 시대적 상황에 능동적으로 대처하기 위해 그 업무 기능을 대폭 강화했다(총무처, 1980: 457). 초대

표 2-1 한국전쟁 중 경찰 인력 현황

시기	경찰관 정원(명)
1950년 8월	48,010
1951년 말	63,427
1952년 말	63,427
1953년 말	50,731
1954년 말	50,731
1955년 말	47,520

출처: 이현희(1979: 227).

부국장에는 미군정기 경무과장으로 있던 김태선이 승진 임명되었다(강혜경, 2002: 181).

이후 8월 10일에는 사찰, 수사과를 통합해 정보수사과로 하고, 증원된 경찰관의 교육을 위해 교육과를 신설했다.

한국전쟁기에 전투 임무를 수행하기 위해 한국전쟁 이전에 설치되었던 비상경비총사령부와 각 도 비상경비사령부의 전투경찰대조직을 살리면서 부여된 임무를 수행하게 되었다. 그러나 전쟁 이전에 설치되었던 전투조직은 경찰의 일반조직과는 별도로 편성된 것이기 때문에 이 시기의 경찰은 이중구조를 이루고 있었다고 보는 것이 정확한 표현일 것이다.

한국전쟁이 지속되는 동안 이들 전투조직은 점차 확대되었고, 일반조직도 서서히 전투 지원구조로 탈바꿈하게 되었다(이정훈 · 강윤식, 2015: 226).

한국전쟁 중 경찰교육기관이었던 경찰전문학교는 1950년 12월 28일 정부의 재후퇴와 더불어 부산으로 다시 내려갔다가 1953년 7월에 서울로 다시 올라오게 되었는데, 한국전쟁 당시 경찰교육의 내용은 주로 군사훈련이었다(정유진, 2009: 63).

경찰은 남한지역의 유격대를 진압하기 위해 1950년 초, 그러니까 한국전쟁 발발 이전에는 200여 명의 경위급 경찰간부를 육군보병학교에 입교시켜 3개월간 교육시킨 적이 있었는데, 전쟁 중에도 이러한 군 위탁교육은 계속 이어졌다. 1951년부터 1954년까지 총 397명이 군 교육기관에서 교육을 받았는데, 이는 경찰조직의 군사화와도 밀접한 관련이 있다(경우장학회, 1995: 177).

전쟁이 가져온 또 하나의 업무는 경찰관에 대한 원호 업무였다. 이 업무는 경무과에서 담당하도록 명문화되었는데, 내무부 직제에 관한 건(대통령령 제378호,

1950.7.27) 제2조에 "경무과는 비상사태 계속 중 그 소관사무 이외에 경찰 원호에 관한 사항을 분장한다."고 규정한 것이다. 그리고 1950년 12월 27일에는 경찰병원을 설립했다(경우장학회, 1995: 174).

그리고 전투에 참여하기 위해 미8군과 협조해 총기와 장비 등을 보급받게 되었고, 경찰관 15,000명을 유엔군 단위부대에 배속시켜 전시경찰의 모습을 갖추게 되었다(김수자, 2005: 209). 이러한 역사는 동서고금을 통해 어느 나라 전쟁사에서도 볼 수 없는 우리나라에서만 있었던 특이한 사례인 것이다.

확대된 조직과 늘어난 경찰 인원만큼 경찰의 임무 수행에 소요되는 예산도 증가했는데, 1950년도의 경우 경찰 예산이 국가 예산의 30%를 차지했다. 실제로 경찰이 집행한 예산은 <표 2-2>에 나타난 예산보다 훨씬 많은 액수였을 것으로 추정된다(정유진, 2009: 64).

실제로 1950년 경찰예산은 최초 편성되었던 예산의 약 2.3배에 이르렀다. 그리고 한국전쟁기 경찰 예산은 전쟁수습비가 할당되면서 1951~1953년까지 특별회계로 계상된다. 이 특별회계는 일반회계 전입금과 국채 발행으로 충당되어 경찰 예산에 편성되었다.

표 2-2 한국전쟁기 경찰 예산과 국가일반회계 비교

(단위: 백만 원)

회계연도	국가일반회계(A)		경찰 예산(B)		B/A(%)
	금액(만 원)	증가율(%)	금액(만 원)	증가율(%)	
1949년	57	0.5	10.6	0.7	18.5
1950년	105	0.9	30.3	1.9	28.7
1951년	333	2.5	56.7	3.7	17.0
1952년	982	7.1	107.3	6.8	10.9
1953년	2,842	20.4	516.1	33.3	18.2

출처: 서기영(1981: 487).

2. 경찰의 군사작전과 유격대 토벌작전

한국전쟁 기간 중 경찰의 활동이 가장 활발했던 분야는 전투활동이었다. 경찰은 개전 초부터 전투 임무에 투입되었으나, 직접 전선을 담당했던 기간은 1년 정도 기간이었고, 그 이후에는 후방지역인 지리산지구와 태백산지구 등에서 유격대를 토벌하는 등 군사적 활동이 주를 이뤘다.

한국전쟁 초기 경찰은 비상경비사령부에 의해 재편성되어 국제연합군이 한국에 진주 시까지의 시간을 얻기 위한 지연 전시 전투에 가담했다. 비상경비총사령부에서는 영동~김천 간의 추풍령을 제1방어선으로, 영동~무풍 간의 민주지산 삼도봉을 제2방어선으로, 그리고 운봉~함양 간의 율치를 제3방어선으로 선정해 북한군의 공격에 대비했다. 이후 전선이 낙동강으로 남하함에 따라 대구방어전에 참가했다(강혜경, 2002: 194).

경찰의 낙동강 전선 참여는 조병옥 내무부 장관의 지휘 아래 이뤄졌다. 조병옥은 경찰을 유엔군의 각 대대와 중대에 배속시켜 통역 업무와 오열 색출, 탄약집적소 경비 등의 업무를 수행할 수 있도록 제8군사령관에게 요청했다. 당시 워커(Walton Harris Walker, 1889~1950년) 제8군사령관도 유격대에 대비할 필요가 있다고 판단해서 미 국방부에 승인을 얻어 유엔군부대에 경찰 배속을 수락했다. 그는 가장 어렵고 힘든 시기에 작전을 지휘했으나 중공군 개입 후 38선으로 후퇴하는 과정에서 의정부 근처에서 그를 태운 지프차가 한국군 트럭과 충돌해 현장에서 순직했다.

낙동강 전선지역에서 경찰은 다음과 같은 임무를 수행했다(강혜경, 2002: 195-203). 첫째, 직접 전투에 참가한 요원들은 군대 경험 보유자와 전투 경험이 풍부한 자 및 대공 전투 의식이 강한 정예 경찰관으로 선발, 이들로 독립전투대원을 편성해서 전투를 담당한 국군 및 유엔군에 배속하거나 전략 거점과 중요 시설을 경비케 했다. 그 결과 대구지구에는 제1대대(경기경찰)와 제2대대(혼성경찰), 현풍지구에는 제3대대(경기경찰), 팔공산지구에는 제5대대(경기경찰), 고령지구에는 제6대대(충남경찰)와 제7대대(서울경찰)가 배치되어 본격적으로 전투에 참여했다.

둘째, 전투요원으로서의 자질이 부족한 일반경찰관 등은 철수한 각 시·도 경찰국장 지휘 하에 각 경찰서 단위로 부대를 편성해 방어상 필요한 지역에 고정 배치했다. 이 기간 동안 경찰의 군사작전은 군대와 유사한 수준이었으며, 실제 그해 8월 8일에는 미8군사령부와 육군본부 등이 철수한 뒤의 대구지역 방어를 담당했으며, 8월 18일 정부가 부산으로 이동한 뒤에도 치안국은 대구를 방어하기 위해 낙동강전선에서 방어작전을 수행했다.

한편 1950년 9월 15일 인천상륙작전의 성공과 국군의 반격작전으로 전황이 바뀌어 경찰의 군사작전도 그 성격과 차원이 점차 변하게 되었다.

반격작전과 더불어 경찰은 수복작전으로 전환해 각 시・도 경찰국도 각각 수복했는데, 9월 30일에 충남, 10월 1일에 서울・경기・충북・전북과 철도경찰대 본대, 10월 3일에 전남, 10월 4일에 강원 경찰이 각각 완전히 수복되었다(내무부 치안국, 1972: 212).

1950년 10월 경 중공군의 개입으로 전선이 다시 남하하게 되고 그 후 전선이 38선 부근에서 고착되면서 후방에 있는 유격대 토벌문제는 경찰의 최고 관심사가 되었다. 유격대 토벌을 위해 비상경비총사령부는 유엔군 및 국군의 작전을 보장하기 위한 치안 확보를 목적으로 각 시・도 경찰국장과 전투경찰사령관에게 12개 항에 대한 치안명령을 하달했다.

비상경비총사령부는 전투경찰사령부를 창설해 군과 같은 방법으로 전술책임 지역 내의 일반경찰도 작전상 지휘를 할 수 있게 했다. 경찰은 1950년 12월 16일 제200대대와 207대대로 '태백산지구전투경찰대'를 창설하고 사령부를 영주에, 제203대대와 제205대대로 '지리산지구전투경찰대'를 창설하고 그 사령부를 남원에 설치했다. 경찰은 주로 군과 합동작전을 전개했지만 독자적 전투로는 1951년 4월의 황매산, 장안산 전투를 들 수 있다. 서울, 경기, 강원도 경찰은 1951년 3월 15일 제2차 서울 수복 시까지 32개 대대로 편성되어 군 주요 보급로 경비와 유격대 토벌작전에 임했다. 그리고 1951년 5월 1일에는 그동안 철도 경비를 맡았던 제201대대와 202대대로 철도기동대사령부를 창설해 철도 연변 유격대 진압과 열차 보호, 철도 경비 등 특수 임무를 수행했다(강혜경, 2002, 재인용).

3. 후방지역 치안 확보와 부역자 처리

한국전쟁 시기 이승만 정권은 경찰기구를 동원해 국민에 대한 통제와 감시를 강화했다. 이 시기 경찰은 정치적 반대를 통제하고 국민을 정치적으로 동원하는 기능을 수행했으며, 일선 행정기관에 대한 통제력을 확보하는 수단이 되기도 했다.

또한 전쟁 중 국민통제 장치의 일환으로 각 시・도 규칙에 근거해 경찰서에서 도민증과 시민증을 발급했다. 도시에 사는 사람들에게는 시민증, 시에 살지 않는 사람들에게는 각 도에서 발행한 도민증을 지니고 다녀야 했다. 시민증이나 도민증은 본적, 출생지, 주소는 물론 직업, 신장, 체중, 특징, 언어, 혈액형 등까지 적게 되어 사실상 '신상명세서'나 다름이 없었다. 특히 도민증이나 시민증은 '공산당이 아님을 증명하는 딱지'로서 중요한 것이었다(강혜경, 2002: 213－214, 재인용).

한국전쟁 시기 경찰은 후방지역 치안 확보와 부역자 처리 등을 통해 반공국가를 더욱 강화시켜 나갔다. 한국전쟁 기간 동안 전선의 확대와 반복된 이동으로 말미암아 양산된 '부역자' 처리가 문제가 되었고, 부역자는 일반법인 형법과 국가보안법에 의해서도 처벌이 가능했다.

전시 하에서 더욱 엄중한 형을 좀 더 간단한 절차로 선고할 수 있는 특별법으로 「비상사태 하의 범죄처벌에 관한 특별조치령」이 1950년 6월 25일 대통령 긴급명령 제1호로 공포되었다. 전쟁 당일에 비상사태 하에서 반민족적 또는 비인도적 범죄를 신속히 엄중 처단함을 목적으로 제정된 것이었다. 이 법령의 내용은 너무나 일반적으로 예상할 수 있는 범위를 초과했기 때문에 전쟁 기간 내내 문제가 되었다(강혜경, 2002: 205－206, 재인용).

부역자 처리는 「비상사태 하의 범죄처벌에 관한 특별조치령」에 따라 1950년 9월 28일 환도 후 잔류한 시민들을 대상으로 하여 부역자 처단의 형태로 본격적으로 처리되기 시작했다. 부역자는 ① 이념적 공명자(적극적인 공산분자), ② 반정부 감정 포지자(소극적인 공산분자), ③ 대세뇌동자(소극분자), ④ 피동분자(소극분자) 등 4종으로 구분되었다. 합동수사본부에서는 인민군 치하 3개월에 한해 부역자 검거에 착수해서 검거 인원 153,825명, 자수 인원 397,090명 도합 550,915명의 부역자를 검거 처리했다. 이들 중 일부 극소수에 달하는 의식분자, 즉 북한군 1,448명, 중공군 28명, 적유격대 9,979명, 노동당원 7,661명 도합 196,116명을 제외하고는 강압으로 인해 부득이하게 부역한 자들이었다(강혜경, 2002: 207－209, 재인용).

4. 경찰의 정치화

한국전쟁기 경찰은 기존의 군사경찰적 성격에 더해 정치적인 색채를 더욱 강화했다. 이승만은 한국전쟁 중 임기 말을 맞자 개헌을 통해 재집권을 꾀하고 있었다(강혜경, 2002: 215).

한국전쟁 이전의 정치적 위기 상황은 전쟁 중에 터져나오기 시작한 행정의 무능력과 부정부패, 그리고 이승만 대통령의 정치적 위신을 실추시켜 1952년 국회에서 간선으로 이뤄질 제2대 대통령 선거에서 그의 패배를 예상하게 했다(진덕규 외,

1981: 424).

그래서 이승만 대통령은 직선제 개헌을 위한 교두보 확보를 위해 필사의 노력을 했고, 국회에서는 1952년 4월 17일에 내각책임제 개헌안을 123명이 서명해 제출했으며, 그러던 중 서민호 의원의 구속과 국회의 석방결의안이 가결되었고(진덕규 외, 1981: 425－426), 홍순봉 치안국장의 사표 수리와 함께 내무부 장·차관도 동시에 자리에서 물러나고 말았다.

동년 4월 20일 이승만 대통령은 장면 총리를 해임하고 장택상을 국무총리에 임명, 국회의 인준을 받았다. 장택상은 당시 국회 내 전개되고 있는 내각책임제 개헌안에 대한 견제 역할을 할 수 있을 것이라는 것과 장택상이 미군정기 수도경찰청장을 역임한 인물로 그 경험은 당시 내무부에 소속되어 있는 경찰을 다루는 데 유리하게 작용할 것이라고 본 것이다(김수자, 2005: 220). 그 당시 내무부 장관은 치안국장 출신의 김태선이었다.

이승만 대통령은 동년 5월 25일, 내무부 장관에 이범석을 임명하고, 5월 25일 0시를 기해서 부산시를 포함한 경남과 전남북 일부 지역에 계엄을 선포하고, 계엄사령관에 원용덕을 임명, 25일 밤부터 내각책임제 개헌 추진 주동 의원인 서민호, 이석기, 장홍염 등을 체포했다(진덕규 외, 1981: 426).

결국 제1차 개정헌법에 따라 대통령 및 부통령은 직접선거로 선출하게 되었고, 직접선거를 위한 절차법인 대통령 및 부통령선거법이 동년 7월 18일에 공포되고, 동년 8월 5일 실시된 제2대 대통령 선거에서 이승만은 74.6%의 지지를 얻어 당선되었다(황수익, 1996: 99).

3대 대통령선거는 대통령 직선제가 이승만에게 반드시 유리하게 작용하지 않는다는 점을 보여줬다. 경찰과 행정조직을 이용한 통치임에도 이승만의 3선을 가능하게 만든 사사오입 개헌 이후 반(反)이승만 분위기는 더욱 강해졌다. 사사오입개헌으로 이승만은 다시 대통령에 출마해 70%의 득표로 당선되었으나, 실제 내용에서는 패배로 기록될 만했다. 민주당의 대통령 후보였던 신익희의 급서(急逝)로 이승만은 어부지리를 얻었으나, 1,856,816표의 무효표를 신익희에 대한 무효표로 간주한다면, 조봉암의 지지표와 무효표의 합계는 4,020,624표로 이승만의 지지표와는 약 1백만 표의 차이에 불과했다. 경찰과 행정조직이 총동원되어 전력을 기울였음을 감안할 때, 이승만의 지도력은 큰 타격을 입을 수밖에 없었다(황수익, 1996: 100－101).

당시 대통령선거의 정황을 다른 사람들의 견해를 활용해 경찰의 선거 개입 혹은 위법성의 수준이 낮은 정도였다고 판단하고 있다(안철현, 1995: 185).

제 4 절 | 한국전쟁 시기 경찰의 조직구조

1. 경찰조직 구조의 개념

경찰조직은 그 기능 면에서 국민의 생명 · 신체 · 재산의 보호와 범죄의 예방과 진압 및 수사, 교통의 단속, 기타 공공의 안녕과 질서 유지를 그 직무로 하는 질서 유지 기능과 국민 전체의 봉사자로서 국민의 자유와 권리를 최대한으로 보호하는 것을 직무로 하는 봉사 기능으로 크게 구분할 수 있는데, 질서 유지 기능은 보호 기능과 규제 기능으로, 봉사 기능은 구원 기능과 직접봉사 기능으로 다시 구분하고 있다(이상안, 1984: 225).

경찰조직은 일반 행정조직으로서 공조직체의 성격을 갖지만, 경찰이라는 업무의 특수성 때문에 일반 공공행정조직과는 다른 조직적 특성을 갖게 된다.

일반적으로 경찰조직은 계선에 속해 있는 관리자들이 스태프진보다 훨씬 더 직무에 몰입하는 경향이 있다(Koslowsky, 1990: 167－173).

한국전쟁 시기의 경찰의 조직구조를 고찰하기 위해 먼저 경찰조직 연혁을 살펴보고, 정부 수립 직후의 경찰조직을 살펴본 후, 한국전쟁 시기 경찰조직을 구체적으로 살펴보도록 한다.

2. 경찰조직 연혁

표 2-3 경찰조직 연혁

연도	날짜	내용
1948	5.15	1급경찰서(서장: 총경), 2급경찰서(서장: 경감)으로 분류 등급제(1972년 폐지)
	9.3	국립경찰지휘권 인수, 경찰 계급을 경무관, 총경, 경감, 경위, 경사, 순경으로 개정

	11.4	내무부 장관 산하에 치안국 설치 (경무, 보안, 경제, 사찰, 수사지도, 감식, 통신, 소방, 여자 경찰관)
	11.18	각 시·도에 경찰국 설치(경무, 보안, 수사, 사찰, 통신, 소방)
1949	4.22	철도경찰대 설치(1953년 폐지)
	10.18	경찰병원 설치
1950	3.31	치안국에 여자경찰과, 소방과 폐지, 수사지도과 →수사과 개칭
	12.16	태백산 및 지리산 경찰전투사령부 설치(1952년 해체)
1953	5.1	서남지구 전투경찰대 발족(동년 7.1 해체)
	12.14	경찰관 직무집행법 제정 공포
	12.23	해양경찰대 발족, 1955년 해무청으로 이관, 1961년 경찰로 복귀
1954	10.2	치안국 경비과 산하에 경찰항공대 설치
1955	1.5	경찰관 직무집행법 시행령 제정 공포
	3.25	국립과학수사연구소 설치
	7.1	서남지구 전투경찰대 해체, 경찰기동대 신설

출처: 경찰청 홈페이지, 경찰조직 연혁에서 요약 발췌.

3. 정부 수립 직후 경찰조직 구조

1948년 8월 15일 대한민국정부 수립이 선포되었고, 같은 해 11월 4일 대통령령 제18호로 제정된 「내무부직제」에서는 내무부에 비서실, 지방국, 치안국 및 건설국을 두고, 내무부 치안국에는 경무과, 보안과, 경제과, 사찰과, 수사지도과, 감식과, 통신과, 여자경찰과, 소방과 등 9개 과를 두도록 했다.

직제 제6조에서 정하고 있는 치안국 각 과의 분장 사무는 <표 2-4>와 같다.

표 2-4 치안국 각 과 분장사무

① 경무과: 경찰조직, 경찰관의 복무와 교양훈련, 경찰의 피복과 총기탄약, 경찰에 관한 정보와 선전 및 국내(局內) 타과에 속하지 않는 사항을 분장
② 보안과: 풍속경찰, 총포화약류, 교통경찰, 위생경찰 및 경비에 관한 사항을 분장
③ 경제과: 경제경찰에 관한 사항을 분장
④ 사찰과: 민정사찰 및 외사경찰에 관한 사항을 분장
⑤ 수사지도과: 범죄수사지도에 관한 사항을 분장
⑥ 감식과: 경찰 지문감식 및 법의학적 감정에 관한 사항을 분장
⑦ 통신과: 유선경비통신 및 무선경비통신에 관한 사항을 분장
⑧ 여자경찰과: 부녀풍기, 부녀문제 조정, 실가 유아, 노인의 보호에 관한 사항을 분장
⑨ 소방과: 소방행정, 소방의 훈련지도, 소방사상의 선전 보급에 관한 사항을 분장

그림 2-1 대한민국정부 경찰기구표(1948.11.4)

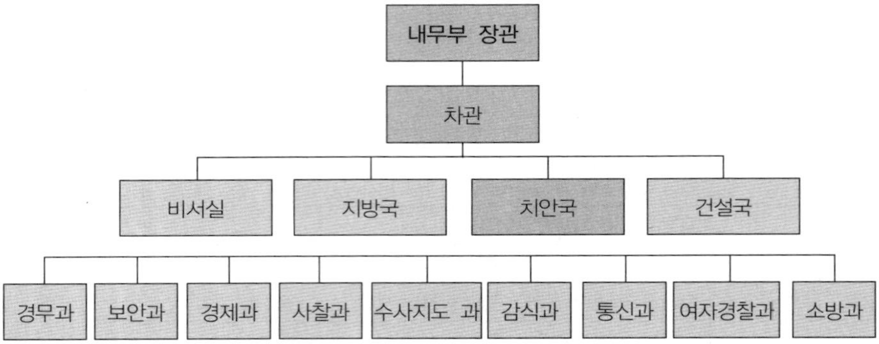

출처: 내무부직제(1948.11.4. 제정)에 의거 작성.

4. 한국전쟁 시기 경찰조직 구조

한국전쟁 시기 경찰조직의 변화를 「내무부직제」에 의거 분석해 본 결과 한국전쟁이 발발한 1950년 10월 18일 대통령령 제386호에 의거 내무부에 총무과, 경리과가 신설되었으며 비서실은 해체되었다. 치안국에는 경무과, 보안과, 교육과, 정보수사과, 감식과, 통신과 등 6개 과를 두도록 개편되었다(개정 8.10, 시행 10.18). 치안국 각 과의 분장사무는 <표 2-5>와 같다.

그림 2-2 대한민국정부 경찰기구표(1950. 10.18)

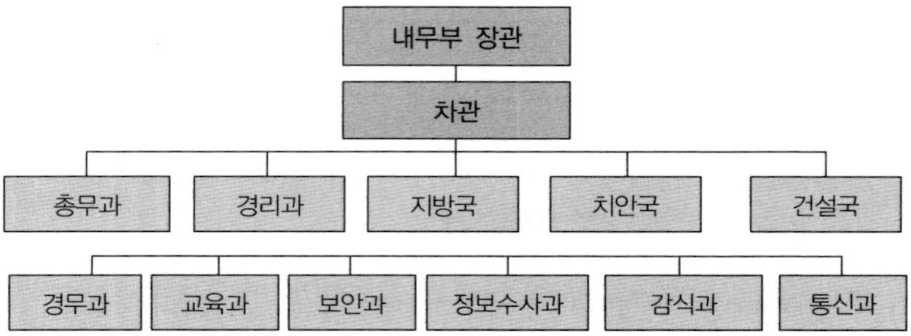

표 2-5 치안국 각 과 분장사무

① 경무과: 경찰조직, 경찰관, 소방관의 복무, 장비, 경찰공보와 선전 및 국내(局內) 타과에 속하지 않는 사항을 분장
② 보안과: 풍속경찰, 교통경찰, 청소 접객 영업에 관한 위생경찰, 철도경찰, 총포화약류, 소방, 부녀, 노유보호 단속, 경비, 경찰총기, 탄약 및 부내 차량에 관한 사항을 분장
③ 교육과: 경찰관, 소방관의 교양훈련과 승진시험에 관한 사항을 분장
④ 정보수사과: 민정, 사찰, 외사경찰, 범죄, 수사의 지도 및 내무부 장관의 특명에 의한 사찰과 범죄의 수사에 관한 사항을 분장
⑤ 감식과: 경찰 지문감식 및 법의학적 감식 및 이화학적 감식에 관한 사항을 분장
⑥ 통신과: 유선경비통신 및 무선경비통신에 관한 사항을 분장

1953년 7월 6일 대통령령 제804호에 의거 내무부 치안국에는 경비과, 특수정보과가 신설되었고, 보급과가 비상사태 계속 중에 한해 신설되었으며, 정보수사과는 수사과로 개칭되었다. 치안국 각 과의 분장 사무는 <표 2-6>과 같다.

표 2-6 치안국 각 과 분장사무

① 경무과: 경찰조직, 지방경찰행정기관의 명칭, 위치구역의 변경, 경찰관, 소방관의 복무, 교양, 훈련, 승진시험, 경찰공보와 선전, 경찰원호 및 국내(局內) 타과에 하지 않는 사항을 분장
② 보안과: 풍속경찰, 교통경찰, 철도경찰, 총포화약류, 소방, 부녀, 노유보호 단속에 관한 사항을 분장
③ 경비과: 경비, 경찰작전과 전투정보, 경찰 총기탄약 및 방곡에 관한 사항을 분장
④ 수사과: 특수범죄의 수사, 수사지도 및 방법에 관한 사항을 분장
⑤ 감식과: 경찰 지문감식 및 법의학적 감식 및 이화학적 감식에 관한 사항을 분장
⑥ 통신과: 유선경비통신 및 무선경비통신에 관한 사항을 분장
⑦ 보급과: 경찰관, 소방관의 의량, 차량 및 자재의 보급, 기타 장비에 관한 사항을 분장

정부는 유격대 토벌작전을 분석한 끝에 일시적 투망식 작전으로는 완전히 없앨 수 없다고 여기고, 지리산·백마산·덕유산을 중심으로 한 4대 지구 일대의 토벌작전을 목적으로 하는 독립경비사령부(가칭)를 설치할 것을 계획했다. 그 결과 1953년 4월 18일 법률 제282호에 의거 「서남지구전투경찰대설치법」이 제정되었고, 서남지구의 공비 토벌을 완수하기 위한 조치로 내무부 장관 소속 하에 서남지구전투경찰대를 1953년 5월 1일 전북 남원에 설치했다(강혜경, 2012: 279, 재인용).

서남지구전투경찰대의 관할구역은 전라북도 남원군, 장수군, 순창군, 임실군, 전

라남도 곡성군, 승주군, 순천시, 구례군, 광양군, 경상남도 하동군, 산청군, 함양군, 거창군으로 정했다.

오늘날까지 유지되고 있는 「전투경찰대설치법」의 전신이 바로 「서남지구전투경찰대설치법」이다. 공비 토벌을 어느 정도 마친 후 서남지구전투경찰사령부가 1955년 7월 1일부로 폐지됨에 따라 이 법은 「전투경찰대설치법」으로 그 명칭이 변경되었다. 전투경찰대설치법의 제정 당시 주요 목적은 향후 북한의 대남공작이 더욱 격렬해질 것으로 예상되어 대간첩작전에 대비할 전투경찰대를 설치하기 위함이었으며, 현재 동법 제1조(설치 및 임무)에 보면, "① 간첩(무장공비를 포함한다)의 침투 거부(浸透拒否), 포착(捕捉), 섬멸(殲滅), 그 밖의 대(對)간첩작전을 수행하고 치안 업무를 보조하기 위하여 지방경찰청장 및 대통령령으로 정하는 국가경찰기관의 장 또는 해양경비안전기관의 장 소속으로 전투경찰대를 둔다." <개정 2014. 11. 19>라고 규정하고 있다. 전투경찰순경의 계급은 특경, 수경, 상경, 일경, 이경으로 구성되어 있고, 전투경찰순경의 초임 계급은 이경이다.

제 5 절 | 인사행정

한국전쟁 시기 경찰인사는 치안국 산하 경무과 내의 인사계에서 담당했다. 경찰의 충원은 공개채용보다는 특채가 많았으며, 사전 훈련 부족으로 양적 충원에 비하면 질의 확보가 어려웠다.

한편, 한국전쟁기에 경찰의 특채와 공개채용 인원을 살펴보면 <표 2-7>과 같다.

그런데 시기에 따라 응모자 수의 변화가 심했다고 하는데, 미군정 시에는 일정(日政), 좌익(左翼)의 영향으로 아주 저조했다고 보며, 1948년 이후 약간 회복되었다가 한국전쟁을 기해 병역과 연관되어 급증하는 인원 수로 인해 우수한 인재로 충원하는 데 용이했다고 볼 수 있다.

하지만 미군정 시부터 한국전쟁 시까지는 경찰관의 급증에 응하기 위해 경관(警官)으로서의 사전훈련(pre-service training)을 제대로 받지 못했기 때문에 질적 저하를 초래했으며, 이는 양적 충원에만 급급한데 기인한다고 볼 수 있다(박동서,

표 2-7 한국전쟁기 경찰관 채용 현황

(단위: 명)

계급 연도, 방법		경무관	총경	경감	경위	경사	순경	합계	비율
계	특채	1	1	17	35	214	6,742	19,214 (58.89)	32,629 (100)
	공채							13,415 (41.11)	
1951년	특채							5,186 (63.69)	8,142 (100)
	공채							2,956 (36.31)	
1952년	특채							7,018 (54.20)	12,947 (100)
	공채							5,929 (45.79)	
1953년	특채	1 (0.01)	1 (0.01)	17 (0.24)	35 (0.49	214 (3.05)	6,742 (96.17)	7,010 (60.74)	11,540 (100)
	공채						4,530 (100)	4,530 (39.25)	

출처: 박동서(1966: 72)에서 일부 발췌.

1966b: 73).

경찰의 한국전쟁 시 인사행정을 고찰하기 위해서는 먼저 제1공화국의 인사행정에 대해 살펴보고, 경찰행정과 경찰 인사행정에 대해 살펴본 후, 한국전쟁 시기 경찰 수뇌부의 구성을 살펴보는 순서로 고찰해 본다.

1. 인사행정에 대한 이해

제1공화국(第一共和國)은 대한민국 제헌 헌법에 따라 1948년 8월 15일 이승만 정부가 수립되어 1960년 4·19 혁명으로 대한민국 제2공화국이 탄생하기 전까지 지속된 첫 번째 공화 헌정 체제이다. 집권 여당은 자유당이다(위키백과, 대한민국 제1공화국).

제1공화국은 정부조직법에 따라 국무총리를 비롯해 내무부, 외무부, 국방부, 재무부, 법무부, 문교부, 농림부, 상공부, 사회부, 교통부, 체신부로 구성되었다. 국가

안전관리 분야인 외교와 국방 기능을 강화해 독립국가의 이미지를 높이고, 치안과 질서 유지 및 재정 수입 확보를 위한 정부 조직이란 특징을 가졌다. 1954년 이후 2차 헌법 개정으로 국무총리제가 폐지되고, 대통령제가 강화되었다. 제1공화국의 인사행정 관련 부처는 정부조직법 법률 제1호를 따랐고, 1948년 대한민국 정부 수립과 함께 중앙인사관장기관이 설치되었다. 즉, 고시위원회와 총무처의 이원적인 조직으로 출범했다. 총무처는 국무총리 소속 하에 있었으며, 인사행정 업무를 주관하는 기관은 인사국과 후생국이었다(오석홍, 1993: 73).

총무처에서 인사행정을 주관하다가 정부기구 개혁으로 사실상 각 부에서 전담하고 공무원의 자격고시, 전형, 복무, 신분, 보수에 관한 일반적인 사무는 국무원사무국에서 주관했다(김보현, 1959: 78).

인재 양성을 위한 공무원 교육훈련기관으로 국립공무원훈련원이 1949년 12월 12일에 중앙에 신설되었고, 치안국이 속해 있는 내무부에도 설치되어 훈련을 해왔다. 훈련과 관련해 주목할 만한 사항으로는 1956년에 미국 행정학 교수 리그스(Fred W. Riggs)가 내한해 국무원사무국 소속 국립공무원훈련원에서 초빙교수로 3주간 행정학에 관해 계몽적 특강을 했다. 당시 미국은 해방 이후 계속된 한국에 대한 경제 및 기술 원조가 소기의 성과를 올리기 위해서는 공공행정 체제 도입 및 행정 과정의 선진화가 필수적이라 판단하고 공무원 훈련에 열심이었다. 이후 1959년에 실시된 소규모의 고급 공무원 훈련은 1950년대 후반기에 이르러 해외에 가서 근대 관리기술을 습득해 온 한국인과 미국인 고문의 영향이었다(인사혁신추진위원회, 2016: 108).

2. 경찰행정

경찰행정은 행정의 한 영역이고, 경찰행정법은 특별행정법의 하나이다(최영규, 2016: 174). 경찰행정도 사회 공공의 안전과 질서를 유지한다는 경찰 목표를 지향하고, 내부의 경비를 위해 경비과와 해양경찰대를 창설했으며, 경찰항공대, 경찰의장대, 국립과학수사연구소를 설치했다(박태현, 1994: 59).

경찰행정법은 경찰조직법과 경찰작용법 및 경찰구제법으로 구분하는 것이 보편적이나, 행정구제법제는 모든 행정 영역에 공통되고 경찰행정에 고유한 구제제도는 따로 존재하지 않으므로 여기에서는 논외로 한다(최영규, 2016: 176).

우리나라의 경찰조직법제는 1948년 7월 17일 제헌헌법과 동시에 공포된 법률 제1호 「정부조직법」에 따라 시작되었다. 동법은 제15조에서 “내무부 장관은 치안 · 지방행정 · 의원선거 · 토목과 소방에 관한 사무를 장리하고 지방자치단체를 감독한다.”고 함으로써 경찰행정은 내무부 장관의 사무로 규정했다.

그 밖에 경찰의 조직에 관한 법률 규정은 없었고, 대통령령인 「내무부직제」에 따라 중앙정부 차원의 경찰사무는 내무부 장관의 보조기관인 치안국장이 관장하고, 지방 차원에서는 시 · 도지사가 기관위임사무로서 경찰사무를 관장하되 실제로는 시 · 도지사의 보조기관인 경찰국장이 시 · 도 단위의 경찰사무를 관장했다. 그 산하에 있는 경찰서장은 형식상 시 · 도지사의 하급 행정청이었지만 실제로는 시 · 도 경찰국장의 지휘 하에 있었다.

경찰사무는 국가가 독점하고 지방자치단체의 경찰권을 인정하지 않는 국가경찰 일원주의가 우리 경찰조직법의 기본 원칙이었다(최영규, 2016: 176).

경찰조직에 관한 특별법으로 「서남지구 전투경찰대 설치법」(1953.4.18.,법률 제282호)이 있었으나 동법은 1955년 6월 30일 제정된 「경찰직무 응원법(법률 제358호)」 부칙에 따라 1955년 7월 1일부로 폐지되었다.

경찰작용법제에 관한 이론적 관심은 일반법에 집중되는데, 우리나라에서는 「경찰관 직무집행법」이 경찰 작용에 관한 일반법이라는 점에 대해서는 거의 이견이 없다(최영규, 2016: 179). 그러나 1955년 12월 14일 제정된 「경찰관직무집행법」(법률 제299호)은 사실상 일본의 1948년 「경찰관직무집행법」을 번역한 것으로 전문 9개조에 불과한 것이므로 경찰 작용 전반을 체계적으로 망라한 일반법이라고 하기에는 미흡한 점이 있다(최영규, 2016: 179).

현재의 「경찰관직무집행법」은 경찰관이 국민의 생명, 신체, 재산의 보호와 범죄의 예방, 공안의 유지 기타 법령 집행 등의 직무를 충실히 수행하기 위해 필요한 조치를 규정함을 목적으로 정비가 되어 있다.

3. 경찰 인사행정

인사행정(public personnel administration)이란 정부의 공무원을 대상으로 하는 인사관리(personnel management)를 의미하며, 인사관리는 많은 사람으로 구성된 일정한 집단조직체가 일정한 목적을 달성하기 위해 인적 자원을 효율적으로 이용함으로써 최고의 질과 최대의 양을 갖춘 업적을 성취하는 기술이며(김운태, 1968: 371), 모든 행정을 가름하는 중핵적인 것으로 인사행정이 미치는 영향을 측량하기 어려울 만큼 광범위한 것이라고 볼 수 있다.

경찰행정에서도 인사행정이 차지하고 있는 비중은 두말할 나위도 없이 막중하고 그에 따른 신상필벌의 합리적인 운영은 경찰행정 발전의 원동력이 되기도 한다. 즉, 인사관리가 적정히 이뤄짐으로써 경찰 전반에 걸친 업무가 효율적으로 추진될 수 있으므로 인재의 등용과 배치에서 적재적소 배치 원칙을 적용한다는 것은 매우 중요한 것이다. 그러나 미군정 및 정부 수립 후 민주당 정권 말기까지의 경찰 인사행정은 실로 무질서와 정실인사(情實人事)로 부패일로에 있었던 것은 속일 수 없는 사실이다(이용규, 1969: 267).

1961년 이후에 비로소 인사행정 면에 일대 혁신을 단행해 과거의 부패상을 씻고 과학적인 인사관리를 위해 정부에서는 국가공무원법 및 공무원임용령과 부수 법령을 개선해 좀 더 합리적이고 타당성 있는 인사 운영을 위한 인사위원회의 상설기구 설치로 인사행정의 기본계획 수립과 공정성과 신뢰성 등의 유지로 발전을 거듭하고 있으나, 경찰 인사행정은 경찰 업무의 특수성이 전혀 고려되어 있지 않은 국가공무원법의 적용으로 침체 상태에 놓여 있어 경찰 인사행정의 기본법 제정이 절실히 요청되었는데, 1961년 1월 7일 경찰공무원법이 제정됨에 따라 경찰 인사관리에 일대 혁신을 가져오게 되었다(이용규, 1969: 267-268).

경찰공무원법(법률 제15522호, 2018. 3.20)은 국가경찰공무원의 책임 및 직무의 중요성과 신분 및 근무 조건의 특수성에 비춰 그 임용, 교육훈련, 복무(服務), 신분보장 등에 관해 「국가공무원법」에 대한 특례를 규정함을 목적으로 제정되었다. 국가경찰공무원의 계급은 치안총감(治安總監), 치안정감(治安正監), 치안감(治安監), 경무관(警務官), 총경(總警), 경정(警正), 경감(警監), 경위(警衛), 경사(警査), 경장(警長), 순경(巡警)으로 구성되어 있으며, 한국전쟁 시기에는 경찰의 계급구조가 경무관, 총경, 경감, 경위, 경사, 순경으로 구성되어 있었다.

4. 한국전쟁기 경찰 수뇌부의 인적 구성 및 프로필

한국전쟁기 경찰조직의 수뇌부 구성을 고찰해 보는 것은 이들의 조직에서의 활동뿐만 아니라 제1공화국과 제2공화국에 걸쳐 발생한 여러 가지 정치적 문제들에서 이들 경찰 수뇌부의 역할이 많이 관련되어 있었기 때문에 이를 살펴보고자 하는 부수적인 목적이 있기 때문이다.

한국전쟁기 내무부 장관과 치안국장을 살펴보면 <표 2-8>과 같다. 이들 중 일부 인사는 내무부 장관과 치안국장을 모두 역임한 경우도 있으며, 이들 중 일부 인사는 이승만 정권에서 경찰의 정치적 개입에 깊숙이 관여한 경우도 발견할 수 있다.

표 2-8 한국전쟁기 내무부 장관과 치안국장

내무부 장관	백성욱 (1950.2-1950.7)	치안국장	김태선 (1950.4-1950.6)
	조병옥 (1950.7-1951.5)		장석윤 (1950.6-1950.7)
	이순용 (1951.5-1952.1)		김태선 (1950.7-1951.6)
	장석윤(서리)(1952.1-1952.1)		이익흥 (1951.6-1952.3)
	장석윤 (1952.1-1952.5)		홍순봉 (1952.3-1952.5)
	이범석 (1952.5-1952.7)		윤우경 (1952.5-1952.9)
	김태선 (1952.7-1952.8)		문봉제 (1952.9-1953.10)
	진헌식 (1952.8-1953.9)		

출처: 강혜경(2012: 267) 재인용.

위 표에서 보는 바와 같이 한국전쟁기에 경찰 총수를 지낸 사람은 장석윤, 김태선, 이익흥, 홍순봉, 윤우경, 문봉제 이렇게 6명이다. 이들 중 장석윤은 이승만 대통령과 개인적 인연이 있었고, 김태선은 조병옥, 장택상, 윤치영 등과 친분이 있었던 것으로 보인다. 나머지 4명은 모두 이북 출신으로 월남했다는 특징이 있다. 특히 이익흥, 홍순봉, 윤우경은 모두 일제강점기 경찰 경력자들이고, 헌병 혹은 군으로 자리를 옮겼다가 다시 경찰로 돌아온 경력이 있다. 이승만 정권이 "현실 적응력이 높았던 친일 경찰을 치안국장에 기용함으로써 당시 정권의 손발로 활용했다"라는 통념도 위 세 사람의 경찰국장에 대해서는 타당하다고 할 수 있다(정유진, 2009: 66).

한국전쟁기 치안국의 부국장과 과장급 간부 및 지방경찰국장의 명단을 재임 순으로 정리하면 <표 2-9> 및 <표 2-10>과 같다.

표 2-9 한국전쟁기 치안국 간부 명단

직위	명단 (재임 순서 순)
부국장	김상봉, 김장홍
경무과장	김상봉, 장영복, 김태일, 윤명운, 이하영, 최치환
보안과장	김경산, 최치환, 이성우, 장재익
수사지도과장	박명진, 김호우, 선우종원, 윤기병, 김용, 박근용, 가창현, 변종현
정보과장	장영복, 선우종원, 윤기병, 김용, 윤명운, 박근용, 가창현, 김우택, 박근용, 박병배
통신과장	채영식, 장재익, 오인순

출처: 강혜경(2012: 267), 재인용.

내무부 장관과 치안국장을 모두 역임한 인사, 혹은 이 두 직책 중 하나를 역임한 주요 인사인 장석윤, 이익흥, 홍순봉, 윤우경, 문봉제에 대한 프로필을 개략적으로 정리해 보면, 이들이 한국전쟁기 혼란스러운 국내 정세 하에서 이승만 대통령의 정치 역량 발휘에서 어떤 역할을 수행했었는지를 대략적으로나마 가늠해 볼 수 있을 것이다.

표 2-10 한국전쟁기 지방경찰국장 명단

지역	명단 (재임 순서 순)
서울	김태선, 이익홍, 윤우경, 윤명운
경기도	이하영, 한경록, 윤기병, 이순구
강원도	윤명운, 이익준, 황학성, 이구범, 홍병식
충청북도	김의택, 정태섭, 이성주, 송관수
충청남도	이순구, 심형택, 김호우, 송관수, 김우택, 황학성
전라북도	윤기병, 정태섭, 김의택, 윤명운, 전삼조, 김종원, 신상묵
전라남도	김응권, 심향택, 송병섭, 한경록, 변종현, 박근용
경상북도	한경록, 조준영, 변종현, 전삼조
경상남도	이동철, 최천, 이성주, 이동철, 박병배, 이하영
제주도	이성주, 이종극, 윤명운, 조준영, 윤석열, 이경진

1) 장석윤(재임 기간: 1950.6.17~1950.7.17)

장석윤은 백성욱 내무부 장관 시기에 치안국장에 취임했지만, 재직 30일 만에 '일신상의 사정'을 이유로 사직하게 된다. 20세 때 미국으로 유학하게 되는데, 이때 이승만을 만났다. 그는 이승만의 소개로 루스벨트(Franklin D. Roosevelt) 대통령이 조직한 COI(OSS 및 CIA의 전신) 교육을 받았으며, 한국인으로서는 최초로 COI 요원이 되어 미군 21명과 함께 파키스탄의 카라치에 공수되어 첩보활동을 벌였고, 임시정부 연락관으로 활동했다. 이승만의 측근으로 있다가 치안국장에 임명되었다. 치안국장 퇴임 후 1952년 1월 내무부 장관에 등용되어 3개월간 근무(재임기간 : 1952.1.7.~5.24)했다(김용정, 1984: 177; 제정갑, 1992: 488–489).

김용정(1984)은 장석윤이 이승만에 대해 직설적인 성격을 드러냈다는 점을 분석했고, 제정갑(1992)은 장석윤과의 인터뷰를 통해서 '군과의 마찰, 특히 신성모 국방부 장관과의 알력 다툼'이 심했었다는 사실을 밝혀낸 바 있다.

2) 이익홍(재임 기간: 1951.6.21~1952.3.14)

일본 규슈대학과 도쿄대 대학원 등을 다녔고, 귀국해서 총독부 관리로 일했으며, 1945년 경찰로 자리를 옮겨 평안북도 박천서장을 지냈다. 해방 후에 월남해 남한에서 생활하다가 한국전쟁 직전 채병덕(당시 육군참모총장, 이익홍과 동향)에 의해 헌병으로 자리를 옮기게 되었고, 1951년 6월에 '경찰과 군대를 두루 잘 알고 경험이 많은 사람'으로 알려져 치안국장에 임명되었다(김용정, 1984: 177–178; 제정갑, 1992: 492).

이익홍은 이후 서울시 부시장(1952년), 경기도지사(1953년), 내무부 장관(1956년)을 지냈고, 내무부 장관 시절 장면 부통령 저격사건, 부정선거 등에 개입되어 있다고 판단되어 4·19 이후 구속되기도 했다(김용정, 1984: 178).

3) 홍순봉(재임 기간: 1952.3.14~1952.5.25)

홍순봉은 일제 강점기 만주경찰 고등관(현, 경무관 정도)을 역임했고, 이후 군으로 자리를 옮긴 것으로 보인다. 1952년 3월 육군대령에서 치안국장으로 임명되었고, 두 달 정도 임무를 수행하다가 퇴임하게 된다. 임기가 짧았던 이유는 서민호 의원의 구속사건과 관련이 있는데, 이승만 대통령에게 불려가서 서민호 구속사건 관련 "서민호를 왜 석방했어! 지금 나가서 당장 체포해! 그리고 안(安)인가 뭔가 하는 판사(안윤출)도 당장 잡아넣도록 해! 또 국회의원도 몇 놈 잡아넣어야겠어!" 당황한 홍순봉 국장은 잠시 어쩔 줄 몰라하다가 "서 의원은 이미 국회에서 석방결의가 가결됐고 … 재판소에서 정식으로 구속을 해제한 것이라서 … "라고 말꼬리를 흐리고 말았다. 그러자 이승만 대통령은 "내가 대통령이야! 내가 하라는 대로 하면 돼! 누가 뭐라고 하면 내가 하라고 했다고 그래 … 아, 그리고 지금부턴 장관이고 총리고 다 일없으니 모든 정보도 나에게 직접 가져와!"라고 소리치는 것이었다. 이날 밤을 뜬눈으로 지샌 홍순봉 국장은 다음날 아침 장관에게 사표를 제출했고, 치안국장의 사표 수리와 함께 장·차관도 동시에 자리에서 물러나고 말았다. 위 인용문을 보면 당시 권력자의 경찰에 대한 인식이 잘 나타나 있다(김용정, 1984: 179).

4) 윤우경(재임 기간: 1952.5.25~1952.9.1)

내무부 장관과 차관, 치안국장 경질에 이어 새롭게 치안국장으로 취임한 사람은 윤우경이었다. 그는 일제 강점기 황해도 송화경찰서장, 해방 후 월남해서 영등포, 마포, 중부서장, 수도경찰청 총무과장, 경무과장을 지냈고, 1949년 6월 신성모 국방부 장관의 추천으로 헌병으로 자리를 옮겼다가, 1951년 6월 다시 경찰로 돌아왔다. 그는 헌병 근무시 한강철교 폭파사건, 국민방위군사건, 거창양민 학살사건 등과 관련이 있었고, 치안국장으로 재직 시에는 부산정치파동이 있었다(정유진, 2009: 69).

5) 문봉제(재임 기간: 1952.9.16~1953.10.5)

1952년 8월 5일 국민들의 직접선거에 의해 실시된 제2대 대통령선거와 제3대 부통령선거로 이승만 후보를 제2대 대통령으로, 함태영 후보를 제3대 부통령으로 선출했다(위키백과, 대한민국 제2대 대통령선거). 선거가 끝나고 당시 38세인 문봉제가 치안국장에 임명되었다. 평북 개천 태생이고 일본에서 유학을 했으며, 해방 직후 공산당과의 대립으로 월남, 서북청년회를 조직하고, 1950년 10월 대한청년단 부단장으로 활동하다가 경찰의 총수가 되었다. 당시 전쟁은 교착 상태에 들어갔고, 경찰은 후방에서 공비 토벌을 하고 있었는데, 문봉제가 철저한 반공주의자였다는 점도 이와 관련이 있을 것이다(정유진, 2009: 70).

제 6 절 | 분석과 교훈

1. 분석

한국전쟁기 경찰의 주요 활동과 조직구조 및 인사행정을 고찰해 본 결과 다음과 같은 몇 가지 사실을 발견했다.

첫째, 강력한 경찰국가로서의 한국 경찰 체제는 정부 수립기와 미군정기의 준전시 체제와 한국전쟁기의 전시 체제 아래 국민에 대한 통제를 통해 경찰국가 체제를 확립하고 있었다는 점이다. 미군정기를 거치면서 경찰 행정조직은 체제나 운영면에서는 능률성보다는 민주성을 강조했고, 대륙법계 제도보다는 자국에서 적용하고 있는 영미법계 제도의 장점인 경찰조직 체질의 민주화를 실현시키려고 노력했다는 점을 알 수 있다. 특히 조직구조를 중앙집권적으로 재편했다. 이러한 조직구조는 오늘날에도 개방적이고 유기적인 시스템을 갖지 못하고 본청인 경찰청에서부터 지방청, 경찰서 단위까지 획일적이고 경직된 구조로 형성되어 있는 것이 이 때문인 것으로 보인다.

둘째, 경찰행정이나 경찰의 인사행정에 관한 사항은 한국전쟁기에 특별히 체계화되거나 발전된 점을 발견할 수 없었는데, 이것은 이 연구 주제가 특정 주제를 가지고 한국전쟁 기간 약 3년간을 통해 분석하려고 한 것이기 때문이라고 본다. 인사행정은 '인사행정학'이라고 하는 학문 체계 속에서 다뤄져야 하는 것이고, 현재 국내에서 출간된 『인사행정론』 교재의 대부분이 현행 인사 관계 법령의 내용을 소개하는 데 치중하고 있는데, 채용, 보직, 승진, 보수, 복무 등에 대한 설명에 상당한 분량을 할애하고 있는 실정이다. '인사행정론'이란 어떻게 하면 좋은 인재를 확보해서 국가 등 행정 주체로 하여금 양질의 행정 서비스를 제공함으로써 국민들의 복지 수준을 향상시킬 수 있을 것인가에 대한 연구이다. 그렇다면 인사행정의 역할은 국민들 중에서 경쟁력을 갖춘 인재를 어떻게 선발해서 이들을 경찰청을 비롯한 정부의 각 행정기관에 배치해 효율적으로 활용할 수 있을 것인가에 관한 인사행정의 기능 향상과 조직 발전을 위한 전략적 방법을 강구하는 데 있다고 볼 수 있다.

셋째, 경찰의 조직구조는 1948년 11월 4일 대통령령 제18호로 제정된 「내무부

직제」에 따라 경무과, 보안과, 경제과, 사찰과, 수사지도과, 감식과, 통신과, 여자경찰과, 소방과 등 9개 과로 편성되어 있었다. 한국전쟁기 경찰의 조직구조는 1950년 10월 19일 대통령령 제366호에 의거 내무부 치안국 내 경무과, 보안과, 교육과, 정보수사과, 감식과, 통신과 등 6개 과로 개편되었다. 이때 경제과, 사찰과, 수사지도과, 여자경찰과, 소방과가 폐지되면서 이들이 업무 분장했던 일부 기능이 보안과, 정보수사과로 이전되었으며, 경제경찰에 관한 경제과의 업무 분장은 삭제되었다. 그리고 교육과가 신설된 것이 특징이다. 한국전쟁 휴전 직전인 1953년 7월 6일 대통령령 제804호에 의거 내무부 치안국에 경비과, 특수정보과가 신설되었고, 보급과가 비상사태 계속 중에 한해 신설되었으며, 정보수사과는 수사과로 개칭되었다.

넷째, 한국전쟁기 경찰은 이승만 대통령의 정치적 의도와 제도적 미비점 등으로 인해 일제강점기 경찰 경력자들이 다수 포진되는 결과를 초래했다. 이러한 경찰의 행태는 친일파 척결에 대한 국민적 반항을 불러일으켰고, 국회 내에서는 반민특위 활동으로 나타났으나 경찰의 역할과 성격을 바꾸는 데는 역시 한계가 있었다.

다섯째, 이승만 정권은 한국전쟁 기간 중 위기 상황을 경찰조직을 전시 체제로 적합하게 변화시킴으로써 정권의 위기를 돌파했다고 볼 수 있으며, 실제로 전쟁 초기의 지연전 수행과 전선교착기 이후 남한 내 준동하고 있던 공비 토벌작전에서 경찰조직은 매우 혁혁한 공을 세웠다.

여섯째, 경찰이 정치권력에 의존하는 양상을 보이기 시작한 시기가 바로 한국전쟁기라고 볼 수 있다. 한국전쟁이 끝나고 새로운 정부가 들어서기까지 경찰은 정치권력에 철저하게 복속되는 모습을 보였는데, 전쟁이 끝난 후 치안국 내 과(課)의 통·폐합, 인원과 예산의 감축 등 경찰조직의 규모 축소와 예산, 인력의 대폭적인 감축으로 인해 경찰은 일대 위기를 맞게 됨으로써 경찰 스스로 자구책을 강구하지 않을 수 없었다.

일곱째, 앞서 경찰 수뇌부의 인사를 살펴본 결과, 한국전쟁기 경찰조직의 인사는 현실 정치와 불가분의 관계를 형성하고 있었다는 점을 알 수 있다. 이것은 한국전쟁기나 오늘날이나 동일한 양상을 보이고 있는 것으로 평가할 수 있다.

2. 교훈

한국전쟁기 경찰의 주요 활동과 조직구조 및 인사행정을 분석해 본 결과, 다음과 같은 몇 가지 교훈을 도출했다.

첫째, 미군정 하 영미법계 제도의 특징 중 하나인 민주성을 효율성보다 더 강조했던 것은 오늘날 '제복 입은 시민'으로서, 함께하는 민주경찰 · 따뜻한 인권경찰 · 믿음직한 민생경찰로 국민 속에 자리 매김하는 데 매우 중요한 밑거름이 되었다고 본다. 그리고 장차 국가 위기 상황 발생 시에는 한국전쟁기에 확립했던 경찰국가 체계의 여러 가지 경험과 조직 체계 등이 준용될 수 있을 것이다.

둘째, 한국전쟁 기간 중 경찰의 인사행정은 전시 체제 하에서 경비과, 해양경비대, 경찰항공대, 경찰의장대, 국립과학수사연구소, 경찰병원 등을 창설함으로써 사회 공공의 안전과 질서를 도모한 바 있다. 경찰행정의 민주화와 능률화를 위한 예방경찰의 기능 강화, 대공경찰 기능 신설, 경찰장비의 과학화 및 현대화, 과학수사의 강화 등은 미래를 대비하는 차원에서, 그리고 '경찰행정사무선진화위원회'(가칭)를 설치해서 경찰 관계 제반 예규, 문서의 정비, 경찰행정사무 간소화, 경찰행정 업무 표준화를 통한 경찰행정 선진화를 추진할 필요가 있다.

셋째, 한국전쟁기 경찰의 조직구조는 전쟁 임무 수행 기간과 휴전 후 환경에 맞게 변경되었다. 그리고 경찰의 계급구조는 한국전쟁기에는 경무관, 총경, 경감, 경위, 경사, 순경 등 6개 계급구조로 이뤄졌는데, 이는 1948년 국립경찰지휘권 인수 후 6개 계급으로 개정한 것이 그대로 이어져 온 것이다. OECD 국가와 치안 역량을 비교한 2004년도 형사정책연구원 연구보고서에 따르면, 한국 경찰의 계급 수는 11개로 전 세계에서 가장 세분화되어 있으며(미국, 독일, 일본은 9개, 프랑스 8개, 영국 7개), 총경 이상 상위 계급 분포가 한국 경찰은 0.5%(미국, 독일은 0.7%, 일본은 0.56%), 경정 · 경감의 중간관리층이 5.1%(미국은 5.5%, 영국은 5.9%), 경위 이하 실무자 비율이 한국 경찰은 94.4%(미국은 93.8%, 영국은 93%)로 구성되어 있는데, 계급 수나 계급별 인력 배치는 선진국의 현황을 참고해서 조정할 필요가 있다고 본다.

넷째, 친일파 경찰의 문제는 아직도 해결되지 않은 친일파 후손들의 문제와 관련된 민감한 사안이기는 하나, 몇몇 인사의 일탈된 행위 때문에 묵묵히 경찰 본연의 임무를 수행한 일본 경찰에 복무했던 경력자들을 싸잡아서 매도할 필요는 없다고 본다.

다섯째, 한국 경찰이 한국전쟁 시 전투에 적극 참전했을 뿐만 아니라 특정 국면과 특정 지역 전투에서는 국군 못지않게 혁혁한 전공을 세웠음에도 불구하고, 오늘날까지도 경찰의 이러한 국가에 대한 기여도에 대해, 즉 한국전쟁 참전 경찰관들에 대한 충분한 보상이나 인정을 받지 못하고 있는 측면이 적지 않다는 것을 알 수 있다. 한국전쟁에서 쌓은 경찰의 전공은 국군과 유엔군의 참전 역사 속에 묻혀서 빛을 발하지 못하고 있는 부분을 발굴하고, 그에 적합한 국가 차원의 참전 경찰관에 대한 개인적인 보상 대책이 반드시 필요하다고 본다.

여섯째, 한국 경찰은 앞으로 다가오는 미래에도 정치권력으로부터 완전히 자유로울 수만은 없을 것으로 예상된다. 국회에서 검찰의 수사지휘권을 폐지하고 경찰에 1차 수사 종결권을 부여하는 내용이 담긴 검경 수사권 조정 법안이 패스트트랙 신속 처리 안건으로 지정된 것에 대한 관련 기관들과 국회 등 정치권의 입장이 첨예하게 대립되고 있는데, 과연 어떻게 정치적으로 해결될 것인지 귀추가 주목되는 바이다. 한국 경찰의 입장도 매우 중요한 기로에 서 있다고 본다.

마지막으로 현재 대한민국 국군은 병역자원의 감소 등 여러 가지 환경 변화에 따라 현역 병력을 감축 중에 있고, 복무기간도 단축하고 있다. 따라서 향후 국방문제에 관한 군·경의 역할 분담이 좀 더 명확하게 구분되고, 구체화되어 전투와 후방지역 치안 확보 문제에 대한 유사 시 공조 체제가 일사불란하게 발휘될 수 있도록 획기적으로 발전되어야 할 것이다.

제 7 절 | 결론

군과 경찰은 한국전쟁 기간 중 주어진 임무에 최선을 다했으며, 특히 세계사에서도 그 유례를 찾아보기 힘든 한국 경찰의 전쟁 기간 중 전투 참가는 우리 후손들에게 물려줄 자랑스러운 민족의 유산이라고 볼 수 있다.

전쟁이 터지자 경찰관들은 조국을 지키기 위해 참전했고, 전 경찰관의 1/3에 해당하는 17,378명이 전사하거나 실종 또는 부상을 입었다. 한국전쟁 당시 최초의 전사자도 군인이 아닌 경찰관이었다. 강릉경찰서 전대욱 경사가 1950년 6월 25일 새벽 3시경, 정동진 등명 해안초소에서 근무 중 북한국의 공격을 받고 전사한 것이다. 한국전쟁기 구국경찰은 경찰 간부와 경찰 병력들이 위국헌신의 자세로 각종 전투에 참가해 목숨을 바친 희생의 결과로 오늘날 우리 대한민국이 존재한다는 사실을 명심하고, 이분들의 고귀한 희생과 헌신에 경의를 표해야 할 것이다.

이 논문을 통해 한국전쟁기 경찰의 조직구조와 인사행정을 고찰해 보고, 분석과 교훈을 제시해 봤는데 한국전쟁이 발발한 지도 어언 69년이 경과한 지금 한국 경찰의 조직구조와 인사행정은 어느 정도 안정기에 접어들었다고 볼 수 있다.

오늘날 한국 경찰청은 청장을 중심으로 1차장 8국 9관 32과 16담당관으로 구성되어 있다. 경찰조직 중 민생치안은 생활안전국 · 수사국 · 교통국 · 외사국, 사회질서 유지는 경비국 · 정보국(정보심의관) · 보안국이 담당하고 있으며, 행정 지원은 대변인 · 기획조정관 · 경무인사기획관 · 감사관 · 정보화장비정책관이 각각 담당하고 있다. 그리고 부속기관으로는 경찰대학 · 경찰교육원 · 중앙경찰학교 · 경찰수사연수원 등 4개의 교육기관과 책임운영기관인 경찰병원이 있다.

또한 치안사무를 지역적으로 분담 수행하기 위해 전국 특별시 · 광역시 · 도에 17개 지방경찰청을 두고 있으며, 지방경찰청장 소속 하에 경찰서 255개, 지구대 518개, 파출소 1,491개를 운영하고 있다.

치안정책연구소의 연구자료를 인용해 살펴보면, 오늘날 경찰청 소속 공무원은 거의 대부분 특정직인 경찰관 및 일반직 공무원으로 구성되어 있는데, 경찰청 전체 공무원 인력 총 117,916명 중 일반직 공무원은 3.3% 수준인 총 3,931명이다.

경찰관은 무기와 흉장을 수여받아 경찰관직무집행법, 각종 형사법령 등을 근거로 단속을 하고 법집행관(Law Enforcement Officer)으로서 임무를 수행하며, 일반직(Civilian Member)은 일반 행정 · 지원 업무를 수행하는 것이 바람직하다. 그럼에도 불구하고 현재 경찰조직은 급여, 후생, 복지, 청사관리, 유무선 통신, 전산, 장비 등 법집행 업무와 1차적 관련성이 낮고 일반직에 적합한 업무 분야에 상당수의 경찰관이 근무하고 있는 실정이다.

한국의 경찰관은 상당수가 대국민 치안 서비스 현장이 아닌 일반 행정 업무를 담당하고 있어 실제 현장 치안 역량을 정확하게 반영하지 못하고 있다.

경찰관은 승진과 퇴직에 따른 연 2회 정기 보직인사 및 경정 · 경감 승진 시 본청-지방청 순환, 기동대 서열 등 인사 원칙으로 인해 인사이동이 잦아 일반행정 분야 전문성이 현격히 저하되어 있는 현실이다.

미국의 경우 경찰관(Sworn Officer, 선서한 법집행관)과 일반직(Civilian Member)을 각각 '법집행 업무'와 '비(非) 법집행 업무'에 합리적으로 배치하고, 특히 범죄피해자보호관, 범죄예방전문관 등 전문성과 장기적 근무를 요하는 직위에는 경찰관이 아닌 자격을 갖춘 '일반직' 전문가들을 배치해 활용하고 있다.

직위분류제가 발달한 미국의 경우 경찰관 비율이 69.8%, 일반직 비율이 30.2%인데 반해 한국 경찰은 경찰관 비율이 96.7%, 일반직이 3.3% 수준에 머물고 있는데, 주요 선진국에서는 일반직이 경찰 인력의 상당 부분을 차지하고 있다. 따라서 행정 지원 분야에는 일반직 배치를 확대하고, 현장에는 경찰 인력을 보강할 경우 각종 전문성이 제고되는 등 치안 역량이 한층 강화될 것으로 판단된다.

주요 선진국과 비교 시 한국 경찰은 경찰관 인력 자체가 상당히 부족한 실정이므로 국방개혁2.0 추진에 따라 국군의 인력이 감축되는 것과 연계해서 국가 유사시 상황에 대비한 경찰 인력 증원이 절실하게 요구되고 있는데, 이에 대한 정부의 대책이 요망된다.

그리고 민생치안, 사회질서 유지, 경찰행정 지원 등 경찰 고유의 업무에 대한 지속적인 발전과 더불어 장차 전쟁에 대비해 국가를 방위하기 위한 대비 차원에서 후방지역의 민생치안, 사회질서 유지, 행정 지원 업무 이외에도 국가기반시설 방호나 특정경비구역 방호 등 군과 경찰조직의 중복 업무 분야에 대한 전·평시 임무 전환계획 등에 대한 폭넓은 대책 검토가 요구되고 있다.

참고 문헌

강혜경(2002). "한국경찰의 형성과 성격(1045-1953)". 숙명여자대학교 대학원 박사학위 논문.

______(2012). "한국전쟁기 후방 치안유지와 경찰". 『인문과학연구』. 제30집.

경우장학회 편(1995). 『국립경찰50년사(일반편)』.

경찰청 홈페이지. https//www. police.go.kr 경찰조직연혁.

______. https//www.police.go.kr 역사자료실. 한국경찰사 1권. 2권.

김보현(1959). "인사관리의 문제점". 『지방행정』. 8권 69호. 1959년 5월호.

김봉래(1986). "한국경찰조직과 근무환경에 관한 연구". 한양대학교 행정대학원 석사학위논문.

김수자(2005). 『이승만의 집권초기 권력기반 연구』. 서울: 경인문화사.

김용정(1984). "경찰 40년의 수뇌들". 『신동아』(1984.6).

김운태(1968). 『행정학원론』. 서울: 박영사.
김진혁(2007). "한국경찰 60년. 평가와 전망". 『법학연구』. 제28집. 2007.11.25.
김충남(2005). 『경찰학개론』. 서울: 법문사.
김학경 · 이성용(2014). "경찰청 직제명칭 개선방안에 대한 정책연구용역". 계명대학교 산학협력단.
내무부 치안국(1972). 『한국경찰사1 · 2』.
박동서(1966a). "경찰행정사(1945－1964)". 『행정논총』. 4(2). 서울대 행정대학원.
______(1966b). 『인사행정론』. 서울: 법문사.
박태현(1994). "한국경찰행정 제도의 발전방안에 관한 연구". 단국대학교 행정대학원 석사학위 논문.
서기영(1981). 『한국경찰행정사』. 서울: 법문사.
안철현(1995). "이승만체제의 권력기반과 성격." 『한국정치학회보』. 28(2).
오석홍(1993). 『인사행정론』. 서울: 박영사.
윤장호(1995). 『호국경찰전사』. 서울: 제일.
이상규(1985). 『신행정법론(하)』. 서울: 법문사.
이상안(1984). "경찰관료제의 제문제". 『경찰대학논문집』. 제3집.
이용규(1969). "한국경찰인사행정에 관한 연구". 『행정논집』. 1권. 동국대학교 행정대학원.
이정훈 · 강윤식(2015). "한국전쟁에서 경찰의 역할과 작전에 관한 연구". 『대한정치학회보』. 23집 4호.
이현희(1979). 『한국경찰사』. 서울: 덕현각.
이황우(1995). "경찰정신사와 경찰상 정립". 『경찰 창설 50주년과 경찰의 좌표』. 창경 50 주년기념 치안정책세미나. 치안연구소.
인사혁신추진위원회(2016). "정부의 미래지향적 인사 혁신을 위한 제4차 인사행정혁명". 『인사비전 2045』. 서울: 도서출판 지식공감.
정우열(2004). "한국경찰조직 기구의 변천과정에 관한 연구". 『한국행정사학지』. Vol.14.
정유진(2009). "한국 경찰의 정치적 성격 연구: 미군정기와 제1공화국 시기를 중심으로". 서울대학교 대학원 석사학위 논문.
정진환(1989). "한국 경찰조직개편에 관한 연구". 『인하대학교 논문집』. 제13호.
정태정(2013). "우리나라 경찰 형성과 발전에 관한 연구: 갑오개혁 이후 미군정까지". 동의대학교 대학원 석사학위 논문.
제정갑(1992). "한국의 경찰 인맥". 『월간중앙』 199(1992.8).
진덕규 외(1981). 『1950년대의 인식』. 서울: 한길사.
최영규(2016). "한국 경찰행정법의 역사와 과제". 『행정법연구』. 제47호. 사단법인 행정법이론실무학회.
허남오(1998). 『한국경찰제도사』. 서울: 동도원.
황수익(1996). "제1공화국의 선거제도와 선거". 『한국정치연구』. 5. 서울대학교 한국정치연구소.
매일신보. 1945년 10월 11일 기사.

Koslowsky. M.(1990). "Staff/ line distinctions in job and organizational commitment". *Journal of Occupational Psychology*. Vol. 63.

제 3 장 전쟁 수행 중 경찰의 역할: 낙동강 방어선 전투를 중심으로

제 1 절 | 서론

2018년 3월 6일 정의용 안보실장이 방북 결과를 발표하면서 북한 김정은 국무위원장의 '비핵화(denuclearization)' 의지를 전달함으로써 북한의 비핵화를 위한 다양한 외교적 노력이 전개되고 있다. 2018년 4월 27일 남북 정상회담, 6월 12일의 미북 정상회담이 개최되었고, 그를 통해 북한은 '완전한 비핵화'를 약속하기도 했다. 문제는 수개월이 지나도록 북한은 비핵화를 위한 결정적 조치는 강구하지 않고 있다는 것이다. 이에 2018년 8월 24일 트럼프(Donald J. Trump) 대통령이 비핵화 진전 정도가 미흡하다면서 당시 예정되어 있던 폼페이오(Mike Pompeo) 국무 장관의 방북을 취소시켰고, 그러자 한국에서는 2018년 8월 5일 정의용 안보실장이 다시 방북해 북한의 비핵화 의지를 확인하면서 비핵화 협상의 분위기를 살리고 있다. 당연히 북한의 핵무기 폐기를 위한 다양한 노력이 필요하지만, 국가안보는 최악의 상황까지 대비한다는 차원에서 북한의 핵 위협에 대한 대비 태세도 함께 강화시켜 나가지 않을 수 없는 상황이다.

그동안 북한은 여섯 차례의 핵실험을 통해 상당한 핵능력을 보유하게 되었는바, 미국의 북핵 전문가인 올브라이트(David Albright)는 2016년 12월 현재 북한이 13~30개의 핵무기를 보유한 것으로 평가한 적이 있고(http://isis-online.org/isis-reports/detail/no-rth-koreas-nuclear-capabilities-a-fresh-look/10 (검색일: 2018. 4. 15). '38 North'에서는 2017년 9월 현재 북한이 20~25개의 핵무

기를 보유한 것으로 평가한 적이 있다(Michael J. Zagurek, Jr., "A Hypothetical Nuclear Attack on Seoul and Tokyo: The Human Cost of War on the Korean Peninsula." 38th North, http://www.38north.org/2017/10/mza－gurek 100417/ (검색일: 2018. 5. 5). 소련의 전문가는 2018년 6월경 북한이 30~35개의 핵무기를 보유하고 있을 뿐만 아니라 매년 7~10개를 만들 수 있다고 평가한 적도 있다(유철종, 2018. 6. 11). 북한은 2020년경 최대 88개의 원자탄과 최대 46개의 수소탄, 즉 합계 최대 134기의 핵무기를 보유할 수 있다고 추정하는 전문가도 있다(정성윤, 2017: 57－58). 국가안보는 최악의 상황에 대비하는 것이라고 한다면, 당연히 북한의 핵무기 위협 심지어 공격의 가능성까지도 대비해야 한다. 실제로 북한의 핵무기 개발로 남북한 군사력 균형이 북한에게 일방적으로 유리한 방향으로 기울어진 상태이고, 따라서 북한이 핵무기를 직접 사용하지는 않더라도 그것을 사용하겠다고 위협하면서 재래식 전력을 활용해 1950년에 시도했던 기습 공격을 반복할 가능성을 배제할 수는 없다.

핵전쟁이든 재래식 전쟁이든 그의 수행 주체는 군대이지만, 현대전은 총력전(total war)이라는 견지에서 보면 모든 국민도 어떤 형태로든 전쟁에 가담하게 된다. 특히 그중에서도 경찰은 군대와 매우 유사한 조직이고, 전쟁에서 국민의 안전을 보장하거나 후방의 치안을 보장하는 핵심적인 임무를 수행하게 된다. 이러한 점에서 북한이 핵무기를 개발하면서 그것을 배경으로 하는 제2의 '6 · 25전쟁'(모든 참고 문헌이 '한국전쟁'으로 사용하고 있어서 아래에서는 한국전쟁으로 사용)을 시도할 경우 경찰이 어떤 역할을 수행해야 할 것인지를 논의해 볼 필요성도 적지 않다. 현재의 인식하고 있듯이 후방에서 치안만 보장하면 되는지 아니면 준(準)군사부대로서 전투까지도 수행해야 하는지가 궁금하기 때문이다. 북한의 핵 위협이 심각해질수록 앞으로의 전쟁에서 경찰의 어떤 역할을 수행해야 할 것인지를 토의하고, 경찰 스스로 필요한 준비를 갖출 필요가 있다.

향후 전쟁에서의 경찰 역할은 미래전이 어떻게 전개될 것인가를 바탕으로 상당한 깊이로 토론 및 연구해서 정립해 나가야 하지만, 그 첫걸음으로 한국전쟁에서 경찰이 어떤 역할을 수행했는지를 분석해 보는 것도 유용할 것이다. 핵 위협 하에서 감행하는 것은 다르지만 북한이 핵무기를 사용하기 전까지는 과거 한국전쟁과 유사하게 지상군을 중심으로 기습 공격을 가할 가능성이 높기 때문이다. 현재 북한의 비핵화 진전으로 상당수의 국민들이 안심하고 있다는 점에서 북한이 기습 공격을 가할 경우 한국군은 한국전쟁에서처럼 당황한 채 패퇴할 수 있고, 그러면 한국 사회는 한국전쟁처럼 극도의 혼란을 겪게 될 것이며, 따라서 경찰의 역할이 커질 수 있다. 한국전쟁의 경우 기습 공격을 당해 낙동강 방어선을 형성할 때까지가 가장 불안하고, 위태로운 시기였다는 점에서 이 시기에 경찰이 어떤 역할을 주로 수행했는지를 분석해 미래의 거울로 삼을 필요가 있다.

그러므로 이 논문에서는 낙동강 방어선 전투를 중심으로 한국 경찰이 전시에 수행한 역할을 분석해 보고자 한다. 이를 위해 제2절에서는 분석을 위한 기초적인 이론으로서, 경찰의 전시 임무를 살펴보고, 한국 경찰이 어떻게 발전되어 어떤 임무를 수행하는지를 정리하고자 한다. 제3절에서는 낙동강 전투와 관련해 군사작전 측면에서 경찰이 어떤 역할을 수행했는지를 살펴보고, 제4절에서는 피난민 통제와 관련한 경찰의 역할을 분석하고자 한다. 그리고 나서 결론을 통해 현재의 경찰이 사전에 유념하거나 대비해야 할 교훈을 제시하고자 한다.

제 2 절 | 경찰의 전시 역할과 한국 경찰의 발전 경과

1. 경찰의 연혁

현대 사회에서 경찰을 의미하는 영어로 사용되고 있는 '폴리스(police)'는 그리스어의 'politeia'가 어원인데, 그 뜻은 시민(citizenship), 행정(administration), 민간 정치체(civil polity) 등이다. 15세기경부터 영어로도 정책, 국가, 공공질서라는 의미로 사용된 것을 볼 때 다른 어떤 단어보다 공공성을 중요시하는 용어이다. 이를 배경으로 프랑스에서 1667년 최초로 조직화된 경찰력을 활용하게 되었고, 이로써 현대 경찰의 발전이 비롯되었다(Wikipedia, "Police," https://en.wikipedia.org/wiki/Police 검색일: 2018년 9월 8일). 유럽대륙에서 경찰의 개념이 변천된 과정을 간략하게 함축하면 다음 <표 3-1>과 같다.

당연히 한국의 역사에서도 명칭은 다르지만 다양한 형태로 경찰의 개념은 존재했었다. 고려시대의 경우 '6위(衛)'의 하나인 '금오위(金吾衛)'는 수도의 치안을 담당했다는 점에서 경찰의 기능을 수행했고, 조선시대에는 포도청(捕盜廳)과 포졸(捕

표 3-1 유럽에서의 시대별 경찰 개념의 변화

시대	경찰 개념	특징
고대국가	라틴어 politia에서 유래, 도시국가에 관한 일체의 정치	경찰과 행정의 미분화
중세국가	국가 목적을 위한 모든 국가 작용→교회행정 권한은 제외	경찰과 행정의 미분화
경찰국가	외교, 군사, 재정, 사법을 제외한 일체의 내무행정 전반, 적극적인 공공복리를 위한 경찰권 발동(내무행정)	경찰과 행정의 분화
법치국가	적극적 복지경찰 분야를 제외한 소극적 위험 방지 분야에 한정(내무행정 중 치안행정)	경찰과 행정의 분화
현대국가	소극적인 위험 방지 분야와 적극적인 서비스(보안경찰)	경찰과 행정의 분화

출처: 김창윤 외(2015: 19).

卒)에서처럼 현대의 개념과 유사한 경찰조직이 상당한 체계성을 갖고 존재했었다. 다만, '경찰(警察)'이라는 용어 자체는 일본이 사용한 것을 계승한 것이다. 즉, 1980년대에 김옥균과 박영효 등의 개화파는 부국강병을 위한 과제 중의 하나로 치안을 강조하면서 그 수단으로 일본 경찰제도의 도입을 주장했고, 실패하기는 했으나 1884년 갑신정변(甲申政變) 시 발표된 정책 중 "순사제도(巡査制度)를 시급히 설치해 도적(盜賊)을 방지할 것"이라는 내용이 포함되어 있다(김창윤 외, 2015: 24). 이후 한국이 일본의 식민지 지배를 받으면서 일본의 경찰제도가 한국에 그대로 이식되었다. 다만, 일제시대에 한국인 경찰이 일본 경찰의 앞잡이로써 국민들을 탄압함에 따라서 해방 이후에도 경찰을 부정적으로 인식하는 분위기가 존재하게 되었다(정훈, 2016: 39).

현재의 경찰은 제2차 세계대전이 종료된 후 진주한 미군에 의해 창설되었기 때문에 기본적으로 미군의 경찰 개념이 도입되었다고 봐야 한다. 미군정 당국은 1945년 10월 21일 '경무국'을 창설했고, 일제시대에 지나치게 확대되었던 경찰사무는 일반 행정기관으로 이양했으며, 국민들의 생명, 신체, 재산을 보호하는 것을 주된 사무로 지정했다(이정훈 · 강윤식, 2015: 221). 다만, 당시 좌익 주도의 다양한 소요로 인해 경찰이 민생에만 전념할 여유가 없이 이들을 소탕하는 임무에 동원되었고, 그 과정에서 국민들에게 강제력을 행사하는 상황이 발생했으며, 그래서 일부에서는 일제시대의 경찰로 오인되면서 경찰에 비협조적이기도 했던 것이다(오문균, 2000: 56-57).

1948년 8월 15일 정부 수립 이후 한국은 경무국을 치안국으로 바꾸면서 내무부의 지휘와 감독을 받도록 했고, 이 치안국이 1976년에는 치안본부로 바뀌었다. 그러다가 1991년에는 경찰청이 외청으로 독립함으로써 장족의 발전을 이루게 되었다. 현재 한국의 「경찰법」에 따르면, 경찰청은 행정안전부에 소속되어 있지만 경찰에 대한 최고기관으로 상당한 독립성을 유지하고 있고, 이 경찰청의 사무를 지역적으로 분담해서 수행하게 하기 위해 특별시장 · 광역시장 및 도지사 소속으로 지방경찰청이 존재하며, 지방경찰청장 소속으로 경찰서가 편성되어 있다.[1]

2. 경찰의 임무

그리스어의 어원이나 영어의 의미에서도 알 수 있듯이 경찰의 궁극적이면서 가장 중요한 임무는 공공의 안녕과 질서 유지이다. 여기에서 공공의 안녕은 법질서, 권리, 각 개인의 법익, 국가 및 공권력 주체의 기관과 집행의 불가침성이 유지되는 상태를 말한다. 다만, 이를 유지하는 데 국가와 개인의 입장이 다를 수 있고, 따라서 경찰은 국가의 이익과 국민의 이익 사이에서 적절한 균형을 잡을 수 있어야 한다. 이러한 궁극적인 임무에 기초해서 경찰의 1차적인 임무는 국민의 생명 · 신체 및 재산의 보호이고, 기본적인 임무는 위험의 방지, 범죄의 수사 그리고 대민서비스 활동이다(김창윤 외, 2015: 43). 경찰의 임무를 정리해 제시하면 <표 3-2>와 같다.

한국 경찰의 임무는 경찰법에 분명하게 명시되어 있다. 「경찰법」 제3조에 따르면, 한국 경찰은 "국민의 생명 · 신체 및 재산의 보호, 범죄의 예방 · 진압 및 수사, 범죄 피해자 보호, 경비 · 요인 경호 및 대간첩 · 대테러 작전 수행, 치안정보의 수

표 3-2 경찰의 임무 구분

구분	내용
궁극적 임무	• 공공의 안녕과 질서 유지
1차적 임무	• 국민의 생명 · 신체 및 재산의 보호
기본적 임무	• 위험의 방지 • 범죄의 수사 • 서비스 제공

출처: 김창윤 외(2015: 43).

1) 경찰법, 제2조, 법률 제15566호(일부 개정 2018.04.17).

집 · 작성 및 배포, 교통의 단속과 위해(危害)의 방지, 외국 정부기관 및 국제기구와의 국제 협력, 그 밖의 공공의 안녕과 질서 유지"로 되어 있다. 다시 말하면, 국가의 안전을 유지하는 일 중에서 외국으로부터의 침략에 대응하는 일을 제외한 모든 업무와 국가의 법률을 집행하는 데 관한 모든 사항을 경찰이 수행해야 한다고 할 것이다.

특히 「경찰법」 제3조에 명시되어 있는 "그 밖의 공공의 안녕과 질서 유지"라는 조항을 보면, 경찰이 국민의 생활에 거의 무제한적으로 개입해야 할 만큼 포괄적인 임무를 수행할 수밖에 없음을 알 수 있다. 다만, 이로 인하여 경찰의 권한 남용이 우려되기 때문에 「경찰법」 제4조를 통해서 "국가경찰은 그 직무를 수행할 때 헌법과 법률에 따라 국민의 자유와 권리를 존중하고, 국민 전체에 대한 봉사자로서 공정 · 중립을 지켜야 하며, 부여된 권한을 남용하여서는 아니 된다."라는 조항을 두고 있다. 「경찰관 직무집행법」에서도 "이 법에 규정된 경찰관의 직권은 그 직무 수행에 필요한 최소한도에서 행사되어야 하며 남용되어서는 아니 된다."라고 해서 남용을 경계하고 있다.[2] 결국 경찰은 남용을 하지 않는 범위 내에서 국민의 생활과 법률 집행에 관한 모든 사항에 관여할 수 있다고 봐야 할 것이다.

3. 전시경찰의 임무

앞에서 언급한 경찰의 임무는 전쟁 도중이라고 해서 변하는 것이 아니다. 전쟁에서 승리가 너무나 중요하기 때문에 전시에는 군대가 경찰의 임무와 권한을 일부 수행할 수도 있지만, 궁극적으로 공공의 안녕과 질서 유지에 대한 기본적인 임무는 경찰이 여전히 보유한다. 즉, 경찰은 내란은 물론이고, 외환으로부터도 국가의 안녕과 질서를 유지해야 할 책임이 있고, 따라서 이를 위해 필요한 임무가 있으면 수행해야 한다. "그 밖의 공공의 안녕과 질서 유지"에 해당되지 않을 사항이 없기 때문이다. 실제로 한국 경찰은 한국전쟁 시 군과 함께 전쟁을 수행했고, 그 결과 현직 경찰관 24,558명이 사상을 당하고, 경찰지원 병력이 8,559명이 사상당하는 등 전쟁 중 임무 수행 과정에서 상당한 희생을 치르기도 했다(이정훈 · 강윤식, 2015: 220).

2) 경찰관 직무집행법, 법률 제15565호(일부 개정: 2018.04.17).

전시에는 군이 국가의 제반 사안을 주도하기 때문에 기본적으로 경찰은 군의 업무를 지원하는 성격일 수 있다. 예를 들면, 전시에는 후방의 안전이 중요하기 때문에 지역별로 군 부대가 주둔해 지역 안전을 위한 역할을 수행하는데 이에 경찰은 적극적으로 협조해야 한다. 경찰의 적극적인 역할을 수행해 후방이 안전하면 그만큼 군은 전방의 전투에 집중할 수 있다는 점에서 경찰의 역할은 군의 핵심 전투력을 보강하는 효과를 산출하게 된다. 나아가 전투 임무에도 경찰이 투입되어야 할 상황일 경우 경찰은 호응해야 한다. 국가의 안위보다 더욱 중요한 일은 없기 때문이다.

한국전쟁과 같이 전선(戰線)이 유동적으로 이동하면서 국민 다수가 피난을 할 경우 경찰은 그들을 통제하는 역할을 수행해야 할 가능성이 높다. 군인들이 투입되어 통제할 수도 있지만, 군인들은 전투 임무에 전념하는 것이 좋고, 국민들을 통제하는 데는 군인보다 경찰이 효과적일 수 있기 때문이다. 이와 같은 국민통제를 통해서 경찰의 주요 임무인 국민들의 생명과 재산을 지키고, 그리고 군사작전에 대한 부정적인 영향을 최소화할 수 있으며, 이러한 기능도 매우 중요하다고 할 수 있다.

더욱 비상한 상황에서 경찰은 적과 전투를 수행하는 역할도 수행하지 않을 수 없다. 적이 후방지역에 침투할 경우 군이 가용하지 않으면 경찰이 상대해야 할 것이기 때문이다. 또한 전선이 유동적일 경우 적의 게릴라가 아니라 정규군도 기습공격을 가할 수 있고, 그러할 경우 경찰이 직접적인 전투에 노출될 가능성도 없지 않다. 국가의 존망이 흔들릴 경우에는 어떠한 역할도 수행해야 할 것이기 때문이다. 다만, 이것은 최악의 상황으로서 가급적이면 전투 역할은 군에 맡겨야 하고, 경찰은 잠시 전투 역할을 수행하더라도 군에게 인계하고 본연의 임무로 되돌아가고자 노력해야 한다.

4. 한국전쟁과 경찰의 역할

한국 경찰은 1948년 정부 수립 직후부터 38선 경비를 담당하고, 좌익이 야기한 각종 반란을 토벌하는 것이었기 때문에 다른 국가의 경찰에 비해서 그 임무가 훨씬 전투적이었고, '준군사부대'라고 분류할 수 있을 정도였다. 그만큼 국가의 안전과 치안이 불안했고, 군도 창설되어 나가는 과정에 있었으며, 그러한 상황에서 가장 신뢰할 만한 집단은 경찰이었기 때문이다.

예를 들면, 경찰은 군정 시기부터 1949년까지 미국 제6사단 및 7사단과 함께 38선 경비를 담당했고, 1949년 미군이 철수한 이후에는 국군과 함께 38선을 경비했다. 이들 대부분은 경기도와 강원도의 경찰이었는데, 정부는 이들의 인원을 보강하고 파출서를 증설했다. 특히 경찰은 카빈총으로만 무장한 채 이러한 임무를 수행했고, 북한군에 대해 상당한 수적인 열세에 있었지만, 군처럼 서울 사수를 위한 저항진지를 편성하거나 중화기 등의 보충이 필요하다고 요구할 정도로 임무 수행에 적극적이었다(이정훈 · 강윤식, 2015: 223−224).

경찰은 침투한 북한군을 토벌하는 임무도 적극적으로 수행했는데, 북한군은 1948년 11월 14일 1차 침투한 이래 1950년 한국전쟁 직전까지 10회에 걸쳐 2,345명이 집단을 형성해 침투했고, 경찰은 군과 함께 이들에 대한 토벌작전을 적극적으로 수행해 2,000명 정도를 사살 또는 생포하기도 했다(이정훈 · 강윤식, 2015: 224). 독립된 직후라서 이러한 게릴라의 활동은 국가의 존립을 위협할 정도였고, 경찰도 모른 체할 수 없는 상황이었다. 그래서 경찰은 치안국에 '비상경비 총사령부'를 설치했고, 각도 경찰국에도 '비상경비 사령부'를 편성했으며, 지리산 일대의 유격대 토벌을 위해 1949년 3월 1일 '지리산지구 전투사령부'를 설치했고, 경북 일대 및 태백산지구 전투를 위해서는 '태백산지구 전투사령부'를 설치하기도 했다(이정훈 · 강윤식, 2015: 225). 신생독립국의 불안한 상황으로 인해 한국 경찰은 국민들의 민생 보호라는 본연의 임무에 치중할 여유가 없었고, 따라서 군인과 함께 적과의 전투작전에 동원되었다고 할 수 있다.

한국 경찰의 전투 임무는 한국전쟁 기간에도 계속되었다.[3] 전쟁이 지속되면서 경찰의 전투조직이 확대되고, 일반 경찰들도 전투를 지원하는 임무를 수행하게 되었다. 북한의 기습적인 남침 공격으로 인해 경찰의 상당수가 전사, 부상, 낙오해 숫자가 줄어들자 1950년 7월에 대구와 부산 지역에 경찰훈련소를 설치해 단기간에 경찰을 증원하기도 했다. 따라서 한국전쟁 직전 25,000명 규모이던 경찰은 한국전쟁 직후에는 13,000명 정도로 줄어들었다가 1950년 12월에는 48,000명으로 증원되었고, 1951년에는 63,000명으로 확대되었다(이정훈 · 강윤식, 2015: 226). 한국전쟁 기간 동안 경찰 인력의 변화 현황을 보면 <표 3−3>과 같다.

---

3) 이에 관한 대표적인 사례에 대해서는 다음을 참조. 정훈(2016), "위기상황에 있어서 경찰의 성과에 관한 연구," 41−56.

표 3-3 한국전쟁 중 경찰 인력 변화

시기별	경찰관 정원(명)
1950년 8월	48,010
1951년 말	63,427
1952년 말	63,427
1953년 말	50,731
1954년 말	50,731
1955년 말	47,520

출처: 이현의(1979: 227); 이정훈 · 강윤식(2015: 226)에서 재인용.

한국전쟁이 시작되자 38도선을 경비하던 경찰은 북한군과 치열한 방어전을 전개하면서 후퇴했고, 군과 함께 지연작전을 전개하기도 했다. 낙동강을 중심으로 어느 정도 전선이 안정되자 경찰은 군인들과 함께 주요 보급로 경비 임무를 수행했고, 피난민의 관리와 중요 시설의 경비, 그리고 후방 게릴라의 소탕작전에 참가했다. 경찰은 영월 · 울지지구 공방전, 충주 · 대천지구 전투, 금강 방아작전, 경북 북부지역 전투에서 상당한 전과를 거두기도 했다. 한국전쟁 초기에 경찰의 교전과 성과를 정리해 보면 <표 3-4>와 같다.

표 3-4 한국전쟁 초기 경찰의 손실과 전과

경찰의 손실	교전 횟수	전사	실종	중상
	1,677회	598명	6,231명	736명
경찰의 전과	사살		포로	
	6,293명		3,400명	

출처: 윤장호(1995: 147); 이정훈 · 강윤식(2015: 229)에서 재인용.

준군사조직으로서의 한국 경찰 임무는 한국전쟁 기간 동안에 지속적으로 강화되었고, 상당한 군사장비로 무장하기도 했다. 낙동간 방어선에서는 카빈 소총 이외에 M1 소총과 박격포도 보급받았고, 15,000명 정도의 경찰이 유엔군에 배속을 받아서 적 게릴라 토벌과 소규모 전투를 군과 함께 수행하기도 했다. 그 결과 한국전쟁을 통해 한국 경찰은 상당한 피해를 입기도 했는데, 대체적으로 전사 9,848명, 실종 7,158명, 부상 7,652명, 포로 337명에 달했다(이정훈 · 강윤식, 2015: 237). 한국전쟁 기간 동안 경찰은 군사 임무와 치안의 임무를 동시에 수행했고, 그만큼 희생과 노고가 컸다고 할 수 있다.

제 3 절 | 낙동강 방어선 전투와 경찰의 역할

1. 낙동강 방어선의 형성

낙동강은 경북과 경남을 북쪽과 서쪽으로 에워싸는 형태로 흐르는데, 다양한 지류가 합하면서 안동에서 서쪽을 향하여 상주로 흐른 다음에 남쪽으로 방향을 전환해 김해지역으로 흐른다. 따라서 한반도의 동남부를 서북쪽의 위협으로부터 방어하고자 한다면 천연의 장애물을 제공할 수 있는 형태라고 할 수 있다. 그 밖에도 한국의 강들은 주로 동에서 서로 흐르기 때문에 북쪽으로부터의 위협에 대해서는 이를 연해 방어선을 형성하는 것이 자연스러웠고, 따라서 1950년 3월 육군본부 작전국에서 수립한 한국군 방어계획인 '육군본부 작전명령 38호'에서는 북한군이 남침해 올 경우 38도선에서 저지하되 만약 저지에 실패하면 남한지역의 큰 강, 즉 한강·금강·낙동강에 방어선을 구축해 축차적인 지연전을 실시한다는 계획을 구비하기도 했다(최용성, 2014: 18).

북한의 불법적인 기습공격으로부터 한국을 보호해야 한다는 유엔의 결의안에 근거해 미국이 군대를 파견하자 급하게 도착한 미군도 강을 활용한 축차적인 방어를 계획했다. 7월 3일 한국에 도착한 제24사단장은 한강 남쪽에서 방어를 수행할 경우 축차적인 방어선을 ① 평택~안성~충주~삼척선, ② 차령산맥선, ③ 금강선, ④ 소백산맥선, ⑤ 낙동강 선으로 판단했다(최용성, 2014: 18). 그리고 금강~소백산맥 방어선이 무너지자 7월 17일경 낙동강 방어선을 구상했고, 이를 최후의 교두보로 삼아서 총반격을 실시한다는 작전계획을 수립했던 것이다(오석균, 2001: 26). 이에 따라 미군은 7월 26일 전투를 수행하거나 후퇴하고 있는 모든 부대를 낙동강 선을 따라 재편성하기로 했고, 그 결과 8월 4일 경부터는 어느 정도의 협조된 방어선이 구축되기 시작했다. 낙동강을 중심으로 방어선을 편성하는 것이 자연의 이점을 최대한 활용하면서도 내선(內線)의 위치에서 부대를 재편성하고, 물자를 지원하는 것이 편리하다고 판단했기 때문이다.

한국의 경우 북쪽으로부터 공격을 받을 경우 최후에는 부산이 마지막 거점이 될 수밖에 없는데, 그러한 경우 경남만의 방어로는 공간이 좁고, 따라서 경북지역에서 최대한의 방어를 하는 것이 유리하다. 실제로 경북지역은 지리적으로도 방어에 유리한 점이 많은데, 소백산맥이 경북지역 북쪽에서 동에서부터 서를 향해 비스듬하게 흐르고 있어서 천연적인 방어력을 제공하고, 그 뒤에 낙동강이 흐르며, 낙동강의 뒤에도 다수의 고지들이 연결되어 있어서 침략하는 외부 세력을 방어하기에는 적절하다. 특히 낙동강은 그 자체로 천연적 장애물일 뿐만 아니라 이를 기준으로 방어지역을 할당하거나 일련된 방어선을 편성하기에 유리한 점이 있었다.

그리하여 낙동강을 연한 지형에서 한국군과 미군은 최초의 연결된 방어진지를 편성한 후 일관된 군사작전을 시행하게 되는데, 낙동강 방어선 지역에서 왜관을 중심으로 북동쪽으로는 한국군이 담당했다. 따라서 제2군단인 제1사단과 제6사단을 왜관~의성까지 배치했고, 제1군단인 제8사단과 수도사단은 의성~청송까지 배치했으며, 육군본부 직할인 제3사단은 영덕 일대에 배치했다. 이로써 한국군은 왜관으로부터 동쪽으로 제1사단 · 제6사단 · 제8사단 · 수도사단 · 제3사단 순으로 배치해 1개 사단당 개략적으로 25~30km 정면을 담당시켰다. 또한 미군은 왜관에서 서남쪽 또는 남쪽으로의 지역을 담당했는데, 제1기병사단으로 하여금 왜관에서 현풍 북쪽까지의 35km 정면을 담당시켰고, 제24사단이 한국군 제17연대와 더불어 현풍에서 남지까지의 40km 정면을 담당했으며, 미 제25사단은 제5연대전투단 등과 함께 남지에서 진동리까지 37km의 방어 정면을 담당했고, 미군의 경우 1개 사단당 평균 약 36km를 담당하는 결과가 되었다. 그리고 예비부대로서 해병 임시 제1여단을 마산에, 제2사단 제9연대를 경산에 배치했고, 5개 대대 이상의 전차대대를 보유하고 있었다(최용성, 2014: 25).

2. 낙동강 방어선의 조정

개략적으로는 낙동강을 연한 방어선이 구축 및 기능하고 있었지만 부분적으로 취약점도 있었다. 낙동강 방어선 중 한국군이 방어하고 있던 중 · 동부 및 동해안 전선, 즉 영덕~청송~의성~낙정리까지 이어지는 약 80km에 걸쳐서 방어선이 연결되지 않은 채 공백이 발생한 것이다. 한국군 제8사단이 안동에서 수도사단의 엄호 하에 안동교를 건너 그 남쪽에 진지를 구축하도록 되어 있었는데, 철수 명령이 제때 전달되지 않았고, 수도사단의 엄호도 불안해 혼란과 무질서한 상태에서 강을 건넜으며, 그 과정에서 상당한 전투력 손실을 입었고, 따라서 부여된 지역을 방어하기에 부적절한 상태가 되었기 때문이다. 이 기회를 활용해서 북한군 제12사단이 의성~길안~청송선을 돌파함에 따라 의성~영덕 간 전선에 50km의 빈 공간이 형성되었고, 북한군은 그 공간을 통해 청송~도평~죽장을 거쳐 낙동강 방어선 40km 후방에 있는 기계를 8월 9일에 점령함으로써 낙동강 방어선의 동북쪽에 거대한 돌파부가 형성되었다(최용성, 2014: 25).

이에 유엔군은 북한군의 공격을 지연하기 위한 다양한 조치를 강구하면서도 왜관 동쪽에 형성된 초기 낙동강 방어선을 남하시킬 수밖에 없는 상황이 되었다. 그래서 기존보다 40km 남쪽 일대로 방어선을 새로이 설정했고, 그리하여 낙동강 방어선은 왜관~다부동(328고지~수암산~유학산)~군위~보현산으로 연결되는 선으로 축소되었다. 비록 이러한 조정으로 인해 유엔군의 방어공간은 좁아졌지만, 낙동강 방어선은 점점 체계적이면서 협조된 방어선의 형태를 띠게 되어 전투 수행의 효과성이 증대되었다. 이 방어선은 남쪽의 마산으로부터 동쪽으로는 폭이 약 80km가 되고, 남북 간의 종심은 160km 정도였으며, 방어선의 길이는 약 240km 정도였다(김두현, 2016: 202). "이로 인해 한국군과 유엔군은 한국전쟁 발발 이후 최초로 횡으로 연결되어 있는 고지와 낙동강 해안지역에 형성되어 있는 방사선 도로망 등의 지향의 이점을 이용해 '전방에 적, 측방과 후방에 아군'을 배치하는 방어선을 편성할 수 있었다고 평가할 수 있다"(김행복, 2003: 110; 김두현, 2016: 204에서 재인용).

낙동강 방어선에서 북한군의 공격을 저지하기 위한 다양한 조치를 강구하면서 유엔군 사령관이었던 맥아더(Douglas MacArthur) 장군은 그것이 붕괴될 경우를 대비한 예비계획, 즉 'Plan B'도 수립하도록 했다. 그야말로 최후의 방어선을 하나 더 계획하는 것이었다. 이에 미 제8군의 공병참모인 데이비드슨(Garrison M. Davidson) 준장은 낙동강 방어선 내에서 새로운 저지진지를 구축할 지형을 검토하게 되었고, 그 결과 8월 초 맥아더 장군에게 그 새로운 방어선을 보고했다. 그것은 '데이비드슨 선(Davidson line)'으로 불리는데, 현재의 경남의 일부분에 해당되는 범위로서 낙동강 방어선보다 훨씬 남쪽에 형성되어 있었고, 그야말로 주요 철수항인 부산을 보호하기 위한 최소한의 완충지대라고 할 수 있다. 즉, 데이비드슨

선은 동쪽으로부터 볼 때 울산 동북쪽 17km의 서동리로부터 이 경계선을 따라 밀양 북쪽을 거쳐서 마산의 동북지역에 있는 고지를 연결하는 선으로서 전장 90km 정도에 불과했다(김두현, 2016: 202). 이 방어선은 낙동강 방어선에 비해서 훨씬 좁은 지역을 방어하면 되었지만, 그만큼 방어공간은 제한되면서 차후 대책은 어려운 위험한 방어선이었다고 할 수 있다.

미군이 데이비드슨 선을 낙동강 방어선을 대체하는 방어선으로 활용하고자 했는지, 아니면 낙동강 방어선이 붕괴되었을 때를 대비하는 선으로 준비해 둔 것인지는 명확하지 않지만, 미 8군 내에서 이 두 가지 선의 장단점을 깊이 있게 비교한 것으로 볼 때 낙동강 방어선이 붕괴되지 않더라도 데이비드슨 선으로 후퇴함으로써 더욱 내선의 위치에서 더욱 병력의 집중도를 강화하면서 체계적인 방어 작전을 수행할 의도도 존재했다고 할 수 있다. 다만, 데이비드슨 선의 경우 방어선 내에 있는 도로들이 병력을 횡적으로 이동시키는 데 부적절하고, 방어에 유리한 천연장애물인 낙동강과 옆으로 늘어진 고지군들을 이용할 수 없으며, 당시 지역 내 유일한 비행장이었던 영일비행장을 사용할 수 없고, 대구를 포함한 경북지역과 마산 등을 고수한다고 했던 정치적 약속을 포기함으로써 국민들에게 정치적 불신감과 심리적 불안을 야기하며, 작전지역이 협소해 병력을 집결시킬 공간이 부족할 뿐 아니라 역습 및 반격이 곤란하다는 이유로 채택되지는 않았다. 전쟁사를 연구하는 입장에서 낙동강 방어선과 데이비드선 선을 비교해 보면 <표 3-5>와 같다.

표 3-5 낙동강 방어선과 데이비드슨 선의 장단점 비교

구분	데이비드슨 선	조정된 낙동강 방어선
장점	• 정면이 좁아 방어에 용이 • 군사기지인 부산과 인접해 보급 수송 원활 • 낙동강 도하 지점에서 적 후방 차단 용이	• 낙동강의 천연장애물 효과적으로 이용 • 진지 내 기동과 역습 용이 • 경북(대구)과 마산 포함, 정치 · 심리적 유리 • 영일비행장 보유로 항공 지원 가능 • 공세 병력 집중으로 공간 확보 가능
단점	• 낙동강과 횡적 고지군 이용 제한 • 병력의 횡적 이동 곤란 • 영일비행장 이용 제한 • 경북(대구)과 마산 포기로 정치 · 심리적 손실 • 공격 병력 집결을 위한 공간 부족	• 넓은 정면으로 전투력 집중 제한 • 북한군의 낙동강 도하 시 저지 곤란

출처: 최용성(2014: 35).

3. 낙동강 방어의 성공 요인

유엔군은 낙동강 방어선에서 북한군을 공세 종말점(culminating point)에 도달하게 하면서 전투력을 소진시켰다. 동시에 유엔군은 반격을 위한 준비를 추진하고 있었고, 결국 1950년 9월 15일 인천상륙작전을 수행해 성공함으로써 한국전쟁의 전세를 일거에 역전시켰다. 인천상륙작전에 성공함으로써 퇴로가 차단될 위기에 처한 북한군은 퇴각하지 않을 수 없었고, 낙동강 방어선에서 방어작전을 수행하던 유엔군과 국군은 그들을 추격하면서 북진하게 되었다. 낙동강 방어선에서의 성공으로 현재의 휴전이 가능했다고 감히 말할 수 있다.

이러한 낙동강 방어선의 성공은 다양한 요소에 의해 가능했는데, 가장 중요했던 것은 낙동강을 연한 지역들이 천연의 방어력을 제공했다는 것이다. 하천 자체가 적으로서는 극복해야 하는 장애물이었을 뿐만 아니라 그 주변에 산재하는 낮지 않은 산악지형은 효과적인 방어진지를 제공했다. 또한 낙동강이 일련의 선을 따라서 흐름에 따라 이를 중심으로 연결되면서 협조된 방어선을 형성할 수 있었고, 따라서 유엔군의 방어작전이 일사불란하게 시행될 수 있었다. 특히 이 방어선 내에는 대구와 부산이라는 주요 도시가 있어서 전투의 핵심으로서 기능을 할 수 있었고, 상당한 병력자원을 보충할 수 있었다.

낙동강 방어선을 구축함으로써 유엔군은 내선의 이점을 최대한 활용할 수 있었다. 부산을 중심으로 보급선이 단축되어 병력 보충이나 물자 보충이 매우 원활할 수 있었고, 반면에 적은 외선(外線)의 입장이 되면서 장거리 보급에 따른 물자와 병력 부족의 어려움을 겪어야만 했다. 또한 낙동강 방어선 내의 도로망도 내선작전에 유리하도록 부산을 중심으로 남북 또는 동서로 잘 발달되어 있었다. 예를 들면 부산에서 마산, 남지, 왜관, 낙정리, 의성, 영덕까지 각각의 도로망은 부챗살 모양으로 발달되어 있었기 때문에 부산에서 필요한 병력과 물자를 신속하게 조달할 수 있었고, 경북의 중심지인 대구를 중심으로도 남북과 동서로 도로가 잘 발달되어 있어서 병력과 물자를 필요한 곳으로 신속하게 이동시킬 수 있는 여건이었다. 실제로 이러한 내선작전의 이점을 활용해 유엔군은 상당한 병력을 적시에 공급할 수 있었는데, 7월 말부터 미국 본토와 하와이에서 증원부대가 한국에 도착해 속속 증원되었다. 즉, 7월 31일에 제5연대 전투단, 31일에서 8월 5일 사이에 제2사단 제9연대와 제23연대, 8월 2일에 임시 제1해병여단, 8월 19일에 제38연대, 8월 29일에는 홍콩에 주둔하고 있던 영국 제27여단이 도착했고, 이로써 7월 20일 정도에는 북한군의 병력이 유엔군에 비해 2 : 1 정도로 우세했으나 8월 초에는 유엔군 약 13만 8,000명, 북한군 약 7만 명으로 유엔군이 우세하게 되었고, 이로써 낙동강 방어선의 전투는 물론이고, 반격까지도 가능해졌다(최용성, 2014: 38).

낙동강 방어선을 중심으로 한 방어작전이 성공한 데는 후방지역의 안정도 중요했다고 평가하지 않을 수 없다. 북한군이 전광석화처럼 진격한 상황에서 연결된 방어선을 형성하는 데는 후방지역의 안정이 필수적인 요소였기 때문이다. 후방지역에 적 게릴라가 준동하거나 주민들이 그에 가세하는 현상이 나타날 경우 낙동강을 연한 방어선이 지리적으로는 유리하더라도 금방 붕괴되었을 수 있다. 다행히 이 지역은 경상도라는 단일의 지역과 문화로 형성되어 있어서 일체감이 컸을 수 있고, 38도선과 멀어서 해방 후에도 게릴라가 그다지 준동하지 않았다. 동시에 경찰을 중심으로 하는 국민들의 통제와 관리 대책이 적극적으로 강구되었고, 따라서 후방의 안정이 보장되었으며, 결과적으로 군대는 방어선에서의 전투작전에 전념하면 되는 상황이었다. 전쟁사 분석에서 당연한 사항이라고 인식해 낙동강 방어선의 승리 요인으로 그다지 자주 거론되지는 않지만, 후방지역 안정을 위한 경찰의 적극적인 역할도 중요하게 포함되어야만 하는 셈이다.

4. 낙동강 방어선에서 경찰의 전투 역할

낙동강 방어선 전투가 진행되면서 경찰은 군사작전을 지원하기 위해 전국의 주요 경찰들을 동원했고, 특히 경찰 중에서 군대 경력 보유자나 전투 경험이 풍부한 자들로 정예 전투부대를 편성해 전투 정면을 담당할 유엔군 부대에 배속시키거나 중요 시설을 경비하도록 했다. 그 결과 경찰은 대구지구에 제1대대(경기 병력), 제2대대(혼성 병력)를 배치했고, 현풍 지구에 제3대대(경기 병력)를 배치했으며, 팔공산 지구에 제5대대(경기 병력)를 편성하고, 고령지구에 제6대대(충남 병력)와 제7대대(서울 병력)를 배치해 총 6개 대대를 투입했다(이정훈 · 강윤식, 2015: 232). 비록 군부대 작전이 우선이었고, 경찰의 장비가 미흡해 핵심적인 전투를 담당한 것은 아니라고 하더라도 이러한 조치들을 통해 경찰은 군부대의 전투력을 증강했고, 낙동강 방어선 후방을 안정화시켰다. 당연히 경찰은 그 과정에서 피해를 입기도 했는데, 예를 들면, 1950년 경북 청송 부근에서 적과 조우해 전사 4명, 부상 10

명, 실종 4명의 손실을 입기도 했다(이정훈 · 강윤식, 2015: 232).

경찰은 군부대가 요청해서가 아니라 자발적으로 필요한 조치를 적극적으로 강화함으로써 전쟁에 기여하고자 했다. 1950년 8월 초 북한군이 상주와 안동을 점령한 후 낙동강 도하를 시도하면서 대구로 진출하려고 하자 경찰은 비상 전투 태세에 돌입해 시내 및 외곽 검문 수색을 강화했고, 경찰전문학교 학생들을 출동하도록 준비시키기도 했으며, 경북 경찰국장은 대구 방위기간부대 지휘관으로 임명하기도 했다. 적의 공격이 임박한 지역에는 가용한 경찰부대를 증원해 배치하면서 필요 시에는 군 부대의 작전통제를 받도록 하기도 했다. 당시 학생들을 모집해 학도경찰대를 편성했고, 이들을 낙동강 방어선에 배치하기도 했다(구본탁, 2010: 144-155). 낙동강 방어선을 위해 배치된 경찰의 현황은 <표 3-6>과 같다.

<표 3-6>을 보면, 낙동강 전투에서 경찰은 자체적으로 부여된 임무도 수행하면서 미 25사단이나 국군 1군단에 배속되어 군사작전도 수행했고, 철도 호송 임무도 수행하는 등 낙동강 방어선의 고수를 위해 필요한 다양한 임무를 수행했다는 점을 알 수 있다. 비록 전투가 군부대 위주로 진행되고 경찰을 후방 안정을 위한 역할을 수행하거나 군부대를 지원하는 역할을 수행함으로써 그 역할이 나중에 전사(戰史)의 기록을 통해 충분히 부각되지는 않았지만, 낙동강 방어선 기간에 경찰은 보이지 않는 가운데 후방지역 안정과 군부대 작전지역을 위해 혼신의 힘을

표 3-6 낙동강 방어선 전투 시 경찰 배치도

도경별	전선지휘소	부대 배치
서울시경	성북지서	성북 1개대대, 칠곡 1개 대대
경기도경	와촌지서	청도 1개 대대, 와촌 1개 대대, 진량 1개 대대
충북도경	지천지서	지천 2개 대대
충남도경	공산지서	공산 2개 대대
강원도경	경주	국군 1군단에 배속
경북도경		신동/칠곡
전북도경	진동	미 25사단에 배속
전남도경	진동	미 25사단에 배속
철도경찰대	대구	철도 호송임무
제주도경		제주도 자체 방위
신부대	월배지서	화원/논공/가창 경비

출처: 이정훈 · 강윤식(2015: 233).

기울였다. 경찰의 드러나지 않은 이러한 활동으로 인해 낙동강 방어선이 안정되었고, 결과적으로 군부대가 이를 지탱하면서 반격의 발판을 만들었다고 할 수 있다.

기간 동안에 군사작전에 결정적으로 기여한 경찰의 활동을 예로 들면, 경찰은 1950년 8월 14일에는 적이 대구~부산 간 철도를 차단하려고 한다는 기도를 파악한 후 경북과 경남의 경찰 각 1개 대대씩을 청도와 밀양에 진출시켜 철도를 경비하게 함으로써 그 기도를 좌절시키기도 했다. 또한 대구 근처의 비파산에 적이 침공하면서 대구 진출을 기도하자 충남 경찰 1개 대대와 경북 경찰 1개 대대가 합동작전을 벌여서 이들의 기도를 좌절시키기도 했다. 경남 창녕 방면에 적의 1개 대대가 공격하면서 밀양으로 진출하려 하자 경남 경찰과 전남 경찰이 합동작전을 전개해 적의 기도를 분쇄했고, 이로써 군의 보급로를 지킬 수 있었다. 그리고 군부대가 즉각적인 전투를 위해 담당 지역을 이탈할 때는 경찰이 이를 인수해 방어함으로써 군부대의 원활한 작전을 보장하기도 했다(이정훈 · 강윤식, 2015: 233). 이러한 보이지 않는 적극성이 없었다면 군부대의 작전은 더욱 어려워졌을 것이다.

실제로 한국전쟁에서는 경찰의 적극적인 참여가 필요할 수밖에 없는 점도 있었다. 당시에 군대의 체계나 훈련도 미흡한 점이 있었지만, 기습적으로 예상하지 않던 상황에서 전쟁이 발발했기 때문에 전쟁의 진행 속도가 무척 빨랐고, 험준한 산과 강으로 이뤄진 복잡한 지형이라서 전투를 위해 급속하게 편성된 군인들이 지형에 조기에 적응해 전투력을 발휘하는 것이 어려웠을 것이기 때문이다(오문균, 2000: 50). 또한 다수의 피난민이 이동하면서 주민들에 대한 경찰의 적극적인 역할이 없으면 후방지역 안정을 보장하기 어려운 상황이기도 했다.

제4절 | 낙동강 전투 시기의 피난민과 경찰의 역할

한국전쟁이 삽시간에 발생했고, 자유민주주의와 공산주의가 이념적 대결의 산물이라서 적에게 점령되는 지역에서는 다수의 민간인이 유엔군이 통제하는 남쪽으로 이동했으며, 따라서 이들의 대한 통제, 수용, 구호도 전쟁의 수행에 매우 중요한 요소가 되었다. 이들은 대다수의 국민이었고, 따라서 이들을 보호하는 것은 국가의 당연한 임무였을 것이기 때문이다. 특히 낙동강 방어선 전투가 진행되는 동안 유엔군 통제 하에 있는 지역은 경상도에 국한되었고, 전국의 피난민들이 이곳으로 유입되었으며, 자칫하면 사회문제가 되거나 군사작전에도 영향을 줄 수 있는 상황이었다.

피난민에 대한 효과적 통제는 군사작전의 원활한 수행을 위해서도 필수적인 사항이다. 군사작전 지역에 다수의 피난민이 존재할 경우 군사작전을 제대로 수행할 수가 없기 때문이다. 또한 피난민들에게 원활한 구호를 제공하지 못할 경우 불만이 표출되면서 집단적 소요를 야기할 수도 있고, 이들의 이동을 제대로 통제하지 않으면 전투지역에 유입되어 군사작전을 방해하거나 아군의 주요 교통로를 차단함으로써 기동과 보급에 막대한 지장을 초래할 수 있었다. 더욱 중요한 사항은 피난민 속에 적의 게릴라가 침투해 이동하는 것으로서 그것을 제대로 색출하기 위해서는 피난민들을 적극적으로 통제하지 않을 수 없었다. 따라서 한국전쟁 전체를 통해 피난민의 통제는 중요한 과제였지만, 특히 낙동강 방어선의 전투에서는 결정적인 중요성이 있었고, 그만큼 적극적인 대책이 강구되는 상황이었다.

1. 피난민에 대한 정부의 조치

전쟁으로 인해 거주하던 집을 나서는 피난민들은 일정한 거처가 없는 것은 물론이고, 매일매일을 지탱할 적절한 생계 수단이 없는 상태였다. 특히 북한의 기습 공격으로 인해 정부마저 대구와 부산으로 이동함에 따라 피난민에 대한 적절한 대책을 강구해 주기 어려운 상황이었다. 1950년 6월 27일 새벽 1시 피난민 대책을 수립하기 위해 비상 국무회의가 개최되었으나 제대로 된 조치는 강구하지 못한 채 수원으로의 정부를 이동하자는 사항만 결정했을 뿐만 아니라 같은 시간대인 새벽 2시에 이승만 대통령은 이미 대구로 혼자서 피난하고 있는 상황이었다(오녕조, 2003: 200).

전쟁이 진행되면서 피난민 문제가 점점 심각해지지 않을 수 없었고, 따라서 정부도 조치를 마냥 미룰 수는 없었다. 따라서 정부는 1950년 7월 10일자로 사회·농림·국방·내무·교통·보건부 장관 명의로 충남북·전남북·경남북 각 지사에게 "피난민 분산에 관한 건"이라는 문건을 하달해 피난민에 대한 대책을 강구할 것을 지시했다. 그 내용을 보면, 철도 인근이나 기타 필요한 장소에 피난민수용소를 설치하고, 사상이 온건한 피난민에 한해 피난민 증명서를 교부한 후 수용하며,

사상 온건 여부를 항상 심사 감시할 것을 지시하고 있다. 또한 피난민에게 필요한 양곡을 신속히 공급하면서 양곡대금에 대한 지불을 유예할 수 있는 방안도 찾아보도록 권유하고 있고, 불순분자의 유입을 방지하기 위해 피난민을 조사해서 피난민 증명서를 교부하며, 목적지까지 인솔하거나 피난민수용소의 질서를 유지하며 경비를 통해 불순분자의 침투를 예방하고, 이들에 대한 의료도 제공하라는 내용이었다(전쟁기념사업회, 1992: 535－536).

전선이 급격히 남하함에 따라 피난민들이 낙동강 방어선 내로 집중적으로 유입되자 피난민 문제는 더욱 심각해졌다. 좁은 지역에 수용할 수 있는 인원을 초과한 형국이 되었기 때문이다. 대체적으로 부산에 80만 명, 대구에 40만 명 정도의 피난민이 유입된 것으로 판단되었고, 이로써 상당한 혼란이 발생하기 시작했다. 낙동강 방어선을 형성하던 시기에 대구 북방의 도로에는 약 18만 명의 피난민이 강변을 따라 이동하고 있었다는 증언이 존재할 정도로 피난민은 대구와 부산으로 집중되었다(오녕조, 2003: 208). 1950년 7월 24일 당시 사회부 장관은 남한 각지의 피난민을 1,105,000명으로 언급하면서 그중 380,000명이 수용되고 나머지는 연고자의 가정 등지에 입주해 있다고 발언하기도 했다(오녕조, 2003: 217). 전쟁의 초기에 1백만 명 이상의 피난민이 발생했고, 전쟁이 진행되면서 그 수는 더욱 증대되었을 가능성이 높으며, 그중 상당수가 낙동강 방어선으로 유입되었다고 봐야 한다.

이와 같이 피난민이 증대하자 한국 정부는 8월 4일자로 법률 제145호인 「피난민 수용에 관한 임시조치법」을 공포해 시행했다. 이 법률에 따라 사회부 장관은 주택, 여관, 요정, 기타 수용이 가능한 건물관리인에게 피난민의 수와 피난 기일을 지정하면서 수용 명령을 발할 수 있었고, 이러한 명령을 받은 관리인은 피난민에 대해 임대료를 징수할 수 없도록 하는 등의 조치가 가능해졌다(전쟁기념사업회, 1992: 536). 이러한 조치로 피난민에 대한 모든 문제가 해결된 것은 아니지만, 피난민들의 어려움을 적지 않게 경감하는 효과는 있었고, 피난민이 폭도화되거나 심각한 사회문제가 될 만한 사건은 발생하지 않았다. 대구시에서도 '전시 국민생활 요강'을 작성해 각 가정에 배포해 시민과 피난민의 상호 협조를 호소하기도 했다(오녕조, 2003: 203).

전쟁으로 발생한 피난민을 구호하는 책임은 보건부와 사회부에 있었지만, 피난민이 집중적으로 증가하고, 정부의 기능도 충분하게 발휘되고 있는 상황이 아니라서 구호의 노력이 충분했던 것은 아니었다. 정부는 7월 중순부터 피난민들을 분산

수용하고 피난민 증명서를 발급받은 자에 한해서 1일 2홉의 양곡을 제공한다는 방침을 시행했고, 미국에서 제공한 담요, 옷 등의 생활필수품을 피난민에게 분배했으며, 정부의 양곡을 나눠 주기도 했다. 그러나 피난민이 계속 증대하면서 문제도 점점 심각해졌고, 따라서 정부는 8월 29일 피난민구호 중앙위원회를 구성해 피난민 구호를 위한 제반 조치들을 종합적으로 통제하기도 했다(전쟁기념사업회, 1992: 538). 다만, 인천상륙작전으로 북진이 가능해지자 피난민도 분산되기 시작했고, 따라서 피난민에 대한 정부의 부담도 줄어들게 되었다.

피난민에 대한 대책은 유엔군사령부에서도 적극적으로 협조했고, 이것은 피난민 구호에 크게 기여했다(오녕조, 2003: 219). 유엔, 미국, 유엔군사령부는 피난민 구호를 위한 다각적인 지원책을 마련했고, 이러한 물자들을 군대의 수송 수단을 통해 분배했다. 즉, 미 8군사령부는 전투지구에 각 사단급, 그리고 후방에서는 한국의 행정구역에 따라 중앙, 지방, 각 도에까지 구호를 담당할 기구를 설치했고, 이들로 하여금 피난민 구호활동을 체계적으로 전개하도록 했다. 비록 유엔군이 전투에 전념하느라 피난민에 대한 물자 제공을 위한 수송 수단을 적시에 충분하게 제공하지 못한 점은 있었으나(전쟁기념사업회, 1992: 540) 한국 정부의 역량이 미흡한 상황에서 유엔군의 활동은 피난민의 생활 안정에 상당히 기여했다고 평가하지 않을 수 없다.

낙동강 방어선에서의 피난민 현황에 대한 정확한 통계는 없으나 1950년 1·4 후퇴 직후 파악된 각 도별 피난민 현황을 보면 상당한 숫자가 유입되었고, 이들 중에서 40%도 되지 않는 숫자만을 공공기관이 수용하는 데 불과했다. 그만큼 피난민의 관리 문제가 심각했다는 점을 알 수 있다. 1·4 후퇴 직후 각 도별 피난민 현황을 보면 <표 3-7>과 같다.

피난민의 관리는 한국전쟁이 지속되는 동안 계속적인 문제였지만, 초기에는 전투와 매우 직접적인 영향을 줄 수 있어서 매우 민감한 사안이었다. 특히 기습 공격을 받은 나머지 체계적인 관리는 어려웠고, 따라서 상당한 문제점도 노출되었다. 그럼에도 불구하고, 낙동강 방어가 시행되던 시기에 정부와 군은 피난민 분산 및 수송 그리고 통제에 대해 적극적으로 노력했고, 이 당시의 노력들로 인해 이후 1·4후퇴로 더욱 많은 피난민이 발생했을 때도 극심한 혼란은 발생하지 않았다(오녕조, 2003: 220).

표 3-7 1·4후퇴 직후 각 도별 피난민 현황

구분	피난민 수(명)	수용 인원(명)	수용소 수(개소)	기준일
충청북도	921,500	100,000	37	1950. 2. 4
충청남도	515,702	305,864	55	1950. 2. 5
전라북도	433,500	243,500	32	1950. 1. 15
전라남도	1,004,343	312,950	159	1950. 1. 29
경상북도	1,368,586	32,537	66	1950. 2. 7
경상남도	530,708	194,722	117	1950. 2. 9
제주도	96,570	28,767	24	1950. 2. 4
경기도 도서지역	19,930	19,930		1950. 2. 4

출처: 전쟁기념사업회(1992: 537).

2. 피난민의 통제

피난민과 관련해서는 적의 게릴라가 위장해 침투하는 것이 가장 심각한 문제였다. 그들은 피난민을 선동할 수 있고, 후방으로 침투해 후방을 불안정하게 만들며, 군사작전에도 심각한 피해를 줄 수 있었기 때문이다. 실제로 1950년 7월 29일자 미 제5공군 정기정보보고서는 "북한군이 민간인 복장을 하고 피난민으로 가장해서 전선을 통과해 군의 후방에서 재조직해 교란하고 있다"고 지상 상황을 보고하고 있고, 8월 1일의 미 제25사단 정기정보보고서에서도 "적이 피난민을 이용하고 있다. 여자, 아이, 노인들로 구성된 200명의 피난민을 앞장세워 혼란을 가중케 한다"라고 기록하고 있으며, 미군은 북한군 첩보활동 성공 요인으로 남한 주민과 같은 외모, 같은 언어, 같은 성을 쓰기 때문이라고 분석하면서, 이들의 침투를 막기 위한 조치가 불가피하다는 점을 강조하기도 했다(서희경, 2012: 218).

이러한 피난민의 위험성은 우리 정부도 인식했고, 완화를 위한 노력도 기울였다. 당시 정부 기능이 충분하지 않아서 계획대로 이행되지는 않았더라도 정부에서는 7월 10일 피난민 분산에 관한 통첩에 근거해 피난민 증명서를 발급하고 이들을 목적지까지 군경이 인솔하도록 했다. 실제로 피난민 대열은 적의 게릴라 침투를 위한 수단으로 활용되었을 뿐만 아니라 피난민 자체가 도로를 가로막아 부대의 이동을 어렵게 만들고 군사작전에 심각한 피해를 끼쳤다. 정부는 피난민 문제와 관련해 1950년 7월 25일경 대구의 정부청사에서 미군과 회의를 갖고 논의를 했으며, 그 결과 경찰의 연락요원을 제8군사령부와 각 사단에 배속하고, 8군사령관이 피난민 및 민간인 이동에 관한 통제 권한을 갖도록 합의했으며, 8군사령관도 이를 승인했다(오녕조, 2003: 204). 이후에 미 8군은 피난민 통제를 주도하게 되었고, 각 사단에 한국 경찰 200~300명을 배속시켜 피난민 이동을 통제하도록 조치했다(전쟁기념사업회, 1992: 541). 특히 낙동강 방어선을 형성함에 따라서 근처에 주민들이 군사작전에 지장을 줄 수 있다고 우려되자 미군은 낙동강에서 8km 이내의 주민과 피난민들은 강제로 소개시켰으며, 이를 위해서도 한국 경찰이 적극적인 노력을 기울이지 않을 수 없었다(오녕조, 2003: 208).

이 시기에 북한군 게릴라들이 피난민을 가장해서 미군을 공격하는 사례가 적지 않다. 1950년 7월 27일 공산당의 경북도당 책임자 배철이 지휘하는 게릴라들이 대구비행장과 미군 포진지를 급습하기도 했고, 지리산 이현상 부대는 8월 10일 대구 달성 가창면 일대에서 미군 통신부대를 기습해 미군 20여 명을 살상하고, 무전기 14대, 소총 20정을 약탈한 적이 있다(전쟁기념사업회, 1992: 204). 따라서 군부대에 배속된 한국 경찰은 피난민의 통제에 더욱 매진해 피난민을 연대 수용소에 수용한 후 심문하거나 신체 및 소지품 검사 후 군에서 지정한 경로로 주간에만 호송 이동하도록 했다. 전투지역의 피난민은 한국 정부가 대구와 부산 등지에 설치한 60여 개의 피난민수용소로 이동해 수용했다. 당시에는 게릴라 침투로 인한 피해가 워낙 커서 민간인 복장을 하고 있어도 밖에 이동하는 사람은 누구든지 사살한다는 원칙을 채택하기도 했다(전쟁기념사업회, 1992: 542). 그 결과 적의 게릴라 침투는 현저히 줄어드는 양상을 보였고, 따라서 군사작전에 대한 지장을 최소화할 수 있었다.

다만, 군사작전을 위한 피난민 통제가 가중되면서 피난민과 국민들의 불편도 증대되었다. 따라서 한국 국회는 1950년 9월 12일 "피난민 수용대책에 관한 건의안"을 채택했는데, 그 내용은 "현재의 피난민 수용 상황은 5열 침투 방지라는 이유로 전선의 상황에 따라 빈번히 이동하지 않으면 안 될 일선 근접 일정 지역에 한하여 피난민 통행을 허용하고 그 외의 지역에 대하여는 통행을 금지함으로써 협소한 지역에 수십만 피난민이 산야 또는 노변에 운집 노숙하고 있어 죽음을 기다리고 있는 형편인 바, 이들 피난민들을 일선에서 비교적 원거리 지역으로 분산 수용, 또는 각자 연고지로 피난 수용하도록 조치할 것이며, 5열 침투 방지책으로는 피난민증서 발급 등의 방법을 강구할 것을 건의한다."는 내용이었다(전쟁기념사업회, 1992: 542). 그만큼 피난민 통제대책이 중요하거나 엄중했고, 이러한 불편을 감내한 덕분에 낙동강 방어선에서 방어에 성공했을 수도 있다.

3. 피난민 통제를 위한 경찰의 역할

피난민 통제와 같은 역할은 경찰의 일상적인 임무이기 때문에 어떤 업적이 특별히 드러나기는 어렵다. 군사작전과 달리 피난민 통제에 관한 사항을 상세하게 기록해 보존하지도 않는다. 어쨌든 수십만의 피난민이 낙동강 방어선 내에서 생활했고, 그로 인해 특별한 소요를 야기하거나 군사작전에 결정적인 위해(危害)를 가하지 않았다는 것은 경찰이 그들을 효과적으로 통제했다고 평가할 수 있다. 군인들도 일부 가담하지만 피난민의 통제는 경찰의 주된 임무였기 때문이다.

피난민의 통제에서 가장 힘든 것은 그중에 포함되어 있는 게릴라를 격리해 색출하는 것이었고, 그에 앞서서 게릴라가 피난민 사이에 혼합되지 못하도록 하는 것이다. 이를 위해 한국 경찰은 필요할 경우에는 피난민을 호송하기도 하고, 증명서를 발급하기도 했으며, 의심나는 경우 심문을 실시하는 등 적극적인 노력을 기울였다. 낙동강 방어선 전투를 수행하는 기간 동안 핵심적인 역할은 대구의 경우 치안국의 비상경비총사령부 휘하 전국에서 집결된 경찰관으로 전투부대가 편성되어 대구 주변의 적 게릴라 검색과 후방 치안을 강화했고, 서울시경은 칠곡 방면, 경기도와 충남 경찰은 팔공산 방면, 충북 경찰은 지천 방면, 경북 경찰은 청도, 강원 경찰은 청송 방면에 각각 배치되어 피난민을 검색하고 통제했다(오녕조, 2003: 204-205). 또한 앞에서 설명한 바와 같이 미 8군은 피난민 통제를 위해 각 사단에 한국 경찰 200~300명을 배속시켰고, 따라서 이들이 피난민 통제를 위한 핵심 임무를 수행했다. 나아가 군의 통제가 피난민의 생활에 지나치게 불편을 준다는 점을 인식해 군과도 협조하고, 현장에서 그러한 피해를 최소화하기 위해 한국 경찰은 적극적으로 노력하기도 했다.

낙동강 방어선에서 한국 경찰은 피난민의 통제는 물론이고, 전투 임무에도 투입되면서 국민들의 일상생활에 대해서도 관여하지 않을 수 없었고, 따라서 복잡한 임무를 희생적으로 수행했다. 그리고 이러한 보이지 않는 희생이 군으로 하여금 방어에 성공해 반격의 기회를 확보하도록 만든 점이 있다. 군대는 적을 사살하거나 적 지역으로 공격해 실지를 회복함으로써 그 공로가 명확하게 드러나지만, 피난민 통제나 후방지역 안정은 성과로 드러나지도 않고, 따라서 어떻게 보면 더욱 힘든 과업일 수 있다. 누군가가 해야 할 가장 힘든 일은 한국 경찰이 묵묵히 수행했고, 그것이 한국전쟁에서 패배하지 않고 대부분의 지역을 회복한 원동력으로 기능했다고 평가받아야 할 것이다.

제 5 절 | 결론

한국전쟁의 이전부터 한국 경찰은 38도선 경계 임무를 수행했을 뿐만 아니라 전쟁이 발발하자 군부대에 배속되어 군인과 함께 군사작전을 수행할 정도로 전투원으로서의 임무를 수행했다. 게릴라 소탕은 경찰의 당연한 임무였고, 그 밖에도 피난민 통제들을 비롯한 후방의 안정을 통해 반격과 북한군을 격퇴하는 데 결정적인 기여를 한 것으로 판단된다. 다른 어느 시기, 어느 국가의 경찰보다 포괄적이면서 광범한 임무를 한국전쟁 기간 중의 한국 경찰이 수행했다고 할 수 있다.

앞으로 북한이 전쟁을 감행할 경우에는 핵무기로 위협하면서(남한이 지나치게 저항하거나 미군이 대규모로 개입할 경우 핵무기를 사용하겠다고 위협할 수 있다) 과거 1950년이 감행했던 기습적인 남침을 반복할 가능성이 없지 않다. 그렇게 되면 한국 사회는 1950년의 한국전쟁에서와 같이 극도의 혼란에 빠질 것이고, 군인들은 전방에서 속수무책일 수 있으며, 따라서 경찰이 다시 한번 전쟁에 깊숙하게 개입할 수밖에 없는 상황이 될 수 있다. 특히 북한은 현재 20만 정도의 특수전 부대를 보유하고 있고, 남침할 경우 이들을 전국 각지에 투입해 한국 사회를 혼란시키려고 할 것이다. 더군다나 만약 북한이 핵무기를 사용한다면 후방의 어느 도시에 사용할 것이라는 점에서 전쟁이 발생할 경우 그로 인해 발생하는 혼란의 대부분은 경찰이 담당할 수밖에 없을 것이다. 앞으로의 전쟁에서 경찰의 역할은 1950년의 한국전쟁보다 더욱 커질 가능성이 높다.

이러한 점에서 우선 한국 경찰은 한국전쟁의 경험을 반추하면서 준군사부대로서의 역할이 불가피한 상황이 도래할 수 있음을 인식하고, 이에 대한 대비책을 강화할 필요가 있다. 전방지역이 돌파되어 삽시간에 후방지역으로 적군이 돌입할 경우 경찰이라도 나가서 막아야 할 것이고, 후방지역에 대규모 게릴라가 침투할 경우 즉각적이면서 효과적으로 대응할 수 있는 조직화된 인원은 경찰밖에 없기 때문이다. 국가가 위태로워지는데도 명시된 임무로 부여받지 않았다고 해서 경찰이 국민통제만 하면서 소극적으로 대응할 수는 없다. 이러한 상황을 예상해 경찰은 유사시 군사적 임무를 수행할 수 있도록 이에 관한 사항을 학습 및 교육하고, 필요시에 군부대와 적극적으로 협조해 전투할 수 있도록 무기 및 장비를 단기간에 보강하는 방법도 검토해 둘 필요가 있다.

경찰은 후방지역 안정을 위한 더욱 세부적인 대응책을 마련해 둘 필요가 있다. 후방지역에 적의 게릴라가 준동할 경우 이를 경찰이 어떻게 소탕할 것인지를 연구할 필요가 있고, 피난민이 발생할 경우 이들을 어떻게 통제할 것인지에 대한 대비책도 강구하며, 국민들의 생활을 지나치게 불편하게 하지 않으면서 국민들의 행동을 전시(戰時)의 요구에 부합되도록 통제하는 방법을 강구할 수 있어야 한다. 이를 위해 경찰 내부에서도 다양한 상황을 상정해 적극적으로 필요한 대책을 논의해야 겠지만, 군부대와도 함께 경찰이 수행해야 할 필수적인 역할을 논의해 설정하고, 군부대와의 협조 방안도 사전에 검토해 둘 필요가 있다.

피난민의 통제에 관해 경찰은 유사시 이들을 효과적으로 통제할 수 있는 대책도 강구해야 하지만, 피난민의 발생을 최소화하기 위한 대비책을 연구해 사전에 강구해 두거나 국민들에게 교육시킬 필요가 있다. 핵 위협 상황 하에서 계획성 없는 피난은 너무나 위험할 것인데, 전쟁이 발생하면 국민들은 본능적으로 피난길에 나설 수 있다. 따라서 경찰은 군과의 협력을 바탕으로 유사시 국민행동 요령을 만들어 국민들에게 전파하고, 그를 통해 피난보다는 자기의 거주지역에서 정부의 통제에 따라 안정된 생활을 지속하는 것이 개인은 물론이고, 국가에도 유익하다는 점을 알도록 만들 필요가 있다. 경찰은 한국전쟁의 경험을 바탕으로 피난민 통제를 더욱 적극적으로 토의하고, 필요한 사항을 사전에 준비해 둘 필요가 있다.

앞으로 전쟁이 발생할 경우 한국전쟁과 근본적으로 달라져야 할 요소는 핵무기에 의한 공격이다. 북한도 핵무기를 사용하는 것이 쉽지는 않겠지만, 국가안보는 최악의 상황까지 상정하는 것이라는 점에서 핵무기 사용의 상황도 상정해 대비책을 강구할 필요가 있다. 핵무기가 폭발하면 경찰도 국민처럼 속수무책이 되어 특별한 대응 방법이 없을 수도 있지만, 어떠한 상황에서도 국민들을 보호해야 하는 것이 경찰 본연의 사명이라고 한다면 핵무기로부터 경찰의 생존성을 보장하고, 국민들을 어떻게 하면 보호할 것인지도 사전에 연구해 두지 않을 수 없다. 경찰은 핵폭발이 발생할 경우 그 피해, 대피 요령 등을 충분히 학습하고, 국민들에게 대피

요령을 전파하며, 유사시에도 가능한 범위 내에서 국민들의 생존을 위해 지원할 수 있는 다양한 대책을 강구해 둘 필요가 있다. 경찰법 제3조에 분명하게 명시되어 있듯이 경찰은 "그 밖의 공공의 안녕과 질서 유지"라는 포괄적인 임무를 부여받고 있음을 언제나 유념해야 한다.

참고 문헌

구본탁(2010). "6 · 25남침 60년: 낙동강을 사수한 학도경찰 청룡부대". 『한국논단』. 제247권 4.

김두현(2016). "낙동강 방어선에서의 영천지구 전투 연구". 『군사논단』. 제85호.

김창윤 외(2015). 『경찰학』. 서울: 박영사.

김행복(2003). "낙동강 방어선에서 대구의 전략적 · 전술적 가치". 『전사』. 제5호 6월.

서희경(2012). "한국전쟁에서의 인권과 평화: 피난민 문제와 공중폭격 사례를 중심으로". 『한국정치연구』. 제21권 1호.

오녕조(2003). "한국전쟁시 대구지역 피난민 실태 분석". 『軍史』. 제50.

오문균(2000). "한국전쟁 시기 경찰의 역할에 대한 연구". 『軍史』. 제49호.

오석균(2001). "낙동강 방어전투와 전승 요인: 다부동전투를 중심으로". 『군사논단』. 제27호.

유철종(2018). "러 핵전문가, 북한 30~35개 핵탄두 보유 … 연 7개 생산 능력". 『연합뉴스』 6.11.

윤장호(1995). 『구국경찰전사』. 서울: 제일.

이정훈 · 강윤식(2015). "한국전쟁에서 경찰의 역할과 작전에 관한 연구". 『대한정치학회보』. 제23집.

이현의(1979). 『한국경찰사』. 서울: 덕현각.

전쟁기념사업회(1992). 『한국전쟁사(제3권): 북한군 침공과 한국군 방어』. 서울: 행림출판.

정성윤(2017). "김정은 정권의 핵전략과 대외 · 대남 전략". KINU 연구총서.

정훈(2016). "위기상황에 있어서 경찰의 성과에 관한 연구". 『대한정치학회보』. 제24집 4호.

최용성(2014). 『나라를 지켜낸 낙동강방어선전투: 경북편』. 서울: 경북정체성포럼.

Albright, David(2017). "North Korea's Nuclear Capabilities: A Fresh Look." *Institute for Science and International Security Report* (April 28, 2017).

Zagurek, Michael J. Jr(2017). "A Hypothetical Nuclear Attack on Seoul and Tokyo: The Huma Cost of War on the Korean Peninsula." *38th North*.

http://isis-online.org/isis-reports/detail/north-koreas-nuclear-capabilities-a-fresh-look/10(검색일: 2018. 9. 15).

http://www.38north.org/2017/10/mzagurek100417/(검색일: 2018.9.5).

제4장 한국전쟁 초기의 경찰전투 재평가: 경찰서 전투를 중심으로

제1절 | 서론

대한민국은 1945년 8월 15일 해방으로부터 1953년 7월 27일 한국전쟁 휴전 시기까지를 대체로 격동의 시대로 볼 수 있다. 신생 독립국가로서 국가를 운영할 인재도 부족했을 뿐만 아니라 모든 경험 또한 일천했기 때문에 더욱 그러했다. 특히 미군정기에는 미군과 언어 소통의 어려움뿐만 아니라 서양 군대문화에 대한 충격이 더 컸을 것이다. 일본군 무장 해제를 위해 38도선으로 남북을 분단해 점령한 미·소는 각자 나름대로 자국의 이익을 위한 한반도에 대한 시나리오를 가지고 있었으며, 대한민국과 북한 또한 각각 나름대로 이념이 다른 계산 속에서 새로운 정부 수립을 위한 경주를 하고 있었다. 북한은 소련에 의해 일찌감치 지도자의 선정이 내정(?)된 셈이지만 대한민국은 민주주의 체제 하에서 민주적 절차에 의한 지도자 선택이 남아 사회는 더욱 혼란스런 상황이었다.

이러한 시기에 대한민국에서 최초로 생긴 국가기관인 경찰의 형성 과정을 살펴보면, 먼저 미군정기에는 경찰의 최고 기구를 독립부처인 경무부(警務部)로 편성했다(내무부 치안국, 1973: 56). 그러나 해방 직후인 대한민국은 미군정에 의해 신탁통치가 결정되자 친탁, 반탁의 시위에 이어 끊임없는 이념 투쟁으로 좌익 세력의 반란과 폭동으로 나라가 온통 무질서 천지였다. 그러나 미군정은 아직 창군기인 군대를 이용할 수 없었기 때문에 이들을 진압하기 위해서는 경찰조직을 활용할 수밖에 없었다. 따라서 경찰은 경무부로 창설되기가 무섭게 반란과 폭동 현장에 출동해 좌익 세력을 배제하기에 바빴다. 그러다보니 경찰은 본연의 임무인 민생 안정을 위한 치안에 눈을 돌릴 여유가 없었다. 군대 또한 일본, 만주, 중국과 기타 지역에서 서로 다른 임무를 수행하던 각양각색 신분의 사람들을 모아서 미군에 의해 새롭게 창설되고 있었던 시기였다. 이 시기에 오로지 해방된 대한민국을 지탱하는 조직은 경찰뿐이었다 해도 과언이 아니다.

대한민국 정부 수립 후 경찰은 경무부에서 내무부의 일개국인 치안국(治安局)으로 조직이 격하되었다. 그러나 계속되는 반란과 폭동은 멈추지 않았고, 오히려 신생 독립국가의 체제 안정까지를 위협하고 있었다. 이에 이승만 정권은 경찰을 강력한 중앙집권적 조직으로 준전시 체제로 조직(강혜경, 2002: 2)하면서 경찰에 대한 의존도는 더욱 심화되었다. 한편 경찰조직은 정부 수립 이후에도 양적 증강은 지속적으로 추진되었으며, 한국전쟁기에는 전시 체제 편성이라는 명분으로 약 7만여 명에 달할 정도로 조직이 팽창되었다(강혜경, 2002: 2).

또한 경찰이 좌익 세력의 반란과 폭동에 효과적으로 대처하기 위해서 비상경비사령부를 발족해 운용하는 노력을 했다(류형석, 2010: 228). 뜻밖에도 이러한 노력은 마치 한국전쟁을 사전에 대비하기라도 한 것같이 전시에 경찰을 국군과 대등한 전투를 하게 하는 결과를 가져왔다. 그 구체적인 예를 보면, 첫째 상급제대(치안국, 도경찰국)에 비상경비사령부를 발족해 좌익 세력의 반란과 폭동을 진압하고자 한 것이다. 이는 1948년 4월 3일 제주도 반란사건에 연이어 여수・순천 반란사건 등이 일어나자 내무부 치안국은 이 일련의 사태를 중시했다. 따라서 공산당에 의한 국내 치안 교란 사태에 대비하고자 1948년 10월 하순에 치안국에 경찰총비상경비사령부, 각 도에는 도비상경비사령부를 설치했다. 둘째로 하급제대 보강을 위해서는 1949년 9월 2일 총경비사령부 예하에 1개 중대 규모의 특별기동대를 편성했으며, 1950년 4월 15일 경찰간부 24명을 육군보병학교에 입교시켜 군사교육을 받게 했다. 이어 이들을 중심으로 1950년 4월 20일 제8, 9전투경찰대대를 창설해서 제8대대를 강원도 영월과 장성 일대에, 제9대대를 남춘천에 배치했다. 이들의 대대 병력 규모는 496명이었다. 이와 같은 노력은 마치 한국전쟁에 대비한듯 경찰이 국군과 대등하게 전투를 할 수 있는 전투부대로 거듭나는 결과를 가져왔다.

한국전쟁 기간 경찰의 운용을 보면, 전쟁 이전에는 강력한 중앙집권적 형태로 조직하고 운용했지만, 전쟁 기간에는 반대로 경찰서별로 "임무형 분권화 지휘 체제"로 운용되었다. 북한의 기습 남침 시 전투를 실시한 경찰서의 입장에서 보면 비상경비총사령부나 도비상경비사령부로부터 지휘통제를 받을 수 있는 지휘 체제나 통신 체계도 마련되지 못한 시대였다. 또한 시・공간적으로도 도비상경비사령부가 각 경찰서를 지휘통제하기가 제한되는 상황이었다. 그 당시 경기도 예하에는 21개 경찰서, 강원도는 12개의 경찰서로 편성되어 있어 평시가 아닌 전시에 이들을 지휘통제하기에 지휘폭도 과도하게 신장되었다고 볼 수 있다. 또한 비상경비사령부조차도 국군과 적정(敵情)이나 전쟁 상황을 공유할 제도적 여건이나 능력이 부족한 상태였다. 따라서 치열하게 전투를 실시하고 있던 경찰서에 상급제대인 경찰비상경비사령부가 적정이나 작전지침 등을 제공할 수 있는 상황이 못 되었다. 경찰서별로 비선형으로 전개되는 전선에서 절대적으로 부족한 전투력으로 생사를 걸고 최소한의 공간을 양보해 최대한의 시간을 벌게 하는 전투를 했다. 이러한 경찰의 희생으로 후방에서 국군 증원부대가 새로운 전투 준비를 할 수 있도록 해준 성과만으로도 한국전쟁에서 경찰의 역할은 최상으로 평가받아야 할 것이다.

그러므로 전방의 접적지역 경찰서들은 비상경비사령부의 지휘나 지원 없이 "임무형 분권화 지휘 체제 하의 전투"를 수행할 수밖에 없었다. 우선 해당 경찰서 책임지역으로 적들이 기습 공격해 옴으로써 강요에 의한 전투를 할 수밖에 없었다. 그러나 이러한 상황에서도 대부분의 경찰서는 도비상경비사령부의 작전지침이나 전투근무 지원이 없는 여건에서 먼저 철수하거나 적을 피하지 않고 싸웠다. 경찰서장을 중심으로 북한의 정규군에 비해 인원, 화기와 장비가 비교되지 않을 정도로 열세인데도 한결같이 죽음을 두려워하지 않고 용감하게 싸웠다. 강릉경찰서의 경우 적의 침입을 군보다 먼저 발견해 관내에 배치된 군작전부대인 8사단에 통보한 후에 군경합동작전을 실시하기도 했다.

이렇게 최전방의 접적지역 경찰서가 비상경비사령부의 작전지침이나 전투근무 지원 없이 북한군의 정규군과 대등하게 싸울 수 있었던 원동력은 과연 무엇이었을까? 먼저 정신 전력 면에서 보면, 해방 후부터 전쟁 전까지 수많은 좌익 세력의 반란과 폭동을 진압하는 과정에서 이들에 대한 적개심이 경찰들의 정신무장을 강하게 했을 것이다. 그리고 관내의 익숙한 지형 숙지가 적의 접근로 판단과 위협 분석을 용이하게 해서 병력을 절약하고 희생을 적게 했을 것이다. 또한 책임지역 국군의 작전부대와는 전쟁 전부터 38도선을 수시로 침투하는 북한군을 함께 저지하던 경험이 효과적인 군경합동작전 수행을 가능하게 했을 것이다. 각종 주부식 및 기동 수단 등 소요되는 전투근무 지원 또한 평시부터 관내 주민들과 유지한 민관 협동 체제가 제반 문제를 해결해 줬으리라 생각된다. 이와 같은 요소들이 상급제대나 타기관의 지원 없이 경찰서별로 독립된 '임무 위주의 분권화 지휘 체제 하의 전투'를 가능하게 했으리라 분석된다.

그러나 한국전쟁 기간 동안 이승만 정권은 전시 체제로 편제된 경찰을 이용해 정치파동[1]을 일으켜 초헌법적 지위를 장악했다. 이는 경찰이 정치화되는 오점을 남기기도 했다.

한국전쟁 기간 국군은 전쟁을 수행하는 주체라는 명분으로 대한민국의 모든 역량을 총동원해 지원하는 것도 모자라 UN 16개국이 전투부대를 지원했다는 것은 주지의 사실이다. 반면 경찰서들은 최전선에서 북한군과 상대가 되지 못하는 장비와 병력으로 진지를 구축하고 최후의 순간까지 옥쇄(玉碎)의 정신으로 곳곳에서 적의 공격을 지연시킴으로써 한국전쟁에 크게 기여했다.

또한 한국전쟁 기간 군(軍)은 전쟁을 주도하면서 가장 많은 피해를 입었다고 하지만 국군은 전투 기록을 활발히 연구해 전사(戰史)로 잘 보존하고 있다는 평가를 받고 있다. 그러나 경찰은 한국전쟁에서 국군과 대등한 전투를 했음에도 불구하고 국군에 비해 그 헌신이 많이 가려져 있다는 평가를 받고 있다. 이는 한국전쟁에서 경찰이 전쟁의 주체가 아니었다는 이유로 경찰 스스로가 그 역할을 과소평가한 점은 없었는지도 반성해 봐야 할 것이다. 따라서 이런 의미에서 선배 경찰들의 헌신과 희생에 대해 역사를 발굴하는 연구가 더욱 활발해졌으면 하는 바람이다.

위에서 살펴본 바와 같이 한국전쟁 기간 동안 경찰은 초기 전투에서 국군과 함께 가장 치열하게 전투를 치렀다. 또한 전투제대는 경찰의 특성상 전방 접적지역에서 경찰서 중심으로 싸웠음을 볼 수 있었다. 따라서 '한국전쟁 초기 전투에서 경찰이 경찰서별로 어떻게 북한군과 싸웠는가?'를 살펴보는 것이 이 연구의 핵심이다.

---

1) 1952년 5월 25일 이승만 대통령이 재선과 독재정권 확립을 위해 제출한 대통령 직선제 도입을 골자로 한 개헌에 반대하던 국회의원들을 강제로 군과 경찰이 연행해서 억류한 사건. 이후 정치적으로 혼란한 가운데 1달여 만인 7월 4일 정부안과 국회안을 혼합한 발췌 개헌안이 통과됨.

제2절 | 개전 초기의 대한민국 경찰

1. 해방 이후 정부 수립 시까지의 경찰

미군정 초기 경찰의 주요 임무는 '좌익 척결을 통한 정부 수립'이었다(이정훈, 강윤식, 2015: 223). 미군정시대의 경찰조직은 1945년 10월 21일 경무국으로 창설되었고, 1946년 3월 경무부로 승격 및 개편되었다. 이 시기에 미군은 해방 후 신생 독립국가의 치안 유지를 위한 통치 수단과 함께 군정의 보조기관으로서 경찰이 가장 효과적인 조직이라는 사실을 잘 알고 있었다. 그래서 미군정은 해마다 적자예산을 감수하면서도 새로운 경찰기구를 설치하고 기존의 조직을 확장했다. 1945년 12월 27일 경무국 고문인 W. H 메클린 헌병 대령이 서명한 '조선국립경찰의 조직에 관한 건'(내무부 치안국, 1973: 58)이란 문서에 '경무부'로 잘 나타나 있다.

그리고 해방 이후의 혼란에 대비하기 위해 1945년 11월부터 1946년 3월까지 경찰은 국방사령부의 지휘 · 감독을 잠시 받기도 했는데, 이 시기에 경찰도 일종의 전투부대로 조직이 편성되는 영향을 받기도 했다. 또한 지방경찰은 시 · 도지사로부터 분리되어 시 · 도 경찰부장이 관내의 질서 유지를 책임지는 것 외에는 경찰의 조직, 인사 및 재정 등에 관한 권한을 관장하다가 도경찰부는 1946년 10월 관구경찰청이 설치되면서 폐지되었다.

또한 이 시기는 선진 미국의 경찰제도를 준용해 선진국 경찰제도를 받아들일 수 있는 기회이기도 했다. 통행금지 시간 단축, 제복 · 제모 · 흉장 · 표찰의 착용, 경찰봉 휴대, 경찰가 제정과 감찰조직의 강화 등 민주주의 이념에 따른 경찰 개념이 강조되면서 국민의 생명, 신체 및 재산의 보호가 경찰의 역할과 활동이 되었다. 따라서 미군정은 군대보다 경찰을 우대하는 경향이 있었고, 경찰에게 더 큰 임무를 부여하면서 미국식 무기와 제복을 먼저 지급했다. 국방경비대가 일본군의 제복을 입고 99식 또는 38식 소총으로 무장을 하고 있던 반면에 경찰에게는 카빈 소총을 지급했다. 따라서 경찰은 카빈 소총으로 북한의 음모와 좌익 세력의 잔인한 총부리로부터 국민의 인권을 보호하기 위해 앞장섰었다.

2. 대한민국 정부 수립 이후 한국전쟁 발발 당시까지의 경찰

1948년 8월 15일 대한민국 정부 수립 이후 경찰의 임무는 '치안과 국방'이었다. 즉, 신생 정부 존립을 위협하는 유격공비(遊擊共匪)를 토벌하는 것과 38선을 경비하는 것이 임무였다. 이를 위해 경찰을 준(準)군사화하는 노력 또한 꾸준히 지속되었다(강혜경, 2002). 그러므로 경찰의 전투는 당시 상황에서 특수한 임무로 받아들여졌고, 준군사적 성격을 띠게 되었다. 따라서 한국전쟁 전까지 지리산, 태백산과 오대산지구 등에서 빈번히 출몰하는 유격공비를 소탕하는 토벌작전 임무가 정부 수립 시기 경찰의 주요 임무 가운데 하나가 된 셈이다.

정부 수립 직후 경찰 조직은 경무부를 치안국으로 오히려 조직을 격하시켜 내무부의 지휘 · 감독을 받는 보조기관으로 전락시켰다. 또한 내부적으로는 내무부 산하의 치안국 체제[2]로 격하되었지만 역사상 처음으로 자주적인 입장에서 경찰을 운용하는 시기였다. 그러나 각 시 · 도에는 시장 또는 도지사의 보조기관으로 경찰국이 설치되었다. 한편 당시 좌익 극렬분자의 반란, 파업, 폭동과 공비 진압을 위해서는 비상경비사령부를 설치해 대응하는 중요한 조치를 했다.

북한 유격공비의 침투는 1948년 11월 14일 1차 침투를 시작으로 1950년 3월 28일까지 1년 반 동안에 10회에 걸쳐, 2,345명이 침투했다. 군경의 토벌작전으로 이 중 2,000여 명이 사살 또는 생포되었다(윤장호, 1995: 73). 6 · 25전쟁 이전의 적 유격공비의 활동은 갓 건국된 대한민국 단독정부에게 실질적인 정부 존립을 좌우하는 위협 요소로 대두되었다. 이에 경찰은 '치안의 실지 완전 회복'을 위한 유격대 토벌작전을 위해 적극적으로 군경합동을 전개했다.

또한 이러한 시기는 미군의 제6 · 7사단이 대한민국에서 철수하기 위해 먼저 38

---

2) 치안국 체제에서 경찰의 변화 및 발전
 ① 경찰관직무집행법(1953.12.14) 제정(경찰 작용에 관한 기본법으로서, 경찰의 기본 임무는 '국민의 생명 · 신체 · 재산의 보호'라는 영 · 미법적 사고가 반영됨.)
 ② 국립과학수사연구소(1955.3.25) 설립, 해양경찰대 설치
 ③ 경범죄처벌법(1954.4) 제정
 ④ 경찰직무 응원법(1955.6) 제정
 ⑤ 제2공화국 헌법(4 · 19혁명 후)에는 경찰의 정치적 중립화를 명문화함.
 ⑥ 청원경찰법(1962) 제정
 ⑦ 경찰윤리헌장(1966.7) 제정
 ⑧ 북한 무장공비침투사건(1968.1.21 사태)을 계기로 전투경찰대 창설
 ⑨ 경찰공무원법(91969.1.17) 제정

선 경비를 한국군에 인계하는 때이기도 했다. 미군이 남긴 경비시설은 전술적인 방어시설이나 장애물도 없이 주요 간선도로에 경비초소와 콘세트 막사가 전부였다. 이러한 미군과 함께 1948년 말까지 38선 경비를 담당한 것은 경찰이었으며, 1949년 말에서야 미군 대신에 국군과 더불어 38도선을 경비하게 되었다.

따라서 이러한 중요한 임무를 수행하는 일선 경찰부대에 대한 장비 증강을 위해 중화기류에 속하는 기관총·박격포 등의 긴급 보급이 필요하다고 지적되기도 했다. 이에 경찰은 단지 카빈총으로만 무장했기 때문에 중무장한 북한군의 손쉬운 표적이 되므로 경찰에게 충분한 소총을 보급해 줄 것을 미국에게 요구해, 그나마 한국전쟁 직전에 카빈총 1만 8천여 정을 보유[3]하게 되었다(경찰종합학교, 1995: 89).

이 시기는 조국재건(祖國再建)이라는 큰 사명을 앞두고 치안 확보가 경찰조직의 무엇보다도 긴급한 임무였으며, 이와 같은 절대적인 시대적인 요청에 따라 무질서, 혼란과 불안이 가중되는 가운데에서 질서 유지와 치안 확보를 위해 창설된 것이 국립경찰이었다(내무부 치안국, 1973: 132). 따라서 경찰은 해방 직후 사회 혼란과 무질서를 잡고 좌익 세력의 폭동과 반란뿐만 아니라 한국전쟁 직전에 남침을 기만하기 위해 폭발적으로 증가하는 북한군의 38도선 도발을 막는 가장 필요한 조직으로 인식되었다.

3. 한국전쟁 발발 당시부터 휴전협정 당시까지의 경찰

한국전쟁 발발 시점에는 내부적으로는 좌익 세력들과 게릴라들의 활동과 38도선 일대에서 북한군 교란활동이 극에 달하는 시기였다. 따라서 경찰의 임무는 '전투와 구국'이라는 두 가지 임무를 본격적으로 수행해야만 했다. 공산주의의 남침으로부터 국가를 지키야 하는 전투 임무 외 국민의 생명, 신체, 재산의 보호라는 본래의 사명이 경찰에 부여되었다. 이 시기의 경찰 조직은 내무부 및 치안국의 지휘·통제를 받았지만 다른 어떤 조직보다도 잘 편성되었으며, 이로 인해 전쟁 중 후방지역(後方地域)에서 주도적인 작전을 수행할 수 있었다. 즉, 전쟁 초기에 일부

3) 6·25전쟁이 발발하자 카빈 소총은 6,000여 정, 차량 100여 대, 기관총은 100여 정 미만으로 남아 있었다. 이후 대구방어전 당시 조병옥 장관이 미8 군사령관에게 요청해 7만여 정의 무기를 입수했고, 1954년 7월경에는 적에게 노획한 중화기류 등을 포함해 13만 2백여 정의 무기를 확보했다.

경찰은 전선에서 군을 지원해 방어하면서 치안을 유지했고, 후방지역에서는 안정적인 치안 유지, 공산분자 색출 및 피난민 철수 통제 임무 등을 수행하면서 상황에 따라서는 군을 지원하며 전투에 참가하기도 했다. 특히 전쟁 초기에 후퇴하던 경찰은 치안국 산하 비상경비사령부에 의해 대전에서 재편되어 일부는 군의 지연작전에 참가했으나, 대부분은 후방지역 안정을 위한 활동에 투입되기도 했다.

그러나 치안국 경찰 병력은 개전 당시 25,000여 명이었으나 7월 중순 시점 13,000여 명으로 감소되자, 전투에 투입되는 경찰 병력을 양성하기 위해 경찰전문학교를 전시교육대로 편성해 전투교육과 전술훈련을 시켰다(전쟁기념사업회, 1992: 23). 때로는 군에 요청해 교육을 시키기도 했다. 경찰전문학교는 당시의 전황에 따라 대구, 서울, 부산 등지로 옮겨다니면서 간부후보양성에 주력했고 통신기능의 중요성을 감안해 통신요원을 선발해 주특기 교육을 실시하기도 했다.

그러나 북한의 기습을 받은 군도 그러했지만, 내무부 역시 치안 유지를 위한 경찰통제계획, 전시운영계획이나 주민통제계획 등 전시전환계획이 전혀 없었다. 이러한 상황에서 당시 국가안보의 핵심이라고 할 수 있는 국방부(육군본부)와 경찰연락관을 파견해 전선 상황을 공유하는 등 군경협동작전을 위한 적극적인 군과의 공조하는 노력 없이 대부분의 상황과 작전을 단독으로 처리하고 있었다(전쟁기념사업회, 1992: 23). 예를 들면 7월 8일 계엄령이 선포되었음에도 불구하고 치안국에서는 7월 11일 '불순자 검거건'을 전국 경찰에 하달했다는 것을 볼 때 군경이 유기적인 협조 체제가 이뤄지지 못한 상황으로 볼 수 있다. 이러한 상황은 일천한 정부 수립의 역사에서 일어난 초유의 비상사태 속에서 정부 차원의 훈련이 부재했고, 간부들 역시 경험이 부족한 상황에서 온 안타까움으로 봐야 할 것이다. 조금 더 적극적으로 국방(국군)부와 작전 협조를 강구했더라면 경찰의 전투는 더 성공적이었을 것이고, 무명의 산하에서 운명을 달리한 선배 영령(英靈)들의 희생을 줄일 수 있었을 것이다.

제 3 절 | 개전 및 초기 작전에서의 비상경비사령부별 경찰 작전

1950년 6월 24일 당시, 국군과 북한군의 편성부대 및 병력은 출처마다 숫자가

표 4-1	6·25전쟁 시 남한과 북한의 무기 및 전투장비		
구분		국군	북한군
지상무기	야포	• 105㎜ 곡사포: 88문	• 야포: 970(122㎜: 172, 76.2㎜: 380), • 76.2 자주포: 176문
	전차	0	• T-34전차: 242문
	대전차포	• 57㎜ 대전차포: 140문	• 45㎜ 대전차포: 1,142문
	박격포	• 박격포: 960문 (60㎜: 575, 81㎜: 384)	• 박격포: 2,318문(61㎜: 1,142, 82㎜: 950, 120㎜: 226)
	장갑차	• 장갑차 : 24대	• 장갑차: 54대
	고사포	0	• 85/37㎜ 고사포: 36문
함정		• 전투함 및 소해정: 28정 • 수송선 및 기타: 5정	• 전투함 및 소해정: 30정 • 수송선 및 기타: 5정
항공기		• 연락기 및 연습기: 22기	• 전투기 및 연습기: 211기

출처: 국방부(1967: 109-110).

다소 상이하나 국방부 자료에 따르면, <표 4-1>에서와 같이 남한과 북한의 무기 및 전투장비는 1:2의 수준, 전투 병력에서는 1 : 2.6으로서, 국군이 더욱 열세[4] 했고, 병력 구성과 훈련 수준 면에서 현저한 차이가 있었다.

북한군의 기습 남침으로 전쟁이 일어나자 경찰은 비상 체제로 돌입했다. 경찰은 남침 상황을 접수받자 치안국에 비상경비총사령부[5]를 설치하고, 1948년 10월 19일 여순반란사건 이후 운영된 바 있던 비상경비 체제로 전환해 경찰을 지휘했다(전쟁기념사업회, 1992: 291).

4) 국군(104,993명): 지상군 합계: 96,140명 [수도경비사령부(3개 연대): 9,221, 제1사단(3개 연대): 9,715, 제2사단(3개 연대): 7,910, 제3사단(2개 연대): 7,059, 제5사단(2개 연대): 7,276, 제6사단(3개 연대): 9,439, 제7사단(2개 연대): 7,211, 제8사단(2개 연대): 6,866, 독립 제17연대: 2,719, 해병대: 1,106] 해군: 6,956, 공군: 1,897명. 북한군(203,380명): 지상군 합계: 196,680[10개 보병사단(30개 연대): 120,880, 제105전차여단(독립전차연대 포함): 8,800, 제206기갑보병연대: 3,000, 제603 모터사이클연대: 3,500, 독립포병연대(122mm 곡사포): 1,300, 제766부대(유격대): 2,500, 고사포연대: 1,200, 공병여단: 2,500, 통신연대: 1,000, 38경비여단(1, 3, 7여단): 22,600, 제549부대(육전대): 9,000, 군 및 군단본부(1, 2군단): 5,000, 군관학교(2개): 4,000, 보안대(각도, 철도, 평양): 6,000, 한만국경 경비대: 2,800, 중앙경비대: 2,000], 해군: 4,700, 공군: 2,000명. 출처: 국방부(1967: 37-38).

5) 비상경비사령부는 미군정시대(1946)에 경무부로 편성되었다가 정부 수립 후 내무부의 치안국으로 조직은 축소된 반면에 해방 이후 무력에 의한 좌익 세력의 반란과 소요가 늘어나자 신생국가의 특수한 사정으로 기구상으로 반영하지는 못하고 이러한 특수 임무를 수행하기 위해 임시기구인 '비상경비사령부(非常警備司令部)'를 설치하게 되었다.

1949년 9월 2일 1개 중대 규모의 특별기동대를 편성했고, 1950년 4월 15일 경찰 간부 24명을 육군보병학교에 입교시켜 군사교육을 받게 했다. 이들을 중심으로 1950년 4월 20일 제8, 9전투경찰대대를 창설해 제8대대를 강원도 영월과 장성 일대에, 제9대대를 남 춘천에 배치했다. 이들의 대대병력 규모는 496명이었다.

경찰은 6월 9일에 북한의 남침에 대비해 38선 접경지역인 경기·강원 경찰국에 '갑호비상근무령'을 발령해 비상경계에 들어가 있던 중 6·25 남침을 맞이했다(류형석, 2010: 228). 전쟁이 발발하자 38도선 접경지역을 담당하고 있던 경기도 비상경비사령부(도경찰국)와 강원도 비상경비사령부(도경찰국)는 군과 마찬가지로 바로 교전 상태에 들어갔다. 그러나 경찰의 초기 작전 결과는 국군에 비해 상대적으로 가려져 있었지만 한국전쟁 초기 작전에서 경찰의 헌신이 한국전쟁 전반에 걸쳐 지대한 영향을 미쳤다는 사실은 누구도 부인하지 못할 것이다.

1. 경기도 경찰비상경비사령부의 작전

경기도 비상경비사령부(사령관 경무관 이영하)가 담당했던 지역은 21개의 경찰서로 편성되어 있었다. 그중 11개의 경찰서가 접적지역의 경찰서[6]이며, 국군 제17연대와 제1사단, 그리고 제7사단 방어지역이었다. 경기도 비상경비사령부 주 작전지역은 옹진반도와 개성~문산지역이다. 옹진반도 전투는 북한군이 전차로 증강한 인민군 제6사단 예하 1개 보병연대와 제3경비여단으로 공격하자 국군 독립 제17연대가 방어한 작전이다.

개성~문산지역 전투는 203전차연대 예하 27여 대의 전차에 자주포 27대로 증강한 제6사단과 1사단으로 김포를 거쳐 서울에 이르는 북한군 조공 축선으로 국군 제1사단이 방어한 전투를 말한다. 당시 서부지역에서 초기 전투는 병력, 부대 규모와 편성장비 면에서 열세인 국군과 경찰은 북한군의 기습 남침으로 초전부터 악전고투했다.

1) 옹진반도 지역 전투

옹진경찰서는 당시 제17연대와 함께 전투를 한 경찰서였다. 육군본부에서 하달

6) 옹진, 연백, 개성, 장단, 파주, 포천, 가평, 강화, 양주, 김포, 인천.

된 옹진반도의 작전 형태별 방어지침 제3호는 “적이 전면적인 남침을 전개할 경우에는 적에게 최대한의 출혈을 강요한 다음, 해군의 지원을 받아 해상으로 철수한

그림 4-1 6 · 25전쟁 북한군 공격계획

출처: 육군 군사편찬연구소(2005).

다"는 것이었다.[7] 옹진반도지역 전투는 앞의 [그림 4－1]에서와 같이 국군 17연대가 T－34형 전차 1개 중대로 증강된 인민군 제6사단 14연대와 인민군 3경비여단과 맞서 치른 방어 전투이다(육군본부 군사연구소, 2014: 91).

국군 제17연대장 백인엽 대령은 45km에 달하는 광정면에 2개 대대를 배치하고 1개 대대를 예비로 한 전형적인 방어 형태로 임무를 수행하고 있었다. 이는 곧 2~3일 전부터 심상치 않았던 적정(敵情)에 대비하기 위한 조치였다. 또한 연대장은 6월 24일부로 3대대에 105mm 곡사포 1개 중대와 57mm 대전차포 1개 소대를 배속하고 예하 각급 부대와 옹진경찰서에 출동 대비 태세를 갖추도록 지시했다.

북한군은 1950년 6월 25일 04：00시에 국군 17연대 정면에 사전 공격 준비 사격을 실시한 후에 공격을 개시했다. 국군 17연대는 6월 23일부터 적 의도를 사전에 파악하고 대비했으나 초기 작전 중 좌전방의 1대대장이 전사하고 이어서 옹진지구의 주저항선이 돌파되어 후퇴할 수밖에 없었다. 결국 국군 17연대 연대본부 및 직할부대와 3대대는 지연전을 펼치면서 부포항으로 철수해 7포병대대의 105밀리 곡사포 등 전투 장비를 파괴하고 해군 수송선과 민간 선박을 이용해 인천으로 철수했다(육군본부 군사연구소, 2014: 91). 한편 완강한 방어를 계속하던 2대대는 역습에 성공했지만 전황이 급변함에 따라 1대대와 직할대 및 지원부대의 낙오 병력을 수습하면서 사곶항에 도착했다. 그러나 해상 철수 수단이 없던 차에 용호도 지서주임 김두의 경사의 주선으로 20톤급 기관선으로 정원 90명이 탑승 가능한 대성호를 지원받아 다음날 아침까지 군인, 경찰과 피난민들이 해상으로 철수해 군산에 도착했다.

이렇게 한국전쟁 간 국군 17연대의 활약 뒤에는 민간 선박을 동원해 옹진반도 철수작전을 성공시켜 연대의 전투력 보존에 기여한 기억되지 않는 경찰의 역할이 있었다. 전시에는 적과의 전투에서 승리도 중요하지만 상급부대 계획에 따라 지연전 및 철수작전 역시 대단히 중요하며, 초전 전투력 보존은 향후 전투력 발휘를 위

---

7) 당시 육군본부 옹진반도의 작전 형태별 방어지침.
- 제1호 작전: [38도선]상에서 국지적인 소규모 분쟁이 발생되었을 경우에는 적에게 최대한의 손실을 내게 하면서 분계선을 고수한다.
- 제2호 작전: 적이 국부적으로 [38도선] 이남으로 침범할 경우에는 적에게 최대한의 타격을 가하면서 증원부대가 도착할 때까지 주저항선을 지탱한다.
- 제3호 작전: 적이 전면적인 남침을 전개할 경우에는 적에게 최대한의 출혈을 강요한 다음, 해군의 지원을 받아 해상으로 철수한다.

그림 4-2 옹진반도 전투

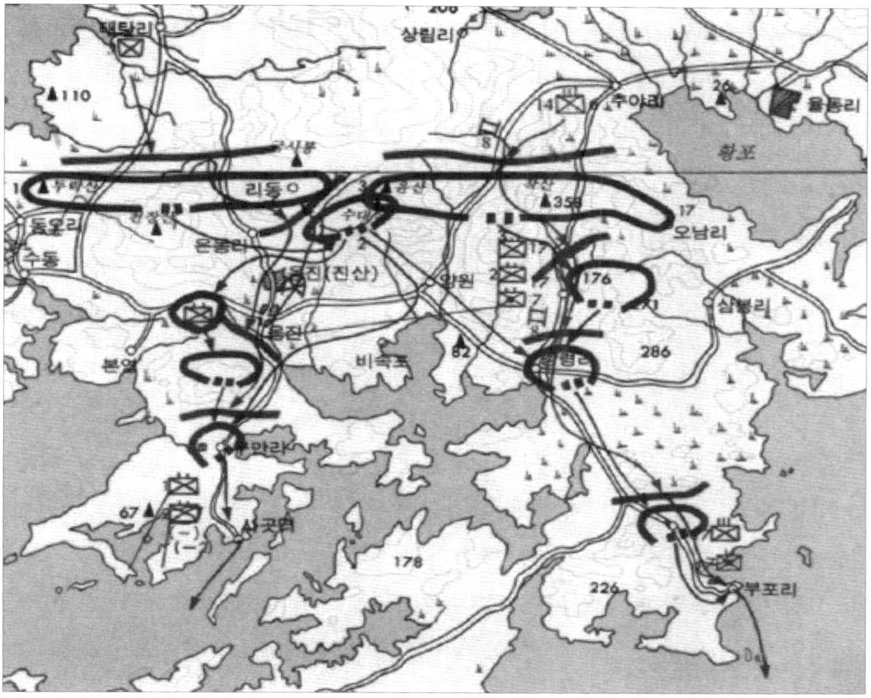

출처: 나무위키 옹진반도 전투.

한 전역작전 개념에서는 간과할 수 없는 부분이다.

옹진경찰서 경찰관 중 6·25전쟁 기간에 전사한 경찰관은 23명이며, 1950년 6월 25~26일 양일간 전사한 옹진서 경찰관은 15명[8](경기지방경찰청, 2008: 1183)인데 안타깝게도 경찰의 세부 전투 사례는 전해지지 않는다.

2) 개성지역 전투

개성~문산지역은 서울로 통하는 관문으로 백선엽 대령이 지휘하는 국군 제1사단은 약 94km의 광정면을 담당하고 있었다. 사단장은 개성에 12연대, 고랑포 일대

---

8) 『경기경찰사』에 따르면, 1950년 6월 25~26 양일간 옹진서 경찰관은 15명이 전사했다. (경위: 이종철, 박유근, 김의극, 박진종, 김유수, 박병식, 정필화, 오관근, 조성현, 경사: 김영록, 김진욱, 박기덕, 권병남, 이준영, 순경: 차기찬)

에 13연대를 배치했고, 제1연대를 예비로 사단사령부와 같이 수색 일대에 주둔하고 있었다.

청단경찰서(李鍾鎬 경감)는 북한군 침공 소식을 듣고 일상적으로 있어 왔던 국지 도발 정도로 생각하고 있었다. 그러나 삽시간에 사태가 급박하게 진전되자 경찰 병력을 향산(香山)고지와 마탑(馬塔)고지에 배치해 전투 태세를 갖추고 저항하다가 25일 늦은 시간에 해상으로 탈출했다(류형석, 2010: 233). 경찰부대는 적 30여 명을 사살하고 경찰은 3명이 전사했다.

연안경찰서(金周文 경감)는 25일 남침 소식을 듣고 전투 태세에 들어가 건지산(乾支山) 일대에 병력을 배치했다. 이어 비봉산(飛鳳山)에 있던 제12연대 3대대(이무중 소령)와 합류해 석양 무렵까지 군과 합동작전을 펴다가 19:00시에 해상으로 철수했다. 군경합동부대는 적 100여 명을 사살하고 경찰관은 5명이 전사했다.

백천경찰서(崔正得 경감)는 남침 급보를 받고 경찰서 주변 고지에서 급편 방어진지를 마련하고 전투 준비 태세에 들어갔다. 먼동이 틀 무렵 적이 접근하자 기관총 2정을 비롯한 전 화력을 집중해 사격하자 한때는 적의 진출을 저지하기도 했다. 그러나 시간이 흐르면서 증강되는 적의 압력을 견디지 못하고 제12연대 9중대와 합류해 지연전을 펴다가 18:00시에 군과 함께 철수했다. 경찰관은 12명이 전사하고 적 30여 명을 사살한 것으로 추산했다.

개성철도경찰대(甘鳳龍 경감)는 당시 개성역 구내에 본부가 위치해 있었고 개성철도경찰대[9] 50여 명 대원은 대장 감봉룡 경감[10] 지휘로 용전분투했다. 당시 개성

9) 당시 철도경찰대는 본부 산하 13개 철도경찰대가 있었다(대전, 목포, 부산, 서울, 용산, 이리, 인천, 청량리, 광주, 대구, 순천, 안동, 개성철도경찰대). 개성철도경찰대는 직할본부는 개성역 구내에 있고 5개 지대가 있었다(문산지대: 경기도 파주군 문산역 구내, 토성지대: 경기도 개풍군 토성역 구내, 예성강지대: 경기도 개풍군 예성강역 구내, 연안지대: 경기도 연백군 연안역 구내, 청단지대: 경기도 연안군 청단역 구내). *출처: 국가법령정보센터.

10) 고(故) 감봉룡 경감은 6 · 25전쟁 초기 개성전투에서 활약한 전쟁 영웅이다. 일제시대인 1910년 3월 21일 황해도에서 출생해 성장한 그는 어린 시절부터 조국의 독립에 기여하겠다는 큰 뜻을 품고 있었다. 그는 1948년 정부 수립과 함께 경찰에 투신해 신생국가의 치안질서 확립에 기여했다. 불과 2년 후인 1950년 6 · 25전쟁이 발발했을 때 그는 개성철도대장으로 근무하고 있었다. 정부는 1949년 4월 22일에는 국가의 기간 동맥인 철도의 안전 운행을 보장하기 위해 철도경찰대를 발족시켰다. 그때 감봉룡 경감이 개성지구 철도대장으로 임명됐다. 감봉룡 경감이 근무하고 있던 개성은 서울과 평양을 잇는 전략적 요충지로서 남북을 분단하는 38도선이 개성 북쪽에 있는 송악산(488m)을 통과하고 있었다. 개성을 지키기 위해서는 송악산을 반드시 확보해야만 했다. 그러나 38도선은 지리적인 지형지물과 관계없이 지도상에서 설정된 경계선이었다. 따라서 남북은 서로 유리한 지형을 차지하기 위해 치열한 경쟁을 계속하고 있었다. 남북의 경쟁은 분쟁으로 발

방면에는 04 : 00시부터 30분간 포격이 시작되었고, 북한군 1개 연대는 개성 후방 송악산 방향에서 정면으로 공격하고 1개 연대는 열차를 이용해 경의 본선을 따라 공격하는 계획을 수립했다.

06 : 00시경 개성역은 북새통을 이루고 있었다. 새벽부터 전방에서 들려오는 포탄 소리를 듣고 일찌감치 피난길에 나선 주민들, 휴가나 외출을 중지하고 복귀하는 국군 제1사단 12연대 소속 일부 병사들로 인해 역 구내가 혼란한 그 순간 한 열차가 개성 역 구내로 천천히 진입했다. 아무런 경계심 없이 열차로 접근하는 민간인들과 군인들에게 갑자기 열차에서 쏟아져 나온 것은 북한군이었다. 그 결과,

그림 4-3 개성(연안) · 문산지구 전투

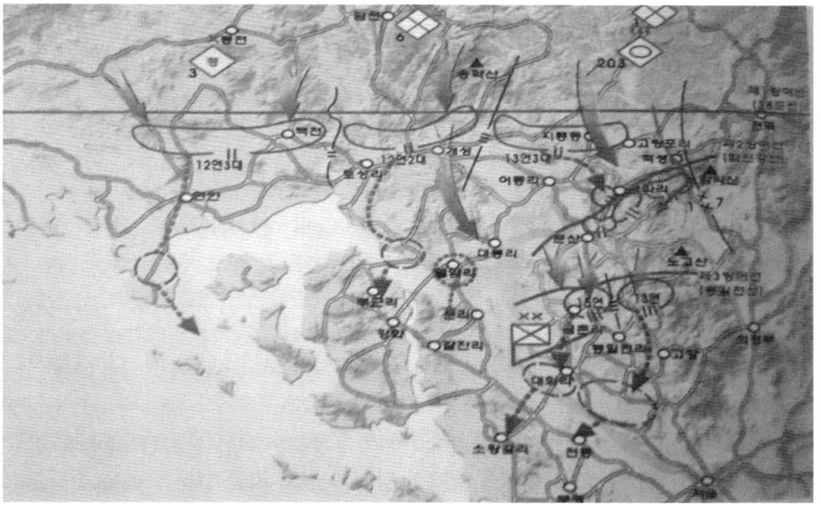

출처: 육군본부 군사연구소(2014: 92).

전했다. 한발 앞서 북쪽에 강력한 진지를 구축한 북한군은 미군으로부터 뒤늦게 진지를 인수한 국군 제1사단의 진지 공사를 계속 방해했다. 1949년 5월 3일에는 북한군이 공사 중인 국군을 급습하면서 송악산 전투가 시작됐다. 다음 날인 5월 4일 제1사단은 육탄10용사의 살신성인에 힘입어 송악산 진지를 되찾을 수 있었다. 감봉룡 경감은 북한군의 도발을 억제하고 저지하기 위해서는 무엇보다도 철도에 의한 보급로가 확보돼야 함을 통감하고 있었다. 서울에서 문산을 거쳐 개성에 이르는 경의선 철도는 취약 구간이 많았다. 언제라도 적의 공격을 받을 수 있었다. 철도가 단절되면 개성은 주민과 함께 시가지 전체가 고립될 수밖에 없었다. 철도는 개성 확보를 위한 동맥과 같았다. 감봉룡 경감은 평소 대원들에게 어떠한 상황에서도 철도를 지켜내야 한다는 불퇴전의 의지를 심어주고 있었다(국방일보, 2015. 1. 4).

앞뒤 양면에서 공격을 받게 된 아군은 혼란에 빠지고 병력은 분산되었다.

북한군이 몰래 철도를 연결해 남침 개시와 동시에 북한군들을 태워 돌진함으로써 기습에 성공한 것이다. 당시 개성 시내에 북한군이 열차를 이용해 진입했을 때 국군과 경찰 병력은 전방초소로 투입되었고, 개성 시내 일대에는 개성철도경찰대[11]만 있었다.

감봉룡 경찰대장은 25일 적의 포성에 상황을 직감해 05 : 30분에 대원들을 비상소집해 적의 공격 상황을 설명하고 경비주임 홍이화 경위로 하여금 부대 경찰병력으로 본부 뒷산과 본부 및 철도 건물을 경비해 침입한 적을 격퇴하도록 작전명령[12]을 하달했다. 한편, 사찰주임 박준석 경위에게는 사복대원 2명을 합동정보본부에 파견해 수시로 변동되는 상황을 본부에 유선으로 보고토록 하고, 대원들을 요소에 배치해 임전 태세를 갖춰 본부 건물 중심으로 사수하기로 결심했다(내무부 치안국, 1973: 249). 철도경찰대원들이 각 부서에 배치되자 전황을 파악할 수 없는 가운데 시내에는 적의 포탄이 낙하했고 사방에서는 기관총 소리가 요란했다. 국군의 모습은 보이지 않고 먼저 시내에 쏟아져 들어온 것은 열차를 이용해 기습한 북한군들이었다. 적이 시내로 돌입해 07 : 30분에 유선전화가 두절되고 적에게 포위당한 상황에서 전 대원이 결사적으로 항전한 결과 적 제1진을 물리쳤다.

적은 공격 개시 후 처음으로 시내에서 조직적인 저항을 받자 09 : 00시경 5대의 탱크를 앞세우고 포위망을 압축해 들어왔다. 이에 감봉룡 경감은 본부건물을 중심으로 사수키로 결심했다. 이러는 동안에 적이 시내로 돌입하자 대원들은 일단 방

---

11) 1948년 8월 15일 대한민국 정부가 수립되자 철도관구경찰은 치안국 직할 하에 들어가 보안과의 철도경찰대로 개편되었다. 6·25전쟁을 전후한 당시의 철도 치안 상태는 매우 좋지 않았다. 폭도들의 터널, 철교 등 철도시설물 파괴는 말할 것도 없고, 열차 운행이 대폭 감소된 반면, 수백만의 피난민, 군중과 열차 승객을 대상으로 한 잡상인들의 범람으로 열차 내는 항상 입추의 여지없이 초만원을 이뤘다. 이 틈을 타서 절도와 소매치기가 날뛰게 되어 철도경찰대의 임무는 더욱 가중되었다. 철도경찰대 주요 임무는 ① 철도 주요 시설물의 감시와 경비, ② 열차 내의 순찰로 범죄의 예방, ③ 열차 내의 요구호자 응급치료와 후송, ④ 수일간 결식한 기아 여행자나 곤경에 빠진 군경 유가족에 대한 급식과 기타의 편의 제공 등이었다(내무부 치안국, 1973).

12) 고(故) 감봉룡 경감의 작전명령: ① 적이 대병력을 이동해, 38도선 전역에 일제 남침을 개시했다. ② 부대는 군 작전에 호응해, 관내를 사수하는 동시에 적을 격멸코자 한다. ③ 경비주임 홍이화 경위는 부대병력을 본부 뒷산과 본부 및 철도건물을 경비해 침투한 적을 진전에서 격퇴하라. ④ 사찰주임 박준석 경위는 사복원 2명을 합동정보본부에 파견해 수시로 변동되는 상황을 본부에 유선보고하라. ⑤ 각 지대, 출장소, 파견대 임무는 현지 일반경찰서와 합류해 행동하라. 만약 유선 두절 시에는 일반서와 합류하여 행동하라. ⑥ 각 단위지휘관은 접적 즉시 전투 상황을 본부에 유선으로 보고하라. ⑦ 생략, ⑧ 지휘소는 정위치(본부)에 재한다.

공호로 대피했는데 건물이 파괴되자 북한군은 기관총을 난사하면서 쳐들어와 수류탄 세례를 퍼부었다. 감봉룡 경감은 최후를 각오하고 대원들에게 실탄 한 케이스만 남기고 최대 속도로 사격하라고 명령했다. 이어서 탈출 기회를 놓친 감 경감은 대원들에게 마지막 돌격을 명령하고 선두에서 돌격 사격을 하면서 나가자 이에 대원들도 함께 돌진해서 적의 간담을 서늘하게 하고 장렬히 전사했다. 개성 철도경찰대가 결사항전하고 한 시간 뒤쯤 개성은 완전히 북한군의 수중에 들어갔다. 이 전투에서 43명이 전사하고 8명이 부상을 당했으며 3명만이 구사일생으로 탈출함으로써 이 혈전이 세상에 알려지게 되었다(윤장호, 1995: 72－73). 개성 철도대의 세부 전과는 확인되지 않았지만, 포위망을 압축하는 과정에서 북한군의 피해도 적지 않았을 것으로 추측된다. 또한 당시 개성경찰서의 경찰전투 전사는 전해지지 않으나 전시 행방불명 경찰관을 보면 개성에서 54명, 안양에서 2명이었다.

국군 제1사단 12연대 잔여 병력은 문산 방향으로 지연전을 하며 이동했고 일부 병력은 해상으로 철수했다. 이러한 상황에도 불구하고 개성경찰서 경찰관들은 물러서지 않고 응전했으며, 개전 3일간 개성경찰서의 순직 경찰관은 27명[13]이며 개성서에서 전시 행방불명된 경찰관은 54명[14]이다(경기지방경찰청, 2008: 1184－1187).

3) 문산지역 전투

개성을 점령한 북한군이 파죽지세로 남진해 문산지구에 이르렀을 당시, 문산 일대는 국군 제1사단 13연대 책임지역이었으나 당시 1개 대대가 고랑포 일대에 배치되어 있었고, 1개 대대는 고랑포 남쪽에서 야외 훈련 중이었으며 1개 대대는 예비대로 후방에 집결되어 있었다. 이러한 상황에서 북한군 제1사단은 구화리에서 고

---

13) 『경기경찰사』에 따르면 1950년 6월 25~27일 개성서 경찰관은 27명이 전사했다. (경감: 배영진, 경위: 송태복, 이석영, 선우기, 경사: 김응호, 백남철, 홍순인, 최익홍, 김용갑, 김동준, 김용갑, 순경: 서인철, 박창억, 인창인, 김세준, 이희태, 허봉식, 김종권, 박태용, 조종남, 김홍동, 김영복, 차형근, 이동현, 금용길, 백태현, 이용현)

14) 개성에서 전시 행방불명 경찰관(경위: 김구민, 경사: 김동준, 이재성, 최봉득, 김병린, 홍순인, 이창수, 김덕수, 이경하, 최상용, 차제민, 최봉득, 권오순, 순경: 김재영, 김보연, 장정달, 이원복, 고성록, 김정연, 최한중, 홍종팔, 한철인, 김경용, 배복한, 황종성, 박주서, 김성진, 차영옥, 오승헌, 차상영, 이수복, 오윤수, 윤홍식, 김홍손, 정현영, 이태열, 이한택, 장형욱, 조종남, 김홍동, 김영복, 차형근, 이동헌, 금용길, 백태원, 이용현, 임명재, 민병찬, 김연길, 이관석, 장대성, 정해일, 장윤재, 이수용 등 54명).

랑포와 적성면 방향으로 공격을 했다. 이어 북한군이 고랑포와 적성을 돌파하고 임진강을 건너 남하를 시도했다.

장단경찰서(洪殷植 경감) 관하 고랑포지서는 임진강 돌출부 북안 38도선 접경에 있었으며, 인근에는 임진강 도하(渡河) 지점이 있는 전략적 요충지이다. 새벽에 전차 7대를 앞세우고 임진강을 도하하고자 침공한 북한군에게 고랑포지서가 가장 먼저 점령당했다. 이에 홍은식 장단경찰서장은 본서 경찰관을 집합시켜 놓고 "조국과 민족을 위해 멸공성단에 몸을 바치자"며 관내 사수를 명령하고 다음 전투 태세에 들어가는 한편, 고랑포지서를 증원하기 위해 경비주임 김기태 경위를 대장으로 하고 경찰관 21명으로 특공대를 조직했다. 김기태 경위는 06:00시 3/4톤 트럭에 특공대를 태우고 고랑포지서로 질주하다가 도중에 적 전차포 직격탄에 맞아 김기태 경위를 포함해 경찰관 15명이 전사했다. 비보를 접한 홍은식 서장은 재차 고랑포지서를 탈환하고자 했으나 전선이 임진강 이남으로 이동하게 되어 어쩔 수 없이 임진강 남쪽으로 철수해 파주경찰서와 합류했다(류형석, 2010: 234). 임진강 이북 지역을 수중에 넣은 적은 주력을 적성 방면으로 진출시켰다.

파주경찰서(賈昶鉉 경감)는 전세가 급박하게 돌아가자 국군 제1사단 13연대에 협조를 요청하며 경비주임 지휘 하에 증강된 1개 소대 규모의 경찰 50명을 편성해 적성지서를 지원하기 위해 출동했다. 도중에 북한군 제1사단 선발대와 조우해 약 30분간 교전을 하던 중 때마침 지원된 국군 제1사단 13연대 1개 소대와 군경 합동으로 북한군 선발대를 격파했으나 북한군 본대의 진출, 불리한 지형과 전력의 열세로 파평면 금파리(파주군 파평면)로 철수해 국군과 지연전을 수행했다. 적은 10:00시에 적성을 침탈한 다음 전차와 장갑차 각 3대를 앞세우고 고탕포에서 임진강을 도하한 후 그 남쪽 장파리로 남진한 연대 규모의 병력과 합세해 파평산 일대 아군 진지를 공격했다.

파주경찰서 경비주임이 지휘하는 특공대 50여 명은 제13연대와 함께 금파리 전방 개활지로 적을 유인한 다음 화력을 집중해 근접 전투를 펼쳤다. 적은 많은 시체와 장비를 버리고 도주했으며 경찰관 3명이 전사하고 1명이 부상당했다. 한편 15 : 00시경 경기도 비상경비사령부는 보안과장 황규섭(黃圭燮) 총경을 '개성지구 경찰부대사령관'으로 임명하고, 제2전선에 있던 13개 경찰서 경찰관으로 2개 중대를 편성해 서울에 가장 위협을 주는 축선인 문산지역으로 출동시켰다. 황규섭 총경의 경찰 병력은 개성~문산 간의 적의 도하가 예상되는 임진강 남안의 감제고지에 전개했다. 25일 자정 무렵에 적은 임진강 철교를 이용해 도강을 시작했다. 임진강 철교는 폭파가 준비되어 있었으나 개성에서 격전을 치르고 있던 제1사단 12연대가 철수한 후에 폭파하기로 하고 기다리는 중에 기회를 놓치고 말았다. 황규섭 총경 부대는 적의 도하를 저지하고자 군과 지연전을 펴다가 제1사단을 따라 문산읍 하동(下洞)으로 이동했고, 여기서 적 1개 소대를 조우해서 격전 끝에 격퇴하고 적 소대장을 사살했다. 26일 21 : 00에 제 1사단을 따라서 봉일천으로 철수했다.

4) 오류동지역 전투

부평경찰서(김억순 경감)는 25일 05 : 00시에 경기도 비상경비사령부(李夏榮 경무관, 경기도 경찰국장)로부터 북한군이 38도선을 침공해 계속 남진 중이라는 급보와 함께 "전투 태세에 임하라!"는 명령을 받았다. 이에 김억순 부평경찰서장은 전 경찰관으로 전투경찰대대를 편성하고 오류동~소사~부평을 잇는 도로 양 측방 야산에 진지를 구축했다. 27일 새벽, 인천에 있는 경기도 비상경비사령부가 수원으로 이동하고 부평에 있던 보급창이 철수하자 이 지역에는 부평경찰서 병력만 남았다.

한강 하구로 도하한 북한군은 무방비 상태의 김포 일원을 휩쓸고 26일 06 : 00시에 부평 일대로 진입하자 부평경찰서 병력과 접전이 벌어졌다. 10 : 00시에 김포비행장 부근에 적이 출몰한 것을 안희규(安熙奎) 경위가 지휘하는 중대가 격전 끝에 15 : 00시경에 격퇴하기도 했다.

30일 06 : 15분경 전차 2대를 앞세운 적이 김포군 양동면(陽東面) 쪽에서 오류동으로 진출해 경찰 병력과 격전이 벌어졌는데 이미 방어 중인 수도사단 18연대와 합동으로 이들을 격퇴해 경찰의 사기가 자못 충천했다. 이 전투에서 군경 합동으로 북한군 162명을 사살하고 7명을 포로로 잡았으나 경찰관 12명이 전사했다.

7월 3일 20 : 00시에 북한군은 영등포를 점령했고 23 : 00시에 인천이 북한군의 수중에 들어가자 경찰부대는 수원으로 철수했다.

국군 제1사단과 문산 일대에서의 경찰작전에도 불구하고 개성 · 문산전투에서 북한군 제1사단은 고랑포를 거쳐 임진강까지 진출했으나, 국군 제1사단과 경찰의 조직적인 저항에 직면해 진출이 다른 사단에 비해 지연되었다. 당시 인민군 제1사단장 최광의 지지부진한 전투로 인해 김일성은 전선 사령관 김책에게 최광을 체포해 총살시키라고 명령할 정도로 남침작전 지연을 문책했다고 전한다(류형석, 2010:

235).

2. 강원도 경찰비상경비사령부 작전

한국전쟁 당시 북한군 제1군단은 주공(主攻)으로 서울을 점령하고, 북한군 제2군단은 조공(助攻)으로 춘천~홍천~강릉 축선을 돌파해 개전 5일 이내에 수원 이남으로 진격해 국군의 퇴로 및 증원 병력을 차단할 계획이었다. [그림 4−4]에서와 같이 북한군 제2사단은 춘천 방향으로 진격해 25일인 개전 당일에 춘천을 점령하며, 북한군 제12사단은 인제에서 홍천 방향으로 진출해 춘천~가평 축선에서 국군 6사단을 격멸시키고자 하는 계획이었다.

그림 4−4 중동부지역 작전

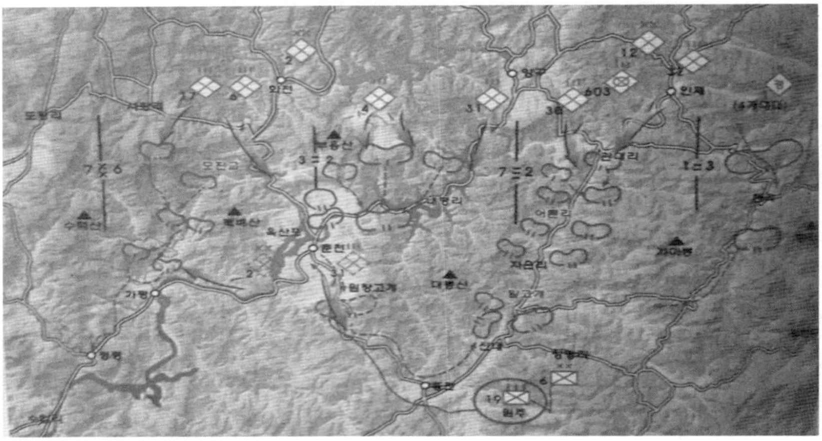

출처: 육군본부 군사연구소(2014: 96).

강원도 비상경비사령관(윤명달 경무감−강원도경찰국장) 예하에는 12개 경찰서[15]가 편성되어 있었다. 1950년 6월 25일 북한군이 불법 남침을 개시하자 관내 사수를 엄명하는 한편, 군경합동작전을 전개토록 지시했다. 군과의 합동작전을 통해 3일간 적의 강력한 공격을 잘 막아내어 버텼으나 중과부적(衆寡不敵)으로 27일

15) 춘천, 홍천, 강릉, 횡성, 평창, 정선, 삼척, 원주, 영월, 울진, 인제, 주문진.

17 : 00시에 홍천 방면으로 철수했다. 당시 북한군 제2사단은 3개 축선으로 공격을 개시했는데 그중 2개 축선은 화천과 양구에서 춘천으로 가는 46번 도로를 이용해 내평리 마을을 통과해야 했다. 내평리 후사 면에는 국군 제6사단 7연대 예하 1개 대대가 방어하고 있었지만 마을 한복판에 위치한 내평지서는 춘천 시내로 진입하려면 반드시 통과해야 하는 길목이다.

1) 춘천 부근 전투

춘천경찰서는 25일 04 : 15분 북한군이 38도선을 돌파해 남침하자, 38도선 접경에 있는 북산(北山－內平里)지서 지서장 노종해 경위 등 11명[16]이 북한군 제7사단 예하부대와 1시간 이상 치열한 교전을 벌였다. 급기야 북한군은 82mm 박격포를 대거 동원 내평지서를 완전 폐허로 만든 다음에야 진출할 수 있었다. 당일 전투에서 내평지서는 통신마저도 끊기고 고립된 상황에서 죽음을 각오하고 싸웠지만 노종해 경위 등 11명은 안타깝게도 전원이 산화했다.[17]

춘천을 점령하기 위해서는 소양강을 극복해야 하고 소양강 대안 깊숙이에는 사북지서가 있었다. 북한군의 공격축선상에 위치한 사북지서에서도 국군 1개 중대와 지서원 12명이 합동으로 북한군의 진출을 저지했으나, 적의 강력한 화력과 아군 병력의 열세로 철수하는 과정에서 적의 기총 소사로 말미암아 윤홍규 순경 등 9명이 전사했다. 춘천지구 전투에서 내평지서 전투는 북한군의 춘천 방향으로의 진출을 1시간 이상 지연시켰고, 연계해 사북지서 전투는 국군 제6사단 예하 7연대가 소양강 방어선을 구축할 수 있도록 시간적인 여건을 제공하는 의미 있는 전투였다.

춘천, 인제 양 경찰서 병력과 강원도 비상경비사령부는 29일 제9전투경찰대대(3중대는 오대산 공비 토벌 중)의 병력을 수습해 홍천에서 방어선을 편성했다. 그러나 점차 가중되는 적의 압력에 못 이겨 다음날 도비상경비사령부는 원주로, 경찰서 병력은 횡성으로 철수했다.

홍천경찰서장(김성기 경감)이 지휘하는 홍천경찰서 부대는 30일 02 : 00시 홍천

---

16) 당시, 내평지서에는 지서장인 노종해(28) 경위(경감 추서), 설창길(43), 김석진(30) 경사(각각 경위 추서), 김병묵(23), 김삼봉(34), 배영섭(24), 심윤흠(23), 이봉춘(26), 최성환(26), 최인철(31) 순경(각각 경사 추서) 등 10명의 경찰관과 김봉림(29) 대한청년단원이 있었다(윤장호, 1995: 78).

17) 내평지서 방어와 관련해, 향토 역사를 기록한 자료에 따르면 노종해 경위 외 12명이 적 2개 사단을 맞아 사생결단으로 대응해, 적을 3시간 동안 저지했으며, 참전 경찰관 13명 전원이 전사한 것으로 기록되어 있다. 춘성군, 「춘성의 맥」, 1982: 68－69(윤장호, 1995: 77, 재인용).

읍내에 진입한 적과 시가전을 벌였으며, 같은 날 새벽 03 : 00시 피난민과 국군병력의 완전 철수를 확인한 후 강원도 비상경비사령관의 작전명령에 따라 제2방어선인 원주 방면으로 철수해 다음 작전에 대비했다.

춘천, 인제, 홍천경찰서와 강원 비상경비사령부의 제9전투대대 경찰 병력이 국군 제6사단과 함께 춘천~홍천지구 전투에서 효과적으로 북한군을 저지함으로써 북한군 2, 6, 7사단이 춘천 공격에서 최초 계획보다 3일간이나 차질을 빚어 북한군의 지휘 체계에도 큰 차질을 주었다. 최초 북한군 주공인 제2군단이 한강 이남에서 국군을 포위, 섬멸하겠다는 작전 의도를 저지함으로써 북한군보다 열세한 전투력과 훈련 수준인 국군이 7월 3일까지 한강방어선을 유지할 수 있게 했다. 그리하여 미 제24사단이 한국에 도착해 경부 축선에 전개할 수 있는 시간과 공간을 벌게 하는 결과를 가져왔다. 즉, 북한군의 1단계 전역계획에 막대한 차질을 준 강원도 비상경비사령부의 춘천~홍천전투는 개전 초기에 대한민국을 위기에서 구해냈으며, 북한군 전쟁지도부의 의지를 좌절시킨 전투로 평가되고 있다. 이러한 평가는 단순히 국군만의 전과가 아님에도 불구하고 한국전쟁 간 춘천~홍천 간의 전투가 경찰의 희생으로 이뤄진 전투의 성과임을 아는 사람과 문헌이 거의 없어 더욱 안타깝다(류형석, 2010: 235).

2) 영월지역 공방전

강원도 비상경비사령관 윤명운 경무관은 영월과 울진 이북에 있던 강원도 경찰 병력을 군과 함께 축차적으로 철수하게 했다. 강원 비상경비사령부도 원주에서 제천으로 이동시키고 경찰 병력을 수습해 영월지구를 고수하기로 했다. 이 지역에는 군이 배치되어 있지 않아서 경찰 단독으로 작전을 수행해야 하는 곳이다. 영월지구에는 상동중석광산(上東重石鑛山)을 비롯해 함백(咸白), 마차리(磨磋里)탄광과 10Kw를 출력하는 영월화력발전소 등 국가 기간시설이 있어 전략적으로 요충지였다(류형석, 2010: 231). 윤명운 사령관은 경찰학교 교장인 김인호 총경을 '영월지구 전투사령관'으로 임명하고 제8전투경찰대대와 영월 및 장성경찰서 병력을 지휘해 영월을 고수하게 했다.

7월 2일 전차를 앞세운 적이 마차리로 침공했고, 태백산으로 침투한 적 유격대가 후방을 위협해 경찰부대가 적 포위망 속에 갇히는 상황이 되었다. 그러나 경찰부대는 사력을 다해 종일 분전하다가 병력의 열세를 극복하지 못하고, 다음날

05:00시에 포위망을 탈출해 단양으로 철수했다. 이때 적이 원주를 침탈해 강원비상경비사령부도 봉양(鳳陽: 제천 북쪽)으로 이동했다.

윤명운 사령관은 단양에서 병력을 수습해 영월을 탈환하고자 했으나 각개 분산된 병력이 대부분 청주 방면으로 후퇴해 단양에서 수습한 병력은 영월, 정선경찰서의 병력과 제8, 9전투경찰대대의 병력뿐이었다. 윤명운 사령관은 수습한 병력을 재편성한 후 "강원도 경찰의 명예와 전통을 위해 영월을 탈환하는 데 몸을 바치자"라고 비장한 각오로 다짐한 후에 마차리 쪽 도로 양측 무명고지에 병력을 배치해 놓고 북한군이 진출하기를 기다렸다. 자정을 지날 무렵 일단의 북한군이 마차리로부터 정면으로 침공했고, 일부의 북한군은 상동 쪽에서 침공해 퇴로를 차단하고자 했다. 경찰부대는 치열한 격전을 벌이며 북한군을 격퇴했으나 북한군의 후속 병력이 증원되고, 삼옥(三玉: 영월 동쪽 4km) 방향으로 우회한 북한군이 경찰부대의 포위를 기도했으므로 7월 5일 06 : 30분에 영월 탈환을 포기하고 물러났다.

3) 영월 재탈환작전

윤명운 강원비상경비사령관은 영월의 중요성을 감안해 7일 06 : 00시에 영월지구 전투사령관인 김인호 총경에게 영월을 재탈환하라고 명령을 내렸다. 영월지구 전투사령부 예하 제8전투경찰대대 제1중대장 김해수(金海洙) 경위는 47명으로 결사대를 조직하고 상동(上洞: 영월 동쪽 21km 지점)에서 기관총 1정을 장착한 트럭 2대에 분승해 영월로 향했다. 다음날 14 : 00시 송현치(松峴峙: 상동 서쪽 5km 지점, 태백~영월 간 31번 국도상)에 이르렀을 때 반대편에서 병력을 잔뜩 태우고 오는 북한군의 차량과 마주쳤다. 중대는 즉시 하차해 선제 공격을 했으나 적도 동시에 공격해 급기야 백병전이 전개되었다. 혼전 속에서 중대장 김해수 경위가 전사하자 석상익(石商益) 경위가 지휘를 했으나 석경위마저 적탄에 쓰러졌다. 이때 북한군 본대로 보이는 적 후속부대가 중대를 포위하기에 이르러 중대는 전열이 흩어지고 병력은 분산된 상태에서 적진을 각개 돌파해 본대로 복귀했다. 이 전투에서 경찰 중대는 김해수 경위를 비롯해 24명이 전사하고 7명이 부상을 당했다.

제8전투경찰대대 대대장 전성우(全星宇) 경감은 제1중대의 참패를 설욕하고자 결심했다. 하루 동안 부대정비를 실시한 후 7월 9일 01 : 00시에 제3중대(李夏永 경감)와 제5중대(趙英 경감)를 송현치로 진격시켰다. 중대가 송현치에 이르기 전에 북한군은 트럭 13대에 병력을 싣고 녹전리(碌田里: 영월리 중동면사무소 소재지)에서 서벽(西碧: 춘양 서북쪽 8km)을 거쳐 춘양으로 가고 있었다. 경찰중대는 송현치로의 진출을 단념하고 춘양으로 전진해 제3중대는 춘양천변 동쪽에, 제5중대는 춘양 한쪽 도로변에 전개해 도로를 막고 북한군을 기다리고 있었다. 이때 경북 전투경찰대대 11중대가 춘양 서쪽 산악지대에 이미 배치되어 있었다.

7월 9일 04 : 00시경 제5중대가 북한군 선발대로 보이는 트럭 2대가 나타나자 이를 공격하고 교전이 벌어졌다. 이때 북한군 본대가 경북전투경찰 제11중대 측후방으로 침투해 중화기로 집중사격을 가해 왔으므로 전 경찰 병력은 춘양 외곽지대로 철수했다. 이 전투로 경찰 8명이 전사했다(류형석, 2010: 231).

4) 강릉지역 전투

강릉지역 전투는 1950년 6월 25일부터 28일까지 동해안지역에서 있었던 대표적인 작전이다. 북한군 제5사단은 배속받은 제1경비여단의 3개 대대를 자주포로 증강해 제1제대로, 사단 예하 10연대를 제2제대로 하여 38°선을 돌파하기 위해 공격했다. 또한 제945육전대와 제766유격대를 해안으로 상륙시켜 국군 제8사단의 증원을 차단함과 동시에 일부 병력을 산악으로 침투시켜 대관령지역으로의 부대 철수와 증원을 차단하고자 했다. 당시 동부지역에는 국군 제8사단의 10연대와 21연대가 가용한 부대였으며 1개 연대는 오대산과 태백산 일대에서 공비 토벌작전에 참가하고 있었다. 38도선 경계진지에는 제10연대의 2개 대대가 배치되고 제21연대는 삼척에 본부를 두고 후방에 침투한 북한군 유격대 토벌에 임하고 있었다. 이때 경찰은 주로 동해의 해안 경비를 담당하면서 일부 경찰 병력으로 태백산지구의 공비소탕에 군과 합동작전을 전개하고 있었다. 결국, 당시 해안선 방어는 마을 단위 청년방위대와 경찰에만 의존하고 있어서 해상을 이용한 북한군의 상륙에는 무방비 상태였다.

주문진경찰서(정복회 경감) 관내에는 1950년 6월 25일 새벽 04 : 00시경, 북한군 제5사단이 제8사단 제10연대 방어정면을 돌파한 때를 같이해 강릉시 안인리에 적 제766부대가, 옥계면 도리(道里)와 삼척 임원지에 제549부대가 상륙했으며, 이러한 북한군의 기도는 국군의 퇴로를 차단하고자 하는 데 있었다.

강릉경찰서(전호인 총경) 정동면(正東面: 강릉시 정동출장소) 해안초소에 파견된 김대욱(金大旭) 순경은 적 1개 중대 규모가 상륙하는 것을 발견했으나 아군이 상륙 훈련을 하는 것으로 오인하고 관망하다가 그 자리에서 북한군의 사격을 받고 전사했다. 이것이 적이 침공하는 사실을 알게 된 계기가 되었다. 이에 강릉경찰서장은 북한군이 정동진에 상륙해 강릉으로 북상하고 있다는 지서의 보고를 받고 이를 즉시 국군 제8사단에 통보했다. 동시에 관내에 비상을 걸어 북한군의 상륙부대에 대처코자 했으나 통신이 두절되고 전후방에서 공격을 받게 되어 고전을 면치 못했다. 북한군의 전면 남침을 인지한 국군 제8사단은 10:00시경에 사단 내 비상을 선포하고 연곡천 일대로 부대를 추진시키고, 삼척에 있던 예비연대로 하여금 해안으로 상륙한 게릴라의 북상을 저지하면서 주저항선을 증원토록 했다. 최초 적의 기습 상륙을 알리고 조치한 강릉경찰서의 노력으로 국군의 희생을 막는 효과적인 조치가 가능했던 것이다. 주문진경찰서장은 전 경찰서원을 동원해 전투중대를 편성해 주문진 북방 4km 지점의 향호리(香湖里: 주문진읍)와 그 북쪽 인구(仁邱: 양양군 현남면)에 상륙한 적을 최대한으로 저지했으나, 적의 우세한 병력과 화력에 견디지 못하고 어둠이 깔리기 시작하자 25일 밤중에 사천(沙川: 강릉시 사천면 사무소 소재지) 일대로 철수했다.

강릉경찰서는 당시 군과 더불어 전·후방에서 양면 공격을 받았으나 6월 27일 질서정연하게 대관령으로 철수했고, 주문진경찰서도 이곳에서 합류하게 되었다.

그림 4-5 동해안(강릉)지구 전투

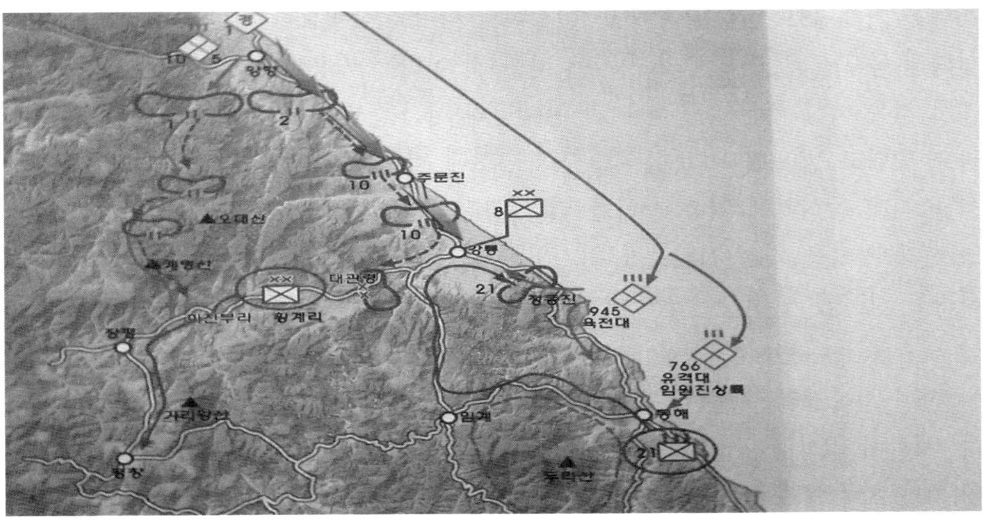

출처: 육군본부 군사연구소(2014: 99).

삼척경찰서 부대도 적의 기습을 받고 대관령을 넘어 평창군 진부리로 철수해 차기 작전에 대비했다.

또한, 전투경찰 제9대대 제3중대(중대장 함약해 경감)는 오대산 두로봉(頭老峰, 1,421.9m)에 북한군 유격대의 침투를 저지하고자 배치되어 있었기 때문에 적이 남침한 사실을 모르고 있었다. 그러나 주문진경찰서 삼산지서로부터 연락을 받고 철수해 진부리에서 삼척경찰서 병력과 합류했다.

강원 경찰비상경비사령부 병력은 대관령을 중심으로 제8사단과 작전을 펴다가 29일 19 : 00시에 군의 지시에 따라서 남쪽으로 철수했다.

3. 서울경찰 비상경비사령부 철수작전

서울 비상경비사령부(김태선 이사관) 예하에는 10개의 경찰서[18]로 편성되어 있었다. 6월 25일 06:30분경 서울 비상경비사령부는 비상경비총사령부(치안국)로부터 "북한군이 전 38도선에 걸쳐 남침을 개시했다. 각 경찰은 즉각 전투 태세에 임하라"는 지시를 받았다.

서울 비상경비사령부는 전쟁이 일어나자 한편으로는 전투 준비 태세를 갖추면서 헌병사령관과 협조해 서울 시민의 동요를 막고자 노력했다(류형석, 2010: 236). 이날 상오 헌병사령관 송요찬 대령과 공동으로 포고문을 발표했다. "북한군이 6월 25일을 기해 38도선을 침범해 만행 중이니 시민은 불필요한 행동을 삼가고 군경을 신뢰해 동요치 말고 당국의 지시에 따를 것"이라는 내용이었다. 또한 정오에는 김태선 서울 비상경비사령관은 야간 통행금지 시간을 단축해 수도 치안에 만전을 기하고 있다고 발표했다. 북한 항공기가 3회에 걸쳐서 여의도비행장, 철도조차장과 서울 시내 중심가에 기총 소사를 했고 심리전단을 살포했다. 이에 치안국은 일반명령(제78호)을 내려 시민에게 적기의 야간 공습에 대비해 야간 등화관제를 실시하라고 지시했다. 전황이 급박하게 돌아가고 포천, 동두천과 임진강 이북지역이 북한군 수중에 유린되자 서울 주변에 경찰관을 배치해 오열(五列)의 책동을 분쇄하는 한편 사복경찰을 문산, 포천, 의정부전선에 침투시켜 적의 진출 상황을 탐지했다. 서울시 비상경비사령부는 의정부 축선의 전황을 수집하던 중 육군본부 작전명령 제90호에 의거 "1개 대대의 전투경찰을 육군사관학교에 배속하라"는 명령을 받

18) 종로, 서대문, 경무대, 동대문, 성북, 영등포, 마포, 용산, 중부, 성동.

는다(전쟁기념사업회, 1992: 294). 이에 서울시 경찰국 기동대 이강현(李康玄) 경위가 지휘하고 서울시경 기동대장 전병두(全炳斗) 경감이 동행해 300명이 포천 남쪽에 위치한 내촌지역으로 긴급 출동했다. 육군사관학교 교장 이준식 준장은 육사 생도들과 함께 경찰대대를 서파(西坡)~퇴계원~서울에 이르는 선에 배치했다.

26일 11:00시경 경찰진지에 포탄이 떨어지기 시작하자 경찰대대 1개분대가 부상을 입었고 15:00시에 적이 공격해 교전이 벌어졌다. 경찰들이 가진 실탄은 1인당 10발에 불과했으므로 실탄을 소모한 후에 육사부근으로 철수했다가 서울시경으로 복귀했다.

26일 13:00시경 의정부를 탈취한 북한군이 창동~미아리선으로 밀고오자 서울시내 각 경찰서 병력을 차출해 미아리선에 투입했으나, 대전차 방어 무기가 없어 속수무책인데다가 지휘 체계마저도 서지 않아 각개 분산되고 말았다.

27일 14:00시 서울시 전 경찰은 강남으로 철수하라는 비상경비총사령부(치안국)의 지시가 내려졌다. 각 경찰서는 철수 준비를 하고 차량으로 서울시경에 집결했는데 "전황이 아군에 유리하니 철수를 중지하라"는 새로운 지시가 내려져서 각 부서로 복귀하는 소동이 벌어지기도 했다. 그러나 서울시 비상경비사령부는 27일 한강 이남으로 철수했다(전쟁기념사업회, 1992: 284).

28일 자정에 북한군 일부가 퇴계로까지 침투했다는 정보가 입수되었고, 혼란이 야기되자 각 경찰서는 상부 지시를 기다릴 겨를도 없이 독자적으로 철수하기 시작했다. 한강 인도교와 서울역 사이는 군경 이동차량과 피난민 인파로 교통이 마비되었다.

종로경찰서는 28일 02:30분에 트럭 8대에 병력을 태우고 한강 인도교를 건너는 중 교량이 폭파되어 4대는 무사히 건넜으나 뒤 4대는 교량과 함께 폭파되어 이상훈(李相勳) 경위 외 76명의 경찰이 순직했다. 경찰서를 끝까지 사수하겠다고 남아 있던 김영희(金榮熙) 경위 외 12명은 적이 시내에 침입하자 교전 중에 각개 분산되었고, 지하에 숨어서 국군의 수복을 기다리던 중 적색분자의 밀고로 잡혀 학살된 것으로 알려졌다.

한강 이남으로 철수한 경찰은 미군 참전이 결정되자 군 보급로, 중요 시설 경비, 피난민 통제, 구호활동과 후방에서 준동하는 공산분자 색출 등 많은 어려운 임무를 맡아야 했다. 그러나 경찰은 적수공권이었다. 장비 부족에다 통신 수단이 거의 없는 것은 말할 것도 없고 개인화기조차도 다 갖추지 못했다.

중부경찰서 경찰관들은 충남도청 광장에 집결했다가 김태선 서울 시경국장의 지시로 7월 1일 안양까지 출동해 적을 저지하다가 전세가 불리해 다음날 천안까지 철수하는 혼란을 빚기도 했다.

비상경비총사령부는 최연(崔燕) 총경을 수원지구 전투사령관으로 임명하고, 병력이 수용되는대로 중대 또는 대대 단위로 전투경찰부대를 편성해 군 작전에 협력토록 했다.

7월 2일 천안에 집결한 서울시경찰국 병력과 평택에 집결한 경기도경찰국 병력을 안양과 수원지구 전선에 투입하고, 천안에 있던 철도경찰대 본부 병력으로 안양~수원~천안~조치원 간 주보급로인 병참선을 확보하도록 했다. 경북, 충북, 충남 도경 병력과 철도경찰대 본부 병력 등에서 1,350명을 차출해 천안~김천 사이의 철도, 교량과 터널 등 중요 시설 경비를 강화했다.

제 4 절 | 개전 및 초기 작전에서의 단계별 경찰 전투 평가

1. 미군정기의 경찰 평가

미군정기의 경찰을 살펴보면 첫째로 경찰의 최고 기구를 행정부의 독립된 경무부(警務部)로 편성하면서 강력한 중앙집권적 형태로 조직했다(강혜경, 2002: 2). 이는 해방 직후 정부도 수립되지 못한 대한민국에서 혼란이 가중되는 상황을 조기에 안정시키기 위한 미군의 의도된 조치로 볼 수 있다. 일본군의 무장을 효과적으로 해제하고 분단된 남북의 상황을 고려해 미군은 조기에 남한을 안정시키고자 경찰을 독립된 행정부의 기관으로 편성했던 것이다.

두 번째로는 경찰을 전시 편제화시키면서 경찰국가 체제로 개편했다(강혜경, 2002: 2). 미군정은 본국에서는 영미법 체계 하의 자치경찰이었음에도 불구하고 남한에서는 강력한 경찰기구의 필요성 때문에 국가경찰제를 선택했다. 또한 미군정은 군대를 이용할 수 없었던 특성상 경찰력에 의존해 치안을 유지하고 좌익을 배제해 나갔으며, 1946년 10월 1일 폭동사건[19]을 계기로 경찰을 전시편제화로 추

19) 1946년 9월 30일부터 남조선 총파업 대구시 투쟁위원회가 위치한 전평 경북위원회 사무실(현 대

진했다.

세 번째 경찰의 조직 방법에서도 하향식 방법을 선택했다. 해방 직후 자율적으로 조직되어 치안을 유지하던 건준치안대, 청년단과 같은 치안조직을 흡수하되 이들 조직을 부정하는 한편, 중앙에서부터 먼저 상부조직을 편성하고 이어서 지방조직을 결성하는 하향식 방법으로 경찰을 조직했다. 이는 미군정이 해방 직후 남한 내에 친탁・반탁운동과 좌익 세력의 준동에 따른 남한 민족 및 독립운동 지도자들에 대한 불신과도 무관하지 않은 조치로 보인다.

네 번째로 이 시기의 경찰은 중립적 사회질서 유지 기능보다 경찰의 충원 과정에서도 일제 경찰관들을 그대로 재임용하고 일제식민지 경찰기구를 활용함으로써 일제 경찰을 그대로 유지했다는 불신을 받는 계기가 되기도 했다.

2. 정부 수립 후부터 한국전쟁 전까지의 경찰 평가

정부 수립 후의 경찰을 살펴보면 첫 번째로 경찰기구가 경무부에서 내무부 치안국으로 축소되었다. 이는 경찰을 독립적인 조직으로 두지 않고 내무부 예하에 속하게 함으로써 행정부를 장악한 이승만 정권이 경찰을 그의 정적 제거라는 목적에 사용하기 위한 의도로 의심되는 부분이다. 특히 반민족행위특별조사위원회[20]가 좌절되면서 친일파 경찰은 이승만 정권과 더욱 유착되었다.

두 번째로 이 당시 정부는 경찰을 38도선 경비와 좌익 유격 공비 토벌을 이유로 준전시 체제로 유지하면서 경찰을 대규모로 증원했다. 이는 1948년 10월 여순반란사건을 계기로 국가보안법을 제정하면서 경찰을 대규모로 증원하는 동시에 경찰국가화(강혜경, 2002: 6)를 시도했다. 이승만 정권이 이러한 경찰력 강화를 통해서 국민에 대한 사찰 관행과 감시 체제를 구축했다고 보는 견해도 있다.

세 번째로 치안국과 각 도에 비상경비사령부를 설치 운용했다. 비상경비사령부는 경찰이 미군정시대(1946)에 경무부로 편성되었다가 정부 수립 후 내무부 치안국으로 조직이 축소된 반면에, 해방 이후 무력에 의한 좌익 세력의 반란과 소요가

구시민회관 주변) 앞에 노동자 및 시민들이 집결하기 시작했다. 10월 1일에 대구역 앞에서 철도노조가 주축이 된 노동자들의 총파업 시위가 벌어졌다. 그날 저녁 시위에 참여하고 있던 시위 군중 1명이 경찰이 쏜 총에 맞아 사망하는 사건이 발생했다. 이것이 10・1 폭동 사건의 서막이었다.

20) 1948년부터 1949년까지 일제강점기 친일파의 반민족행위를 조사하고 처벌하기 위해 설치했던 특별위원회.

늘어나자 신생 국가의 특수한 사정으로 기구상으로 반영하지는 못하고 이러한 특수 임무를 수행하기 위해 임시기구인 '비상경비사령부(非常警備司令部)'를 설치하게 되었다. 이는 당시 상황에서 가장 적절한 경찰의 현실적인 조치였다. 결과론적이지만 이러한 경찰의 정책은 마치 장차에 있을 한국전쟁을 대비하기라도 한 듯 전쟁 발발과 동시에 경찰의 전투 수행에 크게 이바지한 조치가 되었다.

3. 개전 초기 작전 간 경찰전투의 평가

한국전쟁 개전 초기 작전 간 경찰작전을 살펴보면 첫 번째로 경찰의 전투는 상급제대의 역할이 없는 상황에서 수행된 작전이었다. 북한군의 기습 남침 시 비상경비총사령부나 도비상경비사령부가 예하 경찰서들을 지휘할 수 있는 지휘통제 체계가 마련되지 못한 상태였다. 또한 시·공간적으로도 도비상경비사령부가 각 경찰서들을 지휘하거나 지원하기 위한 준비나 능력이 매우 부족한 상태에서 발발한 전쟁이었다. 그 당시 경기도 비상경비사령부의 예하에는 21개 경찰서가, 강원도 비상경비사령부에는 12개의 경찰서가 편성되어 지휘폭도 가중되었다. 또한 비상경비총사령부조차도 국군과 적정이나 작전 상황을 상호 공유할 제도적 준비나 의지가 부족했다. 따라서 전투를 실시하고 있는 예하 경찰서에 비상경비총사령부나 도비상경비사령부가 상급제대로서 적에 대한 정보나 작전지침을 적기에 제공할 수가 없었다. 따라서 본질적으로 상급제대의 지원 없이 고립무원 상태에서 예하 경찰서 스스로 전투를 수행하게 되었다.

두 번째로 상급제대의 역할이 미흡해 경찰의 전투제대는 경찰서별로 '임무형 분권화 지휘 체제'로 전투를 실시했다. 전방 접적지역 경찰서들은 비선형으로 전개되는 전선에서 절대적으로 부족한 전투력으로 생사를 건 전투를 실시했다. 최소한의 공간을 양보하면서 최대한의 시간을 벌게 해줌으로써 국군이 후방에서 증원되어 새로운 전투 준비를 할 수 있도록 해준 것이다. 경찰서별로 북한군과의 전투뿐만 아니라 전투에 소요되는 전투근무 지원 요소까지 스스로 해결하면서 싸웠던 것이다. 따라서 이러한 경찰서별 전투는 한국전쟁에서 경찰이 기여한 최상의 헌신으로 평가받아야 할 것이다.

세 번째로 경찰은 국군의 전투력 공백지역에 스스로 적을 찾아서 전투를 했을 뿐만 아니라 국군이 전개한 지역에서는 군경합동작전으로 적을 물리쳤다. 당시 대한민국으로서는 마치 육·해·공·해병대에 이어 제5의 국군 전투부대를 가지게 되었다고 볼 수 있다. 또한 경찰의 인원 및 장비 편성은 기본적으로 치안 유지에 적합한 수준이었으나, 북한의 정규군에 비해 화기와 장비가 비교가 되지 않을 정도로 열세인데도 죽음을 두려워하지 않고 용감하게 싸웠다. 특히 강원도 비상경비사령관(윤명운 경무관)은 영월과 울진 이북에 있던 강원도 경찰 병력을 군과 함께 축차적으로 철수시킨 후에 경찰 병력을 수습해 영월지구를 고수하고자 했을 뿐만 아니라 재탈환작전을 시도했다. 이 지역은 군이 배치되지 않은 지역이라 경찰 단독으로 작전을 편 것이다.

네 번째로 효과적인 후방지역 작전 및 병참선 방호작전으로 후방지역 안정 및 국군의 증원 전력 전투력 보존에 크게 기여했다. 한강 이남으로 철수한 경찰은 미군 참전이 결정되자 군 보급로, 중요 시설 및 피난민 통제, 구호활동과 후방에서 준동하는 공산분자 색출 등 많은 어려운 임무를 맡아야 했다. 한국전쟁 당시 경찰은 후방지역 치안 확보와 부역자 처리 등을 통해 '반공국가 체제'를 더욱 강화시켜 나가는 견인차 역할을 했다. 이와 함께 경찰조직을 이용해 정치적 반대자를 통제하고 국민을 정치적으로 동원하는 기능을 수행하기도 했으며, 이는 일선 행정기관에 대한 통제력을 확보하는 수단이 되기도 했다.

제 5 절 | 결론

이 연구는 해방 후 창설한 지 4년 여밖에 되지 않았던 대한민국 경찰이 국군에 비해 인원, 장비 및 물자 면에서 열악한 수준인데, 한국전쟁 초기에 북한군을 맞아 어떻게 싸워서 대한민국을 수호했는지를 밝히는 데 있다.

이러한 분석을 위해 경찰의 역할을 시기적으로 미군정기, 대한민국 정부 수립 이후, 한국전쟁 발발 시기로 나눠 봤다. 불과 5년간의 짧은 기간이었지만 앞의 평가에서 봤듯이 기간별로 경찰의 조직화 과정과 역할은 확연한 차이를 보였다.

미군정기와 정부 수립 이후부터 한국전쟁 발발 전까지 경찰이 한국전쟁을 대비해 전쟁을 준비했다고 볼 수는 없다. 그러나 당시에 처했던 남한의 사회적 상황에 맞는 경찰의 정책들이 결과론적으로 전쟁에 기여했다는 사실은 부인할 수 없다.

예를 들면 미군정기에는 경찰의 최고기구를 행정부의 독립된 경무부(警務部)로 편성하면서 강력한 중앙집권적 형태로 조직했고 경찰을 전시 편제화로 개편한 점이다. 이어 정부 수립 이후에는 38도선 경비와 좌익 유격 공비 토벌을 명목으로 준전시 체제를 유지하면서 경찰을 대규모로 증원하는 정책과 치안국과 각 도 경찰국에 비상경비사령부를 설치 운용했던 점들이다.

끝으로 한국전쟁 초기 전투에서 경찰이 한국전쟁에 기여한 점을 살펴보면 다음과 같다.

첫째, 전방 접적지역에서는 경찰서별로 북한군에게 최소한의 공간을 양보하면서 최대한 북한군의 전진을 지연시킴으로써 국군의 후방 증원부대가 새로운 전투 준비를 할 수 있는 시간을 벌게 해준 것이다. 국군이나 상급제대의 지원이 전혀 없는 상태에서 경찰은 경찰서별로 '임무형 분권화 전투'를 통해 효과적으로 적을 저지했다. 접적지역 경찰서들은 비선형으로 전개되는 전선에서 관내 지형의 이점을 최대한 활용해 적의 피해는 최대화하고 아군의 피해를 최소화하는 전투가 가능했던 것이다. 이러한 경찰의 전투 형태는 군보다 더 메트(METT)[21] 요소를 잘 적용한 전투로 평가받아야 할 것이다. 특히 옹진, 춘천, 파주경찰서의 성공적인 전투와 개성철도경찰대의 장렬한 전투는 북한군의 기본 공격계획마저 차질을 가져오게 할 정도로 한국전쟁에 크게 기여했다.

둘째, 종심 작전지역에서는 경찰은 국군의 전력 공백지역을 스스로 보강하면서 효과적으로 군경합동작전을 수행했다. 개전 초기 문산지역을 방어하는 1사단의 정면은 옹진반도를 제외하고도 94km에 달했다. 이러한 정면을 군이 모두 담당하는 것은 현대 장비를 갖춘 오늘날에도 어려운 임무일 것이다. 그래서 접적지역의 경찰서 병력 자체가 이러한 공백을 메우는 가장 효과적인 전투력이 되었다. 또한 경찰은 상급제대나 국군의 정보나 작전지침 하나 없이 스스로 적을 찾아서 능동적으로 싸웠다. 더욱이 경찰의 인원 및 장비의 편성은 기본적으로 치안 유지에 불과한 수준이다. 그러나 북한의 정규군에 비해 인원, 화기와 장비가 비교도 안 될 정도의 열세에도 죽음을 두려워하지 않고 용감하게 싸웠다.

셋째, 후방지역에서는 후방 지역작전, 병참선 방호작전 등으로 군 작전지역 후

---

21) 부대 운용에 영향을 미치는 전술적 운용 요소인 임무, 적 상황, 지형 및 기상, 가용부대 및 가용시간, 주민을 뜻하며 구성 요소는 아래와 같음. • M: 임무(Mission) • E: 적에 관한 첩보(Enemy information) • T: 지형 및 기상(Terrain and weather).

방의 안정 및 국군의 증원 전력 전투력 보존에 크게 기여했다. 한강 이남으로 철수한 경찰은 미군 참전이 결정되자 군 보급로, 중요 시설 경비, 피난민 통제, 구호활동과 후방에서 준동하는 공산분자 색출 등 많은 어려운 임무를 맡아야 했다. 한국전쟁 당시 경찰은 후방지역 치안 확보와 부역자 처리 등을 통해 '반공국가 체제'를 더욱 강화시켜 나가는 견인차 역할을 했다.

이와 같이 전투부대도 아닌 경찰로 하여금 훌륭하게 한국전쟁을 치를 수 있게 한 원동력은 해방 후 최초의 국가기관으로 탄생해 짧은 기간 내에 '치안과 국방'의 임무를 동시에 수행했던 값진 경험 때문이었다. 그러나 한국전쟁 후 국군은 전쟁의 주체가 되어 국난을 극복한 현장의 역사를 다양하게 연구해 전사(戰史)로 기록을 잘 남겼다. 그렇지만 경찰은 국군보다 더 열악한 여건에서 국군보다 더 많은 희생이 있었지만, 경찰은 자신들의 전투에 대한 연구를 소홀히 하지 않았나 하는 생각이 연구 기간 내내 부족한 경찰의 전사 자료들을 보면서 연구자의 뇌리를 떠나지 않았다. 따라서 후배 경찰들은 선배 경찰들의 역사를 보완하는 노력과 이 전쟁이 주는 역사적 교훈도 잊지 말았으면 한다. 토인비(Arnold Joseph Toynbee, 1889~1975) 교수는 "인류에게 가장 큰 비극은 지나간 역사에서 아무런 교훈을 얻지 못하는 것이다"[22)]라고 하지 않았던가?

그러나 경찰은 미군정기 조직 직후부터 전쟁 기간 동안 열악한 환경 속에서도 민생 치안을 위한 노력과 좌익 세력의 반란이나 폭동, 북한군의 남침으로부터 대한민국을 수호하기 위해 희생하고 헌신한 노력은 한결같이 우리의 가슴에 영원히 남을 것이다.

아울러 노파심이겠지만 남북 간의 새로운 시대를 향해 한반도 주변 정세 및 역내 이해 관련 국가들의 관계 변화가 급물살을 타고 있다. 이러한 시점에서 남·북·미가 공동으로 한국전쟁 시 전사자의 유해 발굴사업을 추진하고 있다. 경찰도 이러한 사업에 조심스럽게 관심을 가져보는 것이 먼저 떠난 선배 영령에 대한 도리가 아닐까 생각해 본다.

---

22) 토인비는 역사가, 문명비평가. 1889년 영국 런던에서 태어나 옥스퍼드대학교에서 고대사를 전공했다. 1908년 청년투르크당이 마케도니아에서 혁명을 일으켜 성공하는 모습을 지켜본 그는 이때부터 세계사에 깊은 관심을 갖게 되었다. 1919년 런던대학의 코라이스 기념 비잔틴 및 현대 그리스 연구강좌의 교수로 취임한 그는 1924년 사임하고 1927년부터 『역사의 연구』를 위한 글쓰기에 몰입했다. 제1차 세계대전을 겪은 뒤 '문명의 철학적 동시대성'에 관한 연구를 시작한 그는, 그 성과를 『역사의 연구』(전12권, 1934~1954·1959·1961)에 고스란히 담아냈다.

참고 문헌

강혜경(2002). “정부수립기 경찰의 형성과 성격(1948~1950)”. 숙대 박사학위 논문.
경기지방경찰청(2008). 『경기경찰사』.
경찰종합학교(1995). 『경찰종합학교 50년사』.
국립경찰전문학교(1955). 『한국경찰제도사』. 서울: 국립경찰전문학교.
국방부(1967). 『전쟁사』. 제1권.
국방부 군사편찬연구소(1965). 『한국전쟁사』. 서울: 군사편찬연구소.
김태선(1974). 『남기고 싶은 이야기들: 국립경찰 창설』. 서울: 중앙일보.
내무부(1953). 『국립경찰통계연보』. 서울: 내무부 치안국.
내무부 치안국(1973). 『한국경찰사Ⅱ』. 서울: 광명인쇄공사.
대한연감사(1955). 『대한연감』. 서울: 대한연감사.
류형석(2010). 『6·25 전쟁사: 낙동강 제4권』. 서울: 플래닛 미디어.
박범례(1988). 『한국경찰사』. 서울: 경찰대학.
변해석(2016). “6·25전쟁 시 개성철도 경찰대의 개성역 전투 연구”. 『전사』. 101호.
서울특별시 경찰국(1974). 『서울경찰연혁사』. 서울: 경찰국.
오문균(2000). 『한국전쟁 기간 경찰의 역할에 관한 연구』. 서울: 국방부.
유관종(1982). 『한국경찰전사』. 서울: 제일가제법령출판사.
육군 군사편찬연구소(2005). “북한군 남침계획”. 『전쟁사』. 제1권.
육군본부(1971). 『공비 연혁』. 서울: 정훈참모부.
육군본부 군사연구소(2014). 『1129일간의 전쟁 6·25)』.
윤장호(1995). 『구국경찰전사』. 서울: 제일.
이만종(2011). “북한의 안보 위협과 경찰의 역할”. 『한국경찰연구』. 10권-2호.
이윤정(2018). “한국전쟁기 지역사회와 경찰활동”. 성신여대 박사학위 논문.
이정훈·강윤식(2015). 『한국전쟁에서 경찰의 역할과 작전에 관한 연구』. 대한정치학회.
이중근(2013). 『6·25전쟁 1129일』. 서울: 우정문고.
전쟁기념사업회(1992). 『한국전쟁사』.(제3권): 북한군 침공과 한국군 방어』. 서울: 행림출판.
조동운(2011). “치안행정에서 경찰의 역할과 활동”. 한국행정학회. 하계학술대회 발표 논문.

제5장 한국전쟁 초기 경찰의 전투력 기여도 재평가

제1절 | 서론

1945년 8월 15일 일제로부터의 해방의 기쁨도 잠시 소련군과 미군이 해방군의 이름으로 남한과 북한에 주둔하게 되었다. 이는 곧 냉전 체제의 산물로써 한반도가 타의에 의해 분단되는 계기로 작용했다. 남북분단 이래 우리는 지난 70여 년 동안 격동의 역사를 살아왔다.

지난 시기 우리 경찰은 '민중의 지팡이'로서 열린 경찰, 투명하고 정직한 경찰, 친절한 경찰을 기치로 민주경찰로서 국민의 경찰이 되기 위해 부단히 노력해 왔다. 특히 미군정기와 1948년 8월 15일 대한민국 정부 수립, 그리고 한국전쟁이라는 극심한 좌우 대립의 혼란기를 거치면서 우리 경찰은 건국경찰 및 호국경찰로 그 임무와 역할을 다했다. 이 당시 우리 경찰은 대국민 치안 유지라는 경찰 본연의 업무보다는 남북 분단에 따라 혼란에 빠진 국가안보 확립을 위한 다양한 활동을 전개해 왔다. 그중에서 한국전쟁 개전 초기 경찰의 전투적 기여는 한국전쟁사 전반에 큰 비중을 차지할 만큼 지대한 것이었다. 그럼에도 불구하고 우리 경찰은 군에 비해 국가와 국민들의 삶과 안위에 기여한 역할에 상응하는 평가를 받지 못하고 국가의 보훈정책에서 홀대를 받아온 것이 사실이다.

여기에는 일제 침탈기 우리 경찰이 경찰권을 박탈당하고 식민통치의 도구로 전락하면서 각인된 일제의 순사라는 부정적 상징과 이미지, 그리고 해방 이후 시기에 경찰권이 중앙정부에 집중된 일원적 체제로서 행정적 측면보다는 사법적 측면,

특히 정치권력의 수호자로서의 역할을 했다는 부정적인 인식이 복합적으로 영향을 미친 결과로 볼 수 있다.

지금까지 한국전쟁사에서 한국전쟁 개전 초기 경찰의 활약상은 대부분이 국군과 유엔군의 전투 사례에 가려져 잘 알려지지 않고 있다. 주지하듯이 한국전쟁 당시 우리 국군은 북한군의 기습 남침에 대한 대비가 미비했다. 개전 초기 국군과 경찰의 합동작전, 또는 경찰의 단독작전은 인민군의 전역계획의 변경을 강요할 정도로 중요한 전투 사례들이었다. 그 전투들은 국군으로 하여금 전투 역량을 재정비할 여건을 부여해 줌으로써 한국전쟁 전반의 국면에 영향을 미쳤다. 한국전쟁은 경찰이 참전했던 전쟁으로 단지 국군과 유엔군만이 수행한 전쟁이 아니었고, 세계전쟁사에서도 그 유례를 찾아볼 수 없다는 데서도 매우 큰 의미를 지니고 있다.

그뿐만 아니라 우리 경찰은 한국전쟁 전에도 북한이 남파한 유격대 소탕과 좌익들의 반란을 진압하는 데 중추적인 역할을 했으며, 일선에서 전투와 후방 치안을 유지하는 역할을 수행했다. 그러나 경찰 하면 흔히 임무가 치안 유지라고 하는 고정관념과 부정적 상징 작용으로 한국전쟁 전후의 경찰의 역할은 저평가되어 왔다. 게다가 한국전쟁 이후 국군과 유엔군의 전쟁 수행 자료는 비교적 소상하게 객관적으로 기록되고 평가받는 반면에 경찰과 관련된 자료는 대부분이 묻혀 있다. 그로 인해 우리 경찰이 당시의 역할과 희생에 대해서는 객관적인 평가가 이뤄지지 못하고 있다.

이러한 문제의식에 따라 여기에서는 제2절에서 한국전쟁 이전의 대한민국 경찰사를 개관해 봤다. 경찰권을 박탈당하고 식민통치로 전락한 일제통치기 경찰의 수난사, 군정기의 대한민국 경찰제도와 역할, 그리고 대한민국 정부 수립 이후 대한민국 경찰조직의 변천사와 경찰의 전투적 활약상을 살펴봤다. 제3절에서는 서부전선, 중부전선, 동부전선으로 구분해 한국전쟁 개전 초기 우리 경찰의 전투 사례를 조명해 봤다. 이는 한국전쟁사에서 국군과 경찰의 합동작전 및 경찰 단독작전의 전투가 한국전쟁에 미친 영향을 재음미해 보고자 하는 의도였다. 제4절에서는 한국전쟁 당시 경찰의 전투 태세와 한국전쟁 개전 초기 경찰의 전투적 기여도를 재평가해 봤다. 이를 통해 한국전쟁 개전 초기의 경찰 전투의 역할을 재평가하고, 나아가 조국을 위해 목숨을 바쳐 희생하고 헌신한 경찰의 실상에 대한 올바른 이해를 돕고자 한다.

특히 이 글에서는 중앙정부와 연계된 일원적 체제로 행정적 측면보다는 정치권력의 수호자로서의 역할을 하는 사법적 측면에서 경찰권을 평가하는 연구가 주류이던 종래의 경찰과 관련된 연구와 달리, 대한민국 경찰에 대한 새로운 인식에 어떤 단초를 마련해 본다는 취지에서 한국전쟁은 국군과 유엔군이 수행한 전쟁이라는 단순 시각에서 탈피해, 한국전쟁에서 특히 개전 초기 국군과 경찰의 합동작전, 또는 경찰의 단독작전을 통해 인민군의 전역계획(戰役計劃)의 변경을 강요하고 국군이 재정비할 여건을 조성함으로써 자유 대한민국을 지켜낸 경찰의 전투 성과에 대한 재평가의 단초를 마련해 보고자 한다.

제 2 절 | 한국전쟁 이전 대한민국 경찰사 개관

1. 일제강점기의 경찰

일제강점기는 우리의 경찰권이 박탈되고 경찰조직이 일본의 조선 통치 도구로 전락한 치욕의 시기였다. 일본의 경찰권 박탈 과정은 크게 3단계로 구분해 볼 수 있는데, 일본제국주의의 한국의 경찰권 장악은 이른바 고문(顧問)정치인 고문경찰 제도로부터 시작되었다. 이 당시 경찰사무는 경무청과 한성부 내의 5개 경찰서 및 전국 각 지방에 경무고문의 보좌기관으로 일본인인 경시・경부 등을 배치해 고문의 동의 없이는 행사할 수 없게 되었다.

다음으로 1905년 11월에는 을사조약에 따라 조선의 외교권이 완전히 박탈되고 통감정치가 시작되면서 경찰을 '경무부'로 독립시켜 경무총장이나 경무사가 전국의 경찰사무를 관장하게 했다. 1907년 7월에는 경찰관청 및 계급의 일본화해서 한・일 경찰을 통합하기 위해 한성부 경무청을 경시청으로, 경무사를 경시총감으로, 경무관은 경시로 각각 개칭한 후 각 도의 경무고문 보좌관을 각 도의 경시로 임명함으로써 한국 경찰의 수뇌부를 일본인으로 구성했다. 이는 일본 경찰과 대한제국 경찰의 통합이자 대한제국의 경찰권 박탈을 의미했다.

일제강점기의 경찰은 일본제국주의의 식민 지배의 중추기관으로서 경찰에 대한 국민의 부정적 이미지가 축적된 시기로 경찰 이념은 일본의 식민 지배를 공고히 하는 데 있었다. 1910년 9월 30일에 조선총독부가 설치되면서 경찰력을 통해 식민지 지배 체제를 공고히 하는 경찰의 전위대 역할은 더욱 강화되었다. 예컨대, 경무총감과 경무부장에게도 명령권이 주어져 세계에서 유례가 없는 강력한 경찰 체제를 형성했다. 이 당시 구축된 헌병경찰제도에서 헌병경찰은 군사상 필요한 지역이나 의병활동 지역 등에 주로 배치되어 첩보 수집, 의병 토벌, 검사직무 대리, 범죄의 즉결사무, 민사소송의 조정, 집행관 업무, 국경세관 업무, 도살 가축의 검역, 납세 의무 독려, 산림 감시, 일본어 보급, 부업 장려 등 광범위한 활동을 했다.

이러한 헌병경찰제도는 일본이 문화정치를 표방하면서 1919년 3·1운동 이후 보통경찰제도로 전환된다. 하지만 이러한 변화가 기본적으로 경찰의 직무와 권한에 변화는 아니었다. 오히려 「정치범처벌법」 등 각종 치안입법을 제정하고, 1925년 일본에서 제정된 치안유지법을 국내에 적용하는 등 탄압의 지배 체제를 특별고등경찰의 활동을 통해 사상 및 이념 통제까지 한층 강화했다. 1937년 중일전쟁이 시작되고 전시 총동원 체제로 재편되면서 경제경찰과 외사경찰로까지 경찰사무가 확대되었으며, 1941년 『예비검속법』 등을 제정해 독립운동에 대한 탄압의 강화 및 전시동원 체제를 공고히 하는 데 활용했다.

2. 미군정기의 경찰

우리 경찰은 미군정기인 1945년 10월 매우 혼란스러웠던 치안 유지를 위해 중앙에 경무국을 창설했다. 동시에 경제경찰사무와 고등경찰사무를 폐지하고 위생경찰사무를 위생국으로 이관해 경찰조직을 정비했다. 또한 일제 치하의 산물인 고등경찰을 폐지하고 통상적인 정보 업무를 담당하는 정보과를 신설했다. 한편 미군정 초기에는 미군정청에 경무국을 두고, 지방에는 도지사 휘하에 경찰부를 두어 국립경찰조직을 운용했다. 이 당시 경찰은 국방사령부의 지휘·감독을 받으며 일종의 부대로서 성격을 띠었으며, 1946년 3월에 이르러 경무부로 승격 및 개편되었다.

얼마 지나지 않아 1946년 5월에는 과도정부가 들어서고 우리의 경찰조직도 개편되었다. 이 당시 우리 경찰은 서울과 대구, 전주에 경무총감부를 두고 그 산하에 11개의 관구경찰청을 관할하게 했다. 경무총감부는 경찰활동을 감찰하고 감독하는 기구로서 각 관구경찰청에 대한 명령권은 없었으나 각 관구경찰청은 도지사로부터 독립된 기관으로써 중앙의 경무부장의 명령을 받았다. 1947년 11월 군정법령에 따라 6인의 위원으로 구성된 중앙경찰위원회가 설치되어 주요 경무 관련 정책의 수립 및 심의·결정, 경찰 관리와 기타 군정장관이 회부한 사항을 심의하도록 하는 등 경찰의 민주화를 위한 조치가 행해졌으나 성공하지는 못했다(김형섭, 2015). 미군정기에 경찰조직은 우리가 아직 독립국가로서 체계가 정비되지 않았기 때문에 과도기적인 성격을 띠었지만 이러한 경찰조직의 운영 경험은 정부 수립 후에 대한민국 경찰의 창설에 발판이 되었다.

3. 대한민국 정부 수립과 경찰

대한민국 경찰은 1948년 8월 15일 정부 수립과 함께 내무부 산하의 치안국 체제가 탄생하면서 사상 최초로 자주적인 체제에서 경찰조직을 운용하기 시작했다. 이승만 정부의 출범기에는 좌우익 진영의 대립과 충돌이 격심한 시기였는데, 이때 우리 경찰은 남한 내의 좌익 세력의 척결과 북한의 도발을 억제하는 전위대의 역할을 수행해야 했다. 이는 역설적으로 경찰 본연의 업무 수행은 물론 민주경찰로서의 경찰조직의 발전에 적잖은 장애가 되기도 했다.

그럼에도 불구하고 대한민국 정부 수립 이후에 우리 경찰은 미군정 하에서의 복무자로서보다는 공공의 안녕과 질서 유지라는 자주경찰의 임무를 수행하는 역할을 하게 되었다. 조직개편도 단행해 경무부를 치안국으로 개편해 내무부의 지휘·감독을 받는 내무부 산하기관으로 편제화했고, 각 시·도에는 시장 또는 도지사의 보조기관으로 경찰국을 설치했다. 또한 좌익 세력의 반란, 파업, 폭동, 무장공비 등을 진압하기 위한 조직으로서 비상경비사령부를 뒀다. 이러한 조직개편은 우리 경찰이 한국전쟁 시에 국민의 생명과 재산의 보호라는 본래의 사명 외에 사회 혼란의 시기에 호국경찰이 되고, 전후에는 국가의 기반을 다지며, 민주 발전의 초석이 되었는데, 우리 경찰조직의 효율성 제고에 큰 힘이 되었다.

해방 이후 70여 년이 흐르는 동안 우리나라의 경찰 체제는 '민중의 지팡이'로서 열린 경찰, 투명하고 정직한 경찰, 친절한 경찰, 임무에 충실한 경찰이 되기 위해 끊임없이 노력을 지속적으로 수행하고 있다. 우리나라의 경찰은 정부 수립, 6·25 전쟁, 4·19혁명까지의 혼란기를 거쳤고, 박정희 정권과 신군부 정권이 지나는 동안 강한 정치적 성향을 나타내기도 했으며, 남북 분단에 따른 대간첩작전에도 적극적으로 참여하는 등 국가안보 확립을 위한 다양한 활동을 전개해 왔다(이만종, 2011: 150).

특히 1950년 6월 25일에 발발한 한국전쟁 직전에 좌익들과의 전투에서 경찰은 초기 사태의 진압을 전담했다. 이러한 와중에서 1948년에 일어난 제주 4·3 사태의 진압작전에 참여하기를 거부함으로써 발생한 '여순사건'에서 여수와 순천경찰서 경찰관 및 가족들 중에 엄청나게 많은 사람이 희생되기도 했다. 우리 경찰이 한국전쟁 전부터 경찰은 남한 내의 좌익 세력과 북한이 남파한 인민유격대, 그리고 북한의 정규군인 38유격대와 싸우면서 축적한 전투 경험이 적지 않았는데, 이러한 전투 경험은 한국전쟁의 개전 초기에 북한군의 남하를 지연시키는 초기 전투에서 혁혁한 전공으로 이어지게 된 것이다.

4. 한국전쟁 당시 경찰조직의 현황

전술했듯이 미군정 초기에 경찰에게 주어진 제1의 임무는 좌익과의 싸움에서 승리하고 자유민주정부를 수립하는 것이었다. 이 당시 미군정은 군대보다 경찰에 큰 임무를 부여하고 병기와 제복도 군대에 앞서 지급했다. 따라서 국방경비대가 일본군의 제복을 입고 99식 또는 38식 소총으로 무장을 하고 있던 반면에 경찰은 카빈 소총으로 무장했다.

대한민국 정부 수립 이후에는 경찰의 임무가 좀 더 구체화되어 준군사적 성격을 띠었다. 38도선 경비, 좌익이 일으킨 각종 반란 진압, 그리고 북한에서 침투한 유격대 및 자생적 빨치산 토벌 등이 당시의 경찰에게 부여된 특수한 임무였다. 특히 1949년 여름부터는 38도선 일대에서 북한군과 충돌이 격화되었는데, 경찰은 1949년까지 미 제6·7사단과 함께 38선 경비를 담당했고, 미군이 철수한 후에는 미군 대신에 국군과 함께 경찰이 38선을 경비했다. 이에 경찰은 경기도, 강원도의 경계선 부근의 경찰서와 지서를 보강하면서, 38도선 지역에 파출소 경비초소를 증설하고, 1,200여 명의 경찰관을 증원하면서 지서주임을 경위로 배치했다(강혜경, 2004: 32-33).

대한민국 정부 수립기에는 적 유격대 토벌이 경찰의 주요 임무 가운데 하나였는데, 북한 인민유격대의 침투는 1948년 11월 14일의 1차 침투를 시작으로 1950년 3월 28일까지 1년 반 동안에 10회에 걸쳐, 2,345명이 침투했다. 이 당시 군경의 토벌작전으로 이 중 2,000여 명이 사살 또는 생포되었다(윤장호, 1995: 73). 6·25전쟁 이전의 적 유격대 활동은 신생 남한 단독정부의 존립을 실질적으로 위협하는 요소로 대두되었다. 이에 경찰은 '치안의 실지 완전 회복'을 위한 유격대 토벌작전을 군경합동으로 전개했다.

한편 정부 수립 직후인 1948년 12월부터 경찰은 국군과 함께 서해안의 옹진반도에서 동해안의 강릉까지 38선 전역에 배치되었다. 따라서 한국전쟁을 일으킨 북한군과 우리 경찰의 개전 초기 대면은 당연한 것이었다. 이러한 우리 경찰의 한국전쟁 시기의 행적은 개전의 예측과 북한군의 남하 지연의 초기 전투, 북한군을 무력화한 중기 전투 그리고 흔히 공비 토벌로 대변되는 후기 전투로 나눌 수 있다(오문균, 2000: 48-49).

제 3 절 | 한국전쟁 개전 초기 경찰의 전투적 활약상

1950년 한국전쟁 당시, 국군과 북한군의 편성부대 및 병력은 출처마다 숫자가 다소 상이하나 남한과 북한의 무기 및 전투장비는 1 : 2, 전투 병력에서는 1 : 2.6의 수준으로서 국군이 열세였고, 병력 구성과 훈련 수준 면에서는 엄청난 차이가 있었다.

무엇보다도 북한군은 지휘관 중에 중공군 사단장급 출신을 비롯해 소련군에서 실전을 경험한 지휘관을 상당수 보유하고 있었다. 구소련은 김일성을 필두로 한 구소련군 출신에게 정치권력을 장악시키고, 그들로 하여금 전쟁을 수행할 수 있도록 지도 능력을 배양해 왔다. 특히 독일과의 전쟁에 참전했던 고려인 소련군 출신 2,500명을 포함해 중국의 국공 내전에 참전한 조선족 중공군 출신이 63,000명으로 인민군 전체의 1/3 이상을 차지하고 있었다. 게다가 1948년부터 1년간에 걸쳐 1만여 명의 청년을 선발, 소련 내 극동군사학교에 파견해 전차, 항공, 통신병 등을 양성했다. 훈련 수준 면에서는 사단 단위 야외 기동훈련을 끝마치고, 각 공격부대별로 한국 내 목표 지역에 대한 지형분석과 도상연습까지 실시할 정도였다.

이에 반해 국군의 경우에는 사단장급 지휘관조차 정규전에서 소총 중대급 이상 부대를 지휘한 경험자가 소수에 불과했으며, 전쟁을 주도적으로 수행할 능력이 있는 군 수뇌부가 존재하지 않았다. 당시 국군의 전투 능력은 기껏해야 공비와 북한 유격대 토벌, 38도선에서 북한군과의 충돌에서 실전을 경험한 자들이었으며, 정규

전 경험자라고 해야 구 일본군에 속했던 극소수에 불과했다. 이 당시 국군은 전투부대의 24% 정도만이 대대급 전술훈련을 경험한 정도였으며, 그 나머지 부대는 겨우 중대급 전술훈련을 경험한 실정이었다. 그나마 다행이었던 점은 우리의 군경이 좌파들의 반란과 인민유격대, 반란군의 토벌작전을 수행하는 과정에서 공산주의자들의 실체를 알게 되면서 반공정신이 투철했다는 것이다.

북한은 1950년 3월 김일성의 구소련 방문 후 구체적인 남침계획을 수립했다. 총참모장 강건과 구소련 군사고문단장 바실리예프 중장이 수립한 전쟁계획을 보면, 인민군의 주공부대는 동두천→의정부→서울 방향으로, 조공부대는 옹진→개성→춘천→강릉 방면으로 일제히 침공하는 총 3단계 작전계획이었다. 그 작전의 1단계는 서울을 우선적으로 점령해 국군의 주력을 괴멸한다는 계획이었다. 이를 통해 인민 봉기를 유발하고, 2단계는 전과(戰果) 확대로 증원되는 국군 병력을 격퇴, 차단하고 군산~대구~포항 선을 점령하며, 3단계로 남해안으로 진출해 국군의 잔적을 소탕하고자 부산~여수~목포 선을 점령하는 것을 근간으로 1개월 이내에 전쟁을 종결하고 통일인민정부를 수립한다는 것이 주요한 내용이었다.

이 당시 북한은 남침 준비를 위해 김일성 정찰명령 1호(6·18)와 전투명령(6·22)[1)]을 하달했으며, 그 명령에 따라 전방지역으로 병력을 이동시켰는데, 인민군 10개 사단 중 5개 사단이 의정부 축선을 집중 돌파하기 위해 수도권에 근접한 38도 선상인 개성~문산~의정부~포천 축선으로 배치되었다. 1950년 5월 전선의 부대 배치를 완료하고 김일성은 스탈린에게 남한에 대한 침공 준비의 완료를 알렸다. 그 후 스탈린의 최종 재가에 따라 북한군은 남침계획인 작전암호명 '폭풍'이라는 이름으로 남침을 개시했다. 사실 경찰이 한국전쟁 초기에 이룩한 전과는 국군에 비해 상대적으로 가려져 있다. 하지만 한국전쟁 초기 작전에서 경찰의 활약이 한국전쟁 전반에 어떠한 영향을 미쳤는가를 조명하는 것은 실로 중요한 문제이다.

1. 서부전선에서 경찰의 전투

한국전쟁 개전 초기 서부전선의 전투는 옹진반도와 개성~문산을 축선으로 옹진반도에 대한 공격을 위해 전차로 무장한 북한군 제6사단 예하 1개 보병연대와 제3

1) 당시 북한군 정찰명령은 공격 개시 이전 및 이후 수집해야 할 정보를 기술, 전투명령은 1950. 6. 23, 12시까지 만반의 공격 준비할 것을 지시.

경비여단에 맞서 국군 독립 제17연대가 수행한 작전과 개성~문산 전투에서 국군 1사단이 203전차연대 예하 27여대의 전차와 자주포 27대로 무장한 북한군 제6사단과 김포를 거쳐 서울에 이르는 인민군 조공 축선을 방어한 전투를 말한다. 이 지역에서 초기 전투는 병력과 부대 및 편성 장비 면에서 절대적으로 열세였던 국군과 경찰은 그야말로 악전고투를 했다.

1) 옹진반도 전투

한국전쟁 개전 초기 육군본부의 옹진반도 방어지침 제3호를 보면 "적이 전면적인 남침을 전개할 경우에는 적에게 최대한의 출혈을 강요한 다음, 해군의 지원을 받아 해상으로 철수한다"고 되어 있다. 옹진반도 전투라 함은 T-34형 전차 1개 중대를 거느린 인민군 제6사단 14연대와 인민군 3경비여단에 맞서 국군 17연대가 치른 방어전투를 말한다.

그 당시에 국군 17연대장은 백인엽 대령이었는데, 45km에 달하는 폭 정면에 2개 대대를 배치하고 1개 대대를 예비로 한 전형적인 방어 형태로 임무를 수행하고 있었다. 북한군이 국군 17연대에 공격을 개시한 것은 1950년 6월 25일 04 : 00시였다. 한국군 17연대는 6월 23일부터 적들의 심상치 않은 움직임을 사전에 감지하고 나름대로 최선을 다해 대비했으나 초기 전투에서 제1대대장이 전사하고 옹진지구의 주저항선을 돌파당하면서 후퇴하게 된다. 후퇴작전은 지연전을 펼치면서 한국군 17연대 연대본부 및 직할부대와 3대대가 부포항으로 철수해 7포병대대의 105밀리 곡사포 등 전투장비를 파괴하고 해군 수송선과 민간선박을 이용해 인천으로 철수했다(이중근, 2013: 91).

한편 비교적 방어선을 잘 구축하고 버티던 2대대는 역습에 성공했지만 전황이 급변함에 따라 1대대와 직할대 및 지원부대의 낙오 병력을 수습하면서 사곶항에 도착한다. 그러나 이들에게는 해상 철수 수단이 없었다. 다행히 용호도 지서장으로 부임한 김두의 경사의 주선으로 정원 90명이 탑승 가능한 20톤급 기관선인 대성호를 지원받아 군인과 경찰, 피난민이 해상을 통해 군산으로 철수할 수 있었다.

한국전쟁 개전 초기 옹진반도에서 처절한 36시간의 전투 결과 한국군은 17연대와 7포병대대 장병 3,500여 명 중 326명이 전사했으며, 북한군은 막강한 화력으로 선제 기습 공격을 했음에도 560여 명의 사상자가 발생했다. 이러한 전과를 바탕으로 해상 철수에 성공한 국군 17연대는 국군 제1군단에 배속되어 청주지역에서 적의 공격을 방어하다가 7월 중순 제2군단으로 배속 전환되어 청주 상곡리 일대에서 인민군 제15사단 48연대 250명의 적을 사살하고 30명의 포로를 잡았으며, 동관리 전투에서는 인민군 49연대 소속 적 356명 사살하고 26명을 포로로 잡는 등 인민군 2개 연대를 궤멸시켰다. 국군 17연대의 한국전쟁 초기의 활약은 국군과 유엔군이 전열을 재정비해 중부전선의 위기 국면을 수습하는 데 결정적인 역할을 했다.

그 전공(戰功)을 인정해 육군본부에서는 국군 17연대 1대대의 상곡리 전투와 2대대의 동관리 전투를 통합해 '화령장 전투'로 명명하고 화령장 전투에서 승리한 국군 17연대 전 장병을 1계급 특진시켰다(이중근, 2013: 229-243). 그런데 국군 17연대의 활약 뒤에는 민간 선박을 동원해 옹진반도 철수작전을 성공시킨 경찰의 결정적인 역할이 있었다. 전시에는 상급부대의 계획에 따른 지연전 및 철수작전 역시 적과의 전투에서 승리 못지않게 대단히 중요하며, 초전 전투력 보존은 향후 전투력 발휘를 위한 전역작전 개념에서는 간과할 수 없는 부분이다. 옹진경찰서 경찰관 중 한국전쟁 기간에 전사한 경찰관은 23명이며, 1950년 6월 25~26일 양일간 전사한 옹진서 경찰관은 15명(경기지방경찰청, 2008: 1183)인데 유감스럽게도 경찰의 세부 전투 사례는 기록으로 보존되지 못하고 있다.

2) 개성지역 전투

개성~문산지역은 약 94km에 이르는 전선을 백선엽 대령 휘하의 국군 제1사단이 관할하는 서울로 통하는 관문이다. 한국전쟁 개전 당시 1사단은 개성에 12연대, 고랑포 일대에 13연대가 주둔했고, 11연대를 예비로 사단사령부와 더불어 수색 일대에 배치되어 있었다. 12연대는 개성 서쪽 32km 지점의 연안에 1개 대대가 주둔하고 잔여 병력을 개성 송악산 일대에 주둔시켜 넓은 정면을 경계하고 있었다(이중근, 2013: 91). 개성 일대에서 12연대가 경계하는 관할지역은 폭이 무려 63km로 1개 연대가 사단 방어 관할지의 '3분의 2'를 담당한 것이었다. 12연대 3대대는 휴가와 출타 병력을 제외한 전투 가능한 병력 약 800여 명으로 예성강 서쪽의 황해도 연안군 일대의 약 50km의 방어선을 담당했다. 결국 청단 서쪽 11km의 외곽을 벗어난 지역은 경계 병력이 전혀 배치되지 않은 경비상의 공백지대나 다름이 없었다. 주요 교통로와 주변 일대를 감시하기에 용이한 주요 감제고지에만 병력이 배치되어 있었기 때문에 인민군이 대규모 병력으로 조직적인 공격을 감행한다면 방어하는 것 자체가 애당초 불가능한 지역이었다. 연안 정면에는 3대대의 10중대가 배치되고 그 사이에 경찰 경계진지가 있었다.

6월 25일 04 : 00시를 기해 북한군의 공격이 시작되었을 때 연안경찰서 서장 김주문 경감은 적의 국부적 도발로 판단하고 전 병력을 연안 북방 3km 지점의 요지인 건지산을 중심으로 배치, 방어작전에 돌입했다. 그러나 북한군의 선두가 처음에는 1개 중대 규모였으나 점차 병력이 증원되어 이를 저지할 수 없게 되었다. 따라서 경찰부대는 비봉산으로 철수, 10중대 병력과 합류해 북한군의 남진을 저지하는 작전을 수행했다. 이날 전투에서 북한군의 사상자는 100여 명에 달했으며, 연안서 경찰 전사자는 11명이었다(윤장호, 1995: 73－74).

송악산 남쪽 산기슭에 주둔해 있던 12연대 2대대의 전초진지는 해발 486m의 산정에 있던 북한군의 진지로부터 감제(瞰制, domination)되고 있어 불리한 지형 조건 하에 있었다. 게다가 농번기로 인해 1/3 이상의 병력이 휴가와 외박 중으로 6월 25일 개전 시에 부대장병은 50% 수준으로 사실상 부대가 텅 빈 상태였다. 당시 개성 방면에서는 04 : 00시부터 30분간의 포격이 시작으로 북한군 1개 연대는 개성 후방 송악산 방향에서 정면으로 공격하고 1개 연대는 열차를 이용해 경의선을 따라 공격하는 계획을 수립했다. 이를 방어하는 국군 제1사단의 12연대 방어 병력은 1개 대대 수준으로 송악산 능선에서 은밀히 공격 준비를 마치고 대기하다가 정면으로 공격해 오는 인민군 제6사단 13연대를 맞아 1시간 정도 응전했으나 순식간에 방어선이 붕괴되었다.

한편 같은 시각 인민군 제6사단 15연대는 열차로 우회해 개성역으로 진입해 국군 1사단 12연대를 기습 강타하고 전후방으로부터 협공했다. 06 : 00시경 개성역은 피난민들, 휴가나 외출을 중지하고 복귀하는 국군 제1사단 12연대 소속 병사들로 인해 역 구내가 북새통을 이루고 있었다. 혼잡한 그 순간 한 열차가 개성역 구내로 천천히 진입했다. 아무런 경계심 없이 열차로 접근하는 민간인과 군인들에게 열차에서 쏟아져 나온 것은 인민군들이었다. 그 결과, 앞뒤 양면에서 협공을 당한 아군은 아비규환에 빠지고 병력은 전열을 잃고 흩어졌다. 경의선 철로는 당시에 남북을 연결하는 열차의 왕래를 모두 차단했었다. 이것을 인민군이 몰래 연결해 남침 개시와 동시에 인민군을 태워 돌진함으로써 기습에 성공한 것이다. 당시 개성 시내에 인민군이 열차를 이용해 진입했을 때 국군과 경찰 병력은 전방초소로 투입되었고 개성 시내 일대에는 개성 철도경찰대만 있었다.

당시 경기도 철도경찰대는 개성역 구내에 본부를 두고 개성지역 철도경찰대장 감봉룡 경감 휘하에 개성 철도경찰대 50여 명의 대원이 전투에 참여했다. 한국전쟁의 발발과 더불어 감봉룡 경찰대장은 25일 적의 포성에 상황이 심각함을 직감하고 05:30분에 대원들을 비상소집해 적의 공격 상황을 설명하고 경비주임 홍이화 경위로 하여금 부대 경찰 병력으로 본부 뒷산과 본부 및 철도 건물을 경비해 침입한 적을 격퇴하도록 작전명령을 하달했다. 특히 사찰주임 박준석 경위에게 사복대원 2명을 합동정보본부에 파견해 수시로 변동되는 상황을 본부에 유선으로 보고토록 지시하고, 대원들을 적재적소에 배치해 임전 태세를 갖추도록 하여 본부 건물 중심으로 관할지를 사수하기로 결심했다(내무부 치안국, 1973: 249). 철도경찰대원들이 각 부서에 배치되어 전투 태세를 갖췄을 무렵에 시내에는 이미 적의 포탄이 날아들고 적의 기관총 소리가 요란한 상황이었다. 이 당시 국군들은 전투 태세를 전혀 갖추지 못한 상태에서 열차를 타고 기습적으로 시내로 쏟아져 들어온 것은 북한군들이었다. 07:30분경에는 유선전화마저 두절되고 적에게 포위당한 상황에서 전 대원은 목숨을 건 결사 항전을 벌였으며, 그 결과 제1진을 격퇴시켰다.

이 전투는 북한군이 공격 개시 후 처음으로 시내에서 조직적인 저항을 받은 전투 사례였다. 북한군은 전력과 인원을 보강해 09 : 00시경에 5대의 탱크를 앞세우고 포위망을 압축해 왔다. 그럼에도 불구하고 감봉룡 경감 휘하의 철도경찰대의 결사 항전은 한 시간 동안 계속되었다. 이러한 개성 철도경찰대의 결사 항전으로 한 개성이 완전히 적의 수중으로 들어가는 것이 그만큼 지연되었다. 이 전투에서 43명이 전사하고 8명이 부상을 당했으며 3명만이 구사일생으로 탈출함으로써 이 혈전이 세상에 알려지게 되었다. 개성 철도경찰대의 세부적인 전과는 확인되지 않았지만, 포위망을 압축하는 과정에서 북한군의 피해도 적지 않았을 것으로 추정된다. 하지만 이 전투가 북한군에게 타격을 준 것은 물리적 전과 이상이다. 좀 더 중요한 사실은 북한군이 공격하기만 하면 국군이 모두 항복할 것이라는 그들의 허황된 기대를 좌절시키고 그들의 사기를 크게 저하시켰다는 것이다. 특히 개전 초기 우리 군의 전투 태세가 불비해 아무 저항 없이 무혈 입성을 계속하던 인민군의 진격이 개성철도대에 의해 저지되면서 방어 준비 태세가 미흡했던 우리 군에게 조직적으로 철수해 부대의 전열을 정비할 수 있는 여지를 마련해 줬다.

이 당시 국군 제1사단 12연대 잔여 병력은 문산 방향으로 지연전을 하며 이동했고 일부 병력은 해상으로 철수했다. 하지만 개성경찰서 경찰관들은 목숨을 바쳐 물밀듯이 밀려오는 북한군과 맞서 싸우며 그들의 진격을 지연시켰다. 한국전쟁 개전 3일 동안에 개성경찰서의 순직 경찰관은 27명이며 개성서에서 전시 행방불명된 경찰관은 54명이다(경기지방경찰청, 2008: 1184－1187).

한편 한국전쟁 개전 초기 이 지역에서 북한군과 제일 먼저 맞닥뜨린 경찰 전투가 적지 않았다. 이종호 경감이 서장으로 재직했던 청단경찰서도 그중에 하나였다. 이날 05：30분 38도선을 돌파한 적이 청단경찰서 방향으로 진군했다. 이 당시 경찰서원들은 자주 있었던 38도선 충돌사건이 재발한 것으로 판단하고 경찰서 인근 향산고지와 마탑고지를 중심으로 경찰 병력을 배치해 저지선을 구축했다. 하지만 이 날의 북한군의 화력과 공격 규모는 여느 때와는 상이했다. 그럼에도 불구하고 이 전투에서 경찰 3명이 경상을 입은데 비해 북한군을 30여 명이나 살상하는 전과를 올렸다.

최정득 경감이 서장으로 있던 배천경찰서도 이날 05:30분경에 북한군의 침공을 받았다. 당시에 배천경찰서 관할에는 국군 제1사단 12연대 9중대가 약 15km 정면을 담당하고 있었으며, 중대의 중간에 경찰 경계진지가 편성되어 있었다. 북한군은 1개 대대의 병력을 동원해 배천경찰서 정면과 좌우측 방향으로 협공해 왔다. 먼저 국군진지가 돌파당했으나 남산고지에 배치된 2기의 중기관총으로 무장한 경찰진지는 기총 소사로 버티면서 북한군의 돌파를 허용하지 않았다. 북한군은 재공격을 위해 후속 병력의 증원을 기다려야 했고, 우리 경찰은 일단 배천변전소 뒷산으로 후퇴해 8중대 병력과 합류, 전열을 재정비할 수 있었다. 이 날 우리 경찰의 저지 전투는 18：00까지 계속되었으나, 역부족으로 18:00에 진지를 포기하고 해안선으로 전술적으로 기동해 해상 철수를 했다. 이날 전투에서 배천경찰서는 북한군 30명을 사살한 반면에 17명의 경찰 전사자를 냈다(윤장호, 1995: 74).

3) 문산지역 전투

한국전쟁 직전에 문산의 경계는 국군 제1사단 13연대 책임지역이었다. 13연대는 3개의 대대로 편성되어 있었는데, 1개 대대는 고랑포 일대에 배치되어 있었고, 1개 대대는 고랑포 남쪽에서 야외 훈련 중이었으며, 1개 대대는 예비대로 후방에 있었다. 북한군은 개성을 점령하고 파죽지세로 남하해 문산지구에 당도한다. 이때 문산에 들어온 북한군은 제1사단으로 구화리에서 고랑포와 적성면 방향으로 공격했다. 북한군이 고랑포와 적성을 돌파하고 임진강을 건너 남하를 시도하는 과정에서 홍은식 경감 휘하의 장단경찰서원들과 고랑포전투를 벌이게 된다.

장단경찰서원들은 관내 사수를 위해 고랑포지서 김기태 경위 외 21명으로 특공대를 편성했다. 이 특공대원들은 고랑포 관내로 출동해 고랑포지서 일대를 포위한 약 600여 명의 북한군과 전투를 벌이게 되었다. 이 전투는 5시간 동안의 혈전이었다. 무공에 빛나는 이 전투에서 우리 경찰은 김기태 경위 외 25명이 전사했다. 이후 홍은식 경감의 지휘로 임진강을 건너 재차 고랑포 탈환을 위해 진격하는 북한군과 교전했으며 철수하는 국군과 합류해 인민군의 남하를 저지했다(경기지방경찰청, 2008: 1184-1187).

한편 파주경찰서는 급박하게 돌아가는 전황을 파악하고 국군 제1사단 13연대에 협조를 요청해 경비주임 지휘 하에 1개 소대 급 50명을 편성해 적성지서를 지원하기 위해 출동했고, 그 과정에서 북한군 제1사단 선발대와 조우해 국군 제1사단 13연대 1개 소대와 작전으로 북한군 선발대를 격파함으로써 북한군의 남하를 지연시켰다.

또한 임진강을 도하해 의정부 방향으로 진출하는 북한군에 맞선 국군 제1사단 13연대 병력과 50여 명으로 구성된 파주경찰서 특공대의 전투도 특이할 만하다. 강력한 화력으로 무장한 북한군은 고랑포와 적성 일대를 점령하고 임진강을 건너 의정부 방향으로 진출하려고 했다. 그리고 규월리 방향에서는 전차와 장갑차로 무장한 북한군의 보전(步戰) 협동부대가 장단 방향으로 남하해 파평면 눌노리와 고랑포 일대를 거쳐 파평산 일대의 국군 방어진지를 공격했다. 이에 국군 제1사단 13연대 병력과 파주경찰서 특공대 50여 명은 금파리 전방의 평원으로 인민군을 유인, 포격과 일제 집중사격으로 적을 격퇴시켰다. 이 전투에서 경찰은 전사 4명, 부상 1명의 사상자를 냈다.

한편 한국전쟁의 개전 초기 서부전선의 전투에서 국군과 경찰의 합동작전이 본격적으로 진행된 것은 북한군이 장단지구를 돌파하고 임진강 도하를 시도하던 시기였다. 경기도 경찰국에서는 보안과장을 개성지구 경찰부대사령관으로 임명해 후방지역에 위치한 경찰서 13개 서원으로 2개 중대 규모를 편성, 전방에 투입해 방어 중인 국군과 합동작전을 수행했다. 예컨대, 문산 일대 전투 간 경찰부대는 하동에서 적 1개 소대와 교전해 적 소대장을 사살하고 격퇴시켰는데, 이때 육군사관학교 교도대 병력이 지원되어 합동작전으로 적을 추격해 1개 고지를 탈환했다. 6월 25일 야간에는 2개 대대규모의 적이 문산·파평지구의 경찰부대와 육사 교도대 후방을 위협해 21 : 00시경 봉일천 일대로 철수했다(내무부 치안국, 1973: 252).

2. 중부전선에서 경찰의 전투

한국전쟁 개전 초기 중부전선에서의 전투는 서울 북쪽인 동두천~포천 축선에서 105전차여단의 전차 123대와 자주포 48문으로 무장한 북한군 제1군단의 주공부대인 최정예 제3, 제4사단이 전방에 포진하고 제13사단을 예비부대로 한 북한군을 맞아 금곡과 운천에서 동두천, 포천을 거쳐 의정부를 통해 서울에 이르는 북한군 주공격 루트에서 국군 제7사단이 3일간에 걸친 공방전을 말한다(이중근, 2013: 93).

한국전쟁 발발 시 유재홍 준장이 이끄는 국군 제7사단은 동두천 축선에 1연대, 포천 축선에 9연대를 배치하고 38선의 경계를 주 임무로 했다. 그 당시 국군 제7사단의 부대 편성을 살펴보면 3연대는 수도경비사령부로 소속이 변경되어 이동 중이었으며 그 결원을 보충하기 위해 국군 제2사단 25연대가 제7사단으로 예속 변경되었으나 주둔지가 해결되지 않아 이동이 지연되었다. 게다가 일부 지휘관과 참모는 파견 교육 중이었으며 2개 연대 병력의 1/3 이상이 농번기로 인한 휴가와 외박 중이었다.

북한군은 1950년 6월 25일 04 : 00시에 공격을 개시, 당시 북한군 제3사단이 포천 방향으로, 인민군 제4사단은 동두천 방향으로 공격해 왔다. 북한군 제3사단은 당일 11 : 00시에 이미 포천을 점령했다. 이는 포천 축선을 지키던 국군 제7사단 9연대에는 38교에서 만세교까지 대전차 화기와 장애물이 없었고 8포병대대의 105mm 곡사포 15문이 있었으나 탄약이 없는 실정이었기 때문이다. 이에 비해 북한군은 전차를 선두로 자주포, 장갑차, 차량 등 150여 대로 구성된 대규모 기갑부대였다. 결과적으로 작전 초일에 인민군 제3사단은 송우리 일대까지, 인민군 제4사단은 이날 해질 무렵 동두천 시내에 진입함으로써 서울의 관문인 의정부가 위태롭게 되었다(이중근, 2013: 94).

이러한 상황에 이르자 육군본부는 서울의 관문인 의정부 방어를 위해 서울에 주둔 중인 수도사단 예하 18연대와 대전의 제2사단까지 5개 연대, 총 15개 대대를 증원했다. 하지만 당시에 투입된 병력은 말 그대로 비상 소집된 임시 편제로서 집중력 있는 전투력을 갖춘 부대들이 아니었다. 게다가 통신망이 구비되지 않아 연락과 협조는 물론 상하 부대 간 지휘 체계마저 확립되어 있지 못했기 때문에 전차로 중무장한 북한군의 공세를 막는 데는 역부족이었다. 결국, 개전 3일 만에 포천과 동두천에 이어 의정부마저 북한군의 수중에 떨어졌다. 이에 국군은 서울을 사수하고자 미아리에 최후 방어선을 편성했으나 28일 새벽 미아리 방어선마저 북한군의 전차에 속수무책으로 당하면서 한국전쟁 개전 3일 만에 서울이 함락되고 말았다.

한국전쟁 시 북한군의 주공(主攻) 군단은 제1군단이었는데, 그들은 서울로 들어가는 관문인 의정부를 공격하기 위해 기동력 있는 기갑부대 위주로 편성해 북한군 전력 역량의 30%를 여기에 집중했다. 이에 비해 국군은 대전차 공격에 아무런 방어책이 없어 속수무책으로 북한군의 진격을 허용했다. 개전 이틀 만에 국군 제2사단, 제7사단, 수도사단 등 3개 사단이 참패를 당했다.

한국전쟁 개전 초기 북한군의 작전계획은 이처럼 제1군단을 주공으로 서울을 점령하는 사이에 북한군 제2군단은 조공으로 춘천~홍천~강릉 축선을 돌파하고 개전 5일 이내에 수원 이남으로 진격해 국군의 퇴로 및 증원 병력을 차단한다는 것이었다. 중부전선에서 북한군 제2군단은 자주포 54문과 제603모터사이클 연대와 같은 고속기동부대가 편성된 제2사단과 제12사단을 전방에 포진시키고 제15사단을 예비로 하여 최초 방어진지를 돌파한다는 계획이었다. 북한군 제2사단은 25일인 개전 당일에 이미 춘천을 점령하고 북한군 제12사단은 인제에서 홍천 방향으로 진출해 춘천~가평 축선에서 국군 6사단을 격멸한다는 계획이었다.

한편 이들을 방어해야 하는 국군 제6사단은 3개 보병연대와 제16야전 포병대대, 공병대대로 편성되어 있었다. 국군 제6사단 사단장 김종오 대령은 춘천 축선에 7연대를, 인제에서 홍천에 이르는 축선상에 2연대를 배치하고 예비부대인 19연대는 사단예비로 사단본부와 원주에 집결 보유하고 있었다(이중근, 2013: 96).

1950년 6월 25일 북한군의 남침으로 전쟁이 발발하자 강원도 비상경비사령관 윤명문 경무관은 군경합동작전을 통해 관내 사수를 명령했다. 당시, 북한군 제2사단이 공격을 개시한 3개 축선 중 2개 축선은 화천과 양구에서 춘천으로 가는 46번 도로를 이용해 내평리 마을을 통과하는 경로였다. 내평리 배후면에는 국군 제6사단 7연대 예하 1개 대대가 방어하고 있었고, 춘천 시내로 진입하려면 내평지서를 반드시 통과해야 했다. 당시에 지서장 노종해 경위 휘하의 내평지서원들은 북한군 제7사단 예하부대와 맞서 1시간 이상 치열한 혈전을 벌였다. 이 전투에서 내평지서는 82mm 박격포를 대거 동원한 북한군에 의해 완전히 폐허가 되었다. 그리고 내평지서는 노종해 경위 등 9명 전원이 산화했다(윤장호, 1995: 77-78).

북한군이 춘천으로 들어가기 위해서는 반드시 소양강을 통해야 하고 그 길목에는 사북지서가 있었다. 북한군의 공격 축선상에 위치한 사북지서에서도 국군 1개 중대와 지서원 12명이 합동으로 북한군의 진출을 저지하기 위해 강력히 저항했으나 적의 강력한 화력과 병력 앞에 중과부적으로 철수하는 과정에서 적의 기총 소사로 말미암아 윤홍규 순경 등 9명이 전사했다(윤장호, 1995: 77－78).

이처럼 춘천지구 전투에서 내평지서 전투는 북한군의 춘천 방향으로의 진출을 1시간 이상 지연시키고, 사북지서 전투는 국군 제6사단 예하 7연대의 소양강 방어선을 구축할 수 있도록 하는 데 시간적인 여건을 제공함으로써 한국전쟁 개전 초기의 전투에서 커다란 희생적 공헌을 했다.

한편 홍천지구에서는 북한군 제12사단이 인제군 신남면 관대리와 기린면 방면으로 주공을 투입해 일제히 소양강 일대 마진나루를 도하했다. 당시에 이 지역에 주둔하던 국군 제6사단 2연대와 경찰부대가 합동작전으로 주 방어진지를 사수하기 위해 근접 전투와 백병전으로 북한군의 공격을 저지하기 위해 치열한 혈투를 벌였다. 따라서 북한군은 홍천으로의 진출로가 막히자 자주포를 앞세운 보전 협동공격을 단행했고, 결국에는 신남까지 진출했다(이중근, 2013: 170).

사실 홍천지구에서의 군경합동작전에 의한 전투와 관련해 전해지는 자료가 없다. 하지만 인민군 조공 군단인 제1군단의 주공 축선으로 당시 포병 지원 없이 가용한 국군 1개 연대 병력으로 자주포로 무장한 북한군 제12사단에 맞서 싸웠다고만 볼 수 없다. 유감스럽게도 홍천지역 작전에서의 경찰전투 전사는 전해지지 않으나 국군과 경찰 합동부대는 유기적인 협조 하에 협동작전을 수행했을 것이라는 추론을 가능케 한다. 이러한 추론의 적실성은 개전과 동시 강원도 비상경비사령관의 전 경찰 관내 사수 명령에 따라 군경합동작전을 실시한 결과와 인민군 제12사단이 6월 30일에야 홍천을 진입할 수 있었던 사실에서 충분히 그 단서를 찾을 수 있다.

북한군이 홍천에 진입한 이후에도 홍천경찰서장 김성기 경감이 지휘하는 홍천경찰서 부대는 30일 02：00시 홍천 읍내에 진입한 적과 시가전을 벌였으며, 같은 날 새벽 03：00시 피난민과 국군 병력이 완전히 철수한 것을 확인한 후, 강원도 비상경비사령관의 작전명령에 따라 제2방어선인 원주 방면으로 철수해 다음 작전에 대비했다(윤장호, 1995: 79).

전술했듯이 북한군 제2사단은 당초 25일 오전에 춘천을 점령한 다음 홍천을 공격한 인민군 제7사단과 합류해 차후 작전을 전개할 계획이었으나 춘천에서 국군 제6사단 7연대와 경찰의 결사 항전으로 25일 중에 춘천을 점령한다는 작전계획이 좌절된다. 당시에 북한군 제2사단이 6월 26일 병력을 보강해 소양강 대안의 우두평야로 집결했으나 국군 제6사단 7연대장이 통합지휘를 한 군경부대에 의해 소양강 도하가 저지되었다.

게다가 6월 27일 홍천으로 진격해 왔던 북한군 제7사단의 예하부대가 춘천 축선에 보강되었으나 국군과 경찰부대의 통합 저지선을 돌파하는 데 실패했다. 이에 따라 서부전선에서 6월 27일 서울이 함락됨으로써 전략적 차원에서 육군본부로부터 국군 제6사단에 춘천의 철수를 명한 6월 28일에서야 북한군은 춘천에 들어올 수 있었다. 이처럼 춘천 공략에서 최초의 작전계획보다 3일간이나 차질을 빚은 북한군의 지휘 체계의 변동으로 이어진다. 이는 한국전쟁 개전 초기에 우리 경찰의 전투가 한국전쟁의 국면 전체에 얼마나 큰 영향을 미쳤는지 웅변해 주는 상징성이 아닐 수 없을 것이다.

춘천~홍천지구 전투에서 국군 제6사단이 북한군의 공격에 맞서 초전 3일간 춘천을 고수한 군경 합동부대의 선전(善戰)은 한국전쟁의 전반적인 국면에 엄청난 영향을 미쳤다. 최초 북한군 제2군단에 의한 한강 이남에서의 국군의 포위를 저지했고, 열세한 전투력과 훈련 수준에도 불구하고 국군이 7월 3일까지 한강 방어선을 유지할 수 있는 시간적 · 공간적인 여건을 마련해 줬다. 그 결과 미 제24사단이 한국에 도착해 경부 축선에 전개할 수 있는 시간을 확보케 하여 북한군의 1단계 전역계획(戰役計劃)에 막대한 차질을 줌으로써 개전 초기에 대한민국을 위기에서 구해내며 북한군 전쟁지도부의 의지를 좌절시킨 전투였다고 할 수 있다.

3. 동부전선에서 경찰의 전투

한국전쟁 개전 초기 동부전선에서의 전투는 1950년 6월 25일부터 28일까지 동해안지역에서 있었던 전투를 말한다. 이 지역에서 북한군 제5사단이 제1경비여단의 3개 대대를 자주포로 무장해 제1제대로, 사단예하 10연대를 제2제대로 삼아 38도선을 돌파해 남침해 왔다. 또한 제945육전대와 제766유격대를 해안으로 상륙시켜 국군 제8사단의 증원을 차단함과 동시에 일부 병력을 산악으로 침투시켜 대관령지역으로의 부대철수와 증원을 차단하고자 했다(이중근, 2013: 99－100). 이 당시 동부전선에는 국군 제8사단 예하에 10연대와 21연대가 가용한 부대였으며 1개 연대는 오대산과 태백산 일대에서 공비 토벌작전을 수행하고 있었다. 그리고 우리의 경찰은 주로 동해의 해안 경비를 담당하는 한편으로 일부 경찰 병력은 군경이 합동작전으로 수행하는 태백산지구의 공비 소탕에 참여하고 있었다. 이에 따라 한국전쟁 발발 시 해안선 방어는 마을 단위 청년방위대와 경찰에만 의존하고 있어서 해상을 이용한 인민군의 상륙에는 무방비 상태였다(이중근, 2013: 99).

한국전쟁 당일인 1950년 6월 25일 새벽 03 : 00시를 기해 북한군 제549부대가 옥계면 정동진에 상륙했는데, 이 과정에서 정동진의 해안초소에서 경계근무를 하던 강릉경찰서 전대욱 순경이 북한군 1개 중대가 상륙하는 것을 발견했으나 아군이 상륙훈련을 하는 것으로 오인하고 관망하다가 그 자리에서 적의 사격을 받고 전사했다(내무부 치안국, 1973: 254). 이는 한국전쟁의 개전 시점 등의 논란과 관련해 중요한 단서로서 군과 경찰 중 경찰에서 한국전쟁 시 최초의 전사자가 새벽 03 : 00시경 정동진에서 발생했음을 알 수 있다.

한편 38도선 일대에서는 새벽 04:00시경 북한군 제5사단이 포격과 총격을 시작으로 주문진경찰서 관내인 서림에서 잔교에 이르는 정면으로 북한군이 정면 공격을 개시했다. 이러한 북한군의 전면적인 침공 소식은 강릉경찰서장 전호인 총경에게 보고되고, 전 서장은 이를 국군 제8사단에 통보하는 동시에 관내에 비상을 걸어 북한군의 상륙 부대에 대처코자 했으나 통신이 두절되고, 07 : 00시경에는 오진우가 지휘하는 북한군 제766부대가 삼척, 임원진 일대에 상륙해 전후방에서 협공을 받게 된다.

당시에 정복회 경감 휘하의 주문진 경찰서는 전 서원을 동원해 주문진 북방 4km 지점의 향호리에 상륙한 북한군과 사투를 벌이면서 적을 최대한으로 저지했으나 북한군의 우세한 병력과 화력에 밀려 야음을 틈타 일단 사천 일대로 철수했다. 남하하는 북한군을 상대로 사천에서 강릉에 이르는 동안 전투가 벌어졌는데, 국군의 18포병대대와 지역의 자위대가 분전했으나 강릉 사수가 어렵다고 판단하고 국군이 대관령으로 철수하면서 북한군이 6월 28일 04 : 00시에 강릉에 진입했다.

국군이 대관령으로 철수할 당시에 강릉 경찰과 주문진 경찰이 합류하게 되었으며, 삼척 경찰도 대관령을 넘어 평창군 진부리로 철수했다. 한편, 오대산 두로봉에서 적 유격대의 침투를 저지하고자 경계근무 중이던 중대장 함약해 경감이 이끈 전투경찰 제9대대 제3중대는 중대 배속 경찰국 파견 무전통신소에서 청취한 유엔군 총사령부 방송(VUNC) 및 미국의 소리 방송을 통해 적침 및 전황을 보고받고 있었다. 제3중대는 주문진 경찰서 삼산지서를 통해 전달된 강원도 비상경비사령관의 작전명령에 따라 평창군 진부리로 철수해 다른 경찰부대와 합류했다. 그후 대관령에 집결한 군경부대는 현지 육군부대장의 작전명령에 따라 일단 원주로 철수하고 파죽지세로 남하하는 북한군의 남진을 저지하는 지연작전에 투입되었다(윤장호, 1995: 79-80).

제4절 | 한국전쟁 개전 초기 경찰의 전투적 기여도 재평가

1. 한국전쟁 당시 경찰의 전투 태세

북한은 한국전쟁 개전 이전에도 이미 10여 차례에 걸쳐 인민유격대를 남파했다. 이는 국군 4개 사단과 남한의 경찰 병력이 후방지역에서 유격대와 빨치산 토벌을 위해 전력이 분산되는 결과를 낳았으며, 국군의 38도선 방어력을 약화시키려는 북한의 전략의 일환이었다. 다른 한편으로는 우리 경찰의 입장에서 볼 때 한국전쟁 이전에 38도선 경비작전과 대유격전, 군의 반란사건 등에서 쌓은 전투 경험이 한국전쟁 개전 초기에서의 불리한 여건과 기습을 허용한 상황에서도 침착하게 대응할 수 있는 전투적 역량 축적으로 이어져서 북한군의 전진을 지연시키는 데 큰 역할을 할 수 있었다.

한국전쟁 당시 국군의 훈련 수준과 무장장비는 한마디로 원시 군대 수준이었다. 극히 일부 부대만 대대급 훈련을 마친 수준으로 편제 장비 역시 구형 소화기를 구비한 상태였다. 물론 경찰의 조직 편성과 편제 장비도 겨우 내부 치안 유지나 가능한 수준이었다. 이러한 현실에서 전차와 자주포, 모터사이클로 무장한 중공군 팔로군 출신과 과거 소련군으로 대(對)독전에 참가했던 역전 노장들로 구성되어 대부대급 훈련까지 마친 북한군과 우리의 국군과 경찰의 싸움은 한마디로 다윗과 골리앗의 싸움이었다.

한국전쟁 개전 초기 국군과 경찰의 군경 합동작전이 빛을 발했는데, 한국전쟁 이전에 국군과 경찰은 합동작전 수행을 위한 관련 교리와 군경 합동작전계획이 없었다. 따라서 계획 자체가 없으니 군경 합동훈련을 실시할 리가 없었다. 그럼에도 불구하고 우리 경찰은 중무장한 인민군에 맞서 실시간 군경합동작전을 수행해야 했다. 그나마 1950년 경찰은 전투경찰대를 발족시키기 위해 경찰간부 24명을 선발해 육군보병학교의 양성교육에 입교시켜 전투경찰 간부를 양성했다. 이를 통해 1950년 4월 전투경찰 2개 대대를 편성해 춘천과 영월에 각각 배치했던 바, 강원도에 배치된 2개 전투경찰대는 한국전쟁 시 춘천지구 전투와 영월지구 전투에서 진가를 발휘하게 되었다.

2. 한국전쟁 초기 경찰의 전투적 기여도 재평가

한국전쟁은 국군이 전담한 전쟁이 아니라 민군경이 결합된 합동 전투였다. 주지하듯이 북한군은 한국전쟁 이전부터 38도선 일대에서 도발을 일삼았을 뿐만 아니라 인민유격대를 남파하고 내부적으로는 남로당 산하의 빨치산이 극성이었다. 당시에 상당수의 경찰 병력이 유격대와 빨치산 토벌에 참여하고 있었다.

한편 한국전쟁 당시 국군은 충분한 교육훈련과 실전 대응 가능한 전투장비는커녕 중대급 훈련 수준과 원시적인 전투장비로 무장 해제 상태에 있었다. 게다가 한국전쟁이 발발한 해인 1950년에는 긴 봄 가뭄이라는 자연재해가 있었고, 치밀하게 전쟁을 준비해 온 북한군은 전략적으로 장기간 비상경계 태세를 유지함으로써 군경의 피로를 극도로 증폭시켰다. 게다가 북한군의 남침 하루 전에 육군본부의 대대적인 외출·외박·휴가 지시는 전쟁 상황을 최악으로 치닫게 하는 요인이었는데, 이는 당시에 우리 군 수뇌부가 얼마나 안이한 대북 안보의식을 갖고 있었는지 잘 보여주는 대목임을 알 수 있다.

이러한 맥락에서 38도선과 해안을 경계하던 우리 경찰이 북한군의 주요 접근로상에서 육탄으로 북한군의 진격을 저지해 북한군의 초기 작전계획의 변경을 강요했다는 사실을 올바르게 인식하는 것은 한국전쟁사 전반을 새롭게 인식하는 지평이 될 것이다. 누가 전쟁은 사기라고 했던가? 한국전쟁 개전 초기 북한군 전쟁지도부는 초기 작전계획대로 북한군이 진격하지 못하고 지연되자 그에 따른 지휘 책임을 물어 주요 지휘관이 교체된다. 이는 곧바로 북한군의 사기 저하와 직결될 수밖에 없었을 것이다. 우리 경찰이 살신성인 정신으로 임한 전투의 결과는 축차적인 지연작전 여건 마련과 미군 및 유엔군 참전의 밑거름이 되었다.

한국전쟁 전사에는 옹진반도의 국군 17연대가 고립된 옹진반도에서 병력과 장비의 열세를 딛고 적에게 타격을 가하고 해상으로 철수해 후일 화령장에서 대승을 거둔 전과 위주로 기록되어 있다. 하지만 국군 제17연대 2대대와 1대대, 직할대 및 지원부대의 낙오 병력이 해상 철수를 성공적으로 수행할 수 있었던 결정적인 요인은 용호도 지서장의 선박 지원 덕분이다. 만일 김두의 지서장이 민간 선박을 준비하지 못해 국군 제17연대의 철수작전을 지원하지 않았다면 오늘날 한국전쟁 전투사에서 '화령장 전투'는 없었을 것이다.

또한 개성지구 전투에서는 개성철도경찰대의 목숨을 건 저지 노력으로 한국전쟁 발발 당일인 6월 25일 새벽부터 진격해 내려오던 북한군의 사기를 크게 저하시켰다. 북한군은 우리 국군과 경찰 병력이 전방 초소로 투입되어 개성시가 텅 빈 상황에서 경의선을 이용해 우회 기동으로 개성 시내에 진입했다. 이들을 맞아 감봉룡 경감이 이끄는 개성철도경찰대는 전방의 국군 제1사단 12연대 2대대와 경찰이 포위되는 상황을 막으려다 43명이 전사하고 8명이 부상을 당했다. 이들 개성철도경찰대에 의해 인민군의 진격이 저지되었기에 방어 준비 태세가 미흡했던 국군 제1사단 예하부대는 부대의 건제(建制)를 추슬러 조직적으로 철수할 수 있었다. 만약 12연대 2대대가 전후방에서 협공을 당했다면 문산 축선 역시 조기에 붕괴되어 북한군의 당초 작전계획이 수행되었다면 오늘날 대한민국은 세계지도상에 없어졌을지도 모를 일이다. 따라서 개성철도경찰대의 희생적 전투가 결코 한국 전사에서 잊혀진 전투가 되어서는 안 되는 이유이다.

문산지구 전투에서도 파주경찰서에서는 1개 소대급 특공대를 편성해 북한군 제1사단 선발대를 격파해 북한군 최초 계획 대비 진출 지연으로 북한군 제1사단장이 문책받는 전과를 올렸는데, 그 가시적인 성과보다도 북한군 전체의 사기에 미치는 영향은 엄청난 것이었다. 또한 춘천 내평지서 경찰관들의 경우 군사전략상의 전략적인 요충지라는 핵심 지역을 초개와 같이 목숨을 던져 산화하면서까지 1시간 이상을 지켜냈다. 이는 우리의 군경이 소양강이라는 자연 지형을 이용한 군 주저항선을 형성하는 데 결정적인 기여를 했다.

한편, 춘천~홍천지구 전투에서는 국군 제6사단과 경찰부대가 합동작전으로 북한민군의 공격으로부터 춘천을 3일간 지켜냄으로써 춘천지역에서의 한국전쟁 초기 전투 전반을 좌우하는 전공을 세웠다. 이들의 전과로 북한군 제2군단이 한강 이남에서 국군 주력을 포위, 격멸하는 것을 차단했고, 7월 3일까지 6일간 한강 방어선을 유지할 수 있게 했다. 그 결과 미 제24사단이 한국에 도착해 경부 축선에 전개할 수 있는 시간을 얻을 수 있게 되었다. 게다가 국군 제8사단과 경찰은 놀라운 투혼을 발휘해 협공하는 북한군을 저지하며 대관령으로 무사히 철수함으로써 향후 지연전을 시행해 한국전쟁사의 초기 전투에서 춘천지구 전투와 더불어 가장 성공적인 전투 사례 중 하나로 꼽힌다.

제 5 절 | 결론

해방 직후 미군정기 당시에 우리 사회는 극심한 좌우 대립과 갈등이라는 혼란 상황에 있었다. 이때 우리 경찰은 본분인 치안 유지뿐만 아니라 좌익 및 북한 인민유격대와 전투하는 군사적 임무까지 수행했다. 따라서 미군정은 군대보다 경찰을 우대하는 경향이 있었고, 미국식 무기와 제복이 군보다 먼저 지급되었다. 국방경비대가 일본군의 제복을 입고 99식 또는 38식 소총으로 무장하고 있었던 반면에 경찰에게 카빈 소총을 지급할 정도였다.

한국전쟁 이전에 우리 경찰의 주요 임무 가운데 하나가 북한군의 유격대 토벌이었는데, 이 당시 군경의 토벌작전으로 침투한 북한의 인민유격대원 중에 사살 또는 생포된 숫자가 2,000명을 넘었다. 한국전쟁 개전 초기에 불리한 여건과 기습을 허용한 상황에서도 침착하게 대응해 북한군의 전진을 지연시키는 데 우리 경찰이 큰 역할을 한 것은 이러한 전투 경험의 산물이라고 할 수 있다.

한국전쟁 개전 초기 전투에서 38도선과 해안을 경계하던 우리 경찰 그리고 북한군의 주요 접근로상에 있던 우리 경찰은 몸을 던져 북한군을 막아냈다. 그 결과 최초 북한군의 전역계획을 변경할 수밖에 없었다. 우리 경찰의 살신성인의 정신이 한국군에게 지연작전 여건을 마련해 줌과 동시에 미군 및 유엔군 참전이 가능하도록 했다. 하지만 한국전쟁사에서 옹진반도의 화령장 전투에서 대승의 결정적인 역할을 한 용호도 지서장의 활약, 개성지구 전투에서 개성철도경찰대의 육탄전, 문산지구 전투에서 문산 축선의 조기 붕괴를 막았던 파주경찰서 특공대의 전투, 그리고 동부지구 전투에서 춘천경찰서원들이 참여한 군경합동작전 등은 한국 전사에서 엄청난 의미를 지닌 전투 사례임에도 불구하고 잊혀진 전투 사례들이 되어 있다.

만일 한국전쟁 개전 초기 우리 경찰의 목숨을 불사한 희생적인 전투적 역할이 없었고 북한군의 당초 작전계획이 수행되었다면 오늘날 대한민국은 지구상에 없었을지도 모를 일이다. 모든 면에서 불리한 여건이었지만 우리 경찰은 이름도 군번도 없이 애국심 하나에 목숨을 걸고 분연히 일어나 한국전쟁 개전 초기의 전투에서 결정적인 역할을 하게 되었다. 그러나 유감스럽게도 한국전쟁 개전 초기 경찰작전 관련 자료는 충분하게 기록되어 보관되지 못했다. 군은 실시간 상황일지를 작성하고 전투 중에 전투 상보를 작성했었기에 전투 사례를 남길 수 있었다.

한국전쟁에서 싸운 경찰의 전적지는 전국에 걸쳐 400여 곳에 이르고 있다. 그중에 지리산 경찰 전적지에서 2,000여 명의 전사자를 비롯해 경찰 전사자는 2만 명에 가깝다. 하지만 한국전쟁사에는 국군과 유엔군의 전투 사례에 묻혀 활약상이 전혀 알려지지 않았다. 이 시점에서라도 한국전쟁에서 국군과 합동작전으로 자유대한민국을 지켜낸 경찰의 활약상은 분명하게 재평가되어야 한다.

물론 우리 경찰이 한국전쟁 시에 어떤 대가를 바라고 싸운 것은 아니다. 하지만 경찰의 국가를 위한 희생과 헌신에 대한 올바른 이해야말로 올바른 경찰상 정립과 오늘날 보훈정책에서 군에 비해 홀대되는 복지정책의 강화로 이어질 것이다. 후생복지나 군과 경찰의 묘지안장법 등 모든 부분에서 군과 경찰은 보훈정책의 형평성이라는 측면에서 맞지가 않다. 일례로 1962년에 창설된 원호처 시절에 「군사원호보상법」이라는 법에 의거해 '6 · 25전몰군경유족회'가 만들어진 후 지금까지 군 · 경을 함께 묶어두고 있는데, 군에 대해서는 '제대군인지원과'를 두고 제대군인들의 취업 알선 및 새 생활 터전을 마련해 주기 위해 제대하기 수개월 전부터 취업교육 등을 실시하면서도 퇴직 경찰관에 대한 배려는 그 어디에도 찾아볼 수 없다. 이제는 보훈처에 퇴직경찰지원과를 신설해 한국전쟁 전몰군경유족회를 따로 관리하는 것도 바람직할 것이다. 현재 대한민국에는 15만 명의 현직 경찰관이 있고 순직자도 매해 15~20여 명 정도가 늘어나고 있다. 공권력의 강화와 경찰의 처우 개선과 사기 진작은 선진 경찰을 위한 시급한 과제가 아닐 수 없다.

보훈정책은 사회복지의 문제와 차원이 다르다. 사회복지는 주로 사회적인 약자들을 위해 그들의 삶의 질을 보완해 주어 국민의 구성원으로서 생활을 할 수 있도록 하는 보완적인 정책이지만 보훈 대상자들은 국가를 위해 육체적 · 정신적으로 헌신하고 희생한 사람들이다. 이들에 대해서는 사회복지적 차원에서 더 나아가 그 행위에 적합하고 정당한 대가가 부여되어야만 한다. 국가 구성원으로서의 민족적

일체감, 정체성을 고양시킬 수 있도록 동기부여가 될 때, 국민들의 나라사랑 정신은 고양될 것이다. 국가가 강해지는 요체는 두말할 나위 없이 국민들의 애국정신일 것이다. 따라서 국가의 보훈정책을 바르게 정립하고, 국가적 차원에서 국가유공자들을 적극적인 배려하는 것이야말로 국민들의 호국정신과 국민통합의 토대가 될 것이다. 다시 한번 한국전쟁 초기에 살신성인의 정신으로 헌신한 경찰들의 투혼에 존경심을 보낸다.

참고 문헌

강혜경(2004). "정부 수립기 경찰의 형성과 성격(1948~1950)". 서울: 한국민족운동사연구.

______(2012). "한국전쟁기 후방 치안유지와 경찰". 『인문과학연구』 제30집. 서울: 인문과학연구소.

경기지방경찰청(2008). 『경기경찰사』. 서울: 경기지방경찰청.

경찰종합학교(1995). 『경찰종합학교 50년사(1945~1994)』. 서울: 경기종합학교.

국방부(1967). 『전쟁사 제1권』. 서울: 국방부.

김형섭(2015a). 『9급 공무원 경찰학개론』. 동영상 제07강 한국경찰의 역사와 제도.

______(2015b). 『9급 공무원 경찰학개론』. 동영상 제08강 한국경찰의 역사와 제도.

내무부 치안국(1973). 『한국경찰사Ⅱ』. 서울: 광명인쇄공사.

오문균(2000). 『한국전쟁 기간 경찰의 역할에 관한 연구』. 서울: 국방부.

육군군사편찬연구소(2005). "북한군 남침계획". 서울: 육군 군사편찬연구소.

윤장호(1995). 『구국경찰전사』. 서울: 제일.

이만종(2011). 『북한의 안보위협과 경찰의 역할』. 서울: 한국경찰연구.

이정훈 · 강윤식(2015). "한국전쟁에서 경찰의 역할과 작전에 관한 연구". 『대한정치학회보』 제23집 4호. 11.

이중근(2013). 『6 · 25전쟁 1129일』. 서울: 우정문고.

정길호(2016). "6 · 25 참전 경찰의 역할분석"(건국대 교수). 2016 경찰유가족회 세미나.

조동운(2011). "치안행정에서 경찰의 역할과 활동". 한국행정학회 하계학술대회 발표논문집.

한국경찰사편찬위원회(1972). 『한국경찰사(Ⅰ)』. 서울: 내무부 치안국.

https://www.youtube.com/watch?v=fNBH-y7CHv4.

https://www.youtube.com/watch?v=AuON8bYMlH0.

제6장 한국전쟁 수행 시 경찰의 군사활동

제1절 | 서론

1950년 6월 25일 일요일 새벽 4시 북한군이 기습 공격을 가하자 제대로 대비하지 않은 한국군은 후퇴할 수밖에 없었고, 그 결과 1달 정도 후에 낙동강 방어선까지 후퇴하는 참상을 초래했다. 천재일우(千載一遇)의 행운으로 미군을 중심으로 한 유엔군이 개입함으로써 한국은 기사회생(起死回生)할 수 있었다. 유엔군은 낙동강 방어선에서 북한군의 공격력을 소진시킨 후 1950년 9월 15일 인천상륙작전을 감행해 남한지역을 수복했고, 내친 김에 북진해 통일을 목전에 두게 되었다. 그러나 불행히도 중공군이 개입함으로써 전선은 다시 남하했고, 결국 현재의 휴전선 근처에서 일진일퇴(一進一退) 공방을 벌이다가 1953년 7월 27일 휴전협정을 체결해 오늘에 이르고 있다. 비록 통일을 달성하지 못한 아쉬움은 있지만, 남한은 국가의 정체성과 대부분의 영토를 수호할 수 있었다.

유엔군의 파견과 전쟁 수행이 현재의 휴전 상태를 보장해 준 핵심적인 요소였기 때문에 지금까지 6·25전쟁을 기록 및 분석한 내용의 대부분은 유엔군의 역할에 초점을 맞추고 있다. 맥아더(Douglas MacArthur) 장군을 중심으로 하는 유엔군사령부의 계획과 지도 하에 한국을 포함해 전쟁에 관한 제반 노력이 결집된 것은 사실이다. 한국군도 초기의 부진에서 벗어나 적지 않게 기여함에 따라 국방부를 중심으로 한국군의 전쟁 수행에 관한 기록도 계속 연구되고, 분석되어 왔다. 따라서 국민들은 군대 이외의 요소들이 전쟁에 어느 정도로 기여하고 참여했는지를 제대로 알지 못하고 있다.

그러나 전쟁은 표면적으로는 양국 군대의 충돌이 부각되지만, 실제로는 군대 이외에도 정부의 다른 부처, 특히 국민들의 노력도 크게 관여되어 있고, 중요하게 기여한다. 정부, 군대, 국민 간의 통합을 인정하면서 강조하는 개념이 '총력전(total war)'인데, 그 이전의 대부분 전쟁도 당시의 기준에서는 총력전이었겠지만, 특히 제1, 2차 세계대전을 거치면서 총력전의 강도가 매우 커졌다. 전쟁에는 당연히 정부, 군대, 국민이 모두 참여하게 되고, 그들의 총체적 역량의 우월에 따라 전쟁의 승패가 결정되었다. 그렇기 때문에 제2차 세계대전 이후 발생한 6・25전쟁의 경우 강대국의 입장에서는 제한전쟁(limited war)일 수도 있지만, 한국의 입장에서는 당연히 총력전이었다. 즉, 6・25전쟁이 현재의 휴전 상태로 끝맺게 된 데는 유엔군을 비롯한 군대의 역할이 컸지만, 정부와 국민들의 노력도 컸다고 봐야 한다.

6・25전쟁은 한국이 정부를 수립한 후 2년도 채 되지 않은 시기에 발발했기 때문에 정부, 군대, 국민의 모든 요소의 수준은 충분하지 못한 상태였다. 다만, 이 중에서 경찰만은 미군정 하에서부터 국가의 치안과 국민들의 질서를 확립하는 결정적인 역할을 수행했고, 정부 수립 이후에는 정부의 법 집행력으로서 상당한 역량을 발휘했다. 한국 경찰은 6・25전쟁이 발생하기 이전에 상당한 수준의 무기 및 장비를 보유한 상태에서 다양한 지역에서 공비 토벌작전을 실시하고 있었고, 38도선의 일부를 경비하기도 했다. 즉, 6・25전쟁이 발발하기 이전에 정부, 군대, 국민이 불비(不備)한 상황에서 오로지 경찰이 상당한 체제와 역량을 구비하고 있었고, 따라서 6・25전쟁이 발발하자 정부의 기능을 보장하고 국민을 보호함은 물론이고, 직접 군사작전을 수행하기도 했다. 다시 말하면, 6・25전쟁에서는 한국 경찰이 총력전의 수행에 결정적인 역할을 담당했다고 봐야 한다.

이러한 점에서 6・25전쟁과 관련해 한국 경찰이 수행한 역할을 총력전 수행의 시각에서 분석하는 것은 6・25전쟁사를 정확하게 이해하는 데 매우 중요할 수 있다. 특히 전혀 예상하지 못한 상태에서 또한 정부와 군대가 제대로 정비되지 못한 상황에서 북한의 기습 공격을 받은 상태에서 정부와 군이 혼란에 빠졌을 때 나름대로 군사작전도 마다하지 않으면서 북한군의 전진을 차단하고 국민을 보호하고자 한 것은 한국 경찰이었다. 그러나 불행히도 이 부분에 대한 연구가 미흡하고, 따라서 경찰의 역할이 제대로 인식되지 못한 점이 있다. 따라서 6・25전쟁에서 한국 경찰이 수행한 바를 분석함으로써 6・25전쟁에 관한 정확한 이해를 돕고, 경찰의 후예들이 선배들의 업적을 제대로 이해하면서 존경하도록 할 필요가 있다. 북한이 핵무기를 보유함에 따라 앞으로 전쟁이 발발할 경우 후방지역이 더욱 위험할 것이고, 그러할 경우 그 혼란을 수습하는 역할을 수행할 수 있는 조직은 경찰밖에 없다는 점에서 6·25전쟁에서의 경찰 역할에 대한 객관적인 분석은 매우 중요하며 의미가 크다 하겠다.

제2절 | 총력전과 경찰에 관한 이론적 검토

1. 총력전

안보(安保)는 '안전보장(安全保障)'을 줄인 말로, 안전보장은 서양의 'security'를 일본에서 그것으로 번역함에서 비롯되었다. 여기에서 'security'의 어원은 라틴어의 'securus'로서 이것은 'se(without)+cura(care, anxiety)'이고, 따라서 freedom from anxiety, 즉 걱정이 없는 상태이다. 따라서 이 중에서 전쟁은 국가를 구성하는 3요소, 즉 영토, 국민, 주권이 위협받는 상황이라고 할 수 있고, 따라서 국가를 구성하는 모든 사항을 총동원해 방어하지 않을 수 없고, 그것을 총력전이라고 하는 것이다.

총력전은 말 그대로 국가의 모든 역량을 총동원해 수행하는 전쟁으로서, 개념 자체는 인류가 전쟁을 시작하면서부터 존재했을 것이나 용어는 제1차 세계대전 이후 독일의 루덴도르프(Erich von Ludendorff) 장군이 1935년에 발간한 『총력전론(*Der Totale Krieg*)』에서 처음 사용한 것으로 알려지고 있다(박계호, 2012: 57). 지도자와 그 군대를 중심으로 수행되던 전쟁은 제1차 세계대전을 통해 모든 국민이 참여하는 전쟁으로 변화되었고, 이를 참고해 루덴도르프는 물론이고 다수의 학자나 군인들이 총력전과 총력전적 수행에 관한 사항을 강조했다(박계호, 2012: 63-76). 20년 이후에 발발한 제2차 세계대전에서는 이러한 총력전의 양상이 더욱 강화되었고(육군사관학교 전사학과, 2001: 440-441), 이후부터 총력전은 전쟁의 당연한 형태로 간주되었다.

한국의 입장에서 6·25전쟁은 제2차 세계대전보다 더욱 총력전이었다. 6·25전쟁의 경우 유엔, 미국, 중국, 소련의 입장에서 보면 제한전쟁으로 분류되겠지만 한국의 입장에서는 '초(超)총력전(super total war)'으로 평가될 수밖에 없다(온창일, 1989: 200). 그래서 한국은 총력전의 수행을 당연시하고, 이를 위한 법적인 근거도 마련해 두고 있다. 즉 「헌법」의 제76조와 77조에서는 대통령에게 국가의 안위에 관계되는 중대한 교전 상태가 발생할 경우 긴급한 조치를 강구할 수 있도록 법률의 효력을 가지는 명령을 발하거나 전시·사변 또는 이에 준하는 국가비상사태 시 계엄을 선포할 수 있도록 허용하고 있다. 또한 「비상대비자원관리법」을 통해 "전시·사변 또는 이에 준하는 비상시에 국가의 인력·물자 등 자원을 효율적으로 활용할 수 있도록 이에 대비한 계획의 수립·자원관리·교육 및 훈련 등에 필요한 사항을 규정"해 두고 있다(비상대비자원 관리법, 법률 제11994호: 제1조). 실제로 한국은 이를 근거로 유사시 대통령의 긴급명령을 구현할 수 있도록 전시법(戰時法)으로 준비해 두고 있고, 향토예비군을 설치했으며, 민방위대를 편성하고, 민·관·군(民·官·軍)의 통합방위를 제도화해 두고 있다.

2. 총력전의 수행: 삼위일체

총력전의 수행에 관한 이론적 근거로는 프러시아의 군사사상가인 클라우제비츠(Carl von Clausewitz)의 '삼위일체론(Trinity)'이 자주 활용된다. 삼위일체라는 용어는 종교에서 사용되고 있듯이 세 가지로 구성 요소를 구분하지만 실제로는 그것이 하나로 통합된다는 의미인데, 클라우제비츠는 이를 전쟁의 수행과 대비와 관련해서 사용하고 있다. 그가 생전에 기술한 전쟁에 관한 논문은 그의 부인에 의해 『전쟁론(*On War*)』으로 발간되었는데, 그 속에서 클라우제비츠는 전쟁을 '역설적 삼위일체(a paradoxical trinity)'로 평가하고 있다. 그에 따르면, 전쟁은 첫째, 맹목성의 자연적 폭력이라고 할 수 있는 근원적 폭력, 미움, 적대감과 같은 감정의 요소, 둘째, 창조적 정신이 중요하게 활동하는 영역이라고 할 수 있는 우연과 개연성의 요소, 셋째, 정치적 목표를 구현하는 수단으로 전쟁을 활용하는 이성의 요소로 구성되어 있고, 이 세 가지를 균형되게 적용해야 전쟁에서 승리할 수 있다고 주장했다. 그리고 그는 첫째, 감정의 요소는 국민이 담당하고, 둘째, 우연과 개연성의 요소는 '지휘관 및 그의 군대'가 담당하며, 셋째, 이성의 요소는 정부가 담당한다고 주장하고 있다(Clausewitz, 1984: 89). 다시 말하면, 전쟁에서 승리하기 위해서는

그림 6-1 전쟁의 삼위일체

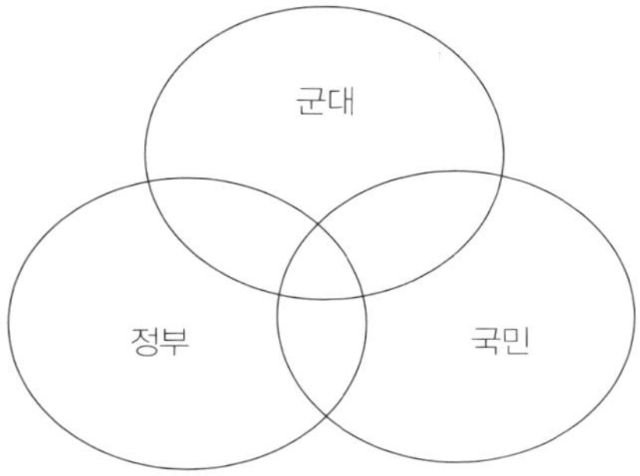

국민, 군대, 정부가 일치단결하고, 역할을 효과적으로 분담해야 한다는 점을 강조하고 있다고 봐야 한다. 이것을 쉽게 설명하면 [그림 6-1]이 될 수 있다.

[그림 6-1]을 보면 국민, 정부, 군대는 전쟁 수행에 관한 책임을 공유하게 되는데, 당연히 각 요소가 고유하게 수행하는 영역이 있고, 동시에 중첩되게 수행하는 영역이 존재할 수 있다. 그리고 전쟁의 형태나 특정 국가의 방식에 따라서 전쟁에서 군대가 차지하는 역할이 가장 클 수도 있고, 정부가 더욱 적극적으로 나설 수도 있으며, 무엇보다 국민이 수행하는 역할이 증대될 수도 있다. 지금까지의 전쟁에서는 군대의 역할이 지배적인 상태에서 점점 정부의 역할이 커졌고, 동시에 국민의 역할도 증대되는 현상을 보였다고 할 수 있다.

특히 이 중에서 국민의 역할은 그다지 부각되지 않았을 뿐만 아니라 망각하기가 쉬운데, 국민은 전쟁과 상관없이 존재하다가 전쟁의 결과에만 영향을 받는 수동적인 존재인 경우도 없지 않았지만, 대부분은 전쟁의 수행에 적극적으로 가담했고, 총력전이 극단적인 수준으로 확대되고 있는 현대전에서 국민들은 군대를 구성하는 주된 요소이면서 필요 시 군대의 전쟁 수행을 지원하거나 보완하는 중요한 주체의 하나라고 봐야 한다(박휘락, 2009: 14). 클라우제비츠의 『전쟁론』을 영역하기도 했던 영국의 전쟁사 연구가인 하워드(Michael Howard)는 전쟁의 수행에서는 작전적 차원, 군수적 차원, 기술적 차원은 대부분이 언급하지만 실제로는 사회적 차원(social dimension)이 더욱 결정적이었다면서 국민들의 역할을 강조하고, 특히 핵전쟁일 경우 이 국민의 요소는 결정적인 중요성을 갖게 된다고 주장한 바 있다. 동서 간의 핵무기 대결이 극단화되었던 1970년대의 상황을 바탕으로 하워드는 핵이 사용되는 전쟁에서는 국민들의 응집성(cohesion)이 어느 쪽이 크냐에 의해서 전쟁의 승패가 좌우된다고 주장했다(Howard, 1979: 986).

3. 총력전과 경찰

삼위일체를 강조하는 것은 쉽지만 그것을 실제로 달성하는 것은 쉽지 않다. 어떤 주체가 정부, 군대, 국민을 통합시킬 수 있어야 삼위일체가 가능해질 것이기 때문이다. 이와 관련해 국가의 삼위일체를 보장하는 주체는 입법권, 사법권, 행정권을 가진 정부(이때는 행정부에 국한된 정부가 아니라, 삼권을 통합하는 정부의 의미이다)일 수밖에 없는데, 정부의 결정이 시행되도록 하는 것은 바로 경찰이다. 경찰은 정부의 법 집행력이고, 필요 시 국민들의 행동을 규율할 수 있는 강제력을 행사하도록 임무를 부여받고 있기 때문이다.

경찰을 뜻하는 '폴리스(police)'의 어원이 시민, 행정, 민간 정치체 등이듯이 경찰은 공동체의 구성원을 위한 업무를 수행하기 위해 만들어진 조직으로서, 근본적으로는 공공의 안녕과 질서 유지이다. 여기에서 공공의 안녕은 바로 안보라고도 할 수 있는 사항으로서 바로 '걱정이나 두려움이 없는 상태' 즉 security이다. 따라서 경찰이 근본적으로 지향하는 것 중에서 가장 중요한 것이 바로 국가사회의 안보, 즉 국민의 생명 · 신체 및 재산 이라고 할 수 있고(김창윤 외, 2015: 43). 용어를 좀 더 순화해서 공공의 안녕으로 표현할 뿐이다.

실제로 경찰은 '내우외환(內憂外患)'으로 표현되는 국가안보 위협 중에서도 내부적인 측면을 전담하고 있지만, 외부적인 위협이 도래했을 경우에도 적극적으로 나서지 않을 수 없다. 그 부분은 군이 전적으로 담당하지만, 그것을 제대로 처리하지 못할 경우 국가의 존망이 위태로워지기 때문에 업무의 분장에 고착될 수가 없는 것이다. 특히 현대에는 테러 등과 같이 내부적인 위협과 외부적인 위협을 구분하지 못할 상황이 발생하고 있고, 총력전으로 인해 전후방의 구분이 큰 의미가 없다. 오히려 현대에는 대규모 위협은 군이 담당하고, 소규모 위협은 경찰이 담당하거나, 내부적인 위협은 경찰이 담당하되 군이 동원되어야 하거나 동원되는 것이 효과적일 경우에는 군이 담당하는 식으로 상황에 따라 융통성 있게 업무를 할당하는 방식으로 변화되고 있는 추세이다. 국가의 안보에 관한 군과 경찰의 역할 관계를 도식화해 보면 [그림 6-2]와 같다.

그림 6-2 경찰과 군의 안보 관련 역할 상관 관계

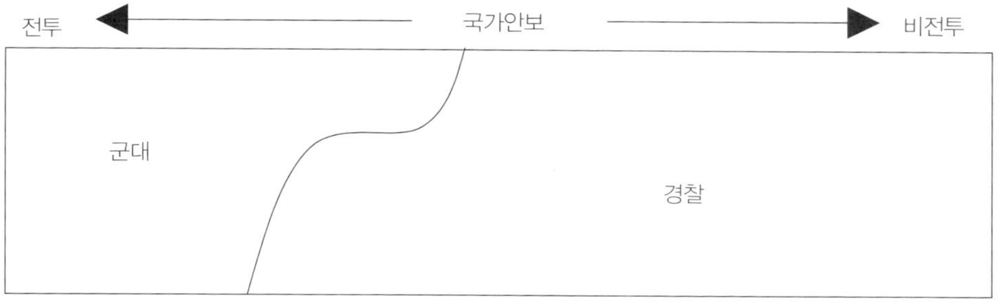

[그림 6-2]는 국가안보에 관한 업무와 관련해 군대와 경찰이 역할을 분담하고 있다는 개념인데, 당연히 군대는 전투 중심의 임무를 수행하고, 경찰은 비전투 중심의 임무를 수행한다. 그런데 군대가 강할 경우 경찰의 역할은 비전투 임무 수행으로 국한되겠지만, 군대가 미약할 경우 경찰은 전투 임무도 담당할 수밖에 없다. 국가안보는 한시도 소홀히 할 수 없고, 따라서 군대가 아니면 경찰, 경찰이 아니면 민병대라도 나서서 담당해야 하기 때문이다. 즉, 군은 전쟁이나 대규모 위기 등 유사시에 활동하는 측면이 크지만, 경찰은 평시에 발생하는 크고 작은 모든 안전의 문제를 담당하고 있다. 이러한 측면에서 보면 국민의 안전에 관한 포괄적인 업무는 경찰이 담당하고, 군은 그중에서 외부의 침략을 중심으로 하는 대규모의 안전 위해 요소에 대응하는 임무를 수행한다고 할 것이다. 따라서 경찰의 업무 영역이 당연히 군대보다는 군대가 수행하는 이외에 국가안보에 관한 모든 역할을 경찰이 담당하고, 동시에 국가사회에서 발생하는 다양한 문제를 공적인 차원에서 해결하는 역할을 수행해야 하기 때문이다. "보안경찰 · 사법경찰, 국가경찰 · 자치경찰, 비상경찰 · 평시경찰로 나눌 수 있고, 또한 보안경찰 · 사법경찰 · 교통경찰 · 소방경찰 · 해양경찰 · 전투경찰 · 풍속경찰 · 위생경찰 · 선거경찰 · 외사경찰" 등으로 경찰에 대한 다양한 분류가 사용되는 것도 그 역할이 이와 같이 다양하기 때문이다(이정훈 · 강윤식, 2015: 222).

한국의 경우에도 경찰의 업무 영역은 매우 포괄적인데, 「경찰법」 제3조에 따르면, 경찰은 "국민의 생명 · 신체 및 재산의 보호, 범죄의 예방 · 진압 및 수사와 범죄 피해자 보호, 경비 · 요인 경호 및 대간첩 · 대테러 작전 수행, 치안정보의 수

집·작성 및 배포, 교통의 단속과 위해(危害)의 방지, 외국 정부기관 및 국제기구와의 국제협력, 그 밖의 공공의 안녕과 질서 유지”를 수행하도록 임무가 부여되어 있다(경찰법, 법률 제15566호). 이것을 보면 첫 번째로 제시되고 있는 “국민의 생명·신체 및 재산의 보호”와 마지막으로 제시되고 있는 “그 밖의 공공의 안녕과 질서 유지”의 임무는 군대가 수행하는 임무라고도 할 수 있는 사항일 뿐만 아니라 매우 포괄적이다. 즉, 한국 경찰의 경우에도 국민의 안전에 관한 주된 임무는 경찰이 담당하고, 그중에서 외부로부터의 침략을 비롯한 대규모의 위기는 군이 담당하는 방식으로 볼 수 있다. 다시 말하면, 군사작전을 수행할 경우에는 경찰이 군을 지원하는 것은 맞지만, 기본적인 정신은 경찰이 더욱 포괄적인 임무를 수행하고 군이 대규모 위기는 전담함으로써 경찰의 임무를 대행하는 방식으로도 이해될 수 있다는 것이다.

제 3 절 | 6·25전쟁 기간 한국 경찰의 군사활동

1. 전쟁 전

조선시대는 물론이고, 그 이전 시대에도 경찰의 기능을 수행하는 조직은 존재했지만, 현대적인 경찰제도가 도입된 것은 한말(韓末)이다. 1994년 갑오경장을 실시하면서 한성부에 경무청을 신설했고, 경찰이라는 용어도 사용하기 시작했다(이정훈·강윤식, 2015: 220). 그러나 일제강점기로 넘어가면서 경찰은 일본의 경찰조직이 되었고, 그 결과 조선인들을 탄압하는 데 사용된 측면이 컸으며, 그리하여 경찰에 대한 국민의 불신이 상당한 기간 동안 지속되었다.

1945년 태평양전쟁의 종식과 함께 미군이 남한에 진주함으로써 미군에 의한 군정이 시작되면서 한국 경찰은 사회 안정의 핵심적인 세력으로 또다시 부각되기 시작했다. 한국에 진주한 미군은 병력이 많지 않아서 국내 치안을 보장할 수 있는 세력이 필요했고, 따라서 경찰을 육성할 수밖에 없었기 때문이다. 사실 해방 직후 경찰은 ‘일제의 앞잡이’라고 인식되어 제대로 나서지 못하는 상황이었는데, 여운형을 중심으로 하는 ‘건준(建準, 건국준비위원회)’에서 좌파 치안대를 조직해 사회를 혼란스럽게 하자 미군정은 기존 경찰을 활용하지 않을 수 없었다. 그 결과 미군은 1945년 9월 7일 포고령을 하달해 한국인 경찰관의 복귀를 지시했고, 10월 21일 미군정청 산하 경무국을 창설함으로써 경찰을 공식적인 기구로 출범시켰다(오문균, 2000: 58). 그 이후 1946년 2월 25일 기마경찰대를 창설하고, 1946년 7월 1일에는 여자 경찰을 창설했으며, 1946년 3월 5일 철도경찰대를 창설하는 등 경찰은 조기에 조직을 정비 또는 확장했다. 미군정은 경찰의 제복 · 제모 · 흉장 · 표찰을 제정했고, 경찰에 대한 국민들의 불신을 극복할 수 있도록 감찰조직을 강화하면서 국민의 생명, 신체 및 재산에 진력하도록 경찰을 교육시켰다(이정훈 · 강윤식, 2015: 221). 특히 당시에는 군대가 아직 창설되지 않았거나 창설되는 과정에 있었기 때문에 미군정은 경찰에 전적으로 의존할 수밖에 없었고, 따라서 경찰에게 무기와 제복을 먼저 지급해 국민들의 생명과 재산을 보호하는 임무를 수행하도록 했다.

정부 수립 후 6 · 25전쟁이 발생하기 전까지 한국 경찰이 수행해 온 주된 임무는 정부를 전복하는 세력들을 척결해 정부의 순탄한 출범과 업무 수행을 보장하는 일이었다. 당시 경찰은 지서 등이 피습받는 등 좌파들에 의한 집중적인 공격의 대상이 되기도 했고, 따라서 경찰에게는 좌익 세력의 척결이 그들의 생존과 국가의 안전을 위해 가장 시급한 과제였고, 따라서 미군정에 요구해 상당한 전력을 보강하기도 했다. 당시 군의 전신으로서 창군 과정에 있던 국방경비대가 99식 또는 38식 소총으로 무장하고 있는 상황이었지만, 미군정은 경찰에게는 카빈 소총을 지급할 정도로 경찰의 역할은 컸었다(이정훈 · 강윤식, 2015: 223).

이러한 경찰의 임무 수행 행태는 정부 수립 이후까지도 이어졌다. 당시 좌파들은 신생 정부의 존립을 극단적으로 위협했고, 따라서 이들을 진압하지 않고는 정부가 제대로 기능을 발휘하기가 어려울 지경이었다. 따라서 경찰은 좌익 성향의 유격대와 반란을 진압하는 데 노력을 집중하게 되었고, 그 결과 준군사적 성격을 띠지 않을 수 없었다고 봐야 한다. 즉, 1948년 말부터 1950년 3월 말까지 정부 차원에서 대대적인 유격대 토벌이 이뤄졌는데, 여기에는 군대도 동원되었지만 경찰도 집중적으로 투입되었다. 나아가 정부 수립 초기에는 경찰의 무장력이 군대보다 오히려 높을 정도였기 때문에 경찰은 군사 임무의 일부도 담당했는바, 경찰은 미군이 철수하기 전까지는 미 제6, 7사단과 함께, 그리고 미군 철수 이후에는 국군과 함께 38선 경비를 직접 담당하기도 했다(이정훈 · 강윤식, 2015: 224). 이것을 보면, 한국의 경우 군대가 없는 상태에서 경찰조직이 먼저 발전함으로써 국민들의 생명과 재산을 담당하는 임무를 경찰이 먼저 전담하고, 나중에 군이 창설되자 군에게 가능한 부분을 점진적으로 이양해 온 형태로 발전되었다고 할 수 있다.

당시 경찰이 수행한 유격대 토벌은 완전한 전투 및 군사작전이었다. 북한 인민유격대는 1948년 11월 14일의 1차 침투를 시작으로 1950년 3월 28일까지 1년 반 동안에 10회에 걸쳐, 2,345명이 침투했는데, 당연히 군도 동원되었지만 경찰이 이의 토벌에 집중적인 역할을 담당했고, 그 결과 2,000여 명을 사살 또는 생포하는 전과를 거두기도 했던 것이다(윤장호, 1995: 73). 이러한 임무를 수행하기 위해 경찰은 1948년 10월 20일 치안국에 비상경비총사령부를 설치했고, 1949년 8월 1일에는 각도 경찰국에 비상경비사령부를 편성했으며, 그리고 유격대 토벌을 위한 지구별 전투사령부를 설치하기도 했다. 예를 들면, 호남 및 지리산 일대의 유격대 토벌을 위해서는 1949년 3월 1일 지리산지구전투사령부를 설치했고, 경북 일대 및 태백산지구에는 1949년 9월 28일 태백산지구전투사령부를 설치했다. 그리고 예산과 장비가 미흡해서 시행되지는 못했으나 군대와 함께 수행해 오던 유격대 토벌작전을 경찰이 전담한다는 취지 하에 22개 전투경찰대대로 구성된 총 1만 명 규모의 전투경찰 편성을 계획하기도 했다(이정훈 · 강윤식, 2015: 225).

6 · 25전쟁에 이르기까지 유격대 토벌을 위한 당시의 군경 합동작전을 경찰과 군 중에서 어느 쪽이 주도했느냐는 것은 시각에 따라서 다르게 평가될 수 있겠지만, 완전한 군사작전으로 불릴 수 있는 토벌작전이었음에도 경찰이 더욱 적극적인 역할을 수행한 것은 분명하다고 봐야 한다. 즉, 6 · 25전쟁이 발발하기 이전에 경찰은 상당한 정도의 군사작전을 담당 또는 수행하고 있었고, 따라서 6 · 25전쟁이 발발하자 더욱 적극적인 군사작전 수행의 자세를 갖게 되었다고 할 것이다.

2. 6 · 25전쟁 초기 작전

한국군이 북한군의 기습 남침을 전혀 알아채지 못한 것과는 달리 경찰은 그 징후를 어느 정도 파악한 것으로 알려지고 있다. 1950년 6월 초에 남침의 징후가 일부 발견되어 1950년 6월 10일 치안국 비상경비총사령부는 38도선 접경 경기 · 강원도에 대해 경계 태세를 강화해 불의의 사태에 대비하도록 명령했고(이정훈 · 강윤식, 2015: 228), 6월 20일과 22일 간에 개성, 양주, 수원의 3개 경찰서에서 북한의 남침 징후와 관련해 서장회의를 개최한 후 치안국에 보고해 대책을 요구하기도 했다(오문균, 2000: 61). 실제로 6월 25일에 전쟁이 일어난다는 정보를 전쟁 발발 하루 전인 1950년 6월 24일 오후 당시 38선 경계를 담당했던 경기경찰국 산하 연안경찰서(당시 황해도 연안군) 김주문 서장이 입수, 경기경찰국에 보고했다는 기록도 있다(정훈, 2016: 40).

북한의 남침 징후를 발견했다고 해서 경찰의 대비 태세가 높아졌던 것은 아니다. 국가 전체적으로 전쟁에 대한 경각심과 경계 태세가 미흡해 부분적인 조치로는 어떻게 할 수 없었기 때문이다. 북한군이 기습 남침을 감행하자 38도선 일대를 담당하던 군과 경찰은 수적으로나 장비 면에서 열세일 수밖에 없었고, 제대로 저항하지 못한 채 후퇴하게 되었던 것이다. 다만, 그 와중에서도 일부 부대는 용감하게 저항했는바, 개성의 철도경찰대는 북한군과 교전해 대장을 비롯한 50여 명 중 대부분(45명)이 전사하는 등 파주와 문산지역, 그리고 춘천 및 강릉지역을 중심으로 경찰이 분전해 북한군의 전진을 일부 지연시키기도 했다(오문균, 2000: 62-63). 개성철도경찰대가 희생정신으로 저항함에 따라서 북한군의 정예 6사단 15연대의 진격을 1시간 정도 지체시켜 국군 1사단 12연대가 임진강에서 성공적으로 집결해 또다시 전투를 수행하도록 한 공로를 높게 평가하는 논문도 발표된 바가 있다(변혜석, 2016: 127-175).

그러나 경찰의 분전으로 전반적인 상황을 역전시킬 수는 없었고, 6월 27일 3시경 한강 이북의 경찰 병력은 한강 이남으로 철수하게 되었다. 6월 28일 오전 2시에 정부가 서울에서 철수함에 따라 치안국도 수원으로 철수했고, 이 과정에서 경찰 병력은 적과의 육탄전을 실시하면서 군의 지연작전에 참가해 주요 보급로의 경비 등 임무를 수행했다. 또한 피난민의 정리 및 구호 조치, 중요 시설의 경비, 후방 게릴라의 소탕 등에도 노력해, 영월·울진지구 공방전, 충주·대천지구 전투 및 금강방어작전, 경북 북부지역 전투에서 상당한 성과를 거두기도 했다.

북한군의 주력부대가 7월 3일 한강을 도하해 경부 가도를 따라 남하하면서 공격 속도를 높이자 그 축선을 따라 남하하던 군경 수뇌부는 군대와 함께 북한군의 남침을 저지함과 동시에 후방의 안정을 보장하기 위한 임무도 수행해야 했다. 이를 위해 치안국 비상경비총사령부는 7월 3일 천안에 집결한 서울 경찰력 중 573명을 충주로 이동시켜 제천 방면 전투에 참가하도록 하고, 동시에 경찰 580명을 대구로 보내어 후방지역을 방어하도록 했다. 또한 7월 6일에는 진주와 남원에 전투경찰 1개 대대를 파견하면서 지리산지구 전투지휘소를 설치해 이 지역 일대의 공비 준동에 대비했고, 7월 9일에는 김천에도 전투지휘소를 편성해 낙오 경찰관을 수습해 필요한 곳에 재배치했다. 또한 7월 12일 서남지구 방어계획도 수립해 영동~김천, 영동~무주, 남원~함양의 축차 방어진지를 설치하고, 충북 경찰, 충남 경찰, 전북 경찰을 각각 배치하기도 했다(이정훈 · 강윤식, 2015: 229).

6 · 25전쟁의 초기에 경찰은 전체적으로 불비(不備)한 점이 없지 않았지만, 상당한 의지와 열정으로 북한군의 전진을 차단하기 위한 다양한 군사작전을 시행했다. 즉, 경찰은 나름대로의 지연전을 수행하면서 낙동강 방어선으로까지 후퇴했다고 평가할 수 있다. 초기 작전에 국한한 자료는 없지만, 낙동강 방어선 작전까지 포함해 경찰의 교전 횟수 및 손실, 그리고 전과를 소개하면 <표 6-1>과 같다.

표 6-1 경찰의 교전 횟수와 손실 및 전과

구분	교전 횟수	전사	실종	중상	경상	기관총	소총류	권총
	1,677회	598명	6,231명	736명	1,618명	35정	1,355정	80정
	사살	포로	야포	박격포	중기관총	경기관총	소총류	차량
	6,293명	3,400명	117문	83문	98정	92정	2,044정	25대

출처: 윤장호(1995: 417).

3. 낙동강 방어선 작전

낙동간 방어선이 어느 정도 협조된 방어선의 형태를 띠게 되자 국군은 물론이고, 경찰도 안정을 찾기 시작했고, 따라서 부여된 임무에 더욱 충실할 수 있게 되었다. 다만, 전쟁 전 25,000명 정도에 이르던 경찰 병력은 낙동강 방어선에서는 13,000명 정도로 감소되었고, 무기 및 장비도 카빈 소총 6,000 정도에 불과해 매우 열악했다(이정훈 · 강윤식, 2015: 230). 당시 정부는 1950년 7월 14일 미군정 당시 경무부장이던 조병옥 박사를 내무부 장관으로 임명했는데, 그는 경찰 병력을 65,000명 선으로 대폭 증강하기로 결심했다. 그는 대구와 부산에 경찰관 훈련소를 설치해 지원자를 확보하기 시작했고, 미군에게 무기 지원을 요청해 M1 소총, 카빈 소총, 박격포 등 7만여 정에 이르는 무기를 제공받고, 피복까지 보급받아서 전력을 정비하게 되었다. 그 결과 1950년 말 경의 경찰 병력은 48,010명으로 증강되었다(이정훈 · 강윤식, 2015: 230).

조병옥 내무부 장관은 7월 23일 미 제1기갑사단의 일부 병력이 영동에서 적 게릴라의 기습을 받아 많은 피해를 입은 사태가 발생하자 미 8군사령관에게 경찰 병력을 미군 부대에 배속시켜 임무를 수행하겠다고 요청했다. 경찰 단독으로는 성공적인 임무 수행이 어렵고, 미군에게도 경찰의 역할이 필요하다고 판단했기 때문이다. 이 제안은 처음에는 거부되었으나 전쟁이 지속되면서 후방지역의 안전이 불안해지자 미 국방부가 승인했고, 결국 15,000명에 이르는 한국 경찰이 미군에 배속되어 적 게릴라 토벌과 소규모 전투를 수행하게 되었다(이정훈 · 강윤식, 2015: 230). 이것을 보면 당시 한국군 경찰은 명실상부한 전투 병력이었고, 한국은 물론이고 미군으로부터도 그렇게 인정받았다고 할 수 있다. 이 과정에서도 경찰은 곳곳에서 다양한 형태로 저항을 지속해 상당한 희생을 감수해야 했는데, 예로서 전남 곡성에서는 7월 24~29일 간에 행해진 전투 결과로서 47명이 전사했고, 경찰이 근처의 산악지역으로 역으로 유격전을 전개하기도 했다(오문균, 2000: 67).

또한 경찰은 국군과도 다양한 합동작전을 전개해 북한군의 공격을 차단했다. 강원도 경찰 비상경비사령부 예비대였던 독립 7중대는 국군 수도사단 헌병대에 배속된 상태로 안강전투에 참가해 간첩 색출과 군 주보급로 경비 임무를 수행했고, 8월 24일 대구 인근 가산에 적 1개 대대가 침투하자 경찰은 국군 제8사단 10연대와 합동작전을 전개해 제압하기도 했다. 9월 1일 새벽 야음을 이용해 적 1개 대대가 현풍지구를 기습하자 당시 현지에 배치되어 있던 경찰 병력은 치열한 공방전을 벌여 격퇴했고, 9월 2일에는 경기도경 1개 대대가 대구 서북방 동명지구에서 미 제1기갑사단과 합동으로 격전을 치르기도 했다(정훈, 2016: 53-54).

낙동강 방어선을 돌파하기 위해 북한군이 집중적인 공격을 가하자 국군은 육군 직할대로서 '대구방위사령부'를 창설해 집중적인 방어에 노력했는데, 이 사령부는 예하의 병력은 많지 않았다. 결국 대구 방어는 각 도에서 집결한 경찰 병력과 1949년 창설된 예비군 격인 청년방위대, 일부 후방부대의 병력이 담당하지 않을 수 없었다(이정훈 · 강윤식, 2015: 230). 대구방위사령부는 대구방어작전을 위한 군경연석회의를 개최해 대구 방어를 위한 제반 사항을 토의하고, 군경을 총동원해 전후방 경비와 치안을 분담하는 데 협조하기도 했다. 다시 말하면, 경찰은 낙동강 방어선에서 가장 중요한 요충지였던 대구방어의 핵심적인 임무를 수행한 것이다.

낙동강 방어선 전투를 수행하는 동안에 경찰은 군대와의 긴밀한 협조 하에 전투와 피난민 통제 등의 다양한 임무를 수행했다. 북한군의 집중적인 공격으로 안동지역의 낙동강 방어선이 다소 남쪽으로 조정되자 전선지역에 배치되어 있던 경찰부대들을 조정함과 동시에 다른 지역의 경찰대들을 추가 배치했다. 즉, 장성경찰서 중대를 청송군 파천면에 배치했고, 영월경찰서 및 전투경찰 제8대대를 안동군 안동면에 배치함으로써 전선을 보강했다. 강원경찰 제5대대는 군부대와 함께 영양과 안동군 북후면 일대의 고지에 배치했다(이정훈 · 강윤식, 2015: 231). 실제로 군대와의 협조가 어느 정도 긴밀했는지 알 수는 없으나 당시 경찰은 국군과 유사하게 전선에 배치되었고, 경찰 스스로도 가용한 모든 자원을 동원해 낙동강 방어선을 사수하고자 노력했다.

8월 初 북한군이 낙동강 방어선을 돌파하기 위해 또다시 집중적인 공격을 가하자 경찰은 적지 않은 피해를 입었고, 병력 배치도 조정하지 않을 수 없었다. 경찰은 전세가 위급하다는 인식에 따라 각 비상경비사령부 단위로 전투지역을 설정해 책임을 명확하게 분담했고, 각 사령부에게 가용한 병력을 최대한 증원해 주기 위해 노력했다. 이 당시 경찰은 군사작전과 동일한 개념으로 낙동강 방어선 사수를 위한 임무를 수행한 것이다. 특히 낙동강 방어선의 붕괴를 노리면서 북한군이 대구지역에 대한 침투를 시도하자 경찰은 시내 및 외곽 검문 수색을 강화하면서 경찰전문학교 학생부대까지 출동 준비하도록 해서 대비했다.

국군과 경찰이 낙동강 방어선에서 전투하는 사이에 북한군 점령지역에 고립된 경찰은 민간 구국대원들과 함께 다양한 형태로 유격작전을 전개하기도 했다. 예를 들면, 전남경찰은 완도에 집결해 기존 완도의 경찰 및 청년단원들과 인접 도서를 방어하면서 정보를 수집하거나 적을 사살하면서 격퇴했다. 그래서 이곳 지역에서 총 293명의 적을 사살하는 등 전과를 올렸고, 북한군의 배후를 혼란스럽게 만들었다(정훈, 2016: 52－53). 이 밖에도 드러나지 않았지만, 다양한 장소에서 다양한 형태로 경찰은 북한군과 교전했을 것으로 추정된다.

4. 북진 시기

1950년 9월 15일 유엔군이 인천상륙작전을 통해 전세를 역전한 후 수도 서울을 탈환하면서 38도선 이북으로 진격하게 되자 경찰은 수복작전에 총력을 기울였다. 9월 20일 경북 영일경찰서를 수복하는 것을 필두로 차례로 수복이 이뤄졌는데, 경인지구 수복을 위해서는 해로를 통해 10월 1일에 인천에 상륙하는 등 지역별로 속속 자신들의 담당지역을 수복했다. 9월 30일에 충남, 10월 1일에 서울 · 경기 · 충북 · 전북과 철도경찰대 본대, 10월 3일에 전남, 10월 4일에 강원지역이 수복되었고, 이후 경찰은 퇴로를 차단당한 상당수의 잔존 공비를 소탕하거나 이들의 자수와 귀순을 추진하는 등 후방지역의 안정 확보를 위한 다양한 노력을 기울였다(이정훈 · 강윤식, 2015: 234).

경찰은 인천상륙작전에 실제로 참가하기도 했다. 낙동강 방어선 전투가 한창일 때 경찰은 각 도경 전투경찰부대 중 정예 병력을 차출해 전투경찰 1개 대대를 편성한 후 이를 '화랑부대'라고 명명하고, 이들은 일본에서 약 1개월간 특수훈련을 받은 후 9월 15일 미 제7사단 제32연대와 함께 인천에 상륙했고, 이 부대는 서울탈환작전에도 참가한 것이다. 이 화랑부대는 서울 탈환 후 부산으로 이동해 10월 16일 미7사단과 함께 함경남도 이원의 상륙작전에 참여해 압록강 혜산진으로 북상해 미 제7사단 제17연대와 함께 11월 19일 압록강 혜산진에 도착하기도 했고, 나중에는 중공군의 개입으로 간난신고를 겪으면서 장진호에서 미군과 함께 후퇴해 흥남을 통해 선박으로 철수했다(이정훈 · 강윤식, 2015: 234). 이 과정에서 경찰은 미군과 긴밀하게 협력함으로써 상호 보완 관계를 형성했고, 적극적이면서 효과적으로 전투작전에 참여한 것으로 평가된다.

중공군의 개입으로 또다시 전선이 남하하면서 고착전의 양상을 띠게 되자 한국경찰은 태백산과 지리산 지역에 숨어 있던 적의 패잔병과 부역 및 도피자들을 소탕하는 임무를 수행했다. 경찰은 제201 · 202대대를 철도기동부대로, 제203 · 205대대를 지리산지구전투경찰대로 개편했고, 제202 · 207대대로 태백산지구전투경찰대를 편성했다. 당시 경찰관서 및 중요 기관을 습격하거나 군 보급로를 차단하는 게릴라들을 소탕해 후방지역 안정을 도모하기 위한 노력이었다(이정훈 · 강윤식, 2015: 234−235). 1951년 1 · 4 후퇴의 상황에서 남한 유일의 발전소였던 정읍의 칠보발전소 지역에 있는 경찰들을 빨치산 2,500여 명이 포위하자 전투경찰 75명이 돌진해 빨치산들을 격퇴시키고 발전소를 탈환해 호남과 충남 일대에 전기 공급을 보장하기도 했다(정훈, 2016: 55). 경찰은 중공군의 공세로 인해 발생하는 피난민을 보호하기 위한 작전도 수행했고, 군사작전 지원을 위한 주요 보급로 경비도 담당했다.

5. 지연전 시기

1951년 3월 15일 중공군으로부터 서울을 또다시 수복한 이후 휴전에 이르기까지 전선은 큰 변화 없이 유지되면서 서로 일진일퇴하는 공방전을 벌였다. 이 기간 동안 경찰이 수행해야 하는 임무는 국가 전체의 치안을 확보하는 것과 태백산과 지리산지구에서 출몰하는 공비를 소탕하는 것이었다. 특히 공비 소탕은 경찰의 집중적인 노력을 요구하는 과제였는데, 치안국 비상경비총사령부는 전국 경찰력을 총동원해 3차에 걸친 대대적인 토벌작전을 전개했다. 예를 들면, 전북 임실에서는 1952년 12월 당시 빨치산 외팔이 부대장으로 악명이 높던 이상윤을 사살함으로써 치안을 회복했고, 1953년 9월 18일에는 빨치산 남부군사령관 이현상을 토벌함으로써 토벌작전을 사실상 종료시키기도 했다(정훈, 2016: 56).

즉, 경찰은 1951년 3월 1일부터 4월 10일까지로 정한 제1단계에서 수복지역의 치안 확보와 공비 토벌 완수에 목표를 두어 시행해 총 54,206명의 공비를 사살 또는 생포하거나 귀순시키고, 각종 화기 8,475정을 노획하는 등 상당한 성과를 올렸다(윤장호, 1995: 381). 제2단계는 4월 15일부터 5월 25일 동안에 시행되었는데, 이때도 총 8,670명의 공비를 사살, 생포, 귀순시키는 전과를 올렸고, 7월 15일부터 8월 15일 사이의 제3단계에서는 총 4,260명의 공비를 소탕했다(이정훈·강윤식, 2015: 235−236). 이러한 공비소탕 작전은 이후에도 지속되었지만, 경찰은 작전 수행 간의 경험을 통해서 상황에 맞게 편성을 조정하는 등 적절한 조치를 강구함으로써 소탕작전이 질을 높였고, 그 결과 공비 수는 점점 줄어들면서 결국 소멸되었다.

공비의 토벌 과정에서 경찰도 상당한 피해를 입었다. 민간인이 존재하는 지역에

표 6-2 공비 토벌 중의 경찰 피해(1951.1~1955.7)

구분	교전 횟수	전사	부상	실종	중화기	소총
1951.~12	8,336회	1,388명	2,729명	900명	85기	1,114정
1952.1~12	3,827회	473명	474명	85명	6기	388정
1953.1~12	1,483회	209명	194명	36명	10기	460정
1954.1~6	226회	10명	8명	9명		24정
1954.7~1955.7	159회	17명	17명			16정

출처: 윤장호(1995: 383).

서 토벌작전을 수행해야 하기 때문에 제한 사항이 많고, 무기 및 장비도 부족했으며, 필사적으로 저항하는 공비들을 사살한다는 것이 너무나 어려웠기 때문이다. 1951년 1월부터 공비가 거의 소멸되었다고 할 수 있는 1955년 7월까지 공비 토벌 중 경찰의 피해를 보면 <표 6-2>과 같다.

제 4 절 | 분석과 교훈

1. 분석

6 · 25전쟁 기간 중 한국전쟁이 수행한 활동을 통해 대체적으로 다음과 같은 몇 가지 사항을 발견할 수 있다.

첫째, 6 · 25전쟁의 수행과 관련한 경찰의 활동을 단순하게 평가한다면 '전투부대'였다는 사실이다. 6 · 25전쟁 이전에도 한국 경찰은 빨치산 토벌작전을 통해 전투부대로서의 임무를 수행했고, 이것은 6 · 25전쟁에까지 그대로 이어졌다. 실제로 해방된 이후 미군정에 의해 경찰이 먼저 창설되어 국가의 치안 임무를 담당하는데, 당시 미군은 군사적인 임무는 수행할 수 있었지만, 국내 치안까지 담당할 정도의 병력은 되지 않았기 때문에 한국 경찰을 창설해 그 임무를 맡기지 않을 수 없었다. 또한 당시 경찰이 수행해야 하는 임무가 다양한 좌익의 극렬분자들을 소탕하는 역할이었기 때문에 군사적인 조직과 수단을 구비하지 않을 수 없었다. 한국군의 경우 미군정에 의해 창설되어 가는 과정에 있었고, 결국 해방 이후 한국 정부에 도전을 가한 다양한 폭력적인 위협은 경찰이 해결하지 않을 수 없었다. 이 기간 동안에 지리산을 중심으로 극렬한 빨치산 활동이 전개되었고, 이들을 소탕하는 작전은 당연히 군사작전이었으며, 결과적으로 경찰은 창설 초기부터 전투부대로서의 임무를 수행하게 되었다. 그래서 경찰은 미군과 함께 38도선 경비의 일부를 담당하기도 했고, 6 · 25전쟁으로 후퇴하는 과정에서 나름대로 축차적 방어선을 구상해 시행하고자 했으며, 낙동강 방어선에서 미군에 자발적으로 배속되어 전투 임무를 수행했고, 인천상륙작전에도 가담했던 것이다.

둘째, 6 · 25전쟁 이전과 6 · 25전쟁 중에도 경찰은 국가의 안전을 위해 필요하다고 판단되는 업무를 찾아서 자발적으로 수행했다. 앞에서 언급한 바와 같이 전투 임무를 마다하지 않는 것은 물론이고, 통상적인 경찰의 임무라고 할 수 있는 후방지역의 치안 유지는 물론이고, 피난민의 통제까지도 담당했다. 낙동강 방어선이 형성되는 초기에는 대구지역의 방어를 위해 군을 적극적으로 지원하기도 했다. 당시 한국군이 자신들이 수행해야 할 임무를 제대로 수행하지 못한 탓도 없지 않지만, 경찰의 수뇌부들이 적극적으로 임무를 찾아서 수행한 측면도 적지 않았다. 낙동강 방어선 전투에서 경찰은 미군의 배속을 자청했고, 그 결과 처음에는 망설이던 미군도 이를 수용했던 것이다. 그 밖에도 경찰은 국가의 안전을 위해 필요한 일인데 군대가 제대로 수행하지 않고 있는 과업이 발견될 경우 스스로 나서서 적극적으로 수행했다. 이러한 경찰의 적극적이면서 자발적인 노력이 있었기에 6·25전쟁을 수행하는 기간 동안에 후방지역이 안정되었고, 미군을 중심으로 한 유엔군은 안정적인 상황 하에서 군사작전에 전념할 수 있었다. 1960년대와 1970년대에 베트남전쟁에서 미군이 후방지역 불안정으로 인해 상당한 고초를 겪었고, 한국군을 비롯한 대규모 병력을 그에 전용한 것과 비교한다면 6·25전쟁에서 경찰이 적극적인 자세로 후방지역을 안정시킨 공로를 과소평가해서는 곤란하다.

셋째, 두 번째와 관련을 갖는 것이지만, 당시 경찰 간부와 경찰 병력은 위국헌신(爲國獻身)의 정신을 그대로 수행했다. 한국군이 패퇴해 유엔군 중심으로 군사작전이 수행되는 상황에서 경찰의 간부와 요원들이 국가에 대한 충성심과 숭고한 희생정신을 갖지 않았다면 어떻게 전투 임무를 자원하고, 후방지역의 안정을 어떻게 이뤘겠는가? 북한군이 진격하거나 공비가 출몰할 때마다 한국 경찰은 나름대로의 대응계획과 역량으로 즉각적으로 대응했고, 관련 지역의 전투와 임무를 담당한 사령부를 구성했다. 낙동강 방어선 전투 기간 동안에는 전국 각 지역의 경찰대대들이 집결해 지시에 따라 부여된 임무를 적극적으로 수행했다. 한국 경찰의 이러한 위국헌신 정신이 있었기에 미군이 미군 부대로의 배속을 허용하고, 필요한 무기와 장비를 지급했으며, 인천상륙작전에 가담시키기도 했을 것이다.

넷째, 다만, 아쉬운 점은 6·25전쟁과 관련한 이러한 경찰의 기여가 제대로 충분히 평가받거나 인정받지 못하고 있다는 사실이다. 6·25전쟁의 전개와 승패를 분석하면서 미군과 한국군의 활동과 기여는 많이 거론하지만 당시 경찰의 활동과 기여는 그다지 언급하지 않는다. 일부 논문이 발표된 바가 있으나 부족하고, 당시 경찰의 활약상에 대한 상세한 자료나 전사책도 필요한 만큼 충분하게 발간되거나 연구되거나 읽혀지지 않고 있다. 따라서 후세의 국민들은 경찰이 군사작전에 참여했는지 여부도 모를 가능성이 높고, 특히 후배 경찰들도 6·25전쟁에서 선배들이 기여한 바와 정신을 제대로 본받지 못하고 있는 것이다. 이러한 점에서 그동안 경찰의 연구 및 학습기관과 그곳에서 연구 및 교육활동을 한 사람들의 소홀함을 반성할 필요가 있다고 할 것이다.

2. 교훈

6·25전쟁에서의 경찰 역할을 분석한 결과를 통해 우리는 몇 가지 교훈을 도출할 수 있고, 이것은 적용해 과거에 잘한 점은 계승하고 미흡했던 점은 보완할 필요가 있다.

첫째, 6·25전쟁 시 경찰이 보인 활동에서 중요한 것은 국민의 총력전 수행을 위한 핵심적인 역할을 경찰이 수행했다는 사실이다. 군대는 전선에서 군사작전에 충실해야 하기 때문에 국민들과의 총력전 수행을 고려하거나 강화할 수 있는 여력이 제한되었지만, 경찰은 국민들의 곁에서 국민을 보호하고, 국민들에게 전쟁 수행이나 지원 역할을 부여했다. 특히 군사작전이 불리할 경우 총력전 수행을 위한 군대의 역할은 제한될 수밖에 없기 때문에 경찰이 더욱 적극적으로 나설 수밖에 없고, 그것이 6·25전쟁에서 그대로 구현되었다. 경찰은 정부의 제반 기능 수행을 지원했고, 정부의 결정이 국민들에게 시행하도록 했으며, 나아가 이러한 사항들을 군사작전과 유기적으로 연결시켰다. 6·25전쟁의 경우 한국이라는 국가 전체가 전쟁에 제대로 대비하지 않은 채 기습 공격을 받아서 일방적으로 후퇴하면서도 국가의 근간이 붕괴되지 않은 것은 경찰의 적극적인 활동 때문이었고, 경찰은 드러나지 않는 가운데 국가의 총력전 수행을 보장한 원동력이었다. 따라서 앞으로도 총력전이 더욱 강화될 수밖에 없다는 점에서 군사작전과 관련된 경찰의 역할을 더욱 강화하고, 필요한 준비를 더욱 충분하게 갖출 필요가 있다.

둘째, 6·25전쟁에서의 경찰의 적극적인 노력을 멸사봉공(滅私奉公)의 정신을 감안할 때 앞으로의 전쟁과 관련해서도 경찰의 역할을 더욱 확대할 필요가 있다. 그 정도는 공론을 통해 결정해야 하겠지만, 상황이 어떻게 전개될지 모르기 때문에 경찰도 어느 정도 전쟁 대비에 참여할 필요가 있고, 그를 통해 최악의 상황에서도 국가의 근간이 흔들리지 않도록 대비해 둘 필요가 있다. 6·25전쟁 당시에 비해서 현 한국군의 준비 태세가 높기 때문에 경찰이 6·25전쟁 때와 같은 적극적인 군사적 활동을 수행할 필요가 없을 수도 있지만 미래의 상황은 누구도 확신할 수 없다. 특히 북한이 기습 공격을 감행해 전방지역을 통과할 경우 경찰 이외에는 무력을 행사할 수 있는 조직이 없을 수 있고, 특히 핵 공격을 가하거나 위협할 경우 군대의 유용성은 매우 낮아질 수 있다. 이러한 점에서 경찰은 후방지역의 안전, 특히 게릴라의 활동으로부터 국민을 보호하고, 국가기관을 보호할 수 있는 최소한의 준비를 갖출 필요가 있다. 이러한 점에서 경찰 간부들에게는 군사적인 사항이 어느 정도 교육될 필요가 있고, 경찰이 보유하고 있는 무기 및 장비의 경우에도 평시의 치안 유지를 위한 필요성과 함께 유사시 후방지역 군사작전의 수행 가능성도 고려해서 어느 정도 충분한 수준으로 보장할 필요가 있다.

셋째, 북한이 핵무기를 보유하고 있다는 점에서 경찰은 핵무기가 사용될 상황에 대한 대처 방법을 논의하고, 그러한 상황에서 경찰이 수행해야 할 기능을 식별해 가능한 범위 내에서 필요한 최소한의 준비를 갖출 필요가 있다. 현대의 핵무기는 군인을 대상으로 하는 것이 아니라 대규모 국민들이 거주하는 도시를 표적으로 한다는 점에서 핵무기가 폭발할 경우 군대가 이를 지원하기는 어렵고, 그렇다고 해서 국민들의 안전을 팽개칠 수는 없기 때문이다. 결국 경찰이 나서지 않을 수 없는데, 이 경우 제대로 준비되지 않을 경우 의욕만 앞선 나머지 상당한 피해를 입을 수 있다. 따라서 경찰은 핵무기 폭발 시 어느 정도의 피해가 발생하는지, 그로부터 국민들의 안전을 보장하기 위해서는 어떤 조치가 필요한지, 그리고 이를 위해서는 평소에 어떤 사항을 학습해야 하고 어떤 사항을 준비해야 하는지를 식별하고, 가능한 범위 내에서 사전 대비책을 강구해 둘 필요가 있다. 6·25전쟁의 경우 군대와 국민 모두가 제대로 대비되지 않은 가운데서 경찰이 다소 적극적으로 대응함으로써 예상 이외로 한국 사회와 국민이 안정된 가운데 대응했다는 점을 상기할 필요가 있다.

넷째, 평시부터 군과 경찰은 전투 임무 수행에 관한 상호 간의 협의와 협조 체제를 구축하고, 구체적인 협조 방안을 적극적으로 논의할 필요가 있다. 군대가 제대로 임무를 수행하면 경찰은 안전해질 뿐만 아니라 수행해야 할 임무가 줄어들고, 경찰이 적극적으로 노력할 경우 군대는 전방에서 적을 격퇴하는 데만 모든 관심과 노력을 집중할 수 있다. 군대와 경찰은 국가의 전반적 안전, 즉 안보에 관한 임무를 분담하고 있기 때문이다. 따라서 군과 경찰은 상호 협조를 통해 서로의 분담 범위를 정하고, 어느 한쪽이 다소 미흡할 경우 다른 쪽이 보완해 주는 관계로 발전시킬 필요가 있다. 이러한 점에서 군사학교에 일부 경찰의 간부들이 입교해 교육을 받을 필요도 있고, 경찰의 교육기관에 일부 군 간부들이 교육받을 필요도 있다. 군과 경찰이 서로의 교범을 상호 비교해 일관성 있게 작성하고, 훈련도 일부 공유하거나 분담할 필요가 있을 것이다.

다섯째, 한국군은 국방 개혁을 통해 병력을 감축하고 있는데, 그럴수록 경찰의 역할이 확대되어야 할 것이다. 병력이 감축될 경우 군이 가장 먼저 줄일 임무가 후방지역의 안정, 즉 경찰이 수행할 수 있는 임무일 것이기 때문이다. 예를 들면, 후방지역의 안전을 위해 현재 한국군은 사단 규모의 부대들을 배치하고 있지만, 병력이 감축된 상황에서는 그렇게 하는 것이 부담이 될 수 있다. 군부대가 후방지역 안정을 위한 역할을 충분히 담당하지 못할 경우 경찰이 후방지역 작전과 관련해 주된 책임을 담당하고, 군부대가 필요 시에 지원하는 체제로 전환하는 방법도 검토해 봐야 할 것이다. 이러한 점에서 군의 국방 개혁과 관련해 경찰의 의견도 수렴할 필요가 있고, 군대가 축소하는 임무를 경찰이 담당할 경우 경찰을 어떻게 증강하는 것이 타당하고, 군과 경찰이 어떤 협조 체제를 강구해야 할 것인가를 함께 논의할 필요가 있다.

여섯째, 시간이 다소 경과된 점이 있지만, 6 · 25전쟁에서 경찰이 전투와 후방지역 작전에 기여한 바에 대한 더욱 포괄적이면서 정확한 평가와 포괄적이면서 체계적인 전쟁사의 작성에 착수할 필요가 있다. 군대의 경우에는 유엔사령부에서 기록한 전쟁사가 존재하기에 나름대로 포괄적인 전쟁사의 분석과 정리가 가능했지만, 경찰의 경우에는 그렇지 못해 역사를 재정리하는 것이 어려울 수 있다. 그럼에도 불구하고 가능한 모든 자료를 종합해 6 · 25전쟁 전후를 둘러싼 경찰의 역할에 관한 기록을 복구 또는 정리할 필요가 있고, 이러한 기록을 통해 경찰의 기여에 대한 객관적인 평가를 추진해야 할 것이다. 그러할 때 국민들은 6 · 25전쟁 기간 동안에 경찰이 제공한 기여와 역할을 충분히 인식할 수 있고, 현재 또는 미래에 경찰에 근무하는 요원들에게 다양한 귀감의 소재를 제공하게 될 것이다. 이를 위해서는 군대와의 협조나 군대의 자발적인 노력도 필요할 수 있는 바, 국방부 예하의 '군사편찬연구소'는 6 · 25전쟁사를 정리하거나 분석할 때 경찰이 기여한 바를 어느 정도 포함할 필요가 있고, 필요할 경우 경찰을 대표할 연구원들을 충원해서 책임성 있는 연구를 실시하도록 여건을 보장할 필요도 있다.

제 5 절 | 결론

6·25전쟁의 이전은 물론이고, 전쟁을 수행하는 도중에도 한국 경찰이 전체적인 전쟁의 수행과 승패에 끼친 영향은 너무나 컸다. 한국 경찰은 기본적인 임무라고 할 수 있는 후방지역에 대한 치안확보나 피난민 통제는 물론이고, 군사작전에 적극적으로 참여했고, 이로 인해 전세에 적지 않은 영향을 끼쳤다. 경찰이 미군부대에 배속되어 전투작전에 참여하는 것은 전쟁사에도 드문 일이고, 누구의 지시가 아니라 경찰 내부의 자발적인 결정에 따라 그렇게 되었다는 것이 더욱 존경스럽고 자랑할 만한 일이다.

더욱 중요한 것은 6·25전쟁에서 나타난 경찰 수뇌부와 전반적인 경찰의 분위기와 정신적인 자세이다. 전선이 불리한 상황에서도 경찰 수뇌부는 부여된 임무를 축소하기는커녕 군사적인 임무를 지속적으로 수행하고자 했고, 경찰들도 목숨을 위협하면서까지 지시되는 임무에 최선을 다했다. 군대가 후퇴해 고립무원(孤立無援)이 된 상황에서도 분전해 전원이 전사하는 사례가 발생하기도 했다. 이러한 점에서 당시 한국군은 경찰에 미치지 못한 점이 적지 않고, 현재의 한국군이나 현재의 경찰도 그에 미치지 못할 수 있다. 본받아야 할 점이 적지 않다.

실제로 6·25전쟁 동안 경찰은 '전투부대'로서의 역할을 적극적으로뿐만 아니라 효과적으로 수행했고, 국가의 안전을 위해 필요하다고 판단되는 모든 업무를 찾아서 자발적으로 수행했으며, 당시 경찰 간부와 경찰 병력은 위국헌신의 모범을 보였다. 다만, 6·25전쟁에서 경찰 수뇌부와 경찰 요원들이 기여한 공로와 드러낸 용기가 충분히 평가받거나 인정받지 못하고 있고, 이런 점에서 지금까지 경찰 간부나 경찰이 반성해야 할 부분이 적지 않다고 할 것이다. 또한 군도 6·25전쟁사를 연구할 때 경찰의 이러한 기여를 더욱 충분히 포괄적으로 포함할 필요가 있었다.

6·25전쟁 시 경찰이 보인 혁혁한 전과와 열정적인 활동을 통해 우리는 총력전 수행에서 경찰이 갖는 역할을 더욱 높게 평가하고, 앞으로도 경찰의 활용도를 높일 필요가 있다. 당연히 이를 위해서는 정부와 군에서 경찰의 역할을 더욱 강화하기 위한 노력을 기울여야 한다. 동시에 한국 경찰도 치안 이외에 전쟁의 대비 및 수행에 관한 사항도 토론 및 준비할 필요가 있다. 특히 북한의 핵 위협이 상존한다

는 점을 감안해 핵폭발 상황에서 국민의 안전을 보장하기 위해 경찰이 어떤 역할을 어떻게 수행할 것인지를 더욱 진지하게 논의할 필요가 있다. 과거에 비해서 최근 다소 약화된 점이 있다는 점에서 군과 경찰 간의 협조 체제도 더욱 강화하고, 특히 국방 개혁을 통해 병력을 감축한 만큼 군사작전의 수행과 지원에 관해 경찰이 담당하거나 지원하는 분야를 확대할 필요가 있다.

이러한 모든 일을 위한 바탕으로 6 · 25전쟁에서 경찰이 적과의 전투작전과 후방지역 작전에 기여한 바에 대한 더욱 포괄적이면서 정확한 평가를 추진하는 것이다. 당시 경찰들의 위국헌신 정신과 희생, 그리고 공로를 있는 그대로 이해하면서 존경을 표하는 일이고, 그러한 정신을 계속 계승하는 일이다. 정부와 군도 이를 위해 협조해야 하겠지만 경찰 내에서도 6 · 25전쟁 시 경찰의 활동에 관한 집중적이면서도 체계적인 연구 및 발간 노력을 기울여야 할 것이다.

참고 문헌

김창윤 외(2015). 『경찰학』. 서울: 박영사.

박계호(2012). 『총력전의 이론과 실제』. 서울: 북코리아.

박휘락(2009). "전시 작전통제권 전환과 국가의 전쟁 수행: 개념과 과업의 분석". 『국제정치논총』. 제49집 1호.

변혜석(2016). "6 · 25전쟁 시 개성철도경찰대의 개성역 전투연구". 『군사』.

오문균(2000). "한국전쟁 시기 경찰의 역할에 관한 연구". 『군사』.

온창일(1989). "초(超)총력전 그리고 제한전: 6 · 25 전쟁의 수행과정". 『한국정치외교사논총』. 제5집.

육군사관학교 전사학과(2001). 『세계전쟁사』. 서울: 황금알.

윤장호(1995). 『구국경찰전사』. 서울: 제일.

이정훈 · 강윤식(2015). "한국전쟁에서 경찰의 역할과 작전에 관한 연구", 『대한정치학회보』. 제23권 4호.

정훈(2016). "위기상황에 있어서 경찰의 성과에 관한 연구". 『대한정치학회보』. 제24권 4호.

"경찰법" 법률 제15566호. 일부 개정(2018.04.17).

"비상대비자원 관리법." 법률 제11994호(개정 2013.8.6).

Clausewitz, Carl von(1984). *On War*. ed. and trnas. Howard, Michael & Parret, Peter. indexed edition. Princeton: Princeton University Press.

Howard, Michael(1979). "The Forgotten Dimensions of Strategy." *Foreign Affairs*. Vol. 57. No. 5.

제7장 6·25 한국전쟁 당시 북한 내무성의 기능과 역할

제1절 | 서론

특이하게도 북한 정권기관에는 사법부가 없다. 물론 초기부터 없었던 것은 아니다. 그만큼 인민보안성(초기 내무성→사회안전브)의 기능과 역할이 클 수밖에 없는 이유이다. 사법부의 영역 대부분이 인민보안성의 몫이다. 처절한 한국전쟁 3년 동안 북한 정권의 내무성은 전쟁 중인 정권과 체제 유지 및 사회 질서 유지를 위해 군 다음으로 중요한 역할을 담당했다. 전쟁은 정치가들의 잘못된 판단과 수많은 우연한 요인에 의해 의도하지 않은 방향으로 발전하기도 한다. 왜 전쟁이 발생했으며(기원), 누가 먼저 총을 쏘았는가(발발), 이런 질문에 대한 해답은 이미 너무 많이 제시되었다. 그러나 전쟁이 어떻게 전개되었으며, 전쟁 수행을 위해 국가는 무엇을 했고, 전쟁 중에 국민을 어떻게 행동했으며, 군대와 경찰, 민간조직 등은 구체적으로 무엇을 언제 어떻게 했는가라는 질문에 대해 아직 역사는 충분한 해답을 주지 못하고 있다. 이 글은 불충분하나마 이에 대한 대답을 주고자 한다. 김일성은 전쟁 개시 직후인 6월 26일 방송연설을 통해 "후방을 철옹성같이 다져야 한다"고 하면서 "도피분자, 요언(妖言) 분자와 무자비하게 투쟁하며 밀정·파괴분자를 적발 숙청하고 반역자는 무자비하게 처단해야 한다"고 강조했다.[1] 일반적으

1) 전쟁의 공포는 북한 주민들 속에 무섭게 확산되었다. 징집 연령의 청년들은 전쟁에 뛰어들 경우 살아남을 수 없다는 공포 때문에 신체검사 불합격 통과를 위한 각종 술수들이 개발되고 아예 산속으로 숨어버리는 현상까지 나타났다. 북한 정부의 내무성은 후방에서 이와 같은 전쟁 공포증을

로 전쟁은 정치의 연속으로 이해되고 신통하게도 북한에서 아직 한국전쟁은 연속 선상에 놓여 있다. 2018년에는 북미 정상회담으로 '반제반미' 구호가 잠시 사라졌지만 북한 정권의 전쟁을 통한 공포정치는 오늘날까지 이어지고 있다. 국제정치의 불변의 명제로 이용되는 "전쟁은 다른 수단에 의한 정치의 단순한 계속"이라는 클라우제비츠(Carl von Clausewitz)의 고전적 명언처럼 이 테제를 간명하게 보여주는 이론도 없다. 그러할 때 전쟁은 "우리의 적대자에게 우리의 의지를 완벽하게 따르도록 강요하는 폭력행위"로서 "적의 타도라는 기본적인 정치적 목적을 달성하기 위한 수단"으로 이해될 수밖에 없다(클라우제비츠, 1977: 51－76).

이 글에서는 한국전쟁 기간 중 북한의 경찰기구인 내무성(1951년 3월 사회안전성으로 분리, 1953년 다시 내무성으로 통합)이 점령지역에서의 기능과 역할, 북한 후방에서의 기능과 역할, 그리고 전쟁 종료 시기의 기능과 역할을 분석하고자 한다. 모든 인력이 전쟁이라는 최후의 결전장으로 동원된 북한의 후방, 그 와중에서도 노력을 동원해 생산을 이어가야 하는 강제력, 이 과정과 목표 달성에 항상 사회안전성이 있었다. 그들은 군 도피자에 대한 즉결처분권을 부여받고 도처에서 살인을 저질렀으며, 공장과 기업소 등 산업시설의 파괴와 폭파 임무도 수행하는 등 군 다음으로 전쟁에서 북한 정권의 돌격대가 되었다.

제 2 절 | 전쟁 초기 내무성의 기능과 역할

1. 전쟁 준비와 내무성

북한 내무성은 1945년 11월 28일에 출범한 북조선5도행정국 보안국을 모체로 한다.[2] 보안국은 다시 내무국과 정치보안국을 거쳐 1948년 9월 '조선민주주의인민

적발하고 전선의 승리를 보장하기 위한 군사력 동원에 매진했다(주영복, 『내가 겪은 조전전쟁』, 서울: 고려원, 1990: 121－122 참조).

2) 북한에 진주한 소련군은 북한의 소비에트화를 목적으로 정치사령부(사령관 로마넨코 소장)의 주도 하에 북한지역의 첫 행정중앙기구인 북조선5도행정국을 만들었다. 보안국의 사명은 단순한 치안 유지 차원을 넘어 공안 업무, 국토 경비 업무, 반동 세력 저지 등 다양한 임무를 수행했다. (곽명일, "북한 인민보안원과 주민의 관계 연구". 북한대학원대학교 박사학위 논문, 2016).

공화국' 수립과 동시에 내각의 내무성으로 자리 잡게 된다. 1951년 기존의 내무성은 일부 행정력과 치안 업무의 중복에서 완전히 벗어나 완벽한 경찰기구인 사회안전성을 분리 독립시킨다. 사회안전성의 기본 임구는 반국가 행위 및 반혁명 행위에 대한 감시와 적발, 처벌, 그리고 주민들의 신원조사 및 지방 치안 유지, 비밀문서 보관 관리, 교화소와 강제수용소 관리, 국가 소유의 재산 보호와 선박 출입 관리, 반항공(反航空) 조직 운영 등으로 매우 광범하고 다양하다.

내무성에서 분리 독립된 사회안전성은 1년 7개월 만인 1952년 10월 9일 내무성으로 다시 흡수 통합된다. 분리 독립의 배경은 한국전쟁 초기 유엔군 참전으로 점령지역이 확대됨에 따라 단순 치안 유지 업무 의에 반체제 저항 세력 관리 등 전시 상황 하의 효율적인 치안 업무 등 공안 전담 조직이 필요함을 역설한 방학세 내무성 정치보위국장의 주장을 김일성 내각수상이 받아들여 공안 기능 전담기구로 역할하게 하려는 의도로 분석된다. 또한 방학세 사회안전상은 내무상 보임이 내정된 상태에서 자기 휘하의 사회안전 조직을 내무성으로 통폐합시켜 자기의 영향력을 더욱 키워 권력 입지를 확대하려는 의지로 풀이할 수도 있다.

1950년 6월 25일 개전된 한국전쟁은 이미 그 전부터 준비된 치밀한 전쟁이었다. 한국전쟁 전 북한 내무성이 수행한 가장 중요한 임무는 전방지역과 위험지역 주민들을 소개(疏開)하는 이른바 '소개사업'이었다. 이미 주민 소개를 위한 작업은 한국전쟁 도발 1년여 전인 1949년 7월부터 진행되었다. 이와 같은 결정이 채택 즉시 집행된 것은 아니었다. 당시 북한 내부에 침투해 있던 KLO 첩자들의 보고에 따르면, 주민 소개에 대한 내무성, 민족보위성, 노동성 간의 완전한 합의가 이뤄진 것은 1949년 12월이었다. 곧 전쟁터가 될 38선 지역에 대한 광범한 조사에 의해 작성된 내무성 보안국 특별위원회의 현지 조사보고서에 기초해 내무상 박일우가 초안하고, 내각수상 김일성에 의해 비준된 특별 명령이 내무성 부상 겸 경비국장 박훈일의 명령으로 1950년 2월 12일 당시 내무성 소속이던 38경비대 보안여단을 통해 관련 지역의 공공기관들에 하달되었다(박명림, 2002: 336-337).

주민 소개작업은 전적으로 내무성에 의해 실시되었는데 주로 1950년 2월 말에 시작되었다. 소개 작업은 내무성 보안국 소속의 38경비대(당시 여단장 최현) 1, 3, 7여단에 의해 실시되었다. 처음 예정된 소개일은 2월 15일에서 18일까지였다. 소개명령의 적용을 받는 대상은 38선 부근의 약 1만 8,000가구, 65,000여 명이었다. 이 숫자는 단순히 몇 개 마을의 주민들을 소개시키는 것이 아니라 38도선 일정한 범위 이내 지역의 전 주민을 내지(內地)로 소개시키고자 함을 뜻하는 것이었다. 소개의 기본 목적은 무엇보다도 38선으로의 병력 및 장비 이동과 그곳에서의 주둔 및 대남 전쟁 개시에 대한 비밀 유지가 주된 것이었다.

일부 자료들은 이와 같은 소개 작업이 "남한군의 춘계작전에 대비하고 보안 유지와 남한으로의 탈출 방지, 그리고 경비대와 인민군의 민간으로부터의 격리, 남한군에 대한 제일 방어선을 위한 '빈 공간(empty zone)의 설정' 등으로 분석하고 있으나 남한군의 공세가 치열하던 1949년 여름에도 이처럼 집단적이고 강제적이며 대규모적인 소개는 없었다는 점에서 북한의 남침을 위한 조직적인 조치였음을 잘 알 수 있다. 이를테면, 정보에 따르면 1949년 8월 12일에는 밤 11시에 한국군 6사단의 한 부대가 북한 쪽에 박격포 포격을 가해 일거에 북한군 35명을 사살하기도 했으나 어떠한 주민 소개도 이뤄지지 않았다. 이어 1949년 8월 18일에는 더 큰 군사적 충돌이 발생해 북한군이 75명이나 사망했으나 이 지역에 대한 그 어떤 주민 소개 보고는 발견되지 않고 있다.

예외적인 현상으로 1949년 9월 초 해주지역의 주민들에게 황해북도인 사리원지역으로 이주하라는 명령이 하달되었는데 대신 이 지역에는 군대가 진주했다. 1949년 10월 25일에는 한국군이 해주의 시멘트공장에 포격을 가해 군인 400명과 민간인 300명이 사망한 것으로 보고되었다. 격렬한 충돌이 빈발했던 옹진, 개성지역에서도 1949년 들어 초기까지 일률적이고 강제적인 집단적 이주와 소개는 일어나지 않았다. 내무성의 1950년 소개명령의 핵심은 "38선 북방 3km 이내 지역의 모든 주민은 노동성의 기관에서 지정한 장소로 모두 소개해야 한다"는 것이었다. 그러나 실제로는 지역에 따라 4km 이내 지역에 거주하는 주민들이 소개되기도 했고, 심한 경우에는 훨씬 광범위하게도 12km 이내 주민들이 소개되기도 했다.

이 계획을 비밀리에 성공적으로 완수하기 위해 김일성 정권은 미리 정치보위부와 군인민위원회, 내무서, 노동당 군당위원회 책임자들로 구성되는 '38선 주민소개 추진위원회(promotion committees for the evacuation of parallel residents)'를 각 지방에 조직했다. 내무성 소속의 38경비대 경비여단들은 인민군 및 치안기관들과 협력해 소개민 및 그들의 소지 물품을 트럭과 우마차 등으로 지정된 역까지 수송하는 역할을 수행했다. 또 기차역들에서는 각 군 인민위원회 노동부서가 소개민들을 인계받아 지정된 광산과 공장으로 수송하는 책임을 수행했다.

아래 소개하는 당시 내무성 당원들의 구성을 보면 내무원(경찰관)들의 신분과

그림 7-1 내무성의 당원 명단

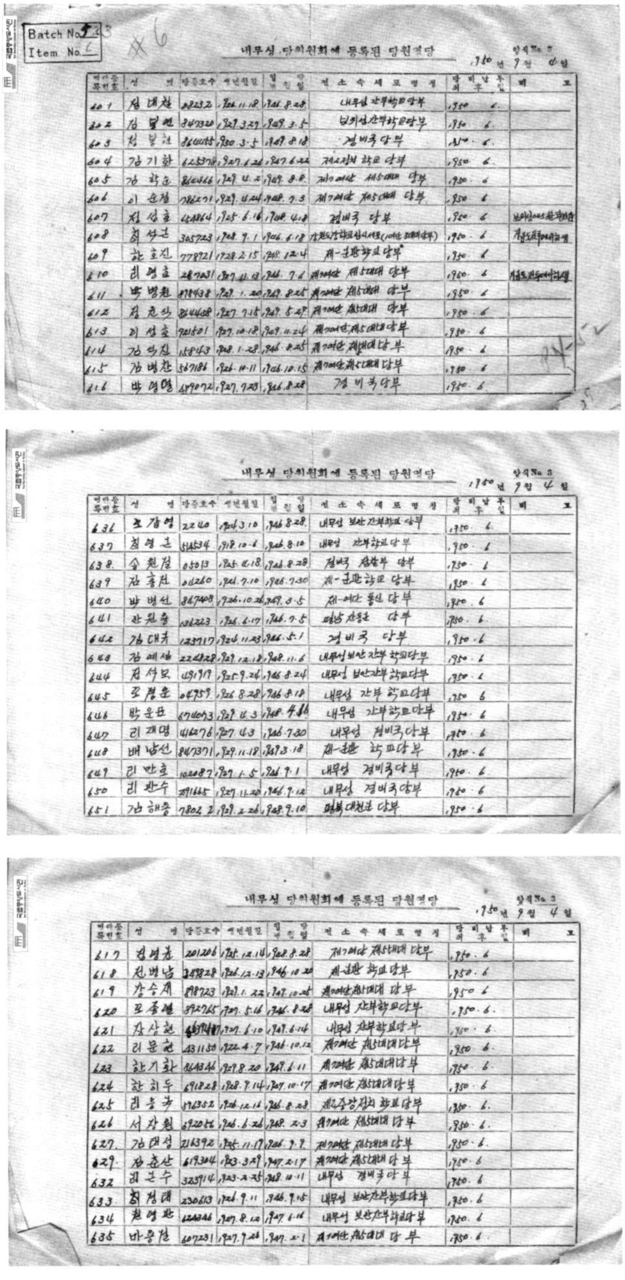

출처: 국립중앙도서관.

토대를 잘 알 수 있다. 내무성 당원들은 주로 전선지역의 경비여단 군관들과 군 단위 내무서의 간부들로 구성되어 있고, 그들은 북한 체제의 핵심 분자들이 주를 이루고 있다.

2. '인테리 모시기작전'과 내무성

김일성 정권이 한국 점령지에서 제일 먼저 착수한 것은 '당의 건설'이었으며 그 다음은 국가기관인 인민위원회 구성이었다. 남로당 출신 이승엽은 서울시 인민위원회 위원장으로 임명되어 서울에 입성했으나 그의 기본 임무는 무너진 당을 복구하는 것이었다.[3] 그러나 더 중요한 것이 있었다. 6 · 25전쟁 발발 초기인 1950년 7월부터 9월 하순까지 북한군이 점령한 38선 이남 한반도 전 지역에서는 김일성의 비밀지령인 '인테리 모시기작전'에 따라 내무성 정치공작대에 의해 대대적인 남한 인사 납북사건이 자행되고 있었다. 이 기간 납북된 정치인, 법조인, 언론인, 종교인 등 대한민국의 지도층 인사와 시민들의 수는 자그마치 8만 2,000여 명. '6 · 25전쟁납북인사가족협의회' 김성호 이사장(74 · 목사)의 아버지 김유연 목사도 그들 중 한 명이었다.

"1950년 8월 23일, 당시 서울신학대학 교수로 재직하고 있던 아버지는 어머니가 장보러 가신 사이 북한 정치부원에 의해 납치되었습니다. 연희대 1학년에 재학 중이던 저는 피신해 있었지만 누이는 옷도 못 입고 맨발로 끌려가는 아버지를 목격했습니다. 이후 우리 가족은 몰락했고 한이 서린 50여 년을 살아야 했습니다." 김 목사는 아버지를 찾기 위해 학도병 무장첩보대(북파공작원)의 일원으로 전쟁에 참가해 북한군의 후방을 드나들기도 했지만 끝내 아버지의 소식을 들을 수 없었다. 하루 만에 가장을 잃고 무너져 버린 한 가족, 아니 8만여 가족의 고달픈 반세기 유적(遺蹟)은 당사자가 아니고서야 짐작하기 어려운 것이다. 김 목사는 아버지를 이어 목사가 되었고, 대한기독교협회 회장, 교단총회교육원 원장 등을 역임하면서 47년간 목회생활을 해오다 은퇴해 지난 3월부터 6 · 25전쟁납북인사가족협의회 2대

---

3) 남로당의 거두 이승엽은 인천상업학교 재학 시 3 · 1운동에 참가해 퇴학당했으며 1925년 화요계 조선공산당에 입당하며 본격적인 공산주의자로 나서게 된다. 8 · 15 해방 직후 공산당 재건 시 공산당 제2비서, 1948년 북한으로 월북한 뒤 북한 정권의 초대 사법상, 당중앙정치국 위원을 지내며 승승장구했으나 한국전쟁 후 박헌영 등과 함께 남로당계 숙청으로 군사재판을 받고 숙청 처형되었다(김남식, 『남로당연구』. 서울: 돌베개, 1984).

이사장의 일을 맡고 있다(『미래한국』, 2003년 6월 25일).

납북인사가족협의회는 2000년 11월에 창립한 단체로 6·25전쟁 중 북한에 의해 계획적으로 납치당한 8만여 피랍 인사들의 생사 확인과 송환을 위해 활동하고 있다. 가장 큰 성과라면 지난해 2월, 1952년 대한민국정부 공보처가 작성한 '6·25사변피랍치자명부'를 발견해 전쟁 중 8만 2,959명의 납북자가 발생했다는 사실을 공식적으로 밝혀낸 사실이다. 북한은 납북자가 단 한 명도 없었다고 주장하고 있고, 우리 정부조차 납북자 문제에 뒷짐지고 있던 현실에서 명부의 발견은 역사적인 쾌거였다.

'인테리 모시기작전'을 위한 서울의 실무 행동은 1950년 7월 4일 새벽, 평양에서 돌아온 김응기, 이주상, 방학세, 김창주, 김춘삼 등에 의해 서울시 인민위원회 건물(구 서울시청 청사)에서 회의를 소집하면서 개시되었다. 이들은 이날 오전 김관섭, 최종희, 김병찬, 임홍규, 염효석 등 핵심 요원들과 서울시 내무서장(경찰서장) 및 각 구역 내무서장들이 참가한 가운데 모시기작전의 구체적인 작업을 모의했으며, 이로써 모시기작전은 본격 시작되었다. 회의를 주재한 김응기는 '군사위원회 8호 결정'을 강조하면서 대한민국 정부와 국회의 주요 인사들을 평양으로 모셔가야 한다는 김일성 정권의 방침을 구체적으로 강조했다.

7월 5일, 북한 내무성 정치보위국장 방학세가 머물던 종로의 어느 5층 빌딩 2층에 40여 명의 낯선 사람들이 나타났다. 이들은 이주상이 보낸 모시기작전의 핵심 요원들이었다.[4] 방학세는 이들로부터 받은 명단을 바탕으로 전반적인 모시기작전을 짰는 바, 각 협조 요원들에게 전문 정보요원 2명씩을 붙여 한 개 공작조를 구성한 뒤 협조 요원이 써 낸 요인들에 대한 소재 확인과 파악, 정보 수집을 전담토록 했다. 방학세와 김춘삼은 이 자리에서 30개 공작조를 구성하고 공작조별로 각각 따로 만나 구체적인 작전 임무를 하달했다. 공작조의 합동지휘부는 성남호텔(현 광교 부근)에 자리 잡았으며 여기에 각 공작조의 비밀 방이 배정되었다. 7월 6일부터 모시기작전은 본격적인 활동을 개시했다. 각 조는 자신들이 맡은 주요 인사들

4) 이주상이 보낸 40여 명의 사람들은 김태양, 안우생, 김용관, 임백, 김기환, 홍기무, 이찬영, 김약수, 공기찬, 김병환, 권태희, 박홍문, 조성국, 노일환, 황윤호, 이문원 등은 지난 날 한국독립당, 민주독립당, 민족자주연맹, 국민당, 한국민주당 등 우익정당과 국회를 비롯한 통치기관에서 남로당 또는 북로당의 성시백 조직의 프락치로 공작했던 사람들로서, 요인들에 대한 정보와 소재 등을 누구보다 잘 알고 있는 위치에 있는 인물들이었다(김태호, 『압록강변의 겨울』. 서울: 도서출판 다섯수레, 1991).

의 사무실과 자택을 직접 찾아가거나 자진해서 찾아올 사람들과 강제로 유인할 사람들을 구분해 접근했다. 김규식의 비서였던 권태양은 정보요원 2명과 함께 김규식을 비롯한 민족자주연맹계 인사들의 소재를, 안재홍과 깊이 연계되어 있던 권태희와 2명의 정보 요원들은 안재홍을 비롯한 국민당계 인사들의 소재를, 조소앙의 비서였던 김홍곤과 정보 요원들은 조소앙과 사회당 및 한국독립당계 인사들을 찾아 나섰다. 공작지도부는 서울시 인민위원회와 성남호텔로 자진해서 또는 권유에 따라 출두했던 인사들에 대해 먼저 등록한 뒤 간단한 심사를 받고 귀가해 다음 연락을 기다리도록 했다. 그들은 또 이 가운데 일부 인사를 다른 요인들의 소재 파악과 연행을 위해 동원했다. 그리고 연행 체포한 인사들 가운데 일제 때 친일행위를 저지른 혐의가 있거나 해방 후의 행적으로 보아 악질 반동분자로 인정되는 사람들은 성북동 비밀장소에 그대로 감금해 놓고 적절한 시점에 직접 북으로 끌고 가도록 했다.

그렇다면 왜 북한은 이들 요인을 북으로 모시려고 했는가? 한 마디로 이미 자본주의화되어 버린 이들을 평양으로 끌고 가 7월 중순부터 약 3개월간 '100일 교육'을 실시해 이들을 사회주의자로 개조한다는 것이었다.[5] 교육은 평양의 인민경제대학에서 담당하고 진행하되 이론 교육 및 참관과 견학, 생산노동 참가 등을 적절히 배합해서 진행해 이들을 사회주의적으로 개조한다는 것이었다. 교육은 내무성 정보국이 전담해 진행하고 다시 교육이 끝나면 서울로 내려 보내 통일전선에 이들을 이용한다는 정책이었다.

맨 먼저 평양으로 압송된 인사들은 1부류에 속한 참여파의 잔류 인사들로 근로인민당(이극로), 민주한독당, 인민공화당, 신진당, 사회민주당, 근로대중당 등 공산당의 조국전선에 가담해 그 아래 망라된 정당의 잔류 인사 가운데 자진 출두해 등록한 40여 명으로 1950년 7월 20일경 서울시 인민위원회에 집결해 군 트럭을 타고 출발했다. 이와 같은 북한으로의 압송은 무려 4차례에 걸쳐 진행되었다. 연합군의 인천상륙작전으로 전선에서 쫓기게 된 북한 당국은 다시 이 납북 인사들을 평양

5) 이미 자본주의화된 이들을 교육해 사회주의자로 만든 다음 통일국가 사회주의 정권에서 적절하게 활용하려 했던 것이 북한 정권의 모시기작전의 핵심 내용이다. 김일성의 항일빨치산계는 이들의 활용을 주장한 반면, 연안파와 소련파는 이들의 처형을 주장했는 바, 해외파의 경우 남조선 인사들을 통일정부에 등용하면 자신들이 권력에서 밀려날 수밖에 없다는 철저한 계산에서 그런 주장을 하고 나섰다고 볼 수 있다. 특히 소련파의 거두 허가이는 남조선 지역에서 '모신' 인사들은 무조건 처단해야 한다고 강경한 주장을 펼쳤다(김태호, 1991: 25－26).

후방으로 강제 이송시키는 작업을 실시하게 된다. 이 작업에도 내무성 정보국과 정치보위국을 동원했다. 평양을 떠나 북한의 임시수도인 강계군 만포면에 도착하기까지 수많은 납북 인사가 희생되었으며, 남북 인사 중 비중이 큰 이광수도 1950

그림 7-2 북한 군무자들의 과업지침서

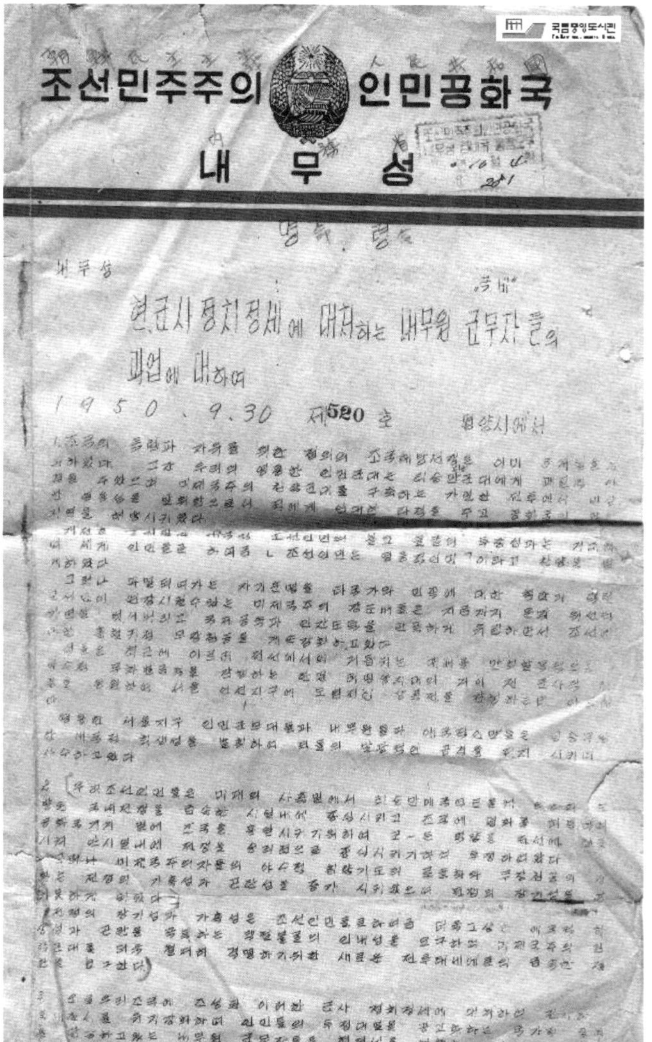
조선민주주의 인민공화국

내 무 성

내무성

현군사정치정세에 대처하는 내무원 군무자들의 과업에 대하여

1950. 9. 30 제520호

출처: 국립중앙도서관.

년 10월 25일 지병으로 강계군의 작은 언덕에서 비참한 최후를 맞이하게 된다. 한편 내무성은 점령지역에서 토지개혁과 의용군 모집에도 참여했으나 이 글에서 토지 개혁은 언급하지 않기로 한다. 의용군의 경우 주로 학생들을 대상으로 했으나 상한 연령이 17~37세까지로 북한 당국이 얼마나 병력자원 고갈에 시달렸는지 어렵지 않게 알 수 있다.

제 3 절 | 점령지역의 내무성: 전시동원과 정치범 처형

1. 전시동원과 내무성

전쟁 개시 다음날인 6월 26일 북한 최고인민회의 상임위원회는 전시 체계에 부합하는 최고 권력기관으로서 군사위원회를 조직했다.[6] 바로 이것이 오늘 북한 노동당중앙군사위원회의 전신이다. 군사위원회는 전쟁으로 말미암아 조성된 비상사태와 관련해, 그리고 전쟁에서 전체 인민의 급속한 동원을 목적으로 조직되었다. 이 군사위원회는 일체의 주권을 장악했고, 모든 정부 기관, 정당, 사회단체, 군사기관들은 군사위원회의 지시와 결정에 복종해야 한다고 규정했다. 군사위원회는 전시에 인민민주주의 독재를 수행하는 최고 집행기관이었다. 한편 북한은 '전시동원령'을 점령지역으로 신속하게 확대 실시했다.

7월 1일 최고인민회의 상임위원회 정령으로 전시동원령을 공포했는바, 1) 전 지역에 걸쳐 동원령 선포, 2) 동원 대상은 1914년 출생자에서 1932년 출생자까지, 3) 7월 1일부터 발효한다고 했다. 북한은 발표 당일 의용군 지원자가 11만 5,000명이었고, 평양에서만 3만 명이 군 입대를 자원했다고 발표했다. 처음 의용군 모집에 자발적으로 응한 사람은 서대문형무소에서 출옥한 지방 출신의 남로당계와 서울에서 피신해 있던 지방 당 간부였다.[7] 초기에는 의용군 지원 자격의 문이 매우 좁았

---

6) 헌법 제정 시에 북한은 최고인민회의와 최고인민회의 상임위위원회에서 채택하는 법률을 구별하기 위해 전자는 명령, 후자는 정령이라고 구별했다. 그런데 전쟁 시 점령지역에서 발표한 법률은 대체로 정령에 속한다.

7) 증언에 따르면, 6월 28일 서대문형무소에서 출옥한 당원들은 시청 앞에 군별로 팻말이 있는 곳으로 집결했다고 한다. 이때 경기도당 조직 부부장인 간부가 나타나 "동지들 지금 감옥에서 나와

던 셈이다. 일반 의용군은 주로 학생을 대상으로 했는데 처음에는 자원 형식을 취했다. 7월 3일 서울에서는 금화국민학교에 85개 교 1만 6,000여 명을 모이게 한 뒤, "전선을 지원하자"는 구호를 외치면서 시가행진을 하도록 했다.

또한 그날 2시에 동대문과 광화문에서 '애국학생 궐기대회'를 개최한 다음 즉석에서 의용군을 편성했다. 이때 좌익계 학생들을 중심으로 '학생의용대'가 조직되었다. 점령군 지역에서의 의용군 모집은 7월 6일 당의 결정으로 '의용군 초모(招募) 사업에 대하여'라는 방침이 내려지면서 본격화되었다. 그 내용은 1) 의용군은 18세 이상의 청년으로 하되 비농민, 청년을 많이 끌어들일 것, 2) 각 도에 할당된 책임 모집 수를 완수할 것, 3) 전 남로당원으로서 변절자는 의무적으로 가입시킬 것 등이었다. 미국 측이 인민군 포로를 심문한 자료에 따르면, 의용군은 17세에서 37세까지의 남성을 대상으로 했는데, 7월 중순까지는 학생들이 모두 징집되었고 그냥 길거리를 지나가는 남성들도 권유를 받았으나 강요되지는 않았다고 한다(국사편찬위원회, 1996). 그러나 그 이후부터 의용군 모집은 완전 강제적이었고, 응하지 않을 경우 처형도 있었다고 한다. 그만큼 북한군 병력자원이 갈급했던 것이다. 다시 8월 이후부터는 내무성 요원들이 총을 들고 민청원들과 한 떼가 되어 새벽 두세 시에 가택을 수색해 청년들을 강제로 끌어가기도 했다. 그 결과 충청남도의 경우 7월 말에서 9월 초까지 의용군으로 모집된 젊은이가 2만 3,000명이나 되었다. 남한 지역에서만 약 20만 명에 달하는 청년들이 의용군으로 징집되었다. 집결된 의용군 부대 중 경북은 안동여단, 충남은 대전여단, 전남은 광주여단으로 불렸다. 이렇게 반자원, 반강제로 모집된 의용군 수는 전국에서 40만 명을 헤아렸다고 한다.

한편 내무성은 8월 이후 전세가 불리하게 진행되자 대대적인 후방원호사업을 실시했다. 주로 군중집회를 통해 필수품인 수건과 손수건, 양말, 칫솔, 비누 등을 수집해 감사편지와 함께 군부대로 보냈다. 인민군은 주·부식을 모두 현지에서 조달하는 것을 원칙으로 했는데, 전선의 종심(縱深)이 깊어질수록 이와 같은 수탈은 더욱 강화되었다. 나중에는 귀금속과 피아노 등을 빼앗아 북한으로 실어 가는가 하면 고추장과 된장, 숟가락, 이불까지 요구했다. 당시 내무성의 점령지역에서의 구호는 "모든 역량을 전쟁 승리에로"였고, 우리 한국 경찰의 구호는 "쌀을 감추라"

몸들이 불편할 줄로 알지만 어쨌든 전쟁에 이기고 봐야 할 것 아니요. 의용군에 나가시오. 나갈랍니까?"라고 물어서 모두가 "예"하고 대답했고, 이후 며칠 동안 목총으로 훈련받은 다음 도 당의 심사를 거쳐 부대에 배속되었다고 한다(김동춘, 『전쟁과 사회』. 서울: 돌베개, 2009: 250－255).

는 것이었다.

2. 정치범의 체포와 재판

북한군이 '남진'에 전념하는 동안 한국 점령지역의 치안과 사회 질서 및 공산화 임무는 전적으로 내무성의 몫이었다. 그 결과 한국전쟁 시기 북한의 남한 점령 당시 인민군, 좌익, 빨치산 등에 의한 인명 피해가 있었었고, 특히 1950년 9월 말 인민군 후퇴기에 대규모 인명 피해가 있었다는 점이 밝혀졌다. 이 사건은 전국 각지에서 동시다발적으로 이뤄졌다는 점, 정치보위부의 주도 아래 내무서원, 인민군 등 북한의 국가기관 구성원들이 조직적으로 참여했다는 점에서 주목된다. 그러나 아직 그와 같은 대규모 인명 피해 사건이 발생하게 된 구조적 원인이나 결정의 주체와 과정, 최고 결정 단위와 하부 집행 단위 사이의 지휘명령 계통 등 사건의 핵심을 이해하기 위한 문제들은 규명되지 않고 있다.

일반적으로 '정치범'이란 자신이 속한 체제나 정권에 대한 정치적 반대 신념이나 사상으로 인해 또는 그것을 행동으로 표현함으로써 정치권력의 처벌 대상이 되는 경우에 사용되는 용어이다. 북한에서 '정치범'을 표현하는 용어는 다양했는데, 일반적으로는 '반동' 혹은 '반동분자'라는 용어를 사용했다. 남한 점령지역에서 북한은 경찰, 군인, 공무원, 우익단체 참가자 등 대한민국 정부의 성립과 유지에 기여한 자들을 '정치범'으로 다뤘고, 이른바 '악질 민족반역자', '친미파' 혹은 '친일파', '특무', '밀정' 혐의자 등도 '정치범'을 표현하는 용어로 사용되었다. 북한의 남한 점령 이후 약 2~3개월에 불과했던 짧은 기간에 '정치범' 혐의자들은 자수 권유 혹은 체포의 대상이 되었고 이른바 '죄질'과 북한 체제에 대한 태도에 따라 선별적으로 수용되거나 배제되었다. 북한 점령 당국의 '정치범' 인식과 정책은 이들에 대한 처벌 수단인 형사법 제도 및 재판제도의 운용 과정에 투영될 수밖에 없었다.

이 글에서는 이러한 제도의 형성과 운용 과정이 결국 9월 말의 처형사건으로 연결되었다는 점에 주목했다. 따라서 당시 북한의 전시 체제와 전시 사법 및 재판제도의 변화 과정과 그 요인, 점령 당국의 '정치범' 인식과 처리 방침의 변화를 검토함으로써 9월 말 정치범 처형사건 문제의 이해를 한 단계 높일 수 있을 것이라고 생각한다. 또한 이러한 접근방식은 다양한 '정치범' 처형 사례들 가운데 제도적 틀 안에서 이뤄진 행위와 전시의 특수 상황에서 이뤄진 개별적 행위를 구분할 수 있도록 함으로써 향후 개별 사례의 발굴과 이해에도 도움이 될 수 있으리라 판단한다. 전쟁 당시 북한의 남한 점령지역 내에서의 '정치범' 재판과 관련해 가장 먼저 검토되어야 할 것은 초기 전시 체제의 성격 및 '정치범' 처리의 법적 근거가 무엇인가이다.

전쟁 발발 직후 북한의 최고인민회의 상임위원회는 1950년 6월 26일 군사위원회를 설치해 모든 권력을 집중시키는 한편 27일에는 "국토의 일부 또는 전역에" 전시 상태를 선포하고 해당 지역에서 최고 주권기관인 지방군정부를 설치하는 정령을 발표했다. 전시 상태는 계엄령에 해당하는 개념인데, 이로써 북한은 전쟁 목적 달성을 최고의 상위 개념으로 하는 전시 체제로 돌입했다. 전시 상태가 계엄을 의미한다면 지방군정부는 일종의 계엄사령부에 해당하는데, 군정부가 '정치범'에 대한 극단적 처리 권한을 보유했는지 주목된다. 그러나 전쟁 발발 초기 선포된 '전시 상태' 정령은 남북한 전역에 일률적으로 적용된 것이 아니었고, 38선 이북의 강원도, 황해도 등 38선 접경지역으로 국한되었다(보위신문, 1950. 6. 28). 정령에 규정된 지방군 정부의 구성과 권한 역시 온건했다. 군 정부는 인민위원장, 내무기관 대표, 군대표 등이 참가하는 일종의 군－관 협조 체제였고 인민위원장이 위원장을 맡는 등 문민통제의 원칙이 적용되었다.

특히 남한지역에는 인민위원회가 부재했기 때문에 군정부 구성 자체가 불가능했다. 또 군정부는 해당 지역을 통제했지만 주로 전쟁 수행을 위한 인적·물적 자원의 동원과 거주 이전의 자유 및 통행의 제한 조치를 취할 수 있는 권한 정도를 보유했고, 명령 위반자에 대한 처벌 권한 역시 6개월 이하의 징역형이나 5천 원 이하의 벌금 부과 등에 불과했다. 따라서 이 정령이 전시 체제의 기본을 규정하는 입법 조치였던 것은 분명하지만 전시 상태가 선포되지 않은 38선 이남지역 상황, 특히 '정치범'에 대한 극단적인 처리 문제와 바로 연결시킬 수는 없다.

이 정령은 별도의 전시 법규들에 의해 보완되어 나아갔다고 판단된다. 7월 23일 최고재판소 전원회의에서 '전시 상태가 선포되지 않은 지역'에서도 전쟁 수행에 반하는 범죄행위를 가중 처벌한다는 방침을 정한 것도 이 때문이었다. 그런데 남한 점령 초기에는 '정치범'을 규제하는 별도의 전시입법 조치를 발견할 수 없다. 그렇다면 남한 점령지역에서 초기 '정치범' 처벌의 법적 근거는 무엇이었을지 검토해 보기로 한다. 전쟁 직후인 6월 26일 김일성은 방송 연설을 통해 "후방에서 도피분자, 요언 전파분자들과 무자비하게 투쟁하며 밀정, 파괴분자들을 적발 숙청하는 사업들을 민첩히 조직”하며, “통일과 자유와 독립을 위한 전 인민적 전쟁에 방해를 주는 자들을 처단”할 것을 요구했다. 이는 전쟁 수행을 방해하는 ‘적대행위자’들에 대한 적극적인 처단을 역설한 것이었다. 이 ‘적대행위자’ 개념과 이를 둘러싼 해석 문제는 전쟁 발발 초기 북한의 전시 ‘정치범’ 문제와 연관되어 있기 때문에 별도로 검토해 볼 필요가 있다. 남한지역의 ‘적대행위자’ 개념과 그 처리에 대해서는 서울 점령 직후 발표된 6월 30일자 서울시임시인민위원회의 고시 6호와 7월 9일과 16일자 서울시위수사령부의 포고가 참조된다.

서울시임시인민위원회(위원장 이승엽)에서는 ‘고시 6호’를 통해 “과거 조선민주주의인민공화국 주권에 적대행동을 한 자”들은 자수 신청서를 내무기관에 제출할 것을 요구했다. 자수하는 자는 용서하지만 형식적으로 자수를 가장한 자와 자수를 하지 않는 자는 계속 적대행위를 하는 자로 인정하겠다고 하고 고시를 위반하는 자는 ‘전시 하의 군법’으로 처단한다고 했다. 서울 점령 직후 구성된 서울시 임시인민위원회는 사실상 남한 중앙정권의 역할을 했는데, 위원장 이승엽은 남로당계 핵심 인사로 당과 내각에 참여하고 있었다. 고시 6호는 내무상의 명령에 따라 발표되는 형식을 취했지만 남로당계의 동의가 전제되었을 것이라는 점에서 남로당계의 인식을 반영했다고 본다.

서울지역 위수사령부에서도 연달아 포고문을 발표해 ‘적대행위자’들의 자수를 요구했다. 7월 16일 위수사령부(사령관 박효삼)는 “민심을 교란시킬 목적으로 요언을 유포하며 삐라를 살포하는 등 반동 언행을 하는 자와 사회 질서를 혼란케 하는 자는 공화국 정부 정책과 인민군 군사행동에 적대하는 자로서 엄중히 처단”할 것이며, “인민들에게 악질적 죄악을 범행한 민족반역자 및 반동경찰과 괴뢰국방군 패잔병들은 급속히 자수 투항할 것이다. 만일 자수 투항하지 않고 끝까지 반항하는 자는 최후까지 추격 소탕할 것”이라고 했다. 특히 이 포고에는 서울 시내에 주둔한 인민군 및 내무성 경비근무 인원들이 “무단 발사하는 경우에는 현지에서 무장을 해제하고 군사 규정에 의해 처벌”할 것이며, “서울 주둔 혹은 특수부대들은 자기의 임무와 주둔지를 서울위수사령부에 보고 등록해야 한다”고 해서 위수 업무의 기본 역할과 권한을 천명했다.

역시 포고 위반자는 「전시군법」에 따라 처단할 것이라고 했다. 행정기관이 발표한 ‘고시 6호’와 군대의 ‘포고’는 각각 ‘적대행위자’ 관련 전시 법규범으로서의 의미가 있었다. 모두 ‘적대행위자’들의 자수를 요구했으며 계속되는 적대행위에 대해서는 「전시군법」에 따라 처단한다고 했다는 점에서 공통성이 있다. 그런데 두 가지는 미묘한 차이가 있었다. '고시 6호'가 '과거' 북한 '주권에 적대적인 행위'를 했던 자, 즉 정치적 반대자들을 겨냥한 것이었다면, '포고'는 "악질적 죄악을 범행한 민족반역자 및 반동경찰과 괴뢰국방군 패잔병들"로 무장 적대 세력에 대한 군사적 대응에 초점이 있었다. 이것은 초기 전시 상황에서 이른바 '적대행위자'라는 개념 속에 서로 다른 이질적인 개념, 즉 반체제적 '민간 정치범'과 '무장 적대 세력'이라는 개념이 통합되어 있었음을 의미한다. 위수 업무를 수행하는 군대는 무장 적대 세력에 대한 군사적 진압을 기본 임무로 보고 있었으며 비무장 상태의 민간 정치범에 대한 처벌에 참가하는 것을 경계했다. 특히 비무장 민간 정치범에 대한 처리 방향에 대해서는 남로당계 좌익이 주도하는 행정기관과 군대의 정책이 상반되기조차 했음을 암시한다. '포고' 내용 가운데 '인민군 및 경비 인원의 무단 발사'에 대한 금지와 처벌, 서울 주둔 '특수부대'의 등록 요구 등이 주목되는데, 이것은 초기 비무장 '정치범' 처리에 군대가 가담하는 현상을 엄격히 금지하는 한편 남한 좌익 계열이 주도하는 의용군이나 유격대 등 '특수부대'가 무분별한 '정치범' 처리에 나서는 것을 견제하려는 것이었다고 해석된다.

내무성 산하 경비대 역시 비무장 민간인 '숙청'은 기본적인 임무가 아니라는 입장을 유지했다. 8월 27일 서울 주둔 전선지구경비사령부(사령관 박훈일)는 "전선부대 및 구분대 지휘관들의 정치적 암매성(晻昧性)으로 인해 경비부대들의 임무를 망각하고", "비법적으로 비무장 인원 숙청공작을 하는 사실들"이 있다고 지적하고 "직접 무기로 대항하는 무장 인원은 이를 처단"하되 "밀정 혹은 혐의자들은 이를 체포하여 정치보위부나 내무기관에 인계할 것"을 지시했다. 당시 북한 군대에는 법적으로 민간인 '정치범' 처벌권이 없었다. 물론 민간인이 인민군의 군사행동에 직접 저항하는 경우 '적대행위자'로 간주하고 대응할 수는 있었지만 그 이외에 군대가 민간인을 직접 처벌하는 것은 원칙적으로 불법이었다. '적대행위자'에 대한 무력 대응 이외에 민간인을 처벌할 수 있는 방법은 당시 군사재판을 통하는 것인데 북한 형법상 군사재판은 원칙적으로 '군사범죄'에 국한되어 있었다. '군사범죄' 규정은 명령불복종, 전투장소 이탈, 도주 등 군무원들에 관한 것이었고, 민간인들이 적용 대상이 된 것은 군사 칭호 참용, 군무집행 방해 등 일부에 불과했다. 따라서 민간인 '정치범' 문제는 기본적으로 관할권 밖이었다.

그렇다면 앞서 '고시 6호'와 위수사령부 '포고'에 '적대행위자' 처벌의 법적 근거로 제시된 이른바 「전시군법」의 존재 여부와 내용을 검토해 보기로 한다. 결론적으로 말하면 「전시군법」이란 별도로 존재하는 것이 아니라 기존 북한 형법에서 규정된 '정치범죄', 즉 이른바 '국가 주권적 대죄' 조항의 전시 적용을 의미했다고 판단된다. 원래 1950년 3월 채택된 북한 형법에는 "주권을 전복, 문란 혹은 약화시킬 목적이거나 또는 공화국의 대외 안전 및 정치적·경제적 제도의 기본을 문란 혹은 약화시킬 목적을 가진 일체의 행위"를 '국가 주권적 대죄'로 규정해 엄격히 처벌하고 있다.

그 구체적인 조항은 무장 폭동 및 영토 분리 시도(65조), 외국의 무장 간섭 및 적대행위 유도(66조), 반국가적 목적으로 하는 외국과의 연락 협조(67조), 간첩행위 및 국가비밀 누설 등 조국 반역(68조), 국가주권 대표자 및 정당 사회단체 대표자에 대한 테러행위(72조), 국가기관 및 국가기업소의 정상적 활동 방해(73조), 국가시설 방화 및 파괴(74조), 태업행위(75조), 인민 주권 전복 및 약화 문란행위와 반국가 선전 선동(76조), 반국가단체 구성(78조), 민족해방운동 및 인민민주주의운동 탄압(79조) 등이 있다. 물론 이 '국가 주권적 대죄' 조항은 평시 체제 하에서 '정치범'을 처벌하기 위한 조항인데 평시에도 75조, 76조 등 일부를 제외하고는 모두 사형 및 전 재산 몰수에 해당하는 무거운 처벌이 가능했다. 그런데 이 가운데 전시의 '정치범' 처리와 관련해 주목되는 것은 76조와 66조 사이의 관계이다. 76조에는 각각 평시와 전시로 구분되는 이중적인 양형 기준이 규정되어 있어 전시 상황에는 좀 더 가혹한 기준이 적용되었다. 즉, '인민 주권의 약화 문란 행위 및 반국가 선전 선동'을 한 경우 본래 2년 이상의 징역 및 전부 또는 일부 재산 몰수에 그치게 되어 있는데, 동일한 사안이라 하더라도 "군중적 흥분 상태 혹은 전투 상태 밑에서 또는 민족적 혹은 종교적 편견을 이용"하는 경우에는 '외국의 무장 간섭 및 적대행위 유도죄'(66조)와 동일하게 처벌하도록 규정함으로써 사형 및 전 재산 몰수의 극형이 가능하도록 되어 있었다.

이러한 이중 양형 기준은 '국가관리 침해' 관련 조항인 101조 규정에도 적시되어 있다. "민족적 또는 종교적 불화나 증오를 일으키게 할 선전 선동을 한 자 또는 그러한 내용의 서류를 산포하거나 작성 보관한 자"가 "군중적 흥분 상태 또는 전투 상태에서" 죄를 범하고 "정상이 중한 경우" 사형 및 전 재산 몰수에 처하도록 규정되어 있다. 다시 말해 소요나 폭동, 전투 상태 등 비상 사태에서는 가장 낮은 정도의 일반적인 '정치범죄'조차 외환(外患) 유도죄와 동일시함으로써 극형으로 처벌할 수 있는 법적 근거가 이미 마련되어 있었음을 알 수 있다.

3. 북한군의 퇴각과 정치범 처형

인민군의 후퇴가 시작되고 유엔군과 남한 군경이 반격을 개시하면서 전국의 각지에서 정치범 처형사건이 발생했다. 이를 주도한 것은 노동당과 내무성 정치보위부였다. 이미 정치범에 대한 군사재판권, 즉결권을 넘겨받은 정치보위부는 전국의 형무소, 내무서, 분주소에 구금되어 있던 미결수를 포함한 인사들을 분류해 처형했다. 진실화해위원회의 보고서에서 밝혀졌듯이 대전형무소, 전주형무소, 목포형무소 등 각 형무소에서 기결 혹은 미결 상태에 있던 정치범이나 각 정치보위부 및 내무서에 수감된 수많은 '정치범'이 처형되었다. 9월 말 후퇴기에 발생한 처형사건들은 시기적으로 약간씩 차이가 난다. 9월 15일 인천상륙작전이 시작됨에 따라 이른바 '적 침습구역'이 될 위험이 높은 경인지역에서 가장 먼저 시작되었고, 지방에서는 서울이 함락되면서 포위의 위험에 빠진 이남 지역의 인민군 및 각급 당·정 기관에 후퇴 명령을 내리는 시점에서 그와 같은 방침이 전달되었다고 생각된다.

서울 경기지역에서는 인천상륙작전이 개시된 직후부터 정치범 처형의 방침이 전달되어 시행되었던 것으로 판단된다. 남부지역에서는 대체로 인민군과 각 점령지 행정·사법기관이 본격적으로 후퇴를 개시했던 9월 28일 전후로 사건이 발생했다. 당시 서대문형무소에 미결수 신분으로 구금되어 있던 구철회의 증언에 따르면, 9월 16~20일 시 정치보위국의 예심관과 검사들이 이송 여부를 분류했다고 한다. 9월 20일 파옥(破獄)을 시도하는 입감자들을 향한 총격이 있었고 최종적으로 이들에 대한 즉결 처형이 있었다. 도-시-군 각급 정치보위부에는 군사재판의 권한이 부여되어 있었지만 실제 약식이나마 재판이 이뤄졌다는 흔적은 찾을 수 없고 대부분 즉결 처형의 형태였다. 처형이 시작된 초기에는 약식이나마 실제 재판이 있었을 가능성을 배제할 수 없지만 확인할 수 없다. 전황이 다급해지면서 즉결 처형이 주류를 이뤘을 것이라는 점은 어렵지 않게 추측할 수 있다.

그런데 예심과 재판 절차를 거치고 있던 구금자들 이외에 이미 석방된 인사들도 다시 체포해 처형되는 경우도 있었다. 9월 말 충남 논산군의 경우 논산군 정치보위부에서는 이미 석방된 인사를 포함해 관내 우익 인사를 체포해 처형했다. 같은 시기 경기도 화성군 송산면 주둔 부대에 내린 대대장 지시 사항에는 "작일 200여 명의 반동을 검거"했다는 기록이 있다. 이들의 처리 결과는 확인할 수 없지만 논산군의 사례와 유사했을 것이다.

후퇴하는 인민군이 현지 좌익의 요청으로 처형하는 경우도 있었다. 이 경우는 국군 및 유엔군을 환영할 준비를 했거나 반공적 행위를 한 것이 문제가 된 경우이다. 충청북도 충주군 엄정면 유봉리에서는 9월 말 국군 진주를 앞두고 공산주의자들이 붙인 간판, 삐라를 제거했다가 반동으로 체포되어 주민 약 21~25명이 처형되었다. 이들은 리 인민위원회의 명령으로 자위대에 의해 체포되었는데 인민위원장의 요청으로 인민군이 처형했다고 한다. 후퇴기의 정치범 대량 처형사건이 발생한 원인은 국군의 진주를 앞두고 '적대행위' 가능성이 있는 자들을 제거하기 위한 목적과 함께 점령정책 기간 노출된 좌익 인사들을 보복으로부터 보호하기 위한 목적도 있었다고 보인다.

목포형무소 사건을 주도한 목포시 정치보위부장 김병덕은 "금야 내로 죄인을 전부 처리하지 않으면 안 될 것이다. 만일 전부 하지 않으면 목포시민 반수는 죽을 것"이라고 말하면서 강력히 전부 실행할 것을 주장했다고 한다. 1950년 9월 말 논산군 정치보위부에서 발생한 사건에서도 40~60명가량 처형되었는데 당시 논산군 정치보위부 심사계장이 처형 장소에서 "반동분자들을 살려두면 위험하니 모두 죽여야 한다"고 언급했다고 한다.[8] 그런데 이러한 처형사건들이 북한 최고지도부의 공식적인 지시 여부와 그 결정과 집행 과정에 대해서는 좀 더 검토가 필요하다. 일단 전국적으로 동시다발로 사건이 발생했다는 점에서 모종의 지침이 있었던 것은 분명하다. 이와 관련해 이른바 '전선사령관 지령설'이 주목된다. 인민군 후퇴기 전선사령관 김책이 내린 명령서에 유엔군의 진주가 예상되므로 향후 유엔군의 지주가 될 우익 인사들을 체포 학살하라는 내용이 담겨 있었다고 한다. 이른바 '명령서'는 전북 옥구군 미면 노동당 조직부장인 김○○가 전달받았다는 내용이 재판 과정에서 알려진 것이다. 하지만 이 '명령서'란 요약되어 개작된 형태이고 원문은 알려져 있지 않다. 따라서 전선사령관이 실제 그와 같은 지시를 했는지는 확인할 길이 없다. 김남식의 『남로당연구』(1984)에도 비슷한 내용이 수록되어 있다. 9월 중순

8) 대체로 1950년 7월에서 9월 사이 인민군이 38선 이남을 점령한 시기에는, 1947년경부터 전쟁 직전까지 우익이 득세하면서 탄압을 받았던 잔존 좌익들이나 국민보도연맹 피해자 가족들이, 미처 피란가지 못한 경찰 가족, 우익 인사, 우익 청년단원들에게 폭력을 가하거나 살해하는 일이 비일비재했다. 그런데 이런 폭력과 학살은 정규군인 북한군에 의해서가 아니라 대체로 현지 좌익 주도로 이뤄졌다(김동춘 외, 『전쟁과 사회』. 서울: 돌베개, 2009).

노동당은 전선사령부에 후퇴 명령을 내리는 한편 지방당에 “유엔군 상륙 때 지주가 되는 모든 요소를 제거할 것”을 지시했다고 한다. 역시 근거를 밝히지 않아 확인할 방법은 없다.

그러나 9월 말 후퇴기의 대규모 처형사건들은 중대한 사안의 성격상 북한 최고지도부에서 논의되지 않을 수 없었다는 것은 분명하다. 통상적으로 주요 사안에 대한 북한의 정책결정 과정을 보면 우선 당정치위원회에서 논의 결정되고 그 사안에 따라 다시 군사위원회, 최고인민회의 상임위원회나 내각 등에 전달되어 공식 결정된다는 점, 그리고 앞서 살펴본 바와 같이 8~9월 점령지역에서 군정 체제로 개편이 이뤄졌고 이 군정 체제에 당과 군대, 내무기관이 모두 참여했다는 점을 고려하면 당정치위원회에서 모종의 결정이 이뤄지고 이 결정이 다시 군사위원회를 통해 각급 방어지구 군사위원회에 전달되었다고 추정한다. 그 결과 ‘민간 정치범’에 대한 실제 집행은 각급 방어지구군사위원회에 참여한 당 조직과 내무기관, 즉 정치보위부가 주도한 것이었다. 지시의 내용은 구금 상태에 있는 ‘정치범’은 우선 타처로 이송하고 여의치 않을 경우 즉결 처형하며 유엔군 및 국군이 진주할 경우 이에 협력할 가능성이 있는 우익 인사들을 사전에 체포해 처형하라는 지시였다고 판단된다. ‘정치범’ 처형의 결정 및 집행 과정, 지시 내용과 관련해 참고할 수 있는 구체적인 사례는 북한지역에서 10월 19일 발생한 ‘진남포교화소사건’이다.

당시 진남포 시당 조직부장 김덕원의 진술에 따르면, 유엔군의 진주를 앞두고 진남포시 ‘군정위원회’가 조직되었다. 이 위원회 회의에서 19일 진남포교화소 수감자 63명을 “용강군지구로 이동시키거나 또한 그를 적당히 처분할 것”을 결정했는데, 군정위원이며 시당위원장인 김만금이 김덕원을 통해 그 결정문을 교화소 부소장에게 전달했다고 한다. 당시 적당히 처분하라는 내용의 의미를 확인하고자 질문했을 때 역시 군정위원인 해군사령관이 ‘총살’을 의미한다는 답변을 했다고 한다. 이에 따라 진남포교화소 수감자 63명은 인근 야산 방공호에서 처형당했다. 당시 급박한 상황에서 다수의 수감자를 결박해 이송하는 것이 사실상 불가능했다는 점에서 결정자나 집행자들 모두 사실상 이송보다는 즉결 처형 쪽을 염두에 둘 수밖에 없었다고 판단된다. 그러나 일부 지역의 내무서장, 교화소장 및 검찰소장 등은 처형 지침을 접수하고도 집행을 거부하거나 회피하는 경우가 있었다. ‘즉결 처형’이 규정된 법적 절차를 위반하는 것이라고 봤기 때문이었을 것이다. 이러한 사례는 금산 내무서사건에서 찾아볼 수 있다. 9월 26일 발생한 금산 내무서사건은 ‘인민군' 장교의 주도로 이뤄졌다고 한다. 생환자인 이병용은 당시 내무서로 찾아온 '인민군' 장교가 학살을 거부하는 내무서장과 검사장을 질책하며 수감자 중 정치범만을 선별해서 처형했다고 한다. 이병용은 검사장의 묵인 아래 절도범으로 사칭해 생환할 수 있었다. 목포형무소 사건에서도 교화소장이 정치범 처리 장소와 방법을 논의하던 도중 "우물에다 처리하자"는 정치보위부장에 대해 "후일을 생각하라"며 소극적인 반응을 보였던 것도 같은 이유였을 것이다.

후퇴기의 '정치범' 처형 집행을 주도한 정치보위부에서는 군사적 대치 상태에서 '정치범'을 즉결 처형한다는 방침을 가지고 있었다고 판단된다. 1950년 9월 말 후퇴 이후 중국군의 참전에 따라 재남진하는 과정에서 정치보위부의 '정치범' 처리 방침에는 이 점이 명시되어 있다. 11월 23일 내무상 대리 정치보위국장 방학세[9]는 '반동분자'를 취급 처리하려면 반드시 해당 검찰소와 재판소의 법적 수속에 따라 처리할 것을 지시하면서도 "다만 적의 침입으로 위급한 경우와 또는 적 앞에서 그들을 환영해 반동을 감행할 시에는 체포해 즉결 처분을 할 수 있다"는 지침을 제시했다(홍학지, 1992: 62－65).

제 4 절 | 전쟁 중 북한 정치권력과 내무성

1. 노동당·군대·내무성의 역학관계

한국전쟁 초기 등등하던 북한군의 기세는 3개월도 넘기지 못하고 패배를 경험한 후 퇴각의 길에 오를 수밖에 없었다. 1950년 10월 19일 미 1군단과 백선엽 소장이 이끄는 국군 1사단이 평양을 점령했다. 이어 10월 20일 미 제187공수여단이 평안남도 숙천과 순천에 낙하산 부대를 투하해 평양에서 철수하는 북한군과 북한 정권의 퇴로를 끊으려 했다. 이때 미군과 국군의 병력은 무려 42만 명에 달했다.

9) 1950년 9월 15일 미군의 인천상륙작전 직후 박일우 내무상은 사실상 자기 임무를 방학세에게 인계하고 중국 지원군의 북한 진주 작업에 전력했다. 그는 9월 15일 직후 중국의 단둥(丹東)으로 건너가 중국군 관계자들을 만나 조선 정세를 설명했다. 팔로군 출신인 박일우는 중국어에 능통했고, 따라서 조중연합사령부 결성 시 부사령관 겸 부정치위원으로 참가하게 된다(홍학지, 『중국이 본 한국전쟁』, 서울: 고려원, 1992: 20－23).

전투기는 1천 100여 대, 각종 군함은 300여 척이었고, 지상부대는 5개 군단 15개 사단, 2개 여단 등 23만여 명이었다. 그중에서 미군 3개 군단 6개 사단(사단마다 탱크 154대, 57~155mm 야포 352문 보유) 12만여 명에다 다른 참전국가 군대 1만 2,000여 명이 있었다. 북한의 5년 수도 평양의 함락은 국군과 미군을 더욱 의기양양하게 만들었다. 그들은 이것이 북한의 철저한 실패를 상징하며, 설사 중국군이 참전한다 해도 그전에 북한 전역을 통일할 부푼 꿈에 젖어 있었다. 마침 10월 19일 평양이 함락되던 날 중국 지원군은 압록강을 건너 북한지역에 진주했다. 중국인민지원군은 팽덕회를 사령관 겸 정치위원으로 하고, 등화를 제1부사령관 및 부정치위원으로, 홍학지를 제2부사령관으로 조직되었다. 또 한선초를 제3부사령관, 해패연을 참모장으로 임명했다.

중요한 것은 중국군 측의 요구대로 북한 정권의 초대 내무상 박일우를 이 지원군 사령부의 부사령관 겸 부정치위원으로 임명했다. 또 초대 총참모장 강건이 전사(1950년 9월 금강계선에서 전사)한 뒤 총참모장에 임명되어 있던 김웅을 지원군 부사령관으로 임명했다.[10] 박일우의 후임은 정치보위국장으로 점령지역에서 활약한 방학세가 임명되었다.[11] 인민군이 사실상 조중사령부로 편성되면서 인민군의 지위와 역할을 낮아지고 북한 사회 내부의 질서와 전쟁을 보장하는 내무성의 역할이 더욱 증대되었다. 평안남도 회창군에 사령부를 설치한 중국인민지원군은 전선에서 대부분의 영역을 차지했고, 따라서 전쟁 지휘권은 팽덕회 사령관의 몫이었다.

---

10) 경북 김천 출생인 김웅은 중국 황포군관학교 졸업, 8로군 연대장, 1945년 만주의 조선의용군 제1지대장, 1950년 6월 인민군 제1군단장, 1951년 민족보위성 부상, 1953년 2월 전사한 김책 후임으로 전선사령관(상장), 1958년 대장으로 예편했다가 연안파 반김일성 종파사건에 연루돼 숙청되었다가 1968년 다시 복권돼 대외문화연락위원회 부위원장, 남예멘 대사 등을 역임하고 권력의 무대에서 사라졌다(홍학지, 『중국이 본 한국전쟁』. 서울: 고려원, 1992).

11) 방학세(1914~1992)는 1948년 3월 제2차 당대회에서 북조선노동당 중앙위원회 위원에 임명되었고, 같은 해 9월 내무성 정치보위국 국장에 임명되었다. 1951년 3월부터 1952년 10월까지 1년여간 사회안전상을 지냈고, 사회안전상에서 해임됨과 동시에 내무상에 임명되었다. 1956년 4월 제3차 당대회에서 노동당 중앙위원회 위원에 임명되었고, 1966년 11월부터는 노동당 연락국 정보부장을 지냈다. 1970년 11월 제5차 당대회에서 당 중앙위원에 재임되었다. 또 1980년 10월 제6차 당대회에서도 당 중앙위원에 연임되었다. 본격적인 법조인으로 활동하기 시작한 것은 1960년 11월부터이다. 당시 최고재판소 부소장에 임명되었고, 1972년 12월 최고인민회의 제5기 1차 회의에서 최고인민회의 법안심의위원 겸 중앙재판소 소장에 전격 기용되었다. 1982년 4월 또다시 중앙재판소장에 연임되었고, 이때 북한 최고의 훈장인 '김일성훈장'을 받는 등 능력을 인정받기도 하였다. 2년 뒤인 1984년 3월에는 70회 생일을 맞아 '노력영웅' 칭호와 함께 '국기훈장 제1급'을 수상했다. 1986년 12월 최고인민회의 법안심의위원 겸 중앙재판소 소장에 재기용되었다.

상대적으로 김일성 최고사령관의 권한은 많이 축소되고 노동당의 역할도 당 사업이 사실상 침체되면서 행정기관의 역할이 더욱 증대되었다. 당 회의와 총화사업을 제대로 진행되기 어려웠고, 북한 군인들과 주민들은 언제 전쟁이 끝나 평화로운 가정으로 돌아갈 수 있을까 하는 불안 속에 살아가야 했다.

1950년 12월 21일부터 23일까지 북한의 임시수도인 자강도 강계시에서 노동당 중앙위원회 제3차 전원회의가 소집되었다. 당중앙위원회가 전면에 나서 북한 진로를 결정한 것은 한국전쟁 중 이 회의가 이때까지 유일한 회의였다. 전시 상태에서 최고인민회의나 조국전선중앙위원회는 단 한 번도 소집되지 않았다. 사실상 이 회의는 전쟁의 책임을 두고 박헌영에게 그 잘못을 돌리는 회의였다고도 할 수 있다. 이에 앞서 1950년 10월 21일에 열린 당 정치위원회에서 박헌영은 인민군 초대 총정치국장에 임명되어 있었다.[12] 또 약 1년 후인 1951년 11월에 소집된 당중앙위원

표 7-1 역대 인민무력상

구분	이름	재임 기간
1대	최용건	1948 ~ 1957(9년)
2대	김광협	1957 ~ 1962(5년)
3대	김창봉	1962 ~ 1968(6년)
4대	최현	1968 ~ 1976(8년)
5대	오진우	1976 ~ 1995(19년)
6대	최광	1995 ~ 1997(2년)
7대	김일철	1998 ~ 2009(11년)
8대	김영춘	2009 ~ 2012(3년)
9대	김정각	2012 ~ 2012(7개월)
10대	김격식	2012 ~ 2013(6개월)
11대	장정남	2013 ~ 2014(1년1개월)
12대	현영철	2014 ~ 2015(8개월)
13대	박영식	2015 ~ 2018(3년)
14대	노광철	2018 ~ 현직

출처: https://www.google.co.kr/search?q=(검색일: 2019.2.16).

12) 북한은 전쟁 패배의 원인인 군인들의 사기와 정치사업 부진으로 돌리면서 그동안 총정치국이 없던 군대 안에 최초로 총정치국을 설치하면서 남로당계 거두인 박헌영을 임명했다. 그 자리에서 "미국놈들 비행기 때문에 패배했다"고 말한 김일성의 최측근 김일 인민군 문화국장이 해임되었다(서동만, 『북조선사회주의체제성립사』. 서울: 도서출판 선인, 2005).

회 전원회의에서는 정치사업의 책임을 물어 소련파의 거두 허가이가 모든 직에서 해임되었다.

중국군의 전쟁 참전과 소련파의 몰락, 남로당 세력의 배제 등은 전쟁 초기 통일 전선에서 각자 적자생존으로 회귀하는 북한 권력 지형에 큰 폭의 변화였고, 향후 김일성의 권력마저 안전하게 담보할 수 없는 새로운 정치 지형을 잉태하고 있었다. 1953년 2월 박일우가 조중연합사령부 부정치위원에서 소환되었다. 대신 부사령원으로 직함으로 민족보위상 최용건이 파견되었다. 이 인사는 다소 의아한 것이지만 중국 측과 김일성의 승인 하에 일어난 일이었다. 이 무렵 중국 측의 정책은 김일성을 중심으로 해서 일단 휴전 교섭에 임하기로 정해져 있었던 것이다.

1953년 4월 내무성이 사회안전성과 통합해 사회안전상 방학세가 내무상이 되면서 박일우는 해임되었다. 그때 박일우는 김책의 후임으로 전선사령관에 임명된 것으로 보인다. 박일우가 조중연합사령부 부정치위원이 되고나서부터 실질적인 업무는 내무성 부상 리필규가 내무상 대리로써 맡아왔지만, 직위를 그대로 유지하고 있었다.[13] 1953년 3월 박일우는 한직인 체신상에 임명되었으나 이것은 권력의 중추로부터 밀려났음을 의미한다. 김일성은 군에 대한 통제권을 서서히 회복하고 있었던 것이다. 1952년 11월부터 1953년 3월 사이에 박일우의 내무상 해임과 관련한 인사 조치가 취해지고 있었다.

내무성과 사회안전성이 통합됨과 동시에 상업성에서 분리된 무역성이 신설되어 당 간부부장 진반수가 무역상, 리주연이 상업상에 임명되었다. 노른자위 같은 간부부장직은 공석으로 남고 연락부장이 된 갑산파 박금철이 남로당계 숙청을 주도하며 사실상의 간부부장 역할을 하게 된다. 이미 갑산파의 거두 박금철은 1952년 초부터 급부상하고 있었다.

2. 전쟁 말기 내무성의 역할과 변화

1952년 12월에 원수 칭호가 제정되고 1953년 2월 8일 인민군 창건 5주년에 김일성은 북한 최초의 원수가 되어 '김일성 장군'에서 '김일성 원수'로 격상되었다.

---

13) 내무성과 사회안전성이 통합된 시기에 관해 한 북한의 공식문건은 1952년 10월로 언급하고 있다. (한길언, "위대한 조국해방전쟁 과정에 있어서 조선민주주의인민공화국 인민정권의 가일층의 강화 발전에 대한 역사적 고찰". 『조선민주주의인민공화국 과학원 법학논문집』, 제2집, 평양, 1955).

최용건이 다음 계급인 차수가 되었다. 1953년 5월부터는 전시의 와중에서도 개인 숭배를 위한 『김일성선집』이 발간되기 시작했다. 1953년 7월 28일 정전과 동시에 김일성은 공화국 영웅 칭호도 받게 된다. 남로당계가 숙청되면서 내무성의 역할은 증대하게 된다. 고위층에 대한 사법적 처벌 권한은 사법성의 영역이었지만 사실상 체포와 구금, 교화 등은 전적으로 내무성의 권한이었다.

남로당계에 대한 숙청은 1952년 12월 15일부터 18일까지 열린 당중앙위 제5차 전원회의에서 이미 예고되어 있었다. 남로당파 검거와 숙청의 집행은 소련계의 내무상 방학세가 총지휘했다. 방학세는 내무성과 사회안전성이 통합된 뒤 권한이 확대된 내무성의 장이 막 된 참이었다. 남로당파 외에 이미 소환되어 있던 주중대사 권오직, 주소련대사 주녕하, 남로당계의 소설가 리태준, 김남천 등도 검거되었다. 또 하나의 주목할 사항이 있다. 북한은 1952년 12월 22일 최고인민회의 상임위원회 정령으로 지방행정구역이 전면 개편되었다는 사실을 공표했다.

도, 시(군), 면, 리 행정 체계 중에서 면을 폐지, 도, 군(시), 리 체계로 행정구역을 개편하는 조치가 1952년 12월 말에서 1953년 3월에 걸쳐 단시일 내에 수행되었다. 정전협정 조인 직후인 1953년 7월 30일 박헌영을 제외한 체포된 이승엽 등 12명은 "조선민주주의인민공화국 정부 전복 음모와 반국가적 무장폭동 및 선전선동에 관한 건"으로 검사총장 이송운에 의해 최고재판소에 기소되었다. 그에 앞서 체포된 박헌영은 자신의 죄를 인정하기를 거부하고 있었다. 남로당 관련 최고인민회의 대의원 360명, 금강정치학원생 1천여 명, 기타 전 남로당원 상당수 하부 조직원도 당과 정부의 직에서 추방되었다.

이승엽 등에 대한 재판을 전하는 "평양특별시 군사법정 제1공판 미제국주의 간첩 이승엽 등 12명의 도당"이라는 표제의 기사가 8월 10일자 『인민일보』에도 상세하게 게재되었다. 남로당계는 한국전쟁 말기 이미 권력의 무대에서 밀려나는 것을 넘어 체포 구금의 상태에 놓이는 운명을 맞게 되었다. 그들을 체포하고 구금하는 일은 전적으로 내무성의 몫이었다. 물론 사법성도 어느 정도 역할을 했지만 북한의 사법성은 초기부터 재판에 치중하는 역할에서 법치주의를 무시하는 전체주의 체제의 특성상 그 이상의 권력을 벗어나지 못하는 제한된 권한을 가지고 있었다.

북한 정부는 1959년 8월 31일 내각의 사법성을 폐지하는 결정을 내렸다. 그리고 그 소관 업무를 최고재판소에 이관한다고 밝혔다. 최고재판소는 1948년 9월 9일 북한 정권 수립 시부터 존재한 기관이었으나 재판 사무만을 관장하고 법무행정 사무는 사법성이 관할했다. 이 조치는 단순한 내각 기구의 간소화가 아니라 정권 수립 이래로 형식적이나마 유지되고 있던 '재판의 독립'의 종언을 의미하며, 당의 지시에 좀 더 밀접해 있었던 사법행정에 의한 재판소의 지배가 선포되고 법치주의가 사망을 고하는 것이었다. 그러나 사법성의 해체는 그만큼 내무성의 역할 증대와 직접적 연관이 있다. 형식상 사법성 산하에 있던 교화소 등 법집행 기구들이 모두 내무성으로 이관됨으로써 내무성의 역할과 기능은 더욱 증대하게 된 것이다.

제 5 절 | 결론

문재인 정부 등장으로 한반도의 평화 프로세스가 새로운 출발을 하고 있다. 한반도의 평화 질서 구축과 통일의 전망을 거론하면 언제나 그랬듯 한국전쟁의 책임 문제가 제기된다. 지금까지 발생한 세계의 모든 전쟁에서 교전국가들이 언제나 상대방에게 책임을 떠넘겼듯이, 남북한이 국가로서 모습을 갖추고 자신의 생존을 최우선적 가치로 삼는 한 상대방에게 책임을 떠넘기는 일은 계속될 것이다. 필자의 주장은 확실하게 한국전쟁의 책임은 북한에게 있다는 것이다. 당시 북한은 중국의 공산화에 고무되어 있었고, 소련이 넘겨준 제2차 세계대전의 전리품을 소비해야 하는 입장에 처해 있었다는 것은 자타가 공인하는 바이다.

많은 학자의 연구 결과를 볼 때 김일성의 남침 목적은 단순히 제한전의 개념을 구현하는 것은 아니었으며, 아시아에서 공산주의 팽창이나 축소와도 큰 연관이 없어 보인다. 그에게 이 전쟁은 무엇보다도 자신의 정치적 야망을 실현하는 것[14]이었고, 한국의 분단을 해결한다는 혁명사관의 폭발이었다. 이승만 역시 마찬가지였다. 이 전쟁은 그가 떠벌린 것과는 달리 '자유세계를 지키는 것'과는 거리가 있었다. 그에게 전쟁은 자신에게 닥친 정치적 위기에서 탈출할 수 있는 절호의 기회였

14) 만약에 김일성이 연합군의 진주로 소련군의 대일 선전포고가 발표된 8월 9일 한반도 해방전쟁에 직접 참가했더라도 6 · 25 한국전쟁에 대한 결단은 달라졌을 수도 있었을 것이다. 김일성과 만주 항일유격대 세력은 소련의 원동지방 브야츠크 밀영에서 극동군 88여단 소속으로 '해방'을 기다리며 4년여 준비를 했으나 스탈린의 '조선인 불참' 명령에 따라 일부(강건, 김광협, 지병학 등 유능한 지휘관들만 참전)만 참전하고 김일성 등 주력은 1945년 9월 19일 해방 한 달 뒤에야 소련군함 브가쵸프호를 타고 원산항으로 귀국했다.

고, 또 김일성과 다른 각도에서 분단 문제를 해결할 수 있는 길이었다.

6 · 25 한국전쟁은 끝없는 오판(misperception)의 연속이었다고 할 수 있다. 남침은 김일성의 오판이었고, 남침을 저지하지 못한 것은 한국과 미국의 오판이었으며, 북진과 국경 진격 역시 중국 전략에 대한 미국 오판의 산물이었고, 1951년 1월 38선 이남으로의 재진격은 중국의 오판이었으며, 휴전회담을 앞두고 전쟁을 제한하려는 시도는 다시 미국의 오판의 산물이었다. 그 당시 한국은 친일파와 지주의 국가인 반면 북한은 항일독립운동 세력과 농민의 국가라는 관점 또한 너무 이데올로기적 해석이라는 비판을 면하기 어렵다. 당시 연합군의 갑작스러운 진주로 해방을 '선물'받은 우리 민족은 그 혼란기를 극복할 자생력이 부족했고, 단지 38선을 가운데 두고 서로 자신들의 이익을 좇아 '안정의 터'를 찾고자 방황했을 뿐이다. 한국전쟁 기간 북한 내무성은 철저하게 정치보위부를 중심으로 점령지에서 자신의 체제 이식과 동시에 반대 세력 제거에 누구보다 앞장섰다.

만약에 향후 우리의 자유민주주의 체제를 북한에 이식하는 순간이 오면 우리 경찰이 그 역할을 반복하게 될 것이다. 다행스러운 것은 이제 북한 주민들 대부분이 '한류문화'의 열풍에 힘입어 대한민국의 문화를 넘어 이념과 제도까지도 '찬미'하는 수준에 도달해 있다는 사실이다. 3만 2,000여 명의 탈북민 대열이 그것을 입증해 주고 있다. 6 · 25 한국전쟁 당시 남과 북은 점령정치에 철저하게 실패한 쓰디쓴 교훈을 깊이 연구해야 한다. 물론 물리력으로 상대방을 소멸한다는 전쟁 그 자체가 절대로 재발되어서는 안 되겠지만, 이제 자신들의 우월한 체제를 8,000만 대한민국 국민 모두가 선택하는 민주평화 통일에 대해 진지하게 고민해야 할 것이다.

참고 문헌

곽명일(2016). "북한 인민보안원과 주민의 관계 변화 연구." 북한대학원 박사학위 논문.
김남식(1975). 『실록 남로당』. 서울: 신현실사.
______(1984). 『남로당연구』. 서울: 돌베개.
김동춘(2009). 『전쟁과 사회』. 서울: 돌베개.
______(2010). 『미국의 엔진 전쟁과 시장』. 서울: 창비.
김준엽 외(1979a). 『북한연구자료집 4』. 서울: 아세아문제연구소.
______(1979b). 『북한연구자료집 5』. 서울: 아세아문제연구소.

김학준(2010). 『한국전쟁』. 서울: 박영사.
박명림(2002). 『한국 1950전쟁과 평화』. 서울: 나남출판.
북한연구소(1978). 『북한군사론』. 서울: 북한연구소.
______(1983). 『북한총람』. 서울: 북한연구소.
서동만(2005). 『북조선사회주의체제성립사. 1945~1961』. 서울: 도서출판 선인.
심지연(1993). 『잊혀진 젊은 혁명가의 초상』. 서울: 인간사랑.
안진지(1996). 『미군정기 억압기구 연구』. 서울: 새길.
안찬일(2017). “김정은 시대 당-군 관계”. 한국군사학회. 『군사논단』. 2017년 가을호. 통권 제91호.
역사문제연구소(1998). 『1950년대 남북한의 선택과 굴절』. 서울: 역사비평사.
유영옥(2006). 『한국외교관계의 이해』. 서울: 홍익재.
이삼성(2013). “한국전쟁과 내전: 세 가지 내전 개념의 구분”. 『한국정치학회보』. 47집 5호.
이중근(2014). 『6·25전쟁 1129일』. 서울: 우정문고.
정창현(2002). 『인물로 본 북한현대사』. 서울: 민연.
조성훈(2011). 『군사분계선과 남북한 갈등』. 서울: 국방부 군사편찬연구소.
주영복(1990). 『내가 겪은 조선전쟁』. 서울: 고려원.
중앙일보 동서문제연구소(1990). 『북한인명사전』. 서울: 중앙일보사.
중앙일보사(1992). 『조선민주주의인민공화국』. 서울: 중앙일보사.
지춘경(1999). “북한 경찰(사회안전성)의 조직과 운용에 관한 연구”. 연세대학교 행정대학원 석사학위 논문.
클라우제비츠, C., 김홍철 옮김(1977). 『전쟁론』. 서울: 삼성출판사.
한국정치연구회(1990). 『북한정치론』. 서울: 백산서당.
함택영(1998). 『국가안보의 정치경제학』. 서울: 법문사.
홍학지(1992). 『중국이 본 한국전쟁』. 서울: 고려원.
황장엽(2006). 『북한의 진실과 허위』. 서울: 시대정신.

제8장 북한의 일시적 후퇴 시 내무성의 지역사회 질서 유지

제1절 | 서론

한국전쟁은 남북한을 막론하고 군인과 민간인들의 많은 인적 피해를 야기했다. 한국전쟁 발발 당시 민간인 학살과 사회 질서 유지의 중심에는 북한의 내무기관과 같은 국가권력[1)]이 있었다.

북한군은 1950년 6월 25일 전쟁을 개시한 지 3일 만에 한국의 수도 서울을 점령하고 남한의 점령지역에서 권력기구를 설립하고 '정치범'에 대한 규정 기준을 적용해 많은 우익 인사를 대대적으로 체포했다. 당시 남한지역 점령 후 행정, 사법 체제를 정비하는 데 앞장선 기구는 당시의 내무기관이었다.

내무기관은 하부에 치안조직들을 만들고 상부기관의 명령에 절대 복종하도록 강제했으며, 이들을 통해 '정치범'들에 대한 체포가 이뤄지도록 했다. 하지만 북한 내무기관은 체포한 우익 인사들을 일괄적으로 처벌한 것이 아니라 일부 인사들에 대해서는 일정한 조사를 거쳐 석방하는 조치도 병행했다.

특히 남한 내의 정치인과 경제인 등에 대한 포섭에 열을 올렸다. 김규식, 조소앙, 안재홍 등 유명 인사들을 포섭하기 위해 이들을 납치해 1~4차에 걸쳐 수많은 인사를 평양으로 유인해 3개월간 사상개조 교육을 실시하기도 한다. 일시적 후퇴

1) 여기서 국가권력은 법의 형태로 일반인을 규정할 수 있는 사법기관 및 행정기관 전체를 지칭한다. 이 논문에서 북한 권력기관은 중앙조직에서 각 점령지역으로 파견된 행정조직 및 그 조직원, 특히 내무성과 정치보위부와 같은 점령지역의 내무기관을 의미한다.

가 단행되자 이들을 압록강변으로 끌고 가 감금한다. 이 와중에 질병과 동사, 아사자가 속출했으며 도망자로 낙인찍혀 총탄에 목숨을 잃는 사람들도 발생한다.

북한 내무성은 또한 점령지역에서의 사회 질서 유지를 위해 '정치범' 색출에 열을 올렸다. 일반적으로 '정치범'이라는 단어는 기존 사회 체제를 반대하는 특정한 정치적 목적을 가진 범죄 행위자를 말한다. 북한에서는 '정치범'을 지칭할 때 주로 '반동', '반동분자', '적대 세력'이라는 용어를 사용했다.

한국전쟁 초기 이러한 내무기관의 행태를 분석해 보면, 점령지역 내 우익 인사 전체를 숙청하고자 한 것은 아니었을 수도 있다. 점령지역의 내무서에서는 정치보위부로 이송한 우인 인사 중 심사 결과에 따라 '정치범'으로 규정해 교화소로 이송했다. 서울을 비롯한 점령지역에서는 전문 공작조 수백 명의 전문 정보요원과 그 협조자들, 그리고 각 내무서원 등이 우익인사 조사를 위해 일제히 활동을 시작했다. 당시 북한은 '정치범'에 대한 개념과 처벌법이 마련되어 있지 않았다. 그러나 형법 제13조에 해당하는 '국가주권 적대죄'의 정의와 각 조항의 내용에 따라 간접적으로 '정치범'에 대한 내용들을 명시하고 있었다. '국가주권 적대죄'에 명시되어 있는 적대 세력의 내용을 사실상 '체제, 정권을 반대하는 세력'으로 규정했다. 그러나 점령지에서 이 형법이 그대로 적용된 것은 아니었다.

각 지역의 주민 구성과 상황에 따라 적용에 차이가 있었다. 북한 내무기관은 지역별 특성을 고려해서 점령지역에서 적대 세력의 범위를 구체화해 전쟁 발발 직후 '국내정치보위사업지도서'를 작성해 점령지역에 하달한다. '국내정치보위사업지도서'에 규정된 적대 세력의 기준은 행위만이 아니라 특정 직업과 계급까지 구체적으로 다루고 있다.

또한 정치범 규정은 물론 이들을 구속하기 위한 '투옥 표준'도 완성했고, 이에 더해 '행위의 구체성'을 세분화해서 정치범 판단의 기준으로 적용했다. 당시 정치범 규정 기준은 형법의 관련 조항을 기반으로 전시에 구체적인 내용으로 작성된 것이다.

1950년 9월 맥아더 장군이 이끄는 연합군이 인천상륙작전에 성공하면서 북한군의 '일시적 후퇴'가 단행된다. 당시 초기 전쟁에서 주도권을 잡고 승승장구할 줄만 알았던 북한은 전황이 불리하게 전개되자 점령지역의 사회 질서를 재정비하기 위해 우익 인사들에 대한 대규모적인 학살을 감행한다.

이 시기 학살 단행에는 몇 가지 특성이 있다.

우선 당시 학살이 중앙의 지시보다는 점령지역 내무기관의 독자적인 결정에 의해 이뤄진 것으로 분석된다. 한국전쟁 시기 체포자들의 증언에 따르면, 북한군의 후퇴가 갑자기 급속도로 이뤄지면서 중앙과 지방의 네크워크가 차단됐다.

이에 따라 우익 사범들에 대한 숙청은 지역 내무기관 책임자의 결정에 따라 이뤄졌을 가능성이 크다. 점령지역 현장 지휘관들은 당시 후퇴의 급박함과 수감자들의 성격을 이유로 그들을 제거하는 것이 최선의 선책이라고 판단했던 것이다. 학살의 주체가 국가권력인 내무기관이었다는 점과 학살의 대상이 국가에 의해 규정되었다는 점은 이 시기의 학살이 '정치적 학살'의 성격을 띠고 있다는 것이다. '정치적 학살'의 핵심 기준은 피해집단 및 그 구성원이 '국가'에 의해 '계급적 지위 및 체제에 대한 정치적 반대자'로 규정되었는지에 따라 결정한다.

둘째로, 한국전쟁 초기 점령지역에서 조사 후 석방되었던 우익 인사들에 대한 재검거가 이뤄진 것이다. '일시적 후퇴' 시 잔존 우익 세력들에 의한 후방 공격 및 치안 질서의 붕괴를 우려한 데서 비롯된 것으로 풀이된다. 당시 발생한 학살은 계획적 성격이 아니라 '우발적 성격'의 학살에 가깝다. 정치적 반대 세력들에 대한 정책의 연속적인 과정으로 실현된 것이 아니라 전쟁이라는 외부 돌발변수로 인해 국가권력의 기존 계획에 없었던 사건이라는 점이다. 그렇다고 '우발적 성격'의 학살로 단정짓기 어려운 점도 있다. 이 시기 발생한 학살에는 분명 해방 이후 잠재되어 온 기존의 갈등들이 전쟁이라는 변수에 맞물리면서 증폭된 '역사적 인과성'이 존재한다는 것이다. 그러나 학살을 하나의 '정책 과정'으로 접근하면 한국전쟁 당시 점령지역에서 발생한 학살은 '연속된 정책'의 성격이 아니었다는 점에서 계획되지 않은 '우발적 학살'로 보는 것이 더 가깝다.

셋째로, 우익인사들의 학살에 전쟁 전 탄압받은 좌익 세력 및 그 유가족들을 적극 개입시켜 '보복성' 학살을 감행케 했다는 것이다. 이 시기 학살의 대표적 원인으로는 해방 이후 남한 정치 지형의 격변과 좌우 갈등을 지적할 수 있다. 이는 주로 예전에 잠재하던 남한지역 내 갈등 요소들과 결합해 전쟁 당시의 학살을 야기했다.

한국전쟁 전 남한지역에서는 국가 권력 및 우익단체에 의한 지역 내 좌익 세력 탄압이 있었고, 전쟁 발발 직후 이들에 의한 여러 사건이 발생했다. 이것은 이후 북한 점령기에 지방 좌익 세력 및 피해를 입은 유가족들이 우익 인사에게 폭력행위를 가한 핵심 원인으로 작용했다는 점이다.

당시 각 점령지역의 내무기관장 및 지휘관들은 지역의 이러한 갈등 상황을 이용해 학살을 부추겼다. 그러나 9 · 28 수복 이후에는 점령기에 피해를 당한 지역 내 우익 세력들이 '부역자 및 잔존 좌익 세력 색출'이라는 명분으로 지역 내 민간인들과 좌익 세력에 대한 학살을 집행했다.

표 8-1 역대 인민보안상

직위	이름	재임기간	비고
보안국장	최용건	1946.2~1946.7	보안간부훈련대대부 사령관 부임
내무상	박일우	1948.9~1953.3	숙청
내무상	방학세	1953.3~1962	노동당 간부로 강등
내무상	박문규	1962.10~1962.10	노동당 간부로 강등
사회안전상	석산	1962~1972	해임
사회안전부장	김병하	1972.12~1973.2	국가정치보위부장 임명
	최원익	1973.2~1977	해임
	리진수	1977~1987	국가보위부장 임명 사고사
사회안전상	백학림	1985~2003	해임
인민보안상	최룡수	2003.7~2004.7	해임
	주상성	2004.7~2011.3	해임
인민보안부장	리명수	2012.4~2013.2	해임
인민보안상	최부일	2013.2~	현직

이러한 한국전쟁 당시 학살의 전개 양상은 전선의 이동과 더불어 지역 내 권력집단이 바뀌면서 학살의 주체 및 양상 역시 그에 따라 변화하고 있다는 것이다. 그리고 그 핵심에는 이전 사건들에 대한 '보복적 성격'이 자리하고 있었다.

북한은 1950년 7월 말경부터 일명 '모시기작전'의 일환으로 김규식, 조소앙, 안재홍 등 정당의 잔류 우익 인사들을 1~4차를 거쳐 납치해 평양으로 호송한다.

이 무렵 북한의 남한 점령지역에서는 대대적인 학살이 이뤄졌으며, 이는 1950년 9월 말부터 10월 후퇴기에 집중되었고, 공간적으로는 각 점령지역에서 산발적으로 발생했다.

제 2 절 | 정당, 사회단체 우익인사 연행작전 개시

1. 연행 인사들

1950년 6월 25일 한국전쟁 발발 이후 7월 경 북한 인민보안성의 수장인 방학세를 비롯해 노동당 서울 지도부는 우익 인사들에 대한 탄압을 위해 정보 수집에 열을 올린다. 당시 남로당 또는 북로당의 성시백 조직에서 공작했던 사람들을 통해 40여 명의 우익정당과 국회에서 근무했던 사람들의 명단을 넘겨받아 조사에 착수한다.

이를 위해 30여 개의 전문 공작조와 수백 명의 전문 정보요원, 그 협조자들, 그리고 각 내부기관 등이 일제히 활동에 착수한다. 이들은 우선 자진해서 나타날 수 있다고 판단되는 인사들에게는 나오도록 연락하고, 그들로부터 다른 사람들의 소재를 파악하기도 했으며, 이와 연관된 사람들의 집과 친인척 집을 샅샅이 찾아내는데 주력한다. 이들의 활동으로 김규식과 안재홍, 조소앙 등 많은 우익 인사의 소재가 탐지되었고, 많은 국회의원과 정당, 사회단체의 저명인사들이 강제 연행되었다.

공작 지도부는 일부 인사들에 대해서는 먼저 등록한 뒤 간단한 심사 절차를 거쳐 귀가시켜 다음 연락을 기다리도록 했다. 그러나 일단 자택으로 돌려보낸 뒤 정보요원과 감시원들을 따라붙이거나 내무서원들을 고정 배치해 '신변을 보호한다'는 명목으로 연금 상태에서 동태를 감시하기에 이른다.

연행, 체포된 인사들 가운데 일제 시기 친일행위를 저지른 혐의가 있거나 해방 후의 행적으로 보아 '악질 반동분자'로 인정되는 사람들에 대해서는 일정한 비밀 장소에 그대로 감금해 놓고 적절한 시점에 북으로 끌고 가도록 했다.

공작 지도부는 김규식, 조소앙 등 임정요인들과 저명인사들에게 "전쟁 전과 다름없는 정치적 지위와 독자적인 정치활동을 보장하겠다"며 이들에 대한 회유에 몰입하기도 한다. 지도부는 또한 자진 출두 또는 연행, 체포한 인사들을 심사해서 감금하거나 자택에 연금하거나 아직 연행, 체포하지 못한 인사들의 소재를 파악하는데 주력한다.

이 무렵 이들에 대한 조사가 활발해지면서 심사장은 일종의 수용소로 변해 갔다. 서울 주변만 보더라도 성남호텔을 심사장으로 만들고 정문 양쪽에 총검을 치켜든 내무서원들이 특별 증명서를 가진 사람들과 그들이 신원을 보증하는 사람들에게만 출입을 허용하게 했다. 심사원들은 대체로 젊은 사람들이었고, 심사 과정에서 나이 지긋한 인사들에게 호통을 치는가 하면 책상을 탕탕 두드리며 호령하는 등 심사장은 그야말로 아수라장으로 변해 갔다.

공작 지도부는 우익 인사들에 대한 심사를 거쳐 해방 전후 여죄 관계를 밝히는 것과 동시에 대부분 인사들에 대해서는 포섭 원칙을 적용하는 데 집중했다.

이에 앞서 노동당 군사위원회는 6월 28일 '공화국 남반부 지역의 토지 개혁을 실시할 데 대하여'와 '인민정권 기관을 창설할 데 대하여' 등 일련의 주요 결정과 함께 '남반부의 정치, 경제, 사회계 주요 인사들을 포섭하고 재교양하여 그들과 통일전선을 강화할 데 대하여'라는 색다른 결정을 채택했다.

노동당 군사위원회가 남한의 요인들을 포섭하기 위한 결정을 하게 된 배경은 북한군의 서울 점령으로 미처 남으로 피란하지 못하고 서울을 비롯한 인근 점령지역에 머물고 있는 주요 정치인, 종교인, 경제인, 문화인, 기술자들을 한 사람이라도 더 찾아내 '우군'으로 포섭하려는 데 있었다.

2. 포섭의 다섯 가지 기준

노동당 군사위원회는 남한의 저명한 인사들을 포섭하는 데 다섯 가지 기준에 따라 분류하도록 지시했다.

우선 첫째 부류는 비록 남한에 잔류해 있었다고는 하지만 북한의 체제에 참여하고 있는 정당, 단체에 속한 사람들을 북한 당국은 자신의 동맹자로 보고 포섭하는 것이다. 공작 지도부는 이들에 대한 최대한의 존중과 정치, 경제적으로 예우하는 한편, 설득과 해설로 자진 협력하도록 유도하고, 아울러 재교육을 실시해서 북한 노선에 적극 참여토록 해야 한다고 규정했다.

둘째 부류는 주로 노동당 비밀당원과 동조자, 지지자들로서 자신의 정체를 은폐한 채 행정부, 국회를 비롯한 통치기관의 주요 부문과 사회의 요소에 박혀 고급관료, 국회의원, 군장성 등 높은 직위를 가지고 은밀하게 활동한 사람들이다.

조사 당국은 이들이 국민의 이목을 받는 경우도 있음을 고려해서 기술적으로 다뤄야 한다는 점을 지적했다. 또 향후 재교육을 통해 정세 변화를 감안해서 적절한 부문과 위치에 참여시키도록 할 것을 규정했다.

셋째 부류는 1948년 4월 남북 정당사회단체 대표자 연석회의에 참가했던 정당과 단체의 지도자와 성원 등 개별 인사들로서 아직 완전한 동맹자는 아니어도 조국의 평화통일 문제를 가지고 협상하고 일시적으로나마 통일전선을 형성할 수 있는 사람들이다. 이들은 남북 정치 세력 가운데 중간층의 위치를 차지하고 있는 애국적인 민족주의 세력을 대표하고 있다. 이에 따라 그들을 인격적으로 최대한 존중하고 준동맹자 가운데 주요 대상으로 예우해야 한다고 지적했다.

넷째 부류는 정치, 경제, 교육, 문화, 과학, 기술, 종교 등 사회의 각 분야에서 활동하던 주요 인사들 가운데 자수하거나 협력해 나서는 인물들이다. 당국은 이들의 과거 활동, 재산, 종교, 정치적 견해 등을 문제 삼지 말고 오직 자수하고 자진 협력해 나선 점을 높이 평가하고 공로가 있으면 인정해 주고 신변을 보장해 줘야 한다고 규정했다. 또한 이들에 대해서는 인격적으로 존중하고 마땅한 예우를 제공하며 설복해 포섭하고 재교육을 통해 적절한 방법으로 공산주의 노선에 적극 참여시키도록 지시했다.

다섯째 부류는 연행 또는 체포할 인물로서 정치, 사회적 지위가 다르고 활동과 생활 수준도 다르며 연행, 체포의 동기와 경위도 저마다 다른 인물이다. 이에 따라 구체적 대상에 따른 처리 방법이 달라야 하고 설복과 포섭을 기본으로 해서 자신들의 과거를 되새겨보고 뉘우치게 함으로써 그들로부터 지지와 협조를 이끌어 내도록 재교양을 적절히 배합해야 한다고 규정했다.

그러나 끝까지 저항하는 대상자에 대해서는 그의 과거 죄까지 따지고 법에 따라 처벌하지만 불법행동은 금지하도록 규정했다.

3. 평양에서의 사상교육과 후퇴명령

북한 당국의 노동당 군사위원회는 남한의 저명한 인사들을 포섭하는 데 다섯 가지 남한에서 우익 인사들에 대해 심사와 조사를 거쳐 포섭 대상과 일시적 이용 대상 및 처벌 대상으로 구분하고, 그에 따라 적절히 처리하도록 규정했다. 아울러 이 결정 이후 세뇌를 위한 재교육을 실시하도록 했다.

재교육은 1950년 7월 중순부터 3개월간 평양에서 실시한다는 것이다. 교육은 인민경제대학에서 담당, 진행하되 이론 교육과 정책 교육, 참관과 견학, 생산노동 참가 등을 적절히 배합해 진행한다. 이 결정은 내무성 정보국이 전담해 집행하되 노동당 중앙위원회 통일전선부와 연락부의 지도와 협조를 받아 진행하며 이 업무에 조국전선 중앙위원회를 적극 참여시키도록 규정했다.

이 결정에 따라 1950년 7월 20일 경 우익 인사 40여 명이 군 트럭을 타고 1차로 평양으로 향했다. 이후 7월 말경 40명과 8월 초에 40명 등 4차에 걸쳐 정계와 사회의 저명인사들이 평양으로 향했다.

이들은 평양에 도착한 후 노동당 중앙위원회 통일전선부와 조국전선 소속 직원들의 안내를 받으며 하루 8시간의 사상개조 교육을 받았다. 한편 서울에서 체포되어 평양으로 끌려온 이광수, 정인보, 최린, 현상윤, 최규동, 명제세, 백관수를 비롯한 저명인사들은 처음부터 '반동'으로 낙인 찍혀 서평양의 외진 곳에 수용된 채 교육을 받아야만 했다. 이들은 철통 같은 경비와 바깥 출입이 금지된 건물에서 교육에 시달려야 했다. 9월 15일 연합군의 인천상륙작전을 계기로 한국군은 낙동강 전선에서 대대적인 반격작전을 펴기 시작했으며, 급기야 9월 28일 서울을 수복하고 10월 19일 평양을 점령했다.

북한 당국은 평양에 불러다 사상개조 교육을 시키던 저명인사들을 평양이 함락되기 전 후방으로 이송했다. 납북 인사들 중 몸이 쇠약해진 사람들은 내무서원의 등에 업히거나 부축을 받으며 북쪽으로 향했다. 연합군과 한국군이 파죽지세로 북상하자 기동 수단이 막힌 내무서원들은 쓰러진 납북 인사들을 무인지경에 방치해 동사나 아사하는 사례도 속출했다. 또한 일행 중 도망자들에 대해서는 따발총 세례를 안겨 사살하는 사건도 있었다.

납북 인사들은 이러한 수난을 겪으며 최종 목적지인 압록강변에 위치한 만포에 도착했으며, 이곳에서의 감금생활이 시작됐다.

제 3 절 | 북한의 정치범 규정과 점령지역에서의 적용

1. 「형법제강」과 '정치보위사업지도서'

북한은 1949년 10월 형법 초안에 대한 심사를 거쳐 「형법제강」을 만들어 각 시, 군 정치보위부 요원들에게 교육을 시행할 것을 주문했다. 한국전쟁 시 정치범에 대한 기본적 정의가 국가권력에 의해 '기존 사회 체제에 반대하는 특정한 정치적 목적을 가진 범죄행위자'로 규정한다는 점을 상기해 보면 「형법제강」에 표기되어 있는 형법의 목적과 그 해석을 통해 전쟁 이전 시기 북한의 '정치범'에 대한 기준을 유추할 수 있다.

당시 「형법제강」은 총 3편 20장 21절로 구성되었는데, 이 중 3편 1장이 '국가에 적대하는 행위에 대한 죄'를 해설하고 있다. 이는 형법 초안의 제13장 '국가주권 적대에 관한 죄'의 조항들을 12개 항목으로 재분류한 것이다(정치보위국심사부, 1949년 10월). 이 「형법제강」의 목적은 '체제를 파괴하려는 미제국주의'와 '이승만 도당과 친일파, 민족반역자, 테러분자, 간첩'으로부터 '인민주권과 국가를 보위'하는 것으로 명시되어 있다. 이 「형법제강」에서는 친일파, 민족반역자에 대한 정치보위국의 사법적 처리 방향을 제시하고 있는데, 북한의 민주주의적 환경에 비춰 사회적 위험성이 없을 때에는 형법을 적용하지 않는다고 규정했다.

이는 당시 북한이 친일파, 민족반역자들의 경우 해방 전을 기준으로 그 행위가 직접적으로 북한 체제와 관련되어 있거나 향후 위협을 줄 만한 소지가 없는 경우에는 소급 적용하지 않겠다는 것을 의미한다. 그러나 그들의 행위가 사회적 위험성이 있다고 판단될 경우 해방 전 행위라 하더라도 '정치범'으로 간주해서 소급 적용하겠다는 점도 명시했다. 이는 그 행위가 인민의 이익에 반하고 국가 체제에 위협을 가져오는 결과를 야기했을 경우 '사회적 위험성' 개념이 적용된다는 것을 의미한다.

북한은 1950년 3월 제정된 「형법」 제64조에서 '공화국의 대외안전 및 정치적 경제적 제도의 기본(「조선민주주의인민공화국 형법」, 『조선민주주의인민공화국 법전』, 1950) 문구를 추가함으로써 여러 행위 중 특히 정치, 경제제도와 관련한 목적을 띤 행위를 적대적 행위로 강조했다.

국가주권 적대와 관련한 구체적 조항을 보면 무장 폭동 및 영토 분리 시도(65조), 외국의 무장간섭 및 적대행위 유도(66조), 반국가적 목적으로 하는 외국과의 연락 협조(67조), 간첩행위 및 국가비밀 누설 등 조국 반역(68조), 국가주권 대표자 및 정당사회단체 대표자에 대한 테러행위(72조) 등 여러 조항으로 규정했다.

이에 기초해 1950년 한국전쟁 발발 전후에 만들어진 것으로 추정되는 '국내정치보위사업지도서'(이하 사업지도서)에서도 형법 제64조에 규정된 국가주권 적대죄, 즉 정치적 범죄의 실제 적용 대상들을 언급하고 있다.

'사업지도서'는 크게 정치보위국의 조직 목적과 관내 실정을 파악하기 위한 자

그림 8-1 국내정치보위사업지도서의 일부

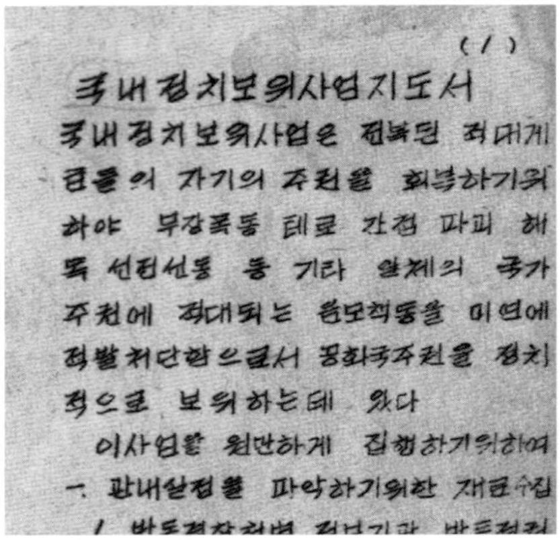
(1)

국내정치보위사업지도서

국내정치보위사업은 전복된 적대계급들의 자기의 주권을 회복하기위하야 무장폭동 테로 간첩 파괴 해독 선전선동 등 기타 일체의 국가주권에 적대되는 음모책동을 미연에 적발처단함으로서 공화국주권을 정치적으로 보위하는데 있다

이사업을 원만하게 집행하기위하여

一. 관내실정을 파악하기위한 재료수집

료, 투쟁 대상 규명, 투쟁 대상을 적발 처단하기 위한 대책, 대열정치보위사업지도서, 예심(신문)부문사업지도서 등 5조항으로 구성되어 있다.

'사업지도서'에는 정치보위국의 목적을 '전복된 적대 계급들에 의한 무장폭동, 테러, 간첩, 파괴, 해독(害毒), 선전 선동 등 일체의 국가주권에 적대되는 음모 책동을 미연에 적발 처단하는 것으로 명시했다.

그러나 '사업지도서'에는 「형법」에서 언급된 '적대 세력의 범위'와 차이를 보이는 지점도 있다. 「형법제강」은 정치보위국의 목적이 '미제국주의와 이승만 도당으로부터의 국가보위'라고 명시되어 있으나, '사업지도보고서'에서는 '전복된 적대 계급들'로 그 대상을 언급하고 있다. 이는 '전복된 적대 계급'을 이승만 정권뿐만 아니라 지주, 자본가 계급까지 포함한 것으로 추정된다. 즉, 지주 자본가는 그 자체의 성격으로도 '체제를 반대하는 정치범'에 해당되기 때문이다.

'사업지도서'의 조직 목적을 제외한 5개 항목 중 2조항에 언급한 적대 세력으로 규정할 수 있는 대상들을 다음과 같이 분류하고 있다.

① 해방 전 친일파 민족반역자

② 북반부에서 도주해 악질적 행위를 하는 자

③ 반동정권 내 간부 및 악질분자

④ 반동정보기관 경찰 헌병 전부

⑤ 반동정당 사회단체 간부 및 악질분자

⑥ 괴뢰기관 밀정

⑦ 빨치산과 혁명가를 탄압하는 데 의식적으로 방조한 자

⑧ 공화국 주권을 반대하는 일체 비밀결사 또는 개별적으로 반란, 테러, 파괴, 해독행위를 획책하는 분자

⑨ 공화국 시책을 반대하며 민심을 교란하기 위한 삐라 요언 기타 선전선을 하는 자

⑩ 전복된 적대 계급을 물심양면으로 방조하고 공화국 시책을 음, 양으로 비난 또는 방해하는 분자

⑪ 이승만 괴뢰도당을 적극 방조한 자본가 지주 및 목사·신부 등 악질 교역 간부

'사업지도보고서'는 '악질적 행위' '의식적 방조', '일체'와 같은 단어를 통해 적대 세력 대상 규정의 기준을 자의적으로 광범위하게 적용할 수 있는 여지를 남겨놓았다. 이러한 기준이 무엇을 의미하는지 명확한 언급이 없어 실제 점령지역에서 적용되는 형태를 보면 '좌익 탄압 시 적극적으로 가담했거나 좌익에 대한 정보를 대한민국 군, 경에 제공하는 행위'에 대한 것으로 보인다.

또 「형법」에서는 '친일파', '민족반역자'가 적대 세력에 해당된다고 언급했지만 '사업지도보고서'에는 '사회적 위험성'과 같이 적대 세력 분류의 전제 요소가 발견되지 않았다는 점이다. 「형법」 제17조에는 '민족반역자'를 적대행위자로 분류하고 있지만, 1950년 8월 11일 최고검찰소 검사부총장 명의의 문건 지시 사항에는 범죄사실이 경미할 경우 또는 그 사실을 인정할 만하나 자료가 없는 경우에는 구속하지 말 것을 명령하고 있다(국사편찬위원회, 1990: 323-324).

이에 따라 점령 당시 민족반역자, 친일파에 대해 점령 당국이 온건한 방침을 보이고 있다는 것을 알 수 있다. 점령 지역에서 '정치범' 규정과 관련한 문건을 보면 1950년 6월 30일 '고시 6호'에서 언급된 '반동분자' 관련 내용들이다.

'고시 6호'는 서울 점령 후 복구된 서울시 인민위원회가 내무성의 지시에 따라 발표한 것이다(연정은, 2013: 266). 여기서 언급한 '반동분자'와 '적대세력'의 범위는 ① '반동 통치로부터 해방된 오늘 과거 조선민주주의인민공화국 주권에 적대행위'를 한 자, ② 무기 탄약을 소지한 자, ③ 피신하는 적들을 은폐 또는 지원한 자, ④ 요언 유포 및 삐라 살포 등의 반동 선전 선동을 하는 자가 해당되었다.

이는 당시 북한이 점령 초 남한 지역에서 '적대 세력'을 어떻게 규정하고 있는지를 보여주는 예전과 달라진 내용이다. 그러나 여기서 언급된 '반동분자', '적대 세

력'의 의미가 곧 '정치범' 규정의 기준으로 작용한다고 볼 수 없다. '고시 6호'에서 언급된 '적대행위자'의 성격이 상당히 광범위하기 때문에 자의적으로 해석될 수 있음을 의미한다.

'고시 6호'는 이들을 처리하는 기관을 시 내무부, 시 내무서로 명시하고 있다. 내무부와 내무서는 체포자를 '정치범'으로 규정하는 기관이 아니라 '적대 세력'으로 의심되는 자들을 체포하는 기관이다. '적대 세력'을 정치범으로 규정하는 것은 정치보위국에서 신문 단계를 거치고 교화소에 수용해 '정치범'을 규정하도록 되어 있다.

한국전쟁 초 북한의 점령 지역 내 우익 세력들을 '정치범'으로 규정하는 과정과 기준에는 항상 정치보위국이 중심에 있었다고 볼 수 있다. 즉, 정치보위국은 그 자체가 공식적 국가권력기관이고 조직원 역시 일정한 권력을 위임받은 '권력기관'의 일원이라는 점을 고려할 때 '적대 세력'의 정의 및 그 기준은 '규범'으로써의 효력을 지니고 있다.

2. 우익사범 체포

한국전쟁 발발 3일 만에 북한군은 서울을 점령했고, 한 달 정도 지났을 무렵 낙동강 일부를 제외한 대부분의 남한 영토가 북한군에 점령당했다. 북한군이 각 지역을 점령한 시점을 전후로 점령지역에서는 잔존하던 지방 좌익들이 중심이 되어 인민위원회 및 당 조직을 재건하기 시작했다.

점령지역의 행정 체계가 북한 체제로 정비되는 데는 일정한 시일이 소요되었고, 치안행정은 내무기관원들이 담당했다. 행정 체제가 정비된 후 점령지역 내 우익인사들에 대한 검거활동은 북한 내무기관 당국의 통제 아래 진행되었다. 이들에 대한 체포는 지역에 따라 다소 차이는 있지만 주로 군 단위 이상에서는 내무원들이 직접 체포를 했고, 리, 동, 면급 행정 단위에서는 자위대, 분주소원, 민청대원들이 주도했다.

점령지역 치안조직의 하부 구성원들을 살펴보면, 전쟁 전 좌익활동을 한 사람들도 있었지만, 좌익활동과 크게 관련이 없던 사람들도 포함되어 있던 것으로 보인다. 파출소 자위대원과 분주소원 채용 기준은 출신이 빈농, 노동자, 소졸의 학력 및 과거 우익단체에 가담하지 않은 자들이었다.

당해 7월 31일 북한 내무성에서 서울 내무부 및 각 점령지역의 도 내무부와 교화처에 보낸 공문을 보면 점령지역 내 내무원과 정치보위국 요원들에 대한 채용 기준이 명시되어 있다.[2] 이 공문에 명시된 기준은 향후 각 점령지역에서 기관원들을 채용할 때 적용된 것으로 보인다.

위에서 언급한 공문은 당시 점령지역에서 치안 요원 부족 현상이 나타나자 과거 우익 청년단체원이었으나 형식상 명의만 걸고 있던 자들을 원칙적으로 내무원 및 소방대원, 경비보안대원으로 채용할 수 있도록 했다. 이는 점령지역에서 내무기관이 지역 내 우익단체원에 대해 체포와 포섭이라는 이중적 접근 방식을 취하고 있었다는 점을 말한다.

당시 우익 인사들에 대한 체포명령은 시, 군 내무서와 정치보위국에서 하부조직에 하달했다. 군 단위 이상의 행정구역에 배치되어 있는 내무서와 정치보위국은 시, 군 지역의 경우 직접 체포 업무를 담당하기도 했다. 정치보위국은 내무성 산하기관이지만 정치범 전담이라는 업무의 특성상 독립기관으로서 성격이 강했다. 정치보위국의 명령 체계는 정치보위국→도 정치보위부→시, 군 정치보위부로 이어졌다. 전시 정치보위부의 명령 계통은 위의 명령 체계를 기본으로 했지만, 업무의 효율을 위해 내무서와 협력 관계 속에서 지역 내 우익인사 체포 업무를 수행했던 것으로 보인다.

북한 내무성은 1950년 8월 24일 '자위대 조직운영에 대하여'(이하 자위대 공문)라는 제목의 공문을 지방 내무부에 하달한다. 내무성은 이 공문에서 자위대의 기능 및 역할을 구체적으로 명시했다. 자위대의 임무는 '반동협의 분자 및 악질분자'들을 적발, 내무기관에 호송하고 그에 대한 정보를 제공하는 것이었다.

이를 토대로 일부 점령 지역의 자위대원들은 체포자를 조사하는 '월권행위'를 단행한다. 북한 내무성은 자위대원들의 이러한 월권행위를 금지시키고 차후 재발할 경우 각 내무서에서 처벌할 것을 각 도 내무부에 주문했다(국사편찬위원회, 1990: 1950).

자위대가 사법권을 행사하는 경우 하부 조직에 대한 내무서의 통제가 어려울 뿐만 아니라 점령지역의 여론이 악화될 소지가 있었기 때문이다. 이러한 당국의 방침은 중앙지도부 및 도급 사법, 행정기관에서 각 지역 지방 좌익들의 활동 범위를 일정 부분 제한하고자 했다는 것을 보여준다.

2) '간부사업 집행절차에 대하야', NARA, RG 242, NO 200780.

점령지역에서 우익사범에 대한 체포와 관련된 부분에서는 지방 좌익들의 도움이 큰 영향을 미쳤다. 실제로 행정 체계에서도 지방 좌익 세력들이 '임시부원'이라는 직책으로 치안, 행정의 최전선 업무를 담당하거나 내무기관의 조사관으로 임명받아 근무하는 사례도 있었다.

체포자들에 대한 수사는 각급 내무서와 정치보위부 기관에서 담당했다. 본래 '정치범'과 관련된 수사는 정치보위국 소관이었으나 전시 상황에서 인력 부족 등으로 내무서와 협력해 수사를 진행했다. 당시 내무기관에 구금되어 있던 체포자들은 자위대와 같은 치안조직이나 민청에 의해 체포된 이후 대부분 체포되었던 기관 또는 내무서에서 조사를 받았다.

수감자들은 체포 직후 '정치범'으로 의심되었으나 구체적인 범죄 사실이 입증된 상태는 아니어서 일부는 일시적으로 석방되기도 했다. 대부분 기소 과정 중 수사단계에서 예심 단계로 넘어간다는 것은 당시 상황에서 '정치범' 판단을 위한 단계로 정치보위국으로 넘어간다는 것이고, 그렇지 않을 경우는 내무서 조사 단계에서 석방되었다.

이 시기 교화소는 재판을 받고 일정한 형량을 복역하기 위한 장소가 아니라 '수용소'로서의 성격을 지녔다. 정치보위국에 의해 정치범으로 규정된 자들은 점령 당시에는 그 존재 자체가 북한 당국에 위협적인 존재는 아니었지만 '사회적 위험성'이라는 개념에서 이들을 격리시키고자 한 것이다. 또한 앞의 체포 과정에서 나타났던 당국의 지역민 대응과 관련지어 보더라도 교화소 수감자들에 대한 수용과 처형은 오히려 점령지역에 대한 여론을 악화시킬 소지가 있었다.

적어도 전황이 북한 측에 급격히 악화되기 전에 점령지역 내 '정치범'들에 대한 '추후 재판을 통한 처리'가 당국의 기본 방침으로 보인다.

제 4 절 | 북한의 일시적 후퇴기 점령지역 사회 질서 유지를 위한 학살

1. 학살의 전개와 특성

1950년 9월 중순 인천상륙작전의 성공으로 전황이 뒤바뀌면서 전세는 북한에 불리하게 전개되었다. 각 지역에 주둔하고 있던 북한군들은 퇴로가 차단되는 것을 염려해 속히 북쪽으로 후퇴를 시작했다. 이 후퇴는 군대뿐만 아니라 점령지역 내 전체 북한기관과 내무성의 철수를 의미했다.

이에 따라 내무성은 남한 점령지역에서 사회 질서 유지를 명목으로 우파 세력에 대한 대대적인 학살을 단행했다. 특히 대부분의 학살이 교화소와 내무기관에서 발생했다는 점에서 '정치범' 문제와 연관되어 있다는 것이다. 현재까지 확인되는 교화소 학살사건의 경우 당해 9월 말에 집중적으로 발생했다.

교화소를 제외한 내무기관 내 학살 사건들 역시 9월 말 집중적으로 발생했다. 일부 지역에서는 점령 당시 체포되었다가 석방한 사람들을 다시 체포한 것이다 (2008년 상반기 조사보고서, 2008: 222-223). 당시 사살된 사람들의 체포 이유는 대부분 과거에 경찰, 국군, 우익단체원 및 협조자, 의용소방대 등에 있었거나 현재 종사하고 있다는 점이었다(2008년 상반기 조사보고서, 2008: 222-223).

당시 구금되었거나 학살된 사람들의 체포 이유는 개별적으로 파악이 불가능하나 현재까지 파악된 자료에 따르면 대부분 과거 우익단체 활동을 했거나 마을 유지 경력 등이 주된 체포 이유였다. 학살 전 내무성 요원들은 학살 대상자 분류작업을 했다.

내무기관은 구금된 자들 중에 일반 잡범인 사람들은 석방 대상자로 분류했고, 정치범으로 분류된 사람들은 총살 장소로 이동했다. 1950년 9월 말경 광주 지역에서만도 우익 성향의 지역민과 지역 경찰관 및 우익청년단원 약 250명이 처형되었다.[3]

<표 8-2>에서 살펴본 내용을 종합하면, 남한 내의 지역에서 북한 내무성이 학살한 우익 인사 수는 약 3천 100명에 달한다.

이처럼 1950년 9월 말 북한군의 '일시적 후퇴' 시기 점령지역 내 교화소, 내무기관 학살사건은 비슷한 시기에 각 점령지역에서 산발적으로 발생한다.

이 시기 학살사건의 특징을 보면 첫째로, 내무기관 학살사건 당시 구금자들을 대상으로 학살 대상 분류작업을 시행했다는 것이다. 이는 위에서 언급한 각 교화소 학살사건에서 이뤄지지 않았다는 점에서 내무기관 내의 학살사건에서만 발견되는 특징이다. 이 시기 내무서에 구금되어 있던 용의자 중에는 일반 잡범들도 섞여 있어 정치범과 분류해야 할 필요성이 있었다. 그러나 교화소에는 이미 절차상 '정

3) 피해 규모는 KWC문서와 진실화해위원회 보고서를 기반으로 한 추정치.

표 8-2 북한의 남한 점령지역 우익 인사 학살사건 사례

사건	일시	가해 주체	피해자 특징	피해 규모
광주 교화소	1950.9.28	민청대원, 교화소장 및 그 이하 대원, 지방 좌익	우익 성향 지역민, 지역 유지, 전남지역 경찰관, 우익청년단원	약 250명
청주 교화소	1950.9.24	명령: 정치보위부 집행: 내무서원, 빨치산	공무원, 군/경(미군 포함), 우익단체원	약 240~300명
대전 교화소	1950.9.25.~26	정치보위부, 내무서원, 북한군	우익단체원, 경찰, 공무원	약 500명
전주 교화소	1950.9.26.~27	정치보위부와 내무서간 협의 통해 집행, 북한군 102경비연대, 교화소장 및 간수, 내무서원, 지방 좌익	우익인사 및 청년단체원, 공무원, 경찰관	최대 1천명
목포 교화소	1950.9.28	정치보위부 중심, 내무서, 교화소, 무안군 정치보위부	경찰관, 우익단체원, 공무원, 지방유지	116~140명
진주 교화소	1950.9.26	경상남도 내무부, 102보안대, 110경비대	경찰관, 우익단체원, 공무원, 한국정부 협력자 등	200~270명
인천 경찰소	1950.9.15	인천시 내무서원, (지방 좌익 다수 포함), 북한군	내무서 2층 9호~15호 감옥 수감자 전원	81명
충남 아산지역	1950.9.28	북한군, 내무서원 등	아산 내무서 수감자(일부 석방), 우익단체원 13명, 군인 1명	약 40명
충남 서천 등기소	1950.9.26.~27	서천군 인민위원장, 내무서장, 정치보위부장	1차 석방 후 9월 25일경 재검거자, 경찰, 국군, 우익단체원 및 협조자, 의용소방대	약 180~250명
충남 논산 정치보위부	1950.9.28	논산군 정치보위부	학살 전 재검거자 (재검거된 자들 전원 학살된 것으로 추정)	약 40명
충남 홍성 내무서	1950.9.28	홍성군 내무서원, 북한군, 홍성군인민위원장	군, 경, 공무원, 우익단체 간부 등	76명
전북 금산 내무서	1950.9.25	금산 내무서원, 지방 좌익	경찰, 대한청년단원	43명
전북 무주 정치보위부	1950.9.26	불명	경찰관, 남한정부 지지자, 지주 및 마을 유지 포함	약 50명
전북 완주 정치보위부	1950.9.26	내무서, 정치보위부, 좌익 측 유가족	경찰, 남한정부 협력자, 대한청년단 마을간부	약 80~90명
전남 여수 내무서	1950.9.27	내무기관, 여수시당, 인민위원회	수감자 일부, 경찰, 우익단체원	약 150명

치범'으로 조사와 예심 단계를 마치고 수감되어 있는 사람들이 많았다.

당시 내무기관에서 이뤄졌던 학살 대상자 분류작업에는 특별한 기준이 없었던 것으로 보인다. 다만 기본적으로 구금된 자들 중 일반 잡범이나 경제범은 석방 대상자로 분류되었다.

두 번째 특성은 학살 전 과거에 석방되었던 자들을 재검거해 학살했다는 점이다. 이러한 특징의 하나는 지역 내 점령 당국에 의한 치안 및 사회 질서가 붕괴된다는 점이고, 다른 하나는 퇴각할 때 우익 세력에 의해 후방에서 공격을 받을 수 있다는 점이다. 실제 지역 내 우익단체 중 가장 많은 비중을 차지하고 있던 대한청년단의 경우 그 성격이 군, 경을 보조하는 준군사조직으로 빨치산 토벌에 참여했다.

이러한 상황에서 석방되었거나 아직 체포되지 않은 우익인사와 청년단체 소속 인사들은 평단원인 경우에도 후퇴 시점에 북한 점령 당국에게 상당한 위험 요소로 작용했을 것으로 보인다. 이들은 북한 점령 당국에는 '잠재적 위험 요소'로서 지속적인 감시 대상자에 해당되었다.

세 번째 특성은 이 시기의 사건이 전쟁 전 좌익 탄압 등의 관련자들에 대한 지방 좌익 및 유가족들의 '보복적 학살'이라는 점도 간과할 수 없다. 당시 피해를 당한 우익 인사의 대다수가 경찰, 대한청년단이었다는 점과 체포부터 학살에 이르기까지 전 과정에 지방 좌익들이 적극적으로 개입했다는 점이다.

북한군의 일시적 후퇴 시기 점령지역에 대한 치안 및 사회 질서 유지를 명분으로 단행한 학살은 그 자체로 불법적인 폭력행위였다. 1950년 9월 말 점령지역에서의 대학살사건은 단순히 북한의 '점령'과 후퇴에 의해서 발생한 사건보다는 해방 이후의 정치적 갈등과의 인과적 관계에서 발생한 사건이라고 볼 수 있다.

2. 학살의 명령 체계

북한 점령지역에서의 내무성에 의한 학살은 인천상륙작전 이후 북한군의 후퇴 시기와 맞물려 발생했다. 그렇다면 이러한 학살행위가 북한 중앙지도부에서 각 점령지역에 학살 명령을 내렸는지, 내렸다면 이에 대한 당시 점령지역에 있던 현장 지휘관과 군의 대응 여부와 점령지역의 내무성의 입장이 무엇이었는지를 파악하는 데 의미가 있다.

지금까지 한국에서 발간된 한국전쟁 연구자료 내용들을 종합해 보면 1950년 9월 말 후퇴 시기 학살의 명령은 최종적으로 북한 중앙지도부(노동당 또는 인민군 전선사령부)에서 내리고, 각 점령지역의 내무부와 정치보위부, 지방좌익이 이를 집행한 것으로 보인다. 이러한 체계는 당시 학살에 대해 현장 지휘관들이 특별한 논의 없이 상부의 명령을 일괄적으로 집행하는 위치에 있었던 것으로 생각할 수 있다.

그러나 실제 학살 과정에서 드러나는 양상은 위의 체계와는 다른 행태를 보이고 있다. 최종적인 결과는 학살이라는 동일한 형태로 나타났으나 그것이 집행되기까지의 과정은 지역마다 차이를 보인다. 9월 말 학살 당시 각 점령지역의 내무기관은 수감자들을 학살 형태로 처리했다. 여기에는 상부의 명령이 있었을 것으로 생각되지만, 이 시기 북한의 후퇴가 예견되지 않았다는 점에서 상부의 명령이 하부에 전달되기 쉽지 않았고, 지역 간 네트워크도 잘 이뤄지지 않았다. 이에 따라 당시 학살 집행 과정이 상부로부터의 일방적인 명령에 의한 것은 아니었다는 점을 보여준다. 당시 북한 사법 체계 및 사법 조항의 어떠한 부분에도 학살은 해당되지 않았다. 초기 수감되어 있던 자들은 '정치범'인 동시에 북한 사법 체계에서 중요시하는 '사회적 위험성'을 내재하는 존재이지만 위험성이 크게 노출되지 않아 석방되었다는 이유를 들 수 있다.

그러나 북한군이 후퇴하면서 한국군과 연합군의 수복을 우려해 각 지역에서 보복 학살로 현실화되었다. 이에 따라 점령지역에서의 학살은 중앙지도부의 결정보다는 지역 내무기관의 시간적 문제와 수감자들의 성격을 고려해 최종적으로 학살을 결정한 것으로 추정된다.

제 5 절 | 결론

북한의 일시적 후퇴 시기 점령지역의 내무기관은 사회 저명인사들에 대해 '우군' 포섭 명목으로 회유와 공갈, 재교육 등으로 납북을 단행한다. 이들은 평양에서 세뇌교육을 받고 있던 중 일시적 후퇴가 시작되자 북으로 다시 연행된다. 이들에 대한 신변을 책임진 내무성은 연합군에 의해 출로가 차단되자 이들을 방치했고, 도망자와 전염병 환자들을 죽음으로 내몰았다.

또한 내무성은 '점령지역 치안 및 사회 질서 안정화'라는 명목을 내세워 남한지역에서 군, 경 및 공무원, 우익단체원들을 체포, 투옥, 학살했다. 그런데 이 과정에서 내무기관은 일부 체포자들에게는 '석방 조치'를 취해 '전면 숙청'을 단행하지 않았다. 이는 우익 인사들에 대한 체포 과정 및 체포자들에 대한 처리 과정에서 지역민의 여론과 불안정 확산을 의식했다는 분석이 나온다.

북한은 1950년 3월 제정된 형법 중 '국가주권 적대죄'의 정의와 각 조항을 통해 정치범에 대한 정의와 적용 범위를 간접적으로 명시했으나 점령지역에서 그것을 그대로 적용한 것은 아니다. 여기서 규정하고 있는 정치적 범죄의 적용 기준은 지역에 따라 변화가 있었기 때문이다.

이러한 특성을 종합해 보면, 전시 북한의 정치범 규정 기준은 전시법의 형태로 마련된 것은 아니었으나 이미 평시 형법에서 직 · 간접적으로 언급되어 있다는 점을 알 수 있다.

점령지역에서 정치범으로 규정된 자들은 배제의 대상이 되었고, 석방된 자들은 포섭과 배제의 경계에 위치하고 있었던 것으로 보인다. 그러나 1950년 9월 중순 인천상륙작전의 성공으로 북한에 전황이 불리하게 전개되면서 점령지역의 내무기관은 교화소 수감자들과 내무기관 수감자들에 대한 처리 방침을 격리로부터 학살로 변경한다. 이는 후퇴라는 변수에 의한 것이라고 볼 수 있다.

후퇴를 결정한 이후 북한 중앙지도부에서는 어떠한 형태로든 정치범 및 기관 내 수감자들에 대한 논의를 했을 것이다. 그리고 방침을 결정한 즉시 북한 중앙기관이 그 명령을 각 지역에 일괄적으로 전달한 것으로 분석된다. 그러나 모든 점령지역에 중앙의 명령이 일괄적으로 전달, 시행되었다고 보기는 어렵다. 지역에 따라 모든 현장 지휘관, 기관장의 재량에 따라 수감자, 정치범들에 대한 처분이 결정되는 경우도 있었다. 물론 그 결과는 학살의 형태로 동일하게 나타났지만, 지역에 따라 학살로 이어지는 과정에 차이가 있었다. 한 가지 공통점은 몇몇 지역의 경우 점령지역의 기관장, 지휘관들이 차후 재점령에 대비해 지역 여론을 고려해서 후퇴 및 학살 문제에 대응하고자 했다는 점이다.

그럼에도 불구하고 현장 지휘관들은 당시 후퇴라는 급박함과 수감자들의 성격을 고려했을 때 이들을 제거하는 것이 최선이라고 판단했다. 특히 당국은 점령지역에서 후퇴와 철수 이후 지역 안정을 고려한 판단이었을 것이다.

9월 말 발생한 학살은 세 가지 특징을 가지고 있다. 먼저 학살된 교화소 수감자와 내무기관 수감자들의 성격에 차이가 있다는 점이다. 두 번째는 학살 직전 1차 석방된 우익 인사들에 대한 재검거가 이뤄졌다는 점이다. 세 번째는 이 시기 학살이 전쟁 전 좌익 탄압과 직접적인 인과적 관계 속에서 발생한 '보복적 학살'의 성격을 지녔다는 것이다.

이상에서 본 바와 같이 아직까지 남한 점령지역의 지역 규모를 고려했을 때 관련 자료의 부족으로 연구에서 언급된 지역적 사례가 소략하다. 이 문제는 한국전쟁을 매개로 남・북한 국가권력이 그들의 구성원을 '정치범'－'적대 세력'으로 규정하는 과정에서 나타나는 국가권력의 속성을 좀 더 명확하게 드러내 주는 측면에서 중요한 의의를 가진다고 볼 수 있다.

참고 문헌

1. 북한 자료

『조선민주주의인민공화국 법전』(1950). 사법성 사법출판부.

정치보위부 심사부(1949.10). 『형법제강』.

『조선민주주의인민공화국 헌법(1949).

『국내정치보위사업지도서』(1950).

내무성 문화국(1950). 『공화국 내무원들은 인민의 충직한 복무자이며 그 이익의 방위자이다』.

2. 한국 자료

곽명일(2016). "북한 인민보안원과 주민의 관계변화 연구". 북한대학원대학교 박사학위 논문.

국사편찬위원회(1990). 『북한관계사료집』. 제9권. 국사편찬위원회.

김남식(1984). 『남로당연구』. 돌베개.

김득중(2009). "한국전쟁 전후 정치범 관련 법제의 성립과 운용". 『사림』. 제33호, 수선사학회.

김수현(2006). "한국전쟁기 북한의 점령지 지배정책: 부여지역 사례를 중심으로". 한양대학교 사학과 석사학위 논문.

대검찰청 수사국(1974). 『좌익사건실록』. 제11권. 대검찰청.

서중석 외(2011). 『전쟁 속의 또 다른 전쟁: 미군 문서로 본 한국전쟁의 학살』. 서울: 선인.

안찬일(2017). "김정은 시대 당－군 관계". 『한국군사학회 군사논단』. 가을호(통권 제91호).

연정은(2013). "북한의 사법, 치안체제와 한국전쟁". 성균관대학교 사학과 박사학위 논문.

윤경섭(2016). "한국전쟁기 북한의 전시체계와 계엄". 『인문과학』. 제62집, 성균관대학교 인문학연구원.

이나미(2009). "한국전쟁 시기 좌익에 의한 대전집단희생사건: 기존 문헌에 대한 비판을 중심으로”. 『평화학연구』. 제9권 3호, 한국평화연구학회.
정병준 외(2014). 『한국전쟁기 남·북한의 점령정책과 전쟁의 유산』. 선인.
지춘경(1999). “북한 경찰(사회안전성)의 조직과 운용에 관한 연구”. 연세대학교 행정대학원 석사학위 논문.

제9장 인민보안성 임무의 시대적 변천

제1절 | 서론

오늘날 북한은 유엔의 경제 제재와 식량난에 직면해 90년대 중후반 3백만의 아사자가 발생했던 제2의 고난의 행군이 운위될 정도로 대내외적인 위기 상황에 빠져 있다. 그럼에도 불구하고 북한의 김씨 왕조 3대 세습 체제는 견고한 사회통제 시스템에 의지해 체제를 유지하고 있다. 외부의 예상과 달리 어떤 위기 속에서도 북한 체제가 유지되는 데에는 아직까지 그들의 내부적 통제 시스템이 효과적으로 작동하고 높은 수준의 사회적 통합력을 유지하고 있음을 의미한다(이우영, 1999: 1).

북한 사회는 당을 중심으로 민주집중제의 원칙에 따라 모든 국가기관이 통제되는 당 국가 체제이다. 북한의 이중삼중 그물망 구조로 된 사회통제 체제는 북한 체제의 지속성을 담보하는 내구력의 원동력이다.

북한은 조선노동당이 최고의 권력기관으로 국가와 사회를 지배하고 있다. 조선노동당을 정점으로 인민무력부, 인민보안성, 국가안전보위부, 군보위사령부 등과 같은 강력한 공안기관들이 중첩적으로 통제 체제의 네트워크를 형성하고 있다.

이러한 공안기관들은 조직별로 독립적 또는 상호 작용을 하며 군과 사회를 통제한다. 특히 주민들에 대한 통제를 주 임무로 하는 인민보안성은 그 중심에 있다(성준혁, 2015: 1－2). 지금까지 인민보안성이 북한 체제의 유지에 핵심적인 역할을 해온 중추적인 기제였다. 그런데 최근 인민보안원과 주민과의 관계에 다양한 변화가 감지되고 있다. 이는 인민보안성의 역할 변화를 시사하는 시그널로서 향후 북한 체제의 변화가능성과 관련해 핵심적 단초라고 할 수 있을 듯 싶다.

이러한 맥락에서 이 연구는 북한의 인민보안원과 주민의 관계 변화에 주목한다. 그것은 인민보안원과 주민의 관계 변화는 곧 북한 사회통제 체제의 변화를 의미하며, 북한 체제의 지속성과도 직결되어 있는 문제이기 때문이다. 따라서 북한 사회통제의 변화를 판단하는 중요한 요인으로서 인민보안원과 주민의 관계를 양자의 접촉 형태와 관계 유형의 변화 등을 구체적으로 살펴보고자 한다.

이는 향후 북한 체제의 변화에 따른 인민보안원의 주민 통제의 방향을 예측하는 데 긴요한 단서가 될 것이라는 것이 이 연구의 목적이다.

제 2 절 | 인민보안성의 변천 과정과 역할

1. 인민보안성[1)]의 변천 과정

김일성은 1945년 9월 19일 원산항을 통해 항일 유격 세력과 함께 귀국한다(이종석, 1995: 157－161). 1945년 8월 15일 해방 후 북한지역에서는 우선적으로 치안 유지가 시급했다. 따라서 조만식 선생의 평남 건국준비위원회는 자위대를 소집했고, 현준혁, 오기섭, 이주하, 김용범, 장시우 등은 치안대를 김일성을 비롯한 빨치산 세력은 적위대를 설치한다. 이들 세 부류의 세력이 주도권 다툼을 하는 가운데, 1945년 10월 12일 북한 지역에 주둔하고 있던 소련의 제25군 사령관인 이반 M. 치스크코프 대장은 모든 무장 세력을 해체시키고 새로운 보안부대 설치를 명령한다.

이 명령에 따라 1945년 10월 21일 2,000여 명의 대원이 선발되고 북한의 전남포에 본부를 두고, 6개의 도에 보안대 지부가 설치된다. 1945년 11월 19일에는 북한

1) 인민보안성은 한국의 경찰에 해당하는 조직이다. 독립된 성(省)으로 존재하므로 행안부 소속의 외청에 불과한 한국 경찰보다는 격이 높다. 사회안전부도 인민무력부성처럼 사회안전성으로 명칭이 개정되었다가 2000년 4월 인민보안성으로 명칭을 개정했다고 한다. 특히 인민보안성의 간부들은 정규군과 동일한 군사 칭호(군 계급)를 받고 또 간부 중 일부가 정규군 부대와 순환 근무를 하게 되므로 한국 경찰보다는 전투 임무에 능숙한 편이다. 과거 사회안전성 시절에는 하급 경찰 조직원은 사회안전원이라고 불렀었다. 조직은 기본적으로 행정구역 단위 도－시/군별로 설치되어 있으며, 우리나라의 지구대에 해당하는 최하급 제대는 초소이다.

최초의 경찰기구인 정치보안국이 출범해 북조선 인민위원회에 부속된다.

최초 정치보안국장으로 최용건이 임명되었으며, 1948년 9월 9일 김일성을 중심으로 하는 북한 정부가 설립되면서 정치보안국이 주도적 역할을 담당한다. 그 후 북조선 임시인민위원회는 1947년 2월 20일 김일성을 위원장으로 하는 '북조선인민위원회'로 이양되며, 이 당시에 정치보안국은 내무국으로 개칭된다.[2]

그에 이어 내무국은 내각 소속인 내무성에 흡수되었으며, 인재 양성을 위한 '중앙보안간부학교'도 설립된다. 김일성은 제1기 졸업식에서 "조국과 인민에게 충직한 내무 일군이 되어야 한다"는 내용의 축사를 통해 내무 간부들의 사명을 제시한다. 그 내용은 내무기관은 노동자와 농민을 위해 일해야 하며, 동시에 내부의 적을 철저히 색출해야 한다는 것이었다.

정치보안국은 1948년 9월 9일 정권 수립과 함께 내무성의 1개국으로 편성되어 있다가 1951년 3월 내무성 편제 중 정치보위국 및 기타 부문 조직을 통합해 '사회안전성'으로 독립한다. 이는 대외의 반동분자와 반체제 저항 세력들에 대한 효율적 통제 및 제재를 시행하고, 사회 질서에 대한 치안 업무를 좀 더 적극적으로 실시하기 위한 일환으로 볼 수 있다.

'사회안전성'은 중앙본부에 사회안전국, 철도안전국, 예심국, 보안국, 반항공국, 교화국, 정부호위국, 경비국, 후방국, 산림국, 정치국, 통신처 등을 두고, 각 도·시·군 단위에 '사회안전부'를 설치했다. 나아가 면 단위에는 필요에 따라 분주소(파출소)를 두었다(전현준, 2003: 20).

이 시기 '사회안전성'의 기본 임무는 반국가행위 및 반혁명행위에 대한 감시, 적발, 처벌, 그리고 주민의 신원 조사 및 지방 치안 유지, 기밀문서 보관관리, 교화소와 강제수용소 관리, 국가 소유의 재산 보호와 선박 출입 관리, 반항공(反航空) 조직 운영 등으로 매우 광범위했다. 또한 전시 상황에는 주민·단체의 대피를 돕거나 빨치산 활동을 주 업무로 했다.

내무성에서 분리·독립된 '사회안전성'은 1년 7개월 만인 1952년 10월 9일 '내무성'으로 다시 흡수·통합되었다. 분리 독립의 배경은 한국전쟁 중 유엔군 참전으로 유엔 점령지역이 확대됨에 따라 단순 치안 유지 업무 외에 반체제 저항 세력의 관리 등 전시 상황 하의 효율적인 치안 업무를 위한 공안 전담조직이 필요했기 때

2) 북한에서 공식적인 경찰 기능을 행사했던 시기는 내무국이 발족한 시기라고 볼 수 있다.

문이다.

1956년 내무성의 편제는 내무상 방학세 휘하에 5명의 부상과 9개국 7개 처를 거느린 조직으로 대폭 확장된다. 그 편제는 제1국(사회안전국), 제2국(감찰국). 제3국(보안국), 제4국(정치국), 제5국(총무국), 제6국(후방국), 제7국(교화국), 제8국(경비국), 제9국(경위국: 호위 업무 담당), 1처(종합처), 2처(간부처), 3처(경비처), 4처(반정찰처: 대남・대외공작을 전담), 5처(통신처), 6처(경제안전처), 7처(반항공처) 등이 있었다. 특히 내무성 4처는 내무성 정치보안국 업무 중 대남・대외공작을 전담하는 부서로 산하에 대남부, 2부 일본부, 3부 극동부, 4부 경리부, 5부 통신부, 6부 공작부, 7부 구라파(유럽)부 등이 편제되어 있었다.

1962년 10월 23일 제3차 내각 개편 시, 북한은 내무성의 중추적인 기능인 경찰 업무를 위해 '사회안전성'을 신설해 이관하고, 내무성은 토지, 산림, 강, 하천, 도로, 항만, 영해, 호수 등 국토와 자원에 관한 관리 업무를 수행하게 한다. 이후 1964년 12월 4일 내무성은 '국토관리성'으로 개칭되면서 내각에서 사라지게 된다. '사회안정성'은 1972년 12월 27일 사회주의 신헌법 채택과 함께 내각이 정무원으로 개편되면서 '사회안전부'로 개칭한다. 이후 1973년 5월 김일성의 사회안전 업무와 정치보위 업무 분리 지시에 따라 '사회안전부' 소속으로 반탐(反探) 활동을 전문으로 하던 정치보위국이 '국가정치보위부'로 독립한다.

'사회안전부'는 치안 질서 유지와 일반 경제범죄에 대한 경찰 업무만을 분담하고 국가정치보위국는 북한 주민 및 국가기관에 대한 정치 사찰, 반혁명・반국가범죄, 방첩, 대내외 정보사업, 정치범수용소 운영 등의 업무를 수행하게 된다. 1982년 초 그동안 '사회안전부'가 담당하던 해안 및 국경 업무는 국가정치보위부로 이관된다.

'사회안전부'는 1982년 4월 5일 최고인민회의 제7기 1차 회의 시 정무원 소속에서 분리되어 인민무력부 등과 함께 노동당 산하로 이관되었다가 1986년 12월 29일 개최된 최고인민회의 제8기 1차 회의에서 다시 노동당에서 정무원 산하 부서로 복귀했다. 1998년 9월 5일 북한 헌법의 수정, 보충에 따라 정무원이 내각으로 개편되면서 '사회안전부'는 다시 '사회안전성'으로 개칭된다.

1990년 중반부터 경제난으로 인한 주민들의 일탈 행위가 가속화되자 당시 북한의 최고 권력자 김정일은 인민보안부에 압력을 가해 주민 성분 조사와 적대분자 색출을 지시한다. 이를 통해 김정일은 정치, 경제위기를 극복하려 했고, 급기야 인민보안부 책임 관계자들은 김정일의 지시로 전대미문의 '심화조' 사건을 만들어 전 사회를 공포 속으로 몰아놓았다.

'심화조' 사건은 인민보안부가 꾸민 '남조선 사건'으로 판명되었고, 2000년 4월 6일 최고인민회의 제10기 3차 회의(3일차 회의)에서 '사회안전성'을 폐지하고 명칭을 '인민보안성'으로 변경한다. 이 회의에서 김정일은 "최고인민회의는 수령의 참다운 인민의 보안기관을 창립하고 이끌어온 불멸의 업적을 빛내며 사회주의 강성대국 건설의 요구에 맞게 사회 안전기관의 기능과 역할을 더욱 높여 나가도록 공화국 '사회안전성'의 이름을 없애고 새로이 '인민보안성'으로 한다"고 명칭 변경의 배경을 설명했다(이교덕, 2005: 296).

2010년 4월에는 인민보안성이 인민보안부로 개칭되고 국방위원회 산하 부서로 편제되면서 인민무력부나 국가안전보위부와 같은 3대 무력기구, 즉 북한의 최고 권력기관으로 자리 매김하게 된다. 또한 인민보안부 산하에 있던 7총국(공병국)과 8총국(도로국)을 합병해 '인민내무국'으로 규정했고, 인민내무국 사령관은 최부일 인민보안부장이, 인민내무군 정치국장은 인민보안부 리병삼 정치국장이 겸하도록 했다(곽명일, 2016: 24).

2. 인민보안성의 역할

1) 인민보안성의 사명

인민보안성는 경찰 기능을 가진 국가 기관으로 직제상으로는 내각 소속이지만 국가안전보위부와 같이 조선노동당 행정부의 직접적인 지시를 받는 국방위원회 산하기관이다.

인민보안성은 형식상 내각의 성(省)과 같은 반열에 있는 것으로 보이지만 실제로는 노동당과 국방위원회의 직접적인 지시를 받는 산하기관이다. 주체사상의 이데올로기를 구현하기 위한 수령의 유일적 영도 체계와 강력한 중앙집권적 통치 체제의 전위조직이며 인민대중의 사상과 행동을 조직적으로 감시하고 통제하는 기관이다.

인민보안성의 핵심 직무는 체제 유지를 위한 대국민 사찰이다. 주민에 대한 사찰통제 체제를 단순한 피라미드식 구조인 감시자와 감시 대상자, 통제자와 통제 대상자로 행해졌던 기존의 수직적 관계를 포함해 모든 주민의 상호 감시와 상호 통제 및 상호 견제가 이뤄지는 수평적 · 복합적 구조인 그물방식 감시 체제로 사회를 통제하는 기관이다.

인민보안원의 계급은 주민과의 관계에서 일련의 특징을 가지고 있는데 직접 주민을 통제하고 감시 및 처벌활동을 하는 계급은 주로 위급에 해당하는 계급이며, 그 이상은 인민보안성의 지도층이라고 볼 수 있다.

1994년 김일성 사망 이후 주민 일탈이 가속화되자 전대미문의 '고난의 행군'이 시작되면서 인민보안성의 사명은 '프롤레타리아 독재 무기'라는 슬로건으로 점차 변화되는데, 이는 경제난으로 체제 유지에 위기감을 느끼면서 북한 당국이 '선군정치'를 국가의 최고 노선으로 제기한 시점과 일치한다.

2002년 7 · 1 경제 개선 조치가 단행되고 시장화 시기가 도래하면서 사회주의 법에 따라 집행되던 사회 치안 업무는 법이 아닌 최고사령관의 명령을 이행하는 정치적 도구로 변화하기 시작한다. 2009년 김정은으로의 권력 이양 시기에 들어서면서 '인민의 참된 충복', '인민의 심부름꾼'으로 인민보안성의 구호가 변화되었다(곽명일, 2016: 26).

2) 인민보안원의 임무

북한 인민보안원은 혁명의 수뇌부를 결사 옹호 보위하는 사업을 제일 생명으로 여기고 수령의 신변과 권위, 위신을 백방으로 지켜야 할 의무를 가장 중요한 임무로 여긴다. 게다가 범법자에 대해서는 형법, 형사소송법, 인민보안단속법, 행정처벌법 등에 따라 죄를 규정하고 처벌하는 것을 기본으로 하고 있다. 또한 공개 총살을 비롯해서 각종 행위의 처벌과 주민교양(교육) 차원의 대중 정치사업을 주관하며, 교화활동을 통해 여죄를 밝히고 사회생활에서 나타나는 범법자들을 교양해 사회 선진분자로 도약할 수 있도록 인간 개조의 업무도 수행한다.

또한 인민보안원은 국가의 중대 사건 해결과 사회의 치안 유지를 위해 정보원 또는 방조자, 그리고 사회지도적 기관(당 기관 제외)의 선진 열성분자들을 포섭하고 있으며, 이들을 통해 사상 동향은 물론 간부들의 비리를 적발하고 처벌하는 업무도 수행한다(곽명일, 2016: 27).

3. 국가안전보위부

1) 국가안전보위부[3] 출범 과정

국가안전보위부[4]는 반당, 반체제 주민과 사상 이반자를 색출, 감시하는 사회통제기구로서 인민보안성과 함께 주민에게는 '공포의 대상'이라고 할 수 있다. 이 기구는 이외에도 방첩, 간첩 색출, 국경 경비, 대외정보 수집, 종파분자 관리를 비롯해 김정일 총비서의 특명이 있을 시에 당 간부나 국가기관에 대한 특별사찰도 실시한다.

북한은 국가안전보위부의 창립 시기를 1945년 11월 19일로 본다. 이날 김일성 주석이 당시 남포에 있던 이날을 창건일로 기념하고 있다. 하지만 국내 자료에는 국가안전보위부가 8·15 광복 직후인 1947년 2월 북조선인민위원회 보안국으로 출발했다고 알려져 있다. 다소 시기적 차이가 있기는 하지만 여하튼 정권 유지의 도구로서 국가안전보위부가 출범했다고 볼 수 있다(유영옥, 2018: 149).

2) 국가안전보위부의 체계

국가안전보위부는 김 위원장이 1974년 4월 선포한 '유일사상 체계 확립의 10대 원칙'에 근거해 열 가지 범법 규정을 자체로 마련, 이에 따라 체제 수호 및 김 위원장 보위활동을 펼치고 있다.

조직은 체계 중앙에 국가안전보위부, 각 도에 ○○도 안전보위국, 각 시(구역)·군에 ○○시(군) 안전보위부가 있다. 이 밖에도 철도성 안전보위부, 연합기업소 안전보위부 등 기관, 기업소에도 보위부 요원을 파견한다. 또 필요에 따라 항만과 공장에도 보위부 기구를 두어 정보사찰을 실시하고 있다(유영옥, 2018: 153).

---

3) 국가안전보위부는 인민보안성에서 1973년 5월 나와 창설.

4) 국가보위성(영어: State Security Department)은 조선민주주의인민공화국의 9~10만 명 규모의 비밀경찰 및 정보기관으로 국가 최고지도자 직속의 초법적 기관이다. 국가안전보위부 부장은 현재 공석이지만 조선민주주의인민공화국의 실권자가 이 기관을 지휘하고 지도하고 있다. 보위성은 어떠한 법적 절차 없이도 체포해서 정치범수용소에 집어넣거나 사형시킬 수 있는 막강한 권한을 가진다. 출범 초기에는 국가안전보위부였다가 1982년 국가보위부로 개칭되었고, 1993년 국가안전보위부로 개칭되었으며, 2016년 국가보위성으로 다시 개칭되었다(https://ko.wikipedia.org/wiki/국가보위성(검색일: 2018년 9월 28일).

3) 국가안전보위부의 성격

국가안전보위부가 진행하는 사업 중 가장 중요한 것은 김 부자의 신변을 최상의 수준에서 가장 안전하게 보장하는 것이다. 국가안전보위부의 김 부자에 대한 근접 경호는 3개 대대로 구성된 호위총국의 친위대와 지방시찰 시 테러분자 색출을 위한 국가안전보위부의 5총국(행사총국이라 함)이 직접 맡아 수행한다. 북한의 국가안전보위부는 다른 나라의 정보기관과는 달리 북한의 유일한 정보기관이면서도 해외첩보 수집이나 대남 공작보다는 북한의 세습 체제 보호를 가장 주된 임무로 하고 있다.

제 3 절 | 인민보안성의 시기별 임무

1. 고난의 행군 이전 시기(~1995년)

북한은 1980년대 들어서면서 당 제6차 대회에서 김정일을 후계자로 내정하고 이중적 지도 체제를 수립하게 된다. 1987년 제정된 북한의 형법은 사회주의 제도를 부정하는 '계급적 원수'들에 대해 무자비한 탄압을 선언하고, 김일성 · 김정일의 권위와 위신을 훼손하는 행위에 대해 사소한 요소라도 가장 단호한 징벌을 가한다는 처벌 규정을 두고 있다.

이에 따른 인민보안원의 정치사업과 단속 및 처벌사업의 유형을 살펴보면, 첫째, 김일성 가계(家系)에 대한 우상화와 독재 정권의 당위성 등 주민 의식화 사업을 벌이기 위한 정치사업이다. 둘째, 준법 교양을 위한 주민 정치사업이다. 셋째, 각종 단속을 통한 주민통제 사업이다. 넷째, 대중 교양에 목적을 둔 주민 처벌활동이다(곽명일, 2016: 71).

이 시기 인민보안원과 주민의 접촉은 공식적인 이유와 목적을 위해 대부분 그룹별 접촉 형태로 활발히 이뤄졌으며, 인민보안원은 주민의 사소한 불법 행위에 대해서도 강도 높은 처벌로 대응함으로써 통제의 주체와 대상 간 철저한 복종 관계를 형성했다고 볼 수 있다(곽명일, 2016: 71).

또한 이 시기의 특징은 인민보안원과 주민의 접촉은 각종 범죄신고 체계의 시스템으로 이뤄져 있으며, 사회주의 정권을 지키고 각종 범죄를 막기 위한 일석이조의 장치였다.

주민이 인민보안원과의 만남은 보통 본인이나 가족의 생명에 대한 위협을 느낄 때와 사회활동을 하면서 항상 범죄자들에게 노출되어 있기 때문에 이 시기 인민보안원의 임무는 주로 범죄와 관련된 내용이 상당한 비중을 차지한다. 법 집행 그 자체가 인민보안부 본연의 임무이므로 주민들의 신고활동은 인민보안원의 실적을 쌓기 위한 명분이 되고 북한 사회의 안정을 도모하는 데 이바지하는 것이었기 때문이다.[5] 인민보안원에게 정보원 영입 업무는 반드시 정보원이 지향하는 적임자를 선발해야 하는 신중을 요하는 중요한 업무였다.

또한 '고난의 행군' 이전에는 인민보안원이 사회 치안과 감시망 구축을 위해 정보원 선정과 영입을 위한 사업에 몰두했고, 주민 접촉을 주도했으며, 이들을 통해 자신의 통제적 영역 넓히는 것은 물론 성과를 내어 승진에 활용하려고 정보원을 영입했다(민형동, 2007: 31).

이처럼 '고난의 행군' 이전에는 주민과의 접촉은 정치사업과 단속·처벌 강화정책으로 대부분 그룹별로 접촉했으며, 인민보안원은 주민의 사소한 불법행위에도 강도 높은 처벌로 인해 철저한 복종 관계로 형성되었고, 인민보안부는 주민들의 신고활동을 통해 사회의 안정을 도모했으며, 사회치안을 위해서도 정보원을 영입해 사회안정화 작업을 추구했다.

2) 접촉 방식과 장소

1980년대에는 주민과의 만남이 민원의 해결 등과 같은 각종 사업보다는 정치사업 및 범죄 관련 업무가 상당한 비중을 차지했기에 인민보안원의 주도적인 만남이 더 우세했다고 볼 수 있다.

이러한 인민보안원과 주민이 접촉하는 장소는 크게 세 가지로 구분할 수 있는데, 공공장소의 접촉과 비밀장소의 접촉, 제공 장소의 접촉으로 나눠 볼 수 있다. 먼저 공공장소는 인민보안원이 주민과의 합법적인 접촉이 이뤄지는 곳으로서 공공기관이나 인민반, 사업소 모든 건설 현장이나 농촌, 어장, 사무실 등이 속한다.

비밀장소는 인민보안사업의 특수성으로 인해 합법적이지만 대중의 눈에 띄지

5) 국가보위부 요원 출신 탈북민 G씨 증언(2014.12.4).

않는 곳을 말하는데 숲속 또는 아파트 옥상 등 인민보안원이 지정하는 임의의 장소이며 범인 검거를 위한 매복, 감시, 도청 등을 진행할 수 있는 곳도 이에 속한다.

또한 제공 장소는 주로 인민보안원의 집이나 청탁 주민의 집, 인민보안원이 지정한 임의의 장소가 이에 속하며, 이러한 곳은 남의 눈에 띄지 않고 무사히 물품을 전달하거나 받을 수 있는 장소이다(곽명일, 2016: 81).

3) 관계 유형

북한의 정치사상 사업은 북한 노동당 선전선동부에서 총괄하며 인민보안성 정치국은 노동당 선전선동부의 지시에 따라 주로 주민의 법의식 강화 사업을 목적으로 인민보안성 하부 말단 단위인 인민보안소(파출소)에 이르기까지 진행 과정을 통제한다. 인민보안성은 주민과 통제자와 피통제자, 즉 복종 관계가 형성되어 있는 가운데 주민 교양과 감시활동을 한다.

인민보안원의 업무는 상당 정도의 재량성이 있어 형사사건 해결에서 인민보안원은 최초의 의사결정자이기 때문에 그들의 의사결정은 매우 중요한 영향을 미친다. 북한의 주민 거주지역인 인민반에는 정보원들이 즐비해 있으며, 그들을 통해 주민의 일거수일투족을 감시하고, 북한 주민 동향이 그들에 의해 인민보안원에 전달된다(곽명일, 2016: 88).

1980년대에는 인민보안원과 결속된 정보원의 활동이 강화되었던 시기였다. 즉, 합법적 협력이 강화되었던 시기라고 볼 수 있다. 정보원만이 아니라 핵심 군중과 과반수의 주민이 정권 수호 사업에 앞장섰고 인민보안원과의 협력이 원활했다. 따라서 인민보안원이 사회통제에서 이룩한 성과는 인민보안원 독자적 활동의 업적보다는 주민의 협력과 핵심 군중, 그리고 정보원의 도움이 있었기 때문에 가능하다고 볼 수 있다. 이 시기 반범죄행위에 대한 주민의 상시적인 신고 체계가 도입되었고 합법적 협력 관계가 형성되면서 강력 범죄율은 최저치를 기록하게 된다.

인민보안원은 주민 내부에 조직적인 불만 세력이 없도록 항상 주민들에 대한 통제를 강화하는 업무를 수행한다. 주민들에게 사회주의에 대한 확고한 믿음과 충성심을 심어주고 범죄행위에 대해서는 크든 작든 상관없이 엄한 처벌을 통해 공포의식을 조성해 북한 체제의 붕괴 위험을 사전에 막기 위한 사업을 진행했다.

이때의 처벌은 본인뿐 아니라 연고자들에도 연대책임을 물어 피해를 준다. 연좌제 처벌제도는 처형된 주민을 '혁명의 원수'로 규정하고 그의 가족과 친인척들에 대한 사회적 배제를 실현하는 차원에서, 그들이 살던 집과 재산을 몰수하는 등의 가혹한 처벌 방식이다(곽명일, 2016: 93).

이처럼 1980년대에는 인민보안원과 주민의 관계가 이념에 따른 통제자와 피통제자로 형성되어 그들이 주민을 교양하고 감시하는 활동을 했다. 또한 사회적 협조자를 포섭해 주민들을 감시하는 정보원의 활동이 강화되었던 시기였다. 게다가 정보원뿐만이 아니라 핵심 군중 과반수 주민의 협력도 돈독했다. 나아가 인민보안원은 주민 내부의 불만 세력을 사전에 차단하기 위해 연고자까지 연대적으로 가혹한 처벌을 가했다.

4) 관계 변화의 배경

북한 사회에서 김일성은 절대적인 권위를 가진 최고지도자로서 약 50년 동안 정치 체제와 사회 질서를 지배한다. 특히 수령－당－대중이 하나라는 유기체적 존재를 이루고 사회정치적 생명체를 강조하면서 북한 주민에 대한 사상교육을 해왔고, 사회통제의 물리적 기구인 인민보안부도 김일성의 정치적 위상과 정책 변화에 따라 많은 영향을 받아왔다.

1992년에 제정된 헌법을 보면 "조선민주주의인민공화국은 사람 중심의 세계관이며 인민대중의 자주성을 실현하기 위한 혁명사상인 주체사상을 자기 활동의 지도 이념으로 삼는다"(제3조)라고 선언한다. 이 시기부터 인민보안부를 비롯한 국가 권력기관에 대한 수령과 후계자의 이중적 지도 체제가 수립된다(곽명일, 2016: 96).

특히 북한의 김일성과 김정일에게 가장 위협적인 사건으로 비춰진 것이 바로 루마니아의 차우셰스쿠 대통령 내외의 처형과 독일 통일이었다. 김일성과 김정일은 철권통치를 휘둘렀던 차우셰스쿠가 인민 봉기로 축출되고, 군대에 의해 체포되어 처형되는 사건을 보면서 공포에 떨었을 것이다. 또한 동・서독 통일은 비슷한 분단 상황에 있었던 북한 정책결정자들을 동요하게 만들었음에 틀림이 없다.

1991년 11월 6일 소련 공산당마저 해체되었고, 12월 25일에는 사회주의 체제의 구심점이었던 구소련마저 붕괴했다. 동유럽 사회주의 진영의 몰락에 북한 지도부는 체제 위기에 대응하기 위한 대책에 돌입하게 된다(황장엽, 1999: 235－237).

이 시기부터 인민보안부를 비롯한 국가 권력기관에 대한 수령과 후계자의 이중적 지도 체제의 수립을 위한 새 법령이 채택되었다.

2. 시장화 이전 시기와 권력 이양 시기(1996~2001년)

1) 접촉 형태

북한은 1994년 김일성 사망 이후 '고난의 행군'이 시작되었다. 국가 배급제도가 붕괴되고 시장에 대한 봉쇄정책이 하달되면서 기근과 식량난으로 정부에 대한 주민들의 불만은 최고조에 달하게 된다. 그럼에도 체제 유지에 급급한 북한 당국은 시장 억제정책을 강화한다.

1990년 중반부터 인민보안원의 사업에는 커다란 변화가 일어나게 된다. 국가 예산의 소진에 따른 복지의 붕괴, 인민보안원 가족의 생계 위협, 암시장의 출현, 각종 일탈의 증대와 단속 인력 부족 등으로 인민보안원의 사회통제 업무는 차질을 빚게 된다.

이 시기 인민보안원은 주민과의 관계 형성에서 주민이 선(先) 요구, 인민보안원이 후(後) 결정하는 구조가 형성되었다. 주민이 제공하는 상업 정보는 인민보안원의 부(富)를 축적하는 데 중요한 역할을 하게 됨에 따라, 이 시기부터 정보 공유를 위한 타협 관계가 형성된다(곽명일, 2016: 102).

이를 계기로 인민보안원은 주민과의 적극적 타협을 통해 더욱 큰 이익을 추구하는 방향으로 관계가 형성된다. 시장에는 상류층 상인인 도매상과 영세 상인인 소매상인 종속 체제가 구성되며, 도매 상인의 경우 상품을 더 많이 싼 값으로 조달해서 많은 수익을 챙기는 것을 목표로 했으므로 이를 위해 국경지역이나 공업지구와의 연계를 강화하는 한편, 상품 운송의 안전을 보장받는 것에 최고의 관심을 뒀다.

이 시기 인민보안원의 활동에서 특징적인 것은 인민보안부 내부에 필요한 건설 자재나 연료 및 난방용 석탄을 공식적으로 조달한다는 명목으로 주민과의 적극적인 협조를 통해 시장활동에 참여했다는 점이며, 여기서 얻은 수익의 일부를 본인이 직접 소비한다는 것이었다(곽명일, 2016: 103).

결론적으로 북한은 1994년 김일성 사망 이후 배급제도가 붕괴와 기아로 인한 주민들의 불만이 고조되자 치안 유지를 명분으로 당국의 시장 억제정책을 강화한다. 또한 1990년 중반부터 국가 예산의 소진에 따른 인민보안원들의 복지마저 붕괴되면서 그들이 가족의 생계를 위해 주민과의 적극적 타협을 통해 상업 정보를 공유하며, 사익을 추구하는 방향으로 관계를 형성하게 된다.

2) 접촉 방식과 공간

1990년대 중반에 들어 공적 영역에서 경제의 불안전성으로 경제위기 상황이 발생하자 국가는 중앙에서부터 하부 말단까지 '자력갱생', '간고분투'라는 슬로건을 제시하면서 자급자족만을 권유한다. 이때 주민들은 시장 참여가 없이는 안정적 생존이 불가능했기 때문에 시장활동에 대거 뛰어들게 된다. 이 시기에는 주민이 인민보안원과의 적극적인 접촉을 원했고, 인민보안원은 단속 과정에서 알게 된 주민을 통해 정보를 공유하는 등 주민과의 접촉이 점차 과거와 다른 양태를 보이기 시작했다(곽명일, 2016: 109).

시장활동이 활발히 진행되면서 시장을 점유하려는 상인들과 인민보안원의 뇌물 비리가 적은 규모로 발생했고, 종전에 볼 수 없었던 뇌물 제공 장소도 나타나게 된다.

인민보안원과 주민의 만남이 이뤄지는 공간으로는 통상 범인 색출 시 정보원과 만남이 이뤄지던 비밀장소에서의 만남이 가장 활발했다. 다음으로 주민 교양을 위한 강연회와 주민 정치활동을 위한 공공장소의 만남이 뒤를 이었으며, 뇌물 수수 시 인민보안원의 집이나 주민의 집과 같은 장소의 활용은 미미한 것으로 나타났다(곽명일, 2016: 107).

결론적으로 1990년대 중반 경제위기로 주민들에게 시장 참여 없이는 생존이 불가능한 상황이 도래하자 주민들은 인민보안원과의 적극적인 접촉을 원하는 반면, 인민보안원은 오히려 수동적인 자세로 변했다. 그리고 정보 공유와 뇌물 수수를 위한 인민보안원과 주민과의 만남의 장소는 안정된 비밀장소, 공공장소 그리고 인민보안원의 집이나 주민의 집 순으로 나타났다.

3) 관계 유형

경제 사정이 더욱 약화되면서, 사회의 교통망, 전력망 등 물질적 · 기술적 기반도 패닉 상태에 빠져들었다. 특히 생산 단위 기업들은 주민들로부터 도난과 약탈, 설비 파괴, 재고 손실을 당하게 된다. 위급 상황을 모면하기 위해 인민보안부는 노동당의 위임에 따라 비상설적 검열소조를 지방에 상주시켜 사회의 안정을 위한 치안사업을 강화하도록 시스템을 구축한다.

그러나 검열사업이 장기화하고 검열요원들에게 지급되는 보급 물자가 부족해지면서 검열요원들 역시 반사회주의 행위로 단속된 주민들에게 의도적인 접근을 시도한다. 검열요원들의 단속활동은 곧 보급물자의 충당을 위한 피동적인 단속활동으로 이어졌으며, 일정한 정도의 생필품을 수수하는 수단으로도 활용되었다(박영자, 2005: 320).

인민보안부는 외부 수입 원천이 없이 국가의 예산으로 운영되는 특수기관이다. 경제난으로 국가 복지가 사실상 붕괴되자 경제적 어려움을 타개할 수 있는 조치로 외화벌이를 위한 기관을 설립해 당의 자금과 종업원들의 복지를 개선하라는 지시가 하달된다.

금별무역회사에서 아무리 외화를 많이 벌어들인다고 해도 인민보안원에게 돌아가는 혜택은 전혀 없었다. 따라서 인민보안원들은 가족의 생필품과 당국으로부터 하달되는 부과 부담의 충당에 필요한 지원물품을 주민을 상대로 해결할 수밖에 없게 되었다(오늘의 북한소식, 343호).

이처럼 인민보안원과 주민과의 관계 유형에서 경제가 공황 상태에 빠지자 당국은 검열을 강화하라 하지만 그들은 오히려 상업정보를 공유하고 생계에 필요한 복지와 당국으로부터 하달되는 사회적 부과 부담에 필요한 지원 물품을 주민들에게 접근해 생계를 해결하게 된다.

4) 단속과 묵인

북한 사회의 치안을 담당한 인민보안원들은 사회주의 사회에 '자본주의 온상'으로 치부되고 있는 암시장을 통해 생필품을 조달받고 있다.

인민보안원들은 암거래를 불법적인 비(非)사회주의 행위로 규정하고 통제를 하고 있지만, 암시장 없이는 주민이나 인민보안원, 정권 기관 종사자들 역시 생활에 필요한 생필품과 식료품을 해결할 수 없다. 통제를 강화하면 상품 종류가 줄어드는 것은 물론이고 상품의 값이 뛰어올라 쌍방의 손실은 불가피했다.

주민의 상행위를 일부분 묵인하고 단속이 느슨해지면 돈이 있어도 살 수 없었던 희귀상품들이 암시장으로 우후죽순처럼 유입된다. 시장에 대한 느슨한 단속과 불법적인 상품 판매에 대한 단속 완화는 인민보안원과 상인 간의 협력 관계를 형성하게 한 요인으로 작용했다.

당시에 보안원은 주민의 생계에 편의를 봐준다는 목적보다는 사회적 부과 부담의 지원 물자 구입을 위해 물품을 상인들로부터 조달받았지만, 그 일부를 본인이 활용하면서 주민과 타협이 시작되었다. 그러면서 주민을 대상으로 하는 사회통제 역시 형식적일 수밖에 없었다(곽명일, 2016: 118).

5) 관계 변화의 배경

강제와 복종만을 추구하는 북한에서 정치의 이데올로기를 개선하고 주민들에 대한 설득 및 교양사업으로 통치 방식이 변화되기는 쉽지 않게 되자 북한 당국은 인민보안부의 주민 요해 문건의 공백자를 심문해 간첩으로 몰아간 '심화조' 사건을 만든다. '심화조' 사건은 1990년대 중반에 평양 용성구역 안전부에서 발단되어 진행된 사업으로 이를 '용성사건', '현대판 민생단사건'이라고 부른다.

'심화조' 사건 이후 '주눅이 들어 있는 인민보안원들에게 날개를 달아줘야 한다'는 김정일의 지시로 2000년 최고인민회의 제10기 3차 회의를 소집하고 '사회안전성'의 명칭을 '인민보안성'으로 개칭한다. 이 회의에서 김정일은 '심화조' 사건으로 "주민들의 불만이 이처럼 최고조로 달해 본 적이 없다. 마음 같아서는 '사회안정성'을 통째로 없애고 싶지만 사회 질서 유지를 위해 꼭 필요한 단위이기 때문에 참기로 했다", "다만 '사회안전성'의 이름만 들어도 인민들이 치를 떨고 있기 때문에 오늘부터 '인민보안성'이라고 이름을 바꿔야겠다"고 지시하면서, 인민보안성의 기능과 역할에 대한 새로운 지침을 하달한다(전현준, 2003: 20-22).

2005년에는 인민보안성의 수장을 군부 출신으로 교체하면서 주민등록 사업은 비교적 완화하는 양태를 보이게 된다. 그러나 그것으로 이미 실추되고 추락한 인민보안원의 이미지를 되돌리기에는 역부족이었고, 주민들의 호응을 얻지 못하는 사회통제자로서의 인민보안원의 역할은 축소될 수밖에 없었다.

특히 경제난이 해소되지 않고 지속되는 상황에서 인민보안원들은 주민의 성분에 따라 포섭과 통제 대상을 구분해 이익을 챙기지 시작했고, 심지어 돈과 뇌물을 받아 '주민 성분'을 조작하는 등의 불법행위도 서슴지 않았다.

이 시기에 북한 내부에서 정권의 안정을 도모한다는 목적에서 사상은 여전히 강조되고 있지만, 일반 주민들의 가치관과 이념의 변화는 빠르게 확산되었다. 스스로 생존을 책임질 수밖에 없는 현실과 함께 '많이 벌어 남보다 더 잘살아 보자'는 인식이 확산되면서 과거와 달리 어렵고 힘든 노동에 앞장서 당원이 되기보다 장사 등 수입이 좋은 직업을 선호하게 된다.

또한 북한 경제가 시장화로 변화되고 경제난이 지속하면서 수령에 대한 충성심의 분산 현상과 같은 주민들의 사상 이완이 시작되었고, 점차 국가권력의 이미지도 하락한다(곽명일, 2016: 125).

결론적으로 '심화조' 사건에 연류된 주민에 대한 대규모 숙청은 인민보안원들의 공권력 실추와 통제적 업무 수행에 막대한 지장을 초래한다. 경제난 속에서 주민들의 가치관과 행동양식에 변화가 일어나면서 당에 대한 충성심의 이완 현상이 일어나게 된다.

3. 시장화 시기(2002~2008년)

1) 접촉 형태

북한 당국은 시장을 통해 부(富)를 축적한 상인을 제재하기 위한 시장통제정책을 펼치게 되었다. 그런데 이러한 시장의 통제정책은 시장을 완전 통제하는 것이 아니라 '돈주'들의 증가를 막고 불법행위로 부를 축적하는 자들에 대한 통제정책으로서 부분적 시장 제한정책으로 볼 수 있었다.

2003년 국방위원회 명령 '0029호'가 발표되었다. 소위 "나라의 외화 자원을 침해하는 자들을 엄격히 처벌할 데 대한 당・군・인민보안원"으로 구성된 연합 검열조가 편성된다. 국가 외화 자원을 수출하는 외화벌이 기관과 국가 무역 기관에 대한 검열은 1년 동안 지속된다(곽명일, 2016: 133).

북한 당국은 재일교포나 중국 화교를 북한 사회에 퇴폐적인 자본주의 문화를 퍼뜨리는 위험분자로 간주하면서 인민보안원들에게 전국의 공장・농촌・인민반별로 재일교포와 중국 화교 출신 상인들의 사상 감시를 강화하도록 지시하지만 인민보안원은 재일 교포와 중국 화교를 압박해 시장으로 팔려는 도매 상품의 종류와 가격 그리고 외환 루트 등 다양한 정보를 입수해 자신과 연계된 상인 파트너에게 전달할 수 있고, 이에 대한 대가를 받음으로써 부를 축적할 수 있었다(곽명일, 2016: 135).

북한 주민들은 인민보안원의 속성을 미리 알려는 의지가 강하다. 이는 자신들의 경제적 손실을 줄이고 좋은 파트너 보안원을 장기적으로 활용하기 위해 고려해야 할 중요한 요소로서 판단하기 때문이다(조정아, 2008: 272).

인민보안원의 속성을 타진할 때 주민의 대다수는 주민통제를 전문으로 담당하는 보안원을 파트너로 선정하길 원하며, 권력과 통제의 범위 내에서 주민에게 진심으로 다가가 직접적인 도움을 주는 진솔한 인민보안원 이른바 '알삼이 보안원'을 파트너로 원한다(곽명일, 2016: 138).

2002년에 들어서면서 생계형 범죄가 끊이질 않자 전국적 범위에서 인민보안원을 통한 대대적인 단속과 시장 골목 통제, 야간 순찰사업을 강화했지만 생계형 범죄는 없어지지 않았다.

이 시기에 인민보안원과 주민의 관계는 점차 돈독한 협력 관계가 되었고, 상호의 이익을 위해 헌신하는 양태로 변화한다. 경제 파트너인 주민이 단속에 걸려 법적 처벌을 받는 상황이 되면 인민보안원은 모든 수단과 방법을 동원해 경제 파트너를 구출하기 위한 최선의 노력을 기울였다(곽명일, 2016: 145).

북한에서 인민보안원과 주민의 접촉은 보안원의 몸짓, 특성, 태도 등을 잘 습득해서 대처해 나가는 주민만이 인민보안원과 유대 관계를 오래 지탱할 수 있다. 주민들의 인민보안원과의 협력 관계 지속 여부는 그들의 생계를 위한 상행위에 적지 않은 영향을 주었다. 보안원과의 접촉 과정에서 주민은 보안원이 자신을 위해 발휘할 수 있는 능력의 최대치가 어느 정도인가를 먼저 파악해야 하며, 보안원이 무엇을 목표로 삼고 본인에게 접근하며 무엇을 원하는가를 미리 인지하는 것이 매우 중요하다. 인민보안원과 주민의 접촉은 이익의 측면에서 서로가 원하는 접촉으로 이뤄지는 것이 특징이다.

또 다른 접촉 방식으로 제3자의 접촉 방식이 있는데, 여기에는 먼저, 주민이 직접 보안원을 소개하는 경우이고, 둘째는 주민의 이름을 빌려 제3자가 직접 보안원을 찾아가 접촉하는 경우이다. 특히 다른 지방까지 활동 범위가 넓은 상인들은 해당 지역 인민보안원의 단속을 피하고자 보안원의 친척이나 친구 또는 지인의 전화 또는 편지를 이용해 협력 관계를 피력하기도 한다(곽명일, 2016: 145).

한편, 인민보안원과 접촉하는 비밀 장소는 정보원이나 방조자들이 특정 주민에게 침투해 감시한 경과를 보고하는 장소이며, 인민보안원에게 지시받은 동향 자료와 비밀 자료를 은밀히 제출하는 장소이다. 그곳은 또한 용의자로 지목된 주민의 거주지 등에서 보안원이 직접 · 감청 · 매복 · 검거를 진행하는 장소이다(곽명일, 2016: 147).

북한 당국은 느슨한 통제로 시장 규모가 확대되자 시장의 제한과 외화벌이 검열 정책을 인민보안부에 지침을 하달한다. 그러나 인민보안원과 주민과의 관계는 보안원은 주민에 대한 정보력과 경제력을 파악하고 주민은 인민보안원의 권한 여부를 확인해 서로 협력하는 공생 관계가 되었다. 이들 간에는 뇌물과 청탁을 통해 법적 처벌을 피하는 연계고리가 굳건히 형성되어 있었다.

또한 인민보안원과 주민의 접촉은 쌍방이 원하는 이익 공유의 측면에서 서로가 원하는 접촉으로 이뤄지는 것이 특징이라 할 수 있다. 게다가 지금까지 없었던 접촉 방식인 제3자와 인민보안원의 접촉 형태도 생겨났다. 인민보안원과 주민의 접촉 공간은 공식·비공식적 공간이 모두 활용되었으며, 이들의 관계에서 주목할 부분은 기존의 타협 관계에서 협력 관계로 이전되고 있다는 것이었다.

2) 관계 유형

북한의 사회 질서와 치안을 담당하고 있는 인민보안원들은 경제난이 닥치면서 사회통제보다는 주민들을 포섭하고 물질적 부를 확보하기 위한 협력활동을 벌이고 있다(김동성, 2006: 221). 북한의 사회주의 계획경제의 마비로 인해 생존적 차원에서 주민들의 상행위 보장과 보안원의 현실적인 요구가 결합하면서 상호 간 '도덕적 협력' 관계가 형성되었다. 북한 당국의 집단주의 의식에 반해 주민들의 태도는 개인 중심, 배금주의 추구로 "돈 되는 일이면 무엇이든 한다"는 자세를 견지하게 했다(곽명일, 2016: 151).

2002년 새로운 경제 개선 조치 이후 외화벌이 기관들의 활동이 넓어지게 되었고, 전국 각지에 외화벌이 기관들이 우후죽순처럼 생겨나면서 인민보안원은 시장 영역에서 외화벌이 영역으로 협력 관계를 확대해 나가게 된다.

국가의 예산이 소진되고 경제난의 악순환이 지속되자 북한 당국은 급기야 사회 모든 단위에 외화벌이 기관을 설립해 당 자금을 확보할 데 대한 지침을 하달한다.

북한은 1983년부터 군부와 전국의 시·군별로 외화벌이 사업소(군중 외화) 설치를 허용했다. 그러나 수출 품목에 따른 외화 유입의 규모가 매우 협소했기 때문에 국가 예산 모금에 큰 도움이 되지 않자 북한 당국은 2002년 새로운 경제 개선 조치를 발표하면서 전국 각지에 다양한 외화벌이 기관 설립을 대대적으로 허용하게 된다.

이전에 1990년 후반부터 인민보안원들은 외화벌이에 관심을 두기 시작했으며, 2002년부터는 본격적으로 외화벌이 상인과의 협력을 강화하기 시작한다. 예컨대, 인민보안원은 이익의 확대재생산에 이바지할 수 있는 좋은 위치의 어장이나 양식장에 대한 정보를 제공해 외화벌이 건립 신청서를 갖추도록 도와주는 한편, 국토성과 단위 군부대 승인을 얻어내는 데 도움을 주는 등 외화벌이 기지 설립사업에 일조하는 방식이었다(공용철, 2010).

2004년에는 김정일의 지시에 따라 시장 운영정책과 시장에서 팔 수 있는 품목 규정에 대한 상업성의 지시가 하달되었다. 그 내용의 골자는 시장은 정오부터 오후 4시까지 운영하며 공삼품의 판매와 노점시장을 전면 폐지한다는 것이었다. 그리고 부양가족의 조직별 학습이나 경연회가 있는 매주 수요일과 농촌활동 기간(모내기 2달, 추수 1달)에는 시장활동을 금한다는 '시장운영규칙'이 시장 곳곳에 게시되었다.

또한 후속 조치로 인민보안부에 정부의 지침을 집행하기 위한 계획안이 하달되고, 각 시・군 인민보안서에 일명 '타격대'라는 순찰대가 신설되었으며, 시장 단속 캠페인도 활발히 벌어졌다.

2005년 10월에는 당시에 일시적으로 국가의 식량 배급 시스템이 일부 복구되면서 시장에 대한 전면적인 통제가 이뤄지기도 했다. 이 시기에 북한 정부의 시장정책이 우왕좌왕하면서 인민보안원과 주민관계도 허용과 통제가 교차하는 양상을 보이게 되었다(곽명일, 2016: 158).

2002년의 7・1 경제 개선 조치 이후 인민보안원 가족들에 대한 배급이 중단되는데, 그것은 보안원들의 생활에 결정적인 타격을 줬다. 그 이후 인민보안원 가족들의 시장 참여도가 높아졌고, 국가 정책은 이를 방치할 수밖에 없었다.

경제난이 지속되면서 인민보안원에 대한 복지가 개선되지 않으면서 인민보안원은 법과 권력을 이용하고 때로는 탈법까지 동원하는 방식으로 개인 축재에 나섰다. 느슨해진 법적 감시와 통제가 장기화되면서 인민보안원의 뇌물 비리행위는 전 사회적인 기류로 자리 잡게 되었고, 이러한 사회적 분위기는 인민보안원과 주민의 관계를 변화시키는 데 일조한다.

북한 노동당과 인민보안성은 철저한 업무 분담에 따라 선전선동 활동과 시장에 대한 단속통제 활동을 동시에 진행했다.

2003년 이후 노동당 선전선동부 요원들이 도 소재지와 직할시를 배회했다. 방송차를 타고 전국의 시장을 돌면서 '시장은 자본주의 낡은 온상이다', '고난의 행군은 일시적이다', '사회주의를 수호하는 길만이 우리가 살 길이다' 등과 같은 정치적 구호를 외치면서 선전에 열을 올렸다. 그들의 선전활동에 감동한 일부 상인들이 장사 봇짐을 들고 집으로 귀가하는 등의 일시적인 효과는 있었다.

그러나 시장을 단속해야 하지만 국영 유통망에 상품이 절대적으로 부족한 상황에서 인민보안원을 통한 시장통제는 오히려 암시장이 활성화를 촉진시켜 시장에 대한 통제 불가능성만 증대했고 결국 시장의 세수 감소로 연결되었다. 절대 다수 주민이 시장활동을 통해 생존하고 있는 상황에서 시장통제는 사회적 불만 요소를 가중시키는 역할로 작용할 수 있었다. 앞에서 언급한 것처럼 시장화 시기 인민보안원의 시장에 대한 통제의 확대와 축소를 반복하면서 인민보안원과 주민의 관계는 협력 관계에서 점차 공존 관계로의 변화 양상을 보인다(곽명일, 2016: 162).

이 시기 국가 예산의 소진과 경제의 악순환이 지속되자 외화벌이 기관을 설립해 당 자금을 확보할 때 대한 지침을 하달했지만, 오히려 2002년부터는 인민보안원과 외화벌이 상인과의 협력은 강화되기 시작했다. 계획경제의 마비로 생존을 위한 상호 간의 '도덕적 협력' 관계가 형성되면서 주민에 대한 통제는 단속과 묵인, 그리고 허용과 통제를 반복하게 되었다.

또한 정부 예산의 소진으로 인민보안원의 복지와 주민들의 배급제가 붕괴되면서 시장을 통한 경제활동을 촉진시키는 결과를 초래했다. 이 시기 당국은 경제환경 변화에 따른 체제의 불안정에 대비해 시장 억제정책을 강화했지만, 그것은 오히려 인민보안원과 주민의 접촉을 활성화시키는 계기가 되었다.

4. 권력 이양 시기(2009~2015년)

1) 접촉 형태

2011년 12월 17일 김정일이 사망하고 김정은 체제가 공식적으로 들어서면서 열악한 생활환경에 허덕이고 있는 주민들의 불만을 잠재우려는 강한 통제활동이 전개된다. 2013년 5월에는 김정은이 인민보안성을 직접 방문해 인민보안성에 24시간 경비 체제 구축 등 사회통제 강화 지침을 내리는 공포 분위기를 조성했다.

김정은 시대의 통치 체제에서 주목해야 할 점은 '선군정치'보다는 '법의 정치'를 강조해 집권 초기부터 인민보안원에 대한 강도 높은 법률화 정책을 집행하도록 한 것이다.

법령과 규정 등을 통해서 북한 사회를 통제하고 자신들의 정권을 안정시키기 위해 통제 부문 기관장들은 재임 기간 동안 최고인민회의 법제 위원을 겸임하도록 했다. 김정은 체제의 법의 정치활동에서 중요한 것은 기존에 볼 수 없었던 유화적인 정책도 부분적으로 병행하면서 설득에 의한 통제가 강화되는 측면이 엿보인다는 점이다(연합뉴스, 2011. 2. 13).

김정은 정권은 체제 재정비와 법의 정치를 강조하는 정책을 실시하지만, 2009년에 들어서면서 인민보안원과 주민과의 관계가 오히려 공고해지자 북한 당국은 부패 척결을 내세웠지만 인민보안원은 신흥 부유층과 결탁해서 범법행위를 하는 등 그 성과는 미진했다.

2) 수평적 관계의 대립과 배신 관계로의 변화

북한의 인민보안원은 권위주의가 몸에 배어 있어 친분이 있는 주민과 친구나 지인 관계에서 수평적 관계를 지향하지 않는다. 이는 생래적으로 인민보안원의 통제수단이 법에 의한 감시와 처벌에 있기 때문이다. 이런 풍토에서 수평적 관계는 통제의 날을 무뎌지게 하고 인민보안원 사업활동의 균열을 조성시킬 수 있는 요인으로 작용될 수 있다고 생각될 것이다.

북한에서 인민보안원과 주민의 관계는 서로의 이익을 추구하는 공존 관계에서 배신 관계로 변화되는 양상을 보이기도 한다. 인민보안원과 주민의 관계에서 배신의 주체는 그 요인에 따라 인민보안원이 될 수도 있고 정보원이나 경제 파트너 등 주민이 될 수도 있다(곽명일, 2016: 172).

아무튼 인민보안원과 주민과의 협력 관계가 오래 지속되면서 수평적 관계를 지향하는 주민들이 확산되고, 또한 공생 관계가 늘어나면서 배신 관계가 나타나는 부작용도 속출하게 되었다.

3) 인민보안원의 권한을 활용한 동업과 결탁

북한 주민들은 기존의 사회주의 체제에서 배급제를 통해 기본적인 의식주를 해결하며 오직 정부의 복지정책으로 생계를 유지했으나 이 모든 것이 붕괴하자 이를 해결하기 위한 자구책의 일환으로 상행위에 몰두하게 되었다. 시장화가 비교적 안정 단계에 들어서면서 인민보안원과의 공존 관계를 형성함으로써 주민들은 생업활동의 통로를 마련할 수 있었다.

예컨대, 인민보안원을 통한 공권력의 통제가 강화될수록 상인과 권력층의 쌍방 손실이 불가피해졌다. 따라서 인민보안원에게 상인에 대한 단속과 공생의 양자택일은 인민보안원의 사적인 이익 증대에도 직접적인 영향을 미치게 되었다.

물론 사회주의 법률에 의거해서는 인민보안원의 통제는 소극적일 수밖에 없지만 대부분 비(非)사회주의 상행위 단속 과정에 상인들과 결탁하면서 공존 관계를 형성한다. 이러한 뇌물형 결탁 관계가 형성되면서 시장에 대한 국가정책은 무력화 단계로 접어든다(곽명일, 2016: 178).

김정은 체제 출범 이후 규정상 평양시를 제외한 주민의 주거 이동은 인민보안성 신분 등록부서에서 취급하고 있으나 해당 보안소(파출소)의 담당보안원이나 감찰부서 요원들은 파트너 주민의 주거 이동을 돕기 위해 주민과 결탁해 인민보안원의 월권으로 여행증명서 발급 절차를 무시하고 주민의 상행위를 위한 불법여행증의 발급에 적극적으로 나서고 있다(곽명일, 2016: 185).

4) 접촉 방식과 공간

2012년도에 들어서 자본주의 문화의 확산을 막고 비사회주의 현상을 없애기 위한 캠페인이 전국적으로 벌어지면서 파트너십을 형성하고 있는 인민보안원과 주민에게 불안한 환경이 조성된다. 이 시기에 인민보안원과 주민의 접촉은 대부분 인민보안원과 주민 모두의 이익을 위한 공생 관계의 형성으로 인한 접촉이었다(곽명일, 2016: 185).

인민보안원의 접촉은 기본적으로 인민보안 사업에 없어서는 안 될 합법적 관계인 정보원과의 접촉이 있고, 다음으로 사적 이익의 실현을 위한 불법 관계가 형성된 경제적인 파트너 주민과의 접촉이 있다. 이들은 서로 유기적으로 결합해서 미래지향적으로 움직이지만, 돌발 상황 시에는 서로를 배신하는 관계로 변모하기도 한다(곽명일, 2016: 186).

'많이 벌어 남보다 더 잘살아 보자'는 개인주의가 주민들 사이에서 확산되면서 통제의 주체인 인민보안원과 자연스러운 접촉을 통해 소통을 확대하고 인맥 관계를 형성하려는 시도는 지속될 전망이다. 여기서 중요한 것은 접촉 공간이다. 이러한 의도의 접촉은 부자연스러운 불법적인 만남이므로 타인의 시선이 집중되지 않으면서도 뇌물과 청탁, 정보를 나눌 수 있는 안전한 곳을 선정하는 것이 이들의 주된 관심사이다(곽명일, 2016: 188).

왜냐하면 인민보안원과 주민과의 상호이익을 도모하기 위한 사적 접촉은 주도권의 다툼이 내재되어 있어 언제든지 배신 관계로 전환될 수 있으며, 또한 뇌물이 오가기에 주민들의 눈에 띌 수 있기 때문이다.

5) 관계 유형

(1) 결탁을 통한 공존 관계

외화벌이 기관의 사명은 당 자금을 마련한다는 명목의 수익활동이며 외화벌이 주요 기능은 수출업을 통해 당 자금을 확보하는 것이었다. 이 시기 외화벌이 기관에 대한 검열이 가속화되면서 신흥 부유층, 즉 '돈주'들은 이를 모면하기 위한 수단으로서 인민보안원과의 친분이 필요했다. 앞서 언급한 것처럼 인민보안원과 외화벌이 '돈주'의 관계는 시장화 시기에 협력 관계가 형성되었다면 권력 이양 시기에는 공존 관계로 변화되는 양상을 보인다(곽명일, 2016: 193).

인민보안원과 공생 관계가 형성된 상류층 주민의 경우 그들은 본인의 가족이나 친인척을 내세워 집안의 경비를 서는 것이 아니라 인민보안원에게 청탁해서 자기 집 주변을 그들이 주기적으로 직접 순찰해 주도록 요청한다. 주민과 결탁한 인민보안원은 본인이 직접 주민의 가옥에 대한 절도 범죄가 일어나지 않도록 경비를 강화하는 한편, 야간에는 정보원이나 '노동자 규찰대'를 비롯한 보충 인력을 배치하기도 한다(곽명일, 2016: 195).

이처럼 외화벌이 기관에 대한 검열이 강화되자 위기의식을 느낀 신흥 부유층들은 인민보안원과의 친분 관계를 통해 협력 관계를 형성함으로써 인민보안원은 자신의 욕구를 실현하기 위해 공권력을 남용하면서 인민보안원의 일상은 공적 업무와 사적 용무가 혼재하게 되었다.

(2) 갈등의 편재성에 따른 배신 관계

① 인민보안원의 배신

정보원들은 활동규범의 원칙에서 벗어나는 행동을 할 경우 인민보안원으로 부터의 '배신'을 당하게 되며, 배제된 정보원은 다시 정보원으로 등용될 수 없다.

또한 인민보안원과 정보원의 관계는 복종 관계에서 배신 관계로 변화되는 경우가 있으며, 이 경우 배신의 주체는 인민보안원이다(곽명일, 2016: 198).

② 정보원의 배신

인민보안원에게 채용된 정보원의 대부분은 일반적으로 국가 수호의 사명감을 지니고 주민에 대한 감시활동에 참여하는 성분이 비교적 양호한 대상이다.

그러나 정보원으로 영입되었다고 해서 남들보다 특별히 나은 특혜를 받을 수 없으며 월급이나 배급 역시 보통사람들과 다르지 않다. 곤궁한 처지로 살아가는 정보원은 가족의 생계 유지와 정보활동 사이의 양자택일에 직면할 수밖에 없다. 정보원 스스로 주변인에게 자기의 신분을 노출하면 자동적으로 배제될 수 있지만 인민보안원의 추궁과 주변인들로부터 보복을 당하는 것이 두려워 이러한 행동은 자제한다(곽명일, 2016: 200).

이처럼 정보원들은 비밀을 엄수해야 하는 환경에 있으며, 애국심이 투철한 사람을 채용하지만, 그럼에도 불구하고 궁핍한 처지의 정보원들은 언제든지 배신 관계로 전락할 수 있다.

③ 경제 파트너의 배신

북한에서 일반주민이 인민보안원의 경제 파트너, 즉 협력자가 되는 것은 쉬운 일이 아니다. 인민보안원의 불합리한 요구에 저항하는 파트너 주민들이 증가하면서 보안원이 먼저 집에 찾아오는 것을 부담으로 여기는 파트너 주민도 많아졌다.

즉, 보안원의 무례한 요구를 충족시키기 위해 재산이 탕진될 수 있다는 염려가 생기면 피해를 줄이기 위해 주민은 인민보안원에 대한 배신을 시도하게 된다. 이러한 형태의 경제 파트너 주민의 인민보안원에 대한 배신은 또 다른 인민보안원 간부를 선정함으로써 파트너 관계가 상향 조정으로 연쇄적인 고리를 형성한다. 이를 통해 주민들은 지속적인 법적 보호망을 구축해 갔다(곽명일, 2016: 202). 하지만 이들의 관계는 위기 상황이 발생해 서로 요구가 가중되면 협력 관계에서 배신 관계로 돌변하게 된다.

(3) 처벌 완화와 통제의 배합

2009년 화폐 개혁과 시장화의 확산 추세와 더불어 인민보안원들은 사회주의 체제를 위협하지 않는 범위에서 시장 상인과의 일정하게 공존 관계를 유지하고 있다는 것이 인민보안원 출신 탈북민들의 일관된 주장이다. 따라서 그들은 지금도 국가 체제를 위협하는 온갖 반혁명적 행위에 대해서는 강도 높게 통제를 실시하고 있으며, 진위(眞僞)에 따른 강력한 처벌도 시행하고 있다(곽명일, 2016: 204).

이처럼 생존의 위협에 직면한 주민들과 인민보안원과의 공존 관계가 형성되면서 불법에 대한 단속과 처벌은 완화되었지만, 사회주의 체제 자체를 위협하는 요소에 대해서는 시범적으로 강력한 처벌하는 등 오히려 처벌이 강화되었다.

6) 관계 변화의 배경

(1) 인민보안성 내 · 외부의 불안정

김정은의 통치 방식에서 주목해야 할 부분은 우선 사회통제를 위한 기구인 인민보안성의 개편과 인민 내부군의 확장, 그리고 군 출신을 중심으로 한 노 · 장 · 청 배합의 기득권 등용이다. 인민보안성는 2010년 4월 국방위원회 산하기관으로 부상하면서 군부 중심의 국가공안기관으로 자리 매김하게 된다(곽명일, 2016: 204).

북한의 검사는 당성이 충실한 법률적 전문가이며 이들의 역할은 범죄의 수사와 사건의 기소뿐만 아니라 사회주의 준법성의 이행 여부에 대한 감독, 국가기관의 결정 · 명령 · 지시 등의 충실한 준수 여부에 대한 감시 업무를 담당한다.

또한 검찰의 임무는 기관, 기업소, 단체와 공민들이 국가의 법을 정확히 지키는가를 감시하고, 국가 기관의 결정 · 지시가 헌법, 최고인민회의 법령, 결정, 국방위원회 결정, 명령, 최고인민회의 상임위원회 정령, 결정, 지시, 내각 결정, 지시에 어긋나는 행위를 하지 않는가를 감시하며, 범죄자를 비롯한 법 위반자를 적발하고 법적 책임을 추궁함으로써 북한의 주권과 사회주의 제도, 국가와 사회협동단체 재산, 인민의 헌법적 권리와 생명재산을 보호하는 것이다. 이러한 검찰의 임무는 인민보안성의 감찰 업무와 유사하다. 특히 인민보안성의 경제 감찰부서의 업무와 거의 일치한다고 볼 수 있다.

인민보안성의 경제 감찰부서는 중앙 인민보안성의 감찰 부서에 소속되어 있지만 도 · 시 · 군에도 별도로 존재한다. 인민보안성이나 검찰의 사회단체에 대한 검열은 중앙당 행정부로부터 검열 허가증을 발급받아 진행하는데, 간혹 중앙당 행정부의 이중적인 검열 허가증 발급으로 인민보안부 감찰부서와 검찰 간의 갈등이 초래되기도 한다. 구체적으로 기관 · 기업소나 협동농장 또는 국토 · 외화벌이 기관에 대한 검열사업이 검찰의 임무가 중복되어 검사와 보안원 간의 주도권 다툼도 발생한다(북한헌법, 제150조).

(2) 검열사업에 대한 맞대응

2012년 김정은 체제 이후 인민보안원들의 부패가 전 사회적으로 만연하고 국가통제 메커니즘의 작동이 약화할 조짐을 보이자 북한 당국은 인민보안원의 부패를 막는 것이 체제 안정의 결정적 관건이라고 인식하고 2012년부터 인민보안성 검열국을 통해 전국 인민보안원의 비리와 법 집행 진행 사항에 대한 대대적인 검열을 실시한다.

이미 인민보안원은 공존 관계를 형성한 주민에게 검열요원을 돈과 뇌물로 매수하도록 종용하거나 처벌이 불가피할 경우, 가벼운 처벌, 즉 인민보안원의 직위해제와 같은 강력 처벌에서 경고 조치나 계급 강등과 같은 가벼운 처벌을 통해 파면을 피하는 데 최선을 다한다(곽명일, 2016: 209).

한편 이 당시에 인민보안부의 수장이 군 출신이었는데, 부서의 내적 갈등을 해결할 직무 능력이 약해 리더십의 어려움을 보이고, 인민보안부의 감찰부서와 검찰기관의 업무 중첩으로 부서 간의 갈등이 촉발하자 김정은은 새로운 업무 분담 정책을 집행한다.

(3) 자본주의 문화의 확산

자본주의 문화가 북한으로 급격하게 유입되면서 주민들의 의식에 변화가 일자 북한 당국은 이를 심각하게 우려하게 된다. 특히 한류가 북한 전역을 휩쓸면서 북한 체제에 직·간접적인 영향을 미치게 되었다. 그로 인해 북한 주민은 당국의 정책을 불신하게 되고, 개인의 영리와 가족의 생계에만 집중하게 됨으로써 일상에서 사상 이완과 일탈이 만연하게 된다. 따라서 북한 당국은 주민들의 자본주의 환상에 물드는 의식 변화를 막는다는 차원에서 인민보안원들의 단속 활동을 강화하는 데 대해서 명령한다(인민보안단속법, 제22조).

이로써 인민보안원의 부패 방지를 위한 검열 캠페인을 필두로 검열사업은 한층 강화되지만, 오히려 인민보안원과 주민들의 파트너십은 견고하게 형성될 뿐만 아니라 온갖 뇌물과 인맥을 동원한 검열요원 매수 등으로 실효성이 없었으며, 자본주의 문화는 더욱 폭넓게 확산되고 있다.

제 4 절 | 인민보안성의 문제점과 발전 방향

1. 문제점

1) 강력한 통제활동

북한은 최근 5년간 마이너스 성장을 지속하고 있으며, 곡물 생산 부족으로 인한 식량난이 긴급한 문제로 대두되고 있다. 현재 북한에서는 사회주의 경제 운영의 근간인 '계획' 기능이 제대로 작동하지 않고 있으며, 심지어 체제 운영의 기본인 '통제' 기능도 상당히 약화된 것으로 판단된다. 이처럼 북한의 체제 유지 가능성에 대한 의문이 제기될 정도로 심각한 북한 경제의 문제는 식량·에너지·생필품 및 외화 부족이라는 4대난으로 집약되고 있다.

또한 전기, 철도, 통신, 도로, 항만 같은 사회간접자본시설이 부족할 뿐만 아니라 기존 시설도 낙후되어 성장 잠재력에 커다란 장애로 작용하고 있다(https://kin.naver.com/qna/검색일: 2018년 9월 28일).

김정은은 이러한 열악한 생활환경에 처한 주민들의 불만을 잠재우기 위해 통제활동을 더욱 강화하고 있으며, 인민보안성의 24시간 경비 체제 구축 등 사회통제 강화 지침을 내려 공포통치를 이어가고 있다.

2) 식량배급제의 붕괴

북한 당국이 전체 인구의 3분의 1에 못 미치는 780만 명 안팎의 인원에 대해서만 배급이 가능한 상태이며, 나머지는 기업과 시장 등에 의존해 생활하고 있다고 한 고위 탈북자가 2018년 9월 17일 밝혔다. 북한의 경제정책 추진에 관여했던 이 탈북자는 "북한이 사회주의 국가이기 때문에 모든 것을 국가가 책임진다고 생각하지만 사실과 다르다"며, "김정은 시대 들어 시장을 용인(허용)하고, 이를 정책적으로 활용하면서 남측의 공무원에 해당하는 사람들만 국가에서 책임지는 시스템으로 바뀌고 있다"고 말했다.

과거에는 북한 정부가 일부 자작농을 제외한 모든 주민에게 배급하는 게 일상이었다. 하지만 최근에는 국가기관이나 당, 특급기업소 등 국가가 직접 챙기는 대형기업 관계자를 제외한 나머지 국민들은 '알아서' 먹고 살아야 한다는 의미이다

(https://blog.naver.com/ynk53/, 검색일: 2018년 9월 28일).

이처럼 국가예산 소진에 따른 인민보안원에 대한 배급제의 붕괴와 주민의 경제활동 변동에 따른 불안정한 생활방식이라는 새로운 환경이 도래하면서 인민보안원은 불안정적인 생활을 해결하기 위해 주민과의 접촉을 통해 자신의 생계를 해결하고 있는 실정이다.

3) 불법 난무

국가경제의 마비와 배급제의 붕괴는 주민들이 경제활동의 폭을 더욱 넓혀 주었다. 국가의 법적 규제가 심해지면 주민들은 인민보안원과 결탁해 위기를 모면하는 수밖에 없었다. 이러한 구조적인 상황 때문에 북한 사회에는 불법이 난무하게 되었다. 그리고 인민보안원들은 자신들의 불안정적인 생활로 인해 합법 · 불법이 적절하게 조합된 방식의 개인적 축재를 통해 민생을 해결해 나가고 있다.

4) 개인주의 · 배금주의 사상 유입

북한의 사회주의 계획경제 체제의 붕괴로 인해 생존을 위한 주민들의 상행위 보장과 보안원의 요구가 결합하면서 상호간 도덕적 협력 관계가 형성되어 북한 당국이 요구하는 집단주의 의식에 반해 주민들의 태도는 개인주의와 배금주의 추구로 돈 되는 일이면 무엇이든 한다는 사상이 급속히 유입되고 있다.

2. 발전 방향

1) 인민보안성의 치안 유지 기능

북한의 국가경제 시스템의 붕괴 이후 북한 주민은 시장을 통해 스스로의 힘으로 생계를 유지하고 있다. 북한의 시장에는 불법이 성행하고 있으며, 이를 단속하는 인민보안원들마저 주민과 결탁을 통해 생계를 유지하고 있는 실정이다.

물론 이러한 난관을 해결하는 근본적인 방식은 폐쇄된 북한을 개방 체제로 전환해 이를 통해 북한 주민들이 안정된 생활을 유지할 수 있도록 해야 한다. 더불어 인민보안원들에게는 복지를 향상시켜 불법을 자행하지 않도록 해야 한다. 나아가 인민보안성은 김정은 체제를 유지하기 위해 주민들의 감시와 통제를 전담하는 기구가 아니라 본래의 기능인 치안 유지를 담당하는 역할로 전환해야 할 것이다.

2) 북한 개방정책

향후에 북한 체제가 살 길은 개혁과 개방에 나서는 것이다. 북한은 내부적으로는 '우리식 사회주의 고수'를 강조하면서도 외부적으로는 서방 국가와의 교류 확대를 시도하면서 남북한이 동시에 유엔에 가입했고(1991), 미·일과의 관계 개선을 시도하기도 했다.

특히 대남정책과 관련해서는 김대중 정부의 대북 화해 협력정책에 호응해 금강산관광사업과 개성공단사업을 실시하게 되었다. 그리고 합영법을 제정해 외자 유치를 위해 나진, 선봉 자유무역지대를 설치했다(1991). 이후 남한과의 교류를 활성화하기 위해 노력했으며, 일부 생활필수품에 대한 시장 기능을 도입했으며, 또한 신의주를 경제특구로 지정했다.

그러나 북한은 핵무기를 포기하지 못하고 국제사회로부터 경제 제재에 직면해 또다시 300만 명의 아사자가 발생한 제2의 고난의 행군이 운위될 정도로 식량난과 경제난에 직면하고 있다. 그러면서도 북한의 김정은은 미국과 있었던 제2차 하노이 핵협상 결렬 이후 핵무기는 체제 유지의 보검이라는 악마의 유혹을 떨치지 못하고 다시 연일 탄도미사일을 발사하면서 세계를 상대로 핵 불포기 선언을 하고 있다. 이제라도 북한의 김정은은 자신들이 하노이회담을 하면서 목도한 베트남의 경제적 번영의 교훈을 본받을 때이다. 그 전제는 물론 북한의 핵 포기이다.

제 5 절 | 결론

이 연구는 북한 사회 치안 유지의 핵심적인 기제가 되는 인민보안원과 일반 주민의 관계 변화 양상을 고찰하고 그 배경에 대해 진단함으로써 인민보안부 통제시스템에 대해 미시적·구조적인 연구를 진행했다.

이를 위해 먼저 북한 인민보안성의 변천 과정을 살펴보고, 이에 기초해 인민보안원과 주민의 관계 변화를 연구했다. 특히 인민보안원과 주민의 관계를 시기별로 구분해 분석했는데, 연구의 시기는 북한 사회 변화의 전환점인 2002년 7·1경제 개선 조치를 기점으로 전·후 시기로 세분화했다. 다시 7·1경제 개선 조치 이전 시기를 '고난의 행군' 이전과 '고난의 행군' 시기로 구분했고, 이후 시기를 시장화 시기와 권력 이양 시기로 분류해 연구를 진행했다.

1990년 이전 시기에는 국가권력이 불만 세력보다 압도적이었다. 이는 인민보안원의 단결과 체제 수호정신이 강력했다는 방증이기도 하다. 당시 사회안전망이 항시적으로 가동되었고, 주민 감시가 철저히 진행되는 등 인민보안원과 주민의 관계에는 합법적 협력 관계가 존재했다는 것을 확인했다. 또한 이 시기 범죄에 대한 가혹한 처벌이 있었고, 연고자에 대한 고립정책이 강도 높게 진행되었다는 것을 알 수 있다.

이후 북한 내부에서는 김정일을 후계자로 내정하고 새롭게 법령을 채택하면서 주민 결속을 강화하기 위한 사업을 활발히 진행했으나 북한 체제는 사회주의권이 붕괴되면서 위기를 맞이했다. 이러한 상황에서 북한 당국은 내부의 통제를 강화하기 위한 여러 정책을 하달하면서 위기를 극복하기 위해 많은 노력을 기울여 왔다.

그러나 북한 경제가 악화하면서 국가 예산이 소진되고 '고난의 행군'이라 불리는 사상 초유의 경제난을 겪게 되자 인민보안원과 주민 사이에 타협 관계가 형성된다. 인민보안원과 주민의 타협은 주민들은 인민보안원의 생계에 필요한 상업정보를 제공했고, 그 대가로 인민보안원은 주민에 대한 단속을 벌이면서 주민의 불법 행위를 묵인하는 방식으로 이뤄진다.

2002년 7·1경제 개선 조치가 발표되고 시장화 시기에 접어들면서 점차 인민보안원과 주민의 관계는 물질적 관심의 증대로 인한 협력 관계로 그 성격이 달라진다. 정부에서 전국적으로 하달되는 사회적 부과 부담을 충당하기 위해 인민보안원들은 주민과 협력했고, 주민은 인민보안원들의 법적 도움을 바탕으로 상품 원천의 제공자가 될 수 있었다.

이 시기에는 이들 사이에 소위 '도덕적 협력' 관계가 형성된다. 인민보안원들은 주민이 운영하는 재화 서비스를 국정가격으로 마음대로 활용하는 한편 이 과정에서 주민에 대한 통제를 반복한다.

2009년 김정은 권력이 이양되는 시기에 들어서면서 시장의 움직임은 전반적으로 안정된 양상을 보였고, 인민보안원과 주민의 관계는 공생 관계로 변하게 된다. 인민보안원의 공적 권력과 주민의 사적 용무가 결합하면서 시장의 활동으로 얻어지는 이익에 이들의 관심이 집중된다.

2012년 김정은 체제가 본격적으로 작동하기 시작하면서 나라에서는 인민보안원의 부패를 막기 위한 대대적인 검열 캠페인에 돌입했지만 인민보안원과 주민이 파트너십을 형성해 검열 요원들을 매수하는 등 처벌을 막기 위해 온갖 수단을 동원해 검열작업이 제대로 이뤄질 수 없었다.

또한 자본주의 문화의 황색바람이 북한 주민들의 의식 변화를 초래하게 된다. 지금까지도 북한 전역에서는 이를 막기 위한 검열사업이 진행되고 있지만 여전히 북한 내부에서의 한류와 자본주의 문화의 확산은 지속되고 있다. 이 모든 요인이 인민보안원과 주민 관계를 변화시킨 배경이라는 것을 논증했다.

이 연구는 결론적으로 인민보안원과 주민의 관계에 대한 연구를 진행함으로써 국가위기라는 변화가 인민보안원의 변화를 불러왔고, 인민보안원과 주민의 관계에서도 변화를 초래했다는 점을 밝히고자 했다.

이러한 연구는 인민보안성의 통제 시스템을 이해하는 데 기여하고, 향후 북한 체제의 변화에 따른 인민보안원과 주민의 관계 변화를 예측하는 데 필요한 단서를 제공할 수 있을 것으로 기대한다.

끝으로 제언하면, 이제라도 김정은은 핵무기를 포기하고 개혁・개방을 통해 국제사회의 외자 자본 유치를 통해 북한 주민의 삶의 질 향상을 위해 나서야 하며, 인민보안성은 치안 유지라는 본래의 기능 역할로 전환되어야 할 것이다.

참고 문헌

공용철(2010). “북한의 노동시장 형성에 관한 연구”. 북한대학원대학교 석사학위 논문.

곽명일(2016). “북한 인민보안원과 주민의 관계 변화 연구”. 북한대학원대학교 박사학위 논문.

김동성(2006). “북한사회 불평등구조의 성격과 심화과정”. 중앙대학교 대학원 박사학위 논문.

민형동(2007). “경찰에 대한 국민의 이미지 형성에 관한 연구”. 동국대학교 대학원 박사학위 논문.

박영자(2005). “북한 지방 국가기관의 구조와 운영실태”. 『한국정치학회보』. 제39집 5호.

성준혁(2015). “북한 인민보안부에 관한 연구”. 경남대학교 대학원 박사학위 논문.

유영옥(2018). 『현대북한론』. 경기: 다온출판사.

이교덕(2005). 『북한체제의 분야별 실태평가와 변화 전망』. 서울: 통일연구원.

이우영(1999). 『전환기의 북한사회통제체제』. 서울: 통일연구원.

이종석(1995). 『조선노동당연구』. 서울: 역사비평사.

전현준(2003). 『북한의 사회통제 기구』. 서울: 통일연구원.
조정아(2008). 『북한주민의 일상생활』. 서울: 통일연구원.
최두석(2007). “북한 공안기관의 제도적 특성 연구”. 서울대학교 행정대학원 석사학위 논문.
황장엽(1999). 『나는 역사의 진리를 보았다』. 서울: 한울.

『북한헌법』. 제150조.
『연합뉴스』. 2011.2.13.
『오늘의 북한소식』(2010년 6월 21일). “지금은 세외부담을 거둘 때가 아니다.”
『인민보안단속법』. 제22조.

http://news1.kr/articles/?3435635검색일: 2018년 9월 28일.
https://blog.naver.com/ynk53/221361045623,검색일: 2018년 9월 28일.
https://kin.naver.com/qna/검색일: 2018년 9월 28일.
https://ko.wikipedia.org/wiki/국가보위성(검색일: 2018년 9월 28일).

제10장 경찰의 북한지역 체류 내국인 신변 보호 방안

제1절 | 서론

분단 70여 년이 경과하는 동안 남북한 관계는 내외 정세의 변화로 인한 부침(浮沈)이 끊임없이 이어져 오고 있으며, 이에 따라 한반도 정세와 남북 관계는 냉탕(冷湯)과 온탕(溫湯)을 오가게 되었다. 이런 가운데 2000년 6월 남북한 정상 간에 처음으로 열린 회담은 2007년, 그리고 2018년에 이르기까지 간헐적으로 이뤄져 남북 주민 간 접촉·교류 인원의 증대를 가져왔으며, 이는 정치적으로 남북 간 대화·협상이나 회담을 활성화시킬 뿐만 아니라 경제적인 측면에서도 상호 이익을 가져다주고, 남북 주민 간 분단의 장기화에 따른 정치 이념과 체제의 차이에 따른 이질감을 해소시켜 주는 긍정적 효과를 발휘하기도 했다.

그러나 이런 과정에서 일어난 금강산 관광객 '민모씨 억류사건'이나 북한 초병에 의한 '박모씨 피격사건' 등 돌발적인 상황 발생으로 인한 부작용도 속출했으며, 개성공업지구의 경우 예기치 않은 교통사고에 따른 북한 초병의 사망사건, 현대아산 유모씨 장기 억류사건, 관광버스 전복 및 교량 붕괴, 심장마비로 인한 사망 등 다양한 사건·사고가 발생해 남북 관계 개선에 역작용을 초래하기도 했다.

특히 이들 사건·사고의 경우 남북 관계의 특수성 때문에 이를 책임지고 예방하거나 처리해야 할 대한민국의 경찰은 그 맡은 바 책무인 치안 업무를 제대로 수행하지 못한 채, '강 건너 등불' 보듯 수수방관할 수밖에 없는 국외자 입장에 처해 있었던 것이 작금의 상황이었다. 다행스럽게 지난 2018년 이후 이뤄진 세 차례의 남북정상회담은 이런 역작용을 사전에 방지하고 예방하는 데 적지 않은 '분홍빛 기대'를 가지게 할 만큼 여러 가지 합의를 도출해 내었기 때문에 앞으로의 남북 관계 발전에 청신호를 보내고 있다.

바로 이런 상황에서 금강산관광지구 · 개성공업지구[1] 등 북한지역에서 체류하고 있는 대한민국 관광객, 기업인, 근로자 등 내국인의 신변과 관련되는 경찰의 보호 방안을 강구함으로써, 직접적으로는 국가 책무 중 하나인 국민의 신변 안전을 확보하고, 간접적으로는 앞으로의 남북 관계 활성화에 대비한 교류 · 협력의 활성화에 기여하는 것을 이 연구의 목적으로 삼고자 한다.

그러나 남북한 간의 첨예한 분단 현실과 관련해서 우리의 경찰이 북한지역에 체류하고 있는 내국인을 대상으로 한 고유 업무를 수행할 수 있는 공간은 현재로서는 전무(全無)하기 때문에 이곳에서는 과거 개성공업지구 내에서 발생한 몇몇 사안(事案)을 중심으로 해서 북한지역 체류 내국인에 관한 바람직한 신변 보호 방안을 마련할 수 있는 문제를 고찰해 보기로 한다.

제 2 절 | 남북한 간 특수 관계의 규정

북한지역인 개성공단이나 금강산관광지구 등에 한시적으로 체류하고 있는 내국인에 대한 신변 안전 보장은 북한의 법적 지위를 어떻게 평가하느냐에 따라서 구체적인 방안이 결정되며, 이는 곧 남한과 북한의 관계에서 북한의 법적 지위를 어떻게 규정하느냐에 따라 달라지는 것을 의미한다.

이와 관련 우리 헌법 제3조는 "대한민국의 영토는 한반도와 그 부속 도서로 한다."고 규정하고 있다. 이 규정에 따른다면, 대한민국은 한반도에서 유일한 합법정부이고 북한지역은 대한민국의 영토로서 대한민국이 회복해야 할 미수복지역에 해당한다. 즉, 북한지역은 북한이 불법적으로 점유하고 있으며, 적화 통일 노선에 따

1) 개성공업지구는 남북한 간 공동 번영과 평화를 상징하는 공존 공영의 장(場)으로, 2004년 첫 제품을 생산한 이래 2016년 2월 잠정적으로 운영이 중단되기까지 누적 생산액 총 32억 3천만 달러, 우리 돈으로 환산할 경우 3조 6천억 원을 달성했다. 이 지구에는 중소기업 18개 업체가 처음으로 진출한 이래 125개로 확대되었으나, 북한의 잇따른 핵실험과 중장거리 미사일 발사 등을 원인으로 해서 잠정적으로 폐쇄된 이래 오늘에 이른다.

라 자유민주주의를 전복하고자 하는 입장을 그대로 유지하고 있는 현실에서는 반국가단체 또는 불법단체인 것이다.

그러나 북한의 지위와 관련해 북한의 국가성 인정,[2] 남북합의서의 준(準)조약성 인정[3]은 대한민국 헌법 제3조 등 헌법 규정에 반하는 내용이나 새로 확립된 관습헌법 사항에 해당한다는 입장도 있다. 하지만 이 역시 헌법 제3조의 규범력을 인정하는 것을 전제로 하고 있다.[4]

헌법 제4조가 "대한민국은 통일을 지향하며, 자유민주적 기본 질서에 입각한 평화적 통일정책을 수립하고 이를 추진한다."고 명시하고 있기 때문이다. 결국 헌법 제4조는 헌법 제3조가 규정하는 헌법적 규범력을 인정하고 준수하는 범위 내에서 남북 분단 상황을 인정하고 평화 통일을 추진할 헌법적 의무를 부과하고 있다.[5]

이것이 북한이 국제사회에서 보편적으로 독립된 주권을 가진 국가로 인정받고 있다는 현실을 인정해 국제법 원칙이 적용되는 영역에서는 한반도에 2개의 국가가 존재하나, 국내법적으로는 헌법에 따라 법리상 한반도에 1개의 국가만이 존재한다는 남북한 특수관계론의 논리[6]이다.

이러한 의미에서 남북한 특수관계론은 현재의 남북한 관계를 규범적으로 설정

---

2) 1991년 9월 18일 제46차 유엔 총회에서 남북한과 마셜제도, 미크로네시아, 발트 3국 등 모두 7개국의 유엔 가입 결의안을 일괄 상정해, 표결 없이 159개 전 회원국의 만장일치로 이들 국가의 가입을 승인했다. 이로써 남북한은 분단 46년, 유엔 창설 46년 만에 각기 독립된 국가의 자격으로 유엔 회원국이 되었다.

3) 1990년 이후 남북교류협력에 관한 법률을 제정 · 시행하고 있으며, 남북기본합의서를 체결한 이후 남북정상회담을 거쳐 6 · 15공동선언을 발표하고 다양한 영역에서 남북합의서를 체결하는 등 남북교류협력이 확대되고 있는 현실을 고려할 때 북한이 사실상뿐만 아니라 법률상으로도 국가성을 가지는 것을 인정해야 한다는 견해가 있다. 제성호, "헌법상 통일 관련 조항을 둘러싼 주요 쟁점: 법적 논리와 개정문제를 중심으로". 2004년도 남북법제개선연구보고서, 법제처, 2004; 이상훈 · 금창섭, "헌법상 통일 조항에 대한 법리적 고찰", 2004년도 남북법제개선연구보고서, 법제처, 2004; 최창동, "헌법상 영토 조항과 통일 조항의 올바른 헌법해석론". 『정책연구』, 국제문제연구조사연구소, 2005 등 참조.

4) 김승대, "헌법관습의 법규범성에 대한 고찰". 『헌법논총』, 2004: 24－27 참조.

5) 즉, 헌법 제4조가 규정하는 통일정책 수립 · 추진의 방법과 수단을 준수하는 한도에서 북한을 남북교류 협력의 동반자이자 평화통일을 위한 협력자로 인정하고 있는 것이다.

6) 이는 일반적으로 "남한과 북한의 관계는 현실적으로 분단된 국가인 남한과 북한의 관계로서 나라와 나라 사이의 관계가 아닌 통일을 지향하는 과정에서 잠정적으로 형성되는 특수한 관계이다. 이는 북한의 이중적 지위를 바탕으로 하며, 남북한 간 발생하는 구체적인 사건의 법적 영역에서 북한의 지위에 따라서 국내법 또는 국제법(원칙)이 상이하게 적용되는 관계"라고 설명된다. 이효원, 『남북교류협력의 규범체계』. 경인문화사, 2006: 13.

하는 것은 물론 남북교류 협력, 남북합의서의 체결, 통일정책의 수립과 집행 등을 이끌어가는 규범적 기준이자 정당성의 기초로서 기능해야 한다.[7)]

제 3 절 | 북한지역 내 신변 안전 보장 관련 법제 분석

1. 신변 안전 보장 관련법

현재 북한 체류 내국인 신변 안전 보장과 관련해 적용되고 있는 법제는 남북 당국 간에 체결되어 발효 중인 합의서[8)]와 북한의 국내법이 있다. 남북합의서는 북한 전역(全域)을 장소적 효력 범위로 하는 합의서와 개성공업지구와 금강산관광지구라고 하는 특정한 장소를 효력 범위로 하는 합의서로 구분할 수 있다. 마찬가지로 북한 국내법도 북한 전역에 적용되는 법과 개성공업지구 또는 금강산관광지구만을 장소적 효력 범위로 하는 법으로 구분할 수 있다. 이 밖에 북한이 당사국인 국제조약도 우리 측 인원의 신변 안전 보장과 관련된 법제에 포함시킬 수 있다.

1) 남북합의서

(1) 남북기본합의서 및 관련 합의서

남북기본합의서 제17조는 "남과 북은 민족구성원들의 자유로운 왕래와 접촉을

7) 남북한특수관계론에 대한 헌법 규정에 대한 해석에 대한 자세한 검토는 이효원, 2006: 100－114.

8) 남북한 당국 사이에 남북경제교류협력 및 교역을 내용으로 체결된 합의서는 남북투자보장합의서를 비롯해 13개의 합의서가 체결되어 있다. ① 「남북 사이의 투자보장에 관한 합의서」(2000년 12월 16일 체결), ② 「남북 사이의 소득에 대한 이중 과세방지 합의서」(2000년 12월 16일 체결), ③ 「남북 사이의 상사분쟁 해결 절차에 관한 합의서(2000년 12월 16일 체결), ④ 「남북 사이의 청산결제에 관한 합의서(2000년 12월 16일 체결), ⑤ 「개성공업지구 통신에 관한 합의서」(2002년 12월 8일 체결), ⑥ 「개성공업지구 통관에 관한 합의서」(2002년 12월 8일 체결), ⑦ 「개성공업지구 검역에 관한 합의서」(2002년 12월 8일 체결), ⑧ 「개성공업지구와 금강산관광지구의 출입 및 체류에 관한 합의서」(2004년 1월 29일 체결), ⑨ 「남북 사이에 거래되는 물품의 원산지 확인 절차에 관한 합의서」(2003년 7월 31일 체결), ⑩ 「남북상사중재위원회 구성·운영에 관한 합의서」 (2003년 10월 12일 체결), ⑪ 「남북 사이 차량의 도로 운행에 관한 기본합의서」(2002년 12월 6일 체결), ⑫ 「남북 사이의 열차 운행에 관한 기본합의서」(2004년 4월 13일 체결), ⑬ 「동·서해지구 남북관리구역 임시도로 통행의 군사적 보장을 위한 합의서」(2007년 12월 13일 체결).

실현한다."고 규정하고 있다. 이 합의서의 제3장 남북교류 협력의 이행과 준수를 위한 부속합의서 제10조는 모두 8개 항에서 구체적인 내용에 관해 규정하고 있는데, 특히 3항은 "남과 북은 민족구성원들의 방문 지역에서 자유로운 활동을 하며, 신변 안전 및 무사 귀환을 보장한다."고 규정하고 있고, 제8항은 "남과 북은 민족구성원들의 자유로운 왕래와 접촉을 실현하는 데 필요한 절차와 실무적 문제들은 사회문화교류협력공동위원회에서 협의하여 정한다."고 규정하고 있다.

교류협력 부속합의서는 남과 북 쌍방 민족구성원들의 자유 왕래에 저촉되는 법적・제도적 장치 철폐 문제를 남북화해공동위원회 법률실무협의회에서 토의 해결하기로 부기하고 있다.

남북교류협력 공동위원회 구성・운영에 관한 합의서 제3조 제6항은 "남북교류협력공동위원회 회의를 위하여 상대측 지역을 왕래하는 인원들에 대한 신변 안전 보장, 편의 제공과 회의 기록 등 실무절차는 관례대로 한다."고 규정하고 있다.

남북연락사무소의 설치・운영에 관한 합의서 제5조 제3항은 "자기 측 지역을 왕래하는 상대측의 연락사무소 구성원에 대해서는 신변 안전과 휴대품에 대한 불가침권을 보장한다."고 규정하고 있다.

(2) 출입・체류합의서

출입・체류합의서[9]는 출입 및 체류와 신변 안전 보장을 비교적 상세히 규정하고 있다. 우선 제2조에서는 기본 원칙으로서 인원과 통행 차량 등의 신속하고 안전한 출입과 체류를 보장하기 위한 남북의 적극 협력(제1항), 인원의 신변 안전과 출입 및 체류 목적 수행에 필요한 북측의 편의 보장(제2항), 개성공업지구와 금강산관광지구에 적용되는 법질서의 존중과 준수(제3항)를 규정하고 있다.

제10조는 출입・체류합의서의 가장 핵심적인 조항으로서 신변 안전 보장에 대해 규정하고 있다. 합의한 바에 따르면, 북한은 인원의 신체, 주거, 개인 재산의 불가침을 보장해야 한다(제1항). 인원이 개성공업지구와 금강산관광지구에 적용되는

---

9) 2004년 1월 29일 남북 당국은 개성공업지구와 금강산관광지구의 출입 및 체류를 원활하게 보장하기 위해 출입체류합의서를 체결했다. 위 합의서의 효력 발생에 대해 합의서 제16조 제1항에서 "이 합의서는 남과 북이 서명하고 각기 효력 발생에 필요한 절차를 거쳐 그 문본(文本)을 교환한 날부터 효력을 가진다."고 규정하고 있다. 이 합의서에 대해 2004년 9월 23일 국회 비준 동의를 받았으나 한동안 북한의 당국 간 회담 거부로 문건 교환이 실행되지 못해 미발효 상태에 있다가 2005년 8월 5일 문본의 교환에 따라 발효되었다.

법질서를 위반했을 경우 북한은 이를 중지시킨 후 조사하고 대상자의 위반 내용을 남한에 통보하며 위반 정도에 따라 경고 또는 범칙금을 부과하거나 남한지역으로 추방해야 한다. 다만 남과 북이 합의하는 엄중한 위반행위에 대해서는 남과 북 쌍방이 별도로 합의해 처리한다(제2항). 인원이 조사를 받는 동안 북한은 그의 기본적인 권리를 보장해야 한다(제3항). 그 밖에 출입 · 체류합의서는 남한으로 추방된 우리 측 인원에 대한 조사 · 처리 결과 통보와 재발 방지(제4항), 보상문제에 대한 협력(제5항), 외국인이 법질서를 위반한 경우 해당 조약의 적용(제6항)에 대해 규정하고 있다.

2) 북한 국내법

(1) 북한 헌법

2009년 4월 개정된 북한 헌법은 제5장 '공민의 기본 권리와 의무'에서 "조선민주주의인민공화국 공민이 되는 조건은 국적에 관한 법으로 규정한다. 공민은 거주지에 관계없이 조선민주주의인민공화국의 보호를 받는다."(제62조)고 규정하고 있으며, "공민은 인신과 주택의 불가침, 서신의 비밀을 보장받는다. 법에 근거하지 않고는 공민을 구속하거나 체포할 수 없으며 살림집을 수색할 수 없다."(제79조)고 규정함으로써 공민의 인신의 불가침을 보장하고 있으며, 법에 근거하지 않는 공민의 구속 또는 체포를 금지하고 있다.

이 헌법에 의거해 공민이 되는 조건은 북한 국적법에서 규정하고 있는데, 북한 국적법 제2조 제1호는 "공화국 창건 이전에 조선의 국적을 소유하였던 조선 사람과 그의 자녀로서 그 국적을 포기하지 않은 자"를 북한 공민으로 규정하고 있다. 또한 제119조 제2항에서는 내각의 임무와 권한의 하나로 "헌법과 부문법에 기초하여 국가 관리와 관련한 규범을 제정 또는 수정 · 보충한다."고 규정하고 있다.

(2) 개성공업지구법

북한은 영토고권을 이유로 개성공단에서는 북한 법률이 적용되는 것을 전제로 해서 2002년 11월 13일 최고인민회의 상임위원회 정령으로 「조선민주주의인민공화국 개성공업지구를 내옴에 대하여」를 제정했는데, 제4조에서 "개성공업지구에는 조선민주주의인민공화국 주권이 행사된다."고 규정하고 있다. 이에 따라 같은 달

20일 「조선민주주의인민공화국 개성공업지구법」을 제정했다.

제1조에서 “개성공업지구는 공화국의 법에 따라 관리 · 운영하는 국제적인 공업, 무역, 상업, 금융, 관광지역이다.”고 규정하고, 제8조에서 “법에 근거하지 않고는 남측 및 해외동포, 외국인을 구속, 체포하거나 몸, 살림집을 수색하지 않는다.”고 규정하는 한편, 제22조에서 중앙공업지구 지도기관의 임무로 “공업지구 법규의 시행세칙 작성"을 포함시키고 있으며, 부칙 제3조에서 "이 법의 해석은 최고인민회의 상임위원회가 한다.”고 규정함으로써 개성공단에서는 당연히 북한 법률이 적용되며, 북한 주민은 물론 남한 주민에 대해서도 북한 법률이 그대로 적용된다는 것을 확인, 선언하고 있다.

(3) 금강산관광지구법

금강산관광지구법은 제25조부터 제27조에서 출입에 대해 규정하면서, 특히 제27조에서는 관광객이 준수해야 하는 사항을 규정하고 있다. 제28조는 이 법을 위반하고 금강산관광지구의 관리 운영과 관광사업에 지장을 준 자에게는 정상에 따라 손해보상 같은 제재를 줄 수 있으며, 정상이 엄중한 경우에는 추방할 수 있다고 규정하고 있다.

또한 “금강산관광지구와 관련하여 남북 사이에 체결된 합의서는 금강산관광지구법과 동일한 효력을 갖는다.”(부칙 제2조)고 규정하고 있어, 출입 · 체류합의서에서 규정하고 있는 신변 안전 보장 내용이 금강산관광지구에도 적용됨을 명시하고 있다.

특히 금강산관광지구 출입 · 체류 · 거주 규정은 개성공업지구 출입 · 체류 · 거주 규정과 마찬가지로 체류, 거주하는 자의 인신의 불가침권과 법에 근거하지 않은 구속 · 체포 · 수색의 금지를 규정하고 있다(제29조).

(4) 출입국법

개성공업지구와 금강산관광지구를 제외한 다른 북한지역의 출입 · 체류에 대해서는 남북 사이에 별도의 합의서가 존재하지 않으므로 북한 출입국법이 적용된다. 이 법은 출입국법의 기본, 공민의 출입국, 외국인의 출입국, 외국인의 체류 · 거주 · 여행, 제재 등의 5개 장과 47개 조문으로 구성되어 있다.

제재에 관한 규정을 보면, 북한 공민이 이 법을 위반한 경우에는 벌금 부과, 출입국 금지의 제재가 부과되며, 정상이 무거운 경우에는 형사책임을 지우고 있다

(제45조). 반면 외국인이 이 법을 위반한 경우에는 벌금 부과, 출입국 금지의 제재가 부과되며, 정상이 무거운 경우에는 북한 영역 밖으로 추방하거나 형사책임을 지우고 있다(제46조).

(5) 형사법

북한지역 내 체류 내국인의 신변 안전 보장과 관련해 가장 문제가 되는 것은 역시 북한 형사법, 특히 북한 형법이라고 할 수 있다[10](법무부, 2005: 14). 즉, 북한의 경우 기본이 되는 형사실체법은 형법이고, 형사절차법은 형사소송법이라 할 수 있다. 그러나 형법과 형사소송법 이외에도 노동당규약, 헌법, 사회안전단속법, 기밀법, 판결・판정집행법, 검찰감시법, 형민사감정법, 변호사법 등도 형사법의 일부를 구성하고 있다. 또한 북한에는 국가기관에서 제정한 정령・결정・명령・지시 등 다양한 형태의 법규가 있는바, 이중 형사법제와 관련된 것들이 상당수 있을 것으로 추측된다[11](법무부, 2003a: 347). 북한이 다른 나라 또는 국제기구와 체결한 형사 분야의 양자 조약 및 다자 조약도 북한 형사법의 일부를 구성한다(법원행정처, 2006: 20).

이러한 측면에서 볼 때, 개성공업지구법은 최고인민회의 상임위원회 정령으로 채택되었고, 북한 형법 역시 최고인민회의 상임위원회 정령에 따라 2005년 최종 개정되었다. 따라서 출입・체류합의서와 북한 형법은 북한 법체계상 동일한 효력을 갖고 있으나, 북한 학자의 분류에 따르면 기타 규범적 문건에 속한다. 그러나 북한 형법은 북한 전역을 장소적 효력 범위로 하는 일반법인 반면, 출입・체류합의서는 개성공업지구와 금강산관광지구를 장소적 효력 범위로 하는 특별법이다.

이와 같이 이해한다면 출입・체류 및 신변 안전 보장 문제에서는 출입・체류합의서가 북한 형법에 우선해서 적용된다고 봐야 한다.

---

10) 북한에서 법이란 계급 투쟁과 사회주의 국가관리의 수단이고, 혁명에서 싸워 이겨 얻은 전취물을 지키기 위한 무기로 인식되고 있으며, 특히 형사법은 프롤레타리아 독재를 실현하는 중요한 수단으로서 사회주의 주체 사상화에 적극 이바지하는 것을 사명으로 한다. 또한 북한에서 최고의 규범력을 가진 주체사상과 김일성・김정일 교시, 그리고 이를 실천하기 위한 조선노동당의 혁명노선과 결정들이 헌법과 형사법을 포함한 모든 법률의 상위 규범으로 기능하고 있다.

11) 정령은 결정, 지시와 같이 '최고인민회의 상임위원회'의 의결 형식 중 하나이다. 참고로 북한의 성문법은 제정기관에 따라 최고인민회의는 헌법, 법령, 결정의 형식으로, 국방위원회는 결정, 명령의 형식으로, 내각은 결정과 지시의 형식으로, 지방인민회의는 결정의 형식으로, 지방인민위원회는 결정, 지시의 형식으로 각각 제정한다.

(6) 행정처벌법

다음으로 2004년 제정된 행정처벌법을 들 수 있다. 북한은 그동안 재판소 이외의 다른 기관이, 그것도 형법에 규정되어 있지 않은[12] 노동 단련, 무보수 노동, 노동 교양, 강직(降職), 철직(撤職), 경고 등의 제재를 취해 왔다. 특히 정치범의 경우에는 보위부의 사건 심사위원회에서 정치범에 대한 판결을 내린다는 탈북자의 증언도 있었고, 보위부에 판사가 배치되어 정치범 재판을 한다는 증언도 있었다(법원행정처, 2006: 31).

이와 관련 사회주의법무생활 지도위원회는 국가검열기관과 검찰기관 등을 동원해 법의 준수 여부와 집행 상황을 검열하고, 법 질서를 위반한 자들의 행위를 심사해 징계 또는 형사처벌 방침을 결정해 왔다(법원행정처, 1996: 646－647). 또한 판결·판정집행법은 형법에 규정되어 있지 않은 벌금, 무보수 노동의 부과에 대해 규정하고 있다(제9조, 제40조, 제43조).

(7) 북남경제협력법

북한은 2005년 7월 6일 최고인민회의상임위원회 정령 제1182호로 「조선민주주의인민공화국 북남경제협력법」을 제정했는데, 이는 남북한 교류 협력의 증대에 따라 남북한 경제 협력을 총괄해서 규율하는 기본법으로 평가할 수 있다.

3) 국제법

(1) 유엔 헌장

유엔 헌장은 “국제 평화와 안전의 유지 및 평화에 대한 위협의 제거, 국가 간의 우호 관계 발전, 모든 사람의 인권 및 기본적 자유에 대한 존중 촉진 및 장려에 대한 국제 협력 달성을 목적으로 천명”(제1조)하고 있다. 북한 역시 유엔 회원국으로서 이 유엔 헌장에 구속된다.

주요 관련 내용을 보면 “회원국 임무 가운데 하나로 국제 분쟁의 평화적 수단에 의한 해결을 규정”(제2조 제3호)하고 있으며, “어떠한 분쟁의 계속이 국제 평화와 안전의 유지를 위태롭게 할 우려가 있는 경우, 분쟁 당사자는 교섭, 심사, 중개·

---

12) 북한 형법상 형벌의 종류에는 사형, 무기노동교화형, 유기노동교화형, 노동단련형, 선거권박탈형, 재산몰수형, 자격발탁형, 자격정지형 여덟 가지가 규정되어 있다(북한 형법 제27조).

조정, 중재재판, 사법적 해결, 지역적 기관 또는 지역적 약정의 이용 또는 당사자가 선택하는 다른 평화적 수단에 의해 분쟁을 해결"(제33조)한다. 이외에도 "유엔안전보장이사회는 필요하다고 인정하는 경우 당사자에 대해 분쟁의 평화적 해결을 요청할 수 있으며, 분쟁 또는 사태의 계속이 국제 평화와 안전의 유지를 위태롭게 할 우려가 있는 여부를 결정하기 위해 조사할 수 있다."(제34조)고 규정하고 있다.

(2) 시민적 · 정치적 권리에 관한 국제규약

북한은 시민적 및 정치적 권리에 관한 국제규약(International Covenant on Civil and Political Rights)에 가입[13]하면서 아무런 유보도 하지 않았다. 이에 따라 북한은 자유권 규약의 당사국으로서 이 규정들을 준수할 법적 의무가 있다.

주요 관련 조항을 보면 제9조에서 "모든 사람의 신체의 자유와 안전에 대한 권리와 자의적인 체포 또는 억류 금지, 체포 이유 통보 등을 규정"하고 있으며, 제10조에서는 "자유를 박탈당한 모든 사람은 인도적으로 또한 인간의 고유한 존엄성을 존중하여 취급해야 한다."고 규정하고 있다. 제14조에서는 "재판과 관련한 여러 가지 권리를 규정하고 있는데 특히 변호의 준비를 위하여 충분한 시간과 편의를 가질 것과 본인이 선임한 변호인과 연락을 취할 것을 규정"(제14조 제3항 b)하고 있다.

(3) 세계인권선언

세계인권선언과 관련해서 북한은 애초에는 국제관습을 국제법의 연원으로 인정하지 않았었으나, 태도를 바꿔 국제관습 규범도 국제법의 연원(원천)[14]에 속한다고 규정하고 있다. 즉, 국제관습법도 국제법으로 인정한다는 것이다.

세계인권선언은 "모든 사람이 신체의 자유와 안전을 누릴 권리가 있으며"(제3조), "자의적인 체포 · 구금을 당하지 않는다."(제9조)고 선언하고 있다. 또한 "모든 사람이 자신의 변호를 위해 필요한 모든 보장을 갖춘 공개된 재판에서 법률에 따라 유죄로 입증될 때까지 무죄로 추정받을 권리를 가진다고 선언"(제12조)하고 있다.

세계인권선언은 비록 조약이 아닌 선언이지만 대부분의 규정이 국제관습법화된 것으로 간주되고 있기 때문에 법적 효력을 갖는다.

---

13) 가입: 1981. 9. 14, 발효 : 1981. 12. 14.
14) 북한은 연원이라는 용어 대신 '원천'이라는 용어를 사용하고 있다.

(4) 영사협약

1963년 채택되어 1976년 발효한 "영사 관계에 관한 비엔나협약(Vienna Convention on Consular Relation)"은 영사 기능의 하나로 국민의 보호를 규정하고 있으며, 제36조에서는 파견국 국민과의 통신 및 접촉에 대해 자세하게 규정하고 있다.

북한은 1984년 8월 8일 영사협약에 가입한 당사국으로서 영사협약을 준수할 국제법상의 의무가 있다. 물론 우리나라와 북한 사이에는 영사 관계가 설정되어 있지 않지만, 제3국을 이용한 영사 접근권을 주장할 수 있다는 것이 통설이다.

2. 신변 안전 보장 관련법의 문제점

1) 미비한 신변 안전 보장

남북한은 2004년 1월 29일 "개성공업지구와 금강산관광지구의 출입 및 체류에 관한 합의서"를 체결해 남한 주민 등이 개성공업지구와 금강산관광지구에 출입·체류하는 절차와 함께 신변 안전 보장에 관한 기본 원칙에 합의했다.[15]

이 합의서는 개성공업지구와 금강산관광지구라는 제한된 지역이지만 현실적으로 남한 주민이 장기간 또는 정기적으로 왕래하는 북한지역에서 남한 주민의 신변 안전 보장을 위한 기본 원칙을 남북 당국 간 법률적 효력을 갖는 합의서를 통해 마련했다는 점에서 매우 중요한 의미를 발견할 수 있다. 종전에는 당국 간 또는 사업자 간 합의서 또는 계약서에 추상적인 신변 안전 보장 문구를 삽입하는 정도에 머물렀던 신변 안전 보장에 관한 규정을 법률적 효력을 가지는 합의서에 규정했다는 점에서 법 제도적 장치의 기틀을 마련한 것으로 평가할 수 있다.

그러나 이러한 기본적인 원칙 규정만으로는 법제도적 안전장치로서 부족하므로 이들에 대한 후속 합의서와 후속 조치를 통해 위 합의 내용을 구체화해야 할 것이 요구된다.[16]

개성공업지구에서의 경제활동 역시 방대한 입법행위가 요구되는데, 현재 개성공

---

15) 남한은 위 합의서의 규정에 따라 법적 효력을 부여하는 절차로서 2004년 9월 23일 국회의 동의 절차를 경료했으며, 이 합의서는 2005년 8월 5일 남북한이 문건을 교환함으로써 발효되었다.

16) 한편, 법무부는 개성공단사업과 금강산관광사업을 추진하는 과정에서 남한 주민의 형사사건이 발생하고 있는 현실적인 상황을 고려해 2005년 3월 14일 「개성공업지구 및 금강산관광지구에서 발생한 형사사건 처리지침」(법무부훈령 제512호)을 제정해 시행하고 있다.

업지구 하위 규정은 2003년 4월부터 2008년 6월 현재까지 모두 16개가 제정되었으며, 38개의 사업 준칙에 제정된 것에 불과하다. 개성공업지구법과 개성공업지구 출입·체류·거주 규정에서도 남한 주민의 신변 안전 보장과 관련된 조항이 있는데, 개성공업지구법 제8조는 "법에 근거하지 않고는 남측 및 해외동포, 외국인을 구속, 체포하거나 몸, 살림집을 수색하지 않는다."고 규정하고 있고, 개성공업지구 출입·체류·거주 규정 제28조는 "공업지구에 체류, 거주하는 자는 인신과 주택의 불가침권, 서신의 비밀을 보장받는다. 법에 근거하지 않고서는 체류자·거주자를 구속, 체포할 수 없으며 몸이나 살림집을 수색할 수 없다."고 규정하고 있다.

이와 같이 위 규정들은 모두 북한의 형사법을 적용하는 것을 전제로 하고 있으며, 원칙적인 선언 규정에 그치고 있을 뿐만 아니라 위 법령에 대해서는 위에서 본 바와 같이 북한 당국이 최종적으로 결정하도록 하고 있어 남한 주민의 신변 안전 보장을 위한 실효성 있는 규범으로 기능할 것을 기대하기 어렵다. 다만, 개성공업지구법과 금강산관광지구법은 부칙 제2조에서 개성공업지구 또는 금강산관광지구와 관련해 남북 사이에 맺은 합의서의 내용에 대해서는 개성공업지구법 또는 금강산관광지구법과 같은 효력을 가진다고 규정하고 있어 남북간 합의서의 체결을 통해 신변 안전 보장을 제도적으로 강화할 여지는 있다고 하겠다.[17]

2) 북한 국내법의 적용상 한계

북한의 형법과 형사소송법 역시 2004년 그 내용을 대폭 개정했는데, 개정 형사법은 형식과 체계 면에서는 포괄적이고 추상적인 내용을 좀 더 구체적으로 명확하게 규정하고, 관련된 조문들을 주제에 따라 분류함으로써 입법을 체계화했다. 그 내용 면에서도 죄형법정주의를 규정하고 형사소송절차에서 인권 보장을 위한 제도적 장치를 구체적으로 보완하는 등 형사법으로서 규범력을 제고하는 제도적 장치를 마련했다.

특히 대외 개방과 경제 악화 등을 통해 변화된 주민생활과 사회분위기를 반영하고 이를 효율적으로 규율하기 위해 경제범죄와 반사회적 일탈행위에 대해 다양한 규정을 신설하고 그 내용을 구체적으로 규정했다.[18] 이는 현대 입헌주의 헌법 원

17) 그러나 북한의 법체계에서 특별법 우선의 원칙, 신법 우선의 원칙, 상위법 우선의 원칙 등 법률해석과 적용에 관한 일반 원칙이 그대로 적용되는지 여부가 불투명하므로 여전히 한계가 있다고 할 수 있다.

리를 기준으로 볼 때 인간의 자유와 권리의 보호를 위해 개선된 것으로 볼 수 있으나, 사회주의헌법이 규정하는 민주적 중앙집권제 원칙과 집단주의 원칙, 형법과 형사소송법이 규정하는 계급노선과 군중 노선[19]을 기본 원칙으로 하고 있어 사회현실에서 법집행 여부와 그 실효성이 의문시되기 때문이다.

즉, 북한은 법률상으로 개성공단에서는 원칙적으로 북한 법률이 일반적으로 적용되고 있으며, 경제활동과 관련된 제한된 범위에서는 개성공업지구법과 하위 규정이 적용되지만, 최종적으로는 법률 해석 또는 개성공업지구관리위원회와 협의를 통해 북한 당국이 결정하도록 함으로써 남한 법률의 적용을 배제하고 있는 것이 현실이다.[20]

제 4 절 | 북한지역 내 신변 안전 보장 실태 분석

1. 체류 내국인 지역별 실태 분석

1) 금강산관광지구

금강산 관광은 신변 안전 보장이 불안정한 상태에서 시작했기 때문에 시작에서

---

18) 사회주의헌법 제62조 내지 제86조의 '공민의 권리와 의무', 제69조의 '신소 · 청원권', 제79조의 '인신과 주택의 불가침 등', 제158조의 '공개재판과 변호권 보장' 등과 형법 제6조의 '형법에 규정된 행위에만 형사책임 부과', 제9조의 '소급효 금지', 형사소송법 제4조의 '과학성과 객관성, 신중성, 공정성 보장', 제5조의 '인권보장', 제98조의 '강압적 수사의 제한과 자백의 보강 법칙' 등을 규정했다.

19) 북한형법은 제1조(형법의 사명)에서 "조선민주주의인민공화국 형법은 범죄에 대한 형사책임 및 형벌제도를 바로 세워 국가주권과 사회주의제도를 보위하고 인민들의 자주적이며 창조적인 생활을 보장하는 데 이바지한다." 제2조(범죄자의 처리 원칙)에서 "국가는 범죄자의 처리에서 노동계급적 원칙을 확고히 견지하고 사회적 교양을 위주로 하면서 이에 법적 제재를 배합하도록 한다."고 각각 규정하고, 북한 형사소송법은 제2조(계급노선의 관철 원칙)에서 "국가는 반국가 및 반민족범죄와의 투쟁에서 적아를 엄격히 가려내어 극소수의 주동분자를 진압하고 다수의 피동분자를 포섭하며, 일반범죄와의 투쟁에서 사회적 교양을 위주로 하면서 법적 제재를 배합하도록 한다."고, 제3조(군중노선의 관철 원칙)에서 "국가는 형사사건의 취급 처리에서 군중의 힘과 지혜에 의거하도록 한다."고 각각 규정하고 있다.

20) 금강산관광지구의 경우에도 금강산지구 지정 정령 제3조, 금강산광광지구법 제1조 · 제4조 · 부칙 제3조와 그 하위 규정을 통해 동일한 내용을 규정하고 있다.

중단될 때까지 많은 우여곡절을 겪었다.

금강산 관광은 국민의 많은 관심을 받으며 비교적 순조롭게 진행되었다. 사업 첫해인 1998년에는 2달도 못되는 짧은 기간에 10,554명이 금강산을 관광했으며, 다음해인 1999년에는 148,074명이, 그리고 2000년에는 213,009명이 다녀왔다. 특히 1999년 서해교전이 발생하고 금강산 관광객 민모씨가 억류되면서 40여 일간 관광이 중단되었음에도 불구하고 관광객은 오히려 증가했다.

이와 같이 금강산 관광이 순조롭게 추진된 데는 당시 영원히 닫힐 것으로 생각되었던 북한지역을 방문할 수 있는 거의 유일한 기회였으며, 정부의 지원도 어느 정도 작용했을 것으로 보인다.

표 10-1 금강산 관광객 현황

(단위: 명)

구분	1998	1999	2000	2001	2002	2003	2004	2005	2006	2007	2008	계
해로	10,554	148,074	213,009	57,879	84,727	38,306	449	–	–	–	–	552,998
육로	–	–	–	–	–	36,028	267,971	298,247	234,446	345,006	199,966	1,381,664
합계	10,554	148,074	213,009	57,879	84,727	74,334	268,420	298,247	234,446	345,006	199,966	1,934,662

출처: 통일부(2010: 44).

그러나 2001년이 되면서 관광객의 수가 57,879명으로 급감하는 등 금강산관광 사업은 한계를 드러내기 시작했다. 이후 2002년에 84,727명 그리고 2003년 74,334명 등 조금 증가하기는 했지만 기대에는 미치지 못했다. 특히 2003년에 북한이 사스(중증급성호흡기증후군)를 이유로 60여 일간 관광을 중단시키고 8월 정몽헌 현대아산 회장의 자살사건으로 1주일간 관광이 중단되면서 금강산관광사업은 심각한 중단 위기에 봉착했다

시작된 지 만 10년을 맞는 2008년에는 누적 관광객이 200만 명을 돌파할 것으로 여겨졌으나 또 하나의 장애에 부딪히면서 전환기를 맞이하게 되었다. 금강산 관광객 박모씨가 2008년 7월 11일 북한 초병에 의해 피격 · 사망하면서 금강산 관광이 전면 중단된 것이다. 정부는 금강산 관광을 잠정 중단하면서 사건의 진상 규명, 사고 재발 방지, 관광객의 신변 안전 보장 강화, 그리고 이를 해결하기 위한 당국 간 대화를 요구했다. 북한은 명승지개발총국 명의로 유감을 표명하기는 했지만, 그 책임을 남측에게 전가하는 한편 당국은 침묵으로 일관하고 있다.

금강산관광사업은 법적·제도적 뒷받침이 미흡한 상태에서 시작했기 때문에 기업의 재산과 신변 안보는 북측의 선의에 의존할 수밖에 없었다. 결국 사건·사고의 예방 및 해결 과정이 취약할 수밖에 없었다. 일부 사건·사고는 우리 정부와 북한 그리고 사업자 각각의 이해관계에 따라 편의적으로 처리해 왔으며, 당사자 간 입장 차이가 발생할 경우 힘겨루기가 발생하는 문제를 안고 있다. 금강산관광사업과 관련해 남북 간에 채택된 합의서로는 "개성공업지구와 금강산관광지구의 출입 및 체류에 관한 합의서"가 유일하다. 특히 이 합의서에서 위임한 공동위원회는 아직도 구성되지 못한 상태이다.

결국 북한에 대한 호기심으로 시작하는 관광은 상당한 비용을 지불하면서도 그에 상응하는 보상을 받지 못했다. 즉, 관광객들은 '금단의 땅 북한'을 다녀왔다는 점에서 만족하고 있지만, 대부분의 관광객이 불충분한 관광 여건에 대해 아쉬움을 가지고 있다.

2) 개성공업지구

개성공업지구는 남북 경협의 대표적 사업으로 순기능적 역할과 역기능적 역할에 대한 논란이 많은 사업이다.

순기능적 역할로는 첫째, 개성공단과 같은 남북한 경협은 북한의 대남 의존도를 높여 북한이 개혁개방의 논리로 갈 수밖에 없는 구조를 형성하게 한다는 점이 강조되고 있다.[21] 둘째, 개성공단 조성사업은 대북경협사업에 대한 비판적 여론을 해소하는 데 일조했다.[22] 즉, 북한이 개성공단을 통해 외화 수입이 들어오고, 북한의 인프라가 건설되는 상황에서도 북한 체제에 별다른 위해가 없다고 판단되면 개성공단과 같은 특구를 북한 여러 곳에 지정한다는 견해도 있다.

역기능적 역할로는 첫째, 개성공단과 같은 경협은 붕괴 상태에 있는 북한 경제를 기사회생시켜 북한 체제를 강화시키는 데 도움이 된다는 주장(남만권, 2004:

---

21) 그동안 개성공단의 긍정적 역할에 관한 많은 주장들이 여기에 해당된다. 실제로 개성공단사업은 공단 내 북측 근로자들의 의식의 변화를 초래하고, 자본주의 맛을 알게 한 긍정적 측면이 많았다.

22) 남북경협에 대해 북한에 대한 '일방적 퍼주기' 논란이 많았는데, 개성공단을 통해 남북한이 동시에 이익을 창출함으로써 이런 의구심들이 일부 해소되었다. 고임금, 인력난, 노사분규에 시달리는 남한 기업들에게 새로운 경제 활로를 개척하게 할 대안으로 제시되었고, 북한의 입장에서는 산업 인프라 확충, 기술 습득, 경제수입 모델 창출, 관광 수입 등을 통해 북한의 경제 회복에 도움이 될 것이라는 전망도 많다.

11)으로 남북 경협과 북한 체제 내구력(耐久力) 문제와의 상관 관계에 대한 연구 등을 들 수 있다. 이런 연구에 따르면, 지난 10년간의 대북 지원과 경협은 북한이 개혁개방을 추진하지 않고 정권을 유지하는 데 도움이 되었다고 한다.[23] 둘째, 개성공단과 같은 경협은 자칫 북한의 군사력 증강으로 이어질 가능성이 있다는 의혹도 있다. 즉, 북한의 무역회사나 대외 활동회사들은 당, 정부, 군부 산하 기업소인 경우가 많다. 제2경제(군부) 산하의 무역회사들이 가장 활발하게 대외 경제활동을 하거나 외자유치사업에도 뛰어들고 있으며, 북중 경협이나 남북 경협의 투자협력 사업에서 성공적으로 진행되고 있는 사례는 제2경제와 관련된 사업 부문[24]들이기 때문이다.

이러한 개성공업지구는 2000년 8월 (주)현대아산과 북한과의 합의로 시작되었다. 개성공업지구의 개발이 가시화되면서 남북 간에는 다양한 경제교류 협력 합의서가 채택되었다. 북한에서는 2002년 11월「개성공업지구법」을 공포했으며, <표 10-2>에서 알 수 있듯이 2007년 말까지 총 16개의 하위 규정을 제정했다.

표 10-2 남북간 경제교류 협력 관련 실무적 합의서

체택 연도	명칭
2003	• 개성공업지구 개발규정 • 개성공업지구 기업창설운영규정 • 개성공업지구 세금규정 • 개성공업지구 로동규정 • 관리기관 설립운영규정 • 출입, 체류, 거주 규정 • 개성공업지구 세관규정

23) 이는 중국, 베트남, 소련 등 다른 사회주의국가들은 경제난이 심했을 때 개혁개방 외에는 다른 대안이 없기 때문에, 개혁개방을 추진했지만, 북한은 남한의 인도적 지원과 금강산관광사업 및 개성공단을 통한 경협으로 인해 개혁개방하지 않고도 체제를 유지할 수 있게 되었다고 본다. 서재진, 『남북상생공영을 위한 비핵개방 3000 정책의 이론적 체계 연구』(통일연구원, 2008: 19).

24) 북한 군부는 80년대 이후 인민무력부 총참모부 직속 무역기관으로 매봉회사, 비로봉무역회사, 용성무역회사, 만풍무역회사, 단풍무역회사 등을 운영하고 있다. 그런데 선군정치가 표방된 이래 당의 대성무역회사와 더불어 매봉무역회사(최근 광명무역총회사로 변경)가 쌍벽을 이루고 있는 것으로 알려져 있다. 또한 대풍그룹은 제2경제위원회가 투자해서 설립한 회사인데, 제2경제위원외 대외경제총국 총국장인 리정철은 이 신문과의 인터뷰에서 "대풍그룹은 국가에서 인정한 유일한 대외투자유치 창구회사이다"라고 밝히고 있다. 이에 관해서는 권영경, "7·1조치 이후 북한정권의 경제개혁 개방전략과 향후 전망". 『북한연구학회보』, 12권 1호(북한연구학회, 2008년 여름), 17-18 참조.

2004	• 개성공업지구 외화관리규정 • 개성공업지구 광고규정 • 개성공업지구 부동산규정 • 개성공업지구 보험규정
2005	• 개성공업지구 회계규정 • 개성공업지구기업재정규정 • 개성공업지구회계검증규정
2006	• 개성공업지구자동차관리규정

개성공단은 남북의 특수 합작사업으로서 우리 정부, 북한 당국, 그리고 사업 주체가 공동으로 참여해 관리·운영되고 있다. 우리 정부는 통일부 내에 개성공단사업지원단을 설치(2004. 10)해 개성공단 사업 관련 행정 업무를 일원적으로 처리, 공단사업 전반에 대한 총괄·조정 업무 담당하고 있다. 2007년에는 개성공단 관련 법 제도를 정비하고 입주기업 지원 시스템을 확충한 바 있다.

표 10-3 개성공단 근로자 현황

(단위: 명)

구분	2005	2006	2007	2008	2009
북한 근로자	7,621	11,189	22,538	38,931	42,561
남한 근로자	490	791	785	1,055	935
합계	8,111	11,980	23,323	39,986	43,496

출처: 통일부(2010: 45).

개성공단과 관련한 민간단체로는 개성공단사업협의회,[25] 입주기업지원기관협의회,[26] 입주기업대교자간담회,[27] 개성공단포럼[28] 등이 있다. 개성공업지구관리위원회는 북한의 개성공업지구법 제21조의 규정에 따라 설립되었으며, 우리의 개성공

25) 2004년 10월 구성, 각종 현안 및 중장기 발전과제 협의. 개성공단관리위원회, 개성공단사업지원단, 개발사업자(한국토지공사와 현대 아산).

26) 유관기관 간 효율적인 지원 체계 구축. 통일부, 산자부, 재경부, 중소기업청 등 정부기관 4개 부처+관리위원회, 중소기업협동 중앙회, 무역협회, 산업은행, 산업단지관리공단, KOTRA, 대한상공회의소 등 147R 민간 유관기관.

27) 개성공업사업지원단(통일부)과 시범단지 입주기업들과의 협의체. 입주기업의 애로 사항 해소 목적.

28) 개성공단 개발·운영 관련 의견 수렴, 관련 정책 및 전략에 관한 종합적 자문 역할. 하계, 각종 연구소, 개발사업자, 관리위원회 등 개성 공단사업과 관련된 전문가들과 실무자들의 자발적 구성체. 2007년 1월 개성 공단발전연구회로 확대 개편.

업지구 지원법에서 인정받고 있는 남북 공동의 기구라고 할 수 있다. 이 위원회는 위원장과 부위원장을 각각 1명을 두고 있으며, 산하에 관리총괄부와 협력부(북측) 등 7개의 부서가 설치되어 있다. 이 위원회는 투자 조건 조성 및 투자 유치, 기업 창설 승인·등록·영업 및 건설 허가, 토지이용권 및 윤전기재의 등록, 도로 및 폐수처리장 등 하부구조 시설 관리, 공업지구의 환경 보호 및 소방대책, 기업 경영활동 지원, 그리고 출입 관련 제반 증명서의 발급을 주요 기능으로 하고 있다.

2. 주요 사건·사고 사례 분석

지금까지 다소의 문제는 있었지만 금강산관광지구와 개성공업지구 등 북한 내에 위치한 남북경협지구에서 발생한 대부분의 사고는 대체로 규정에 따라, 혹은 당사자 간 합의에 따라 원만히 해결되어 왔다.[29)]

그러나 북한 내에 위치한 남북경제협력지구에서 사건·사고가 지속적으로 발생하고 있을 뿐 아니라, 증가 추세에 있다는 점은 북한에서 활동하고 있는 우리 국민의 신변 안보와 관련해 중대한 문제인 것이다.[30)]

1) 금강산관광지구

금강산관광이 실시된 1998년 11월 이후 2008년 관광이 중단될 때까지 금강산에서 발생한 주요 사건·사고는 약 30여 건 정도로 파악되고 있으며, 여기에는 사망사고 18건[31)]이 포함되어 있다. 대부분의 일반사건·사고는 교통사고이며, 이외에 안전시설 미비로 인한 사고와 폭력·상해 등 형사사건이 발생하기도 했다.

교통사고에는 차량전복사고, 설치대 충돌사고, 음주운전 사고 등이 포함되어 있다.[32)] 특히 2006년 6월에는 현대아산의 협력업체 직원이 운전 중 북측 군인을 살

---

29) 부상자의 경우 현지에서 우리 의료진에 의해 치료를 받고 있으나, 중상인 경우 현지에서 응급처치를 받고 북한의 협조를 받아 강원도 고성 인근의 병원으로 긴급 후송해 치료를 받아왔다. 사망자의 경우도 북한의 협조를 얻어 긴급 입경 조치하고 후송해 시신을 처리해 왔다. 이와 같이 일반적인 사건·사고는 그 처리를 위해 북한 당국도 협조를 해 왔다.

30) 특히 사건·사고의 처리가 사례별로 적용됨으로써 일관성을 결여하고 있을 뿐 아니라, 북한 당국이 개입되어 있는 경우 그 처리가 매우 복잡해지기 때문에 그렇다.

31) 대부분의 사망사고는 심장마비나 뇌졸중, 간질환 등 개인적 질병으로 인한 사고이다. 그 외에 등반 중 계곡에 추락해 사망(2004.10)하거나 자살로 사망한 사례도 있다. 2008년 7월 북한군의 발포로 인한 사망 사고는 특수한 유형에 속한다.

상하는 사고가 발생하기도 하였다. 관광 중 발생한 대표적 사고로는 금강산만물상 지역에서 관광버스가 전복되어 6명이 중경상을 입은 사고(2007.7)와 구룡폭포 인근 지역에 설치되어 있는 무용교가 기울면서 관광객 20여 명이 부상하는 사고(2007.10)가 있다.

대표적인 형사사건으로는 현대아산 협력업체 직원이 동료들과 회식 중 흉기를 사용해 동료 직원들에게 상해를 입히고 다음날에도 재차 난동을 부린 사고가 있다. 이 경우 우리 측으로 송환해 사법 당국에서 조사한 후 강제 출국되었다.

2) 개성공업지구

개성공업지구의 경우 대체로 작업 중 부상 · 사망 등 안전사고가 많이 발생하고 있다.[33] 즉, 개성공업지구가 설치되고 실제 운영되기 시작한 2004년 말 이후 2008년 7월까지 발생한 사건 사고 중 개성공업지구관리위원회가 집계한 건수는 모두 40건이다. 이를 유형별로 보면, 형사사건이 11건[34]이며 산업재해로 인한 사망이 8건,[35] 그리고 교통사고가 21건이다.

이처럼 개성공업지구에서 발생하는 사건 · 사고는 북한 당국과 관리위원회 간 협의를 통해 처리해 왔다. 그 처리 절차를 보면 사건 · 사고가 발생 시 일차적으로

---

32) 금강산관광지구에서 발생한 사고의 경우 산재보험 혹은 자차보험 등으로 처리되거나 관광객과 (주)현대아산 간 협의로 처리되었다. 현지에서 근무하던 재중동포가 관련된 상해사건의 경우, 남한으로 송환한 후 경찰의 조사를 받고 강제 출국 조치된 경우도 있다.

33) 입주기업들은 사회보장세 명목으로 임금의 15%를 납부하고 있다. 여기에는 산재보험 등 보험료가 포함되어 있다. 즉, 사고가 발생할 경우 개성공업지구관리위원회가 내부에 설치된 사고처리 상황팀을 가동해서 현지조사 및 사후 처리를 담당하고 있다. 대체로 산업재해로 인한 사고나 교통사고는 산재보험 혹은 자동차보험으로 처리해 왔다.

34) 형사사건은 현지 공장 근로자와 건설근로자 포함 간에 발생한 폭력사건이 주를 이루고 있다. 이 경우에는 주로 현지에서 조사를 받고 남한으로 귀환시켜 사법 처리를 하는 방식으로 처리되고 있다. 이외에 북한 물품 반출입 위반 사건은 근로자가 금지된 북한 물품을 신고하지 않고 반입한 사건과 북한물품 반출 시 미신고 사건이 있다. 그리고 투자금을 편취하거나 주금가장 납입사건, 직원 숙소 무단침입 사건, 북한 근로자에게 물품을 제공하는 등 부적절한 행위를 한 사건 등이 있다.

35) 산업재해사고는 사망사고만 모두 8건으로 남한 근로자와 북한 근로자가 절반인 각각 4명씩이었다. 남한 근로자는 대체로 신축공사장 건설 과정에서 발생한 사고이며, 북한 근로자의 경우는 건축 중에 발생한 사고와 공장에서 작업 중 발생한 사고가 각각 반을 차지하고 있다. 산재사고는 대체로 현지에서 조사를 하고 산재보험 처리로 문제를 해결하고 있으나, 신축 공사장 건축 중에 철골이 붕괴되어 북한 근로자가 사망한 경우 책임자가 남한으로 귀환한 후 사법 처리를 받은 적도 있다.

북한 당국이 조사를 한 후, 관리위원회는 관리총괄부의 안전대책반을 가동해서 북한 당국과 협의를 하고, 이에 따라 산업재해 등 보험 처리, 당사자 간 합의 처리, 그리고 우리 측으로 추방하는 방식을 택해 왔다. 그러나 관리위원회는 현대아산 직원의 억류사건 등 북한 당국이 개입된 사건의 처리에는 한계를 보여주고 있다.

특히 이러한 개성공단지구에서의 사건・사고는 사고 유형에 관계없이 지속적으로 증가하고 있다는 데 그 심각성이 더해지고 있다. 구체적으로, 2004년의 경우 3건이었던 사건・사고는 2005년 4건으로 증가했으며, 2006년에는 9건으로 그리고 2007년에는 13건으로 증가했고, 2008년도의 경우 7월 기준으로 11건에 달하고 있다.

사건・사고의 증가는 공장 건설이 지속되고 가동기업 수가 증가하면서 산업재해 발생 가능성이 증대되고 있을 뿐 아니라, 근로자의 수가 빠른 속도로 증가하고 있다는 점에서 앞으로도 사건・사고는 증가할 것으로 보인다. 이에 따라 사건・사고를 방지하고, 합리적으로 처리・보상하기 위해서는 좀 더 정교한 제도적 보완책이 요구된다.

제 5 절 | 북한지역 내 신변 안전 보장 개선 방안

1. 경찰활동 강화 방안

남북한 간 경협지구 내에서 우리 국민의 안전을 담보하기 위해서는 우선적으로 사건・사고를 사전에 방지할 수 있는 예방경찰 활동을 강화해야 한다. 또한 현지에 체류하는 내국인을 보호하기 위해서는 보호경찰의 기능을 좀 더 강화해야 한다.

이를 위한 대안을 제시하면 다음과 같다.

첫째, 방북교육의 내실화를 검토해 봐야 한다. 현실적으로 방북 교육시간을 늘릴 수 없다면, 북한 장기 체류자에게는 현지에서 지속적으로 교육을 받을 수 있도록 현장교육을 확대 실시할 필요성도 제기된다. 경찰의 입장에서 본다면 보안 1과의 "북한의 실상에 대한 홍보"와 연결될 수 있다. 특히 안보 경찰은 북한의 정세 분석과 북한 내 체류지역의 정보를 분석해 북한지역 내 관광 및 체류자에게 적합한 가이드북과 인터넷을 이용한 안내교육 콘텐츠를 만들어 필요한 경우 쉽게 접근할 수 있는 좀 더 실제적인 사전교육이 되도록 해야 할 것이다.

지금까지의 방북교육은 「남북교류협력법」에 근거해 통일교육원이 주관해 실시하며, ① 남북 간 관계와 정부정책의 이해, ② 북한에서의 언행 요령 등 방문안내로 구성되며, ③ 경우에 따라 유경험자를 초청해 체류 경험을 듣는 경험자와의 대화가 주를 이뤘다. 이러한 방북교육은 금강산 관광객이 첫 출항한 1998년 11월에 시작된 이후 지금까지 계속되고 있지만, 교육시간이 2~3시간으로 짧은 데다가 관심도 높지 않기 때문에 심도 있는 교육을 실시하는 것은 쉽지 않았다. 더구나 2000년대 들어 방북 인원이 급증하면서 방북교육의 간소화가 추진되었다. 즉, 통일교육원은 2000년에 금강산 관광객에 대한 직접 교육을 폐지하는 대신 차량 이동 중 비디오 상영 등 간접교육을 도입했으며, (주)현대아산은 관광 조장을 통해 수시로 소지품, 사진 촬영 가능 지역, 기타 주의 사항을 전달하는 정도였다.

둘째, 예방경찰 활동을 강화하기 위해 전직 보안경찰을 현대아산이나 협력업체 직원으로 특채하는 방안을 제안한다. 중요한 것은 오히려 사소한 부분에서 발생하기 마련이다.

특히 관광의 경우 인적 통제 방법의 필요성이 더욱 절실하다. 이는 앞서 언급한 민모씨 사건(1999년 발생)과 유모씨 사건(2009년)이 이를 잘 반증해 주고 있다. 그 원인을 보면 말 한 마디의 실수가 중대 사건으로 연결된 경우라 할 수 있다. 특히 남북한은 같은 민족이지만 문화의 괴리로 언어 간 의미의 차가 매우 크다. 물론 어떻게 보면 이는 사전교육과도 맞물리는 부분이지만, 이를 통제해 줄 수 있는 장치가 있었다면 사전에 충분히 방지될 수도 있는 사건이었다.

또한 경협지구의 안전관리시설을 보완·강화하고 정기적으로 점검해야 하는 것 역시 필수적 조치이다. 금강산 관광객의 피격·사망 사건은 부분적으로나마 안전시설의 미비에 그 책임이 있다고 할 수 있다. 즉, 관광지구의 특정상 해변, 골프장, 도로 등 관광구역의 경계가 불명한 곳이 다수 존재하는 것이 사실이기 때문이다. 일례로 사진 촬영의 경우도 그 경계는 매우 불확실해진다. 이러한 문제에 효율적으로 대처하기 위해 경륜 있는 전문가의 지도가 필요하기 때문이다.

개성공업지구의 경우는 금강산관광지구에 비해 비교적 체계적으로 사건사고에 대비하고 있는 편이다. 즉, 북한의 「개성공업지구법」에 근거해 설립된 개성공업지구관리위원회는 각종 사고를 사전에 방지하고 처리하기 위해 가스안전 준칙과 노동안전 준칙 등 자체적으로 준칙을 제정해서 집행하고 있으며, 특히 관리위원회는 자체의 소방대를 보유·운영하고 있으며, 필요 시 남한과 북한의 소방 전문 인력 및 설비의 지원을 받을 수 있도록 이를 소방준칙에 규정해 놓고 있다. 그러나 현재 운영 중인 개성공업지구관리위원회는 남한과 북한 각각의 법에 근거를 둔 조직이지만, 체류 내국인의 신변 안전 보장과 관련된 역할이 없는 실정이다.

셋째, 보호 경찰활동을 강화하기 위해 개성공업지구 내에 관련 경찰 인원의 파견을 제안한다. 남북한의 모든 교류는 지금까지의 논의를 바탕으로 할 때 남북한 특수 관계의 일환으로 접근해야 하며, 우리나라 경찰의 경우에도 앞서 언급했듯이 보안경찰과 외사경찰의 직무를 효율적으로 조화를 이룰 수 있는 조직이 전담해야 할 것으로 분석된다. 파견 인원으로는 현재의 외사경찰의 파견 전례와 남북한 특수 관계를 고려해 초기 2인 정도가 적합할 것으로 보이며, 향후 지역의 확산에 따른 조정이 필요할 것으로 보인다.

특히 우리나라 경찰의 경우 앞서도 언급했듯이 외사경찰 조직의 확산과 질적 역량 강화로 다양한 사례를 처리해 왔다. 이를 바탕으로 한 북한 체류지역 내의 안전관리 지침을 마련하는 것도 한 방법일 것이다.

2. 법규와 합의서의 정비

1) 정비의 원칙

우선 우리가 여기서 생각해 볼 문제는 앞서 사례분석을 했던 KEDO의 신변안전보장제도에 관한 것이다. 특히 KEDO 영사 의정서는 "전문직원과 대표단 구성원, 비전문직원, 계약자 인원을 막론하고 체포 또는 구금을 금지하고 어떠한 경우에도 북한의 형사재판 관할권 적용을 금지하고 있다."는 점이다. 물론 KEDO 영사 의정서에 의한 신변안전보장제도와 남북한 사이의 출입·체류에 관한 신변안전보장제도는 그 성격이 다르다. 전자의 경우에는 KEDO라고 하는 일종의 특수한 국제기구의 직원이 그 임무를 수행하는 데 필요한 특권 및 면제를 부여하기 위한 것인 반면, 후자의 경우에는 그러한 성격이 없기 때문이다.

그러나 협약이란 상호 협의를 통해 나올 수 있는 것이기 때문에 북한 전역에 대해 북한의 형사재판권이 배제되도록 하는 것이 가장 이상적이겠지만, 개성공업지구나 금강산관광지구와 같은 특정한 장소나 또는 북한의 일반 지역이라고 하더라도 특정한 인물의 경우에는 북한의 형사관할권이 배제되도록 추진할 필요가 있음을 보여주고 있다. 북한 형사재판 관할권 배제의 이유는 앞에서 살펴본 바와 같이 북한 형사법은 인권 침해적인 요소가 너무 많기 때문이다.

다음으로 북한 내 경협지구에서 사건·사고를 예방하고 적절한 처리절차를 마련하기 위해서는 일차적으로 미비한 법 규정 혹은 남북 간 합의서를 체결해야 한다. 개성공업지구의 경우, 북한법에 근거해 설립된 개성공업지구관리위원회가 자체적인 사업 준칙을 제정·시행함으로써 효과적으로 안전관리를 하고 있다. 그러나 현재의 준칙으로 충분하지 못하기 때문에 새로운 준칙의 제정도 필요한 실정이다.

첫째, 남과 북의 주민 간 발생하는 상해, 치사 형사사건 관련 법 규정이 구비되어야 한다. 현재는 남북 주민이 격리되어 활동하는 경향이 높기 때문에 직접적인 형사 문제의 발생 가능성이 낮은 것은 사실이다. 그러나 중장기적으로 교류 협력의 증가는 주민 간 접촉 기회의 증가를 수반하며, 이는 다시 남한과 북한 주민이 연루되는 사건·사고의 발생 가능성이 증가하게 될 것이다.

둘째, 교통법규를 제정해 교통사고 예방 및 처리 기준도 정비할 필요가 있다. 이미 경제협력지구에서는 차량 전복사고, 설치대 충돌사고, 음주운전 사고 등 크고 작은 교통 위반행위와 사고들이 발생하고 있으며, 교통사고로 사망하는 사고도 발생한 적이 있다. 승용차를 이용한 금강산 관광이 이미 시작되었으며, 관광지역의 확산은 승용차 이용 기회의 확산을 가져오고, 이는 다시 교통사고를 유발할 가능성이 높아짐을 의미한다. 특히 우리 국민이 가해자이고 북한 주민이 피해자가 되는 사고에도 대비해야 한다.

셋째, 산업안전관리와 같은 법규도 정비되어야 한다. 개성공업지구의 경우, 개성공단관리위원회를 중심으로 노동안전 준칙과 소방 준칙 등 사업 준칙이 제정되어 집행되는 등 안전관리가 비교적 체계적으로 이뤄지고 있다. 그러나 금강산관광지구의 경우 이에 대한 명시적 규정이 없기 때문에, 재해가 발생할 경우 사례별로 처리되고 있는 실정이다.

2) 새로운 합의서 도출 전략

현실적으로 시급한 과제는 개성공업지구와 금강산관광지구에서 남한 주민의 신변 안전 보장에 관한 법 제도적 안전장치를 마련하는 것이라고 할 수 있다. 이는 개성·금강산지구 출입·체류합의서의 후속 합의서 체결을 통해서 해결해야 할 사항으로 다음과 같은 후속 조치를 과제로 제시할 수 있다.

첫째, 제12조 제2항은 "남과 북은 출입 및 체류와 관련하여 발생하는 전반적인 문제들을 협의·해결하기 위하여 공동위원회를 구성·운영하며, 그 구성·운영에 필요한 사항은 남과 북이 별도로 합의하여 정한다."고 규정하고 있는데, 구체적으로 그 구성 시기에 대해 명확하게 규정하고 있지 않다. 하지만 남북한은 위 공동위원회의 구성·운영에 대해 조직과 구성, 구성 시기, 인원, 구체적 기능 등을 조속히 합의해야 할 것이다.[36]

둘째, 제10조 제2항의 "지구에 적용되는 법질서"의 의미 내용을 명확히 할 필요가 있는데, 제2조 제3항은 "인원은 지구에 적용되는 법질서를 존중하고 준수한다."고 규정하고 있어 개성공업지구와 금강산관광지구에서 적용 법률의 문제를 명확하게 해결할 필요가 있다. 특히 제10조 제2항 단서에서 "남북이 합의하는 엄중한 위반행위에 대하여는 별도로 합의하여 처리한다."고 규정하고 있는데, 엄중한 위반행위의 개념과 범위, 그에 대한 처리 원칙과 구체적인 절차를 합의서로 규정해야 한다.

셋째, 제10조 제2항, 제4항의 규정에는 법질서 위반행위를 한 대상자를 북한이 추방한 경우에 남한이 그 대상자를 조사해 처리하고 그 결과를 북한에 통보하도록 규정하고 있다. 이는 자칫 남한의 형사사법권과 형사재판권이 적용되는 인적 범위가 북한에 의해 추방되는 인원에 국한된다는 것으로 해석할 여지가 있다. 그 준거법에 대해서도 명확한 규정이 없기 때문에 형법과 형사소송법은 물론 기타 형사관계법과 일반적인 법 적용 시에 남한 법률을 적용할 것인지, 북한 법률을 적용할 것인지 등 실체법적 문제를 결정해야 한다. 또한 어느 기관이 조사를 담당할 것인지를 비롯해 북한의 법질서 위반행위에 대한 신속한 통보 절차, 추방이 결정된 인원에 대한 신병 인수인계 절차, 남한의 조사 및 처리 결과의 통보 절차, 피해 보상과 재발 방지 대책에 관한 구체적인 절차 등에 대해 합의해, 제10조에서 규정하고 있는 원칙 규정에 대한 절차를 규정해야 한다.[37]

---

36) 한편, 2003년 10월 체결된 남북상사중재위원회 구성·운영합의서는 남북상사중재위원회의 구성, 조직, 기능, 중재 규정 등에 대해 구체적으로 규정하고 있으며, 특히 합의서의 발효일로부터 6개월 이내에 남북상사중재위원회를 구성하고 중재규정에 대한 쌍방의 초안을 작성하여 교환하도록 명시하고 있다.

37) 이때 '조사'의 개념에 대해 이를 형사사법권의 행사로서 수사를 포함하는 것인지, 단순히 범죄 진

넷째, 구체적으로 북한이 제1차적 조사 권한을 행사하는 경우에 그 조사기관, 조사권의 구체적 내용과 범위를 명확히 해야 한다. 그 밖에도 조사기간의 제한, 접견권과 변호인 조력권, 범칙금 부과의 요건과 한계, 그 이의 절차 등 인원의 신체, 주거, 재산의 불가침권을 실효성 있게 보장할 수 있는 규정도 보완해야 한다.

다섯째, 그 밖에도 개성공단에서 남한의 경찰력이 행사되기 어려운 현실에서 범죄 발생 초기에 질서 유지가 필요한 경우에 개성공업지구관리위원회가 자체의 질서유지기관을 둘 수 있는지 여부, 북한의 제1차적 조사 결과나 증거자료 등에 대한 남한 법률상 증거 능력을 인정할 것인지 여부, 형사사건 처리를 위해 필요한 경우에 북한 주민에 대한 참고인 조사는 물론 법정에서의 증인 채택 등이 현실적으로 어려운 점을 고려해 형사사법 공조가 가능한지, 어떠한 경우에 형사사법 공조가 가능한지 등에 대해서도 합의해야 할 것이다.

이와 같은 문제점들을 해결하기 위해서는 후속 합의서가 체결되어야 하며, 이것들이 해결되지 않은 상태에서는 현재의 개성·금강산지구 출입·체류합의서가 신변 안전 보장을 위한 규범으로 기능하는 데에는 한계가 있으므로 결국 구체적인 사건이 발생한 경우에 남북한 간 정치적 노력에 따라서 해결될 수밖에 없는 현실이다.

제 6 절 | 결론

남북 관계의 모든 교류는 정치적 상황에 따라 변화하고 있는 것이 현실이다. 대북 포용정책을 폈던 김대중, 노무현 정부의 지난 10년간 정경분리 원칙이 존재하지 않았던 것은 아니지만 선언의 수준에서 벗어나지 못했다. 즉, 정경분리를 내세우면서도 실제로는 정경 미분리정책이 주를 이뤘다 해도 과언이 아니다.

이런 상황에서 남북한 형사 법률의 모순·충돌 문제가 법 제도적으로 해결하지 않고 있어 북한지역 내 체류 내국인의 신변 안전 보장이 매우 불안전한 것이 현실이다. 북한 헌법 제119조 제2항에서 내각의 임무와 권한의 하나로 "헌법과 부문법

압 및 진상 확인과 관련해 취하는 조사를 의미하는 것인지에 대해 논란이 있으나, 2005년 12월 금강산관광지구에서 발생한 교통사고에 대해 북한은 수사기관이나 예심기관이 조사한 것이 아니라 금강산관광총회사가 금강산관광호텔 별관에서 조사를 한 바 있다.

에 기초하여 국가 관리와 관련한 규범을 제정 또는 수정・보충한다."고 규정하고 있고, 중앙지도기관이 내각에 해당하는 중앙행정기관인 점을 고려할 때 관리위원회의 사업 준칙도 일정한 범위에서 개성공단에 적용되는 법규범으로 기능할 수 있다. 결국 북한 법률상으로는 개성공단에서는 원칙적으로 북한 법률이 일반적으로 적용되고, 특히 경제활동과 관련된 제한된 범위에서는 개성공업지구법과 하위 규정이 적용되며, 최종적으로는 법률 해석 또는 개성공업지구관리위원회와 협의를 통해 북한 당국이 결정하도록 함으로써 남한 법률의 적용을 배제하고 있다.

이러한 측면에서 볼 때 북한지역 내 체류 내국인의 신변 안전을 보호받기 위해서는 우선적으로 사건・사고를 사전에 방지할 수 있는 대비책을 강화해야 한다.

이를 위해서는 첫째, 남북한 간 경협지구 내에서 우리 국민의 안전을 담보하기 위해서는 우선적으로 사건・사고를 사전에 방지할 수 있는 예방경찰 활동을 강화해야 한다. 또한 현지에 체류하는 내국인을 보호하기 위해서는 보호경찰의 기능을 좀 더 강화해야 한다.

둘째, 북한 내 경협지구에서 사건・사고를 예방하고 적절한 처리 절차를 마련하기 위해서는 일차적으로 미비한 법 규정 혹은 남북 간 합의서를 체결해야 한다. 개성공업지구의 경우, 북한법에 근거해 설립된 개성공업지구관리위원회가 자체적인 사업 준칙을 제정・시행함으로써 효과적으로 안전관리를 하고 있다. 그러나 현재의 준칙으로는 충분하지 못하기 때문에 새로운 준칙의 제정도 필요한 실정이다. 특히 우리가 여기서 생각해 볼 문제는 앞서 사례분석을 했던 KEDO의 신변안전보장제도에 관한 것이다.

모든 법과 합의서는 실천에 옮겨질 때 그 효력이 발생한다. 이런 측면에서 볼 때 북한지역 내 체류 내국인 신변 안전 보장을 위해서는 법과 합의서를 실천에 옮길 수 있는 기구가 구성되어야 한다. 신변안전보장기구는 금강산관광지구의 경우에는 새로이 구성할 수도 있으며, 개성공업지구의 경우에는 기존 기구의 활동을 강화할 수도 있다. 이는 "개성공업지구와 금강산관광지구의 출입 및 체류에 관한 합의서"에 위임되어 있는 사항이기도 하다. 특히 현재도 존속하는 개성공업지구의 경우에는 사건・사고 방지와 수사・남북 협력을 담당할 수 있는 전문 인력을 보강해야 한다.

여기서 생각해 볼 문제는 남북한의 경제 교류는 남북한 특수 관계의 일환으로 접근해야 하며, 우리나라 경찰의 경우에도 앞서 언급했듯이 보안경찰과 외사경찰의 직무를 효율적으로 조화를 이룰 수 있는 조직이 전담해야 할 것으로 분석된다.

바로 이런 맥락에서 볼 때, 북한의 김정은 위원장이 2019년 신년사를 통해 '개성공업지구와 금강산관광 재개'에 관해 매우 긍정적인 언급을 했고, 이후 열린 남북정상회담에서도 "조건이 마련되는 데 따라 개성공단과 금강산관광사업을 우선 정상화시키기"로 합의했기 때문에 위에서 제기한 여러 가지 문제를 감안해서 경찰의 북한지역 체류 내국인의 신변 보호 방안과 대책 마련에 대한 연구가 심층적으로 이뤄져야 할 것으로 보인다.

참고 문헌

경수로사업지원기획단(2007). 『KEDO경수로사업지원백서』. 서울: 경수로사업지원기획단.

국가인권위원회(2009). 『2009 남북교류협력과 신변보호: 그 현황과 과제 심포지엄』.

김동희(2002). 『행정법 Ⅱ』. 서울: 박영사.

김영윤(2008). 『남북한 출입제도 통행·통신·통관 개선 및 정착방안 연구』. 서울: 통일연구원.

김윤영(2009). 『북한의 수사제도 운용에 관한 연구』. 서울: 치안정책연구소.

남만권(2004). 『군비통제 이론과 실제』. 서울: 한국국방연구원.

박상기(1996). 「형법총론」. 서울: 박영사.

박종문(2003). 「경찰보안론」. 용인: 경찰대학교.

법무부(1995). 『북한법의 체계적 연구(2)』. 서울: 법무부.

______(2003a). 『북한 금강산관광지구법 분석』. 서울: 법무부.

______(2003b). 「통일법무 기본자료」. 서울: 법무부.

______(2004). 『개정 북한형사소송법 해설』. 서울: 법무부.

______(2005). 『개정 북한형사법제 해설』. 서울: 법무부.

______(2006). 『북한 북남경제협력법 분석』. 서울: 법무부.

______(2008). 『동서독 교류 협력 법제연구』. 서울: 법무부.

법원행정처(1996). 『북한사법제도 개관』. 서울: 법원행정처.

______(2006). 『북한의 형사법』. 서울: 법원행정처.

법제처(1991). 『독일통일관계법 연구Ⅰ』. 서울: 법제처.

사이버경찰청(2009, 2008, 2007). 『경찰백서』.

송경호(2009). 『최근 북한의 군사적 위협에 대한 경찰의 대응방안』. 서울: 치안정책연구소.

이상규(1987). 『신행정법론(하)』. 서울: 법문사.

이석우(1991). 『한미행정협정연구』. 서울: 도서출판사.

이운주(2003). 『경찰학개론』. 용인: 경찰대학교.

이장희 · 장주영 · 최승환(2000). 『한미주둔군지위협정 연구』. 서울: 아시아사회과학원.
이효원(2006). 『남북교류협력의 규범체계』. 경기: 경인문화사.
______(2008). 『남북한 형사사건의 합리적 해결을 위한 법제도 구축 방안』. 서울: 한국형사정책연구원.
통일교육원(2011a). 『북한의 이해』.
______(2011b). 『통일문제 이해』.
통일부(2004). 『남북합의서』.
______(2008). 『대북정책 이렇게 해왔습니다』.
______(2009, 2010). 『월간 북한동향』.
______(2009, 2008, 2007, 2005). 『통일백서』.
______(2010). 『이명박 대통령 취임 2주년 대북정책 설명자료』.
통일부 개성공단사업지원단(2007). 『개성공단 5년』.
통일연구원(2006, 2009). 『북한인권백서』.
______(2009). 『북한개요』.
______(2018). "북한체제의 안정성평가". 『통일연구원 연구총서』. 08-1.
통일원(1993). 『동서독 교류협력 사례집』.
홍정선(1996). 『행정법원론(하)』. 서울: 박영사.

제 11 장 정보 주도형 대테러활동의 사전예방적 역할

제 1 절 | 서론

오늘날 테러리즘과 같이 초국가적인 범죄에 대한 대책은 과거 전통적인 일반 형사범죄와는 다른 방법과 수단이 필요하며, 이에 대한 사회구성원들의 이해와 신뢰까지 요구하는 중대한 사항이라고 할 수 있다.

국제사회에서 초국가적인 범죄 예방을 위해 주도적인 역할을 담당하고 있는 미국의 대테러정책은 자국 내의 정보공동체(Intelligence Community: IC)와 연관해 정보사회 전체를 하나로 조율할 필요성을 더욱더 강조하고, 그 역할을 수행할 정보기구를 통한 정보관리를 정보사회 개혁의 가장 핵심과제로 설정하고 있다(조성택 · 임유석, 2013: 164). 이와 관련해 미국은 9 · 11테러 이후 정보실패의 주된 원인으로 지적되어 온 정보기구들 간 협력 부족과 그로 인한 효율적인 정보활동 수행의 어려움을 해결하려는 차원에서 국가정보실장(Director of National Intelligence: DNI)이라는 직위를 창설했다. 국가정보실장(DNI)에게 국가안보 및 테러와 관련된 정보관리에 필요한 실질적인 권한을 부여하고, 정보기구 간의 정보활동과 우선순위를 정해 중복 활동을 통제할 수 있는 조정 역할을 일임했는데, 이것은 정보활동 관련 예산을 감소하거나 효율적으로 집행하려는 의도도 담겨 있다고 할 수 있다(신유섭, 2005: 137－138).

또한, 사전예방적 대테러활동과 관련해서 지역사회 경찰활동은 수많은 지역경찰기관들에 의해 정보 주도형 경찰활동(Intelligence－Led Policing: ILP)의 임무 수행 행태로 발전하고 있다. 즉, 범죄에 대응하기 위한 문제 해결적 경찰활동, 범죄 환경 점검 및 감소, 주민들과 효과적인 의사소통, 지역사회 공동체의 행동은 지역사회 경찰활동의 중요한 요소로 작용하고 있다. 실제 지역사회 경찰활동이 활성화된 영역의 장점을 살펴보면, 대테러 관련 정보의 수집과 공유에 있다. 지역사회의 경찰은 즉각적이고 자유로운 지역주민과의 유대 관계가 가능할 때 범죄 관련 정보가 수집된다. 그리고 지역사회 구성원들은 범죄를 예방하고 장기적으로 지역사회의 문제 해결에 도움이 되는 정보를 지역경찰에 제공하며, 경찰과 주민의 긍정적 관계는 지속적이고 신뢰할 수 있는 정보의 이동을 향상시켜 준다는 것이다. 이와 같이 경찰과 시민과의 유대 관계가 원만해질 때에 오늘날 지역사회 경찰활동의 노력들은 테러리즘이나 모든 중대 범죄를 예방하기 위한 정보 기반의 중심점으로 극대화할 사항으로 평가되고 있다(U.S. Department of Justice, 2003: 3－4). 아울러, 정보 주도형 경찰활동(ILP)의 새로운 분야는 지역사회 공동체의 유대감에 의존해야 하며, 범죄 예방은 지역사회 경찰의 중요 업무가 될 것이고, 지역사회 구성원의 도움을 지속적으로 필요로 할 것이다. 더욱이 테러리즘과 같이 국가안보를 위한 전반적인 조치가 사회적 부담감이 증가해 더 밀접하고 상호 접촉하는 대화가 경찰과 주민들에게는 더욱 필요하다(이정덕 · 임유석, 2011: 182).

한편, 국제사회 역시 폭력적 극단주의의 심각성을 감안해, 지난 2018년 4월 외교부는 유럽안보협력기구(OSCE)[1]와 협력해 한국－OSCE 폭력적 극단주의 예방 및 대응회의(Inter－Regional Conference on Preventing and Countering Violent Extremism and Radicalization that Lead to Terrorism)를 개최했다. 이번 회의에서는 폭력적 극단주의와 관련해서 도전 요인 및 해결 방안, 국가전략 수립의 핵심 우선순위, 청년층 역량 강화, 온라인상 테러리스트 사상 전파에 대한 대응 방안 등 다양한 주제가 논의되었으며, 유럽 및 아시아지역 정부 관계자, 국내외 학계 인사 등 150여 명이 참석했다. 또한 대테러 분야에서 OSCE와 아시아지역 간 개최된 첫 번째 회의로서 최근 국제사회에서 활발히 논의되고 있는 폭력적 극단주의 예방 및 대응 분야에서의 경험을 공유하고, 유관 분야 민관 전문가들 간 네트워크를 형성

1) 유럽안보협력기구(OSCE)는 정치 · 군사안보, 경제 · 환경안보, 인간안보를 종합적으로 고려하는 포괄안보 개념에 기초한 유럽－대서양 국가간 안보협력기구(57개 회원국)이며, 우리나라는 1994년부터 OSCE 아시아 협력동반자국(Asian Partners for Co－operation) 자격으로 참여해 활동하고 있다.

하는 계기가 되었다. 아울러, OSCE가 폭력적 극단주의 예방 및 대응을 위해 유럽 지역 내 대화와 교류를 촉진하는 선도적인 역할을 하고 있는 만큼 우리 정부는 이번 회의를 통해 대테러 분야에서 OSCE와 아시아지역 간 협력 심화를 위한 가교 역할을 적극적으로 수행할 수 있는 계기가 되었으며, 외교부는 개회사를 통해 초국경적인 폭력적 극단주의 위협에 대응하기 위한 유럽-아시아지역 간 협력의 필요성을 언급하고, 특히 청년층 역량 강화의 중요성을 강조했다(외교부 보도자료, 2018년 4월 17일).

이 연구에서는 테러리즘과 같이 국가안보를 위협하는 초국가적 범죄의 사전예방적 역할을 위한 정보 주도형 경찰활동(ILP)의 의미와 그 시사점에 대해 살펴보고, 테러리즘으로 나아갈 가능성이 농후한 폭력적 극단주의에 대해 논의하고자 한다.

제 2 절 | 정보 주도형 대테러활동에 대한 이론적 논의

1. 정보 주도형 경찰활동의 의미

1) 정보 주도형 경찰활동의 개념

정보 주도형 경찰활동(Intelligence-Led Policing: ILP)에 대해서는 아직까지 구체적이고 명확한 개념이 설정되어 있지는 않다. 하지만 일반적으로 "범죄에 대한 형사사법기관의 협력적인 접근으로서의 경찰활동"으로 정의하고 있고, 이러한 경찰활동은 문제해결 경찰활동, 정보 공유 체계, 범죄정보관리가 강화된 경찰의 책임성이 전반적으로 결합된 경찰활동이라고 한다. 그리고 경찰활동 모델은 광범위한 자료를 기준으로 삼아 거대한 컴퓨터 자료를 활용할 수가 있으며, 범죄용의자 목록과 범죄행동 및 범죄의 지리적 파일을 활용해 접근할 수 있다고 한다. 또한, 정보 주도형 경찰활동(ILP)에 대한 공통적인 정의는 없지만 대부분의 법집행기관과 정보기관에서 유사하게 인식하고 있고, 미국 법무부 사법지원국(Bureau of Justice Assistance: BJA)은 공식적인 발표는 하지 않았지만 정보 주도형 경찰활동(ILP) 과정을 이용해 폭력범죄 감소를 위한 권유 및 검토에 도움이 되는 지침을 제공했다(Bureau of Justice Assistance, 2007).

또한, 정보 주도형 경찰활동(ILP)이라는 용어는 은밀한 형태의 정보를 수집하기 위해 은밀한 형태의 감시를 생각할 수 있다. 그런데 치안활동의 영역에서 이러한 행위들은 다른 의미를 부여할 수가 있으며, 정보 주도형 경찰활동(ILP)은 관련된 조직 운영의 비즈니스 또는 경영모델을 따르는 치안 철학으로 정의할 수 있다. 정보 주도형 경찰활동(ILP) 정책을 통해 경찰 부서는 범죄 동향이나 쟁점을 좀 더 잘 평가할 수 있도록 데이터와 관련 정보를 활용함으로써 최고 의사결정권자가 효율적·효과적으로 자원을 할당하고 범죄 대응 전략을 개발할 수 있다. 즉, 경찰부서는 범죄 추세 및 특정 범죄집단에 대한 정보를 분석한 다음 법집행 전략과 결합해서 경찰관들의 행동과 자원을 구체적으로 목표로 정하는 의사결정 시스템을 통합할 수 있다. 이는 특정 범죄 문제 및 범죄자를 줄이거나 제거하고 예방하는 유일한 목적을 위한 노력에 해당하는 것이다.[2)]

2) 정보 주도형 경찰활동(ILP)의 기원

정보 주도형 경찰활동(ILP)의 기원은 영국에서 1990년대 켄트 경비대(Kent Constabulary) 내의 예산 삭감 및 재산범죄 증가 추세에 대한 대응으로 시작되었다. 근본적으로 그 당시의 신념은 대다수의 재산범죄에 기여한 소수의 범죄자가 있다는 것이다. 이 철학에서 범죄에 관련된 서비스 요청 건수를 줄이는 데 더 적은 시간을 할애했으며, 재산범죄 문제를 구체적으로 분석하는 정보 수집 단위를 만드는 데 더 많은 시간을 할애했다. 본질적으로, 켄트 경비대는 특정 재산범죄와 책임이 있는 범죄자를 대상으로 하는 데 가장 중점을 두었으며, 그 결과 재산 범죄율이 전체 24% 감소하게 되었다.[3)]

한편, 1976년 미국의 국가형사사법자문위원회는 모든 법집행기관이 정보 능력을 개발하고, 75명 이상의 인력을 보유한 기관은 정보 능력을 보유해야 한다고 권고했지만, 정보 주도형 경찰활동(ILP)은 좀 더 최근의 정책에 해당한다. 정보 주도형 경찰활동(ILP)이라는 용어는 특히 영국의 켄트와 노섬브리아 경비대(Kent and Northumbria Constabularies)의 법령에 추적될 수 있다(Bureau of Justice Assistance, 2005: Hale et al., 2004). 예를 들어, 켄트 경비대는 강도 및 자동차 절도에 초점을 맞춘 문제 해결 모델을 공식화했으며. 반작용적인 반응을 넘어 특정한 사건에 이

2) https://study.com/academy/lesson/intelligence-led-policing-definition-lesson.html.
3) https://study.com/academy/lesson/intelligence-led-policing-definition-lesson.html.

르기까지 이러한 범죄를 체계적으로 분석하고, 수많은 사건을 담당하는 소수의 범죄자의 패턴과 반복되는 희생자와 대상 및 위치의 패턴을 발견한 경찰관이 정보를 활용해 다양한 전략적 개입이 이뤄져 범죄가 크게 감소하게 되었다. 마찬가지로, 노섬브리아도 범죄자를 확인하는 데 초점을 맞춘 정보 주도형 경찰활동(ILP) 모델을 시행한 이후 계속해서 매년 범죄가 감소했다고 보고했다(Ratcliffe, 2002: 61－62).

영국의 경험에서 나타난 바와 같이, 정보 주도형 경찰활동(ILP)의 채택은 테러리즘에 대한 관심에서 비롯된 것이 아니라 20세기의 지난 20년간 나타난 법집행기관의 주요 발전에 기반을 두고 있다. 여기에는 지역사회의 정책이나 문제해결 정책 및 지속적인 개선 비즈니스 모델이 포함된다.

3) 유럽안보협력기구(OSCE)의 정보 주도형 경찰활동(ILP) 모델

유럽안보협력기구(OSCE)에서 제시한 정보 주도형 경찰활동(ILP) 모델은 다음과 같이 주요 단계와 내용들을 포함하고 있다(OSCE, 2017: 45).

첫째, 업무 내용(tasking)이다. 국가나 지역사회의 법집행 관리자들은 위협에 대한 전략과 운영계획을 정책에 기반해 개인이나 팀 그리고 정부기관 분석가들에게 그 정보들을 제공하거나 방향을 제시해야 한다. 둘째, 범죄정보 범위 내에서의 분석(criminal intelligence process)이다. 확인된 정보 프로세스 라인 내에서 정보를 분석・개발하는 분석가나 수사관들이 요구하는 지침과 임무를 따라야 한다. 핵심적인 요인들을 분석하는 동안 정보의 취합과 수집을 포함한 심도 있는 과정을 걸쳐야 한다. 셋째, 범죄정보 생산물(criminal intelligence products)이다. 범죄정보 생산물에 대한 분석과 전략은 일정한 단계를 거쳐야 한다. 이러한 분석은 전략과 운영계획을 위해 기본적으로 사용되며, 범죄 수사를 위해 지원되고, 기타 법집행 운영을 위해 인적・기술적 재원으로 재배치되어 우선적으로 적용된다. 넷째, 정책결정(decision－making)이다. 정책지침서는 국가나 지역 수준에 따라 ILP 정책결정지침으로 각 국가마다 제공되고, 정보분석가들도 활용한다. 마지막으로 운영행동(operational activities)이다. 평가된 정보와 데이터 분석을 기본으로 삼아 사전적 법집행활동이 수많은 치안활동에 적용될 수가 있다. 치안활동의 일반적인 영역에서 정보들은 심도 있는 정보 분석을 통해 확보된 자료와 의사소통 채널을 명확히 해줄 수가 있다.

그림 11-1 OSCE ILP Model

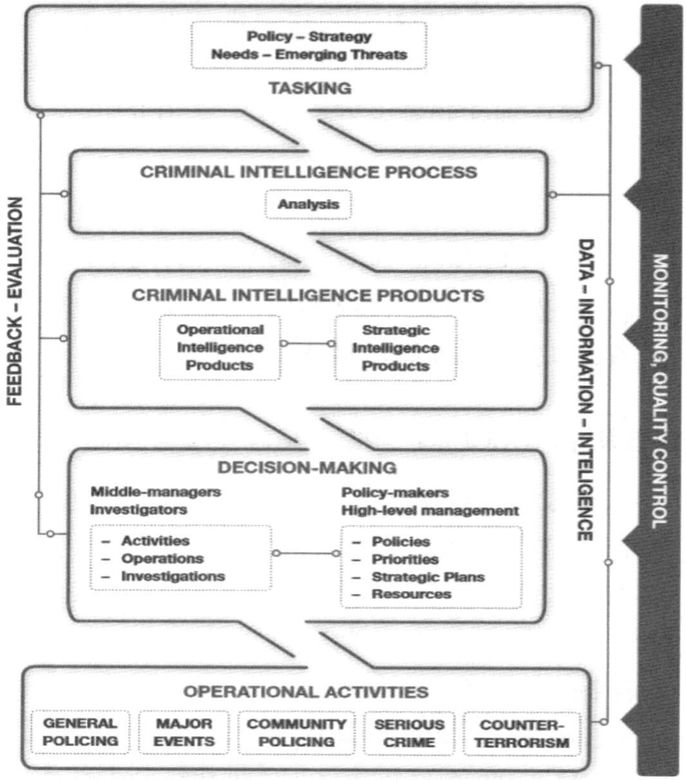

출처: OSCE(2017: 44).

한편, 업무 내용에서 마지막 운영 행동 단계에 이르기까지 모든 단계는 피드백과 평가가 이뤄져야 하며, 단계별 모니터링에서 데이터와 정보들은 공유되어야 한다.

2. 영미 국가의 정보 주도형 경찰활동(ILP) 검토

1) 미국의 정보 주도형 경찰활동(ILP)

2001년 9월 11일 뉴욕의 테러사건 발생 이후 미국 형사사법기관의 정보 분야는 빠르게 변화를 경험했다. 9 · 11테러가 발생하고 난 후에 국제경찰장협회(IACP)는 주, 지역 단위의 형사사법기관에서 필요로 하는 정보 기능에 대해 전반적으로 재조명하고 개정해야 한다고 의견을 모았다. 지역사회 담당경찰관(The Office of Community Oriented Policing Service: COPS) 재단과 국제경찰장협회(IACP)는 수많은 법집행기관이 정보관리 능력을 발전시켜야 하고, 국가적 차원에서 정보 업무 관련된 기준과 방향을 설립해야 한다고 주장했다. 또한, 국제경찰장협회(IACP)에서는 지역사회에 중점을 둔 경찰활동의 예산을 이용해 2002년 3월 정보 관련 수뇌부 회의를 가졌으며, 국가범죄정보공유계획(The National Criminal Intelligence Sharing Plan: NCISP), 정보 주도형 경찰활동(ILP)의 도입 등이 논의되었다(IACP, 2002: 1－4).

특히, 국가범죄정보공유계획(NCISP)을 실행한 의도는 지역사회 경찰조직(SLTLE)에 필요한 도구와 재원을 제공해 정보를 발견, 수집, 접근, 수신, 공유할 수 있도록 돕는 것이다. 이것을 완성하기 위해 국가적인 차원에서 표준을 정립했고, 이러한 표준들은 공식적으로 전문적 경찰활동부터 활용되던 것이며, 현재 활용되고 있는 법집행기관들의 정보활동으로서 인정받고 있는 것들이었다. 이러한 국가범죄정보공유계획(NCISP)은 미국 내 경찰조직의 재정립과 정보 공유를 위한 경찰철학 및 훈련에 분명한 효과가 있었다(이정덕 · 임유석, 2011: 177－178).

아울러, 국가범죄정보공유계획(NCISP)은 미국 내 경찰조직의 재정립과 정보 공유의 확대 등 많은 부분에 기여했다. 기술적인 측면에서 국가범죄정보공유계획(NCISP) 범행 대상 가능목록(The Target Capabilities List)에 대해서 세부적으로 정리해 자료를 구축했는데, 이러한 데이터베이스의 구축은 미국 내 정보 주도형 경찰활동(ILP)이 자리 잡고 좀 더 발전되는 데 큰 기여를 했다. 국가범죄정보공유계획(NCISP)의 기여 속에 미국의 일부 주(State)에서는 정보 주도형 경찰활동(ILP)을 실시하고 있으며, 일선 경찰서에서는 정보 주도형 경찰활동(ILP)의 구현을 위해서 범죄통제 전략과 범죄정보의 공유 등 전략적 운영을 위한 관리 매뉴얼 지침을 마련해 운영하고 있다(Colonel, 2006: 4－5: 성용은 · 윤병훈, 2015: 25－26).

한편, 정보 주도형 경찰활동(ILP) 모델은 1990년대 켄트 모델 직후 미국의 경찰국에서 채택되었으며, 경찰기관 내에서의 진화 과정에서 정보 주도형 경찰활동(ILP)은 하향식 정보기반 시스템으로 자리 잡았다. 이 모델에서 범죄분석가 또는 분석 단위는 범죄 기록과 데이터베이스 및 진술에서 데이터를 가져와 추세와 패턴을 식별하며, 경찰부서 내의 여러 부서와 협력해 이 정보는 전략적으로 실행 가능한 지식으로 변환된다. 즉, 정보 주도형 경찰활동(ILP)을 통해 적절한 조치, 전략 및 자원을 특정 방식으로 구현할 수 있다. 이로 인해 특정 범죄문제 및 해당 범죄자와 맞서기 위한 목표 계획이 수립되며, 영향을 받은 범죄 영역 내의 수사관 및 경찰관에게 다시 전달된다. 예를 들어, 경찰 당국은 인기 있는 도시의 범죄 추세를 분석했으며, 강도와 같은 사회적으로 영향력 있는 범죄를 구체적으로 분석하여 목표로 계획했다. 아울러 범죄 데이터, 범죄 패턴, 희생자 신고 및 거리 정보원을 통해 수집된 정보는 침입, 강도 및 마약에 책임이 있는 일부 범죄자를 우선순위로 정한 범죄 대응 모델을 생성했으며, 궁극적으로 범죄를 감소시켰다.

2) 영국의 정보 주도형 경찰활동(ILP)

1990년대 후반에 국가범죄정보국(NCIS)은 왕립경찰감사관실(Her Majesty's Inspectorate of Constabulary: HMIC)의 조언을 받아 영국의 국가정보활동모델(National Intelligence Model: NIM)로 발전되었는데 국가정보활동모델(NIM)은 2000년에 시작되어 2002년에 영국경찰장협회(The British Association of Chief Police Officers: ACPO)로부터 정식으로 인정받고 도입되었다. 영국경찰장협회(ACPO)는 국가경찰 정책연구기관으로서 국가범죄정보국(NIM)에 이어 경제 논리를 적용하는 정부정책이 뒤를 이었고, 이것은 범죄를 조정하고 정보 주도형 경찰활동(ILP) 개념을 도입하게 되어 궁극적으로 경찰의 경제 논리에 전반적으로 영향을 미치게 되었다(이정덕 · 임유석, 2011: 176).

영국경찰장협회(ACPO)에 의한 국가정보활동모델(NIM)의 도입은 잉글랜드와 웨일스 지역의 지역경찰들이 도입해 경찰활동에 적용했다. 국가정보활동모델(NIM)에서 활용되는 정보재원의 유형으로는 범죄 피해자와 목격자, 지역사회 구성원, 익명의 범죄 신고, 교도소 수감자, 비밀정보원, CCTV, 범죄와 무질서 감소를 위한 파트너, 은행과 신용회사와 같은 상사기관, 벌금형 전과자, 과학수사 자료, 인터넷 공개자료, 매스미디어, 이웃감시제도, 경찰 IT 시스템, 중대조직범죄청(SOCA)과 같은 법집행기관정보, 지역 교육기관 등에서 얻어지는 정보들을 전반적으로 활용하고 있다(ACPO, 2007: 18).

한편, 영국 경찰은 위험관리(risk management)를 기반으로 한 정보 주도형 경찰활동(ILP)을 수행하고 있으며, 주로 범죄정보에 중심을 두는데 2000년대에 들어서면서 테러가 증가하고 사회의 안전을 위협하는 요소가 증가하면서 법령 제정을 통해서 국가정보모델(NIM)을 도입해 시행하고 있다. 이는 단순히 범죄와 관련된 정보만을 수집·분석하는 것이 아니라 사회에 흩어져 있는 잠재적 위험과 갈등에 관련된 정보도 수집해 분석을 하는 것이다.

또한, 국가정보모델은 지역문제, 광역 수준의 문제, 초국가적 문제 등 3단계로 구분해 각 수준에 맞게 대응하도록 하고 있다. 또 국(局)의 전문정보기관은 체포권한이 없기 때문에 경찰 등 법집행기관과의 협조가 필수적이며, 상호 협조적이며 생산적인 관계를 유지하고 있다. 미국과 마찬가지로 국의 정보기관과 경찰은 정보가 통합적으로 연결되어 있으며, 상호 필요한 정보를 공유하고 있다(이주락, 2018: 277－278).

3. 정보 주도형 경찰활동(ILP)과 대테러리즘

1) 대테러리즘에서의 정보 주도형 경찰활동의 의미

영국의 정보 주도형 경찰활동(ILP)은 국내 정보의 경우, 경찰이 매우 중요한 역할을 수행하고 있으며, 최고 정책결정권자의 의사결정에 필요한 치안정보도 적극적으로 제공하고 있다. 다만 이러한 정보들은 독점하는 것이 아니라 정보공동체(Intelligence Community)와 공유하고 상호 협력하도록 하고 있다. 결과적으로 영국 경찰은 정보 주도형 경찰활동(ILP)을 통해 정보 수집과 분석을 체계적으로 수행하며, 효과적인 정보활동도 수행하고 있다(이주락, 2018: 278). 나아가 대테러리즘에서도 정보공동체 내에서 정보 주도형 경찰활동의 결과물을 분석·공유함으로써 사전예방적인 대테러활동에 활용할 수가 있는 것이다.

결국, 정보 주도형 경찰활동(ILP)의 핵심은 대테러 유관기관 간 협조 체계를 통해 범죄정보를 수집하고 가공·활용을 거쳐 범죄를 사전에 탐지·예방하고 관리함으로써 재범에 대한 위험 요소를 감소시키는 것이다. 이러한 일련의 과정은 유관기관 간 원활한 협력 체계가 가장 중요하다. 그러나 범죄문제를 직접적으로 다루는 형사사법기관들이 소극적으로 관련 정보를 일부만 공개하거나 공유하는 소극적 태도를 보이고 있는 것이 현실이기도 하다. 이러한 상황은 미국도 마찬가지로 지속적 연계를 구축하기 위해 노력하고 있는 실정이다(한상암 외, 2013: 246: Carter & Carter, 2009: 7－8).

2) 테러 대응을 위한 정보 주도형 경찰활동(ILP) 활용

정보 주도형 경찰활동(ILP)의 사례는 특히 전통적인 가두범죄와 총기범죄에만 초점을 맞췄지만, 테러에 대응하기 위해 정보 주도형 경찰활동(ILP) 모델을 사용할 때에는 큰 잠재력이 있다. 예를 들어, 런던 지하철과 마드리드 열차 폭탄테러로 체포된 용의자들은 감시 카메라, 지역사회 정보 제공자나 교도관을 포함해 다양한 출처에서 수집한 정보가 사후조사에 도움이 되었다. 최근 체포된 미국과 캐나다 그리고 영국의 테러 용의자를 살펴보면, 정보기관이 테러단체를 식별하고 공격하기 전에 개입할 수 있으며, 이는 테러와의 전쟁에서 오랜 경험을 쌓은 이스라엘과 같은 국가의 보고서와 일치하기도 한다.

3) 정보 주도형 경찰활동(ILP)을 이용한 테러리스트의 검거

법집행기관의 성공적인 정책에 대한 평가는 일정 기간 동안 보고된 범죄의 공식 통계를 사용해서 측정되며, 연방범죄수사국(FBI)의 범죄통계보고서(Uniform Crime Report: UCR) 프로그램은 범죄를 여러 범주로 분류하고 보통 법집행기관 효율성의 척도로 사용된다.[4] 범죄통계보고서(UCR)를 사용하는 것은 테러리스트들에 대한 검거나 기소와 같은 조치로 정책의 성공 여부를 결정해서는 안 되며, 테러리스트들이 범행계획을 수행할 수 있는 기회를 갖기 전에 공격에 대한 예방이 측정되어야 한다.

테러리즘은 전투와 패배를 위해 새로운 관행과 파트너십을 요구하는 미국 법집행기관에 새로운 위협을 제기했다. 테러리즘에 대항해 미국을 보호하기 위한 국가안보전략은 테러리즘을 "민간인이나 정부를 협박하거나 강압하기 위해 시민들의 생활이나 공공복리에 위험하거나 계획적이고 불법적인 행위"라고 정의했다(Office of Homeland Security, 2002). 불법적인 행동으로 테러를 정의한 국가안보전략은 사전적으로 경찰의 행동 영역에서 테러리스트 활동을 다뤄야 하며, 실질적인 사망, 상해 및 재산 피해의 가능성은 정부의 모든 법집행기관이 테러리스트 활동의 예방과 저지를 최우선 사항으로 간주해야 한다(Ball, 2007: 23-26).

4) FBI, UCR FAQ(Washington DC: FBI, 2006, www.fbi.gov/hq/cjisd/ucrfaq.pdf).

제3절 | 정보 주도형 대테러활동과 폭력적 극단주의의 관계 분석

1. 폭력적 극단주의의 이론적 논의

1) 폭력적 극단주의의 의미

폭력적 극단주의에 대한 논의에 앞서 먼저, 급진주의(radicalism)와 극단주의(extremism)가 의미하는 것조차도 거의 논의와 의견이 일치하지 않는다. 테러리즘과 연관된 폭력적 극단주의를 연구하는 연구자와 공공기관에서도 테러를 정의하는 데 합의에 도달할 수 없다는 것을 감안할 때, 그러한 다양성의 견해가 더욱 급진적인 개념과 관련된 미묘한 개념에 대해 합의가 없다는 것이다. 폭력적 극단주의에 대응하려는 수많은 노력의 동기와 원인이 '테러와의 전쟁(War on Terrorism)'에서 '아이디어의 전투(Battle of Ideas)'로 옮겨 갔지만, 어떤 아이디어가 누구와 어떤 극단주의에서 계속 논쟁되고 있고 무시당하는지에 대한 의문이 있다. 전통적으로 극단적이라는 용어는 일상적인 규범으로부터의 편차를 의미하지만, 그 요소만으로는 보안에 대한 위협을 정의하기 위한 충분한 근거가 되지 못한다. 그럼에도 불구하고 우리가 일상생활에서의 안보와 보안에 대한 위협을 정의하는 방법은 이해와 해결 방법에 중대한 영향을 미친다는 것이다. 다시 말해, 이것은 추상적이고 포스트모더니즘 인식론적 담론에 대한 주제일 뿐만 아니라 많은 사람이 국가적인 안보와 보안에 대한 가장 심각한 현대 사회의 위협이라고 생각하는 것을 식별하고 설명하는 매우 실용적인 문제이다.

미국은 2001년 9·11테러와의 전쟁을 선언한 지 오랜 시간이 흐른 지금 전장에서 테러리스트를 제거하고 테러 음모를 파괴하는 것이 최우선 과제가 되어야 하지만, 폭력적인 극단주의의 위협을 중화하기에는 여전히 부족한 부분이 다수 존재한다. 이러한 폭력적 극단주의에 대응(Counter Violent Extremism: CVE)을 위한 성공적인 노력은 새로운 극단주의자들의 흐름을 파악해 줄이려고 시도해야 하는 것이다. 물론 논쟁의 여지는 있지만, 만약 특정 이념과 사상이 이러한 폭력을 주도한다고 가정하면 일부 사람들은 급진화로 연결되는 폭력적 극단주의(Radicalization into Violent Extremism)로 불리는 급진화 과정(radicalization precess)을 중단하는 데 초점을 맞춰야 한다. 즉, 급진화로 연결되는 폭력적 극단주의(RVE)라는 용어를 사용하는 것은 좋지 않을 수도 있지만, 이는 사람들이 폭력을 정당화 또는 강요할 뿐만 아니라 사고에서 행동으로 진행하는 방식에 관한 신념을 채택하게 되는 과정을 가리키는 의도로 파악되기도 한다. 이러한 역할을 성공적으로 수행하기 위해서는 폭력적 극단주의의 대상과 행위자에 대해 어느 정도 이해해야 한다. 왜냐하면, 이러한 노력은 우선 사람들이 생각하는 것뿐만 아니라 그들이 생각하는 것을 어떻게 생각하게 되었는지 궁극적으로 어떻게 진전하는지 또는 사고에서 행동으로 나아지지 않는지를 이해해야 하는 것이다. 그것은 하나의 이론이나 규율을 정립하기 위한 것이 아니라 모든 유용한 틀은 개인적 수준에 해당하는 미시적 요인과 사회문화적 수준에 해당하는 거시적 메커니즘을 통합할 수 있어야 하며, 폭력적 극단주의자를 만들면 한 가지 크기가 모두에게 적합하지 않다(one size does not fit all)는 사실을 설명해야 한다. 그러나 급진주의에 중점을 두는 것은 급진적인 신념이 대테러 또는 최소한 테러에 필요한 선구자임을 암시하는 위험이 있다. 그 이유는 급진적인 아이디어를 가진 대부분의 사람은 테러리즘에 관여하지 않는 경우가 많고, 심지어 그 원인을 주장하는 사람들조차도 수많은 테러리스트가 심도 있는 이데올로기를 지니고 있지 않으며, 전통적인 의미로도 급진적이지 않을 수 있다고 보기 때문이며, 서로 다른 경로와 메커니즘은 서로 다른 시점과 상황에서 서로 다른 방식으로 작동하기도 한다.

한편, 폭력적 극단주의(violent extremism)에 대한 국제사회에서 합의된 정의는 없으나, 2016년 UN 사무총장의 폭력적 극단주의 예방을 위한 행동계획 보고서와 UN 총회 결의에서는 폭력적 극단주의 예방에 대해 인권 보장과 법의 지배를 공고히 하는 가운데 지역사회 내의 여성, 청소년의 적극적인 참여 하에 테러를 조장하는 여건에 대처해 나가는 것으로 설명하고 있다. 이는 이슬람 국가(Islamic States In Iraq and Syria: ISIS), 알카에다(Al Qaeda), 보코하람(Boko Haram) 등의 테러집단을 폭력적 극단주의의 대표적인 사례로 적시하고 있는데, 이와 같은 테러집단과 연계된 종교적 · 문화적 · 사회적 흑백 논리가 인터넷 등을 통해 확산되면서 세계 각지에서 테러를 조장하고 있으며, 평화, 정의, 인간 존엄에 대한 심각한 도전으로 부상하고 있다(대테러센터, 2018: 7).

2) 이론적 검토

급진주의에 관한 전문적인 학문적 논의는 다소 제한적이지만 주로 누군가가 전복 및 테러활동, 특히 폭력에 대한 자신의 참여를 지지하는 신념과 행동을 채택하는 이유에 대한 문제에 관심을 가지고 있다. 1960년대 후반 학술연구 공동체는 개인, 집단, 네트워크, 조직, 대중운동, 사회문화적 맥락, 국내외적 맥락에서 테러리스트 활동을 다양한 수준에서 분석함으로써 이 질문에 대한 답을 찾으려고 시도했다.

(1) 사회운동이론(Social Movement Theory)

폭력적 극단주의(violent extremism)와 급진화 과정(radicalization processes)을 이해하는 데 가장 유력한 이론적 체계 중 하나는 사회운동이론이다. 이는 사회구조의 일부 요소 및 사회의 보상 분포를 변화시키는 선호를 나타내는 인구에 대한 일련의 의견과 믿음을 의미한다(Gunning, 2009). 사회운동이론은 1940년대에 긴장된 환경 조건, 즉 사회학자들의 긴장이론(Strain Theory)에서 발생하는 집단적 행동의 비합리적인 과정에서 발생해 불만이라는 대중적 정서를 만들어 냈다는 생각으로 시작되었다. 개인은 이러한 압도적인 사회 세력에 수동적으로 굴복했기 때문에 사회운동에 참여하게 되었다고 본다. 그러나 현대의 사회운동이론은 좀 더 합리적이고 전략적인 프로세스가 작동하고 있음을 보여주고 있다. 1980년대와 1990년대의 사회운동 연구자들은 어떤 조직이나 운동의 주요 임무는 그 자신의 생존을 유지하는 것이라고 인식했다. 이를 위해서는 지지자들이나 구성원들이 지지자를 모집하고 유지해야 한다. 공동체에서의 이탈로 인한 인적 손실은 보충되어야 하며, 성장을 위한 새로운 구성원을 추가해야 한다. 사회운동의 영향력과 역량을 확장시키기 위해서는 성장이 필요하며, 잠재력 동원 형성(forming mobilization potential), 모집 네트워크 형성 및 동기부여(forming and motivating recruitment networks), 참여 동기 부여(arousing motivation to participate), 참여장벽 제거(removing barriers to participation) 등의 노력이 절실히 요구된다고 보는 것이다.

또한 사회운동 이론가들은 운동의 구성원들이 다른 사람들을 모집하려고 하며, 합리적인 조사자로서 활동하기도 한다. 그들은 효율적이고 효과적이기를 원하며, 행동에 동의할 가능성이 가장 높은 사람들에게 요구해, 그 원인을 효과적으로 해결하기 위해 노력하기도 한다. 구성원의 모집절차에 대해서는 합리적인 조사관이 정보를 사용해 목표물을 찾거나, 채용 담당자가 참여 기회에 대한 정보를 제공하며, 새로운 구성원에 대한 설득을 유도해 긍정적인 반응을 유도하기도 한다. 이러한 사회적 유대와 관계의 힘은 과제의 핵심이며 잠재적인 잠재적 구성원 간의 관계를 이해하는 것이 구성원 모집 네트워크를 이해하는 데 중요하다.

(2) 전환이론(Conversion Theory)

폭력적 극단주의와 급진화에 대한 이론 개발의 또 다른 실마리는 집단운동과 신념의 이데올로기를 변형시키는 개개의 과정에 더 중점을 두는 전환(conversion)으로 간주한다. 전환에 대한 연구는 주로 사회학과 종교심리학 분야에서 이끌어 냈으며, 그 아래에서 수십 년간의 연구가 이뤄졌다(Rambo, 1993: Wright, 2007). 람보(Rambo, 1993)는 수십 년간 종교개혁 연구에서 발달 단계 모델을 제시한 결과보다 통합적이고 상대적으로 낮은 선형적인 해결책을 제시했다. 그는 각 단계별 또는 누적된 결과에 따라 다른 요인에 영향을 줄 수 있다는 사실을 설명하는 일곱 가지 구성 요소 모델을 개발해 다음과 같이 설명하고 있다.

첫째, 컨텍스트(context) 단계에서는 변환 과정 전반에 걸쳐 문화적, 역사적, 정치적, 사회적 운영의 환경 요인으로 구성되어 개발을 가속화하거나 저해할 수 있다. 둘째, 위기(crisis) 단계에서는 일반적으로 개인적 또는 사회적 혼란에 의해 야기된 개인적 불균형의 상태를 의미한다. 셋째, 퀘스트(quest) 단계에서는 종종 위기에 의해 침체되고, 평형을 회복하기 위한 해결책이나 활동을 모색하는 과정에 해당한다. 넷째, 인카운터(encounter) 단계에서는 퀘스트 단계에 참여한 사람과 그 영적 선택자나 제안자 사이의 초기 접촉을 표시한다. 다섯째, 상호작용(interaction) 단계에서는 영적 선택과 다른 지지자에 대한 더 많은 정보 또는 소개를 위해 탐색자와 지지자 사이의 교환을 설명한다. 여섯째, 헌신(commitment) 단계에서는 두 가지 중요한 요소를 포함하는데, 먼저 결정 또는 종교에 대한 투자 또는 성실성을 입증하는 일련의 결정들과 회원 자격이나 신앙고백서가 약속된 유대인으로서 그 사람의 신분 또는 정체성을 그 운동의 일부로 확고히 하는 것을 의미한다. 마지막으로 결과(consequences) 단계에서는 믿음을 위해 만들어진 행동이나 약속 및 결정의 영향을 의미하며, 지속적으로 모니터링되고 평가되는 단계에 해당한다.

2. 폭력적 극단주의 예방을 위한 국내 정책

오늘날 빠르게 변천하는 국제 정세에 따라 테러를 조장하는 폭력적 극단주의의 위협이 전 세계로 퍼져 나가고 있으며, 최근에는 폭력적 극단주의에 빠진 테러범들에 의한 테러사건이 일반시민들이 붐비는 관광지, 공연장, 경기장 등 공공장소에서 빈번히 발생하고 있다. 이에 따라 국내에서도 범정부 차원의 행동계획 작성을 통해 최근 세계 곳곳에서 발생하는 테러와 이를 조장하는 폭력적 극단주의의 확산에 대응한 예방 체제를 갖춰 나가고자 폭력적 극단주의 예방을 위한 국가행동계획을 발표했다. 국가행동계획은 2016년 1월 UN사무총장의 폭력적 극단주의 예방을 위한 행동계획 보고서[5]와 2016년 7월 UN 총회결의에서 모든 UN 회원국이 폭력적 극단주의 예방을 위한 국가별 행동계획 작성을 권고함에 따라, 예방 차원의 국내 범부처 간 협력은 물론 국제사회와의 협력을 증진하기 위해서 추진되는 것이다(대테러센터, 2018: 7-8).

또한, 우리나라가 직면한 냉엄한 현실은 시리아나 이라크 등지에서 ISIS에 가담했던 외국인테러전투원(Foreign Terrorism Fighter: FTF)들이 아시아를 포함한 각지의 원거주지로 귀환하거나 제3국으로 이동하면서 폭력적 극단주의를 세계 곳곳으로 확산시키고 있다. 우리나라도 더 이상 테러를 조장하는 폭력적 극단주의로부터 성역으로 남아 있을 것이라고 막연히 안도하고 있을 수만은 없는 상황이다. 테러를 조장하는 폭력적 극단주의의 선동 논리는 테러리스트들만의 통신공간에 국한되지 않고, 이미 우리 생활의 일부가 된 인터넷과 소셜미디어를 통해서도 확산되고 있으며, 진실을 호도하고 극단주의를 미화하는 테러집단의 숨겨진 선동 논리가 공중에게 공개된 동영상이나 게시판 글 등을 통해 부지불식간에 우리 주변을 파고들고 있다. 아울러, 국제적인 범죄조직과 폭력적 극단주의 세력과의 연계 가능성이 우려되고 있으며, 외국의 테러집단이 국제범죄조직과 같은 우범집단을 통해 자금세탁, 테러자금 조달, 국경 간 불법 이동 등의 방법으로 테러를 획책해 나가지 않도록 사전에 대비해 나가야 한다. 이는 범죄와 폭력적 극단주의와의 연계가 공공안전에 대한 새로운 위협이 되지 않도록 해야 하고, 외국의 테러집단들이 국내에

---

5) 유엔 사무총장의 「폭력적 극단주의 예방을 위한 행동계획」 보고서는 폭력적 극단주의를 낳는 사회적 경제적 여건을 분석하고, 국가별 행동 계획 수립 등을 권고함으로써 2006년 채택된 유엔 글로벌 대테러 전략을 보완하고 있다. 특히, 폭력적 극단주의 예방은 유엔 세계대테러전략의 4대축 중 테러를 조장하는 환경 대응에 초점을 맞추고 있는데, 각국의 국가행동계획이 다뤄야 할 7개 분야로 ① 분쟁 예방, ② 인권과 법치 강화, ③ 시민사회의 참여, ④ 청년의 역량 강화, ⑤ 여성의 역량 강화, ⑥ 교육, 훈련 및 고용, ⑦ 인터넷과 소셜미디어를 제시하고 있으며, 유엔 세계대테러전략의 4대축으로 테러를 조장하는 환경 대응, 테러 방지 및 대응, 대테러 역량 강화, 인권존중 및 법치를 제시하고 있다(대테러센터, 2018: 8).

서 동조층을 포섭하려고 할 가능성도 있으며, 이들의 무작위적인 선동에 현혹되어 개별적으로 폭력적 극단주의에 빠지는 사람이 생겨날 수도 있다는 점에 주목해야 한다(대테러센터, 2018: 9-12).

3. 폭력적 극단주의 및 급진주의 해결을 위한 개입

테러리즘으로 연계될 폭력적 극단주의와 급진화(Violent Extremism and Radicalization that Lead to Terrorism: VERLT)는 위험에 처한 사람들이 테러리스트 급진주의의 길에서 벗어나야 하는 점을 강조한다. VERLT는 일반사람들과 소외되거나 접근하기 힘든 개인에게 발생하기 때문에 이러한 개인을 식별하는 것은 매우 민감하고 어려울 수 있다. 예를 들어, 우리 주변의 평범한 교사나 사회복지사 그리고 친인척을 발견할 수 있는 위치에 있는 사람들이 인식하지 못할 수 있다는 구체적인 증거가 필요하며, 이러한 1차적 행위자는 VERLT의 위협을 이해하고 고정관념에 의문을 제기해야 하며, 폭력적이고 급진적인 위험을 지적해서 그들이 할 수 있는 일이 무엇인지에 대해 누구든지 요청해야 한다(OSCE, 2014: 46).

VERLT에서 비교적 거리가 있는 위험에 처한 사람들을 우회하는 것은 시민들의 참여나 예술 및 스포츠와 같은 긍정적인 동원 형태로 사람들을 방향을 전환할 뿐

그림 11-2 Types of measures to counter VERLT

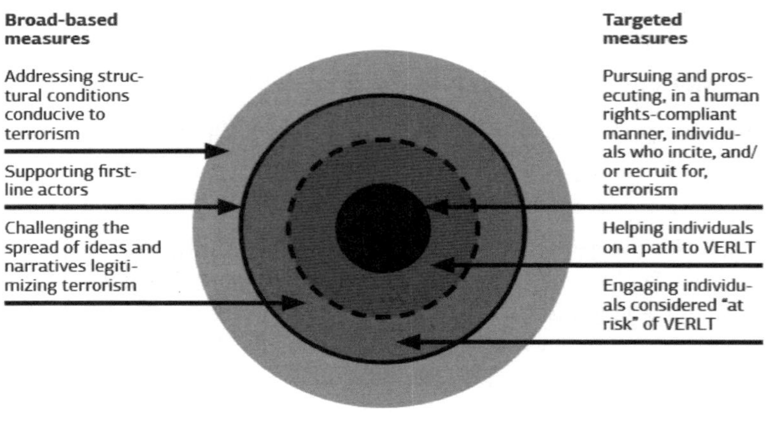

출처: OSCE(2014: 46).

만 아니라 안전한 공간이나 심리적 상담 및 멘토링을 제공하는 것과 같은 다양한 형태의 지원을 포함할 수 있다. 그들은 폭력적인 극단주의와 그들이 끌어당길 수 있는 아이디어에 의문을 제기하는 비판적 사고와 자기 반성을 개발하는 데 도움을 받아야 한다. 이와 같이 개입(engagement)은 개개인의 평가, 개인의 권리, 특히 사생활 보호를 위해 다양한 행위자나 법집행기관 간의 명확한 역할 분담 및 정보 공유 프로토콜에 근거해야 한다. 즉, 위험에 처한 사람들은 잠재적 테러리스트로 취급되거나 다른 방식으로 낙인찍히지 말아야 한다(OSCE, 2014: 46).

4. 테러리즘 예방전략으로서의 ILP와 VERLT

가장 이상적인 치안활동은 가장 좋은 테러 예방활동이기 때문에 전문적인 치안활동은 테러활동과 전통적인 범죄와 관련된 정보를 밝히는 데 유용할 것이다. 이러한 관점에서 지역경찰은 좀 더 적극적으로 범죄 예방과 관련된 법집행을 강화함으로써 테러리즘 예방이 상호 연관되어 있다는 사실을 강화할 수 있으며, 현재의 대테러활동과 전통적인 범죄 대책 간의 균형을 유지하는 데 활용되고 있다. 수많은 대테러 전문가가 테러와의 전쟁에서 자신들의 역할을 강조하고자 하며, 정보주도형 경찰활동(ILP)은 이와 관련해 정보 주도형 경찰활동(ILP)의 기여도를 명확히 하는 데 도움을 줄 수가 있다. 관리지침과 적절한 훈련을 통해 정보 주도형 경찰활동(ILP) 실행은 모든 법집행관에게 테러리즘과 VERLT 방지 및 대응에 대한 분명한 비전을 제공할 수 있다. 또한 정보 주도형 경찰활동(ILP) 구조와 절차가 적절하게 기능하고 잘 작동하면 정보와 혐의를 수집하고 전달하는 것이 일반경찰, 국경관리 및 관세국 업무를 포함한 모든 법집행의 일상적인 의무의 일부가 된다(OSCE, 2017: 91). 또한, 기업, 종교단체, 청소년 및 교육지도자, 문화센터 등 지역사회와의 접촉 및 신뢰 구축을 목표로 하는 정책과 프로그램은 폭력적인 극단주의와 테러를 예방하고 해결하는 데 도움이 될 수 있다. 따라서 일부 국가에서는 대테러 목적을 위해 정보 주도형 경찰활동(ILP) 프레임워크 내에서 공동체 정책을 재정의하고, 대중 및 지역 차원의 정보를 얻고 분석하기 위해 국가의 법률구조 내에서 구조와 프로세스를 구현했다(Ratcliffe, 2016: 115).

경찰과 지역사회는 지역사회 정책이 정보 수집뿐만 아니라 지역사회의 요구를 보호한다는 것을 분명히 이해해야 한다. 여전히 지역사회 경찰활동의 주된 임무는 상호 존중과 신뢰에 기반한 경찰－공공 파트너십의 구축과 유지이다(OSCE, 2014: 179).

VERLT에 반대하는 경찰 및 파트너 기관의 목적이 가장 먼저 급진적인 영향으로부터 취약계층을 보호하는 것이 경찰과 지역사회 모두의 공통된 이해인 경우, 신뢰가 좀 더 쉽게 구축될 수가 있다. VERLT가 아동의 성 착취 또는 인신 매매를 방지하는 것과 같은 공동체를 보호하는 맥락에서 설명될 때 공동체가 이해한다면 경찰이 지역사회를 감시하고 목표를 정하는 것에 대한 우려는 크게 완화될 수 있다. 영국의 경험에 따르면 경찰, 중앙 및 지방정부 기관이 함께 협력해 예방전략이 근본적으로 취약계층을 보호하기 위한 목표라는 일관된 메시지를 전달할 때 예방전략 및 정책활동에 대한 의구심을 완화할 수 있다는 사실이 급진주의자들로부터 그들의 출신 공동체에 관계없이 밝혀졌다(OSCE, 2017: 92).

지역사회 경찰활동의 중요한 역할을 촉진하기 위해 지역경찰관들은 테러리즘 계획이나 VERLT의 징후를 찾아야 할 위치와 방법, 국가 예규(Standing Operating Procedure: SOP)와 관련된 정보를 관련 채널을 통해 중앙분석기관에 전달하는 방법에 대해 교육을 받아야 한다. 또한, 경찰관은 인권에 관한 전문적인 교육을 실시해 인권 기준을 충분히 준수하는 업무를 수행해야 한다(OSCE, 2014: 106－107). 이러한 정보를 전달하는 지역경찰관은 노력에 대한 피드백을 받는 것이 필수적이다.

중범죄를 비롯한 테러리즘 관련 활동을 포함한 모든 단계에서 경찰－공공 파트너십과 범죄 예방을 구축하거나 VERLT를 예방하고 대처하기 위한 지역사회 경찰의 중심 역할을 지원하기 위해 일부 국가에서는 VERLT, 지역사회 치안 책임자들에게 추가로 지원된다. 이 장기적인 자원 배치의 지역성에 대한 결정은 지리적 기반에서 VERLT의 위험 및 위협에 대한 평가를 제공하는 정보분석을 기반으로 하며, 사전 정의된 구조와 법규에 기반한 공식적인 결정에 근거해 경찰관은 지역사회 경찰관으로서 지역사회와 소통하지만 지역사회 및 시민사회 단체와의 확실한 협력을 통해 신뢰를 구축하고 VERLT 관련 위험과 위협을 최소화하게 되는 것이다. 지역경찰관과 마찬가지로 전문가들은 공식적인 커뮤니케이션 채널을 통해 평가 및 평가를 위한 정보를 중앙 분석기관에 제출하거나 국가별 데이터베이스에 직접 입력한다. 전문가 역할의 강조는 항상 지역사회에서 일하고 모든 이해 당사자가 VERLT를 예방하는 데 참여하는 것이지 공동체를 감시하는 것이 아니다(OSCE,

2017: 92).

5. 폭력적 극단주의 예방을 위한 대테러정책의 시사점

테러리즘을 조장하는 폭력적 극단주의에 대한 대응(CVE)은 세계화 추세와 맞물려 우리 사회에 새롭게 대두된 과제이기도 하다. 따라서 국가적 행동계획은 우리가 당면한 과제를 범정부적 차원에서 인식하고 각 정부 부처의 노력과 정책들을 공유하고 조율함으로써 시작한다. 특히, 폭력적 극단주의 대응(CVE)을 위해서는 먼저 국내에서는 취약계층 등의 위험 요소를 완화할 필요가 있으며, 국제사회와의 공조에서는 국제 및 지역 차원의 폭력적 극단주의 대응(CVE) 협력 및 참여 방안에 대해 적극적으로 논의해야만 한다. 아울러, 폭력적 극단주의는 정치, 사회, 경제, 종교, 교육 등 여러 분야에 걸쳐 있는 특성을 고려해서 다양한 전공이나 전문성을 가진 전문가 집단과의 협업을 통한 다수준 차원의 접근법이 요구되는 영역이라 할 수가 있다.

이와 관련해 2016년 「국민보호와 공공안전을 위한 테러방지법」 제정에 따라 신설된 국가테러대책위원회(위원장: 국무총리)는 2017년 1월 제3차 회의, 2017년 7월 제4차 회의를 통해 국제사회에서 확산되고 있는 폭력적 극단주의의 위협을 논의하고, 이를 예방하기 위한 국가 행동계획을 범정부적 차원에서 수립해 나가기로 했다. 이러한 국가행동계획은 국무총리 주재 하에 관계부처 장관들이 참석하는 국가테러대책위원회에서 범정부적으로 수립되었으며, 국가테러대책위원회는 우리 정부의 대테러정책을 총괄하는 중추기관으로서 향후 정부 각 부처의 이행을 점검하고 변화하는 상황에 맞춰 행동계획을 지속적으로 보완하고 있다.

아울러, 우리 정부는 폭력적 극단주의 예방(Prevent Violent Extremism: PVE)을 위한 범정부적 접근에 있어 시민사회의 참여와 민관 협력을 증진해 가고, 국가행동계획은 민관 협력을 더욱 강화해 나가는 길잡이로도 활용될 수 있을 것으로 기대하고 있다. 폭력적 극단주의 예방(PVE)을 위한 국가행동계획은 특정 취약계층을 대상으로 하는 것이 아니며, 정부부처들 간 관련 정책 조율을 통해 필요한 수요를 파악하고 정책적인 지원을 모색함으로써 테러를 조장하는 폭력적 극단주의가 발붙이지 못하도록 사전에 제거하고자 하는 것이다.[6)]

특히, 국내에서도 소셜미디어를 통해 극단주의 메시지에 영향을 받은 10대 청소년의 실종사건이 발생하는 등 폭력적 극단주의 영향의 확산 가능성이 있으므로, 폭력적 극단주의의 국내 유입 실태 및 우리 사회 내 위험 요인을 분석하고 대응 방향을 모색할 필요가 있다. 이와 관련해 국제사회는 2015년 2월 워싱턴에서 개최된 폭력적 극단주의 고위급회의를 통해 폭력적 극단주의 대응을 위한 적극적인 기여를 약속하고, 유엔 총회를 계기로 국내에서도 폭력적 극단주의 관련 후속 조치 이행을 적극 시행하고 있다.

이와 관련해 폭력적 극단주의를 유발하는 원인 분석 차원에서 동남아시아 등지에서 발생하는 사례분석을 포함해 인터넷 등을 통한 국내로의 폭력적 극단주의의 유입 실태 파악을 위해 방송통신위원회나 경찰청 등에서 개별적 모니터링 활동을 통해 유해 콘텐츠를 적극적으로 적발 · 조치할 필요성이 있다. 그리고 우리 사회 내 폭력적 극단주의 확산을 조장할 수 있는 경제사회적 위험 요인 및 취약계층 식별과 관련해 우리 국민을 테러리즘과 극단주의 위협에서 효과적으로 보호하기 위해 취약계층 및 요소 식별을 위한 전문적인 연구가 반드시 필요하다.

제 4 절 | 결론

테러리즘과 같이 초국가적인 범죄는 국민의 생명과 재산을 위협하는 동시에 국가안보에 대한 잠재적이고 추상적인 위협을 제공하고 있으며, 특히 오늘날 국가안보의 패러다임이 변화하고 있는 시점에서는 이에 대한 예방과 관리가 더욱더 중요하다.

---

6) 대테러센터(2018: 13): 대테러센터는 유엔 사무총장의 「폭력적 극단주의 예방을 위한 행동계획」 보고서와 국내외적 환경 및 경험을 반영해 다음과 같이 5개 분야 16개 항목의 행동계획을 선별했다. 폭력적 극단주의 예방을 위한 행동계획: 1. 대화와 소통문화 정착을 위한 기반 조성, 2. 인권 보호 · 증진을 위한 정책 모니터링 및 환류 강화, 3. 지역 공동체 예방 치안 강화, 4. 국외 폭력적 극단주의 유입 차단, 5. 재한 외국인의 국내 적응 지원, 6. 취약계층에 대한 사회보장, 7. 폭력 피해자 치유 및 가해자 교정, 8. 청소년 대상 공동체 및 생명 존중 의식 함양 교육 강화, 9. 취약 청소년의 사회 적응 지원, 10. 양성 평등과 여성의 참여 증진, 11. 청년 고용 촉진 및 창업 지원, 12. 세계시민교육을 통한 공동체 인식 제고, 13. 군복무 장병에 대한 폭력적 극단주의 예방 교육 실시, 14. 민관 협력을 통한 건전한 인터넷 환경 조성, 15. 테러단체의 정보통신기술 악용 방지를 위한 역량 강화, 16. 인터넷 문화 개선을 위한 활동 장려 등이 포함되어 있다.

특히, 지역사회나 지역경찰 책임자 및 기타 지역 출처와 중앙의 분석기관 간의 양방향 정보 흐름을 원활하게 할 수 있는 조직구조와 커뮤니케이션 시스템이 운영되어야 한다. 다시 말해, 지역사회 치안의 주요 목표는 지역사회를 감시하는 것이 아니라 정보와 정보의 흐름을 가능하게 하기 위해 경찰과 대중 간의 긍정적인 관계를 형성하고 신뢰를 증진시키는 것이라고 강조하고 설득해야 한다. VERLT의 맥락에서 지역사회 개입 기능을 하는 경찰－지역사회 관계와 가정할 수 없는 지역사회 지원을 토대로 구축되어야 하며, VERLT와 같은 민감한 사안이 공동 노력으로 해결되기 오래전에 경찰과 지역사회의 다양한 부문 간의 관계를 신뢰할 필요가 있다(OSCE, 2014: 85－87). 지역경찰관이 지역사회와의 신뢰와 건전한 커뮤니케이션 채널을 구축한 곳에서는 테러리스트의 급진적인 요인을 규명할 수 있는 지역사회에서 가장 강력하거나 유일한 정보원일 수 있으며, 테러리스트 급진주의에 취약한 개인을 식별할 수가 있다(OSCE, 2017: 91－93).

아울러, 폭력적 극단주의 예방에서 변화하는 상황에 따라 새로운 정책적인 대응이 필요하며, 폭력적 극단주의에 빠져들기 쉬운 사람들이 교정시설에 수용되는 경우가 발생한다면 외국의 사례와 같이 이들에게 폭력적 극단주의의 오류를 알리고, 이들을 우리 사회에 통합시키고자 노력해 나가야 한다. 궁극적으로 폭력적 극단주의를 막아내는 보루는 각 지방자치단체의 행정기관이나 지역경찰의 역할이 중요하며, 폭력적 극단주의 예방에 대한 범정부적인 인식 제고를 통해 중앙정부는 물론 지방자치단체 차원에서도 이를 막아낼 수 있는 제반 여건을 조성해 나가야 한다. 지방자치단체 및 민간 네트워크는 우리 사회의 취약한 여건이나 위험을 적시에 찾아내 조기경보를 울릴 수 있는 예방 체제를 구축하는 데 핵심적인 역할을 할 수 있다. 또한 이러한 현장의 목소리는 폭력적 극단주의 예방에 필요한 정책을 개선·발전시켜 나가는 데도 중요한 역할을 할 것이다(대테러센터, 2018: 11－12).

마지막으로 테러리즘과 같이 초국가적인 범죄는 전통적인 일반형사범죄와는 다른 목적과 수단 방법들이 동원되기 때문에 이에 대한 대책과 관련해서도 예외적인 특별법규와 정책으로 대응해 나가야만 한다.

참고 문헌

대테러센터(2018). “폭력적 극단주의 예방을 위한 국가행동계획”. 「대테러센터 관계부처 합동 보고서」.

성용은 · 윤병훈(2015). “한국의 초국가적 범죄위협과 정보주도형 경찰활동의 역할”. 「한국범죄정보연구」. 1(2).

신유섭(2005). “ODNI 창설을 통해 본 미국 정보계개혁의 성격과 전망”. 「국제정치논총」. 45(3).

이정덕 · 임유석(2011). “테러리즘에 대비한 정보주도형 경찰활동(ILP) 전략”. 「한국테러학회보」. 4(1).

이주락(2018). “영국의 정보주도형 경찰활동 분석”. 「영미연구」. 42.

조성택 · 임유석(2013). “미국의 대테러활동을 위한 정보공동체(IC)의 역할과 함의”. 「한국치안행정논집」. 10(3).

한상암 · 박한호 · 이명우(2013). “범죄예방을 위한 정보 주도형 경찰활동(ILP)에 대한 연구: 국내 도입 논의를 중심으로”. 「한국경호경비학회지」. 36.

ACPO(2007). *Practice Advice Introduction to Intelligence−Led Policing.*

Ball, John E.(2007). “Rethinking intelligence to integrate counterterrorism into the local law enforcement mission”. Calhoun: The NPS Institutional Archive.

Borum, Randy(2011). “Radicalization into Violent Extremism I: A Review of Social Science Theories,” *Journal of Strategic Security*. 4(4).

Bureau of Justice Assistance(2005). *Intelligence−led policing: The new intelligence architecture.* Washington. DC: U.S. Department of Justice.

______(2007). *Intelligence−led Policing and the Bureau of Justice.* Washing. D.C. : U.S. Department of Justice.

Carter, David L. & Carter, Jeremy G.(2009). “Intelligence−Led Policing: Conceptual and Functional Considerations for Public Policy”. *Criminal Justice Policy Review*. 20(3).

Colonel, J. R.(2006). *New Jersey State Police Practical Guide to Intelligence led Policing.*

Edmund, F., McGarrell, Joshua, Freilich, D., & Chermak, Steven(2007). “Intelligence−Led Policing As a Framework for Responding to Terrorism.” *Journal of Contemporary Criminal Justice*. 23.

Gunning, J.(2009). “Social movement theory and the study of terrorism”. In R. Jackson, M. B. Smyth, & J. Gunning(eds.), *Critical terrorism studies: A new research agenda*. New York: Routledge.

Hale, C., Heaton, R., & Uglow, S.(2004). “Uniform styles? Aspects of police centralization in England and Wales”. *Policing and Society*. 14(4).

IACP(2002). “Criminal Intelligence Sharing: A National Plan for Intelligence Led Policing At the Local, State and Federal Levels”. Recommendations from the IACP Intelligence Summit.

Klandermans Bert & Oegema, Dirk(1987). "Potentials, Networks, Motivations and Barriers: Steps Towards Participation in Social Movements". *American Sociological Review. 52.*

Office of Homeland Security(2002). *National Strategy for Homeland Security.* Washington, DC, July 2002.

OSCE(2014). *Preventing Terrorism and Countering Violent Extremism and Radicalization that Lead to Terrorism: A Community-Policing Approach.* Vienna: ODIHR and TNTD.

______(2017). *Guidebook Intelligence-Led Policing.* TNTD/SPMU Publication Series, Vol. 13.

Peterson, Marilyn(2005). *Intelligence-Led Policing: The New Intelligence Architecture.* Washington. DC: U.S. Department of Justice, Bureau of Justice Assistance.

Rambo, L. R.(1993). *Understanding religious conversions.* New Haven, CT: Yale University Press.

Ratcliffe, Jerry H.(2002). "Intelligence-led policing and the problems of turning rhetoric into practice". *Policing and Society.* 12(1).

______(2016). *Intelligence Led Policing* (2nd Edition) London/New York: Routledge.

U.S. Department of Justice(2003). *The National Criminal Intelligence Sharing Plan.*

Wright, S.(2007). "The dynamics of movement membership: Joining and leaving new religious movements". D. G. Bromley(ed.), *Teaching new religious movements.* Oxford: Oxford University Press.

외교부 보도자료, 2018년 4월 17일.

FBI, UCR FAQ(Washington DC: FBI, 2006).

https://study.com/academy/lesson/intelligence-led-policing-definition-lesson.html.

제12장 한반도 급변 사태 발생 시 경찰의 역할

제1절 | 서론

한국의 공식적 통일 방안은 '민족공동체 통일 방안'이다. '자주 · 평화 · 민주'의 이념을 바탕으로 '화해 협력 단계, 남북연합 단계, 1민족 1국가 1체제 1정부의 통일국가 완성'이라는 과정을 통해 통일을 이룩해 나간다. 이러한 '민족공동체 통일 방안'은 남과 북의 이질화된 사회를 하나의 공동체로 회복 및 발전시켜 점진적이고 단계적이면서 이상적인 방안이지만, 그 과정이 너무 멀어 구현 가능성이 높다고 보기는 어렵고, 실제로 지금까지 모든 정부가 추진해 왔지만, 통일이 점점 가까워지고 있지는 않다.

점진적이면서 평화적인 통일의 가능성이 낮아짐에 따라 북한 사회가 불안정해지는 상황이 발생할 경우 단기간에 통일로 연결될 수도 있다는 기대가 제기되었고, 그래서 논의되기 시작한 것이 '급변(急變) 사태'이다. 북한 내부에 심각한 변고가 발생해 통제가 되지 않을 경우 한국이 개입해 북한을 흡수 통일할 수도 있다는 논리였다. 이 논의는 1989년 베를린 장벽이 붕괴되면서 동구권의 다수 국가가 붕괴됨으로써 촉발되었는데, 1994년의 김일성이 사망하고 1995년 북한에서 대규모 홍수가 발생해 불안이 커지자 주한미군사령부에서 북한의 붕괴 가능성을 경고했고, 이것이 한국 사회에서의 급변 사태 논의로 연결되었다. 당시에는 북한의 붕괴는 시간의 문제일 뿐 필연이라는 인식도 없지 않았다.

예상과 달리 북한에서 급변 사태가 발생하지는 않았지만, 그에 관한 기대와 논의는 지속되었다. 그래서 2000년대 후반의 김정일 와병설, 2011년의 김정일 사망, 2013년 말의 장성택 처형 등 북한 정치 상황의 심각한 변화가 발생할 때마다 한국에서는 '급변 사태'의 가능성이 거론되곤 했다. 현 김정은 국무위원장의 경우 초기에는 약관의 나이에 권좌에 오른 만큼 우려하는 시각이 없지 않았지만, 현재까지는 현 체제를 잘 유지하고 있는 것으로 판단되지만, 북한은 경제적으로나 사회적으로 워낙 취약한 사회라서 언제 어떤 사태가 사회 전체의 급격한 변화로 연결될지는 누구도 알 수 없다. 김정일의 장남인 김정남의 아들 김한솔이 모처에 피신해 있고, 그를 보호하고 있는 '천리마 민방위'라는 단체에서 2019년 3월에 '자유 조선'의 망명정부 수립을 선포하기도 했다.

북한이 수소폭탄을 포함한 핵무기를 개발하고, 이것을 외교적 노력으로 폐기시키기 위한 국제적 노력이 강화됨에 따라 한국 또는 국제적 수준에서 북한의 급변 사태를 논의하는 사례는 주춤하고 있지만, 북한 핵문제의 해결은 통일이고, 그것을 위해서는 북한의 급변 사태를 야기해 정권을 붕괴시키는 방법밖에 없다고 생각하는 사람들도 적지 않다. 현재와 같은 김씨 일가의 독재 체제가 지속될 경우 핵무기를 포기할 가능성은 낮기 때문이다. 새로운 정권이 들어선다고 해서 반드시 평화적으로 바뀐다는 보장은 없지만 현재보다는 바람직한 방향이지 않겠느냐는 막연한 기대가 전혀 근거가 없다고 볼 수는 없다. 또한 현 김정은 정권의 경우 외견상 공고해 보이기는 하지만, 유엔의 포괄적인 경제 제재로 북한의 경제 사정이 심각해지고 있고, 김정은이 공포정치를 자행하고 있기 때문에 급변 사태가 발생할 개연성을 배제할 수 없는 점도 사실이다. 북한이 핵무기를 포기하지 않은 채 미국을 중심으로 하는 국제사회와 극단적인 갈등을 빚을 경우 권력 내부에서 이반(離叛)이 발생하거나 주민들에 의한 소요 사태가 발생할 가능성도 없지 않다.

북한에서 급변 사태가 발생한다고 해서 저절로 한국이 북한을 접수하게 되거나 통일로 이행하게 되는 것은 아니다. 북한의 정책 결정에 한국이 영향력을 행사할 수 있어야 북한의 진로를 바꿀 수 있다. 급변 사태가 발생하더라도 북한을 통제하는 주체가 존재할 것이고, 급변 사태가 진정되면서 새로운 통제 주체가 등장하게 될 것인데, 한국이 그에게 영향을 줄 수 있는 조치를 강구하지 않을 경우 한국이 기대 또는 희망하는 방향으로 북한을 유도하지 못할 가능성이 높다. 한국의 영향력은 외교적 조치나 언사 또는 경제적 지원 등으로도 행사될 수 있지만, 결정적인 수준이 되기는 어렵다. 북한을 통제하는 새로운 주체가 거부해 버리면 어쩔 수 없기 때문이다. 결국 급변 사태에 있는 북한을 한국이 바라는 방향으로 변화하도록 한다면, 필요 시 북한의 새로운 통제 주체 또는 북한 주민들을 바람직한 방향으로 유도할 수 있는 강제력을 행사할 수 있어야 할 것이고, 그것의 궁극적인 형태는 군사력이다. 한국의 군대가 북한에 전개되어 북한을 안정시키면서 동시에 북한의 새로운 통제 주체나 국민들로 하여금 민주주의적인 절차를 선택하도록 해야 하는 것이다. 프러시아의 전략가인 클라우제비츠(Karl von Clausewitz)가 말한 바처럼 군사력은 "상대에게 우리의 의지를 강요(to compel our enemy to do our will)"하기 위한 결정적인 수단이기 때문이다.

문제는 북한에서 급변 사태가 발생했다고 해서 한국이 군대를 투입하는 것이 생각처럼 간단하지 않다는 것이다. 북한은 현재 유엔의 회원국으로서 국제적으로 독립적인 국가로 인정받기 때문에 내부적 혼란이 발생했다는 이유로 한국이 군대를 보내는 것은 북한의 주권 침해나 내정간섭이 되고, 따라서 국제사회에서 허용하지 않을 가능성이 높기 때문이다. 한국이 군대를 보낼 수 있다면 중국, 일본, 러시아 등 모든 나라도 군대를 보낼 수 있다. 현재 한국은 미군과 한미연합 방위태세를 유지하고 있기 때문에 미군 대장인 한미연합사령관과 협조하지 않은 채 한국군을 북한지역으로 전개하는 것이 현실적으로 어렵고, 국제법의 존중을 강조하는 미국이 한국군의 북한 진입에 동의할 가능성은 높지 않다. 만난을 각오하면서 군대를 투입했다고 할 경우에도 사태가 잘 수습되면 상관없지만, 그렇지 않을 경우에는 북한과의 전쟁으로 상황을 악화시킬 우려도 없지 않았다. 따라서 효과 측면에서는 군대를 보내는 것이 최선이지만, 심각한 부작용이 예상된다는 차원에서 북한의 상황이 극단적으로 불안해져서 군대의 투입이 절대적으로 필요해지는 상황 이전에는 신중하지 않을 수 없다.

그렇다고 해서 북한에서 발생할 급변 사태에 대해 한국이 아무런 영향력을 행사하지 않은 채 지켜보기만 할 수 없다는 것도 사실이다. 국제적으로는 북한이 독립국가로 인정받고 있지만, 한국의 헌법에 따르면 북한은 한국의 일부이고, 따라서 북한이 불안정해지면 당연히 지금까지 통제력이 미치지 않았던 지역에 대한 통제력을 회복해야 할 것이기 때문이다. 이러한 점에서 북한에서 급변 사태가 발생했을 경우 경찰을 투입해 북한의 정세에 영향을 미치는 것이 효과적일 수 있다. 경찰은 전투적인 측면이 적어서 국제사회의 반대가 줄어들 수 있고, 북한의 새로운 통제 주체나 북한 주민의 반발도 적을 수 있기 때문이다. 일단 경찰을 투입해 두면 그의 임무를 지원한다는 명분으로 나중에 군대를 투입할 수도 있다. 「경찰법」에서는 "치안에 관한 사무를 관장하게 하기 위하여 행정자치부 장관 소속으로 경찰청을 둔다."라고 되어 있고, 국가경찰의 임무는 "국민의 생명 · 신체 및 재산의 보호, 범죄의 예방 · 진압 및 수사, 경비 · 요인 경호 및 대간첩 · 대테러작전 수행, 치안정보의 수집 · 작성 및 배포, 교통의 단속과 위해의 방지, 외국 정부기관 및 국제기구와의 국제 협력, 그 밖의 공공의 안녕과 질서 유지"로 되어 있는데,[1] 이것을 보면 국민의 일상생활에 관한 대부분의 사항은 경찰이 관장하도록 되어 있고, 그렇다면 급변 사태 시 북한에서도 충분히 중요한 역할을 수행할 수 있다.

그러므로 이 연구에서는 지금까지 논의되어 온 북한의 급변 사태에 대한 논의의 경과와 발생 가능성을 분석해 보고, 급변 사태와 관련해 한국 정부가 수행해야 하거나 수행할 수 있는 과제를 열거한 다음, 그러한 과제별로 경찰이 수행할 수 있는 역할을 도출해 보고자 한다. 경찰은 내부 지향적인 국가행정력이고, 군대는 외부 지향적인 국가행정력이라는 점에서 상호 보완의 측면이 크고, 따라서 경찰과 군대가 유기적으로 협력하면서 서로의 역할을 잘 분담시킬 경우 국제사회의 반발을 최소화하면서도 북한을 통일로 유도할 수 있을 것이다.

제 2 절 | 급변 사태에 대한 논의 경과와 발생 가능성

1. 급변 사태에 대한 지금까지의 논의 경과

북한의 급변 사태에 대한 논의는 1994년 김일성이 사망한 후 1995년 홍수까지 겹쳐서 북한의 경제가 어려워지자 주한미군사령부에서 제기되었다. 주한미군사령부에서는 북한의 붕괴가 외부에 대한 공격(explosion)으로 분출되거나 내부폭발(implosion)로 끝날 가능성을 언급하면서 ① 식량난 등 자원 고갈 단계로부터 시작, ② 대상을 선별해 자원을 공급하는 차별화 단계, ③ 생존을 위협받음에 따라 각 지역별로 자구책을 마련하는 지역독립 단계, ④ 중앙정부의 억압 단계, ⑤ (내부) 저항 단계, ⑥ 폭력을 수반한 균열 단계, ⑦ 권력 재편의 7단계로 진행될 것으

1) 경찰법(2016), 법률 제14079호(일부 개정, 03. 22), 제2조, 제3조.

로 예상하고, 당시에는 2단계에서 3단계로 넘어가는 과정이라고 평가했다(유용원, 1996: A1). 당시 주한미군사령관 겸 한미연합사령관이었던 럭(Gary Luck) 대장은 1996년 3월의 미 의회 증언을 통해 북한의 붕괴는 불가피하고, 남은 것은 언제, 어떻게 붕괴할 것이냐 뿐이라고 발언했고, 이것이 한국 언론에 보도됨으로써 한국에서도 급변 사태가 중요한 이슈로 논의되기 시작했다(로이터연합, 1996: 1).

'급변 사태'는 뜻 그대로 북한에 '급속한 변화'가 일어난다는 의미지만, 그것이 어떤 형태인지에 대해서는 사람마다 다를 수밖에 없다. 급변 사태가 활발하게 논의되던 시대에 학자들이 내린 정의를 살펴보면, 국제법 학자인 제성호는 급변 사태와 동일한 의미로 "한반도 유사(有事)"라는 용어를 사용하면서 "한반도의 평화와 안정에 중대한 영향을 주는 위급한 상황이 발생해 외부로부터의 긴급 지원이 요구되는 비상사태(긴급사태)"(제성호, 1999: 369－370)로 정의했고, 국제정치학자인 김일영은 "북한에서 급격한 변화가 일어나 외부의 군사 개입이 불가피할 정도의 상황이 조성되는 상태"(김일영, 2003: 138－139)로 설명했다. 또한 북한문제 전문가인 김연수는 "북한 내에서 급격한 정치적 변화가 발생해 외부의 정치 · 군사적인 개입 가능성이 증대되는 상황이 조성되는 사태"(김연수, 2006: 67)로 정의했고, 라미경 · 김학린은 "북한의 정권 혹은 체제의 붕괴를 초래하는 비상 사태가 발생하고, 주변국을 비롯한 국제사회가 비상조치를 강구할 필요성이 있는 상황"(라미경 · 김학린, 2006: 36)으로 설명했다. 이러한 정의들의 공통 내용이라고 한다면, 북한에서 내란이나 무정부 상태가 발생했을 뿐만 아니라 그것이 외부의 지원 없이는 자체적으로 회복이 불가능한 상태가 되는 상태라고 할 것이다.

주한미군사령부나 한국의 기대와 달리 1990년대 후반까지 기대하던 급변 사태는 발생하지 않았고, 그리하여 급변 사태에 대한 관심도 약화되었다. 그러다가 2000년대 중반 김정일의 건강에 문제가 있다는 분석이 제기되자(이용수, 2010: A6) 이를 계기로 급변 사태의 가능성이 또다시 토론되기 시작했다.[2] 이 당시에는 급변 사태의 발생 가능성을 상당히 높게 평가해 그러한 상황에서 한미 양국군이 어떤 조치를 어떻게 강구해야 할 것인가에 대한 구체적인 방안을 토의했고, 이것

2) 대표적인 논문은 신범철(2008), "안보적 관점에서 본 북한 급변사태의 법적 문제," 『서울국제법연구』, 제15권 1호: 김수민(2008), "북한 급변사태의 개연성: 내부 요인을 중심으로," 『평화학연구』, 제9권 3호: 이상근(2008), "북한 붕괴론의 어제와 오늘: 1990연대와 2000연대의 북한 붕괴론에 대한 평가," 『통일연구』, 제12권 2호: 박창희(2010), "북한 급변사태와 중국의 군사개입 전망," 『국가전략』, 제16권 1호.

이 '작전계획 5029'로 구체화되기도 했다. 이때 김정일 국방위원장의 유고 등 정권 교체, 쿠데타 등에 의한 내전 상황, 핵·미사일·생화학무기 등 대량살상무기의 반군 탈취 및 해외 유출, 대규모 주민 탈북 사태, 대규모 자연재해, 북한 체류 한국인 인질 사태 등 여섯 가지의 상황에 대한 대응 방안을 발전시켰다고 언론에 공개도 되었다. 당시에는 과거 개념계획 수준에 머물던 한미 연합대응 계획을 실제 실행에 매우 가까운 형태로 구체화한 것으로 보도되었다(유용원, 2009: A6).

2011년 말에 북한의 김정일 국방위원장이 갑자기 사망하면서 약관의 김정은이 권력을 승계하자 북한의 급변 사태에 대한 기대 또한 높아졌다. 이전까지의 급변 사태 가능성이 있었던 데에 젊은 김정은이 과연 지도자로서의 역량을 제대로 발휘할 것인지에 대한 의문이 적지 않았기 때문이다. 따라서 북한의 급변 사태 가능성은 물론이고, 그렇게 되었을 경우 중국의 개입 여부 등을 포함해 더욱 구체적인 문제들이 논의되기 시작했다. 특히 학계에서 이에 관한 논문들이 적극적으로 발표되었는데, 한병진은 북한이 새로운 방향으로 국가의 발전 방향을 변화시킬 경우 급변 사태가 발생할 가능성이 있다고 평가했고(한병진, 2012: 89－109), 김열수는 북한 급변 사태 시 중국의 군사개입 가능성은 높게 평가하면서 그의 목적, 가용한 군사력 규모, 그리고 개입의 유형을 분석하기도 했다(김열수, 2012: 207－231). 정재욱은 북한의 급변 사태 시 보호책임(Responsibility to Protect: R2P)을 명분으로 한국 개입의 가능성을 검토하기도 했다(정재욱, 2012: 129－154). 그 밖에도 급변 사태를 주제로 다수의 석사 및 박사학위 논문들이 작성되었다.

그러나 김정일의 사망과 김정은의 집권 후 수년이 경과하고 있음에도 북한에서 급변 사태는 발생하지 않았고, 그 가능성이 높아지고 있다고 보기는 어렵다. 그동안 김정은은 고모부인 장성택을 제거함으로써 자신의 권력을 공고하게 만들었고, 핵무기 개발에 성공함으로써 지도자로서의 역량을 입증했다. 동시에 경제 제재로 외부의 압박이 강해지자 오히려 내부통제는 용이한 상황이 되었고, 특히 '비핵화'를 명분으로 미국의 트럼프 대통령과 두 번에 걸쳐 정상회담을 개최함으로써 대내외적인 위상을 공고히 했다. 2019년 2월 하순에 김정은이 66시간에 걸쳐 중국 대륙을 종단해 베트남에서 회담을 하고 동일한 코스로 복귀했지만, 북한에서는 어떠한 변고의 기미도 보이지 않았다.

그럼에도 불구하고 북한에서의 급변 사태 가능성을 전혀 배제할 수 없는 것은 사실이다. 북한의 경제 사정이 워낙 나빠져서 주민들의 불만이 누적되고 있을 가능성이 높고, 김정은 등장 이후 수뇌부들을 숙청하거나 하방(下放)하고 있어서 엘리트층에서도 보이지 않는 가운데 불안감이 커질 수 있다. 또한 2019년 2월 27~28일 베트남 하노이에서의 미북 정상회담이 결렬됨으로써 김정은이 빈손으로 복귀함에 따라 리더십에 다소 손상이 발생했을 가능성이 높고, 특히 북한이 핵무기 폐기를 하지 않음에 따라 미국의 압박이 더욱 심해지면 내부적인 균열이 발생할 수 있다.

2. 북한에서의 급변 사태 발생 가능성

북한의 내부 상황을 정확하게 파악하는 것이 쉽지는 않지만, 북한에서 급변 사태가 발생할 수 있는 가장 가능성은 북한 지도층 내부의 권력 투쟁일 것이다. 김정은은 나이가 젊은 상태라서 아직은 독단적인 결정을 내리거나 사회의 제반 균열을 예방하는 데 조심성이 적을 수 있고, 북한의 핵무기 폐기를 둘러싼 국제사회의 압박과 경제적인 곤란함으로 인해 지배 엘리트 내에서도 불만을 가질 수 있다. 김정은은 2013년 12월 장성택을 처형한 데 이어 다수의 군 수뇌부를 처형했고, 이외에도 상당수의 엘리트들을 처형, 해임, 하방(下放)하고 있는 것으로 보도되고 있다. 이러한 공포정치가 당장은 김정은의 통제력을 강화하겠지만, 장기적으로는 엘리트들의 불만과 불신을 조장할 것이고, 그것이 지속될 경우 어떤 예상치 못한 사태가 발생할 가능성도 배제할 수는 없다.

이 밖에도 북한의 경제가 워낙 낙후된 상태라서 민중에 의한 소요가 발생할 수 있고, 그것이 통제 불가능한 정도로 악화될 가능성도 존재하고, 어떤 대규모 재난이 발생해 국가적 불안정으로 연결될 수도 있다. 북한 경제의 경우 유엔을 중심으로 한 국제사회의 포괄적인 경제 제재로 인해 2018년 북한의 대중국 수출은 2억 938만 달러로 2017년에 비해서 87% 줄었고, 대중국 수입은 22억 3,887만 달러로 33% 감소했다고 보도된 바 있다(김도년, 2019). 경제성장률의 경우도 북한이 발표하지 않으니 알 수는 없지만 2017년에는 3.5% 정도 하락한 것으로 판단된다는 보고서가 발표된 바 있다(조계완, 2019). 이렇게 볼 때 지금이나 앞으로도 북한의 경제 상황은 더욱 나빠질 것이고, 그만큼 북한 사회의 응집성도 약화될 것이다.

또한 핵무기를 둘러싸고 국제사회와 갈등이 발생하거나 그 여파로 미국이나 한국과의 군사적 충돌이 발생할 경우 내부에서 급변 사태가 발생할 수도 있다. 북한 사회가 불안정해진 상황에서 외부의 어떤 예상치 않은 충격이 가해질 경우 내구력은 급격히 떨어질 것이기 때문이다. 나아가 앞으로 외교적 수단으로 북한의 핵무기를 폐기시킬 수 없다고 판단할 때 미국이 김정은 정권의 붕괴를 기도할 가능성도 배제할 수는 없고, 그렇게 될 경우 더욱 북한의 급변 사태는 예상치 않은 가운데 갑자기 도래할 가능성이 있다.

위에서 살펴본 바와 같이 북한 사회는 세계적인 보편성과는 워낙 거리가 멀고, 경제력이 너무나 미약하기 때문에 이 밖에도 예상하지 못한 다양한 요인들이 갑작스럽게 북한을 불안정하게 만들 수 있다. 당연히 1990년대 동부 유럽의 상황과 현재 북한이 처한 상황은 다르지만, 세계의 보편적인 흐름과 북한이 국가정책 방향이 크게 상이하다는 측면에서는 유사점이 존재한다. 따라서 현재와 같은 불합리한 상태가 지속될 경우 북한 사회가 임계점(critical point)에 다다를 수 있고, 그러할 경우 국가의 제반 조직이 급격히 붕괴될 수 있으며, 한국에서 지금까지 논의해 온 급변 사태가 발생할 가능성도 높아질 것이다. 참고로 1990년대 동부 유럽 국가에서 발생한 급변 사태의 원인과 경과를 함축해 설명하면 <표 12-1>과 같다.

표 12-1 동부 유럽 국가들의 붕괴 과정

소련: 개혁/개방정책 시도 → 통제 불능 → 반체제적 변혁 초래 → 보수강경파의 저항 및 쿠데타 기도 → 붕괴

루마니아: 인접 공산 체제 붕괴 → 국민들의 생활고에 대한 불만 팽배 → 독재자에 의한 관제 충성집회 소집 → 군중들의 야유 발생 → 전국적 반정부 시위, 군부의 가담 → 독재자의 몰락과 체제 붕괴

동독: 인접 공산 체제 붕괴 → 난민 탈출 → 기존 정치 세력에 의한 봉쇄 시도 → 민중시위, 인접국의 반개혁 세력 지지 거부 → 붕괴

폴란드: 1990년대 독립적 노동조합 결성과 개혁 요구 → 야류젤스키의 탄압으로 일시적 분쇄 성공 → 1998년 경제회생을 위해 솔리대러티 등과 타협 → 공산당의 총선 패배로 평화적 붕괴

출처: 정낙근 외(2008: 45).

제 3 절 | 북한 급변 사태의 결말과 한국의 개입 가능성

그렇다면 북한에서 급변 사태가 발생할 경우 궁극적으로는 어떤 형태로 전개되어 어떤 결말을 맺게 될것인가? 그리고 한국은 어떤 상황에서 개입할 수 있을까?

북한 급변 사태의 결말은 당연히 급변 사태가 발생한 요인의 종류, 북한 정부의 대응 형태, 그리고 한국을 비롯한 다른 국가의 대응 방향에 따라 달라지겠지만, 가능한 형태는 대략적으로 다음과 같은 범주로 좁혀 볼 수 있을 것이다.

1. 북한의 자체 해결

북한에 급변 사태가 사태가 발생했을 경우 가장 가능성이 높은 결말은 북한에 의한 자체적 해결이다. 최초에는 불안하더라도 시간이 지나면서 북한 사회 스스로가 새로운 질서를 만들어 안정을 되찾게 될 것이기 때문이다. 공산주의 체제의 응집력이 크고, 주민들의 조직적인 저항 가능성이 낮으며, 주변 국가들 간의 상호 견제로 개입이 조심스러울 수밖에 없다는 점을 고려한 결과이다. 정권 내부에서 권력 투쟁이 발생하더라도 북한의 폐쇄적인 체제의 특성상 그것이 사회 전체로 확산되기 어렵고, 군부를 장악한 측이 사태를 안정시킬 것으로 판단된다. 이것은 기존의 지배 체제가 통제력을 다시 복구하거나 아니면 새로운 지배층이 대두되는 것을 의미할 뿐 북한의 국체나 운명은 변화하지 않는다.

이 경우 한국 정부의 적극적인 개입은 거의 불가능하다. 북한이 자체적으로 해결하는 와중에 한국이 개입한다는 것은 명분으로도 쉽지 않지만, 현실적으로 북한의 정치 상황에 영향을 줄 수 없을 것이기 때문이다. 한국 내에서는 북한의 상황을 두고 다양한 논의를 벌일 것이나, 결국은 북한의 상황 변화를 지켜보며 북한에서 발생한 불안정 사태가 한국에 대한 침략이나 도발로 연결되지 않도록 유의하는 정도에 그치게 될 것이다.

다만, 남북문제 해결이나 통일의 달성에 상당한 열정을 가진 사람이 한국의 정치지도자일 경우 이 경우에도 적극적으로 개입하고자 시도하거나 북한에서 발생한 부분적인 불안정을 빌미로 군대를 투입하는 결정을 내릴 수도 있지만, 그것이 성공할 가능성은 높지 않다. 우선 북한의 강력한 저항에 직면할 것이고, 중국을 비롯한 주변국들의 개입을 자극할 것이기 때문이다. 그럼에도 불구하고 북한에서 분란이 발생했을 경우 어느 한쪽을 다양한 방법을 통해 지원함으로써 그 집단을 통해 북한 정세 변화에 대한 한국의 영향력을 확보하거나 행사할 수 있는 가능성은 존재한다고 할 수 있다.

2. 유엔에 의한 개입

북한의 급변 사태 사태를 처리하는 가장 합리적인 방안은 유엔에 의한 개입이다. 북한의 급변 사태가 지속되는 가운데 어느 국가도 직접적인 군사행동을 해서는 곤란하다는 국제 여론이 지속되고, 세계의 다수 국가들이 북한 주민들의 참상을 지원하기 위해 인도적인 개입이 불가피하다고 판단했을 경우에 예상되는 방안이다. 유엔에서는 '보호책임(RtoP)' 개념을 적용해 북한의 불안정을 진정시키기 위한 다양한 방안을 강구하게 될 것이다. 즉, 북한에 다양한 인도적 지원을 제공함은 물론 북한 내에 발생하고 있는 인권 침해 사태를 조사할 수 있는 위원회를 구성하게 되고, 대규모 난민들을 수용하기 위한 조치를 강구하게 될 것이다. 이러한 조치로도 상황이 관리되지 못한다고 판단할 경우 유엔은 회원국들로 하여금 필요한 군대 및 지원을 제공하도록 할 수 있다. 유엔은 평화유지군을 형성, 북한지역에 파견하게 될 것이고, 이 평화유지군이 북한지역 상황을 관리하게 될 것이다.

이 경우에도 한국은 유엔의 회원국이기 때문에 상당할 정도로 북한에 관여할 수는 있다. 북한에 대한 연고권을 주장하거나 병력 투입의 용이성을 강조하면서 유엔의 병력이 투입될 경우 한국이 대부분을 차지할 수 있다. 비록 유엔의 통제 하에서 임무를 수행하는 것이지만, 한국이 적극적인 역할을 수행하기 때문에 당연히 북한 사태의 처리에 관해 한국의 발언권을 강화할 수 있고, 통일의 당위성을 국제사회에 강조할 수도 있다. 이 방안은 유엔의 위임 사항(mandate)에 따라 북한지역 안정 임무를 수행하는 만큼 군사력 투입의 명분이 확실하고, 다른 국가의 군대와 충돌할 염려도 없다. 나아가 다른 국가의 군대와 함께 북한지역을 안정시키는 임무를 수행하기 때문에 노력과 비용도 절약할 수 있다. 다만, 중국과 러시아가 유엔의 상임이사국임을 고려할 때 이러한 결정이 내려질 가능성이 높다고 보기는 어렵다.

3. 지역 5개국에 의한 공동 개입 및 관리

이 방식은 북한에서 급변 사태가 발생해 불안정 상황이 지속되는데도 불구하고 유엔에서 필요한 결정을 내리지 못할 경우 지역 국가들이 협력해 사태를 해결해 나가는 방식이다. 대체적으로 북한의 불안정에 직접적으로 영향을 받는 동북아시아 지역의 관련 국가, 즉 한국, 미국, 중국, 러시아, 일본 등이 협의해 북한을 안정시키는 데 필요한 제반 사항을 논의하게 될 것이다. 단순하게 보면, 북한의 핵문제 해결을 위한 6자회담을 북한의 급변 사태 해결에 적용하는 방식이라고 할 수 있다.

북한 핵문제 해결을 위한 6자회담의 성과가 높지 않았듯이 이러한 방식이 채택되거나 성과를 거둘 가능성이 높다고 보기는 어렵다. 다만, 북한이 핵무기를 보유하고 있을 뿐만 아니라 북한의 급변 사태를 버려둘 경우 중국이 개입할 가능성이 높다는 점에서 북한 사태에 대한 주변 국가들이 이해가 첨예할 수밖에 없고, 그러할 경우 어떤 식으로든 합의를 도출하고자 노력할 가능성은 존재한다. 중국을 견제하기 위해 다른 국가들이 공동 개입을 주장할 경우 중국도 거부하기는 어렵다. 이 경우 군대가 파견될 수도 있고, 파견되지 않을 수도 있지만, 북한 상황이 악화되는 상황임에도 계속해서 군대 파견을 미루기는 어려울 것이다. 이 경우 해당되는 지역 5개국이 각각의 군대를 파견할 수 있고, 이러한 군대들이 하나의 사령부를 형성해 북한지역을 안정시키는 역할을 수행할 수도 있다. 한국군은 유엔군의 일원으로 파견되는 경우와 유사하게 북한과의 연고권이나 이동의 용이성 등을 이유로 5개국 군대의 일원으로 대규모 병력을 파견할 수 있고, 이를 통해 북한에 대한 영향력을 강화하면서 주변 강대국들에게 통일의 당위성을 설득시킬 수 있다.

4. 미국과 한국에 의한 개입

이것은 중국이 한미 양국에 의한 북한 안정화 노력을 용인하거나 한미 양국이 일방적으로 북한에 개입해 상황을 안정시키기로 결심한 경우이다. 비록 가능성이 높다고 할 수는 없으나 미국은 북한에 존재하는 핵무기를 어떤 식으로든 통제할 필요가 있고, 한국은 북한과의 통일을 위해 노력해야 한다는 점에서 이러한 과감한 조치에 합의할 수도 있다. 중국의 동의나 묵인을 어떻게 도출할 것이냐가 가장 중요한 요소지만, 미국이 나설 경우 전혀 불가능하다고 볼 수는 없다.

이 경우 한미 양국은 한미동맹을 바탕으로 북한지역으로 군대를 파견해 북한 지역을 안정시키게 되고, 유엔군사령부/한미연합사령부(United Nations Command/ROK－US Combined Forces Command)의 이름으로 한미 양국군이 북한지역으로 작전을 전개해 부여된 임무를 완수할 수 있다. 다만, 중국이 쉽게 동의하지 않을 경우 결국 중국과의 군사적 충돌을 각오해야 할 가능성이 높고, 따라서 한미 양국군은 중국과의 군사적 충돌까지도 대비해 완벽한 전투 준비 태세를 갖춘 상태에서 북한지역으로 이동해야 할 것이다.

5. 한국의 단독 개입

북한이 요청하거나 다른 모든 국가가 한국에 북한지역에 대한 처리의 책임과 권한을 위임하거나 한국의 정치지도자가 북한의 불안정 사태를 활용해 기어코 통일을 달성할 필요가 있다는 결심을 했을 경우 한국 단독으로도 북한지역에 개입할 수 있다. 특히 북한의 요청에 따라 한국이 개입할 경우에는 한국군이 북한지역 진입이 용이할 뿐만 아니라 군대 이외에도 정부의 다양한 부서들이 함께 이동해 집중적이면서 효과적 지원이 가능할 수 있다.

북한의 불안정 사태가 워낙 심각해 요청의 주체가 불분명해져 버리고, 주변 국가들이 북한지역의 처리에 대한 책임과 권한을 한국에게 위임하지도 않은 상태에서 한국군이 단독으로 북한지역에 진입하는 것은 쉽지 않고, 상당한 위험성을 각오하지 않을 수 없다. 한국군이 북한지역으로 병력을 이동하는 순간 주변국들도 병력을 투입해 북한군 또는 주변 국가의 군대와 전쟁을 수행해야 할 가능성도 배제할 수 없기 때문이다. 한국이 군사적으로 개입할 경우에는 당연히 중국과의 전쟁 가능성을 포함해 최악의 상황에 대비해야 하고, 한국군은 최대의 전투 준비를 갖춘 상태에서 신중하면서도 단호하게 행동해야 할 것이다.

6. 중국의 단독 개입

북한에 급변 사태가 발생했을 경우 중국이 북한과의 상호 우호조약과 국경지역 대량 탈북자 통제를 명분으로 북한지역으로 군대를 투입하고, 중국의 개입에 의해 북한 사회가 안정을 되찾을 가능성도 낮지 않다. 이 경우 중국은 개입 자체를 대외적으로 공표하지 않은 채 은밀히 병력을 진주시킬 가능성이 높고, 세계가 중국군의 개입을 확인해 대책을 강구하고자 할 때는 이미 상당한 중국의 병력이 북한지역을 통제하고 있을 가능성이 크다. 현재도 중국은 국경에 상당한 군사력을 배치해 둔 상태이고, 북한과의 상호 우호조약을 명분으로 삼거나 북한으로부터 대량의 탈북자가 발생하는 것을 막기 위한 조치라면서 개입할 수 있다. 특히 중국은 북한과 인접해 군사행동의 결심과 시행이 매우 쉽고, 다양한 기만책을 강구할 경우 중국의 군사행동을 파악하는 것조차 어려워질 가능성이 높다. 특히 중국은 은밀하게 진입해 친중국 정권을 수립한 후 북한 정부의 요청에 따라 군대를 진주시켰다고 설명할 것이고, 그러할 경우 한국이나 국제사회에서 반박할 논리가 많지는 않다. 중국이 나진과 선봉지역을 활발하게 활용할 경우 그 지역의 안전을 보장하기 위해 일부 군대가 전개되어야 한다고 주장할 수 있고, 그렇게 될 경우 중국 군대의 북한 진입은 더욱 용이해질 뿐만 아니라 일상화될 수도 있으며, 그렇게 될 경우 급변 사태에 대한 중국의 관여는 더욱 유리하거나 쉬울 수 있다.

한국의 입장에서는 당연히 이 결말은 용인할 수 없지만, 이를 억제 및 저지하기 위한 마땅한 대응책이 없다는 것이 문제이다. 외교적으로 항의하더라도 중국이 수용하지 않으면 그만이고, 중국의 개입에 대응해서 한국 단독으로 북한지역으로 군대를 진입시키는 결정을 내릴 경우에는 전쟁도 불사하겠다는 각오가 필요할 것이기 때문이다. 이 경우 최선의 방안은 한미동맹에 근거해 미국과 공동으로 대응하는 것이지만, 중국과의 심각한 군사적 충돌이나 세계대전으로 악화될 가능성을 감수하면서까지 미국이 적극적으로 개입할 것인지는 불확실하다.

7. 평가

위에서 제시한 사항들을 종합해 보면, 북한에서 급변 사태가 발생했을 경우 한국의 개입을 자연스럽게 허용하는 상황은 발생하기 어렵다. 한국보다는 오히려 중국이 개입의 가능성과 명분 측면에서 유리한 것이 사실이다. 중국이 개입할 경우 미국만이 이를 저지할 수 있을 것인데, 미국이 어느 정도의 영향력을 발휘할 것이냐는 것은 당시의 상황에 따라서 달라질 것이다. 결국 북한에서 급변 사태가 발생하면 어떤 어려움을 감수하더라도 반드시 남한 주도로 상황을 안정시켜 통일을 달성하겠다는 결연한 의지를 가진 정치지도자가 존재하지 않을 경우 한국이 기대하는 것과 같은 급변 사태의 결말을 기대하기는 어렵다. 나아가 국민들도 그러한 지도자를 희구하거나 지원할 수 있는 결의를 지녀야 하고, 그로 인해 전쟁과 같은 위험이 도래하더라도 맞서 싸우겠다는 각오를 해야 할 필요가 있다. 비약이 존재하겠지만, 내분이 발생한 고구려를 중국이 패망시킨 후 신라는 8년에 걸친 전쟁을 통해 중국을 고구려 지역에서 몰아냄으로써 삼국통일이 가능했다는 점을 상기할 필요가 있다.

북한에 급변 사태가 발생했을 경우 어떤 시점에 한국이 개입할 것이냐는 것은 매우 중요하다. 북한이 충분히 불안정해지지 않은 상태에서 한국이 개입할 경우 북한군과 심각한 군사적 충돌을 각오해야 하거나 국제적인 명분이 부족할 수 있고, 충분한 여건이 마련되어 개입하고자 할 경우에는 북한 스스로에 의해 해결되어 버리거나 국제적인 개입이 진행됨으로써 한국이 영향력을 행사할 기회를 놓치는 결과가 될 수 있기 때문이다. 따라서 한국은 한국이 어쩔 수 없이 개입해야 할 정도로 북한이 극단적으로 불안정해질 정도로 기다리기보다는 그 이전의 어느 시점에서 개입할 수 있어야 한다. 이 경우 외교적 개입을 개입이라고 말하기는 어렵고, 군대의 사용까지도 포함한 적극적인 개입을 말하는 것이며, 그렇지 않더라도 북한의 새로운 통제 주체에게 통일지향적인 정책 결정을 내리도록 유도 또는 필요시 강요할 수 있는 어떤 형태의 강제력이라고 전개시켜야 한다. 강제력을 수반하지 않은 상태에서 한국이 북한의 정치 상황에 개입한다고 할 경우 결국은 아무런 영향력도 끼치지 못한 채 북한이나 중국의 결정에 따라가는 형태가 될 수밖에 없을 것이기 때문이다.

제 4 절 | 급변 사태 시 안정화작전

1. 안정화작전의 개념과 사례

불안정한 지역을 안정된 상태로 환원하기 위해 어떤 정부나 군대가 수행하는 작전을 '안정화작전(stabilization operation)' 또는 '안정작전(stability operations)'이라고 한다. 이것은 군대만이 아니라 정부의 모든 노력을 통합해 수행하는데, "점령한 지역에 대해 안전하고 안정된 환경을 유지하거나 재건하고, 정부의 기능, 비상사회 기반 재건, 그리고 인도적 지원을 제공하는 활동"이다(Headquarters of the Army, 2014: V). 한국에서는 주로 '안정화작전'이라는 용어를 사용하는데, 그만큼 불안정을 안정으로 바꿔 나가는 과정과 노력을 중요시하기 때문이라고 할 것이다. 안정화작전은 정치 · 경제 · 사회 체제가 붕괴되고 혼란한 국가 자체를 재건해 안정되도록 만들어 나가는 국가적이면서도 군사적인 과제인 것이다. 북한에서 급변 사태가 발생하게 되었을 경우 해당 지역에 치안 질서를 회복시켜 정부의 행정력이 미칠 수 있는 상태로 만드는 것은 바로 안정화일 것이다.

안정화작전의 중요성은 2003년 미국이 이라크를 공격해 조기에 붕괴시켰음에도 이라크를 제대로 안정시키지 못해 어려움을 겪은 경험을 통해 부각되었다. 미군은 '충격과 공포(Shock & Awe)'의 군사작전을 통해 42일 만에 '주요 전투작전(major combat operations)'을 완료했으나 이라크 전역에서 치안이 불안해져서 상당한 어려움을 겪었다. 2007년 6월 유엔이 발표한 바에 따르면, 전쟁 이후 치안 불안으로 인해 이라크 국민들 중 200여만 명이 인접 국가로 이주했고,[3] 이라크를 이끌 지도층 인사들이 다수 사망하면서 지도 체제를 확립하는 데 어려움을 겪었다. 이것은 미군이 주요 전투작전 이후 반란 세력이 출현한다거나 이라크의 치안조직이 붕괴되는 것을 사전에 생각해 대비하지 못했기 때문이다. 늦게나마 미군이 헌병여단과 경찰전환팀(Police Transition Team: PTT)을 운용해 이라크 경찰을 창설해 임무 수행 능력을 갖도록 지도함으로써 안정을 되찾을 수가 있었다.

독일의 경우에도 통일 이후 치안 분야에서 적지 않은 문제점이 노출되었다고 한다. 1990년 10월 3일부로 동독이 서독에 편입됨에 따라 독일 통일은 완성되었고, 그 과정 자체는 평화적이었지만, 범죄 발생이 증대되었고, 범죄 해결률은 감소되었다. 또한 동서독 경찰조직을 통합하는 과정에서도 적지 않은 마찰이 발생했다. 서독은 동독의 경찰조직을 인수해 다양한 직무교육을 실시했지만, 사회주의 체제에서 동독 경찰관들이 지니고 있었던 군림하는 태도를 바꾸는 데 시간이 걸렸고, 보수 체계의 차이, 그리고 불법행위에 가담한 경찰관들에 대한 처리를 둘러싸고 적지 않은 불협화음이 발생했다.

이것은 1945년 한국이 해방된 직후 남한에서도 발생했다. 당시 미군은 일본군의 무장 해제를 위해 한반도의 남쪽을 점령해 군정을 실시했지만, 충분한 병력이 아니어서 국내 치안까지 책임질 수 없었다. 따라서 미군정은 진주와 동시 해체시켰던 경찰을 복원시키고, 군대보다 경찰을 먼저 창설함으로써 군내 치안을 확보했고,

---

3) 이라크 이주민을 국가별로 살펴보면, 시리아에 100만 명, 요르단에 60만 명, 이집트로 8만 명, 레바논으로 4만 명, 기타 국가에 28만 명 등이며, 국내 이주민도 종파 분쟁이 심한 바그다드, 안바르 등 지역을 피해 치안이 비교적 안정된 쿠르드(Krud) 및 바그다드 남부지역으로 약 190만 명이 이주한 것으로 나타났다.

이를 바탕으로 한국의 정부 수립을 지원했다.

이와 같이 점령지역에 대해 치안을 유지하는 것이 생각처럼 간단한 것은 아니다. 무엇보다 치안을 유지하기 위한 충분한 군대 및 경찰력이 가용해야 하고, 주민들의 요구를 정확하게 파악해 해결할 수 있어야 하며, 점령지역 기존 군대 및 경찰들과의 융합을 보장해야 한다. 그리고 이러한 것은 당연히 순간적으로 해결되지 않을 것이고, 따라서 사전에 준비될 필요가 있다고 할 것이다. 특히 군대를 동원하는 것은 상당한 위험과 주민들의 거부감을 야기할 수 있기 때문에 대부분의 경우 경찰의 적극적인 활동이 더욱 긴요하다고 할 것이다.

2. 급변 사태 시 북한 안정화를 위한 기능

그렇다면 북한에서 급변 사태가 발생했을 경우 안정화를 위해 한국 정부, 군대, 그리고 경찰이 수행해야 할 기능은 어떤 것이 있을까? 이것은 당연히 북한에서의 급변 사태가 어떤 형태로 발생하느냐에 따라서 달라지겠지만, 보편적일 수 있는 몇 가지를 열거해 보면 다음과 같다.

첫째, 북한에서 급변 사태가 발생했을 경우 한국 정부가 최우선적으로 노력해야 할 사항은 북한으로부터 남한으로 이동하는 피난민의 수용 및 처리이다. 이것은 북한에서 급변 사태가 발생한 날부터 종료될 때까지 계속될 가능성이 높다. 비록 남북한 간에는 폭 4km의 비무장지대가 설치되어 있고, 그 속에 산발적으로 지뢰가 매설되어 있으며, 남측에는 3중, 북측에는 5중의 철책이 설치되어 있지만, 피난민들이 육지를 넘어올 개연성은 매우 높다. 어떤 이유로 일부 지역의 철책이 파괴될 경우 상당한 규모의 피난민이 도래할 수 있다. 그렇지 않더라도 해상을 통해 일부 피난민들이 한국에 도착할 수 있다. 이 피난민들을 제대로 처리하지 못할 경우 인도적인 차원에서 상당한 문제가 발생할 뿐만 아니라 예상치 않은 다양한 문제가 야기될 수도 있기 때문에 피난민 처리는 매우 시급하고 중요한 한국 정부의 과제가 될 수밖에 없다.

둘째, 한국 정부가 북한의 급변 사태를 활용해 북한지역으로 행정권을 확대할 경우 북한 정부를 장악하거나 통제하는 것이 가장 중요하다. 이것은 대한민국 헌법 제3조에 명시되어 있는 국토의 범위, 즉 "한반도와 그 부속도서"를 회복하는 조치라고 할 수 있고, 따라서 한국은 군대를 사용하든지 아니면 북한 정부의 양보를 받아내든지 어떤 식으로든 북한 전역을 통제할 수 있어야 한다. 서독의 통일도 서독 정부가 동독 정부에 대한 통제력을 보유함으로써 시작되었다. 이 사안은 북한의 급변 사태와 관련해 가장 중요하면서도 어려운 사항이고, 지금까지 한국에서 급변 사태를 논의해 온 핵심적인 목적이기도 하다. 한국이 북한 정부를 장악하면 북한 전역에 대한 통제력을 확보할 수 있고, 그렇게 될 경우에는 다른 사항들이 다소 잘못된다고 해도 통일을 달성할 수 있지만, 그렇지 못할 경우에는 통일의 가능성이 높지 않다. 따라서 정부는 북한의 정부와 북한지역에 대한 한국 정부의 통제력을 확보하기 위해 군사력 또는 경찰력으로 대별되는 국가의 강제력을 어느 정도로 투입하고, 그들의 작전을 어떤 방향으로 전개할 것이며, 군사력이나 경찰력의 투입에 따라 예상되는 부작용을 어떻게 처리할 것인지 등 다양한 사항들을 고심해 최선의 방향으로 실시해야 한다.

셋째, 북한 주민들을 확실하게 통제해야 한다. 주민들이 동요하거나 극단적으로 봉기하면 내전 상태로 비화될 수 있기 때문이다. 급변 사태가 발생했다는 것은 북한의 행정조직이 대부분 붕괴되었다는 것이고, 따라서 그러한 주민들이 통제되지 않은 채 존재한다는 의미이다. 북한의 경제 사정이 좋지 않아서 주민들이 생존을 위해 자신의 거처를 이탈하거나 주민 간에 다양한 불상사가 발생할 경우 북한의 안정은 심각하게 훼손될 수가 있고, 따라서 한국 정부는 주민들의 동요를 조기에 막기 위한 조치들을 적극적으로 강구해야 한다. 한국 정부는 주민들이 자체적으로 통제할 수 있도록 주민 스스로에 의한 자치 체제를 시급하게 재건하되, 그들을 지도할 수 있는 한국 나름의 행정 체제를 전개해야 한다. 그리고 한국 정부의 통제에 따르지 않는 주민들에 대해서는 격리 또는 처벌할 수 있어야 한다.

넷째, 북한 주민에 대해 식량, 의료품, 생필품 등을 제공하는 인도적 조치이다. 급변 사태가 발생해 권력의 공백이 발생했을 경우 북한 주민들은 무엇보다 식량난을 겪을 가능성이 높다. 북한은 기본적으로 식량의 자급률이 적고, 비축해 놓은 것도 거의 없을 것이기 때문이다. 또한 의료품과 기본적인 생필품에서도 상당한 결핍이 발생할 수 있다. 북한은 지리적으로 험준하고, 한국의 군대나 행정부서에서 지리나 사정을 잘 몰라서 이와 같은 인도적 지원을 제때에 적절하게 제공하는 것도 쉽지 않다. 그러나 이러한 기본적인 물품이 결핍될 경우 주민의 동요는 심각할 것이고, 한국 정부에 대한 신뢰도 약해질 수 있다. 따라서 정부는 비상한 모든 방법을 동원해 북한 주민들에게 필요한 인도적 품목들을 제공할 수 있어야 한다.

다섯째, 사회의 기반시설들이 제대로 가동되도록 하는 일이다. 병원 등이 제일 먼저 가동되어야 할 것이고, 점차적으로 전기, 수도, 교통도 보장되어야 한다. 학교 시설도 조기에 사용할 수 있어야 할 것이다. 이러한 사항은 한꺼번에 해결할 수 없고, 점진적으로 우선순위를 정해서 추진해야 하겠지만, 매우 어려운 일이고, 대규모 재원이 투입되어야 하며, 전문 인력이 많이 소요되는 일이다. 따라서 이 일에 대해서도 정부는 충분히 대비해야 하고, 상당한 시행요원을 확보해 둬야 할 것이다.

여섯째, 북한 주민 중에서 남북한 통합에 저해될 수 있거나 그러한 우려가 있는 사람들을 식별해 격리시키는 일이다. 한국 군대나 경찰력이 전개할 경우 처음에는 순종하지만, 시간이 지나 어느 정도 상황이 파악되면 과거 북한 공산당의 핵심 요원이었거나 관리 및 군인이었던 사람들이 어떤 분란을 야기할 수 있다. 이들도 주민 중의 일부이기 때문에 최초에는 식별하기 쉽지 않지만, 노력하면 어느 정도 파악이 될 수 있다. 따라서 격리가 필요한 사람들의 기준을 설정하고, 그들을 일시적으로 격리하거나 추가적인 교육을 실시해 복귀시키는 등의 조치를 통해 그에 의한 피해 가능성을 최소화하거나 숫자를 줄여 나가야 한다.

이렇게 볼 때 북한에서 급변 사태가 발생해 외부의 지원이 없이 안정을 되찾지 못할 정도로 불안해졌다고 할 경우 그것을 정상화하기 위한 다양한 조치가 강구되어야 하는데, 그것은 매우 조직적이고 일사불란하며 강제력을 행사할 수 있는 요원들이어야 한다. 따라서 현재 한국의 입장에서는 군대가 가장 적합한 조직일 것이지만, 군대의 북한 투입은 위험한 점이 적지 않고, 투입하더라도 최소화할 필요가 있다. 결국 군대가 아니면서 군대와 유사하게 효과적이면서 체계적인 임무를 수행할 수 있는 국가조직은 경찰이고, 따라서 북한에서 급변 사태가 발생할 경우 경찰은 북한 내부의 안정화를 위한 주역으로 기능할 수도 있고, 군대를 적극적으로 지원하는 역할을 수행할 수도 있으며, 어느 경우든 주민 통제를 위해서는 경찰이 적극적인 임무를 수행하지 않을 수 없다고 할 것이다.

제5절 | 북한 급변 사태 시 경찰의 역할과 과제

1. 피난민 처리

북한에서 대규모 피난민이 발생할 경우 군대에서 먼저 처리할 가능성이 높지만, 군대의 원래 임무는 피난민 처리가 아니라 외침을 경계하고 예상되는 다양한 형태의 군사적 임무를 대비하는 것이라는 점에서 최초 통제 이후 경찰로 인계될 가능성이 높다. 북한의 도발 가능성이 제기되거나 북한의 진입을 준비해야 할 경우에는 군대에서 최초 처리를 할 여력도 없을 수 있고, 그러할 경우 처음부터 피난민 처리는 경찰이 담당해야 할 가능성이 높다.

피난민 처리 방향에 영향을 주는 결정적인 요소는 그 규모인데, 김정수는 동독의 사례를 참고해 북한의 급변 사태 시 발생 가능한 피난민을 추산했는바, 그에 따르면 3년 동안에 816,000명이 탈북하고, 그중에서 20~30%가 남한으로 올 거라고 분석했고, 최초의 2년 동안에 16~25만 명의 피난민이 발생할 것이라고 분석하기도 했다(김정수, 2015: 143). 그러나 오랫동안 지속된 북한의 권위주의적 정치 체제와 경제적 낙후성을 고려할 때 철책 등이 파손되어 대규모 이동만 보장될 경우 상당히 많은 피난민이 단기간에 쏟아져 들어올 가능성도 배제할 수 없다. 이러할 경우에는 당연히 군도 나서겠지만, 군이 전투로 투입되고 나면 경찰이 나서서 피난민을 담당할 수밖에 없는 것이 현실이다.

이러할 경우 경찰에서는 피난민 수용을 위한 시설을 제일 먼저 지정 또는 설치해야 한다. 이것은 피난민의 규모에 따라서 달라지겠지만, 학교 등을 비롯한 공공시설을 활용할 수도 있고, 계절에 따라 다르지만 야외에 텐트를 칠 수도 있다. 피난민 숫자가 많은 경우에는 일정한 지역을 할당해 피난민촌을 건설해야 할 것이다. 그렇게 되면 그 외곽 울타리의 경계나 그 내부의 질서 유지는 당연히 경찰이 담당해야 할 가능성이 높다. 다만, 경찰의 능력도 한계가 있기 때문에 내부통제 등은 가능하면 다른 공무원이나 민간인 자원봉사자들을 최대한 활용할 필요가 있다.

경찰은 피난민의 처리를 위한 제반 행정이 무난하게 진행되도록 모든 질서 유지 및 지원 임무를 수행해야 한다. 피난민의 처리를 위한 행정 업무는 통일부가 중심이 되면서도 각 부서의 공무원들이 담당할 것이고, 다양한 비정부기구(NGO)의 민간인들이 동참할 가능성이 높다. 이러한 과정에서 규율이 제대로 유지되지 않을 수 있고, 소요가 발생할 수 있으며, 지원을 위한 제반 사항을 둘러싸고 마찰이나 장애가 발생할 수 있다. 경찰을 이러한 사항이 발생할 때마다 정부의 다른 부처와 협력해 주도적으로 해결해야 하고, 필요한 행정력을 제공할 수 있어야 한다.

2. 북한 정부의 통제 및 지원

북한에 급변 사태가 발생해 정부가 개입했을 경우 군사작전이 주류를 이룰 가능성이 높다. 군대가 개입하지 않는 상태에서 북한 정부를 장악하기는 어렵기 때문이다. 또한 군대가 진주하면 계엄법에 근거한 민군작전(civil-military operations) 교리에 따라 북한 정부의 기능을 인수하고, 북한의 다양한 행정기관으로부터 협조를 받을 수 있다. 이와 같이 군대가 주도적인 역할을 수행할 경우 경찰은 그러한 군대의 활동을 지원하거나 군대가 더욱 중요한 임무를 수행하도록 필요한 부차적인 임무를 수행하게 된다.

그러나 이 경우에도 시간이 흐르면서 경찰의 임무 범위가 넓어질 가능성이 높다. 중국과의 군사적 충돌이 발생할 수도 있고, 군사적 충돌이 일어나지는 않더라도 국경지대에 대한 경비 강화가 필요해질 것이기 때문이다. 이러할 경우 군대는 국경지역으로 배치되어야 할 것이고, 북한 후방지역 통제를 위해 가용한 군대의 규모는 점점 줄어들 것이며, 결국 후방지역의 안정화를 위한 임무는 행정부처들에 인계할 가능성이 높고, 그렇게 되면 경찰이 그 실행력을 담당해야 한다. 공무원이 행정력을 실행하는 결정적인 요소는 경찰이기 때문이다.

국제적인 여러 사정으로 북한의 급변 사태 시 한국이 군대를 투입하는 것이 어렵거나 군대가 지나치게 주도적인 역할을 하는 것이 사태 해결에 부정적이라고 판단할 경우 경찰이 처음부터 주도적인 역할을 수행해 북한 정부와 다양한 행정기관을 통제할 수도 있다. 유엔헌장 제2조 제4항은 "모든 회원국은 국제 관계에서 다른 국가의 영토 보전이나 정치적 독립에 반하거나 또는 국제연합의 목적과 양립할 수 없는 다른 어떠한 형태의 무력 위협 또는 무력 행사를 삼간다."라고 규정되어 있어 북한지역으로의 군대 투입은 상당한 부정적 국제 여론을 야기할 수 있기 때문이다. 한국의 입장에서는 북한지역은 한국의 영토로서 '미수복 불법 점유지역'이고, "대한민국의 헌법과 법률은 휴전선 남방지역뿐만 아니라 북방지역에도 적용되어야” 하기 때문에(제성호, 2010: 22), 국내에서의 군대 이동이라고 주장할 수는 있지만, 이것이 국제사회에서 설득력을 갖기는 어려운 점이 있다. 북한 정부가 타협을 하는 조건으로 군대의 진주를 원하지 않을 수도 있다. 따라서 경찰은 군대의 도움 없이 스스로만의 힘으로 북한 정부와 예하의 행정기관과 관리들을 어떻게 통제하는가를 고민해야 할 필요가 있다. 후방지역의 안정화작전을 위해서는 군이 지원되더라도 경찰의 주된 책임을 지니고 있을 가능성이 높기 때문에 그러한 상황에서 경찰이 군 병력을 어떻게 효과적으로 운영할 것이냐에 대해서도 논의해 둘 필요가 있다.

3. 주민통제

북한지역의 안정화를 위해 군대가 동원되었을 경우 북한지역의 주민통제도 일차적으로는 군대가 담당할 가능성이 높다. 그러나 한국군의 경우 차후 발생할 전투 임무에 대비해야 하고, 모든 지역에 지나치게 분산할 수 없다는 점에서 가급적이면 조기에 경찰에게 넘기고자 노력할 것이다. 주민통제는 경찰의 기본적인 임무이기도 하다.

이를 위해서는 무엇보다 충분한 경찰 병력을 확보해야 한다. 미 랜드연구소(RAND Corpotation)의 베넷(Bruce Bennett) 박사는 과거 미군의 경험을 바탕으로 북한지역에 대한 효과적 통제를 위해서는 주민 1,000명당 13명 정도의 군인이 필요로 하다면서 2,400만 명의 북한 주민 통제를 위해서는 312,000명이 필요하다는 수식을 제시한 바가 있다(Bennett & Lind, 2011: 93). 이 정도의 경찰 병력을 증대시키는 것이 쉽지는 않아서 군의 지원도 받고, 민간인에게 위임할 사항은 과감하게 위임함으로써 경찰의 소요를 최소화하지만, 북한 주민들을 효과적으로 통제하고자 한다면 어느 정도의 경찰 병력 증원은 불가피하다. 따라서 단기간에 경찰 병력을 증원할 수 있는 방안도 논의해 볼 필요가 있고, 지역별 임무 할당 등으로 다수의 경찰 병력을 체계적으로 분산해 운영할 수 있어야 할 것이다.

주민통제를 위해서는 자치적인 조직을 만드는 것도 매우 중요한 과제이다. 경찰이나 공무원이 직접 통제할 경우 많은 인력도 소요될 뿐만 아니라 통제 자체도 효과적이지 않을 것이기 때문이다. 자치를 허용하기 때문에 주민들이 불만을 가질 소지가 줄어들고, 따라서 예상치 않은 불상사나 소요가 발생할 가능성도 낮아질 수 있다. 따라서 경찰을 비롯한 공무원들은 지역별로 통제력을 갖고 있는 지방 유지들을 잘 식별해 그를 중심으로 동별로 자치조직을 운영하도록 하는 방안을 강구할 필요가 있다. 군·면 단위나 도시의 경우에 한국의 공무원이 파견되어 통제할 수 있지만, 이 경우에도 지원 성격의 자치조직은 필요할 것이다.

본연의 임무이지만, 경찰은 주민들 사이에서 발생하는 범죄나 사고를 효과적으로 처리할 수 있어야 한다. 급변 사태로 사회가 불안할수록 범죄가 발생할 소요가 많은데, 이것을 정확하게 조사해 처벌하지 않을 경우 통제 불가능할 상태가 될 수 있기 때문이다. 이것은 한국에서 경찰이 일상적으로 수행해 온 업무를 북한으로 이전하는 형태이기 때문에 크게 어려울 것은 없지만, 많은 인력과 노력이 소요되는 일임은 분명하다.

4. 인도적 지원

사회에 대한 통제 체제가 확실할 경우 인도적 지원을 위한 경찰의 역할은 크지 않아도 된다. 북한 주민들이 필요로 하는 생필품 등은 행정부나 비정부단체 요원을 통해 북한 주민들에게 전달하면 되기 때문이다. 그러나 급변 사태가 발생할 경우 인도적 지원에 대한 소요는 많고, 공급은 불충분하며, 그의 분배 공정성을 둘러싸고 잡음도 발생할 수 있다는 점에서 경찰의 감독 역할이 커질 수밖에 없다. 특히 북한은 1990년대부터 계속적으로 식량이 부족한 상태에서 경제 성장도 지체되어 식량이 원초적으로 부족할 가능성이 높고, 이러한 상황에서 급변 사태와 같은 혼란이 발생할 경우 기아를 비롯한 심각한 인도적 위기가 발생할 수 있으며, 그러한 상태에서 공무원들이나 비정부단체의 통제에 순종하지 않을 수도 있기 때문이다(김정수, 2015: 140-141). 또한 핵무기 개발로 부과된 광범위한 경제 제재가 계속됨에 따라 북한의 인도적 상황은 더욱 나빠질 것이고, 그만큼 지원이 어려운 상황이 될 것이다.

경찰은 주민들의 불만이 최소화되면서도 인도적 지원이 효율적으로 진행될 수 있도록 그 장소와 방법을 잘 선택하고, 행정부처와 협의해서 적절하게 시행하며, 특히 그 과정에서 발생하는 소요나 불만족은 최소화하거나 사전에 해결할 수 있어야 한다. 인도적 지원이 제공되지 않는 부분을 찾아서 행정부서와 연결하는 일도 경찰이 담당해야 하는 일이다. 특히 인도적 지원 과정에서 예상치 않은 불상사나 소요가 발생하지 않도록 예방 조치를 강구해야 하고, 발생하더라도 조기에 진압할 수 있어야 한다.

5. 사회 기반 체계 확립

사회의 기반 체계가 제대로 돌아가도록 하는 것은 경찰의 주된 업무가 되기도 어렵고, 그러한 전문성을 갖는 것도 아니다. 그러나 경찰은 사회기반시설을 가동시키는 공무원이나 기술요원들의 노력을 지원하거나 그들이 안정된 상황에서 작업할 수 있도록 여건을 보장해야 한다. 나아가 그러한 요원들이 가용하지 않을 경우 경찰이 어떻게든 문제를 해결하는 역할을 수행해야 한다.

나아가 사회기반시설에 대한 위해행위를 예방하거나 처벌하는 것은 경찰의 임무일 것이다. 급변 사태로 사회가 불안할 경우 자신의 생존을 위해 기존 질서를 지키지 않거나 훼손시키는 행위가 있을 수도 있는데, 이것을 제대로 예방 또는 처벌하지 않을 경우 확산될 수 있기 때문이다. 따라서 경찰은 북한 주민들에게 사회기반시설의 가동과 유지에 필요한 규칙을 설명하고, 그들에게 규칙을 지키도록 하며, 그렇지 않을 경우 처벌할 수 있어야 할 것이다.

6. 통합 저해 요소 제거

급변 사태로 인해 북한 사회에서 발생한 불안이 어느 정도 안정화되어 갈 경우 그로 인한 피해나 손해를 보는 사람이 발생할 것이고, 그렇게 되면 이들은 소요를 일으킬 수 있다. 북한 사회가 안정화되어 가거나 갓 안정화된 상태에서 이러한 소요는 남북한 통합에 매우 심각한 위해 요소로 작용할 수 있다. 따라서 경찰은 통합을 저해할 수 있다고 판단되는 인사들을 식별하고, 이들을 적절하게 처리하는 일도 소홀히해서는 곤란하다.

이러한 차원에서 경찰은 북한 사회에 대한 나름대로의 정보망을 구축하지 않을 수 없다. 주민사회에 들어가지 않고는 소요 사태에 대한 예방이나 조기 처리가 불가능할 것이기 때문이다. 따라서 경찰은 협조적인 북한 주민들 간의 망을 구축하고, 이들을 중심으로 통합을 저해하는 요인이나 인사가 나타나지 않도록 예방하거나 나타날 경우 즉각적으로 처리할 수 있어야 할 것이다.

북한지역으로 이주하는 남한 사람들도 통합에 역행하는 발언을 하거나 행위를 할 수 있다. 이 부분에 대해서도 경찰을 주의를 기울이고, 그러한 요소나 인사가 발견될 경우 조기에 적절하게 처리할 수 있어야 한다. 특히 남한의 국민들이 자신의 이익을 증진하기 위해 북한 주민들을 악용하거나 북한 사회를 혼란시키는 일이 없도록 엄단해야 하고, 그것을 예방하기 위해 제한해야 할 사항이 있으면 사전에 정부에 보고해 조치받아야 할 것이다.

제 6 절 | 결론

통일에 대한 열망에 기초해 한국 사회에서는 북한에서 급변 사태가 발생할 수도 있다는 가능성과 그것이 발생할 경우 통일로 연결시키기 위한 방안을 두고 상당한 논의를 벌여왔다. 지금까지의 경험을 통해서 보면, 급변 사태의 발생가능성이 높다고 볼 수는 없지만, 그래도 실제로 발생할 경우 그것을 통일로 제대로 연결시키는 것은 너무나 중요한 과업이기 때문에 그에 대한 준비를 게을리할 수는 없다. 이러한 점에서 북한의 경제 사정이 어려워지고, 북한의 권위주의적 통치가 지속될수록 북한의 급변 사태에 대한 한국의 관심은 필요하다고 할 것이다.

북한에 급변 사태가 발생했을 경우 초기에 경찰은 대체적으로는 군대의 활동을 지원하는 역할에 국한될 가능성이 높다. 그러나 국제적인 여론이나 강대국들의 압력에 의해 군대의 투입이 어려워질 경우 경찰이 군대의 역할을 대신해야 하는 상황도 발생할 수 있다. 군대가 투입되더라도 경찰이 필요한 역할을 적극적으로 그리고 효과적으로 수행할 수 있다면 군대는 더욱 긴급한 임무에 전념할 수 있고, 따라서 급변 사태의 해소나 통일로의 연결은 더욱 단축되거나 유연해질 것이다. 이러한 차원에서 경찰은 적극성을 갖고 필요한 임무를 찾아서 수행하려는 자세가 필요하고, 이것이 통일의 시기를 단축하거나 순조롭게 하는 데 결정적인 역할을 담당할 것이다.

급변 사태가 발생할 경우 경찰이 수행해야 하는 최우선적인 임무는 피난민 처리일 것이다. 이것은 한국 땅에서 수행되는 과업이라는 점에서 힘은 들지만 크게 복잡한 사항은 아닐 수 있다. 따라서 경찰은 이전에 남한 주민들을 통제하던 방식을 바탕으로 피난민을 수용할 수 있는 장소를 설치하고, 그 속에서 질서가 유지되도록 해야 한다. 다만, 이것은 최초의 임무일 가능성이 높지만, 북한 급변 사태를 통일로 연결시키기 위해서는 우리의 행정력을 북한지역으로 이전시켜야 한다.

한국이 북한지역으로 군사력과 경찰력을 중심으로 국가의 행정력을 확대시킬 경우 경찰의 임무도 복잡해진다. 경찰은 군대를 중심이 하는 북한 정부에 대한 통제를 지원하거나 특별한 경우에는 스스로가 그러한 노력을 담당해야 할 수도 있다. 또한 북한 주민 통제의 직접적인 책임도 경찰에게 부여될 가능성이 높고, 인도적 지원이나 사회 기반 체계 확립 등 정부의 공무원이나 비정부단체의 민간인들이 수행하는 임무가 원활하게 수행되도록 지원해야 한다. 그리고 급변 사태가 안정화되어 가는 과정에서 북한 사회에서 나타날 수 있는 다양한 통합 저해 요소들을 사전에 파악해서 예방하거나 제거하는 역할을 수행해야 할 것이다. 현실적으로 군대가 수행하는 이외의 대부분의 임무는 경찰이 수행해야 할 가능성이 높다.

경찰은 북한의 급변 사태와 관련해 부여될 수 있는 다양한 임무 수행을 위해 무엇을 어떻게 준비해야 할 것인가를 진지하게 논의하고, 필요한 준비를 사전에 강구해 둘 필요가 있다. 급변 사태가 발생해 경찰의 역할이 추가적으로 요구될 경우 경찰력을 어떻게 증원할 것인지, 그러한 임무 중에서 어떤 우선순위를 갖고 시행해야 할 것인지를 세부적으로 논의하고, 사전에 조치해야 할 사항과 당시에 조치해야 할 사항은 구분해서 대비해 둬야 할 것이다. 경찰과 군대, 다른 행정부 간에 책임의 한계와 권한을 분명하게 구분하는 것도 중요한 과제이다. 북한에 존재하는 기존 경찰들을 활용할 것인가 여부와 활용할 경우 어떻게 활용할 것이냐에 대한 토의도 필요할 것이다. 명확한 해답을 제시할 수 없지만 북한의 정세가 불안해질수록 경찰은 이러한 사항들을 더욱 적극적으로 토의하고, 나름대로의 해결 방안을 강구해 나가야 하는 것만은 분명하다고 할 것이다.

참고 문헌

김도년(2019). “교역 붕괴된 북한…”. 『중앙일보』(2019.2.17).

김수민(2008). “북한 급변사태의 개연성: 내부 요인을 중심으로”. 『평화학연구』. 제9권 3호.

김연수(2006). “북한의 급변사태와 남한의 관할권 확보 방안”. 『新亞細亞』. 제13권 4호. 겨울.

김열수(2012). “북한 급변사태와 중국의 군사개입: 목적 · 양상 · 형태를 중심으로”. 『신아세아』. 제19권 2호. 여름.
김일영(2003). “북한 붕괴시 한국군의 역할과 한계”. 『국방연구』. 제46권 제2호. 12월.
김정수(2015). “북한의 ‘급변사태’에 대비한 인도적 지원체계 구축방안”. 『평화학연구』. 제16권 1호.
라미경 · 김학린(2006). “북한 급변사태와 국제사회의 개입”. 『분쟁해결연구』. 제4권 2호. 가을/겨울.
로이터연합(1996). “경제상황 악화로 행동 예측 불허”. 『조선일보』(1996.3.17).
박창희(2010). “북한 급변사태와 중국의 군사개입 전망”. 『국가전략』. 제16권 1호.
신범철(2008). “안보적 관점에서 본 북한 급변사태의 법적 문제”. 『서울국제법연구』. 제15권 1호.
유용원(1996). “이미 2~3단계 대책 강구”. 『조선일보』(1996.3.25).
______(2009). “작전계획 5029 완성”. 『조선일보』(2009.11.2).
이상근(2008). “북한 붕괴론의 어제와 오늘: 1990연대와 2000연대의 북한 붕괴론에 대한 평가”. 『통일연구』. 제12권 2호.
이용수(2010). “김정일, 길어야 3년 산다”. 『조선일보』(2010.7.10).
정재욱(2012). “북한 급변사태와 보호책임(R2P)에 의한 군사개입 가능성 전망: 리비아 사태 및 시리아 사태를 중심으로”. 『국방연구』. 제55권 4호. 12월.
제성호(1999). “한반도 유사시 유엔의 역할”. 『서울국제법연구』. 제6권 2호.
______(2010). 『남북한 관계론』. 서울: 집문당,
조계완(2019). “대북 제재, 북 경제에 큰 충격 … 2017년 성장률 3%p 하락”. 『한겨레신문』(2019.2.27).
한병진(2012). “독재정권 몰락의 급작성과 북한 급변사태에 대한 이론적 검토”. 『국가전략』. 제18권 1호.

Bennett, Bruce W. & Lind, Jennifer(2011). “The Collapse of North Korea: Military Missions and Requirements”. *International Security*. Vol 36. No. 1. (Fall).
Headquarters of the Army. *Stability*. FM 3－07. Washington D.C. Army Headquarters, June 2014.

https://news.joins.com/article/23397471
http://www.hani.co.kr/arti/economy/economy_general/883797.html

제13장 북핵 위협에 관한 경찰의 역할과 과제

제1절 | 서론

국가안보(national security)는 다양하게 정의될 수 있겠지만, 가장 단순하게는 국가를 구성하는 3요소, 즉 영토, 국민, 주권을 확고하게 유지하는 것이라고 할 수 있다. 대부분 국가의 경우 이러한 국가의 3요소가 위협받는 일이 거의 없기 때문에 국가안보에 관한 정의와 범위는 다양해지고, 전쟁과 직접 관련되지 않은 요소들도 많이 포함되지만, 현실적으로 그것이 위협받는 경우 그것을 지키는 일보다 더욱 중요한 사항은 있기 어렵다. 개인의 경우에도 생명의 위협을 느끼게 되었을 경우 생명을 보존하는 일보다 더욱 중요한 일이 없는 것과 같다.

일부 국민은 부정하고 싶을 수도 있지만, 현재 한국은 국가의 기본적인 3요소가 심각하게 위협받는 상황이다. 북한의 재래식 위협에 대해서는 한국이 어느 정도 대비되어 있지만, 북한의 핵 위협은 그것의 위력 자체가 국가의 3요소를 한꺼번에 소멸시킬 정도로 크고, 한국은 마땅한 대비책을 구비하지 못하고 있기 때문이다. 북한은 지금까지 여섯 차례 핵실험을 실시해 수소폭탄을 포함한 수십 개의 핵무기를 개발한 상태이고, 미사일에 탑재해 한국을 공격할 정도로 소형화했다고 평가되고 있다. 저명한 국제정치학자인 모겐소(Hans J. Morgenthau)가 말한 바처럼 "핵무기에 의한 보복 수단이 없는 상태에서 (핵 공격을) 위협받는 국가는 초토화되거나 1945년 일본이 했던 것처럼 무조건 항복할 수밖에 없다"는 상황이라고 봐야 한다(Morgenthau, 1985: 141). 한국은 단군 이래 최대의 안보 위기에 직면해 있고,

따라서 군대는 물론이고, 정부, 나아가 국민까지 북핵 위협으로부터 국가와 국민의 안전을 보장하는 데 집중적인 노력을 기울여야 한다.

당연히 한국 정부와 군대도 나름대로의 대비책을 강구하고 있다. 그러나 정부의 경우 외교적 노력을 통한 북한의 '비핵화(denuclearization)', 즉 북한의 핵무기 폐기에 집착한 나머지 그것이 실패했을 경우의 대책은 등한시하고 있고, 군대 역시 이러한 정부의 방침을 수용할 수밖에 없어서 대비 노력이 충분하지 않다. 국민들도 일부는 북핵의 심각성을 이해하면서 정부와 군대의 철저한 대비책을 촉구하고 있지만, 대부분은 무관심하거나 미국이 해결해 줄 것으로 기대하면서 외면하고 있다. 따라서 북한이 핵무기를 포기하지 않은 채 사용하거나 사용을 위협할 경우 한국은 미국에 의존하는 것 이외에는 마땅한 대비책이 없는 상황이고, 이것은 매우 잘못된 것이다. 국가안보는 도박할 수 없고, 평화를 원할수록 전쟁을 철저하게 대비해야 하는 것이기 때문이다.

워낙 대량 피해를 가져오기 때문에 사용이 쉽지는 않지만 핵무기도 '무기'의 하나이기 때문에 당연히 사용될 수 있다. 특히 핵무기는 재래식 무기에 비해서 후방지역에 우선적으로 사용될 가능성이 높다. 핵무기의 사용에 관한 전략 개념 자체가 상대방의 주요 도시를 타격해 대량살상을 하겠다는 위협으로 상대방의 양보를 받아내는 것이기 때문이다. 그런데, 군대는 전방을 지키고 있기 때문에 후방지역에 핵공격이 가해질 경우 정부와 국민의 노력을 자극하거나 통합 및 조정할 수 있는 집단은 경찰밖에 없다. '공공의 안녕과 질서 유지'가 경찰의 가장 기본적인 임무이고, 이를 위해서 체계적인 조직을 구비하고 있는 집단이 경찰이기 때문이다. 특히 경찰은 주어진 일만을 수행하는 것이 아니라 국민의 안녕을 심각하게 위협하고 있지만 아무도 대응하는 사람이 없다고 판단할 경우 찾아서 임무를 수행한다. 그런데 한국 경찰은 아직 핵전쟁이 발생했을 경우를 상정하거나 그러한 상황에서 경찰이 어떤 역할을 수행해야 하는가를 거의 논의하고 있지 않고 있고, 이것은 잘못된 것이다.

특히 한국 정부가 추진하고 있는 외교적 노력을 통한 북핵 폐기는 점점 어려워지고 있고, 북한의 핵 능력은 시간이 갈수록 계속 강화되고 있는 상황이다. 이제는 경찰도 북핵 위협의 실상을 정확하게 이해한 후 필요한 역할과 과제를 모색해 실천하지 않을 수 없다.

제 2 절 | 북한의 핵 능력과 위협의 심각성

1. 북한의 핵 능력

북한은 2006년 10월 9일 제1차 핵실험을 실시했고, 2009년 5월 25일 제2차 핵실험을 실시했으며, 2013년 2월 12일 제3차 핵실험을 통해 핵무기 개발에 성공했다. 이후에도 2016년 1월 6일의 제4차 핵실험과 2016년 9월 9일의 제5차 핵실험을 통해 핵무기를 더욱 고도화하면서 표준화를 달성했고, 2017년 9월 3일 제6차 핵실험을 실시함으로써 수소폭탄의 개발에도 성공했다. '38 North'라는 미국의 북핵 추적 단체에서는 그 수소폭탄의 위력을 108~250kt, 즉 제2차 세계대전 때 히로시마나 나가사키에 투하된 핵무기 위협보다 10배 정도 위력이 큰 것으로 평가하기도 했다(Zagurek, 2017).

북한에 관한 정보가 워낙 제한되어 북한이 현재 어느 정도의 핵무기를 보유하고 있는지를 정확하게 평가하기는 어렵다. 대부분 추측에 불과하지만 그래도 공신력 있는 평가를 몇 가지 살펴보면, 한국의 조명균 통일부 장관은 2018년 10월 1일 북한이 20~60개 보유하고 있다고 국회에 보고한 바 있다(이한승 · 이슬기, 2018). 다소 보수적일 수 있지만 공신력 있는 국제적 국방 분야 연구단체인 스웨덴의 '스톡홀름 국제평화연구소(SIPRI)'에서는 2019년 2월 20~30개, 영국의 '국제전략문제연구소(IISS)'도 20~60개의 핵무기로 평가하고 있다(김병수, 2019). 이를 볼 때 북한은 최소한 20개 이상의 핵무기는 보유하고 있다고 볼 수 있고, 북한이 1년에 7~10개의 핵무기를 생산할 수 있다는 주장도 있듯이(유철종, 2018) 지속적으로 핵무기의 숫자를 증대시킬 것으로 예상해야 한다.

더욱 심각한 것은 북한의 미사일 능력인데, 이에 핵무기를 탑재해서 발사하면 효과적인 방어가 어렵기 때문이다. 북한이 보유하고 있는 미사일의 규모와 성능을 정확하게 알 수는 없지만, 한국을 공격하기에 용이한 미사일로 북한은 스커드-B(사거리 300km)와 스커드-C(사거리 500km)를 합해 200~600기 이상 운영 중이고, 노동 미사일(사거리 1,300km)도 90~200기 배치한 것으로 알려져 있다(장철운, 2015: 131-132). 북한은 이들 미사일에 핵무기를 탑재해 언제든지 한국을 공격할 수 있을 뿐만 아니라 이동식 미사일 발사대도 200대 이상 보유하고 있어

(Department of Defense, 2013: 15) 이동하면서 최적의 시간과 상황에서 기습적인 핵미사일 공격도 감행할 수 있다.

더욱 심각한 사항은 북한의 장거리 미사일 능력이다. 북한은 2016년과 2017년에 '화성-12형' '화성-14형'의 장거리 미사일을 집중적으로 시험 발사했고, 특히 2017년 11월 29일 '화성-15형'을 시험 발사했는데, 이것이 최대 사거리로 비행하는 방식으로 발사된다고 가정하면 1만 3,000km에 이를 수 있고, 따라서 미 전역을 타격할 수 있는 것으로 평가되기도 했다(조의준 · 김진명, 2017: A1).

미국은 2018년 2월 공식적인 문서를 통해 북한이 "핵 장착 탄도미사일로 미국을 타격할 수 있는 능력을 수개월 남겨둔" 수준으로 평가하기도 했다(Department of Defense, 2018: 11). 이제 북한은 핵무기를 탑재한 미사일로 미 본토를 공격할 수 있고, 그렇게 되면 미 본토 공격을 위협함으로써 한국을 지원하지 못하게 만들 수 있다. 즉, 북한은 미국이 한국을 지원할 경우 미국 본토에 핵무기 공격을 가하겠다고 위협할 것이고, 그렇게 되면 북한을 초토화시키는 것보다 자국 도시에 대한 핵공격이 더욱 두려울 수밖에 없는 미국은 망설일 것이며, 결과적으로 미국이 한국을 대신해 북한 핵 공격을 응징 보복하겠다는 약속인 확장 억제(extended deterrence)가 이행되기 어렵게 되는 것이다. 미국과 상대가 되지 않은 핵무기를 갖고 있는 북한을 대상으로 미국이 강력한 압박과 함께 대화를 지속할 수밖에 없는 것도 북한의 핵무기가 미 본토를 공격할 잠재력을 구비했기 때문이다.

2. 북한의 핵무기 개발 의도

한국에서는 북한이 그들의 체제를 유지하기 위해 핵무기를 개발한 것으로 분석하는 의견도 없지 않지만, 역사를 살펴보면 북한은 6 · 25전쟁 직후부터 핵무기 개발을 시작해 1965년부터 소련으로부터 지원받은 IRT-2000 연구용 원자로를 가동해 핵분열 실험을 실시했다(구본학, 2015: 3). 1986년 자체 기술로 영변에 있는 5MWe 원자로를 완성했고, 이후부터 사용 후 핵연료에서 플루토늄을 추출하면서 다양한 기폭장치 실험을 추진했다. 1994년 김일성 사망과 1995년 대규모 홍수가 겹치면서 한국에서 북한의 소위 '급변 사태' 가능성을 논의한 적이 있는데, 일부 학자들은 이것을 핵무기 개발과 결합해 북한의 핵무기 개발 목적을 체제 유지로 인식하면서 체제만 유지해 주면 핵무기를 포기할 것으로 판단한 것이다.

북한은 창건할 때부터 '전(全) 한반도 공산화'가 그들의 궁극적인 목적이었고, 이러한 목적을 구현하기 위해 1950년에는 6 · 25전쟁을 발발하기도 했으며, 현재도 남북한은 그 전쟁의 휴전 상태이다. 또한 휴전 이후 지금까지 북한이 이 목표를 변경했다는 증거는 없다. 북한은 2010년 개정된 노동당 규약 서문에서도 "조선노동당의 당면 목적은 공화국 북반부에서 사회주의 강성대국을 건설하며, 전국적 범위에서 민족해방 인민민주주의 혁명과업을 실천하는 것"이라고 명시하고 있다. 그렇다면 북한의 핵무기도 남한의 혁명을 이룩하는 데 필요하다면 사용할 수 있다고 봐야 한다. 북한은 핵무기도 다른 재래식 무기와 동일하게 "당 규약에서 규정한 한반도에서의 공산혁명 과업의 달성"의 수단으로 사용할 수 있다(함형필, 2009: 99). 실제로 북한은 2013년 제3차 핵실험 후 핵무기 사용에 관한 법을 제정했는데, 그 내용을 보면 "다른 핵보유국"이나 "적대적인 핵보유국과 야합"하는 비핵국가에 대해서는 핵무기를 사용하거나 위협할 수 있다고 되어 있다(권태영 외, 2014: 192).

3. 북한의 핵전략

전 한반도 공산화를 위한 북한의 가장 절대적이고 핵심적인 과제는 주한미군의 철수이다. 북한이 남한을 공격하면 주한미군과의 교전이 불가피한데, 그렇게 되면 세계에서 가장 강력한 군사력을 보유하고 있는 미국과의 전쟁으로 비화되어 그들의 목표를 달성하기는커녕 그들이 멸망할 수도 있기 때문이다. 따라서 북한은 지금까지 다양한 기회나 구실을 통해 주한미군 철수를 집요하게 추진해 왔고, 현재도 이러한 방향은 전혀 변화하지 않고 있다.

주한미군이 철수되면 한미동맹까지도 철폐될 가능성이 높은데, 이에는 북한의 핵무기가 매우 효과적인 위협 수단이 된다. 북한은 주한미군이 철수하지 않으면 미국 본토의 1~2개 도시를 공격하겠다고 위협할 수 있기 때문이다. 핵전략에서 이것은 '최소 억제 전략(minimum deterrence strategy)'이라고 하는데, 현재 영국과 프랑스가 사용하고 있는 방식으로서, 러시아나 미국의 1~2개 도시를 확실하게 초토화시킬 수 있는 핵 능력만 구비하고 있으면 그들의 대규모 핵공격도 자제시킬 수 있다는 논리이다. 다시 말하면, 북한이 미국의 1~2개 도시를 초토화시킬 수 있는 핵 능력을 구비하고 있을 경우 미국은 북한에 응징 보복을 할 수 없다. 잃을 것이 많은 미국으로서는 북한의 결사적인 핵공격 위협을 무시하기는 어려운 것이 사실이다.

영국과 프랑스는 핵 사용에 대한 적극적인 의지는 강요하지 않은 채 잠수함에 탑재된 그들의 핵미사일이 언제든지 발사될 수 있다는 사실만을 과시하는 데 그치지만, 영국이나 프랑스처럼 고도화된 핵무기를 보유하지 못한 인도나 파키스탄의 경우에는 적극적인 사용 의사를 과시함으로써 최소 억제의 효과를 추구하고자 하고, 이것을 '신뢰적 최소 억제(credible minimum deterrence)'라고 명명하고 있다(Kulkirni & Sinha, 2011: 2). 따라서 북한의 경우도 기본적으로는 최소 억제 전략을 추구하고 있지만 더욱 세부적으로 평가해 보면 신뢰적 최소 억제 전략을 추구한다고 할 수 있다. 그래서 북한의 김정은은 2017년 5월 14일 화성-12형 탄도미사일 시험 발사에 성공한 이후 "미 본토와 태평양작전 지대가 우리의 타격권 안에 들어 있다. 미국이 우리를 섣불리 건드린다면 사상 최대의 재앙을 면치 못할 것"이라고 공언했고, 2018년 1월 1일 신년사에서는 미국에 대해 "핵 단추가 내 사무실 책상 위에 항상 놓여 있다는 것, 이는 결코 위협이 아닌 현실임을 똑바로 알아야 한다"고 경고하기도 했던 것이다.

북한은 미국에 대해서는 핵무기 사용으로 위협해 한미동맹을 철폐시키거나 유사시 미국의 확장 억제가 제대로 이행되지 않도록 하지만, 한국에 대해서는 핵무기를 사용하거나 또는 사용 위협을 통해 그들의 연방제 통일 방안을 한국이 수용하도록 강요하는 등 한국에게 정책적 양보를 요구할 가능성이 높다. 북한은 처음에는 작은 사항을 요구하다가 점점 요구의 강도를 높일 것이고, 결국은 다양한 내정 간섭에 이를 가능성이 높다. 비핵국가는 "핵보유국의 공갈에 좌우될 수밖에 없는 운명"이기 때문이다(우평균, 2016: 197). 한국 내에서 핵전쟁에 반대하는 여론이 커질 경우 한국 정부의 대안은 더욱 제한될 것이고, 그럴수록 북한의 입지는 강화될 것이다(우평균, 2016: 206).

특히 북한은 핵무기 사용으로 위협하면서 재래식 공격을 감행할 수 있다. 즉, 북한은 재래식 전력으로 속전속결을 추구하면서 한미연합군 또는 한국군의 반격을 봉쇄하거나 불리해졌을 때 상황을 반전시키는 수단으로 핵무기를 사용할 수 있다는 것이다. 예를 들면, 북한은 한국의 서북 도서에 기습적으로 상륙해 점령한 후 한국이나 한미연합군이 반격하거나 보복 공격을 가하면 한국의 주요 군부대나 도시에 핵무기 공격을 가하겠다고 위협할 수 있을 것이다. 한국으로 망명한 태영호 전 영국 주재 북한대사관 공사는 "김정은(노동당 위원장)은 한국 국민에게 정말로 핵을 쓴다 … 2013년 채택한 핵·경제 병진 노선은 핵무기와 같은 대량 살상무기를 만들어 한국이라는 실체 자체를 불바다로 만들어 한국군을 순식간에 무력화시키려는 것"이라고 주장한 적이 있다(김민서·김예진, 2017: 1). 김정은은 집권 후 소위 '7일전쟁' 계획을 만들었는데, 핵심 내용은 핵무기를 사용해 7일 만에 남한을 점령한다는 계획이라고 한다(홍우택, 2016: 98). 최악의 상황까지 대비하는 것이라는 점에서 보면 이러한 상황도 논의에서 배제해서는 곤란할 것이다.

4. 최악의 상황: 재래식 기습 공격+핵 위협

현재 한국에서는 북한의 경제력이 취약하고, 한국군이 재래식 전력에서 질적 우위를 유지하고 있다고 하지만 양으로만 보면 북한의 재래식 군사력은 한국의 2배 정도에 해당된다. 단기전의 경우 경제력은 중요하지 않을 것이고, 한국전쟁의 사례에서도 알 수 있듯이 한반도에서의 전쟁은 해·공군이나 첨단무기의 질이 지상군의 양적인 우세를 쉽게 상쇄하기는 어렵다. 더군다나 북한은 현재 상당한 숫자의 핵무기와 미사일 능력을 구비하고 있기 때문에 이것을 군사력 평가에 포함하면 남북한의 군사력 균형은 심각한 격차를 보일 수밖에 없다.

소수의 국가만이 핵무기를 보유하고 있는 탓도 있고, 워낙 끔찍해 핵무기를 사용 가능한 무기로 인식하고 싶지 않은 마음 때문에 지금까지 대부분의 군사력 평가에는 핵무기를 고려하지 않았다. 그러나 핵무기도 무기 중의 하나이고, 사용될 가능성도 배제할 수 없으며, 따라서 군사력 평가에 반영하지 않는 것은 타당하지 않다. 실제로 세부적인 반영 방법은 밝히지 않고 있지만 '세계 화력지수(Global Fire Power)'의 경우 "인정받았거나 의심되는 핵보유국에 대해서는 보너스를 부여(recognized/suspected nuclear powers are given a bonus)"하는 방식으로 핵 능력을 화력지수 계산에 포함시키고 있다(Global Firepower Homepage, https://www.globalfirepower.com/). 핵무기의 사용까지는 이르지 않더라도 위협만으로 승수 요소(multiplier)를 초래하는 측면도 적지 않다는 시각에서 필자가 평가한 내용을 소개하면 <표 13-1>과 같다.

<표 13-1>을 보면 북한의 핵무기를 고려하고, 이에 대응하는 미국의 핵무기를 통한 확장 억제 약속, 즉 핵우산(nuclear umbrella)을 함께 고려해 상쇄시킬 경우 남북한의 군사력 비율은 100 : 113(840 : 945.4)으로서 남한이 열세하기는 하지

표 13-1 남북한 군사력 비교(핵무기 포함)

국가명	투1. 국방비(억 달러)		산1.현역군인(천 명)		산2.예비역(만 명)		산3. 전차(대)	
	금액	상대치	인원	상대치	인원	상대치	숫자	상대치
남한	325	700	625	100	310	100	2,514	100
북한	102	217	1,280	205	762	246	3,500	139
구분	산4. 대포(문)		산5. 전투함(척)		산6. 잠수함(척)		산7. 전투기(대)	
	수량	상대치	수량	상대치	수량	상대치	수량	상대치
남한	11,067	100	35	100	24	100	541	100
북한	21,100	190	40	114	35	140	545	101
총계	총계 1		총계		총계 3			
	단순지수		지수/2		지수 x 핵무기 승수효과			
남한	1400		700		840(700 x 1.2)			
북한	1,352		676		946.4(676 x 1.4)			

출처: 박휘락(2018: 242).

만, 그 격차는 크지 않다. 그러나 미국의 핵우산이 제공되지 않는다고 가정해서 제외해 버리면 100 : 135(700 : 946.4)로 남한의 열세는 더욱 커지고, 이러한 상황에서 북한이 기습 공격을 감행하는 경우를 상정하면 100 : 190(840 : 1,589)으로 한국이 2배 정도 열세해진다.

북한의 핵무기가 사용되기 어려운 것은 분명하지만 그것을 군사력 평가에서 제외한다는 것은 타당치 않다. 특히 한국의 경제력이 크고, 재래식 전력의 질이 우세하다고 해서 한국의 군사력이 북한에 비해 그다지 열세하지 않을 것이라고 평가하면서 방심해서는 곤란하다. 특히 북한은 남한에 대해 기습적인 공격을 가해서 속전속결을 시도하면서 한국과 미국이 반격하고자 할 경우 핵무기 공격을 가하겠다고 위협할 수 있고, 이렇게 될 경우 남한의 재래식 군사력은 별 도움이 되지 못할 수 있다. 나아가 북한이 어떤 상황에서 실제로 핵무기를 사용할 경우 그 위력은 상상을 초월하는 수준일 수 있고, 이때는 나머지 군사력을 비교하는 것 자체가 무의미해진다.

제 3 절 | 한국의 북핵 대응 태세 평가

북한의 핵 위협이 오랫동안 지속되어 왔으나 그로부터 국가와 국민을 보호하기 위해 한국이 노력해 온 바는 충분하지 못한 점이 있다. 북한이 핵실험을 해도 북한의 능력을 불신하는 측면이 있었고, 외교적 접근을 통해 해결될 수 있다고 믿으면서 힘든 대비 노력을 회피하고자 했기 때문이다. 현재 한국이 적용하고 있는 북핵 대응은 북한의 핵무기 사용을 억제하고, 북한이 공격하고자 할 경우 이를 선제 타격하면서 그것이 실패하면 공중에서 요격(interception)하는 개념이다. 특히 미국과 소련이 핵무기를 개발한 이후 대량 보복의 위협 이외에 가장 먼저 도입한 것이 핵 민방위(nuclear civil defense)인데, 이에 관해 정부는 필요한 관심도 보이지 않고 있는 상황이다. 한국의 북핵 대응 태세를 주요한 대응 방법별로 평가해 보면 다음과 같다.

1. 억제

한국은 핵무기를 보유하고 있지 않기 때문에 동맹국인 미국의 대규모 핵무기를 활용해 북한의 핵무기 사용을 억제(deterrence), 즉 북한이 공격하고 싶어도 더욱 큰 피해를 받을 것이 두려워 단념하도록 만들 수밖에 없다. 미국이 한국을 대신해서 북한에게 핵 보복을 하겠다는 개념이 바로 핵무기를 통한 확장 억제, 별칭으로는 '핵우산'이라고 하는 용어인데, 북한이 한국을 핵무기로 공격하면 미국이 대규모 핵 보복을 가해 북한을 초토화할 것이고, 이것을 아는 북한은 핵 공격을 자제할 수밖에 없다는 논리이다. 이를 위해 현재 한미 양국 국방부 간에는 '한・미 억제전략위원회(Deterrence Strategy Committee)'가 구성되어 있고, 외교 및 국방의 차관급으로 구성된 '확장억제전략협의체(Extended Deterrence Strategy and Consultation Group: EDSCG)'도 구성되어 있으며, 한미연합사령부에서는 방어(Defend)・탐지(Detect)・교란(Disrupt)・파괴(Destroy)를 말하는 '4D'의 개념으로 이를 구현하기 위해 노력하고 있다. 그러나 최근 들어서 이러한 위원회의 활동은 미약하고, 따라서 핵우산의 확실성은 다소 낮아진 측면이 있을 수 있다.

나아가 미국이 아무리 핵우산을 제공할 것으로 약속한다고 하더라도 북한이 한국을 핵무기로 공격하는 실제 상황이 발생했을 때 약속한 대로 이행할 것이냐는 것을 확신하기는 어렵다. 미국의 입장에서는 중국이나 러시아와의 핵전쟁으로 확전될 가능성을 우려하지 않을 수 없고, 아무리 북한이 한국을 먼저 공격했다고 해도 대규모 핵 보복을 통해 북한을 초토화하는 것은 도덕적으로 용납되지 않을 수 있기 때문이다. 그래서 확장 억제는 동맹국들이 듣고 싶어하는 수사(rhetoric)에 불과하다고 평가하기도 하는 것이다(김정섭, 2015: 8). 특히 북한이 미국의 영토나 도시에 수소폭탄 공격을 가하겠다고 위협할 경우 미국은 자국의 도시에 대한 핵공격을 각오하지 않는 한 핵우산, 즉 북한에 대한 대규모 핵 응징 보복을 감행하기가 어렵다. 결국 미국은 "서울을 위해 뉴욕에 대한 북한의 핵공격을 감수할 것인가"를 고민할 수밖에 없는 상황이다. 한국으로서는 미국의 핵우산이 이행되도록 노력하면서도 그것이 약속대로 되지 않을 가능성도 고려할 수밖에 없는 상황이라고 할 것이다.

2. 선제 타격

선제(preemption)는 적의 공격이 이미 진행되고 있거나 최소한 임박한 상황에서 군사력을 먼저 사용해 대처하는 것으로서(Gray, 2007: 8) 북한이 핵무기를 사용하려는 징후가 있을 경우 그것이 발사되기 전에 공격해 지상에서 파괴시키는 것을 말한다. 이것은 비핵(非核)무기로도 가능하기 때문에 한국이 단독으로 준비 및 시행할 수 있다는 장점이 있다. 그래서 2013년 2월 북한의 제3차 핵실험이 예상되었을 때 당시 정승조 합참의장은 북한의 핵무기 사용에 대한 '명백한 징후'가 발견될 경우 선제 타격하겠다는 개념을 제시했다.

선제 타격은 박근혜 정부에서 집중적으로 추진되었고, 그 결과 상당한 수준의 역량을 갖춘 점이 있다. 당시 정부는 선제 타격을 '킬 체인(Kill Chain)'으로 표현하면서 "북한의 미사일, 이동식 발사대 및 이동로, 지휘 통제 체계, 관련 고정시설 등 북핵 · 미사일 작전 체계를 타격"하는 것으로 설명했다(국방부, 2016: 58). 한국군은 그동안 이의 구현에 필요한 무기 체계를 지속적으로 획득해 왔고, 최근에는 '킬 체인'을 '전략적 타격 체계'라는 명칭으로 변화시켜 사용하고 있다. 선제 타격은 제한된 시간에 바로 출동해 시행해야 하기 때문에 공군이 주력이 될 수밖에 없는데, 현재 공군은 F-15K 60대와 KF-16(F-16 포함) 170여 대 등 410여 대의 전투기를 보유하고 있고(국방부, 2018: 45), 2019년부터 스텔스 기능을 갖춘 F-35 40대를 도입하고 있다. 특히 한국군은 2019년 1월 공중급유기 'KC-330' 1대를 전력화한데 이어서 앞으로 총 4대를 보유할 예정이고, 급유 시마다 1시간의 작전시간을 증대시킬 수 있어 선제 타격 능력은 매우 향상될 것으로 판단된다.

선제 타격과 관련해 한국이 갖는 제한 사항은 적시적인 표적 획득 능력이다. 한국군은 금강·백두 정찰기와 RQ-101 송골매 군단급 무인정찰기, 70cm 해상도의 아리랑-3호 위성을 보유하고 있으나, 대부분은 미군 정보에 의존하고 있어 취약한 점이 있다(김덕기, 2017). 실제로 북한의 핵미사일 이동 상황을 적시에 정확하게 파악하는 것은 쉽지 않다. 예를 들면, 북한은 2017년 5월 21일 '북극성-2형'미사일을 시험 발사했는데, 고체연료를 사용하는 이 미사일은 5분 이내에 기습적인 공격이 가능하기 때문에(유용원, 2017: A6) 선제 타격에 필요한 최소한의 시간이 보장되지 않을 가능성도 배제할 수 없다. 비록 선제 타격은 매우 효과적이고, 충분히 준비해 나가야 하지만, 이것만으로 북한의 핵미사일 위협을 모두 제거할 수 없고, 따라서 다른 방법을 통한 상당한 보완이 불가피한 실정이다.

3. 탄도미사일 방어

북핵 대응에서 가장 신뢰성이 높은 것은 북한이 핵미사일로 공격할 경우 그것을 공중에서 요격하는 것, 즉 탄도미사일 방어(Ballistic Missile Defense: BMD)이다. 이것은 항공기에 대한 방어를 핵미사일에 적용하는 것으로서, 공중에서 파괴시키는 것이기 때문에 기술적으로 가능할 경우 매우 효과적이고, 노력해서 개량하는 만큼 누적적으로 능력이 향상되는 효과가 있다. 따라서 한국은 미사일이 표적을 향해 낙하하는 종말 단계(terminal phase)를 상층(upper-tier)과 하층(lower-tier)으로 나눠서 다층방어(multi-layered defense)한다는 개념으로 노력해 오고 있다. 다만, 그동안 '한국의 미사일 방어=미국 MD 참여'라는 일부 지식인들의 주장(정욱식, 2003)에 방해를 받아서 충분할 정도로 능력을 확충하지 못했고, 북한과 인접해 대응에 필요한 최소한의 공간과 시간이 보장되지 않을 위험성도 크다.

탄도미사일 방어에 관해 현재 한국은 단거리 지상요격 미사일인 PAC-2 8개 포대를 확보한 후 이를 몸통을 직접적으로 가격해 파괴시키는 '직격파괴(直擊破壞, hit-to-kill)'가 가능한 PAC-3로 개량해 나가는 과정에 있지만, 전국의 주요 도시를 방어할 수 있는 숫자로는 미흡하다. 자체적으로 20km 고도에서 직격파괴할 수 있는 중거리 대공미사일(M-SAM)을 개발하기는 했지만, 아직 전력화를 위해서는 상당한 시간과 재원이 필요한 상황이다. 현재 요격 고도가 40~150km인 미군의 사드(THAAD) 1개 포대를 성주에 배치하고 있으나 이것으로는 전국 방어가 어렵고, 특히 휴전선에 가까운 수도 서울 보호에는 어려움이 있다. 또한 한국은 자체적으로 장거리 지대공미사일(L-SAM)을 개발하는 과정에 있고, 이것이 성공하면 상층 방어를 담당할 수 있지만, 성공해야 하고, 아직 상당한 시간이 필요한 상황이다. 따라서 한국의 탄도미사일 방어도 북한의 핵미사일 위협에 대한 대응에는 한계가 있다.

4. 민방위

핵무기가 개발된 초기에는 핵미사일을 공중에서 요격하는 것이 불가능하다고 판단했다. 그만큼 미사일이 빨리 비행하기 때문이다. 그리하여 미국, 소련, 유럽의 국가들은 민방위(civil defense)라는 개념으로 핵무기가 폭발했을 경우 국민들을 안전하게 대피시킨다는 개념을 설정했고, 이에 따라 다양한 방법으로 다양한 조치를 강구해 왔다. 예를 들면, 영세중립국인 스위스도 전 국민을 대피시킬 수 있는 대피호를 구축했고, 북구 유럽 국가와 러시아도 상당한 수준이다.

민방위는 세부적으로 몇 가지 조치로 구분되는데, 첫째는 재래식 전쟁을 위한 민방위와 유사하게 안전한 대피소(shelter)를 만들어서 유사시 대피할 수 있도록 하는 것이고, 둘째는 아예 전쟁 위험이 적은 지역으로 국민들을 이탈(evacuation), 정부의 입장에서는 소개(疏開)시키는 것이며, 셋째로는 적시적인 대피와 이탈을 보장할 수 있도록 국민들에게 사전에 경보하고 유사시 행동 조치를 지도하는 활동(warning and communication)으로 구성된다. 다만, 핵무기 폭발의 위력이 워낙 크기 때문에 대피소의 경우 핵폭발로부터도 국민들이 피해를 입지 않을 정도의 강도로 보강해야 할 것인데, 이를 위해서는 천문학적인 비용이 소요될 수 있다. 따라서 대부분의 국가에서는 핵폭발 이후 공중으로 부상해 떠돌아다니면서 방사선을 조사하는 낙진(落塵, fall-out)으로부터의 안전을 보장하기 위한 정도로 대피소를 구축한다.

한국의 경우 1975년 「민방위법」을 제정했고, 20세에서 40세까지의 남성으로 민방위대를 편성했으며, 1년에 여덟 번 전 국민을 대상으로 민방공훈련을 실시하고 있듯이 재래식 민방위는 어느 정도 발달되어 있다. 그러나 핵폭발에 대비한 민방위에 관해서는 아직 정부 차원에서 개념을 설정하거나 필요한 대비 방향을 제시하지 않고 있고, 핵폭발 시에 대비한 대피소 보강은 전혀 추진되고 있지 않다. 북한을 자극하거나 국민을 불안하게 만들 것으로 우려하고 있기 때문이다. 예를 들면, 서울시의 경우 민방위 대피소 3,253곳이 지정되어 있는데, 대부분 공습 경보 시 일시적으로 대피하는 장소로만 지정되어 있을 뿐이고, 핵 공격에 대비한 장비나 2주 정도 생활할 대비는 전혀 갖추고 있지 않다고 보도된 바 있다(남상훈, 2017. 10. 10: 6). 2017년 8월 23일 민방공훈련을 실시하면서 행정안전부에서 '국민행동요령'이라는 제목으로 핵폭발 시 대피를 위해 국민들이 조치해야 할 방향을 제시한 적이 있으나(행정안전부, 2019) 일회성으로 종료되었다. 따라서 핵폭발 시를 대비한 민방위 분야는 상당한 노력이 투입되어야 할 수준이라고 할 것이다.

5. 평가

한국은 억제의 경우 미국을 전적으로 이용하는 상황이고, 자체 대응으로 가능한 선제 타격, 탄도미사일 방어, 민방위의 경우에는 북한 핵 위협의 수준에 비해서 매우 미흡한 수준이다. 선제 타격의 경우 F-35나 공중급유기 등의 도입으로 타격 능력은 상당할 정도로 개선되었으나 정보 수집 능력이 미흡하다. 탄도미사일 방어의 경우에는 그동안 '한국의 미사일 방어=미국 MD 참여'라는 오해에서 벗어나지 못해 제대로 된 노력을 집중하지 못했고, 미군의 사드를 배치해 두고 있으나 아직도 충분한 기능을 발휘하지 못하고 있으며, 미래지향적으로 개발하는 M-SAM이나 L-SAM도 적지 않은 시간과 노력이 투입되어야 배치될 수 있는 상황이다. 대피를 중심으로 하는 민방위의 경우에는 아직 정부 차원에서 제대로 시행하는 방향으로 정책을 정립하지 않은 상태이고, 국민들도 무관심한 상황이다.

북핵에 대한 한국의 전반적인 대응 수준을 평가하면 매우 낮은 수준이고, 따라서 북한이 비핵화를 실시하지 않은 상태에서 공세적으로 나올 경우 상당히 취약할 수밖에 없는 상황이다. 한국은 정부, 군대, 국민이 더욱 일치단결해 최악의 상황에서 북한이 핵무기를 사용할 경우 어떻게 우리 스스로를 보호해야 할 것인가를 진지하게 토의하고, 필요한 조치를 더욱 집중적으로 강구해 나가야 할 상황이다. 북한을 자극한다거나 국민을 불안하게 만들까봐 민방위를 제대로 추진하지 않아서는 곤란하다.

제 4 절 | 북핵 위협에 대한 경찰의 역할과 과제

경찰의 기본적인 임무는 '공공의 안녕과 질서 유지'이기 때문에 북한 핵 위협에 대해서도 관심을 갖지 않을 수 없다. 외교적 노력을 통한 북한의 핵무기 폐기가 점점 어려워지고 있을수록 경찰은 최악의 상황까지 유념해 북핵 문제의 추이를 파악하고, 상황에 따라 필요한 대비 조치를 강화해 나갈 필요가 있다. 정부와 군대가 철저하게 대비하지 않을수록 국민이 대비해야 할 필요성은 더욱 높고, 국민이 대비하면 당연히 경찰도 대비해야 한다. 핵 위협에 대한 경찰의 현재 대비가 매우 미흡한 것이 현실이라서 필요한 경찰의 역할과 과제를 기초적인 사항 위주로 제시할 수밖에 없지만, 대비가 추진될 경우 경찰은 더욱 구체적이면서 행동지향적인 과제를 도출해서 시행해 나가야 할 것이다.

1. 북핵 위협과 대응에 관한 정확한 인식

핵무기의 위협과 이에 대한 대응은 군인들도 충분히 이해하지 못할 정도로 지금까지 한국에서는 회피되어온 사항이고, 따라서 이것을 경찰이 알아야 한다고 생각하는 사람은 많지 않을 수도 있지만, 북한의 핵 위협이 우리 국가와 국민을 가장 심각하게 위협하고 있는 요소라는 점에서 경찰이 이를 계속 회피해서는 곤란하다. 북한은 수소폭탄까지 보유한 상태이고, 북한의 핵무기 폐기를 위한 노력이 그다지 성공적으로 진행되지 않고 있다는 점에서 이제는 경찰도 핵무기를 둘러싼 위협과 대응 실태를 냉정하게 이해할 필요가 있다. 국가안보는 적의 의도가 아니라 능력에 대비하는 것이기 때문에 북한의 선의에만 의존해서는 곤란하다. 북한이 핵 능력을 구비하고 있으면, 정부와 군대는 물론이고, 모든 국민들도 북핵에 대한 최소한의 상식은 충분히 구비해야 하고, 이를 통해 적절한 대비책을 강구해 힘으로써 평화를 보장할 수 있어야 한다.

우선 경찰의 모든 요원은 앞에서 언급한 북한의 핵 능력, 핵무기 개발 의도, 핵 전략, 가능할 수 있는 최악의 상황에 관해 충분한 정보를 확보해 정확하게 이해하고자 노력할 필요가 있다. 위협을 제대로 이해해야 유사시에 어떠한 조치를 강구할 것인지를 사전에 논의할 수 있기 때문이다. 경찰은 필요 시 국민들에게 북핵 위협의 실상을 알려줘야 할 것이고, 그렇다면 보통의 국민보다는 훨씬 충분한 지식을 구비해야만 한다. 특히 주한미군의 미사일 요격무기인 '사드(THAAD)'를 배치하는 과정에서 일부 인사들이 유포한 루머가 건전한 국민들의 판단에 상당한 악영향을 줬다는 점에서 경찰은 북핵에 관한 사항을 정확하게 이해함으로써 일부 불순분자들의 루머를 차단하거나 색출할 수 있어야 할 것이다.

국민들의 입장에서는 경찰을 정부의 대표자로 인식할 것이기 때문에 경찰은 북핵에 대한 정부와 군대의 기본적인 대응 방향, 현 실태, 문제점 등에 관해서도 충분하게 파악하고 있을 필요가 있다. 그래야 국민들이 질문할 경우 권위 있는 답변을 해줄 수 있고, 정부와 군대를 효과적으로 지원할 수 있을 것이기 때문이다. 경찰은 정부와 군대의 북핵 대응 태세가 지니고 있는 문제점을 파악함으로써 유사시 경찰이 무엇을 보완할 것인가를 논의하고, 실제로 취약한 부분을 집중적으로 보강함으로써 정부, 군대, 국민의 삼위일체를 보장할 수 있어야 한다. 특히 경찰은 국민들이 유사시에 실시해야 하는 민방위와 깊은 관련을 맺을 수밖에 없다는 차원에서 민방위에 관한 정부의 정책 방향과 한계를 냉정하게 이해함으로써 유사시 경찰의 보완 및 조치 방향을 판단하고, 필요한 사항을 사전에 논의해서 준비해 둬야 할 것이다.

북한의 핵무기 폐기를 위한 외교적 노력의 성과에 따라 적정한 정도가 결정되어야 하지만, 현재 상태에서도 경찰은 북한의 핵 위협과 한국의 핵 대응 태세에 관한 내용을 모든 경찰요원에게 교육시키는 기회를 마련할 필요가 있다. 북핵 위협과 대응에 관한 기본적인 사항들을 정리해서 서적이나 팸플릿으로 만들어서 모든 경찰요원들이 읽을 수 있도록 제공할 필요가 있고, 전문가를 불러서 강의를 듣거나 교육을 받도록 할 수도 있을 것이다. 더욱 필요하다고 판단될 경우 경찰의 기본교육 내용에 핵에 관한 사항을 포함시킬 필요가 있고, 더욱 절박한 상황이 될 경우에는 필요한 요원들이 필요한 사항을 충분히 숙지하고 있는지를 점검해서 그렇지 않을 경우 보완함으로써 모든 경찰이 북핵에 관한 충분한 상식을 구비하도록 보장할 필요가 있다.

2. 핵폭발과 그 피해에 관한 상식 구비

현대 핵전략의 기본적인 개념은 주요 도시를 대상으로 핵무기를 사용해 대량 살상함으로써 적을 억제 및 굴복시킨다는 개념이기 때문에 경찰은 핵무기가 주요 도시에서 폭발했을 경우 그 피해가 어느 정도인지에 대한 기본적인 상식을 구비할 필요가 있다. 그래야 자신의 안전도 도모할 수 있고, 나아가 국민들의 안전을 보장할 수 있는 적절한 조치를 강구할 수 있기 때문이다. 지금까지 대부분의 국민은 핵무기가 폭발하면 이 세계가 종말을 맞을 것이라고 막연하게만 인식하고 있지만, 실제로 핵폭발이라고 하더라도 한계가 있고, 이에 대한 충분한 지식이 있다면 생존도 가능하다.

핵무기가 폭발하면 지상에 대형의 구덩이가 발생하고, 대규모 화염이 발생하며, 고속의 폭풍이 확산되면서, 버섯 모양의 구름이 형성되어 다양한 형태의 방사선을 방사하게 된다. 각 효과의 비중은 폭발 형태에 따라서 달라지지만 대체적으로 폭풍(blast)이 가장 강렬해 피해의 50% 정도를 야기하고, 그 다음으로는 열(heat)이 35% 정도의 피해를 초래하며, 당시에 방사되거나 나중에 먼지구름에서 방사되는 방사선(radiation)이 15% 정도의 피해를 발생시킨다. 추가적으로 전자기파(electromagnetic pulse: EMP)가 발생해 전기 및 전자기기들을 무력화시키는데, 현대 사회는 전기 및 전자기기로 철저하게 연결된 사회라서 예상보다 많은 피해를 끼칠 가능성이 높다.

핵폭탄의 위력(yield)은 주로 TNT 위력으로 표시되는데, 1945년 8월 일본의 히로시마는 약 16kt, 나가사키에는 약 20kt의 원자폭탄이 투하된 바 있고, 그 결과 히로시마에서는 90,000~166,000명, 나가사키에서는 60,000~80,000명 정도가 사망한 것으로 알려지고 있다. 서울의 경우 인구밀도가 높아서 히로시마나 나가사키와 유사한 위력의 핵폭탄이 투하될 경우 6~10배의 사상자가 발생할 것으로 예상되고 있다. 즉, 15kt의 핵무기가 서울 500미터 상공에서 발생하면 62만 명의 사상자, 100미터 상공이면 84만 명의 사상자, 지면 폭발이면 125만 명의 사상자가 발생한다고 분석된 결과가 있다(McKinzie & Cochran, 2004). 한국 국방연구원에서도 "통상적인 기상 조건 하에서 서울을 대상으로 20kt급 핵무기가 지면 폭발 방식으로 사용된다면 24시간 이내 90만 명이 사망하고, 136만 명이 부상하며 시간이 경과할수록 낙진 등으로 사망자가 증가한다. 100kt의 경우 인구의 절반인 580만 명이 사망하거나 다친다"라고 분석하기도 했다(김태우, 2010: 319). 분석의 결과는 어떤 자료를 넣느냐에 따라서 달라질 것인데, 현재의 한국처럼 북한의 핵 위협에 제대로 대비하지 않을 경우 최종적인 피해의 규모는 위와 같은 분석의 결과보다 더욱 참혹할 가능성이 낮지 않다.

핵무기의 위력이 아무리 크다고 하더라도 1~2개의 핵무기 공격으로 한반도 전체가 불모지대화되거나 서울과 같은 대형의 도시가 초토화되는 것은 아니다. 당연히 핵무기의 위력에 따라서 피해 범위는 달라지겠지만, 히로시마와 나가사키에 투하된 정도의 핵무기라면 1~2km 반경 내에는 심각한 피해가 발생하지만, 그것을 벗어나면 생존 확률이 점점 높아진다. <표 13-2>는 10kt 위력의 핵무기가 폭발할 경우 피해 범위인데, 원점에서 710m 반경 내만 심각한 피해가 발생한다는 것을 알 수 있다.

표 13-2 10kt 핵폭발 시의 거리별 압력과 바람

최대 압력(psi)	원점에서의 거리(km)	최대 풍속(km/h)
50	0.29	1503
30	0.39	1077
20	0.48	808
10	0.71	473
5	0.97	262
2	1.8	113

- 0.1–1 psi: 빌딩에 대한 소규모 피해, 유리창 정도 파손
- 1–5 psi: 빌딩에 대한 상당한 피해, 원점 방향의 부분 피해
- 5–8 psi: 빌딩에 대한 심각한 피해, 또는 파괴
- 9psi 이상: 튼튼한 빌딩만 심각한 피해 후 건재하고, 나머지 빌딩은 파괴

출처: National Security Staff Interagency Policy coordination Subcommittee(2010: 16).

핵무기에 의한 피해 중에서 폭발과 열에 의한 피해는 순식간에 발생하기 때문에 조치가 어렵지만, 핵폭발 시 공중으로 올라간 먼지구름이 방사선을 통해 야기하는 피해, 즉 '낙진'에 의한 피해는 노력할 경우 상당할 정도로 줄일 수 있다. 낙진은 천천히 광범위하게 떨어지고, 낙진에서 방사되는 방사선은 조밀한 물질은 투과하지 못해 차단시킬 수 있기 때문이다. 또한 '7-10법칙'(7시간마다 1/10로 감소)이라고 말하듯이 낙진의 방사능은 핵폭발 1시간 후 1000R(roentgens)/H이라면 7시

간 이후에는 100R/H, 48시간 이후에는 10R/H까지 떨어지고, 2주 후에는 1R/H까지 떨어진다(Kearny, 1979: 11－12). 따라서 일정한 두께의 벽으로 둘러싸인 공간 속에서 2일만 견디면 간헐적인 활동이 가능하고, 2주 후에는 전반적인 활동이 가능할 수 있다.

이러한 점에서 볼 때 경찰은 핵무기의 위력을 경시해도 곤란하지만 지나치게 과장되게 인식해 직무를 포기해서도 곤란하다. 경찰은 언제 어떠한 상황에서도 국민들의 생명과 재산을 보호하기 위해 최선을 다해야 하기 때문이다. 따라서 경찰은 핵무기가 투하된 지역은 물론이고, 바람을 따라 낙진이 이동할 수 있는 지역까지 파악해서 국민들을 보호할 수 있는 대책을 강구할 수 있어야 한다.

3. 국민의 보호 및 통제대책 강구

북한의 핵 위협이 심각해질수록 경찰은 군과의 협력을 강화해 나가야 한다. 비록 핵무기가 여러 도시를 공격하더라도 전쟁은 군대의 소관이고, 핵에 대한 대비도 군대가 전문적인 지식을 갖고 있기 때문이다. 따라서 경찰은 북핵 위협이 심각해질수록 군대로부터 북핵 위협의 정도에 대한 정확한 정보를 획득하고, 북핵에 대한 효과적인 대응의 방향을 자문하고자 노력해야 한다. 북핵 위협별로 군대가 정립해 놓은 대응 단계가 존재한다면 경찰도 이를 공유 및 수용하고, 군대로부터 필요한 경보를 신속하게 통보받을 수 있는 체제를 구축해 둬야 할 것이다.

재래식 전쟁에서도 그러하지만, 유사시 경찰이 수행해야 하는 가장 중요한 임무는 국민의 안전을 보장하는 것이고, 이를 위해서는 국민들을 효과적으로 통제할 수 있어야 한다. 핵무기가 폭발하면 국민들이 공황 상태에 빠져서 우왕좌왕할 것이고, 이를 제대로 통제하지 못하면 극심한 혼란이 발생해서 국민들의 생명과 재산이 더욱 위태로워질 가능성이 높기 때문이다. 군인들의 경우 전방에서 적과 대치하거나 적 재래식 공격에 대비하는 것이 우선적인 임무라서 후방지역의 핵 피해의 처리를 위해 전용할 수 있는 부대가 많기는 어렵다. 따라서 경찰은 핵무기 폭발이 발생할 경우 평소에 구비해 둔 핵폭발에 관한 지식에 근거해 자신의 안전을 보장하는 바탕 위에서 사회의 질서를 확립함으로써 핵폭발로 인한 생존의 가능성을 증대시키고, 특히 혼란으로 인한 추가적인 피해의 가능성을 차단할 수 있어야 한다.

핵 공격을 받았을 경우 국민들의 통제와 관련해 가장 중요한 것은 어느 정도 준비 조치가 강구되어 있는 대피소로 생존한 국민들을 신속하면서도 안전하게 인도하는 일이다. 이미 사망한 국민들은 나중에 처리하더라도 부상했거나 생존 가능한 국민들의 안전을 최우선 순위에 둬야 할 것이기 때문이다. 대부분의 국민은 핵 공격을 받은 상황에서 무엇을 어떻게 해야 할지 모를 뿐만 아니라 대피소가 어디 있는지를 아는 사람은 극히 제한될 것이라는 점에서 이들을 안전한 시설로 인도하는 경찰의 역할은 아무리 강조해도 지나치지 않다. 또한 대피소별로 적정 수용 인원을 초과해서는 곤란할 것이기 때문에 국민들을 대피소별로 적절하게 분산시킬 필요도 있다. 그러므로 경찰은 평소부터 핵폭발 시 대피할 수 있는 대피소의 위치와 수용 인원의 규모를 파악해 뒀다가 유사시에 국민들을 효과적으로 인도할 수 있어야 한다.

사상자에 대한 통제와 후송 노력도 경찰이 적극적으로 개입하지 않을 수 없다. 우선은 부상자들을 조기에 병원으로 후송해 치료를 받도록 해야 할 것이고, 사망자의 경우에도 일부에 대해서는 임시적 조치를 강구해 처리하지 않을 수 없다. 방사능에 노출되었다고 해서 금방 모두 사망하는 것이 아니라 개인별 건강 상태에 따라 시간과 치명성의 정도에 따라 대체적으로 450R/H를 받은 사람 중에서 1/2 정도가 사망하는 것으로 되어 있다(Kearny, 1979: 13). 즉, 정부가 경찰을 비롯한 행정력을 동원해 적극적으로 지도할 경우 그렇지 않을 경우보다 생존자를 무척 증대시킬 수 있다는 것이다. 경찰 이외에 이러한 조치를 강구할 수 있는 집단이 없다는 점을 유념할 필요가 있다. 현재까지는 경찰이 핵폭발 상황 자체를 논의하지 않았기 때문에 준비가 미흡하지만, 노력할 경우 가용한 처리 방안이 적지 않다. 경찰은 평소부터 관내의 병원들과 긴밀한 업무상 협조 관계를 유지하고 있기 때문이다.

당연히 이러한 노력은 평소부터 준비되어야 하는바, 경찰은 핵폭발에 의한 사상자가 발생했다는 가정 하에 환자 후송 및 치료, 사망자 처리에 관한 사항을 처리하는 훈련을 실시하고, 그러한 훈련을 통해 미흡한 사항을 발견해 시정해 나갈 필요가 있다. 경찰은 북한의 핵 위협이 높아질 경우 핵폭발은 물론이고, 화학무기나 생물학무기의 공격으로부터 사상자를 구호할 수 있는 특별팀을 구성할 필요가 있고, 이것을 주요 도시별로 분산했다가 유사시에 필요한 도시로 집중시켜 적극적으로 활용하는 체제를 구비할 수도 있을 것이다. 이러한 대비를 어느 정도로 강구해야 할 것인가는 경찰의 수뇌부에서 결정해야 할 사항이지만, 상황이 악화되는데도 불구하고 아무런 조치도 강구하지 않아서는 곤란하다.

4. 대피 요령의 숙지와 대국민 교육

핵폭발이 발생한 이후 다른 지역이나 생존한 국민들에게 가장 절실한 것은 낙진의 피해로부터 불필요한 피해를 입지 않는 것이기 때문에 낙진으로부터 생존하는 방법에 대해서는 경찰부터 충분히 이해한 상태에서 국민들에게도 알려줄 필요가 있다. 그래야 자신의 안전이 보장되는 상황에서 지속적으로 임무를 수행할 수 있고, 국민들의 생존율을 높이는 데 기여할 것이기 때문이다. 특히 낙진으로부터의 안전은 대부분의 국민이 해당되는 사항이라서 작은 선도적인 조치가 전국적으로 상당한 효과를 발휘할 수 있다.

핵무기 공격을 받을 경우 대부분의 국민이 본능적으로 시도할 가능성이 높은 행동은 안전한 지역을 찾아서 현장을 '이탈'하는 것이다. 핵공격이 수회에 국한될 경우 정부 차원에서도 위험지역에 있는 국민들을 안전한 지역으로 이동시킬 수도 있다. 그러나 실제 상대방이 핵공격을 가해 올 경우 1~2회로 종료될 것으로 확신할 수 없다는 점에서 국민들을 다른 지역으로 이탈시키는 문제에 대해서는 신중할 필요가 있다. 자칫하면 심각한 교통 혼잡이 발생해 이탈 자체가 불가능해지거나, 교통체증이 발생할 상태에서 핵 공격이 가해질 경우 엄청난 피해가 발생할 수 있기 때문이다. 현재의 위치가 핵 공격의 표적이라는 확실한 정보가 있고, 이동해 머물 안전한 지역이 있으며, 도로가 막히거나 통제되지 않고, 이동 수단이 확실할 때만 이탈하도록 국민들을 지도할 필요가 있다(Connor, 2013: 3). 실제로 이탈할 경우에도 수일간의 생활에 필요한 최소한의 물품은 휴대하도록 지도해야 할 것이다(Kearny, 1979: 33).

이탈에 비해서 더욱 간단하고 안전한 방법은 핵폭발의 피해를 덜 받을 수 있는 대피소로 이동하는 것이다. 근처에 정부에서 사전에 준비해 둔 공공대피소나 각자가 준비해 둔 대피시설이 있다면 대피는 매우 효과적이다. 그러나 그렇지 않은 상태에서 무조건 지하로 찾아 들어가거나 실내로 들어가는 것은 위험할 수 있다. 핵폭발로부터 국민들을 생존시키고자 한다면 핵폭발 시 발생하는 강력한 압력과 바람을 견딜 수 있는 벽과 출입문을 갖춘 특수한 대피소가 필수적인데, 이의 구축은 많은 비용이 소요되고, 실제로 구비되어 있는 것은 많지 않다. 따라서 대부분의 대피소는 방사능을 차단할 수 있는 벽을 가진 공간을 마련해서 2주 정도 생활하도록 하는 '낙진 대피소(fallout shelter)'인데, 한국의 경우 이것도 충분하지 않다는 것이 문제이다. 따라서 경찰은 아파트별로 구축되어 있는 지하주차장을 대피소로 활용하도록 국민들을 지도하고, 그것의 출입문과 벽을 조기에 보강하면서 2주 정도 생활할 수 있는 준비를 갖추도록 지도할 수 있어야 한다. 낙진의 방사선으로부터 안전을 보장하고자 한다면 대체적으로 콘크리트는 30cm, 벽돌벽은 40cm, 흙은 60~90cm 이상인 벽으로 둘러싸여 있어야 한다(Federal Emergency Management Agency, 1985: 18).

대피소에서 국민들은 최소한 2주 정도 생활해야 하는데, 이를 위해서는 그 기간 동안 대피한 국민들의 환기, 식수, 음식, 용변 등이 보장되어야 한다. 다수의 인원이 2주 정도 생활하는 데 따르는 준비는 상당히 세심해야 하는데, 이를 위해서는 국민 스스로 충분한 상식을 갖고 사전이 필요한 사항을 준비해 두는 것이 최선이다. 그럼에도 불구하고 경찰은 스스로가 무엇을 어떻게 대비해야 하는가를 충분히 이해하는 바탕 위에서 국민들을 지도해서 적절히 대비하도록 만들어야 한다. 아파트단지 또는 동별로 단체행동을 할 경우 공동생활을 위한 규칙도 사전에 정립하고, 이를 위한 서로의 의무와 책임을 이해하도록 함으로써 대피소별로 불협화음이 발생하지 않도록 교육할 필요도 있다. 대피소에서 2주 정도 생활하는 데 필요한 사항들을 팸플릿으로 만들어 국민들에게 사전에 배포해 숙지시키는 노력도 필요하고, 위협이 더욱 임박할 경우에는 교육용 대피소를 만들어 국민들에게 소정의 기간 동안 체험을 통해 무엇을 어떻게 조치하고 준비해야 할 것인지를 깨닫도록 할 수도 있다.

제 5 절 | 결론

경찰의 궁극적인 임무는 '공공의 안녕과 질서 유지'인데, 핵전쟁도 예외일 수는 없다. 핵전쟁은 워낙 대규모의 피해가 발생해 모든 사람이 상상하거나 대비하기를 싫어하지만, 북한이 수소폭탄을 비롯한 대규모 핵 능력을 구비함으로써 한국의 '공공 안녕'이 심각하게 위협받게 되었고, 따라서 경찰도 나서야 한다. 특히 외교적 노력으로 북한의 핵무기를 폐기시키겠다는 정부의 계획이 제대로 된 성과를 나타내지 못함에 따라서 북핵에 의한 공격이라는 최악의 상황까지 대비해야 할 필요성은 더욱 커지고 있다. 핵무기는 후방의 도시를 공격할 가능성이 가장 높고, 그러할 경우 전방의 군인들을 전환하는 것이 쉽지 않다면 경찰 이외에는 국민을 보호해줄 수 있는 조직이 없을 수 있다.

지금까지 정부와 군대 모두 핵전쟁에 관한 사항을 제대로 논의 또는 대비하지 않아 왔다는 점에서 경찰이 나서서 수행해야 할 과제가 적지 않고, 경찰 또한 핵전쟁에 관해서는 제대로 관심을 갖지 않았다는 점에서 기초부터 시작해야 한다. 즉, 경찰은 우선 북한의 핵 위협이 어느 정도로 심각하고, 한국 정부는 어떻게 대응하고 있는가를 정확하게 파악해야 하고, 실제로 핵무기가 폭발할 경우 어느 정도 피해가 발생할 것인지에 관해서도 세부적으로 알고 있어야 한다. 이러한 전제 하에서 경찰은 핵 공격을 받을 경우 자신의 안전을 일단 보장한 다음에 국민을 보호하고자 노력해야 하고, 특히 공황 상태에 빠져 있을 수 있는 국민들을 통제해 질서를 유지하면서 안전한 지역이나 대피소로 이동시킬 수 있어야 한다. 핵 공격을 받은 상황에서 국민들에게 가장 필요한 사항은 안전한 대피소로 이동하는 것이고, 이동해서 2주 정도의 기간 동안 건강을 유지하면서 생활하는 것이라는 점에서 모든 경찰요원은 핵무기 공격 시 생존 가능한 대피의 방법을 충분히 숙지하고, 이를 국민들에게 교육시켜 실천하도록 만들어야 한다. 핵 위협의 정도에 따라 달라지겠지만, 경찰은 유사시 국민들을 지도 및 통제하기 위해 사전에 대비해야 할 사항을 식별하고, 우선순위에 따라 준비해 둬야 할 것이다.

경찰의 연원(淵源)과 한국 경찰이 한국전쟁에서 수행한 역할 등을 참고했을 때 경찰은 주어진 임무만을 수행하는 것이 아니라 공공의 안녕과 질서 유지에 필요한 일은 찾아서 수행해 왔다. 북한의 핵 위협과 최악의 상황에서 핵 공격을 받을 가능성은 다른 어떤 사항보다 한국 국민들의 안녕을 위태롭게 하는 일이다. 정부와 군대가 필요한 대비를 충분히 강구하지 않을수록 국민들은 취약해질 것이고, 그러한 취약해진 국민들을 보호할 수 있는 조직은 경찰밖에 없을 수 있다. 북한의 핵무기 폐기를 위한 외교적 노력이 예상하던 성과를 거두지 못함에 따라 최악의 상황까지 상정해야 할 필요성은 더욱 커졌고, 그럴수록 경찰의 더욱 적극적인 역할이 요구된다고 할 것이다.

참고 문헌

구본학(2015). “북한 핵문제 전개과정과 해결방안”. 『통일정책연구』. 제24권 2호.

국방부(2016). 『2016 국방백서』. 서울: 국방부.

______(2018). 『2018 국방백서』. 서울: 국방부.

권태영 외(2014). 『북한 핵・미사일 위협과 대응』. 서울: 북코리아.

김덕기(2017). “북한의 핵・미사일 도발과 한국군의 대응전략: 한국형 3축(K3: Kill Chain,KAMD, KMPR) 대응체계를 중심으로”. 『군사발전연구』. 제11권 2호.

김민서・김예진(2017). “태영호 ‘북핵, 한국군 무력화 노린 것”. 『세계일보』. 1월 23일.

김병수(2019). “SIPRI ‘북한 핵탄두 20－30개 보유...1년새 10개 늘어”. 『연합뉴스』. 2월 28일.

김정섭(2015). “한반도 확장억제의 재조명: 핵우산의 한계와 재래식 억제의 모색”. 『국가전략』. 제21권 1호.

김태우(2010). “북한 핵실험과 확대억제 강화의 필요성”. 백승주 외. 『한국의 안보와 국방』. 서울: 한국국방연구원.

남상훈(2017). “민방위 대피소, 핵공격 2차 피해 ‘무방비’”. 『세계일보』. 10월 10일.

우평균(2016). “북핵의 정치적 효과와 대남전략: 비대칭적 상황에서의 전략 추진”. 『세계 지역연구논총』. 제34권 4호.

유용원(2017). “발사에 단 5분, 주일美기지 사정권…”. 『조선일보』. 5월 22일. A6.

유철종(2018). “러 핵전문가 "북한 30~35개 핵탄두 보유…연 7개 생산 능력”. 『연합뉴스』. 6월 11일.

이한승・이슬기(2018). “조명균 ‘북, 핵무기 20~60개 보유’ 정보당국 판단”. 『연합뉴스』. 10월 1일.

장철운(2015). “남북한의 지대지 미사일 전력 비교: 효용성 및 대응. 방어 능력을 중심으로”. 『북한연구학회보』. 제19권 1호.

정욱식(2003). 『미사일 방어체제(MD)』. 서울: 살림.

조의준・김진명(2017). “북, 미 전역 때릴 수준까지 왔다”. 『조선일보』. 11월 30일, p. A1.

함형필(2009). “북한의 핵전략 구상과 전략적 딜레마 고찰”. 『국방정책연구』. 제84권 0호.

행정안전부(2019). “국민행동요령.” http://www.safekorea.go.kr/idsiSFK/54/menuMap.do?w2xPath=/idsiSFK/wq/sfk/cs/contents/civil_defense/SDIJKM1302.xml. 검색일: 2019년 4월 4일.

홍우택(2016). “북한의 국가성향 분석과 모의 분석을 통한 핵전략 검증”. 『국방정책연구』. 제32권 4호.

Connor, Shane(2013). “What to Do If a Nuclear Disaster Is Imminent.” *Threat Journal*. August 6.

Department of Defense(2013). *Military and Security Developments Involving the Democratic People's Republic of Korea*. Washington D.C.: DoD.

______(2018). *Nuclear Posture Review*. Washington D.C: DoD.

Federal Emergency Management Agency(1985). *Protection in the Nuclear Age*. Washington D.C.: FEMA.

Global Firepower Homepage(2019). https://www.globalfirepower.com/

Gray, Colin S.(2007). "The Implications of Preemptive and Preventive War Doctrines: A Reconsideration". Monograph of Strategic Studies Institute of the U.S. Army War College. http://www.StrategicStudiesInstitute.army.mil/검색일: 2019년 4월 1일.

Kearny, Cresson H.(1979). *Nuclear War Survival Skills*. 1987 edition. Oregon, Cave Junction: Oregon Institute of Science and Medicine.

Kulkirni, Tanvi & Sinha, Alankrita(2011). "India's Credible Minimum Deterrence: A Decade Later". *IPCS Issue Brief*. No. 179.

McKinzie, Matthew G. & Cochran, Thomas(2004). "Nuclear Use Scenarios on the Korean Peninsula". Natural Resources Defense Council, prepared for the Seminar on International Security Nanjing, China (October 12−15). at: http://docs.nrdc.org/nuclear/files/nuc_04101201a_239.pdf. 검색일: 2019년 3월 24일.

Morgenthau, Hans J.(1985). *Politics Among Nations: The Struggle for power and Peace*. 6th Edition. New York: McGraw−Hill.

Zagurek, Michael J. Jr.(2017). "Hypothetical Nuclear Attack on Seoul and Tokyo: The Human Cost of War on the Korean Peninsula". *38 North Informed Analysis of Events in and around North Korea* (October 4, 2017. https://www.38north.org/2017/10/mzagurek100417/. 검색일: 2019년 4월 5일.

제14장 경찰 공권력 약화 원인과 회복 방안

제1절 | 서론

우리나라는 법과 공권력을 경시하는 풍조의 만연으로 많은 혼란과 문제에 직면하고 있다. 최근에는 공무집행 방해행위 유형이 다양해지고 대담해지고 있다. 예를 들면, 불법시위의 일상화, 주취 상태에서 영업을 방해하는 행위, 음주운전 단속 경관을 모욕하는 행위, 지구대 및 파출소에서의 기물 파손행위 등 도(度)를 넘는 행위가 거의 일상적으로 발생하고 있다.[1)]

이러한 시점에서 우리나라 경찰 공권력의 확립은 선택이 아니라 필수이다. 경찰 공권력의 약화로 인해 한국 사회의 기초 질서는 무너질 수밖에 없을 뿐만 아니라 경찰 공권력의 약화는 국가 공권력의 약화로 이어지기 때문이다. 국가 공권력의 핵심 중 하나는 바로 경찰 공권력이다. 선진국 진입을 앞둔 우리나라로서는 경찰 공권력의 확립은 피할 수 없는 우리의 과업이라 할 수 있다.

경찰 공권력의 약화로 인한 국가 공권력의 무력화는 후진국으로의 평가로 이어질 수 있다. 특히 우리나라는 선진 외국의 경우와 달리 공권력 행사가 비정상으로 행사되고 있다. 만일 우리나라가 선진국으로 당당하게 나아가려면 먼저 경찰 공권력부터 바로 세워야 한다. 이제 경찰 공권력 문제는 단순히 경찰이란 사회제도에만 국한된 문제가 아니라 국가의 장래와 긴밀히 연결되어 있다. 경찰 공권력의 무

---

1) 국제뉴스, "관공서 주취소란자, 민사소송까지 제기한다", 2016.3.29. 기사 참조.

력화 현상은 성숙한 한국 사회를 이룩하는 데 매우 부정적인 결과를 낳게 된다. 따라서 한국 사회가 선진국으로 나아가기 위해서는 절대적 기본권인 인권 보호와 경찰 공권력의 정당한 행사가 이뤄져야 한다.

우리나라 경찰은 1945년 창설 이래 강력하고 일원적인 국가경찰 제도를 유지하면서 국민의 생명과 재산을 보호하고 질서 유지를 위한 국민의 경찰로서 국가와 사회 발전에 기여한 바가 크다 할 수 있다. 경찰권 발동은 헌법과 법률이 허용하는 범위 내에서 법률 유보의 원칙에 따라 법률에 그 근거가 있어야 하고 비례의 원칙을 준수해야 한다. 우리나라는 다른 나라와 달리 경찰의 공권력이 매우 약한 상황이란 것은 부정할 수 없는 사실이다. 공권력에 대한 경시 풍조가 지속적으로 확산된다면 사회통제 수단인 형법의 규범력 약화로 확산될 수 있으며 경찰이 본분을 다하기가 곤란하다.

우리나라는 법치국가이다. 공정하고 엄격한 법 집행으로 사회의 기초 질서를 확립해야 한다. 기초질서 가운데 불법 집회시위와 관련해 경찰의 엄정한 법집행이 이뤄지도록 해야 한다. 그런데 국가 공권력의 상징이라 할 수 있는 경찰의 공권력이 무너진다면 법치국가로서 그 기능을 다하지 못하고 있다고 평가할 수밖에 없다.

정당한 공권력에 행사에 대한 경시 풍조의 배경에는 지나치게 인권과 기본권을 강조해 공권력 약화를 부추기는 여론의 힘, 공무집행사범에 대한 법원의 관대한 태도 등이 주요 원인일 수 있다(윤해성 · 한민경, 2016: 11). 따라서 이 연구는 오늘날 경찰 공권력의 재정립은 선택적 요소가 아니라 필수적 사안이라는 것을 주장하려는 것이 그 목적이다. 이를 위해서 이 연구는 먼저 경찰 공권력의 개념적 이해와 그 근거에 대해 논하고자 한다. 그리고 오늘날 경찰 공권력의 약화 원인과 구조적인 문제가 무엇인지를 파악하기 위해 현 실태를 집회 · 시위 및 공무집행 방해 행위를 중심으로 분석하고자 한다. 그리고 경찰이 공권력의 정당한 행사를 위한 실효적인 형사 제재 방안을 모색하고 실효성 있는 형사정책의 개선 방안을 제시하고자 한다.

제 2 절 | 경찰 공권력의 이해와 한계

1. 경찰 공권력 약화의 의미

경찰이란 개념은 「경찰관 직무집행법」[2] 제1조 목적을 통해 그 의미를 분명히 하고 있다. 즉, 경찰은 "국민의 자유와 권리를 보호하고 사회 공공의 질서를 유지하기 위한" 존재적 개념으로 제시하고 있다. 따라서 경찰은 사회의 공공 질서를 유지하는 것과 밀접히 연결되어 있는 개념이라 할 수 있다. 공공 질서를 유지한다는 의미는 사회를 평온하게 유지하는 상태, 즉 '사회 안전'의 의미로 이해할 수 있다(김원중 · 이영우, 2013: 312). 따라서 경찰은 사회의 공공 질서를 유지해 사회가 평온한 안전 상태를 확보하게 되어 궁극적으로 국민의 자유와 권리를 보호하는 역할이 경찰의 핵심적인 존재 목적이라 할 수 있다.

공권력(公權力)이란 "사회 공공의 질서를 유지하기 위해 일반 통치권에 의거, 국민에게 명령 · 강제해서 그 자연적 자유를 제한하는 행정작용으로 국가나 공공 단체가 우월한 의사의 주체로서 국민에게 명령하고 강제할 수 있는 권력"(김원택 외, 2002: 42)을 의미한다. 공권력은 비단 경찰에게만 주어지는 것은 물론 아니다. 그런데 이 연구에서 말하는 공권력은 경찰에게 주어진 공권력을 의미한다. 경찰이 사회의 안녕과 질서 유지를 위해 강제할 수 있는 권력이 바로 공권력인 것이다.

국가는 경찰기관에 공공 질서를 유지하고 사회가 안전 상태를 이루기 위해서 국가적 공권력을 부여한 것이다. 경찰은 필요에 따라 개인의 자유를 통제하고 사회 질서를 해치는 자를 강제해 사회의 안전 상태를 유지하는 것이다. 따라서 경찰의 공권력은 "국민의 자유와 권리를 보호하고 사회 공공 질서를 유지"하기 위해서 반드시 엄중하게 세워져야 한다고 말할 수 있다.

약화(弱化)란 "세력이나 힘이 약해짐, 또는 그렇게 되게 함"의 의미이다.[3] 따라서 '공권력의 약화'란 "국가나 공공단체가 국민에게 명령하고 강제할 수 있는 권력의 힘이 약해지는 것"을 의미한다. 국가가 사회 질서를 유지하기 위해 권력을 행할

---

2) 법제처 국가법령정보센터 홈페이지 http://www.law.go.kr/main.html 참조, 2018년 5월 20일 검색.

3) NAVER 국어사전 참조, 2018년 5월 15일 검색.

때 제대로 이뤄지지 않는 현상이 나타나는 것이 바로 공권력의 약화이다.

그러므로 '경찰 공권력의 약화'는 경찰이 사회 질서를 유지하기 위해 행하는 권력이 약해져서 결국 사회 질서를 유지하기 어려운 상황이 초래될 때 사용되는 개념이 된다. 경찰이 사회 질서를 유지하기 위한 다양한 노력들이 무시되어 실제적으로 이뤄지지 않는다면 이것이 바로 경찰 공권력의 약화이다. 따라서 '경찰 공권력의 약화'는 결국 "사회 공공 질서를 유지"하기 어려운 상황을 초래하게 되어 결국 "국민의 자유와 권리"가 보호받지 못하게 되는 결과를 낳게 되는 것이다.

경찰 공권력의 약화의 의미는 사회 질서 유지와 연결해서 개념화할 수 있다. 경찰 공권력의 약화가 경찰 공권력의 무력화로 나타나게 될 때 사회의 기초 질서는 무너지고 사회는 혼란에 빠질 수밖에 없다.

경찰 공권력의 약화의 실제 예로서 설명한다면, 오늘날 경찰의 공무 집행에서 주취자가 지구대에서의 언어적·물리적 폭력을 행사하는 것은 공권력 약화에서 비롯되었다고 할 수 있다. 또한 시위 현장에서 '폴리스 라인(police line)'[4]을 설정했음에도 불구하고 이를 무시하고 그 선을 넘어 도전해 오는 행위 역시 경찰 공격력의 약화로 이해할 수 있는 것이다.

2. 경찰 공권력의 근거

경찰 공권력의 근거는 바로 헌법[5]에 기초하고 있다. 헌법 제37조 2항의 근거에 따라 경찰 공권력은 국민의 자유와 권리를 강제로 제한하는 것이다. 경찰 공권력의 구체적인 법적 근거는 경찰법, 경찰관직무집행법, 경찰공무원 법 등에 마련되어 있다.

경찰법은 제1장 총칙 제1조(목적)에 "국가경찰의 민주적인 관리·운영과 효율적인 임무 수행을 위하여 국가경찰의 기본 조직 및 직무 범위와 그밖에 필요한 사항을 규정함을 목적"으로 하는 법률이다. 제2조에서는 국가 경찰의 조직에 대해서 제시하고 있다. 2조 1항에서는 "치안에 관한 사무를 관장하게 하기 위하여 행정자

4) "최소한의 질서 유지를 위해 사건 현장이나 집회 장소에 설치되는 경찰 저지선을 말한다.

5) 헌법 제 37조 2항. "국민의 모든 자유와 권리는 국가안전보장·질서 유지 또는 공공복리를 위하여 필요한 경우에 한하여 법률로써 제한할 수 있으며, 제한하는 경우에도 자유와 권리의 본질적인 내용을 침해할 수 없다."

치부 장관 소속으로 경찰청을 둔다."고 그 소속을 밝히고 있으며 제2항에서는 "경찰청의 사무를 지역적으로 분담하여 수행하기 위하여 특별시장·광역시장 및 도지사(이하 "시·도지사"라 한다) 소속으로 지방경찰청을 두고, 지방경찰청장 소속으로 경찰서를 둔다. 이 경우 인구, 행정구역, 면적, 지리적 특성, 교통 및 그 밖의 조건을 고려하여 시·도지사 소속으로 2개의 지방경찰청을 둘 수 있다."고 명시하여 법으로 그 조직을 분명히 밝히고 있다.

두 번째로 경찰관직무집행법은 "국민의 자유와 권리를 보호하고 사회 공공의 질서를 유지하기 위한 경찰관(국가경찰공무원만 해당한다. 이하 같다)의 직무 수행에 필요한 사항"을 법으로 규정한 것이다. 제2조에서는 그 직무에 대해서 분명히 제시하고 있다. 즉, "국민의 생명·신체 및 재산의 보호"하고, "범죄의 예방·진압 및 수사"하며, "경비, 주요 인사(人士) 경호 및 대간첩·대테러작전을 수행"하고, "치안정보의 수집·작성 및 배포"하고, "교통 단속과 교통 위해(危害)를 방지"하며, "외국 정부기관 및 국제기구와의 국제 협력"하고, 그리고 "그밖에 공공의 안녕과 질서를 유지"하는 것을 직무로 한다는 것을 법률로써 명시하고 있는 것이다.

세 번째로는 경찰의 공권력은 경찰공무원법에 근거하고 있다. 경찰공무원법 제1조(목적)에는 "국가경찰공무원의 책임 및 직무의 중요성과 신분 및 근무 조건의 특수성에 비추어 그 임용, 교육훈련, 복무(服務), 신분 보장 등에 관하여 「국가공무원법」에 대한 특례"를 규정하고 있다.

3. 경찰 공권력의 한계

경찰 공권력 행사는 우선 비례의 원칙에 적합해야 한다. 즉, 경찰권 행사의 목적을 달성하기 위해서는 적합한 수단을 사용해야 하며 목적 달성이 가능하다면 필요 최소한의 수단 사용에 그쳐야 한다. 경찰권을 행사함으로써 달성하고자 하는 공익과 수단을 사용함으로써 침해되는 사익 간의 균형이 되도록 해야 한다(문병효, 2016: 284). 이는 헌법 제37조 제2항뿐만 아니라 경찰관직무집행법 제1조 제2항에도 규정되어 있다.

나아가 경찰권 행사는 공공의 안녕과 질서에 대한 위험의 원인이나 상태를 야기한 자에게 그 상태를 제거할 책임을 지운다는 점에서 원칙적으로 무관한 자에게 행사되어서는 안 된다는 경찰책임의 원칙이 지켜져야 한다.

또한, 경찰권 행사는 경찰 공공의 원칙에 따라야 하며 사적인 목적을 위해서 발동되어서는 안 된다. 즉, 국민의 기본권인 집회·시위의 자유를 제한한다 할지라도 헌법 제37조 제2항에 따라 법률에 의해서만 기본권을 제한해야 하며, 집회·시위의 자유와 본질을 침해해서는 안 된다는 한계가 있다

제3절 | 경찰 공권력 약화의 실태 분석

1. 집회·시위에 대한 경찰 공권력의 약화

집회 및 시위란 국가에 대해 어떤 요구를 관철시키고자 할 때, 일상적인 문제해결 기능과 통로가 그 기능을 다하지 못할 때 나타나는 정치적 행위로 볼 수 있다(이창무, 2007: 327). 그런데 우리나라의 경우 자신들의 뜻대로 이뤄지지 않으면 무조건 시위에 나서려고 한다.

물론 집회 및 시위는 「집회 및 시위에 관한 법률」[6] 제1조에 그 목적을 분명히 명시하고 있다. 즉, '집시법'은 "적법한 집회(集會) 및 시위(示威)를 최대한 보장하고 위법한 시위로부터 국민을 보호함으로써 집회 및 시위의 권리 보장과 공공의 안녕 질서가 적절히 조화를 이루도록 하는 것"[7]을 목적으로 한다고 그 의미를 분명히 하고 있다. 이와 같이 집회·시위는 헌법이 보장하는 중요한 기본법에 속한다. 따라서 집회나 시위를 정부는 최대한 보장해야 한다.

그러나 우리나라의 집회 및 시위는 그 성격이 과격하고 전국화 대규모화를 이루고 있으며, 시민과 정부의 갈등을 조장할 뿐만 아니라 시위로부터 국민이 그 권리를 침해하고 있는 것이 사실이다(이황우, 2006: 167). 실제적으로 주말에 서울 시내에 다양한 이념단체나 이익집단의 시위대로 인해 시민의 다양한 권리가 침해받고 있는 것은 주지의 사실이다(고문현, 2007: 449). 집회·시위가 과격화되고 폭력화될 때 시민의 행복은 너무나 쉽게 손상될 수 있다. 따라서 경찰 공권력이 이를

---

6) 약칭 집시법. 이후부터는 통상 '집시법'이라 칭함.

7) 법제처 국가법령정보센터 홈페이지 http://www.law.go.kr/main.html 참조, 2018년 5월 20일 검색.

위해 분명하고도 엄격한 법 집행을 이룰 수 있는 토대가 우리 사회에 마련되는 것이 매우 필요한 실정이다.

우리 사회는 아직도 불법 과격 및 폭력 시위가 번번이 일어나고 있다. 지난 10년간 그 통계를 살펴보면 다음과 같다.

그림 14-1 불법 과격, 폭력 시위 현황[8)]

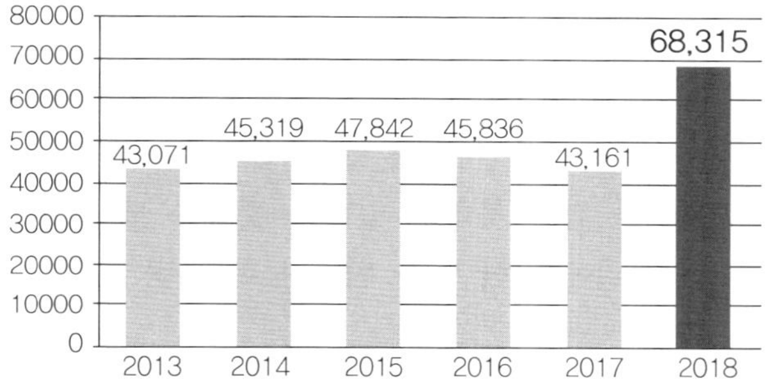

출처: https://www.police.go.kr/portal/main/contents.do?menuNo=200554(검색일2019.4.16.)

2018년 집회 · 시위는 총 68,315건이 개최되었는데, 개최 건수로는 지난해 대비 58% 증가한 수치이며, 야간집회가 처음으로 허용된 2010년의 54,212건을 넘어선 역대 최고치였다.

표 14-1 연도별 집회 · 시위 현황

	2013년	2014년	2015년	2016년	2017년	2018년
금지 통고*	204건	281건	193건	111건	118건	12건
미신고 집회**	509건	655건	188건	81건	144건	53건
불법 · 폭력시위***	45건	35건	30건	28건	12건	12건

출처: https://www.police.go.kr/portal/main/contents.do?menuNo=200554(검색일2019.4.16.)
* 금지 통고 사유: 12건 중 11건은 장소 중첩으로 금지 통고(집시법 제8조).
** 과거에 비해 신고 후 합법적으로 집회를 개최하는 비율이 높아지고 있음.
*** 불법 · 폭력시위 기준(5개): 화염병 / 투석 / 쇠파이프 · 각목 / 시설 피습 / 도로 점거

8) 사이버경찰청 홈페이지 참조, http://www.police.go.kr/portal/main/contents.do?menuNo=200194, 2015년 5월 25일 검색.

집회 및 시위는 지난 6년 동안 지속적으로 일어났다. 2013년도에는 43,071건, 2014년도에는 45,319건, 2015년도에는 47,842건을 보여주고 있다. 2016년도에는 45,836건, 2017년도에는 43,161건으로 감소 현상을 보여주고 있다. 2018년도에는 68,315건으로 최고치를 보여줬다.

이에 따른 불법 및 폭력 시위는 2013년도에는 45건, 2014년도에는 35건, 2015년도에는 30건으로 나타났다. 그리고 2016년도에는 28건으로 나타났다. 2017년도 12건, 2018년도 12건으로 나타나고 있다.

이후 6년 지난 2018년도의 불법 및 폭력 시위는 12건으로 감소하는 추세를 보여주고 있으나 여전히 불법 및 폭력 시위가 사라지지 않고 있다. 한국 사회의 빠른 성장과 변화에 비해 여전히 우리 사회는 불법 및 폭력 시위가 난무하고 이에 대한 경찰 공권력이 그 자리를 잡지 못하고 있다는 것으로 보여주는 대목이다.

이에 따른 집회 및 시위에 관한 법률 위반자 현황 및 처리 현황을 살펴보면 다음과 같다.

표 14-2 2017년도 범죄의 발생 검거 현황

2017	발생		검거		검거 인원			
집회 및 시위에 관한 법률	건수	발생비	건수	건수 대비 검거 건수	소계	남	여	미상
인원	260	0.5	254	97.7	478명	399	66	13

출처: http://www.spo.go.kr/site/spo/crimeAnalysis.do#n검찰청(검색일.2019.4.20).

위의 표에서 알 수 있듯이 집회 및 시위에 관한 법률을 위반하는 사람의 수는 여전히 지속되고 있다는 것을 알 수 있다. 이것은 경찰 공권력의 약화가 지속되고 있다는 것을 보여주는 것이다.

경찰 공권력의 무력화를 시위 현장에서 단적으로 보여주는 것 중에 하나가 바로 폴리스 라인(police line),[9] 즉 '경찰 통제선'이다. 폴리스 라인은 시민의 안전을 지

9) "폴리스 라인은 프랑스의 사진작가 나다르(Gaspard F. T. Nadar)가 1864년 9월 26일 60m 높이의 기구(氣球) Geant호를 타고 벨기에 브뤼셀에 도착할 때 풍선기구의 안전 착륙거리 확보를 위해 군중이 넘어오지 못하도록 제어하는 이동식 벽을 설치한 것으로부터 유래되었다고 한다. 외국의 경우 오래전부터 시행해 왔으며, 한국에서는 1995년 5월 도입해 시범 운영하다가 1996년부터 전국적으로 확대 시행하고 있다." 중부매일 홈페이지에서 인용함.
http://www.jbnews.com/news/articleView.html?idxno=658943, 2015년 5월 26일 검색.

켜 주는 생명선과 같은 의미이다. 그래서 폴리스 라인은 집회 및 시위에 관한 법률(집시법) 제12조의 2항에 제시되어 있다. "관할 경찰관서장은 집회·시위의 보호와 공공의 질서 유지를 위해 필요하다고 인정할 때 최소한의 범위를 정하여 질서유지선을 설정할 수 있다."고 규정하고 있다. 우리나라는 이 폴리스 라인에 대한 인식이 매우 희박하다. 그래서 폴리스 라인을 무시하는 집회가 늘 발생하고 있다. 집시법이 개정된 1989년 이후 경찰이 폴리스 라인을 넘어선 사람을 입건한 사례는 2004년 10월 단 한 건뿐이다.[10] 그러나 폴리스 라인은 공권력의 유지를 위한 매우 중요한 상징적 의미이기도 하다.

그래서 미국의 경우 폴리스 라인을 침범하게 되면 강력하게 대처하고 있다. 지위고하를 막론하고 즉시 체포하는 것이 상례이다. 영국의 경우는 폴리스 라인을 넘게 되면 벌금형 또는 3년 이하의 금고에 처해진다. 프랑스의 경우는 이 선을 넘게 되면 강제해산 명령을 내릴 수 있다. 그리고 독일의 경우 징벌적 손해배상을 청구할 수 있다. 가까운 일본의 경우에도 폴리스 라인은 넘게 되면 경고 후에도 불응할 경우 1년 이하의 징역에 처하게 된다. 이처럼 폴리스 라인은 경찰 공권력의 핵심적 사안인 동시에 상징적 의미이기 때문에 선진국에서는 강력하게 대처하고 있는 것이다.[11]

결국 집회 및 시위의 대한 경찰 공권력의 약화는 국가 공권력에 대한 평가의 중요한 지표가 된다. 국가 공권력이 구체적으로 시행되는 곳 중의 하나가 바로 집회 및 시위 현장이기 때문이다. 시민운동에 대한 국가의 태도를 이해하는 데 경찰의 집회 및 시위를 관리하는 모습이 중요한 지표가 되는 이유가 바로 여기에 있다(Porta & Reiter, 1999). 그러므로 시위 현장에서의 경찰 공권력의 약화는 오늘날 경찰 공권력의 무력화된 모습을 보여주는 핵심적 내용이 된다.

성숙한 집회문화 정착을 위한 국민적 관심과 경찰의 노력에도 불구하고 일부 집회·시위 현장에서는 건전한 시민의식과 준법정신에 반하는 상황이 완전히 사라진 것은 아니었다. 집회 참가자들의 안전을 위해 노력하는 경찰의 공권력을 적대시하거나, 법률에 명시된 규정과 절차를 준수하지 않는 행위(집회 신고장소 이탈, 상대방의 명예를 훼손하는 혐오적 표현 등)는 모두가 고민해야 할 요소로 보인다.

---

10) Naver 지식백과 참조, 출처 : 한경 경제용어사전, 한국경제신문/한경닷컴, 2015년 5월 20일 검색.

11) 중부매일 홈페이지 참조. http://www.jbnews.com/news/articleView.html?idxno=658943, 2015년 5월 26일 검색.

대한민국 내에서 벌어지는 집회에 대한 참가의 자유는 마땅히 보장되어야 하며, 국민들이 누려야 하는 권리이다. 집회 참가자는 자율성을 보장받는 만큼 스스로 법을 준수하고, 그에 상응하는 책임감을 갖게 된다면, 집회·시위 보장을 위해 노력하는 경찰과 함께 모두가 상생하는 사회에 한 걸음 더 다가서게 될 것이다.[12)]

2. 공무집행 방해 범죄와 공권력의 약화

우리나라 경찰 공권력의 약화의 한 단면 가운데 하나는 경찰의 공무집행을 방해하는 범죄이다. 2014년도에 일어난 실제 사례를 보면 그 도가 지나쳤다는 판단이 내려진다. 불특정 다수에게 욕설과 폭행을 행하는 40대 남성이 있다는 신고를 받고 출동한 경찰관에게 얼굴에 침을 뱉고 폭행을 했했다.[13)] 이뿐만 아니라 경찰서나 지구대에서 행하는 언어적 폭언과 물리적 폭행을 보면 '과연 경찰 공권력은 존재하는가'라는 의구심마저 들게 한다.

이러한 경찰관이 공무를 집행하는 범죄 현황은 경찰 공권력의 무력화 현상을 단적으로 보여주는 대목이다. 외국의 경우 "경찰에게 살짝 접촉만 해도 공권력이 도전으로 인식하고 강력하게 대처"하고 있다(김종오, 2009: 103).

우리나라 공무집행방해죄 처리 현황을 보면 다음 표와 같다.

표 14-3 공무집행 방해 검거 인원 및 공상 경찰관 현황

구분	계	2015년	2016년	2017년
공무집행 방해 검거 인원	42,752명	14,556	15,313	12,883
공상 경찰관(폭력 피해)	1,462명	522	534	406

출처: https://www.police.go.kr/portal/main/contents.do?menuNo=200554(검색일: 2019.4.16).

위의 공무집행방해죄의 검거 인원을 대한 통계를 보면 알 수 있듯이 총 42,752명 가운데 2015년도에는 14,556명, 2016년도에는 15,313, 2017년에는 12,883명으로 나타났으며, 공상 경찰관 총 1,462명에서 2015년도에는 522명, 2016년도에는 534

12) http://www.seoulilbo.com/news/articleView.html?idxno=355032. "변화하는 집회-시위 문화 속 자율과 책임". 서울신문. 2019년 6월 1일.
13) http://www.hidomin.com/news/articleView.html?idxno=246053, 경북도민일보 인터넷 홈페이지, 2015년 5월 22일 검색.

그림 14-2 공무집행방해죄 처리 현황

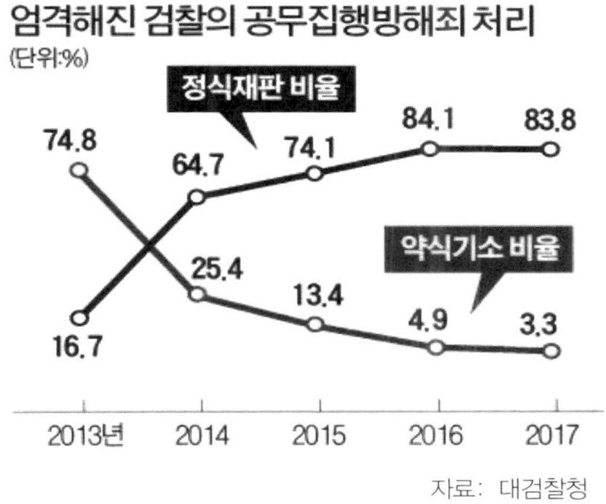

출처: http://www.spo.go.kr/site/spo/crimeAnalysis.do#n대검찰청(검색일: 2019.4.20).

명, 2017년에는 406명을 보이고 있다.

공무집행 방해 처리에서 먼저 정식재판 비율을 보면, 2013년에는 16.7%, 2014년도 64.7%, 2015년 74.1%, 2016년도 84.1%, 2017년도 83.8%로 나타나고 있다.

다음 공무집행 방해 처리에서 약식기소 비율을 살펴보면, 2013년에는 74.8%, 2014년도 25.4%, 2015년 13.4%, 2016년도 4.9%, 2017년도 3.3%로 나타나고 있다.

정식재판으로 2013년보다 2014년도에 크게 줄었다가, 2015년도부터 2017년까지 소폭으로 줄어들었다. 약식기소 비율에서 보면 2013년보다 2014년도에 크게 증감했고, 2015년도부터 2016년까지 소폭으로 증감하다가 2017년도에는 다시 증감했다. 이러한 통계는 경찰 공권력이 얼마나 무력화되었는지를 단적으로 보여주는 대목이다. 공무집행 방해의 경우 피해자가 경찰이고 동료가 목격자인 동시에 수사관이 되기 때문에 공정성을 완전히 담보하기 어렵다고 지적하면서 공권력의 남발을 우려해 경찰은 정당한 법집행을 위해서 공권력을 사용하는 것은 불가피하나 어디까지나 필요 최소한도로 사용되어야 하며, 또한 공무집행방해죄는 공정성 담보가 어렵고 남용 소지가 있기 때문에 제한적으로 사용되어야 한다는 것을 강조해 왔기 때문에 공권력이 약화되는 원인을 제공하고 있다.

제 4절 | 경찰 공권력의 약화 원인과 그 회복 방안

1. 경찰 공권력의 약화 원인

1) 공권력에 대한 이해 부족

집회 및 시위가 불법적이고 폭력적으로 전개되는 또 하나의 원인으로는 우리 사회에 만연되어 있는 이른바 공권력 경시 풍토를 지적할 수 있겠다. 공권력이란 입법・행정・사법을 행사하는 모든 국가기관・공공단체 등의 고권적 작용이며, 대부분의 경우 '공권력 행사'의 부분을 분리해서 판단하지는 않고 '공권력 행사'를 '공권력의 고권적 작용'으로 해석하고 있다(이노홍, 2011: 511). 일반적으로 공권력이란 국가나 국가기관, 지방자치단체 등 공공기관이 우월한 의사의 주체로서 국민에게 명령하고 강제할 수 있는 권력을 말한다. 공권력은 공공의 안녕과 질서를 보호하기 위해 국민이 공공기관에 부여한 힘이다. 따라서 공권력은 이러한 정당한 목적을 실현하기 위해서만 행사되어야 하고 국민은 이에 따라야 하는 것이다. 그러나 공익을 보호하기 위한 공권력의 사용은 상대적으로 그 대상의 권리를 제한하는 형태로 구체화되기 때문에 가능한 필요 최소한의 정도에 머물러야 한다. 공권력은 헌법과 법률에 따라 공공기관에 부여되고 그 행사는 법령에 근거를 둬야 하므로 공권력을 경시하는 것은 법 질서를 경시하는 것과 다름이 없고, 나아가 이러한 공권력에 저항하는 것은 법 질서에 대한 저항으로 평가할 수 있다.

공권력은 공공기관 자신의 이익을 위해 행사되는 것이 아니라 국민 전체의 이익을 위해 행사되는 것이므로 공권력을 경시하는 것은 국민의 이익, 즉 타인의 이익을 경시하는 것이라고 할 수 있다. 이러한 공권력 경시 풍토가 집회・시위에 반영되면 자신들의 이익 추구를 위해 공공의 질서와 타인의 권리가 침해되더라도 상관없다는 의식에서 불법적으로 폭력적인 집회와 시위를 하게 되는 것이다. 집회 및 시위와 관련해서 공권력이라고 할 때는 우선 경찰이 그 대상이다.

일반국민에게 공권력의 상징은 법을 집행하는 최일선에 서 있는 경찰이다. 현재 우리나라 경찰은 집회・시위와 관련이 없는 일반 경찰활동에서도 법집행에 저항하는 국민들로 업무 수행에 지장을 받고 사기 또한 저하되어 있는 상황이다. 경찰의 공무 집행을 방해하거나 파출소에서의 난동, 방화, 순찰차 탈취, 차량 돌진, 음주운전 단속에 불응하거나 단속 경찰관을 차에 매달고 주행하는 등 경찰이라는 공권력에 대한 경시 또는 저항 사례는 매스컴의 보도에서 흔히 접할 수 있다. 경찰에 대해 발생하는 이러한 사태의 원인은 일제점령기에 이어 군사독재정권 시절에 이르기까지 정권 유지의 하수인이었다는 부정적 인상이 아직까지 국민들의 의식 속에 남아 있기 때문이라고 할 수 있겠다. 집회 및 시위와 관련된 공권력 경시 풍토는 집시법을 위반해 미신고 집회·시위를 개최하거나 집회·시위가 금지된 장소와 시간에 집회·시위를 하고 이것이 경찰에 의해 저지되면 집회 및 시위의 폭력화로 발전한다.

이 경우 집회·시위의 자유가 절대적인 자유라고 인식하고 있는 시위대의 입장에서는 집회·시위를 금지하고 제한하는 경찰의 조치를 기본권에 대한 중대한 침해라고 단정하고 강력하게 저항하게 된다.

집회 및 시위의 자유는 헌법과 집시법에 따라 보장되고 제한한다. 따라서 우리 사회에서 집회·시위의 자유를 행사하기 위해서는 헌법과 집시법에 규정된 요건을 충족하고 관계 행정 당국의 조치를 따라야 한다. 경시하는 집회·시위로 인해 경찰력과 시위대 간의 폭력이 악순환되는 상황에 처해 있다(이은영·서봉성, 2017: 59).

2) 집회·시위문화에 대한 잘못된 인식

한국은 세계에서 그 유례를 찾기 힘들 정도로 빠른 성장을 이룬 국가이다. 이러한 급격한 변화와 달리 다른 사회적 성숙 요소들이 아직 그 수준에 이르지 못한 상황에 놓여 있다. 그 중에 하나가 각종 불법 집단행동이라 할 수 있다. 이러한 미숙함이 불법·폭력 시위를 정당화하고 있다. 더 나아가 불법·폭력시위가 건전하고 평화적인 합법적 시위보다 그 목표를 이루는데 더 효과적이라는 그릇된 이해를 갖고 있다(고문현, 2007: 456).

한국 사회는 소위 말하는 '떼법'이라는 것이 존재한다는 말이 있다. 법치국가인 한국에서 헌법을 능가하는 법이 바로 '떼법'이라는 것이다. 이것은 한국 사회에서 자신들의 목적을 달성하기 위해서는 불법·폭력 시위가 가장 최고의 방법이라는 왜곡된 인식이 자리 잡고 있다는 것을 보여준다(고문현, 2007: 449). 이러한 왜곡된 인식이 결국 경찰 공권력 약화의 원인이 되고 있는 것이다.

3) 경찰 인력의 부족

우리나라 경찰관 1인당 담당 인구는 2014년 469명, 2015년 456명, 2016년 451명, 2017년 444명, 2018년 437명으로 줄어들었다. 이를 표로 나타내면 다음과 같다.

표 14-4 우리나라 경찰관 1인당 담당 인구

(단위: 명)

구분	2014	2015	2016	2017	2018
경찰관	109,364	113,077	114,658	116,584	118,651
1인당 담당 인구	469	456	451	444	437

출처: https://www.police.go.kr/portal/main/contents.do?menuNo=200554(검색일: 2019.4.16).

지난 5년간 우리나라 경찰관 1인당 담당 인구 수는 약간의 변동이 있을 뿐 여전히 많은 수를 담당하고 있는 실정이다. 경찰 인력 면에서 취약한 구조를 드러내고 있는 것이다. 경찰관 1인당 담당 인구를 선진국과 비교하면 매우 열악한 상황이다. 2015년을 기준으로 살펴보면 2015년 기준 한국 경찰 1인당 담당 인구는 456명이다. 미국(430명), 영국(423명), 프랑스(311명), 독일(301명) 등 선진국과 비교하면 턱없이 부족하다.

그림 14-3 경찰관 1인당 담당 인구 선진국 비교

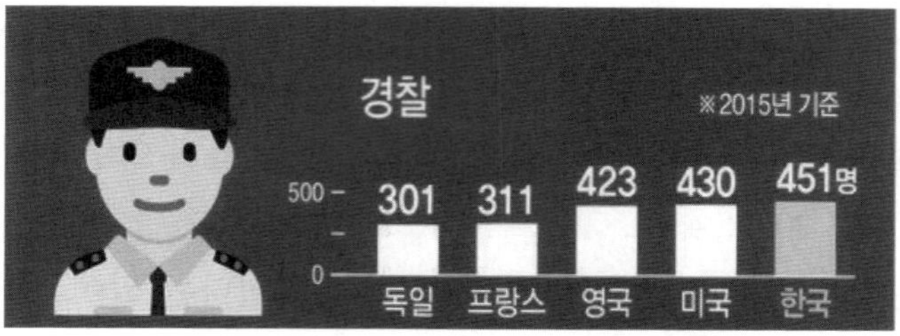

출처: https://m.yna.co.kr/view/2019년 4월 20일 검색.

위의 그림에서 알 수 있듯이 2015년도 경찰관 1명이 451명을 담당하고 있는 나라는 우리나라밖에 없다. 그럼에도 불구하고 우리나라 경찰관은 탁월한 능력을 발휘하고 있다. OECD 주요 7개국의 범죄 발생률과 비교하면 우리나라가 20% 낮은 수치를 보여주고 있고, 상대적으로 경찰의 범죄 검거율은 선진국과 비교해도 62%로 높은 수치를 보여주고 있기 때문이다. 우리나라 경찰관들이 수퍼맨과 같은 역할을 하고 있다는 것을 보여주는 대목이다. 그러나 이러한 경찰 인력의 취약성은 경찰 공권력의 약화로 이어진다는 것은 자명한 사실이다. 따라서 이제 경찰 인력의 확충을 통해서 경찰 공권력을 세우는 일을 시도해야 할 시점이 온 것이다.

4) 경찰 공무원의 근무 조건과 처우의 열악

오늘날 한국 사회의 경찰관들은 순직하거나 공무(公務)로 인해 상처나 부상을 당하는 사례가 늘고 있다. 이것은 경찰의 위상과 매우 관련이 있는 것으로서 결국 경찰의 공권력 확보와 직결되는 사안이라 할 수 있다. 경찰관의 연도별 경찰관 순직 및 공상 현황을 표로 나타내면 다음과 같다.

표 14-5 순직 · 공상 경찰관 발생 현황(최근 5년간, 2018. 12 기준)

(단위: 명)

구분(최근 5년간)	순직자(명)	공상자(명)
2014.1.1 ~ 2018.12.31	62	8,462
2018.1.1 ~ 2018.12.31	5	1,226

출처: https://www.police.go.kr/portal/main/contents.do?menuNo=200554(검색일: 2019.4.16).

연 평균 순직 14명, 공상 1,692명 발생 원인으로 먼저 순직으로는 질병(62.3%), 교통사고(18.8%), 기타(8.7%), 피습 부상(5,8%), 안전사고(4.4%) 순으로 나타났으며, 다음으로 공상에서는 안전사고(45.8%), 피습부상(28.6%), 교통사고(23.1%), 질병(2.5%) 순이다.

순직한 총 69명의 경찰관의 순직 사유를 보면, 피습에 의한 사망이 4명, 안전사고 3명, 교통사고가 13명, 질병이 43명, 기타 6명 등이었다.

경찰관 공상을 원인별로 분석하면 범인 피습 부상이 2,424명, 교통사고가 1,953명, 안전사고가 3,873명, 그리고 질병이 212명이었다.

이와 같이 경찰의 순직과 공상이 많다는 것은 경찰의 위상을 제고하기 위한 방안으로 근무 조건을 개선하고 안전 확보를 마련하는 것이 중요하다. 이러한 조치는 경찰의 권위와 위상을 바로 세울 수 있을 뿐만 아니라 이것은 경찰로 하여금

표 14-6 경찰관 순직 원인별 분석

(단위: 명)

구분	총계	2014	2015	2016	2017	2018
	69	17	16	18	13	5
피습 부상	4	1	1	1	–	1
교통사고	13	3	4	5	–	1
안전사고	3	–	1	1	1	–
질병	43	10	10	9	11	3
기타	6	3	–	2	1	–

출처: https://www.police.go.kr/portal/main/contents.do?menuNo=2005549(검색일: 2019.4.16).

표 14-7 공상 원인별 현황

(단위: 명)

구분	총계	2014	2015	2016	2017	2018
	8,462	1,988	1,830	1,842	1,576	1,226
피습 부상	2,424	527	524	536	440	397
교통사고	1,953	454	395	455	388	261
안전사고	3,873	954	875	794	704	546
질병	212	53	36	57	44	22

※ 순직, 공상 통계는 승인 기준일에 따라 달라짐.
출처: https://www.police.go.kr/portal/main/contents.do?menuNo=2005549(검색일: 2019.4.16).

그의 역할을 제대로 감당할 수 있도록 돕는 매우 절실한 사안이라 할 수 있다. 이러한 조치는 곧 경찰의 공권력 확보로 이어져 한국 사회의 질서 유지와 안전을 마련할 수 있는 핵심적 역할을 하게 될 것이다.

또한 순직과 공상자들에 대한 경찰청은 개별 경찰 직원들의 순직·공상 인정을 위한 지원에도 힘쓸 계획이다. 특히 눈길을 끄는 것은 경찰청이 직원들의 순직·공상 등 인정을 위한 국가 상대 소송비용까지 지원하기로 결정한 대목이다.

경찰청은 공무원재해보상심의회(인사혁신처) 심의 결과, 순직·공상 인정되지 않거나 중한 공상에 해당할 가능성이 있음에도 불승인받은 경우 소송비 등 지원해야 하며, 공무원의 순직이나 공상은 인사혁신처 공무원재해보상심의회에서 심의하고 불승인될 경우 국무총리실 공무원재해보상연금위원회에 재심을 요구할 수 있다. 재심에서도 불승인될 경우 공무원들은 개별적으로 국가를 상대로 행정소송 등을 진행하도록 실질적인 지원이 필요하다.

5) 폴리스 라인에 대한 구속력 미비

집시법은 "집회 · 시위의 보호와 공공의 질서 유지를 위하여 필요하다고 인정할 때에는 최소한의 범위를 정하여 질서 유지선(police line)을 설정할 수 있다."고 규정(제12조의2 제1항)하고 있다. 이 규정에 따르면, 질서 유지선은 군중을 통제하기 위해 설치하는 것이 아니라 경찰 본연의 기능인 공공의 안녕과 질서를 유지하기 위해 설치하는 것이라 할 수 있다. 폴리스 라인에 대한 경찰의 입장에서는 집회 · 시위와 무관한 제3자의 권리를 침해하지 않으면서 집회 · 시위를 합법적인 범위 내에서 보호하는 차원으로 해석하고 있다. 따라서 폴리스 라인은 극히 소극적인 방향으로 운영되고, 서로 다른 입장의 차이로 집회 · 시위 현장에서는 잘 지켜지지 않은 채로 시행되고 있다고 볼 수 있다.

미국의 경우 폴리스 라인은 경찰직무 집행에 중요한 수단으로 활용되고 있는데 우리나라와는 상반되게 적극적인 방향으로 운용되고 있으며, 보호의 개념보다 차단과 봉쇄라 할 수 있다.

폴리스 라인에 대한 시민의 인식에 구속력과는 무관하게 임의적 제한으로 인식되어 금방이라도 불법 폭력 집회 · 시위의 양상을 띠게 되면 와해되어 버리는 것이 현실이다. 엄정한 기준의 마련을 통한 폴리스 라인에 대한 강제력과 구속력이 절실히 필요한 시점이다.

2. 경찰 공권력의 회복 방안

1) 준법정신 교육의 강화

과거 우리나라는 민주화 학생운동이 오랫동안 존재했다. 1960년대 학생운동은 1970년을 이어 1980년대를 거치면서 폭력적 시위가 진행되었다. 투석과 화염병을 투척하는 등 과격한 시위의 모습을 보였다. 그뿐만 아니라 1990년대에는 화염병과 쇠파이프 등을 이용해 경찰 공권력에 대항했다(이상안, 1998: 40－45).

이러한 과격 시위의 역사를 우리는 기억하고 있다. 그러나 오늘날 급격한 시대적 변화 속에 우리의 시위 의식이 분명 달라져야 한다. 무조건 떼를 쓰고 과격하게 시위를 하면 정부가 들어준다는 의식이 바뀌도록 교육해야 한다.

2) 경찰 인력의 확충

오늘날 경찰은 과중한 업무를 감당하고 있다. 경찰관 1명당 담당하는 인구가 너무 많은 상황이다. 따라서 경찰 인력을 확충해 경찰 공권력이 정상화되도록 해야 한다.

3) 경찰의 처우 및 근무 조건 개선

경찰관이 순직하고 공상(公傷)을 당하는 일이 없도록 해야 한다. 이를 위해서는 경찰관에 대한 복지적 접근뿐만 아니라 경찰관의 안전을 마련하기 위한 적극적인 정책적 제도 개선이 필요하다. 경찰관들의 역할이 제대로 이뤄지기 위한 환경 조성은 단순히 경찰관 자신들만을 위한 것이 아니라 한국 사회의 안정과 국민의 보호를 위해 반드시 이뤄져야 할 사안임을 잊지 말아야 한다.

4) 공정하고 엄격한 법 집행

법치국가에서 가장 중요한 것은 엄격한 법 집행이다. 선진국의 경우처럼 경찰이 엄정하게 공무를 집행해야 한다. 공권력에 도전하는 경우 강력하게 대응해서 엄정한 법의 심판을 받도록 해야 한다. 그뿐만 아니라 경찰관에게 언어적·물리적으로 폭행하는 경우에는 더욱 강력한 처벌이 내려지도록 법적·제도적 개선이 이뤄져야 한다. 이런 경우 이것을 전담하는 전문가를 두어 형사적 민사적 법적 대응을 하도록 해야 한다.

만 15세 이상 국민 대상 통계청 사회조사에서 공공 질서를 위반하는 이유에 대해서 '귀찮아서', '다른 사람도 지키지 않아서'라는 응답이 가장 많은 비중을 차지했다. 이는 자기 또는 타인의 준법의식이 공공 질서 준수에 영향을 미치는 요인이 될 수 있다(김희재·김희선, 2015: 979). 이는 기초 질서 준수 수준의 향상을 위해 사회 전반적으로 단속을 강화할 필요성을 말해 준다. 이와 관련해 윌슨(James Q. Wilson)과 켈링(George L. Kelling)은 '깨진 유리창 이론(broken window theory)'에서 미약한 범죄를 방치할 경우 향후 중대한 범죄를 양산할 수 있다는 점에서 기초 질서 단속의 중요성을 강조했다(김정규, 2016: 127).

5) 불법 · 폭력 시위 적시 대응

1999년 11월 30일 미국에서 있었던 반(反)WTO 시애틀 시위 당시 시정부가 취한 조치는 과도한 불법과 폭력에 대한 적시적인 대응 사례로서 참고할 만하다. 당시에 반(反)WTO 시위대는 시간이 지날수록 그 폭력성이 점차 심화되었는데, 시위대 중 일부는 상점의 창문을 파괴하고 덤프트럭을 교차로에 밀어 불을 질렀으며 경찰차량을 뒤집는 등 일반적인 불법의 수준을 넘어서 도시 기능이 마비될 정도에 이르렀다.

이처럼 상황이 악화되자 시애틀 시장은 시위 다음날인 12월 1일 '긴급조치권'을 발령해 야간통행 금지, 시위 금지구역의 설정, 가스마스크의 사용 및 판매 금지 등의 적극적인 조치를 취했고, 주 경찰과 주 방위군이 지원 투입되었다. 이러한 긴급조치는 집회 · 시위에 대한 조치였다고 평가되는데, 상황이 발생한 당일에 이러한 조치가 결정된 것을 매우 적시성이 있었다고 판단된다.

집회 · 시위의 자유는 최대한 인정되어야 한다는 것이 당연한 명제이지만 한도를 넘어선 과도한 불법과 폭력은 타인의 자유와 권리 보호, 국가 · 도시의 기능 유지 등을 위해서 신속히 다뤄져야 할 것이다.

우리의 경우 2008년에 발생했던 미국산 쇠고기 수입반대 촛불집회는 집중투쟁이란 이름으로 휴무일 연속 그리고 새벽까지 불법으로 진행되었고, 도심에서의 교통 방해와 기물 파괴 등의 폭력행위가 자행되었으며, 100일이 넘는 장기간 시위였음에도 기동경찰에 의한 일상적인 시위 대응의 한계를 벗어나지 못했다. 즉, 당시의 반정부 불법 · 폭력시위였음에도 불구하고 그에 상응한 전술한 미국의 사례에서 같은 적시성 있는 특단의 조치가 이뤄지지 않았던 것이다.

따라서 이러한 불법 · 폭력 시위에 대해서는 먼저 주최 측에게 지속적으로 경고 · 설득을 해서 불법 · 폭력 시위를 자제하고 준법집회로 유도해야 할 것이고, 현장관리 단계에서는 사전 검문 검색을 통해 불법 시위 용품을 사전에 차단하고 불법 · 폭력 시위가 진행될 경우에는 적극적으로 불법 시위로의 진행을 자제할 것을 경고해야 할 것이다. 이에 불응하고 불법 · 폭력 시위를 계속적으로 전개할 경우에는 현장에서 검거하거나 채증(採證)을 통해 사후 사법 처리를 명확히 해야 할 것이다.

그렇지 않은 경찰의 미온적인 조치 결과는 새로운 개념의 폭력 시위 형태에 대한 입법의 불비, 사회의 불법과 폭력에 대한 국민의 인식 차이, 시위대와 공권력 상호간에 계속되는 불신과 적대적 감정 등에 원인이 있을 것이다. 또한, 경찰의 집회 · 시위 관리가 이성적이기보다는 감정적 대응을 보여주고 있다는 연구 결과도 있다(이창무 · 남재성, 2006: 124－125). 정규 경찰관으로 시위진압부대가 구성된다면 좀 더 이성적 대응 가능성이 높아질 것이다. 그러나 분명한 것은 법집행의 사법적 신뢰를 회복하고 우리 사회의 공공 질서와 준법시위 문화 확립을 위해 불법 · 폭력 대응에 적극적이고 적시성 있는 조치가 이뤄져야 한다.

6) 법령의 개선을 통한 채증 보호 규정의 강화

시위자들의 과거 행동을 입증하기 위한 경찰의 채증활동은 갈수록 어려워지고 있다. 거리시위 현장에서는 사복 경찰관들이 기자나 일반시민 신분으로 위장해서 몰래 사진 채증을 하다 발각되는 사례가 잇따르고 있다(한국일보, 2008: 6.3).

이처럼 시위대 측의 현장 공권력에 대한 감시활동과 적법한 경찰관의 채증활동은 시위대의 노골적인 방해활동으로 인해 많은 지장을 받을 뿐 아니라 이는 나아가 공권력 행사에 대한 다중의 위력을 이용한 공무를 방해하는 행위임에도 불구하고 위험 방지를 목적으로 이뤄지는 경찰의 채증활동에 대해서는 「경찰관직 집행법」, 「집시법」 등 개별적 규정이 없다.

국민의 자유와 공익 실현의 조화를 추구하는 현대 국가의 특정상 경찰의 채증활동은 「경찰관직 집행법」상 공공의 안녕과 질서 유지라는 일반수권 조항에 따라 경찰이 당연히 행사해야 할 것이다. 따라서 이러한 채증활동과 공권력 행사에 대한 강력하고 직접적인 법적 보호 장치의 마련이 필요하다.

물론 「집회 및 시위에 관한 법률」 제19조 제1항에서 "경찰관은 집회 또는 시위의 주최자에게 알리고 그 집회 또는 시위의 장소에 정복을 입고 출입할 수 있다.", 제2항에서는 "집회나 시위의 주최자, 질서유지인 또는 장소관리자는 질서를 유지하기 위한 경찰관의 직무 수행에 협조하여야 한다."고 규정하고 있으나 이는 직접적인 증거 수집 목적의 채증활동 규정은 아니다. 그리고 형법 제136조의 공무집행방해죄와 제144조의 특수공무집방해죄의 처벌 근거를 찾을 수 있겠으나, 폭력 시위 현장에서 경찰관의 신분 노출에 따른 신변 위험의 상황을 고려한다면 시위대 안에서의 공개적인 채증활동이 더 큰 위험을 초래할 수도 있으며, 또한 상호 충돌로 인해 시위 상황을 더욱 악화시킬 수 있다는 점을 고려해야 한다.

집회·시위 관리에서 불법·폭력 시위 주동자 등 법질서 위반자에 대한 현장 검거는 시위대와의 충돌이 불가피하고 대규모 폭력 시위로 변질될 수 있으므로 불법·폭력 시위자는 정밀한 채증을 통한 사후의 사법 조치가 효과적임은 앞에서도 언급한 바이다.

이는 불법행위의 유죄 입증에 필요한 증거를 확보하기 위한 수단으로 인정된다. 따라서 「집회 및 시위에 관한 법률」에 불법·폭력 시위를 포함한 모든 시위 현장을 채증활동 보호 근거와 채증활동 중인 경찰관에 대한 채증 방해와 위해행위에 대해서 가중 처벌을 하는 규정을 신설해서 채증활동을 공적으로 보호하는 법적 근거를 만들고, 이를 통해 시위를 적법·비폭력으로 유도할 수 있어야 한다.

이러한 불법 시위 현장에서의 자유로운 채증활동을 보장하기 위해서는 무엇보다 채증 장비의 개선과 채증 요원에 대한 교육의 확대 역시 병행되어 제도적 장치를 마련할 필요가 있다. 채증 요원을 감식 요원에 준하는 전문화를 통해 전문 인력을 배양하고, 고성능 채증 장비의 도입으로 집회 전(全) 과정의 입체적 채증 구조를 마련해야 하는 것이다.

7) 폴리스 라인의 규범적 보완 및 재조명

(1) 선진국의 활용 사례

폴리스 라인(police line)이라는 것이 사실상 우리 경찰이 교통통제 등의 목적으로 사용하고 있었음에도 불구하고 이것은 일반적인 경찰상의 직무 집행 도구로 인식하지 못하고 있었던 우리나라의 경우, 일반적·체계적인 제도로서 폴리스 라인 제도를 고안하려면 이미 이것을 경찰의 일반적인 직무 집행 도구로 활용하고 있는 미국의 제도 운영 상황에서 많은 시사점을 발견할 수 있다. 앞으로 우리 경찰이 폴리스 라인을 일반적인 직무 집행 수단으로 도입 시, 다음과 같은 점에서 미국 제도로부터 시사받을 점이 있다고 본다.

첫째로, 폴리스 라인을 일반적인 경찰 직무 집행의 수단으로 생각하고 일반 경찰관들도 평소에 이를 휴대, 사용할 수 있도록 하고 있다는 점이다. 폴리스 라인의 용처는 한두 가지 경우에 국한되는 것이 아니라 모두 열거할 수 없을 정도로 다양하게 활용되고 있다. 우리나라의 경우, 지금까지는 주로 집회, 시위, 재난관리, 교통통제 등을 위해 사용되고 있었을 뿐이지만 경찰의 다양한 직무 집행 상황에 따라 폴리스 라인의 용처는 확대될 수 있을 것으로 본다.

둘째로, 폴리스 라인의 설치 방식도 매우 다양하다는 것이다. 테이프나 선과 같은 도구를 사용하는 것만이 폴리스 라인이 아니라 바리케이드, 경찰 차량, 스쿠프, 경찰대오 등의 여러 가지 수단이 모두 폴리스 라인으로 이용되고 있다는 점도 우리에게는 중요한 시사점을 주고 있다.

셋째로, 폴리스 라인을 경찰관의 직무 집행을 위한 하나의 수단 정도로 여기고 있기 때문에 우리나라의 법규에 해당하는 차원에서의 규율이 이뤄지고 있지 않다는 점이다. 이것은 미국이 우리와는 달리 법률 유보의 원칙을 법치주의의 필수적 요소로 이해하고 있지는 않다는 법 인식의 차이에서 기인하는 것일 수도 있지만 군중통제나 교통통제 등을 위해서 우리나라의 법규에 가까운 법 형식으로 제한구역의 설정에 대한 규율을 하고 있음에 비춰 볼 때, 미국에서 법률 유보의 관념이 우리나라와는 다르다고 하더라도 역시 통행 제한 등의 조치 자체는 (우리나라 식으로 말하면) 법규적 규율 대상으로 보면서도 폴리스 라인이라는 도구의 활용 그 자체는 경찰 내부의 실무준칙의 규율 사항으로 인식하고 있는 것이 아닌가 한다.

넷째로, 폴리스 라인 위반은 그 자체로써 처벌하는 것이 아니라 그것이 일반적인 사법 집행 방해와 질서 위반에 해당하는 것으로 봐 처벌하고 있다. 그리고 그 처벌에서도 경중을 나눠 처벌하고 있으며, 처벌의 행정적 편의를 위한 간이집행절차 및 집행 도구를 마련하고 있음도 참고할 만하다.

다섯째로, 폴리스 라인 설치, 운영에 대한 일반적인 실무준칙이 마련되어 있는 경우가 있음을 보게 된다. 만약 우리나라도 이러한 일반적인 폴리스 라인 제도를 도입한다면 그 법규적 근거와는 별도로 경찰 내부의 실무준칙이 마련되어야 할 것이다. 미국의 경우 이러한 경찰 내부의 실무준칙에서 정당한 사유가 있는 지역 제한지역에의 출입 허용이라든가 폴리스 라인으로 인한 교통 장애의 최소화 및 그 장애 상황의 고지 등에 대한 규율을 하고 있다.

일곱째로, 집회·시위 시의 폴리스 라인의 사용이 미국에서 성공적인 것은 집회·시위문화의 안전성에 기인한다는 사실을 간과해서는 안 된다. 미국에서도 법질서 위반자가 의도적으로 폴리스 라인을 위반하고자 하는 경우에는 폴리스 라인이 별 효용을 거두지 못한다는 점이 충분히 인식되고 있으며, 또한 이동집회의 경우에는 특별한 경우를 제외하고는 폴리스 라인이 잘 사용되지도 않는다고 한다.

이러한 점을 감안할 때, 집회·시위에서의 폴리스 라인의 활용은 법 질서 유지의 의향이 있는 집회 및 시위의 경우에 주로 활용될 성질의 것이라고 할 것이고, 우리나라의 많은 집회·시위가 그러하듯이 폭력적, 불법적 성격을 가진 집회·시위의 경우에는 설사 활용된다 하더라도 체포 및 강제 조치의 계고 내지 전 단계로서의 의미밖에 가지지 못할 것이라고 사료된다.

결론적으로 모든 제도가 그러하듯이 폴리스 라인의 도입이 성공하기 위해서는 성숙한 국민의식을 위한 국민 측과 법 집행 당국 양자의 노력이 필요하며, 이와 관련해 현재의 우리 법의식 수준에 맞는 적절한 제도의 고안이 절실히 요청된다고 본다. 나아가 폴리스 라인이 가지는 한계에 대한 충분한 인식을 통해서 이것이 적절한 직무 집행의 수단으로 활용될 수 있도록 세밀한 상황 검토가 필요하다고 본다.

(2) 폴리스 라인 위반자에 대한 형사적 처벌 강화

우리나라 경찰의 경우 헌법에서 보장하고 있는 집회의 자유를 최대한 보장하면서 법규를 위반한 집회에 대해서는 엄정하게 대응한다는 것을 전제로 하고 있다. 그러나 이러한 엄정한 대응은 강경 대응이라는 여론의 조성에 따라 경찰이 적극적 개입 시기에 적절히 개입하지 못함으로써 일반시민의 법익을 보호하지 못하고 있는 실정이다. 이에 따라서 외국의 경우 폴리스 라인 등을 설치해 폴리스 라인을 넘는 행위를 할 경우 엄정하고 강력하게 대응하고 있다. 우리나라도 이러한 제도를 도입했으나 대규모의 집회인 경우 그 인력을 범주화할 수도 없고, 대부분 사람이 많은 복잡한 대도시에서 집회가 이뤄지므로 폴리스 라인 제도를 활용하는 것이 제한적일 수밖에 없다. 따라서 폴리스 라인은 라인의 효용가치가 큰 범주 내에 집회에 적극 활용하고, 대규모 집회의 경우 지정 장소의 범위를 구체적으로 정해 줌과 동시에 기록 장비 활용을 통한 불법 증거의 채증을 수시로 해야 할 것이다.

불법행위에 대한 처벌이 미약하거나 수사상의 부담, 사법 조치에 따른 여파 등을 고려해 적당히 흥정해 마무리하게 되면 올바른 시위문화나 법률의 존엄성이 훼손되고 공권력이 무력해지는 결과를 야기한다. 따라서 '불법행위는 반드시 사법 처리된다'는 인식을 가질 수 있도록 엄정히 조치해야 할 것이다. 범죄 예방과 질서유지를 지향하는 형사정책의 성공 여부는 법 집행의 엄격성, 확실성, 신속성이 무엇보다 중요하듯이(이윤호, 2005: 48) 불법·폭력 시위로 일반시민의 법익 침해를 최소화하기 위해서는 불법행위에 대한 엄정한 법적 책임을 묻는 것이 매우 중요하다. 이는 폴리스 라인 위반자에 대해서도 마찬가지이다. 미국의 경우는 각 주마다 정도의 차이는 보이나 분명한 것은 경범죄나 질서 위반죄를 적용해 통상 50 달러 정도의 벌금형에 처하도록 하고 있다. 폴리스 라인을 넘는 행위에 대해 경우에 따라서는 경찰봉 등을 사용해 물리적 제재를 가할 수 있음은 물론이다(김유환, 1996: 87－88).

제 5 절 | 결론

공권력이 무력화하게 된 동기는 역사성과 사회성에서 우선 찾을 수 있다. 과거부터 이어져 온 경찰의 부정적 이미지, 경찰의 정치적 중립성 미확보, 합법적 집회 시위보다는 불법적 집회·시위에 요구 사항을 더 많이 수용하는 등 경찰이 조장한 측면도 없지 않다. 이러한 현상은 민주사회로 가는 과정에 나타나는 과도기적 현상으로 경제사회적 수준의 향상으로 상당 부분 해소될 수 있으리라 본다.

그동안 우리 법원은 각종 범죄에 대해 대체적으로 법정형의 하한선에 가까운 형을 선고하는 등의 방법으로 범법자에게 관용을 베푸는 것을 미덕으로 생각해 왔다. 이러한 행태의 반복은 수많은 사회적·경제적 손실을 양산해 내는 불법 집회·시위에 대해서도 고스란히 적용하고 있는 현실이다.

대다수의 시민에게 피해를 주는 불법행위에 대해서는 반드시 뿌리 뽑아야 한다. 더 나아가 공권력의 주체인 경찰은 '온정주의'에서 벗어나 시민의 기본권과 안전을 우선적으로 책임지는 민중의 지팡이임을 깨닫고 그에 걸맞게 철저한 자기 혁신 노력을 해야 할 것이다.

경찰의 주관적인 의사에 따라 법의 해석과 적용이 달라진다면 법과 공권력의 권위는 여지없이 무너지고 법치주의는 공허한 메아리가 될 것이다.

이제라도 경찰은 법 집행에서 정치인들의 인기영합주의에 휘둘리거나 경찰 스스로의 온정주의를 타파하고 법치주의를 확립하지 못한다면 국가의 정책 추진은 물론이고 공권력 회복과 선진 한국으로의 진입은 요원할 것이다.

사회의 기초 질서가 지켜지지 않는다면 우리나라는 결코 선진국으로 진입할 수 없을 것이다. 그뿐만 아니라 법 질서가 바로 서지 않는다면 더 이상의 사회 발전은 기대하기 힘들다. 이러한 사회의 법 질서 확립을 위해서는 경찰의 공권력 확보는 가장 필수적인 것이다.

따라서 이 연구는 경찰 공권력의 약화로 인해 실추된 경찰의 권위와 신뢰 회복은 "국민의 자유와 권리를 보호하고 사회 공공의 질서를 유지"하기 위해서 선택적 사안이 아니라 필수적 조건이라는 것을 강조했다.

한국은 1960년대 경제개발계획에 따른 산업화로 급속한 경제 성장을 이루게 되었다. 20세기에는 산업사회에서 IT 사회로 더욱 급속한 경제 성장을 이뤘다. 그러나 이러한 급속한 변화에 발맞춰 공권력에 대한 시민의 준법의식의 적응은 제대로 성장하지 못한 것이 우리의 현실이다. 경제 성장만큼 성장하지 못한 우리의 의식 수준은 결국 경찰의 공권력의 약화라는 결과를 보여주게 되었다(김원중 · 이영우, 2013: 309−310). 이에 따라 공공 질서의 유지가 훼손되고 있고 사회 안전이 위협받고 있는 실정이다. 주취자의 지구대에서의 언어적 폭력, 물리적 폭력행위 등으로 공무 집행을 방해하는 행위와 시위 현장에서의 폴리스 라인의 무력화하고 경찰관에게 폭력을 행사하는 행위 등으로 경찰의 공권력이 무력화되고 있다.

이러한 현실 속에서 경찰 공권력을 제대로 세우기 위해서는 시민의 준법의식을 변화시키기 위한 노력이 선행되어야 한다. 그리고 법치국가로서 엄정하게 법을 집행해야 한다. 이러한 대응이 없이는 국가의 공권력을 세우기 어렵기 때문이다.

이제 사회의 안전 질서 유지를 위해서 경찰 공권력의 확보는 이제 우리의 당면 과제로 남게 되었다. 이 과제는 경찰관에게만 제시된 것이 아니라 한국 땅에 발을 딛고 사는 한국 시민의 모두의 과제이다. 이것이 이 연구가 말하고 싶은 마지막 제언이다. 왜냐하면 이것은 한국 사회의 미래의 희망과 직결된 매우 중요한 주제이기 때문이다.

참고 문헌

고문현(2007). "공권력 위기의 원인과 그 대응방안 : 경찰의 경우를 중심으로". 『토지공법 연구』. 제38권.

김원중 · 이영우(2013). "사회안정을 위한 경찰 변화 방안". 『유럽헌법연구』. 제14호.

김원택 · 이문재 · 박준규 · 조연진(2002). "경찰기관의 공권력 실추와 그 대처방안에 관한 연구". 『경찰행정학보』. 제6권.

김유환(1996). “불법적 집회시위의 강제진압에 대한 정당성 확보 방안”. 「시민을 위한 경찰 발전 연구회 제9회 학술세미나 자료집」.
김정규(2016). “경찰공권력에 대한 인식 수준이 범죄 안전감에 미치는 영향”. 『한국콘텐츠학회 종합학술대회 논문집』.
김종오(2009). “법치국가의 위기와 공권력 무력화 현상에 관한 연구 : 사례를 중심으로”. 『세계헌법연구』. 제15권 3호.
김희재 · 김희선(2015). “Journal of The Korean Data Analysis Society”. 『한국자료분석학회』. 제17권 제2호.
문병효(2016). “경찰권 발동의 근거와 한계에 관한 연구”. 『강원법학』. 제48호.
윤해성 · 한민경(2016). “경찰에 대한 공무집행 방해에 관한 연구”. 『형사정책연구원 연구총서』.
이노홍(2011). “헌법소원의 대상으로서 공권력의 행사와 행정청의 지위”. 『세계헌법연구』. 제17권 제2호.
이상안(1998). “집단행동의 불법화 과정에서의 위기 요인”. 『치안정책연구』. 제9호.
이윤호(2005). 『범죄학개론』. 서울: 박문각.
이은영 · 서봉성(2017). 『경찰수사론』. 경기: 박영사.
이창무(2007). “국내 · 외 집회시위 및 경찰 관리방식의 변천과정 연구”. 『치안논총』. 제23권.
이창무 · 남재성(2006). “경찰의 집회 · 시위 관리에 대한 인식태도 비교 연구”. 『한국공안행정학회보』. 제23호.
이황우(2006). “한국의 집회 · 시위문화 정착 방안”. 『평화적 집회시위 문화정착을 위한 노력과 과제』. 경찰청한국경찰학회 한 · 미 · 일 · 중 국제학술세미나.

Porta, Donatella D. & Reiter, Herbert(eds)(1999). “Policing Protest: The Control of Mass Demonstrations in Western Democracies”. *Contemporary sociology*. Vol.28, No.2.

사이버경찰청 홈페이지. http://www.police.go.kr/.
http://blog.naver.com/hpros/220186497417, 서울고등검찰청 공식블로그. 검색일: 2015.5.20.
http://www.hidomin.com/news/articleView.html?idxno=246053, 경북도민일보 인터넷 홈페이지. 검색일: 2015.5.22.

http://www.spo.go.kr/site/spo/crimeAnalysis.do#n대검찰청. 검색일: 2019.4.20.
Wikipedia, the free encyclopedia, www.google.co.kr.
https://www.police.go.kr/portal/main/contents.do?menuNo=2005549. 검색일: 2019.4.16.
http://www.seoulilbo.com/news/articleView.html?idxno=355032. 검색일: 2019.6.30.
http://www.jbnews.com/news/articleView.html?idxno=658943. 검색일: 2019.5.26.

제 15 장 대한민국 경찰유가족회의 상징성과 국민통합

제 1 절 | 서론

국가보훈단체는 보훈 대상자가 스스로 자신들의 권익을 대변하고, 추구하는 이념을 공고히 하기 위해 구성된 조직이다. 보훈단체는 국가유공자의 자활 능력 배양, 민족정기 선양, 그리고 일반 국민의 애국정신 함양활동 등을 목적으로 설립된다. 대표적인 대한민국 보훈단체로는 '광복회', '대한민국 상이군경회', '대한민국 전몰군경 유족회', '대한민국 전몰군경 미망인회', '재일 학도의용군 동지회', '대한민국 무공수훈자회', '4·19 민주혁명회', '4·19혁명 희생자 유족회', '4·19혁명 공로자회', '대한민국 특수임무 수행자회', '대한민국 고엽제 전우회', '대한민국 베트남 참전 유공자 전우회', '대한민국 재향군인회', '대한민국 6·25참전 유공자회'를 들 수 있다. '대한민국 경찰유가족회'[1]는 '대한민국 전몰군경 유족회에 속한다.

이들 보훈단체는 각각의 특성과 설립 목적을 지니고 그에 적합한 다양한 활동을 전개하고 있다. 이 연구에서는 이들 각 보훈단체 중 '대한민국 경찰유가족회(대한민국 전몰군경 유족회)'에서 현시되는 상징성 분석을 통해 그러한 상징성이 국민통합과 애국심의 계승 방안에 어떻게 작용하는지 살펴보고자 한다.

모든 조직은 복잡한 형태의 활동을 수행하는 중첩구조로 구성되어 있으며, 보훈

1) '대한민국 경찰유가족회'는 대한민국 전몰군경 유족회에 속하며, 전몰군경 유족회는 군인과 경찰 유족을 포함한 단체인데, 여기에서는 대한민국 경찰유가족회라고 명명할 것임.

단체도 예외가 아니다. 이 연구는 조직을 다의성과 함축성을 지닌 상징 체계로 파악하는 상징적 접근을 시도한다. 상징적 관점에서는 조직연구가 단순히 조직의 구조나 조직성원들의 행동을 분석하는 수준을 넘어서서 의미 체계로서의 조직 특성과 의미 생산자로서의 구성원들의 역동성에 초점을 둬야 한다고 전제한다. 따라서 상징적 접근법에서는 조직의 생산활동과 직접적인 관련을 갖고 있지 않은 상징의 문제가 조직연구에서 얼마나 중요한지를 지적하고자 한다.

전통적 접근법은 인간행위의 복잡한 특성을 간과한 채 공식적이고 합리적인 측면을 과도하게 강조하고 있을 뿐만 아니라, 조직의 유기적인 부분을 소홀히 함으로써 상징적인 측면의 의의와 중요성을 간과하고 있다. 따라서 그러한 문제를 보완하기 위해 상징적 접근에서는 그야말로 조직을 상징적 실체로 인식한다.

조직 현상을 이해하기 위한 구체적인 접근방법으로, 크게 객관주의적 접근방법과 주관주의적 접근방법으로 나눌 수 있다(Burrell & Morgan, 1979: 1−37). 관찰자의 입장에서 인간을 구속하는 힘의 실재를 법칙적으로 연구하는 입장이 객관주의적 입장이고, 인간의 자유 의지와 자발성을 바탕으로 참여자의 속성을 강조하며, 현상의 의미를 형성하고 해석해 나가는 입장이 주관주의적 입장이다. 여기에서 객관주의는 실증주의를 지향하는 양적 분석방법을 주로 사용하고, 주관주의는 반실증주의적인 질적 분석방법을 주로 사용한다.

'상징적 접근법(culture and symbolic approach)'은 주관주의적 접근방법 중의 하나로서 질적 분석방법을 주로 사용해 조직 현상을 분석한다. 이는 '외부로부터 설명'하려는 것이 아니라 '내부로부터 이해'하려는 방법으로 대개의 경우 감춰져 있는 것을 드러나게 하는 방법, 즉 의미 부여의 의식 작용을 파헤치고 그 의미를 해석하는 방법이라 할 수 있다(한전숙, 1980: 23). 이 연구에서도 상징적 접근법을 통한 질적 분석방법과 귀납적 분석방법을 토대로 대한민국 경찰유가족회가 지니는 상징성을 분석하고자 한다. 특히 대한민국 경찰유가족회라는 국가유공자단체와 국민통합과의 관계가 이 논문에서 중점을 두는 부분이다.

제 2 절 | 조직 상징의 이론적 배경

1. 상징과 조직

상징이란 사람들끼리 상호 주고받는 의미 체계를 나타내는 기호의 집합으로서 의식적, 무의식적, 추상적 사고 체계[2]와 관련된다. 동시에 상징은 존재적 가치와 본질적 가치의 이중적 구조[3]를 가지고 있으며, 의미의 다양성과 모호성과 함축성[4]을 지닌다. 이로 인해 상징은 무엇보다도 그것이 사용되는 맥락에 따라서 그 의미가 결정된다는 중요한 특성을 지닌다. 즉, 상징은 그 자체로써 고유한 의미를 지니는 것이 아니라 사람들 사이의 사회적 상호작용 과정과 의사소통의 진행 과정에서 그 의미가 드러나며, 개인의 해석 과정이 중요한 역할을 한다고 볼 수 있다.

이러한 상징은 종교나 고도로 의례화 된 삶의 영역에서 그 역할이 더욱 두드러지게 나타나고 있다. 그러나 그 밖의 인간의 모든 삶 속에도 상징은 광범위하게 영향을 미치고 있으며, 사회적 조직과 의사소통 과정에서 필수적인 요소이다. 즉, 상징은 모든 형태의 조직에서 나타나며 구성원의 모든 행위에 다양하게 관련되어 있다.

특히 사회적 정보처리의 관점에서 볼 때 상징이란 인간 및 시간과 공간을 통해서 정보를 전달하는 기본 매체이다. 인간은 단순히 타인의 행위에 반응을 보이는 것이 아니라 타인에 의해 전달된 의도 혹은 타인의 상징에 반응해 행위를 한다. 이런 측면에서 상징을 통해 조직성원의 활동이 영향을 받기도 하고 역으로 조직성원의 경험이 상징으로 투영되기도 한다고 볼 수 있다. 이렇듯 인간집단은 그 특유의 적응적 메커니즘으로써 자신의 사회적 환경이나 상황적 현실에 맞게 태도, 행위,

---

2) 상징이란 인간의 창작품이다. 다시 말해, 상징은 사물에 대한 어떤 의미를 부여하는 과정에서 다른 어떤 것을 대신해 나타내는 것으로서 추상적인 성질을 나타내는 대상물이다. 따라서 상징은 고유한 의미에 국한되는 것이 아닌 함축적 표현이다. 즉, 외적 기호와는 달리 상징에는 주관성이 개재되어 주관적인 의미가 부여되어 있다. 그러므로 상징이 어떤 의미를 나타내기 위해서는 이전에 알고 있던 지식과 경험의 틀로 바뀌어 해석되어야 한다.

3) 상징은 그 자체보다는 다른 어떤 것에 대한 느낌들의 방향을 지시해 준다. 상징은 어떤 실체의 그림자이며 그 실체를 다른 세계로 전달하는 매개체이다. 다시 말해, 상징은 그 자체에 가치를 두는 것이 아니라 그것이 상징화하는 대상의 의미에 가치를 둔다(Frankle, 1954: 369).

4) 상징은 경험으로부터 직접 이끌어낼 수 없는 의미를 암시하고, 정서적으로 함축된 의미를 표시하며 감춰진 의미를 나타낸다(Sapir, 1934: 493).

신념을 적응해 나가는 존재이다.

일반적으로 조직 내에서의 상징들은 행사, 의식, 연설, 선서, 회식, 연회 등과 같이 정형화된 활동으로 나타나는 경우가 많다. 그 밖에 마크, 배지(badge), 기념물, 중심인물, 구호 등으로 표현되기도 한다. 이러한 대상이 상징으로 간주될 수 있는 것은 이들이 추상적인 상징을 통해서 구체적인 현상을 설명해 줄 뿐만 아니라 구체적인 것으로부터 추상적인 것을 이해하는 데 필요한 숨은 의미를 추출해 내는 기능을 하기 때문이다.

조직에서 상징이 필요불가결한 이유를 간단히 정리하면 첫째, 상징은 원래 나타내고자 하는 의미 그 자체보다도 훨씬 간단하면서 용이하게 표현할 수 있고, 둘째, 상징을 통해서 정보를 저장 혹은 검색할 수 있고 재현이 가능해 의사소통상에 높은 신뢰성을 기대할 수 있으며, 셋째, 상징은 추상적인 내용을 더욱 분명하게 나타낼 수 있다(유영옥, 2007: 385).

2. 조직의 상징성

카시러(Ernst Cassirer)는 "인간은 상징적 동물로서 인간에 대한 모든 이해는 인간의 상징작용 능력에서 찾아야 한다"고 주장한 바 있다(Cassirer, 1944: 23-24). 그의 견해에 동의한다면 인간이 모여서 구성된 조직 역시 본질적으로 '상징적 실체'라는 점에 이의가 없을 것이다. 조직을 하나의 상징적 실체로 간주하게 될 때 조직연구에서의 주요 관심사는 공유된 의미의 체계를 산출하는 과정에 관한 것이 된다. 이는 곧 상징 작용을 통한 실재의 구성 과정에 대한 것이다(Morgan, 1986: 124). 구체적인 상징 작용의 매체는 상징, 신화, 의례, 의식, 언어, 이야기, 무용담, 은유, 가치 체계, 행동규범 등 매우 다양할 수 있다.

1) 언어로서의 조직 상징

조직에서 사용되는 말, 글, 기호 등은 모두 언어의 한 형식으로서 상징적 행위의 주요 수단 가운데 하나이다. 조직 성원 간의 일상적 대화, 전문용어나 어휘, 표어나 슬로건이나 로고 등과 같은 상징적 표현을 통해 그 조직의 특성을 파악할 수 있다. 다시 말해, 특정 조직에서 사용되는 대화 내용, 전문용어, 표어 등의 언어적 표현들은 해당 조직의 문화나 분위기 그리고 기능적 분야 등을 잘 나타내 준다. 이것은 이러한 언어들이 조직의 실재를 형성하고 있기 때문이다(Morgan, 1986: 10-11). 그러므로 언어적 상징은 어떤 조직의 상징적 현상을 분석하는 데 핵심적 주체가 된다.

2) 행위로서의 조직 상징

조직에서 일어나고 있는 의례, 의식, 업무활동 등 모든 행위양식도 상징적 의미를 지니고 있다. 사람들은 제도화된 의례적 또는 의식적 절차를 수행함으로써 어떤 사건을 정당화하거나 바람직한 상태로 이끌기도 한다. 조직의 최고책임자의 취임식, 공로자에 대한 표창장, 기념패 수여식 등과 같은 의례적 행위는 조직의 특성을 상징화하고 조직 성원 의식이나 단결을 강화하기 위해 성대하게 이뤄지며, 이러한 상징적 행위를 통해 조직이 추구하는 가치를 달성하기도 한다(Rosen, 1985: 31-48).

3) 사물로서의 조직 상징

인위적인 것이든 자연적인 것이든 간에 특정한 사물에 상징적 의미가 부여될 때 그 사물은 사람들의 정서와 감정, 태도와 행위에 영향을 미치는 커다란 힘을 지니게 된다. 대부분의 조직은 그 조직을 표상하는 많은 상징물을 만들어내고 이용한다. 특정 조직을 상징하는 마크, 배지, 깃발, 의상, 조형물, 건축물, 동식물 등을 봄으로써 조직성원은 조직에 대한 소속감과 일체감, 자부심과 충성심 같은 것을 느끼기도 한다. 조직은 가끔 조직의 분위기나 이미지를 쇄신하기 위해 심벌마크를 바꾸거나 건물을 단장하기도 하고 진열이나 장식을 변화시키기도 한다.

4) 신화와 인물로서의 조직 상징

신화(神話)는 본래 '태초에 벌어진 사건을 말로 하는 서사물', 혹은 '신 또는 신적 존재가 벌이는 행위에 대한 구술'이라는 것이 일반적인 인식이다. 그러므로 신화는 종교와 깊은 연관성을 지니게 된다[5](Allen, 1998: 129). 그러나 때로는 비유

---

5) 엘리아데(Mircea Eliade)는 신화를 "상징이야기의 형태로 조합되어 성스러운 실재를 드러내는 참된 이야기나 역사를 보여주는 특정한 종류의 종교 현상"이라고 정의하면서 신화와 종교의 연관성을 강조했다. 일반적으로 종교학은 '신화'를 가치중립적인 의미로 사용하며 대표적 종교학자 중 한 사람인 엘리아데는 신화를 허구로 보는 경향을 반대했다(유요한, 2009: 114).

적으로 사용되어 '비범한 사람의 성공 이야기'를 가리키기도 한다.

신화는 인간정신의 창조물이며 문화의 산물로서 이는 인간의 성스러움을 추구하는 보편적 성향이 다양한 형태로 표현된 것이다(Eliade, 1998: 3). 그러한 점에서 신화는 성스러움을 내포하고 있어야 하며, 이 성스러움의 진실되고 권위 있게 다른 사람들이 받아들여질 수 있어야 한다. 또한 신화는 공동체 내에서 반복을 통해 공유되어야만 성립된다는 특성을 지닌다. 그러므로 "신화는 그것의 가장 중요한 의미를 발견하는 일군의 사람들에게 공유되며 그들에게 신성한 이야기"[6]인 것이다(O'Flaherty, 1988: 27).

신화의 매력은 그것이 항상 진실이라고 믿어지는 데 있으며, 이러한 신화적 사고(mythic thought)[7]에 의해 인간이 이성만으로 해결하기 어려운 감정적, 심리적, 비합리적, 도덕적 영역의 문제를 쉽게 해결할 수 있다는 데 있다. 이러한 인간의 신화적 사고에 대한 관심은 조직 현상의 비합리적이고 감정적인 측면들을 이해하는 데 큰 도움을 준다. 신화와 더불어 전설, 무용담, 이야기 등은 실제 조직생활 속에서 자주 나타나는 상징적 표현 양식이다.

상징의 힘은 그것을 함축하고 있는 의미의 해석을 통해 나타난다. 따라서 어떠한 대상이든 그것에 상징적 의미를 부여하는 순간, 그 대상은 강력한 힘을 지니게 된다. 조직에서도 종종 조직을 대표하는 인물에 특정한 의미를 부여할 때, 그 인물이 지니는 상징적 힘은 초합리적이게 된다. 이러한 인물들은 조직의 기본 가치를 확립하는 데도 중심적 역할을 한다. 조직의 의도와 목표에 따라 어떤 사람은 영웅으로 추앙되는 반면에 어떤 사람은 배신자로 낙인찍히기도 하는 것이다.

5) 관념으로서의 조직 상징

가치 체계, 신념, 태도, 이데올로기 등 관념적 현상들도 상징적 표현의 하나로서 중요한 의미를 갖는다. 대부분의 조직은 각 조직의 성원들이 공유하고 있는 신념

---

6) 어원상으로 볼 때 신화는 원래 그리스어에서는 '이야깃거리' 또는 '전설'을 의미했으며, 라틴어에서는 '읽을거리'라는 뜻이었다. 그러나 신화적 사실은 일회적인 역사적 기술과는 반복되어 특정 상징성을 지닌다는 점에서 구분된다. 또한 이러한 점에서 신화는 인간의 대표적인 상징적 행위의 산물로서 간주할 수 있으며, 첨단 과학기술을 자랑하는 현대 문명사회에서도 그 자리를 굳건히 지키고 있다.

7) 이들은 신화적 사고를 이성적 사고(과학적 사고)나 존재론적 사고 또는 기능적 사고와 대응되는 것으로 규정지어 깊이 있게 논의하고 있다.

이나 가치 체계를 지니고 있다. 예컨대 기업의 기본 가치는 조직문화의 가장 핵심적인 요소로서 구성원 행동의 기본 전제와 조직체 행동에 직접적인 영향을 준다. 조직에서의 신념 체계나 이데올로기는 특히 조직성원을 관리·통제하고 동원하는 데 많이 이용된다. 일상적 의미에서의 이데올로기는 어떤 집단이 특별한 이성 작용 또는 사유 과정을 거치지 않고, 단순히 진리 또는 당위로 받아들이는 신념을 말한다.

6) 제도로서의 조직 상징

일상생활에서 각종 정치, 경제, 사회, 문화적 제도들은 그 자체가 상징적 의미를 지니고 있으며, 사람들은 각 제도를 표상하는 주요 자체 상징들을 통해서 제도의 존재를 인식하고, 그에 준해서 살아가게 된다. 즉, 각종 제도적 장치들이 상징적 실체로서의 조직을 나타내 준다고 볼 수 있는 것이다. 다시 말해, 제도화된 규칙들은 상징적 의미를 함축함으로써 조직 실재를 형성하게 되며, 조직성원들은 이런 제도화된 규칙들에 대한 신화적 믿음을 가지고 그에 준한 행위를 하게 된다(Meyer & Rowan, 1977: 340－363).

3. 경찰유가족회의 상징성 분석

조직의 역사는 인류의 역사만큼이나 오래되었다고 볼 수 있다. 인간은 조직을 형성하고, 그 속에 존재하면서 살아왔다. 사회가 발전하면서 조직은 더욱 다양화되고, 복잡하고, 체계화되고, 대규모화되는 양상을 보이고 있는데, 현대 사회에 들어 다양한 조직의 중요성이 크게 인식되면서 이에 대한 의미 있는 연구가 다양하게 진행되고 있다.[8)]

사실상 조직은 특정한 한 가지 측면으로 완전히 파악할 수 없는 매우 복잡하고 다양한 유기체로 볼 수 있다. 사회 현상을 설명하는 대부분의 접근법이나 이론들이 그러하듯이 조직은 서로 다른 시각에 따라 다양하게 설명되고 이해될 수 있으

8) 가장 대표적인 조직에 대한 연구자로 모르간(Gareth Morgan)을 꼽을 수 있는데, 그는 조직에 대한 비유의 예로서 기계, 유기체, 두뇌, 문화, 정치 체계, 심리적 감옥, 흐름과 변환, 지배의 도구 등을 제시하고, 이에 입각해 고전적 조직이론에서 현대적 조직이론에 이르기까지 수많은 조직이론을 체계적으로 분류해 설명하고 있다.

며, 어느 한 측면을 설명하다 보면 불가피하게 다른 측면들은 배제되기 마련이다. 이러한 이유로 복잡한 조직 현상들을 빠짐없이 포괄적으로 설명하는 접근법이나 이론적 분석틀이 아직 존재하지 않는다.

이 연구에서는 기존의 전통적인 조직이론[9]과는 달리 문화 및 상징적 접근법을 통한 대한민국 경찰유가족회라는 국가유공자 조직의 상징성을 분석하고자 한다. 이러한 접근방법의 배경은 경찰유가족회가 언어, 행위(의례), 신화, 관념, 인물, 사물, 제도 등의 상징성을 통해 특정 이념과 가치관을 확대, 재생산하고 있고, 그 구성원들은 이러한 상징성을 해석하고 참여하는 과정에서 특정 사건, 행위, 대상 등에 의미를 부여하는 등 상징적 행위를 하고 있으며, 이러한 과정을 통해 보훈조직으로서 단체가 움직이고 있다는 점이다. 즉, 이 단체는 하나의 조직으로서 상징을 만들어 내고 지속시키며 조직에 대한 몰입을 불러일으키고 정당화시킨다는 점에 주목한 것이다.

상징적 관점이 조직분석에 적용될 때 조직은 하나의 상징적 의사소통 유형으로 인식된다. 하나의 조직을 해석하기 위해 연구자는 상징적 의사소통에서의 유형을 기술하고, 가치, 신념과 행위 사이의 연결을 고찰하는 데 관심을 갖는다. 이와 같이 다양한 상징적 양식으로 표현된 주제들이 문화로서 조직에 대한 상징적 분석의 핵심을 이루게 된다.

이와 같은 전제 하에 기존 학자들에 의해 성립된 대표적인 조직 상징의 연구에는 네 가지 접근법[10]이 있는데(Morgan, Frost, & Pondy, 1983: 15-30) 첫째, 기능주의적 접근법,[11] 둘째, 해석적 접근법, 셋째, 급진적 인간주의 접근법(radical

9) 전통적인 조직이론에서는 합리성과 능률성을 조직이 추구하는 최고의 가치로 삼고, 이에 입각해서 조직의 본질을 파악해 왔다. 테일러(Frederick W. Taylor)의 과학적 관리론, 메이요(Eloton Mayo)의 인간관계론, 베버(Max Weber)의 관계제론, 사이먼(Herbert A. Simon)의 조직이론 등 오늘날까지 주류를 이루고 있는 대부분의 조직이론의 합리성과 능률성을 조직의 절대적 가치로 여기는 사고의 범주 안에서 '목표 지향적 합리적 행위(purposive-ration action)를 강조한다. 이러한 조직이론들은 조직을 하나의 '기계'나 '유기체'와 같은 것으로 비유하는 것에 근거하고 있기 때문에 조직의 성격을 인간 활동의 복잡한 형태로서 파악하기보다는 조직의 공식적이고 합리적인 측면에만 초점을 맞춤으로써 조직의 성격을 지나치게 단순화시켰다는 평가를 받는다.

10) 버렐(Gibson Burrell)과 모르간(Gareth Morgan)의 '조직이론 분류도식'을 빌려 조직상징주의 연구에 접목한 것이다.

11) 기능주의적 접근법으로서, 여기서는 상징을 정보와 의미의 전달자 및 사회 질서의 유지 수단으로 기능하는 요소로 본다. 즉, 상징을 문화적 행위의 발견과 그 수행에서 의미 체계의 기능을 강조하는 목적 지향적 수단으로 파악한다. 기능주의자는 조직을 사이버네틱이나 유기체인 것으로 비

humanist approach),[12] 넷째, 급진적 구조주의 접근(radical structuralist approach)[13]이 그것이다.

이 중 해석적 접근법은 상징을 인간이 그들의 세계를 창조하는 데 필수적인 매개물로 간주함으로써 상징이 발생하는 과정을 이해하는 데 집중한다. 즉, 의미 표상을 통한 상징적 행위를 통해 문화가 창출된다는[14] 관점에서 상징 과정에서의 해석적인 면을 강조하는 방법론인 것이다.

문화 및 상징적 접근법은 인간의 이성적이고 합리적인 생활 속에서의 의식, 의례, 신화, 상징 등과 같은 정적이고 비합리적인 요소의 중요성에 대한 연구의 시도이다(Turner, 1986: 102-103). 이러한 접근방법에 따르면, 사회란 상징적 형태로 스스로를 구성하고, 그것이 사회의 실재에 관한 관점을 결정지으며 구성원의 행동

유한다. 이들은 상징을 기능적으로 구명(究明)하고 범주화하려는 관점에서 상징이 조직되고 통제될 수 있는 방식보다 넓은 문화적 환경의 일부로서의 상징적 활동의 유의미성, 상징이 조직과 같은 더 넓은 체계를 위해 기능하는 방식 등에 관심을 갖는다. 특히 사이버네틱 접근에서는 상징을 사회 내의 정보를 매개하는 약호로 파악한다. 예를 들어 의례를 부정 피드백(negative feedback)을 창출하는 메시지로 중요하게 취급하며, 인간(신체, 기억)과 컴퓨터의 구조를 조직의 맥락, 특히 조직의 의사결정에 적용시키고자 한다. 한편 유기체적 접근에서 상징은 조직의 생존과 운용에 작용하는 역할과 기능에 초점을 둔다. 이 같은 기능주의적 접근법은 상징주의가 매우 직접적이고 실천적인 방식으로 조직분석에 기여할 수 있는 길을 제시해 주고 있다.

12) 급진적 인간주의 접근법(radical humanist approach)은 개인이 상징적 형태의 매체를 통해 어떻게 억압되고 소외되는 병리적 경향을 지니게 되는가에 문제에 초점을 맞춘다. 이 접근법은 '심리적 감옥'이라는 비유 속에 표현된 이미지에 입각해 도출된 것이다. 이에 따르면, 인간은 자신의 속성을 소외시키고 있는 상징적 형태의 세계를 만들고 유지하는 존재로 간주된다. 이는 비판이론과 정신분석이론에서 발전된 입장으로서 실제로 언어, 논리, 담론, 텍스트의 분석을 통해 인간의 소외 문제를 밝혀내고자 하며, 특히 조직의 병리적 현상을 분석하는 데 많은 기여를 하고 있다.

13) 급진적 구조주의 접근(radical structuralist approach)은 상징이 사회 체계에 내재하는 급진적 변화를 압력에 대해 현상을 유지하고, 지배 엘리트의 이해관계에 따라 이데올로기적 통제의 수단으로 이용되는 점에 관심을 가진다. 급진적 구조주의자는 조직에서 상징 체계를 '지배의 도구'로 비유한다. 이들은 상징이 이데올로기의 표상으로 전화되어 지배의 도구로 사용되는 것에 주목하면서 모든 상징은 이데올로기적 의미를 지니고 있으며, 이러한 이데올로기적 의미는 언어, 종교적 신념, 과학적 지식, 교육 형태, 정치적 수사, 관습, 의례 등 어느 것에나 함축되어 있음을 강조한다. 결국 모든 종류의 조직은 사회적 이데올로기를 형성하게 되며 그것도 상징적으로 형성된다는 것이다. 따라서 급진적 구조주의 접근법에서는 지배집단이 자신의 이익을 위한 현상 유지를 위해 사회 내에 고유하게 존재하는 사회 변혁의 급진 세력에 대해 사용하는 이데올로기적 통제의 형태를 분석함으로써 상징적 지배의 형태를 구명(究明)하고자 한다.

14) 해석주의자는 조직 현상을 문화와 극장, 언어게임, 교과서, 의미 형성 등으로 비유한다. 문화와 극장 비유를 통해서는 조직에서의 의미 있는 행위의 발생을 이해하고 어떻게 개인이 그의 상황을 인식하고 그에 따라 상당히 관례화된 방식으로 객관화될 수 있는 현실을 정의하고 공유하게 되는가에 관해 관심을 갖는다.

을 규정하는 특성을 지닌다(Gunnell, 1968: 159－201). 이와 같이 조직의 현상들을 상징적 활동으로 다루는 연구가 최근에 활발히 진행되고 있는데, 이러한 일련의 연구들은 조직을 기계와 같이 단순한 체계가 아니라 인간이 모여 복잡한 형태의 상징적 활동을 하는 문화 체계라고 본다는 점, 또 조직을 있는 그대로 정확하게 인식하기 위해서 조직생활의 상징적 측면의 중요성을 인식하고자 한다는 점에서 일치한다(Morgan, Frost, & Pondy, 1983: 3). 결국, 조직은 기계와 같은 폐쇄 체계도 아니고, 단지 적응만 하려는 유기체 또한 아닌 상징을 통해 어떤 의미를 창출하는 체계라고 볼 수 있다(Pfeffer, 1981: 1－52).

이 연구에서는 대한민국 경찰유가족회라는 보훈단체의 문화 및 상징적 접근법과 해석적 접근법을 통해 이들 조직에서 핵심적 이념으로서의 상징성을 발견하고, 이 상징들이 조직성원의 행동에 어떤 영향을 주고 있는지를 분석하는 데 관심을 둔다. 즉, 조직활동 속에 내재된 의미의 체계를 설명하기 위해 상징들이 어떻게 연관되어 있는가를 분석하고, 이러한 이해와 해석이 보훈단체의 구성원들 및 그 밖의 시민들에게 보훈문화 확산이라는 점에서 어떠한 영향을 미치는가를 살펴보도록 한다.

제 3 절 | 경찰유가족회의 상징성 분석

1. 경찰유가족회의 상징성 분석

1) 언어로서의 상징

(1) 슬로건 강령

"호국영령의 숭고한 애국정신을 이어받아 국가안보와 자유민주주의 체제 수호에 이바지하자."

(2) 인사말, 연설문, 발표문

"대한민국 전몰군경 유족회는 나라를 위하여 목숨을 바친 군인과 경찰의 유가족들이 모여 회원 상호간에 상부상조하며 자활 능력을 배양하고 호국 전몰군경의 유지를 이어받아 애국심을 함양, 고취시키고 투철한 안보의식으로 재무장하여 자유민주 체제 하에 조국 통일을 앞당겨 이룩할 수 있도록 활동하는 애국단체입니다. 저희는 애국심 함양을 최우선으로 하고 보훈 선양활동을 위한 각종 사업을 전개하고 있으며, 현충시설 정화운동 등 사회봉사활동으로 국가와 지역사회 발전을 위하여 최선의 노력을 다하고 있습니다.[15]"라는 인사말을 하고 있다. 이를 잘 분석해보면, 조국 수호에 얼마나 강한 의지를 나타내고 있는지를 알 수 있다.

(3) 상징 의미와 목적

호국영령에 대한 추모, 애국단체, 국가안보와 자유민주주의 체제의 초석, 애국심 선양, 순국선열의 명예 확대, 국가를 위한 희생의 가치를 나타내고자 하는 것을 알 수 있다.

2) 행위로서의 상징성

(1) 의례의식

① 순국선열 추모행사(현충일, 6・25)

② 호국영령추모제

③ 휴전선 155마일 종주행사(자유민주 평화통일 기원 결의대회)

④ 6・25순직 경찰 추모(서울 국립현충원, 대전 국립현충원, 전쟁기념관, 지리산 등)

(2) 활동

① 전국 국립현충원 지킴이

② 효자・효부 선발 포상

③ 6・25참전 UN군 전사자 유족 돕기

④ 국군포로 위로행사

⑤ 국가안보 활동

⑥ 불우이웃 돕기(6・25 전사사 유족, 90세 이상 초고령 유족, 불우회원)

⑦ 연평도 피격 희생자 위문금 모금 전달(2010년도)

---

15) '대한민국전몰군경유족회' 홈페이지 회장(최해근) 인사말 http://www.kwvbfa.org/(검색일: 2016.10).

⑧ 복지시설 및 보훈병원 환자 위문

⑨ 순직 경찰 유자녀장학금 전달

(3) 상징 의미(상징 목적)

① 순국선열과 호국영령에 대한 존경과 예우 고양

② 안보의식 고양

③ 유족에 대한 명예와 지원

3) 사물로서의 상징성

(1) 사물

태극기, 무궁화, 국립현충원, 위패, 훈장, 6 · 25 참전 기념비, 6 · 25 참전 기념탑, 국가유공자 기념탑, 6 · 25 전몰장병 충혼비

(2) 상징의 의미와 목적

애국심, 국가에 대한 충성 · 헌신, 호국영령 추모, 국가안보와 자유민주주의 체제의 초석

4) 신화와 인물로서의 상징성

(1) 신화와 인물로서의 상징성이 나타나는 예

국가를 위해 목숨을 바친 경찰의 일화와 그 남은 유가족들의 고난과 역경에 대한 이야기[16]

(2) 상징의 의미

① 애국심

② 희생정신

③ 국가 수호

---

16) 한국전쟁에서 남편을 잃고 평생 수절하거나, 생사 여부조차 모른 채 60여 년을 살아온 유가족은 매우 많다. 그중에서도 그 자녀들은 경제적 궁핍과 열악한 교육 수준. 변변치 못한 직장을 벗어나지 못하고 있다. 빈곤의 대물림 현상이 '전몰군경' 유가족에게 나타나고 있는 것이다. 그에 대한 사례는 「전몰군경 유족에 대한 예우의 형평성」(전신욱, 2009: 67−69) 참조.

5) 관념으로서의 상징성

(1) 관념으로서의 상징성이 나타나는 예

“국가를 위한 헌신과 희생, 호국영령의 숭고한 애국정신을 이어받아 국가안보와 자유민주주의 체제 수호에 이바지하자.

(2) 상징의 의미

① 애국심

② 반공주의

③ 자유민주주의 수호

6) 제도로서의 조직 상징

(1) 제도으로서의 상징성이 나타나는 예

「국가유공자 등 예우 및 지원에 관한 법률」[17]

(2) 상징의 의미와 목적

① 순국선열의 애국정신 계승

② 희생과 공헌에 대한 보답

③ 유족의 명예 선양과 위로

2. 경찰유가족회의 상징적 특성과 평가

대한민국 상이군경회는 국가를 위해 일하다 심각한 신체적 상해를 입어 불편한 몸이 되었다는 것만으로도 국가적 차원의 예우와 지원의 필요성에 대한 명분은 확실하다. 그러나 자발적으로 국가를 위해 희생과 헌신을 감당했던 애국자들로 이뤄진 단체들은 다른 보훈단체에 비해 국민통합을 주도할 만한 관념(이념)으로서의

---

17) 6 · 25전몰군경의 배우자와 부모는 1961년 「군사원호보상법」에 의거해 현재까지 미흡하나마 국가로부터 연금 등 각종 보훈 수혜를 받고 있지만, 유자녀의 경우는 단순히 20세 성년이 되었다는 이유로 연금보상 대상에서 제외되고 있는 실정이다 6 · 25 전몰군경 유자녀에 관한 문제는 「전몰군경 유족에 대한 예우의 형평성」에 관한 연구(전신욱, 2009: 62−70, 76−81)와 「6 · 25 전몰군경 유자녀 보상문제에 관한 연구」(유영옥, 2005: 9−28) 참조.

상징성은 약해 보인다.

대한민국 경찰유가족회(대한민국 전몰군경 유족회)는 대한민국 상이군경회와 대한민국 전몰군경 미망인회와 비슷한 맥락으로 설명된다. 다만 신체적 상해 수준이 아니라 목숨을 바친 호국영령에 대한 강력한 상징성을 지니고 있어 그 유족에 대한 지원과 예우에 대한 근거는 좀 더 명백하다는 차이점을 들 수 있다. 대한민국전몰군경 미망인회의 경우 가부장적 전통이 강한 한국 사회 내에서 가장을 잃고 가족의 생계를 책임져야 하는 여성이라는 점에서 다른 보훈단체에 비해 그 활동의 규모가 현격히 작을 수밖에 없었다. 그러나 회원 수 면에서 더 적은 대한민국전몰경찰유족회가 국가안보와 관련된 분야에서 매우 활발한 활동을 전개하는 것은 많은 점에서 비교된다. '장한 유자녀 상' 등의 많은 다양한 분야에서의 활동을 모색해 호국영령의 애국심 계승에 기여할 수 있기를 기대한다.

3. 소결론

대한민국 전몰군경 유족회(대한민국 경찰유가족회)를 비롯한 모든 보훈단체는 유사한 성격을 지닌 보훈 대상자들이 스스로 자신들의 권익을 대변하고 추구하는 이념을 공고히 하기 위해 구성된 조직이다. 이들 보훈단체는 조직으로서의 상징성을 지니며 언어, 행위(의례), 신화, 관념, 인물, 사물, 제도 등의 상징성을 통해 특정 이념과 가치관을 확대재생산하고 있다. 또한 각 보훈단체의 구성원들은 이러한 상징성을 해석하고 참여하는 과정에서 어떤 특정 사건이나 행위, 혹은 대상에 의미를 부여하는 상징적 행위를 전개하게 된다. 이러한 상징성의 형성과 확대재생산의 과정을 거치면서 조직으로서의 보훈단체가 작동하고 있다고 말할 수 있다. 이 연구에서는 대한민국 경찰유가족회(대한민국 전몰군경 유족회)에 대해 문화 및 상징적 접근법과 해석적 접근법을 통해 이들 조직에서 핵심적 이념으로서의 상징은 어떤 것이 있는지, 그리고 그 상징성은 조직성원의 행동과 일반 시민의 인식에 어떤 영향을 주고 있는지 살펴봤다.

대한민국 경찰유가족회는 국가에 대한 사랑과 충성을 중요 상징 이념으로 삼고 있다는 것을 확인할 수 있었고 반공주의와 자유민주주의 체제 수호를 기본 이념으로 활동하고 있음도 알 수 있었다. 또 대한민국 경찰유가족회는 대한민국 상이군경회, 전몰군경 유족회, 미망인회 등과 같이 이념으로서의 반공과 국가안보의 중요성을 강조하고 있음을 알 수 있다.

대한민국 전몰군경 유족회(대한민국 경찰유가족회)는 보훈단체라는 구성원이 지니는 상징성으로 인해 활동 여부에 따라 국민들의 존경과 사랑을 받을 수 있는 여지가 매우 높은 단체이다. 그러기 위해서는 자신들의 권익 신장 등 친목활동에만 관심을 둘 것이 아니라 공훈 선양사업, 국민의 애국심 함양활동 등 각 단체의 특성에 맞는 사회적 공익활동을 적극 전개해 나가는 방안을 모색해야 할 것이다. 그리하여 국민통합에 기여하는 노력을 보여줘야 한다.

제 4 절 | 경찰유가족회의 상징성과 국민통합

1. 국가보훈과 국민통합

국가보훈은 국가에 대한 충성심을 강화하는 초석 역할을 하며, 민족정기 선양으로 국가의 정체성을 확립하는 기능을 한다. 이는 국가보훈이 국권 회복과 자유 수호 및 발전을 이룩한 민족의 자긍심을 함양시키고 정체성을 인식하고 있기 때문이다. 이와 같은 맥락에서 국가보훈단체인 대한민국 전몰군경 유족회(대한민국 경찰유가족회)는 국가에 대한 사랑과 충성심을 중요 상징 이념으로 삼고 있으며, 반공주의와 자유민주주의 체제 수호를 기본 이념으로 삼고 있다. 또 이 단체는 반공과 국가안보의 중요성을 강조하고 국민의 애국심 함양활동 등 국민통합에 기여하는 노력에도 혼신의 힘을 기울이고 있다.

국가보훈은 한민족의 공동체 의식을 고양시켜 통일 후 민족의 동질성을 회복시키고 단합케 하는 것이다. 즉, 국가보훈은 국가유공자들의 위국헌신 정신이 국민들의 마음속에 고귀한 삶의 가치가 되게 해 국가 발전의 정신적 토대를 구축한다.

국가유공자들이 국가와 민족을 위했던 정신은 국민들의 마음속에 고귀한 삶의 가치가 되며 국가 발전의 정신적 토대를 구축한다. 국가사랑 정신은 젊은이들이 올바른 국가관을 갖도록 하는 데 가장 중요하다. 또한 국가는 국가와 민족을 위해 희생한 그들의 명예를 최대한 존중해 주고 그들의 공로를 정해 놓은 보훈 체계에 따라 물질적, 상징적, 심리적으로 보상해 줘야 한다. 그러한 것들이 제도적으로 확립되어 있을 때 비로소 국민들의 애국심은 더욱 고양될 것이다.

현재 우리 사회는 정치, 경제적 민주주의의 미확립과 성숙된 시민의식의 결여로 정치가 당리당략에 치중하고 사회계층이 양극화되고 있으며, 집단이기주의가 성행하면서 국론이 분열되고 사회는 다양한 갈등에 휩싸여 있다. 특히 사드(THAAD) 배치를 둘러싼 혼란에서 보듯이 국가 존립의 제일 요건인 국가안보와 관련된 문제마저 국론 분열로 위태로운 상황이 되고 있다. 따라서 우리 사회의 국론을 모으는 일, 즉 사회적 통합이 우리 사회의 핵심 과제로 등장하게 되었다. 사회가 통합을 제대로 이루지 못하는 국가는 와해될 수밖에 없다. 통합을 방해하고 해체를 부추기는 것이 갈등이다. 물론 모든 갈등이 해체를 초래하는 것이 아니고 적당한 갈등의 존재는 그것이 건전할 때는 침체를 막는 자극제로 작용하기도 한다. 그러나 우리가 현재까지 목도하고 있는 정치적 갈등, 강성 노조에 의한 노사 갈등, 지역이기주의에 의한 지역 갈등과 같은 지속적이고 극단적인 갈등은 정상적인 사회의 운용에 전혀 도움이 되지 않는다. 따라서 사회통합은 민주주의 발전에 필수 조건이다.

그러면 사회통합은 누가 하는가. 과거 전통적인 사회에서 종교의 영향력이 컸을 때는 종교가 사회통합에 기여할 수 있었고, 우리나라처럼 학문을 숭상하고 교육을 중시하는 문화에서는 출중한 학자나 교육자 등이 사회통합에 중심적 역할을 할 수 있었지만 작금에는 우리 사회에서는 그들이 이런 역할을 원활히 수행하지 못하고 있다. 따라서 우리 사회에서는 정부와 정치의 역할이 더 중요해졌는데 불행하게도 그동안 정치권이나 정부는 오히려 갈등의 원천이 되다시피 해왔고 갈등의 관리전략도 지나치게 억제에 치중해 왔기 때문에 갈등을 원활히 해소하고 국민적 통합을 성취하는 데는 역량이 크게 부족했다.

현대 사회의 사회통합 기능은 국가와 시민사회의 공동 몫이 되고 있다. 이 양 주체가 통합의 구심점이 되기 위해서는 첫째, 무엇보다도 '사심'을 과감히 버리는 것이 급선무이다. 우리 사회는 지난 한 세기 동안 망국, 식민화, 분단, 전쟁, 급격한 산업화와 도시화, 고속 경제 성장, 격렬한 민주주의 이행 등 대격변의 소용돌이 속에서 사회적 연대를 위한 시민정신의 고양을 위한 교육을 소홀히 해왔다. 그 결과 우리 사회의 구성원들은 자신의 정체성과 집단의 연대정신을 상실하고 모두가 자기 자신의 성공에만 집착하는 이기주의자들로 전락하고 말았다. 이러한 개인 및 집단이기주의가 우리 사회에서 끊임없는 분열과 대립의 뿌리가 되고 있다. 어려운 때일수록 공동체의 발전을 위해 자기중심적 욕심을 억제하고 함께 힘을 모아 사회통합부터 이뤄야 한다.

둘째, 경제 성장의 그늘인 양극화 문제의 해소와 소외계층을 위한 사회안전망의 확충이 긴요하다. 특히 요즘처럼 불황의 쓰나미가 몰아닥치는 시기일수록 사회통합을 위해 소외당하고 배제당하는 계층이나 집단이 없도록 사회 전체가 동참해 사회적 안전망을 구축하는 데 기여해야 한다. 이를 위해서는 시민사회가 성숙해져야 하고 자원봉사의 바람이 우리 사회를 따뜻하게 어루만져 줄 수 있어야 한다.

셋째, 사회통합을 이룩하려면 서로 다른 이해 관심과 이념을 가진 집단이 서로를 인정하고 양보 · 타협해 합의에 이르는 절차적인 지혜도 필요 조건이다. 독선과 불신과 자기중심적 이익 추구가 앞서면 합의도 통합도 불가능하다. 우리 사회의 고질적인 배타성이 통합을 저해하는 주된 요인이었음을 다시 한번 성찰하고, 이를 극복하는 데 진력해야 할 것이다. 따라서 대한민국 경찰유가족회와 같은 애국단체가 적극적으로 6 · 25의 참혹한 실상 등을 알리고 국가안보의 중요성을 홍보하는 것이 국민통합의 필수 요건이라 하겠다.

2. 국가보훈과 민족정기

주지하듯이 우리는 지정학적인 위치로 인해 역사적으로 주변국들로부터 많은 침략을 받아 왔다. 그럴 때마다 우리 조상들은 지혜와 용기를 모아 국난을 슬기롭게 극복해 왔다. 때로는 강대국의 힘에 맞서 전쟁도 불사하는 강인함으로, 때로는 외교술을 통한 유연한 대처로 나라를 지켜냈다. 이 과정에서 민족의식은 더욱 고양되었고, 국난 상황에서 화합을 통해 이겨내는 방법을 축적해 왔는데 그 중심에 민족의 공동체정신이 자리하게 되었다.

하지만 과거와 달리 현대 사회는 개인의 사회적 지위가 다양하게 분화되고 그에 따라 개인의 활동도 다양해지면서 국가적 소속감 못지않게 개인적 합리성 추구의 비중이 높아졌다. 그럼에도 불구하고 개인의 활동을 위해 국가는 필수적인 요소이며, 국가라는 테두리 안에서 개인의 활동이 이뤄질 수 있는 것이다. 예컨대 일제식민지 시대는 우리로 하여금 민족이라는 공동체의식을 갖게 한 중요한 시기였다. 주권을 침탈당한 국가와 국민의 수모와 고통이 국가의 중요성을 인식하게 하고 한민족의 정신을 확립하게 한 배경이 되었다. 국가 없는 국민은 개인으로 존중받을 수 없다는 현실이 민족적 자각을 하게 만들었고, 그 결과 우리의 독립정신은 고취되었다. 이러한 독립정신이 우리 민족을 단합하게 했고, 이 단합으로 고난을 극복하고 독립을 성취할 수 있었다. 이 과정에서 우리는 국가 없는 개인의 설움을 뼈저리게 느꼈다.

작금에 우리 사회에 팽배한 개인 및 집단이기주의는 자칫 국가의 중요성을 망각하게 할 수 있다. 국가의 중요성을 인식할 때 안보의 중요성도 인식하게 된다. 확고한 국가관의 확실한 전제는 국민정신을 하나로 묶는 것, 즉 국민통합이 필요한데 그것은 민족정기 선양사업을 통해 가능하다. 자기 민족의 역사에 대한 올바른 인식 없이는 민족정체성과 국가관을 가질 수 없다. 민족정기 선양은 국민의 정신체계 확립을 위한 국가정책의 근간으로 중요한 기능을 담당하고 있으며, 올바르게 인식된 역사 속에서 발양되기 때문이다.

해방 후 우리는 민족정기를 바로잡을 겨를도 없이 산업사회로 이행했다. 그 후유증은 70여 년이 지난 작금에 나타나고 있다. 산업화가 심화된 급변한 환경에서 국민 대다수의 전통적 가치관은 상실되었고, 변화된 환경에 맞는 올바른 민족적 가치관을 확립하지 못한 채 혼란에 휩싸이고 있다. 두말할 나위 없이 민족정체성의 확립과 민족정신의 함양은 국가 발전과 민족 번영을 위한 필수적인 요소이다. 민족과 국가에 대한 올바른 역사관을 바탕으로 민족과 국가에 대한 자긍심이 생긴다면 그것은 보훈의식으로 연결되는 고리가 되는 동시에 민주 시민의식으로 발전해 나갈 수 있을 것이다.

3. 국민통합 기제로서 민족정기

일반적으로 민족정기는 민족의식, 민족정신, 민족혼, 민족의 주체성 등과 같은 뜻으로 쓰이지만 이러한 의미가 모두 함축되어 있으면서도 더 높은 차원에서 응집, 승화된 개념이다. 우리 민족이 지향하는 민족정기는 우리 민족과 국가를 위해 개인이 희생하는 정신이며, 자유·독립·평등정신의 실현을 이상으로 한다. 따라서 민족정기는 민족의식을 진작시키고 국가와 민족문화의 발전을 이끌어 가는 근원적인 정신이라고 할 수 있다. 우리 민족사의 흐름은 외압과 저항의 역사로 특징된다. 민족정기는 이러한 민족 역사 속에서 면면히 이어져 왔다. 수(隋)·당(唐) 등의 침입에 대한 민족의 저항, 신라의 통일 과정, 고려의 대(對)거란, 몽고와의 항쟁, 조선시대의 왜란과 호란 시의 민족 저항에 이르기까지 민족의 저력으로서 민족정기가 발휘되었다. 일제 침략 하에서 민족 해방과 독립을 되찾기 위해서 자기 희생을 감수하면서 일본 제국주의와 맞선 의열사의 의거는 민족정기의 정수(精髓)로서 가장 전형적인 본보기였다.

흔히 민족정기의 개념은 민족정신으로 규정되고 사경에서 헤매는 나라와 민족을 구하는 구국의 혼으로 정의된다. 또 민족정기는 바른 역사관에서 형성되기 때문에 거짓 없는 역사의식을 갖는 것이 중요하다고 강조된다(박성수 외, 1997: 8). 이러한 견해는 민족주의 사학자들의 역사관과 일맥상통하는 것으로서 민족의식 선양과 가치관 정립을 위한 정신교육 측면에서 기여할 것으로 기대된다. 일제 하에서 민족주의 사학자들은 민족의 긍지를 되찾고, 국권 회복과 자주독립의 방략을 강구하기 위해 민족정신을 강조했다. 박은식 선생은 “국체(國體)는 비록 망했으나, 국혼(國魂)이 없어지지 않으면 부활이 가능한 것인데, 하물며 지금 국혼이라 할 역사마저 사라지고 없으니 통탄하지 않을 수 없구나”라고 하여 자신의 사명이 국혼이 살아 있는 역사서를 저술해 국혼을 유지하고 이를 독립의 이념적 측면으로 삼고자 했다. 그는 반일 독립투쟁의 가장 중요한 정신적 지주를 역사로 인식했던 것이다. 박은식의 ‘국혼’ 역사관은 신채호에 의해 ‘낭가사상(郎家思想)’으로 이어졌고, 다시 정인보의 ‘얼’과 ‘문일평의 ’조선심‘에서 강조되었다. 특히 정인보는 「오천년간 조선의 얼」에서 “역사적인 사실이란 이 얼의 반영이며, 역사학이란 본질적으로 역사의 대척추인 얼의 줄거리를 찾는 학문이며, 따라서 역사관은 낱낱의 역사적 사실을 통해 큰 줄기인 얼을 찾지 않으면 아니 된다”고 지적했다. 정인보의 ‘얼’ 사관은 민족정신인 얼을 기반으로 역사의 진행 과정을 검토하고 우리 역사를 주체적으로 파악하자는 것으로 민족의식과 민족정기의 현실적 반영이라는 점에서 주목된다고 하겠다.

이처럼 일제 식민 지배 하에서 민족정기 선양에 중추적인 역할을 담당했던 민족주의 사학은 한국 근대 역사학의 서술 방법까지도 발전시켰을 뿐 아니라 이른바 ‘일선동화론(日鮮同化論)’, ‘만선사관(滿鮮史觀)’, ‘임나일본부설(任那日本府說)’ 등 왜곡된 식민사관에 대항하는 사론을 적극적으로 세워 나갔던 것이다. 이와 같이 민족주의 사학자들의 역사 인식은 국가의 주체성 확립과 국권 회복에 주안점을 뒀으며 민족정기를 고양시켜 항일독립 의식으로 승화시켰다는 점에서 의의가 있다고 하겠다. 민족정기는 국가와 민족을 위해 개인을 희생하는 정신을 뜻한다. 따라서 민족정기는 국가와 민족이라는 대의를 위해 개인인 소아를 희생하는 데에서 출발한다. 그리고 민족정기는 민족적 수난기에 개인의 희생을 통해 민족과 국가를 구하는 자주적이고 헌신적인 정신이기도 하다. 상징성 분석에서 나타났듯이 보훈정신이 투철한 대한민국 경찰유가족회와 같은 애국단체를 시발로 국민통합을 이뤄나가는 것은 그 의미와 효과가 모두 클 수밖에 없다.

그렇다면 보훈정신이란 무엇인가? 우선 호국정신이라 함은 국가와 민족을 보존하는 정신이라 하겠다. 이는 정신적인 면에서 현실적인 국가 그 자체로 볼 수 있을 것이다. 보훈정신은 민족주체성으로 인식되지만 그보다도 민족과 국가를 지킬 수 있는 '사상적 무기'의 총칭으로 보는 것이 타당할 것이다. 예컨대 중국혁명을 이끌었던 쑨원(孫文)과 제3세계 지도자들의 공통된 투쟁 목표이며 공통의 화두가 되었던 민족·민권·민생을 합친 개념과 같은 것이다.

국가와 민족을 보존하려는 노력은 일제 침략에 저항한 항일독립운동 과정에서 구체적으로 드러났다. 따라서 항일무장 투쟁은 현실적인 승리가 목적이 아니었다. 일반적으로 국가 대 국가의 전쟁은 전과와 노획물 등을 따져 현실적인 승리를 목적으로 하지만 독립전쟁은 꾸준히 적국과 싸웠다는 사실 그 자체가 중요하고 의의가 있는 것이다. 독립전쟁은 꾸준히 적국을 괴롭히고 상대국의 허점을 공격하는 동시에 적국의 민심 소란·정국 불안뿐만 아니라 테러나 기타 폭력 수단을 통해 상대국에 극심한 피해를 줬던 것이다. 그러므로 독립투쟁은 적국과의 지속적인 투쟁을 통해 민족의 자존과 세계사 속에서 민족의 위상을 정립하는 데 있었다고 하겠다. 일반적으로 전쟁은 현실적인 승리를 목적으로 하기 때문에 승산이 없을 때에는 피하는 것이 상례이다. 그러나 독립전쟁에서는 승산을 따지지 않고 적국과 지속적으로 투쟁하는 것이 특징이다. 그러기에 목숨도 초개같이 버릴 수 있는 것이다. 요컨대 독립전쟁은 전과로써 평가해서는 안 되며, 독립투쟁의 한 단계로서 역사적 요청이었다는 점과, 또 적은 병력으로 피끓는 정의감에서 죽음의 항전을 감행했다는 측면에서 평가해야 한다. 그리고 투쟁정신 그 자체는 민족정기에 속하지만 투쟁에서 얻은 것은 국가를 보존하고 국가와 민족문화의 내재적 발전을 도모하는 것이 호국정신이다. 그러므로 보훈사업은 멀리는 국가와 민족의 존립과 직결되며, 가까이는 국가안보 그 자체라고 하겠다. 따라서 보훈정신 없이는 안보도 없으며, 민족의 번영 또한 추구할 수 없다. 보훈정신이란 바로 국가안보의 밑바탕이 되는 정신으로 민족의 주체성·애국성 등의 말의 뜻이 모두 함축되어 있고, 이보다 더 높은 차원에서 발휘되는 것이라고 볼 수 있다.

민족정기를 선양하고 국민통합 기능을 제고하기 위해서는 세계화시대에 어떻게 민족정기를 지도 이념으로 승화시키고 이를 다양화된 국민의식 속에 이미지화시키는가에 달려 있다고 하겠다. 민족정기와 국민통합 문제는 역사의식과 국민의식의 고취적인 측면에서 검토되어야 한다. 세계화시대의 국가적 대처 방안과 통일시대의 정신의 한 측면으로서 국민 모두에게 공감을 주는 우리 문화로 포장된 민족정기를 창출해야 할 것이다. 즉, 21세기의 시대 상황은 세계화(globalization)와 지방화(localization)를 합친 이른바 세방화(世方化, glocalization)라는 표현에서 집약적으로 암시되어 있듯이 지구촌시대를 지향한 범세계적 차원의 유대가 강조되는 큰 흐름 속에 지역적 특수성과 문화적 종교적 민족적 개별성이 폭넓게 포용되는 다원적이고 복합적인 '지방화'로 바뀐다는 점이다. 따라서 21세기의 새로운 시대 상황에서는 다양성이 광범하게 용인 또는 고양되는 개방적 민족주의가 시대적으로 부각되어야 한다. 우리 겨레의 오랜 역사 속에 면면히 이어온 '민족정기' 역시 이러한 시대정신과 융합될 때 새로운 민족정기의 지평을 열게 될 것이다. 또 다른 일면으로 올림픽경기에서 보여줬던 범국민적 응원과 열기 같은 것도 그것이 맹목적인 '광기'로 흐르지 않고 정연한 질서의식, 관대한 포용심과 절묘한 상감(想感)을 이룸으로써 비로소 그것이 현대의 민족정기로 표출될 수 있었음을 주목할 필요가 있다.

4. 보훈정신과 국민통합

보훈정신이 국민의 기본 정신으로 자리 잡기 위해서는 국가가 국민을 이끌어 가려 하는 형태가 아닌 국민이 국가 사랑이라는 합의가 자발적으로 도출되어야 한다. 그리고 보훈정신을 효과적으로 계승하고 가꿔 가기 위해서는 이를 담을 수 있는 문화적인 틀이 필요하다. 문화적 틀은 대한민국 경찰유가족회와 같은 국가유공자조직이 조국과 겨레를 위한 공헌과 희생을 숭고한 애국정신의 귀감으로 인식하고, 존경하는 분위기가 조성함으로써 이들이 갖춰질 수 있다. 그렇기 때문에 보훈사업에 대한 문화적 이해가 좀 더 강화되어야 한다. 또 보훈사업의 목적을 민족정기와 애국심의 고양으로 국한시킬 것이 아니라 국민적 연대를 형성하기 위한 연결고리로서 보훈정신이라는 측면이 부각되어야 한다. 그리고 이러한 문화적인 틀은 학교교육과 사회교육을 통해 이뤄져야 한다.

먼저 학교교육에서의 보훈정신 앙양과 이해는 두 가지 측면에서 생각할 수 있다.

첫째, 학교에서 이뤄지는 교육과정, 특히 도덕(윤리), 역사교육을 통해 이를 강화하는 방안이 모색되어야 한다.

둘째, 정부 차원에서 뚜렷한 목표를 가지고 이를 시행하는 것이 더욱 효과적이다. 예컨대 현재 교육부에서 추진하고 있는 '새 학교 문화 창조'와 같은 것이 그것이다.

도덕교육을 통한 건강한 인성의 형성은 개인뿐만 아니라 사회와 국가의 건강을 가늠하는 잣대가 된다. 도덕교육을 통한 올바른 민족관·국가관 그리고 역사관의 정립은 그 사회와 국가의 장래를 결정짓는 요소이며, 보훈정신 교육의 요체가 되기도 한다. 때문에 주체적이고 합리적인 국민의식을 배양하는 일은 도덕교육의 주요 과제가 되기도 한다.

학교교육의 문제점을 적출해 보면 대체로 다음과 같다.

첫째, 학교도덕 교육에서 핵심적인 역할을 해야 하는 도덕(국민윤리) 및 역사교육이 경시되고 있다.

둘째, 이들 교육에 대한 학교 및 사회 전반의 인식과 참여가 극히 저조하다.

셋째, 이들 과목의 프로그램이 형식화·전시행정화되어 있다. 성적 위주의 학교교육 운영으로 인해 도덕 및 역사교육이 소홀히 취급되거나 심지어는 왜곡 운영되고 있다.

넷째, 이들 과목이 교육에 대한 학교와 가정 그리고 지역사회의 연계교육이 부족하다. 학교 도덕교육은 전통적·종교적·지역적 가치문화의 요구와 다원적·세속적·국제주의적인 문제를 해결할 수 있는 체제를 갖춰 나가야 한다. 즉, 교과목의 차원을 넘어서 학교교육 전반에 걸쳐 도덕교육의 영역이 확대되어야 한다.

이를 위해서는 첫째, 도덕교육을 저해하는 전반적인 교육 체계가 개선되어야 한다. 즉, 교육과정 운영의 정상화가 시급하며, 아울러 체제의 변화를 시도해야 할 것이다.

둘째, 초·중·고교의 도덕 및 역사교육이 내실화되어야 한다.

셋째, 정규 교과목 이외의 프로그램이 효율성 있게 운영되어야 한다.

넷째, 교사들의 열의와 전문성을 제고하는 방안이 모색되어야 한다.

다섯째, 학교·가정·사회를 연계하는 교육 시스템이 마련되어야 한다. 요컨대 도덕교육이 단지 교과교육의 영역에 머무르지 않고 사회교육 활동 영역에서도 다뤄져야 한다는 것이다.

제 5 절 | 국민통합의 문제점

1. 국민통합을 저해하는 요소

1) 남남 갈등

주지하듯이 남남 갈등이란 북한과 대치하고 있는 한반도 상황에서 남한 내에서의 지역 간, 사회계층 간, 정파 간의 갈등을 일컫는다. 남남 갈등 현상의 원인과 관련해서는 우선 정치인에게 그 책임을 묻지 않을 수 없다. 총선이나 대선 때마다 지역감정을 부추겨 득표 활동을 벌여온 게 사실이다. 시민사회단체도 진보와 보수, 좌·우파로 나뉘어 순국선열의 얼을 기리며 경건하게 보내야 할 3·1절이나 국가통합의 장이 되어야 할 8·15 광복절 집회를 따로 갖는 등 남남 갈등을 심화시키고 있다. 이 같은 국론 분열과 남남 갈등 현상은 향후 국가 대사를 결정할 때마다 사사건건 나타날 공산이 크다.

예컨대 우리 사회에서는 지금도 국가 안위와 연관된 서해북방한계선(NLL) 문제에 대해 NLL은 영토 개념이 아니라 '안보 개념'이라는 참여정부 당시 주무부처 장관의 언급과 관련해 동조하는 세력과 이를 '북한 주장을 대변한 이적행위'로 보는 세력이 대립하고 있다.

국민의 정부와 참여정부를 합쳐 일컫는 '잃어버린 10년'의 상처는 지금까지도 깊다. 두 정부가 각각 남북 정상회담 개최라는 큰 성과를 올리고도 정작 국민의 신뢰를 얻지 못하고 있다. 이는 대북정책을 국가 목표 달성을 위한 정책 수단이 아니라 시대착오적인 이념을 추구하는 정치적 수단으로 사용하고, 대국민 인기 영합 및 선동 차원의 포퓰리즘 정책을 추구해 왔기 때문이다. 한때 진보 세력이 호소력을 가졌던 것은 사회 정의를 외쳤기 때문인데, 정부는 이를 잘못 판단해 급진 세력을 현실 정치에 참여시키는 시행착오의 실정(失政)을 가져왔다. 이로 인해 국가정체성에 혼란이 오고 국방의 근간이 되는 군의 사기는 저하되었다. 무엇보다 공산주의 침략 앞에 촛불처럼 꺼져 가는 조국을 구하기 위해 목숨을 초개처럼 내던진 6·25 당시 경찰관들과 6·25 참전용사들의 유족회를 비롯한 국가유공자와 그 후손들의 실망은 그 누구보다도 커져 가고 있다.

2) 좌파와 우파

국토와 민족이 두 동강 나고 수많은 동포가 한반도 북쪽에서는 압제와 폭압에 시달리고 있는데, 우리 남쪽에서는 여전히 이념을 둘러싼 소모적 논쟁을 벌이고 있다. 좌우 대립을 교묘히 진보·보수 대립 구도로 환치하고 진보라는 이름을 내걸고 뒤에 숨어 활동한다. 원래 진보는 좌파 이념과는 직접적인 관련이 없다. 유럽에서 보수는 민족주의 운동, 산업화 등 사회가 급격한 변화를 겪던 18세기 후반에 이념화되었다. 기존 질서를 보존하고 불안정하고 급격한 변화를 반대하는 것이 보수주의이다. 정치 이념으로서의 진보는 20세기 초 미국에서 유행했다. 경제 면에서는 거대 독점자본주의 그리고 정치 면에서는 소수 명망가 중심의 반민주적 정당구조가 공격 대상이었다. 집중화된 정치 및 경제 세력은 착취와 부정부패를 조장하고 평등, 개인적 자유, 민주주의 등 건강한 시민사회의 덕목을 해친다는 것이 이유였다. 진보는 오히려 특정 집단의 이익을 도모하기 위한 조직화된 노동운동이나 사회주의와 연관이 있는 집단주의를 경계한다(세계일보, 2008년 9월 21일 30면).

한국 사회에서 보수주의는 대체로 부정적인 의미로 그리고 진보는 긍정적 의미로 사용되고 있다. 사회 유동성이 급격히 증가했던 관계로 법, 제도 및 시민사회의 성장이 기대 수준에 못 미치는 속도로 발전했기 때문이다. 그렇다면 왜 보수·진보의 논리가 여전히 한국 사회에서 통용되는 것일까. 한국의 대표적 갈등구조는 독재-민주였다. 이러한 구도에서 친북 세력은 진보의 기치를 내걸고 자신들의 진정한 의도를 감춘 채 반독재 투쟁에 편승했던 것이다.

한국 사회에서 진보 진영은 골수 좌파와 얼치기 동조자로 구성되어 있다. 공산주의자들이 즐겨 쓰는 통일전선 전략과 궤를 같이한다. 대다수가 자신들의 이념적 정체성도 제대로 이해하지 못하고 있다. 하지만 문제는 친북 용공 세력이다. 특히 이들이 학교에 침투해 학생들에게 편향된 인식과 사고방식을 가르치는 것은 매우 위험하다. 6·25전쟁이 북침에 의해 시작되었다는 이야기는 증거나 논리로 볼 때 허구임이 자명하다. 그러나 학생들은 아직 비판 능력이 없다. 과거 10년간의 소위 진보정권으로 인해 한국 사회는 여러 방면에서 위기에 노출되어 있다. 안보의식, 애국심과 공동체 의식이 약화되고 군 복무를 기피하는 현상이 대두되었다. 남남갈등을 무릅쓰고 북한에 지원한 경제 원조는 핵과 미사일 그리고 관광객 피살사건으로 되돌아왔다. 일본이 기술 및 자본 강국의 지위를 유지하고 중국이 무섭게 성장하는 동안 우리의 성장 동력은 크게 약화되었다. 이제 국가 역량의 분산을 막고 국가관과 역사관을 재정비해야 한다. 우리는 자라나는 세대에게 제대로 된 전통과 역사를 가르쳐야 한다. 그것은 오늘을 사는 우리가 미래 세대에게 갖는 도덕적 책무이기도 하다.

3) 진보와 보수

냉전시대가 사라지면서 세계의 이념 대결도 사라졌다. 하지만 뜨거운 군사적 대치 상태가 계속 유지되고 있는 한반도에서는 이념의 대결이 뜨겁다. 한국 정치에서 좌파와 우파, 진보와 보수의 논쟁은 언제나 민감한 문제이다. 김대중 정부와 노무현 정부 시기에 이념 논쟁은 언제나 정치적 갈등을 일으키는 태풍의 눈이었다. 그러한 흐름은 현 정부 들어서도 과거사 논쟁, 역사교과서 국정화 논쟁, 대북정책 논쟁 등 아직도 우리 사회에서는 낡은 이념 프레임이 사라지지 않고 있다.

물론 이념 논쟁이 반드시 소모적인 것은 아니다. 서로 다른 정치 이데올로기가 경쟁하는 것은 다양한 사회 세력이 공존하는 사회에서는 불가피한 일이다. 이념 논쟁을 통해 서로 다른 사회 세력을 인정하고 타협을 모색하는 일이 필요한 것이다. 그러나 한국에서 좌파와 우파를 둘러싼 이념 논쟁은 매우 비생산적이고 파괴적인 결과만 만들고 있다. 왜냐하면 이념 논쟁이 정책 경쟁으로 발전하고 실천을 통해 검증하는 대신 편협한 정파주의에 매몰된 채 상대방을 일방적으로 부정하고 매도하는 수단으로 이용하기 때문이다(「프레시안」, 2009년 4월 2일).

한국의 이념 지형은 진보, 중도, 보수의 3개로 구분되고 있다. 어떤 기준으로 세 가지 이념을 구분하는지는 경우에 따라 다르다. 진보는 진취적이고, 미래지향적이며, 과거보다 더 나은 상태를 가리키는 데 비해, 보수는 퇴행적이고, 전통을 고수하며, 과거에 매달리는 듯한 인상을 준다. 그래서 많은 사람이 진보라는 단어를 선호하는 경향이 있다. 이러한 이유 때문에 진보와 보수정책을 비교하면 큰 차이를 발견하기 어려운 경우가 많다. 진보를 선택한 유권자들도 세부적인 정책을 선택할 때는 보수적 정책을 지지하기도 한다. 다만 대북정책에서는 보수와 진보가 첨예하게 대결하는 양상을 보인다. 바로 이 점 때문에 한국에서는 서구와 같이 좌파와 우파라는 이념적 구분을 사용하기는 쉽지 않아 보인다. 분단과 전쟁이라는 참혹한 역사적 경험이 남긴 깊은 상처 때문이다.

해방 이후 좌우 대립과 한국전쟁을 거치면서 좌파와 우파가 갖고 있는 상징적 의미는 매우 정파적이고 적대적인 성격으로 변했다. 특히 좌파는 '용공'과 '친북'이라는 이미지가 강하게 연결되어 있다. 그래서 민주화운동은 항상 '용공친북'이라는 낙인을 찍히지 않기 위해서 이념적 순결을 보여줘야만 했다.

이에 비해 보수 세력은 좌파라는 용어가 갖고 있는 부정적 이미지를 활용해서 김대중 정부와 노무현 정부의 10년을 '친북좌파의 시대'로 규정한다. 이는 민주화 세력이 지난 군사정부의 시기를 '수구꼴통의 시대'라고 규정한 것에 대한 반작용으로 보인다. 이러한 이념 논쟁은 정치적으로 무기력하고, 사회적으로는 분열적이며 지성적으로도 무가치하며, 경제적으로도 소모적이다.

한국 정치의 이념 대결은 매우 후진적이다. '친북좌파'와 '수구꼴통'이라는 용어가 사용되는 시대에 이념 논쟁은 전혀 생산적이지 못한 결과를 만들었다. 한국의 이념 논쟁은 상대방을 존중하고 대화를 통해 화해를 추구하는 대신 끊임없는 충돌을 만들고 있는 것이다. 세상은 흑과 백, 선과 악으로만 나눠지는 것은 아니다. 세계는 다양한 종류의 중간색으로 이뤄져 있다. 사회가 건강하게 발전하기 위해서는 진보와 개혁을 추구하는 정치 세력과 안정과 개혁을 추구하는 정치 세력이 일정한 견제와 균형을 이뤄 나가야 한다.

2. 국가정체성의 위기

우리 사회는 국론 분열과 사회적인 위협에 많이 노출되어 있다. 대내적으로는 진보와 보수의 대립이 거세고 이와 함께 경제적인 격차와 다양한 사회문제 등으로 몸살을 앓고 있다. 브렉시트(Brexit) 이후 세계 질서의 신국가주의라는 신기류에 휩싸이고 보호무역주의가 등장하는 등 세계 경제는 저성장 기조에 빠져들고 있다. 우리 사회의 모습은 경제 성장의 동력의 약화, 빈부의 격차의 심화, 획일화된 교육으로 인한 글로벌화된 인재의 양성 실패, 사회적 불안정으로 인한 출산율 저하, 고령화 사회의 도래 등으로 불안하다. 게다가 북한은 핵 개발을 완료하고 핵무기의 실전 배치 단계에 와 있다. 만일 북한이 한반도를 핵 인질화해서 동북아의 종래의 안보 지형마저 흔들 경우 우리는 이전과는 다른 차원의 위기 상황에 직면할 수밖에 없다. 중국의 G2 부상에 따른 부담과 더불어 일본과 중국의 역사 왜곡은 갈등의 골을 심화시키고 우리의 정체성에 혼란을 가져오게 하고 있다.

그동안 정권이 교체될 때마다 대북정책과 보훈정책이 정권 유지용 단기적인 정책으로 생성됨으로써 국민들의 혼란을 조장해 왔다. 특히 과거의 두 좌파 정권의 대북전략은 북한의 실체에 대해 잘못 판단했거나 잘못된 가정(assumption)에 기반을 둔 것이다. 남북한 체제와 사고방식은 근본적으로 다를 수 있다는 냉철한 판단에 기초하지 않고, '우리 민족끼리'라는 추상적 근거에 기초해 북한에 접근함으로써 북한과의 관계 개선은 실패할 수밖에 없었다.

북한의 전통 우방인 중국, 러시아 등도 북한의 핵무기 등 대량살상무기(大量殺傷武器, WMD)의 개발을 우려하고 있음에 반해, 당시 한국의 대통령만이 북한의 이러한 행동이 민족을 대응한 것이 아니라고 하거나 증거가 없다고 주장했다. 심지어 당시의 대통령은 AP통신과의 2007년 6월 1일 대담에서 북핵은 살상용이 아니라 협상용이라고 주장했다. 이러한 이유로 좌파정부의 일방적, 무조건적 대북 유화정책(宥和政策, appeasement policy)은 국제사회에서 냉소와 조롱의 대상이 되었다.

북한은 70년 동안 병영 체제를 유지한 채 주체사상을 교육하고 대남 및 대미 적개심을 주민들에게 주입하고 있으며, 앞으로도 한국의 대북 지원에 정상적으로 상응하는 조치(corresponding measures)를 취할 의사가 없으며, 또한 체제 유지의 불안 때문에 취할 수도 없을 것이다. 북한 사회의 사고방식(심리 체계, way of thinking)은 이미 한국 사회의 사고방식(심리 체계)과 많은 차이를 보이고 있다. 북한의 주체사상과 이념 그리고 핵·경제 병진 노선, 자력갱생 및 우리식 사회주의 정책은 기본적으로 북한 지도부 및 체제의 존속을 위한 것으로 남북 화합이나 대외 교류와 조화를 이루기 곤란하다. 과거에 소위 진보 세력이 집권에 성공할 수 있었던 이유는 대북 유화정책 때문이 아니라 사회 정의의 회복을 외쳤기 때문이다. 좌파정권 10년간의 정부는 이를 잘못 판단했으며 급진 진보 세력의 현실 정치 참여는 많은 시행착오와 실정(失政)을 가져왔다.

맹목적 민족주의(blind nationalism)에 호소한 대북 유화정책은 이상과 현실의 괴리를 절감한 이들 진보 세력에게 하나의 탈출구로 작용, '진보=대북 유화'로 등식화했다. 김대중 정권의 햇볕정책으로 인한 안보의식의 해이, 그 와중에도 북한의 핵무기의 개발과 미사일 실험의 강행은 큰 문제로 대두되고 있다. 또한 고위층 자녀들의 병역 비리 문제와 함께 햇볕정책 이후 대북 유화정책의 무리한 추구로 인한 국가정체성의 혼란, 군의 사기 저하, 국가유공자에 대한 정부의 미온적인 보훈 정책은 국민의 '나라 사랑'하는 마음에 회의를 품게 했다.

이는 국가 보훈정책이 거국적 차원의 정책이 아니라 대국민 인기 영합 및 선동 차원의 포퓰리즘 정책으로 수립되어 국가정체성을 저해했기 때문이다. 그러나 체제와 제도의 문제를 지적하는 역할은 국민의 몫이며 우리는 강한 국가를 만들기 위해 국민의 역량을 키우는 일에도 노력해야 한다(김종성, 2003: 69－70).

다원화된 사회에서 발생하는 진보와 보수 등의 다양한 갈등의 문제와 다양한 사건들을 좀 더 효율적이고 성공적으로 해결하기 위해서는 장기적이고 미래지향적인 정책을 수립해야 한다. 정치적인 수단의 정책이 아닌 국가의 정체성을 바로잡고 국가 미래를 위해 투자하는 정책으로 변화되어야 하는 것이다. 우리 사회는 아직도 분단 속에서 살고 있고, 북한은 아직도 병영 체제 속에서 사상교육을 하며 대남 및 미국에 대한 적개심을 주입하고 있다. 이 시점에서 우리는 국가정체성을 확립하는 길을 모색해야 한다. 또한 문화의 다양성을 인정해 외국인들에 대한 차별을 버리고 다양한 사람들이 조화를 이루는 다문화 공생사회도 만들어 가야 한다.

3. 민족정기와 국가정체성

국가정체성이란 첫째로, 정치 및 경제 등 지배적 사회제도에 대해 구성원들이 갖는 일체감을 의미하거나, 둘째로, 문화와 생활방식 등 집단가치에 대해 구성원들이 받아들이는 심리 상태를 의미한다. 국가정체성은 단순히 역사에 기초하는 것만이 아니고 끊임없는 합리화 과정을 거쳐 논리적 자아 준거의 인지 체계(認知體系)로 재구성되어 있다. 실용적인 측면에서 국가정체성은 국민이 국가에 대해 갖는 심리적 일체감(유대감)과 사회구성원으로서의 신념 체계(충성심, 애국심)를 의미하며, 국민 단합과 결속을 강화하는 기능을 가진다.

미국, 유럽 국가들도 이민자에게 시민권을 발급할 때, 언어 및 시민의식(법, 관습 및 국가정체성)이 흔들리면 국론 분열이라는 비가시적이거나 막대한 사회적 비용(social cost)을 치러야 한다. 대한민국 헌법에 따르면, 국가는 특정 계급이나 집단이 아닌 국민 전체의 공공복지를 실현할 것을 목표로 하고 있다. 반면, 북한은 민주집중제의 원리에 따라 공산당과 최고 권력지도자가 국정(國政)과 인민을 지도한다고 헌법과 당규에 명시한다.

국가정체성 확립은 민주주의(democracy)나 평화주의(pacifism)와 상반되는 개념이 아니다. 사회주의의 붕괴와 중국의 개혁개방으로 인해 정치 체제로는 자유민주주의가 일당독재의 사회주의에, 그리고 경제 체제로는 시장경제가 국가가 자원의 분배를 주도하는 계획경제와 체제경쟁에서 승리했다. 다양성의 시대를 살아가고 있는 우리들에게 민족과 국가의 의미가 고대보다 퇴색되었다고 생각할 수도 있다. 하지만 민족과 국가라는 것은 쉽게 사라질 수 없는 운명공동체와 같은 것이므로 그리 쉽게 생각할 문제가 아니다. 한 국가가 자리를 잡고 성장할 수 있는 원동력이 되는 것이 민족정기와 국가정체성이다. 국가 전략 및 정책이 나무의 '가지'라면, 국가정체성은 '뿌리'라고 볼 수 있다. 그리고 민족정기는 이 나무를 잘 자랄 수 있게 해주는 '토양' 정도로 볼 수 있을 것이다. 일반적으로 '뿌리'가 튼튼한 나무일수록 '가지'가 잘 자라날 수 있고, 그 근본은 건강하고 좋은 '토양' 위에서 잘 자라날 수 있는 것이다. 그러므로 민족정기가 바로 서는 것은 국가정체성 확립의 기본이고 그 바탕 위에서 국가의 정책과 전략이 올바르게 시행될 수 있다.

국가정체성은 단순히 역사에 기초하는 것만이 아니고 끊임없는 합리화 과정을 거쳐 논리적 인지 체계로 재구성된다. 민족정기는 귀속감과 친밀감을 바탕으로 국가의 통합적 역할과 민족 결집의 구심적 역할을 해준다. 이를 바탕으로 국가에 대한 정체성이 형성된다. 개인에게서도 자신의 근본과 살아온 환경 그리고 정체성 등의 문제는 가장 중요하다. 이와 같이 국가에서도 근본과 역사 그리고 국가적 정체성의 문제는 매우 중요한 것이다. 민족정기가 바로 서야 국가정체성이 제대로 확립되고 그런 국가가 비약적으로 발전해 나가는 세계화시대에 발맞춰 나갈 수 있게 된다.

국론 분열은 사회 발전을 저해하는 장애물로 남아 변화 경쟁시대에 우리의 발목을 잡고 사회의 발전 속도를 늦추게 한다. 해방 후 찾아온 분단은 단순히 분단이라는 사건으로 끝나는 것이 아니라 민족의 분열과 함께 대립의 역사는 국방에 대한 물질적인 낭비와 정치와 경제의 발전을 저해하고 사회적인 분열의 역사를 만들게 된 것이다. 이러한 과거의 분열 역사를 청산하고 이제는 새로운 세계 질서의 흐름에 따라 국가의 통합을 이룩해야 한다. 민족정기는 국가정체성의 근간이 되고 국민이 통합되지 못했을 때 국가정체성은 위기를 맞이한다는 경험을 통한 가르침을 잊지 말고 민족정기를 통한 국가정체성의 확립에 힘을 기울여야 한다.

우리는 그간 역사 속에서 민족정기와 국가정체성에 대한 논의가 얼마나 중요하게 다뤄졌는지 고민해 봐야 한다. 인간에게 자아와 정체성에 관한 문제는 가장 근본적이고 중요한 문제이다. 국가도 마찬가지이다. 국가라는 거대한 조직이 움직이려면 개인의 다양성을 중심으로 하나의 근본적인 목표와 방향이 제시되어야 한다. 그러기 위해서는 국가를 이루는 민족정신이 올바르게 자리 잡아야 하고, 그러한 민족정기를 바탕으로 일체감이 형성되고 충성심과 애국심이 발휘되어 국가정체성이 자리 잡을 수 있을 것이다(유영옥, 2007: 5-6).

4. 민족정기와 국민통합

정치인들은 곧잘 국민통합을 이루겠다고 말한다. 지역주의가 만연하고 선거철만 되면 지역감정을 부추겨 표를 얻어온 정치인들이 국민통합을 이루겠다는 것은 아이러니가 아닐 수 없다. 그들은 자신의 위치를 확보하기 위한 수단으로 국론의 분열을 유도해 남남 갈등을 심화시켜온 것이다. 이는 이념적으로 민족의 이등분, 분단에 의한 국토의 이등분이라는 현실 위에 더해진 또 하나의 분열이다. 거기에 좌파와 우파라는 이름으로 진보와 보수는 합의점을 찾지 못한 채 서로를 적대시해온 것이 우리의 슬픈 현실이다. 하지만 이제 우리는 그동안의 편 나누기를 청산하고 남남 갈등을 극복하는 국민통합을 이뤄야 한다.

변형된 신정국가(神政國家)라고 할 수 있는 북한은 '정상적인 국가 관계'를 유지할 수 없을 정도로 성숙하지 못한 것도 사실이다. 전술했듯이 현재 북한은 이미 핵무기의 실전 배치 단계에 와 있다. 최근 미국의 일각에서조차도 북한의 핵시설과 지도부에 대한 선제 타격이 운위되고 있는데 그것은 그만큼 북핵문제의 현실이 절박하다는 반증이다. 이제 북한의 핵문제는 이미 루비콘 강을 건너가 버린 느낌이다. 그것은 그만큼 우리 정부에게는 정책적 대안의 선택적 제한임을 의미한다.

정부는 '국민통합 기제(機制)'로서의 국가정체성 확립을 위한 정책을 펼치면서 미국과의 전통적인 우호 관계를 확고히 해야 한다. 혹자들은 경제문제를 지나치게 과장하면서 중국 중시 정책으로의 정책 전환이 필요하다고 역설하나 중국은 양적인 면에서 G2로 부상한 강국인 것은 확실하나 그에 걸맞은 민주성과 합리성을 갖춘 국가가 아니다. 그것은 곧 국가와 국가정책의 신뢰성과 직결되는 문제이다. 또한 정부는 대한민국의 정체성을 대(對)국민 역사 교육과 홍보를 통해 확실히 해야 한다.

중국과 일본에 의한 역사 왜곡과 더불어 내부의 역사 왜곡도 경계해야 한다. 대한민국 국민으로서의 자부심을 갖도록 정규 제도교육과 군(軍) 등 각 기관에서의 평생교육을 통해 체계적으로 국가정체성 교육을 실시해야 한다. 특히 미래 주역인 청소년을 대상으로 잘못된 역사관을 바로잡는 작업이 절실하다. 각종 조사에 따르면, 청소년의 약 10%만이 국가 위기 시 적과 싸운다고 응답했다. 정치적 자아형성기에 있는 청소년의 국가정체성 혼란을 감안할 때 이러한 정책은 우선적으로 학교교육(특히, 역사와 도덕 교육)을 통해서 이뤄져야 한다. 역사교육이 제대로 이뤄져야 올바른 국가관과 역사관, 그리고 건강한 세계관과 인간관을 구축할 수 있을 것이다.

국제적인 상호 이해와 협력이 강조되는 세계화시대에도 국가·민족의 정체성(national identity)은 엄연히 존재하며, 선진국들과 이웃 국가들은 최근 국가정체성 교육을 오히려 강화하고 있다. 헌법 교육을 강화해 대한민국의 국가 이념이 자유민주주의라는 것을 확고히 해야 한다. 건국 이래 헌법 제1조는 대한민국의 정체(政體)가 민주공화국이라고 선언하고 있는 바, 이는 어떤 경우에도 정치적 타협이나 개정(改正)의 대상이 아니라는 것을 뜻한다. 국가정체성이 확보되어야 진정한 국민통합(national integration)이 이뤄진다.

이론교육뿐 아니라 각종 사회봉사나 사회활동에의 직접 참여를 통해 이웃과 국가에 대한 애정과 헌신을 체득하도록 할 필요가 있다. 애국심과 보훈의식(報勳意識) 고취를 통해 국민의 '나라사랑 정신'과 국가의 '국민사랑' 정신을 확립해야 한다.

대한민국은 지구상의 마지막 분단국가로 보훈정책의 강화가 무엇보다 중요하다. 이를 위해 민족정기(국가와 민족을 위해 개인을 희생하는 정신)를 세워야 한다. 국가 상징 체계(국기, 국가, 국화, 기념행사, 기념관, 상징조형물 등)를 실체화하고 활성화해야 한다. 3·1운동, 6·25전쟁 및 베트남전쟁 등은 국가정체성 재확립을 위한 귀중한 역사 유산이므로 범사회적으로 이를 기리고 그 정신과 희생을 후손에게 가르쳐야 한다.

대한민국의 역사적 국가정체성을 외국인과 해외동포들에게 적극 홍보해야 한다. 조국을 떠나 있는 해외동포들이 대한민국에 자긍심과 애정을 갖도록 재외공관을 통한 홍보정책을 강화해야 한다. 또한 주요 국가의 교육기관에 설치된 한국의 언어 및 문화 예술 관련 교육을 체계적으로 관리해 한국의 정체성과 이미지 쇄신에 주력하고 있는 실정이다. 선진국의 '애국심 고취를 위한 상징정책'을 벤치마킹할 필요가 있다. 미국은 해외파병 미군의 유해가 귀국하면 대통령이 직접 공항에 나가 영접한다. 미국민은 공공기관뿐 아니라 집, 차, 식당 등 상업용 건물에도 상시

성조기를 달 정도로 국기를 사랑한다. 호주는 전쟁기념관과 국회의사당이 마주보고 있어 늘 전몰 용사의 희생을 기린다. 프랑스는 개선문 밑에 24시간 불이 꺼지지 않는 무명용사비를 설치해 순국열사를 추모하며 이를 '기억의 정치(Politique de Souvenir)'라고 부르고 있다. 심지어 북한도 수만 개의 김 부자(父子) 동상, 각종 상징물 등을 건립해 사회통합에 힘쓰고 있다.

이토록 애국심을 각국이 강조하는 이유는 애국심이 국민을 하나로 묶는 가장 근간이 되는 정신적 가치이기 때문이다. 살아 있는 애국의 상징물이라고 할 수 있는 상이용사를 존경의 대상으로 보고 이들의 희생에 합당한 사회적 존경과 보상을 제공함으로써 그 가족들이 자긍심을 갖도록 하고 시민들이 국가정체성과 애국심을 재확립하는 계기로 삼아야 한다. 전몰 경찰과 같은 보훈 희생자와 그 유족에게 국가와 국민은 최대의 경의와 예우를 표해야 한다. 마을과 학교마다 연고(緣故) 유공자를 발굴해서 공동추모비를 건립하는 등 정부는 적극적으로 애국보훈 상징정책을 마련해 국민통합에 힘써야 한다.

제 6 절 | 결론

이 글의 상징성 분석에서 나타났듯이 대한민국 전몰군경 유족회(대한민국 경찰유가족회) 등 보훈단체는 그 구성원이 지니는 상징성으로 인해 활동 여부에 따라 국민들의 존경과 사랑을 받을 수 있는 여지가 매우 높은 단체다. 따라서 보훈단체가 공훈 선양사업, 국민의 애국심 함양활동 등과 같은 활동을 적극적으로 전개한다면 국민통합에 기여할 수 있는 여지는 크다 하겠다.

우리는 과거를 기반으로 삼아 현재의 대한민국을 만들어 냈듯이 앞으로의 미래도 현재 우리가 어떻게 하느냐에 따라 판이한 모습을 보일 수 있다. 세계화시대에는 다양한 문화와 역사가 혼재하는 시기로서 우리는 이 시대적 가치에 부응하는 새로운 문화와 행태를 창조해야 한다. 그러한 과정에서 가장 기본적으로 이뤄져야 할 사업은 민족의 정체성을 확립하는 것이다. 세계화시대에 국가정체성과 민족정신은 과거에 해석된 것과 다른 의미로 발전하고 응용되어야 할 것이며, 국민의 통합을 이루기 위해 민족정기 사업을 바로잡아 나가야 한다.

우리 민족에게는 역사를 통해 축적되고 계승·발전한 훌륭한 민족정기가 존재한다. 세계 각국은 자국에 대한 애국심의 함양과 정체성의 확립을 위해 골몰하고 있다. 즉, 자본주의의 심화 이후 개인주의화나 이기주의화에 의해 국가에 대한 충성심, 애국심, 희생정신이 줄어들고 있는 것을 우려하고 있다. 이에 따라 세계 각국은 애국자와 위인들을 발굴해서 이들을 재조명하고 승화시켜 가치화하는 노력을 기울이고 있다. 이 과정에서 보훈정책은 국민으로 하여금 애국심을 고양하는 지표로서 국민이 조국에 헌신할 수 있는 애국심과 충성심 및 희생정신을 함양하는 데 핵심적인 정책이 된다. 보훈정책의 상위 목표는 국민의 공동체의식의 형성과 애국심 배양을 목표로 한다.

국가유공자의 공훈과 그 희생정신을 계승·발전시켜 그것을 국민적 통합과 국가 발전의 정신적 토대로 삼는 것은 매우 중요한 국가사업이다. 이것은 공동체의식에 관한 각종 여론조사에서 보듯이 급속한 민주화, 자율화, 국제화 과정에서 전환기적 진통을 완전히 치유하지 못하고 파생된 물질 만능적 사고와 개인주의, 그리고 이완된 국민의식을 치유하기 위한 것이다. 즉, 민족정기의 선양을 통해 공동체의식을 향상시켜야 하며, 그러한 공동체의식이 있어야만 이 나라를 사랑하고 국가를 위해 자발적으로 희생하려는 애국심을 갖게 할 수 있다는 것이다.

대한민국 경찰유가족회는 상징성 분석에서 나타났듯이 순국선열과 호국영령에 대한 존경과 예우, 안보의식 고양, 애국심, 국가를 위한 희생정신, 국가에 대한 충성·헌신, 호국영령 추모, 국가안보와 자유민주주의 체제의 초석, 희생과 공헌에 대한 보답, 유족의 명예 선양과 위로, 순직 경찰 유자녀에게의 장학금 전달 등을 그 모토로 하며 애국정신을 기리고 있다. 국민통합을 이룩하기 위해서는 적과 대치하고 있는 우리로서는 이와 같은 이념을 가진 조직이 반드시 있어야 한다. 즉, 민족정기를 통한 국민통합을 이뤄 나가는 데는 대한민국 경찰유가족회와 같은 국가유공자 조직이 최상이라는 것이다. 국가는 이와 같은 상징성 있는 조직들을 활용해 국민통합을 이뤄 나가는 데 힘써야 한다.

민족정기 선양사업은 결코 단편적으로 해결될 문제가 아니다. 민족의 정기문제는 미래지향적인 문제이다. 이것을 현재의 눈으로 바라보고 단기적인 정책으로 해결하려 해서는 안 된다. 통일과 대한민국의 내일을 위해 장기적 차원에서 정책을 세우고, 제도적 발판을 마련하는 것이 우리의 과제가 아닐 수 없다. 다각도로 변하는 동북아 정세와 강대국의 힘이 작용하는 이 분단 상황 속에서 우리가 어떤 선택을 하느냐가 우리의 미래를 좌우한다. 지역감정, 세대 간의 차이, 좌파와 우파의 대립, 이 모든 것을 극복하고 모두 하나의 체제 속에서 살아가는 국민으로서 다양성을 인정하는 것이 필요하다. 따라서 다각적인 방향에서의 대국민 통합 노력이 있어야 하고, 그 노력의 핵심적 정신은 민족정기의 선양임을 잊어서는 안 된다.

올바른 국가정체성 확립은 대한민국이라는 공동체의 미래를 좌우할 공공재(公共財)이다. 우리 국민은 이미 무책임한 이상주의 및 맹목적·비타협적 신념과 좌파적 이데올로기에 기초한 선동정치에 불안과 염증을 느끼고 있다. 현 정권은 정치적·경제적으로 어려웠던 시기의 경험을 되살려 흔들리고 있는 국가정체성을 재확립함과 아울러 미래지향적인 희망의 정책을 펴야 한다. 국가 경영에 정치적 권위를 잃으면 국정 수행을 위해 설득(persuasion)과 보상(compensation)에 의지해야 하기 때문에 막대한 사회적 비용이 지출된다. 그러므로 정부는 국가정체성의 재확립과 강화를 최우선의 국정지표로 삼고 이를 시행해야 한다.

애국심(나라사랑 정신) 고취는 편협한 민족주의(xenophobia)와 공허한 개인주의(individualism) 및 무책임한 국제주의(internationalism)를 모두 배격하는 것이다. 국가정체성이 지켜지지 않으면 우리 민족과 대한민국은 역사에서 사라진 다른 민족과 국가의 전철을 밟게 될 것이다. 유대인의 경우에서 보듯이, 민족공동체의 유지를 위해서는 영토와 같은 물리적 요인보다 정체성이라는 정신적 요인이 더 중요할 수 있음을 주지해야 한다. 한반도 주변 상황은 강대국의 세력 균형(balance of power) 변화에 크게 영향을 받는 가변성을 지니고 있다.

국제 관계에서는 모든 국가가 자국의 이익을 우선적으로 추구하므로 영원한 우방은 없다.

대한민국은 산업화에 성공했으므로 이제 국제사회에서 존경을 받는 선진국이 되어야 한다. 대한민국의 생존과 번영은 정신적으로는 국가정체성의 강화 그리고 물질적으로는 경제부국을 통해 국가 역량을 강화하는 데 달려 있다.

끝으로 국민통합을 위해 다음 몇 가지를 첨언하면 국민 합의를 바탕으로 국가 비전과 목표를 분명히 제시해야 한다. 그리고 대한민국의 국가 이념이 '자유민주주의'라는 것을 확고히 하고 대국민 역사교육과 홍보를 통해 이를 확실히 인식시켜야 한다. 나아가 애국심과 보훈의식 고취를 통해 국민의 '나라사랑 정신'과 국가의 '국민사랑' 정신을 확립해야 한다. 또한 국가의 역량을 물질적·기술적 요인 이외에 정신적·문화적 요인에도 크게 좌우되므로 민족정기 선양과 국가보훈 정신 교육도 소홀히 해서는 안 된다. 이 같은 근본적인 국민통합 정책을 소홀히 다룰 경우 국가경영의 무능과 신뢰 상실, 권위 쇠퇴로 이어져 결국에는 사회 혼란을 야기하게 될 것이다. 정부가 '국가정체성' 확립과 '국민통합'을 최우선 국정지표로 삼아야 할 이유가 여기에 있다.

참고 문헌

김강녕(2005). 『민족정신과 통일안보』. 부산: 신지서원.

김종성(2003). "민족정기와 보훈정책". 『보훈정책 이대로 좋은가』. (사)한국보훈학회 · 국가보훈처.

박성수 외(1997). 『국민적 정신평가 체계 확립을 위한 민족정기 선양사업 방안』. 한국정신문화연구원.

유영옥(1997a). 『상징과 기회의 정치행정론』. 서울: 학문사.

______(1997b). 『상징정책학』. 서울: 학문사.

______(2003). "국가보훈학의 개념 정립과 연구방법론". 한국보훈학회, 『국가보훈연구』. 서울: 한국보훈학회.

______(2007). 『국가정체성 위기 진단과 재확립 방안』. 국가정체성연구팀.

유요한(2009). 『종교적 인간, 상징적 인간』. 서울: 이학사.

전신욱(2009). "국민통합을 위한 태극기의 상징적 효과". 『한국보훈논총』. 제8권 제2호 통권 15집. 서울: 한국보훈학회.

정숙경(2009). "6 · 25참전 소년병'에 대한 정책적 고려". 『국가유공자와 인간안보』. 인간안보학회 추계 학술세미나집.

최종팔(2005). "제대군인의 생활만족도에 미치는 영향요인 연구". 『한국보훈논총』. 제4권 제2호(통권 7집). 서울: (사)한국보훈학회.

한전숙(1980). "현상학적 운동의 기원과 전개". 『철학논구』. 8집.

함인희(2005). "6 · 25 전쟁이 가족 삶과 여성 지위에 미친 영향". 『한국보훈논총』. 제4권 제2호(통권 7집), 서울: (사)한국보훈학회.

Allen, D.(1998). *Myth and Religion in Mircea Eliade*, New York: Garland.

Burrel, G. & Morgan G.(1979). *Sociological Paradigms and Organizational Analysis*. London: Heinemann.

Cassirer, E.(1944). *An Essay on Man*, New Haven: Yale Univ Press.

Eliade, M.(1998). *Myth and Reality*, New York: Waveland

Frankle, C.(1954). "Liberalism and Political Symbols," in L. Bryson, *Symbols and Value*.

Gunnell, J.(1968). "Science and Political Reality: The Problem of Explanation". *Social Research*.

35, Spring.

Meyer, J. W. & Rowan, B. (1977). "Intutitutionalized Organizations: Formal Structure as Right and Ceremony". *American Journal of Sociology*. 83. no. 2.

Morgan, G.(1986). *Images of Organization*, Beverly Hill: Sage.

Morgan, Frost, & Pondy(1983). "Organizational Symbolism," in L. R. Pondy, et. al., *Organizational Symbolism.*

O'Flaherty, Wendy Doniger(1988). *Other People's Myth: The Cave of Echoes*. Chicago: University of Chicago Press.

Pfeffer, J.(1981). "Management as Symbolic Action: The Creation and Maintenance of Organizational Paradigms," in B. M. Staw & L. L. Cummings(eds.), *Research in Organizational Behavior*. Vol. 3, A. J. Press.

Rosen, M.(1985). "*Political Symbolism*", in S. L. Lomg(ed), *The Handbook of Political Behavior*. New York: Plenum Press.

Sapir, E.(1934). "Symbolism", in E. Seligman(ed), *Encyclopedia of Social Sciences*. Vol. 14. New York: Macmillian.

Turner, B. A.(1986). "Sociological Aspects of Organizational Symbolism". *Organization Studies*.

세계일보. "http://www.segye.com/". 검색일: 09.3.19.

광복회보. 2006년 2월 25일.

국방일보. 2010년 6월 1일.

대전일보. 2005년 12월 22일

______. 2005년 12월 25일.

제16장 대한민국 경찰조직의 상징성

제1절 | 서론

인류 문명의 발전과 더불어 범죄도 발전되어 고대 바빌로니아 왕조시대의 함무라비 법전(Code Hammurabi), 로마 비잔틴 제국의 로마대법전(Corpus Juris Civilis), 유스티니아누스 법전(Code of Justinian), 나폴레옹 1세 때의 프랑스 민법전 등으로 각국의 사법제도가 발전되어 왔다. 우리나라는 국립경찰로 출범한 이후 고난과 역경 속에서도 국민의 자유와 권리를 수호하고 사회공공의 안녕과 질서 유지를 위해 많은 경찰관이 희생했다(윤용제, 2005: 1).

이처럼 경찰은 국민의 생명·신체 및 재산의 보호, 범죄의 예방, 진압 및 수사, 치안 정보의 수집, 교통 단속 등의 활동을 통해 공공의 안녕과 질서 유지를 그 임무로 하는 국가기관이다(박정필, 2005: 1).

경찰조직이 당면한 치안문제를 해결하고 국민 신뢰를 확보하기 위해서는 경찰관 개인의 능력보다는 조직의 경쟁력을 강화하고 조직 목표를 달성하기 위한 구성원들 간의 협력적인 행동이 중요하다. 특히, 경찰은 법령에 따라 "국민의 생명·신체 및 재산의 보호, 범죄의 예방·진압 및 수사, 경비·요인경호 및 대간첩·대테러 작전 수행, 치안정보의 수집·작성 및 배포, 교통의 단속과 위해의 방지, 그 밖의 공공의 안녕과 질서 유지"(경찰법 제3조)를 임무로 한다는 점에서 다른 어떤 조직보다도 구성원들의 집합적·협력적 활동이 더욱 요구된다(이병하, 2015: 2).

따라서 이 연구에서는 경찰조직이 지니는 상징성 분석을 통해 문화적 상징을 발견하고, 이러한 상징이 조직구성원들의 행동에 어떠한 영향을 주고 있는지에 대해 연구 초점을 둔다. 또한 경찰조직의 특성과 역할을 이해하고 경찰문화의 확산과 다음 세대로의 계승 방안에 대해 논의하는 데 목적을 둔다.

제 2 절 | 조직 상징의 이론적 배경

1. 상징의 개념 및 특성

상징이라는 단어는 그 어원을 고대 그리스어에 두고 있다. 일찍이 그리스 사회에서는 어떤 일로 친숙한 두 사람이 서로 헤어지게 될 때, 한 물체를 두 개로 쪼개어 나눠 가지고 떠났다가 뒷날 다시 만날 때에 그 짝을 맞춰 봄으로써 서로를 확인하던 습속이 있었는데, 이와 관련되어 사용되던 '짝을 맞추다(topat together)'라는 뜻의 그리스어 동사 'sysballem'으로부터 상징(symbol)이란 말이 유래되었다(유영옥, 1994: 107). 상징이란 말의 어원은 그리스어 symbolon으로 부신(符信)의 뜻이다. 그 뜻이 변해 표지(標識), 기호(記號), 배후(背後)에 무엇을 지시하는 의미 현상으로 되었다(김익달, 1993: 518).

상징은 기호·암호이며 무엇인가를 대표하고 비유·의미·암시·제시·환기하는 것을 가리킨다(Langer, 1982: 112). 이런 상징은 어떤 사물(事物), 사상(事象), 정조(情調) 등을 이것과 어떠한 의미로서 상통하는 다른 사물에 의해 연상적으로 표현하는 일 또는 그 대상물로, 상징을 넓게 보면 어떤 목적을 가진 의도적이고 작위적인 기호의 일종이며, 기호는 언어, 문자, 도형 등으로 어떤 의미를 전달하는 수단이다. 이런 상징의 개념은 그 강조하는 바에 따라 다양하게 정의될 수 있다. 좀 더 상징을 구체적으로 표현한다면 상징은 "사물, 행위, 개념 혹은 언어적 구성물로서 다양한 의미를 나타내며, 감정과 정서를 불러일으키고 사람들을 행동하게 만들고 그것들은 보통 집단의 생활양식을 구성하는 의식, 의례, 선물 교환, 선서, 예의범절 등 다양한 유형의 문화적 관습에서 나타내는 것"이다(유영옥, 1997: 19).

인간은 의미를 만들어 내고 그것을 공유하면서 전승하는 능력을 가지고 있다. 의미를 만들어 낸다는 것은 곧 기호나 상징을 사용한다는 것이 된다. 신호나 상징은 둘 다 의미를 가지지만 단순한 의미만을 갖느냐, 복잡한 의미를 갖느냐로 구별된다. 구체적 기호를 신호(signal)라 하고 추상적 기호를 상징(symbol)이라 한다(임채욱, 2002: 22-23). 상징과 신호는 기호의 일종이지만 상징에는 감정이나 정서를 유발하고 강조하는 의미가 강하다. 모든 상징은 신호이지만 신호는 상징이 아니다. 즉, 구름은 비의 신호이지만 비는 상징이 아닌 것이다. 신호의 의미는 기계적이지만 상징의 의미는 정서적이다. 기호는 신호나 상징 중 한 가지만을 뜻할 때도 있으나 두 가지 모두를 뜻하기도 한다. 연기라는 기호는 불길의 신호이기도 하고 밥짓는 것을 상징하기도 한다. 또 '+'는 단순히 더하기를 뜻하기도 하고, 기독교의 십자가를 뜻하기도 한다. 상징의 초논리성(super logicalily)은 종교, 예술 등에서 중시되어 왔으며, 18세기 이후 미학에서는 정신에 의한 상징 창조의 자유에 대한 문제가 기조로 되어 알레고리(allegory)[1)]와 혼합되어 오던 것에서 상징을 구별해서 새로운 개념을 부여하기 시작했다.

상징작용의 특성은 논리적으로 보아 질적으로 서로 다른 두 가지 사항이 어떤 유사성에 의해서 필연적으로 관련되는 것으로서, 인간의 의사소통을 구성하는 요소는 시그널(signal)과 인덱스(index)로 구분된다(안창호, 2012: 10).

그림 15-1 인류학에서 본 상징과 기호

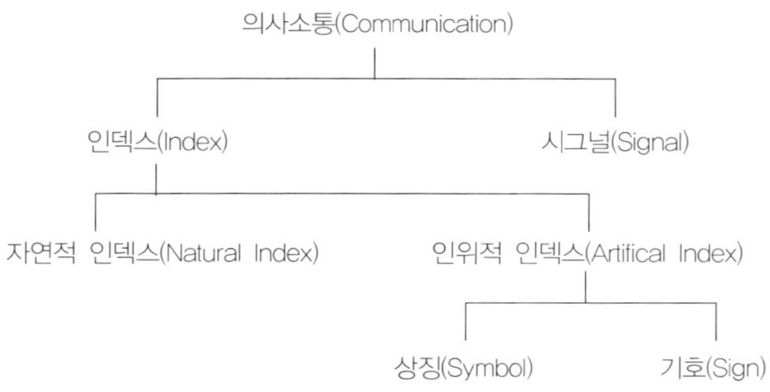

출처: 안창호(2012: 19).

1) allegory는 'allos(다른 것을)'와 'agoreuein(말하다)'의 합성으로 '비유적으로 말하는' 뜻으로, 그 본질에서 symbolism-내용과 형식이 근저에서부터 서로 무관심하는 의미에서-즉, 환상(fancy)에 의한 관련성의 부여 방식이다. allegory의 예로는 이솝의 우화(fable), 플라톤(Platon)의 동굴 우화(allegory of the cave), 번얀(John Bunyan)의 천로역정(pilgrim's progress) 등이다(재인용).

시그널은 동적으로 유발하는 메커니즘을 말한다. 예를 들면 목마름은 마실 것을 찾는 행위를 유발하는 시그널이다. 인덱스는 무엇인가를 나타내는 것을 말한다. 인덱스는 자연적 인덱스와 인위적 인덱스로 구성된다. 연기는 물의 자연적 인덱스이다. 인위적 인덱스는 기호와 상징으로 구성되며, 상징(symbol)은 다른 문화적 맥락에 속해 있는 인덱스를 말한다.

상징 자체는 합리적인 것도 아니며, 또한 비합리적인 것도 아니다. 그러나 상징이 보이거나 들려질 때, 관념의 연상 과정에서 그 상징이 표현하는 특수 목적이나 관념은 일반 국민의 심리에 정서적으로 영향을 미치게 된다. 상징은 심리적 침투력으로, 대중으로 하여금 상징의 암시에서 사고하는 행동의 근원, 즉 심리적 통일성을 달성하게 함으로써 독일의 신칸트학파에 속하는 철학자 리프만(Walter Lippmann)이 지적한 바와 같이 '단결의 메커니즘(Mechanism of Solidarity)'이 된다(Lippmann, 1950).

이런 상징이 의미를 가지기 위한 특성을 살펴보면, 첫째, 상징은 무엇인가를 지시한다. 상징은 가능한 한 문자, 그림, 사건 등으로 관념 내용을 지시할 수 있어야 한다. 둘째, 상징은 이원적 지시 대상을 갖는다. 이는 직관적으로 알 수 있는 대상의 본래 성격과 이것이 상징으로서 지니는 의의가 부합되어야 한다. 셋째, 상징은 진실과 허구를 포함한다. 상징은 지시 대상과 유사성이 있어야 한다고 논의하기도 하고 유사성이 없는 관습이나 약정에 의해 자의적으로 결합된 것이라고 논의하기도 하는데 이것은 상징의 한쪽만 바라본 입장이다. 상징은 진실과 허구의 양면을 내포할 때 상징으로서의 의미를 가질 수 있는 것이다. 넷째, 상징은 이원적인 타당성을 지니고 있다. 상징이 상징으로서의 기능을 하기 위해서는 관념의 세계와 감각적 실체의 단면이 동시에 적절하고 타당하게 포함될 수 있어야 한다(Urban, 1951: 415-426).

인간의 삶은 상징 속에서 영위되고 있다. 일상생활에서 인간은 각종 상징들과 더불어 살아가고 있는데 인간이 공동체를 이루고 살아갈 수 있는 가장 큰 이유는, 바로 상징 체계를 가지고 있기 때문이다. 상징은 인간의 기본적인 활동인 먹고, 보고, 움직이는 것과 마찬가지로 중요한 인간 활동의 하나이며 인간정신의 기본 과정이라고 할 수 있다. 인간만이 상징을 만들어 내고 이해하기 때문에 독일의 철학자 카시러(Ernst Cassirer, 1874-1945)는 상징 사용 능력에 초점을 맞춰 인간을 '상징적 동물'이라 했다. 인간은 상징을 통해서 일을 하며, 일하면서 상징을 만들어

내기도 하는데 정치인은 대중적 상징을 창출하고 종교인은 종교적 상징을 만들어 내며, 방송인은 온갖 상징들을 만들고 다듬어서 시청자에게 널리 전파한다. 이처럼 인간의 문화는 상징 행위에 의해 만들어진다고 볼 때 상징은 실로 문화의 기초가 되는 것이다(안창호, 2012: 11-12).

2. 상징의 유형 및 기능

상징의 역사는 모든 대상이 상징의 가치를 지닐 수 있다는 사실을 보여준다. 대상이 자연물이건 추상적인 것이건 모두 상징이 될 수 있다. 상징은 기호에 하나의 차원을 덧붙여서 입체적인 것이 된다. 이런 상징의 사용은 물건·기호로부터 만들어지는 것이며, 존재의 차원에서 초논리적이고 상상적인 관계를 수립하게 한다. 따라서 주체적으로 상징을 이해하는 데에는 관념적 지식이 필요한 것이 아니라 감각의 경험이 필요한 것이다(Chevalier & Gheerbrant, 1996).

상징의 매개물에는 언어, 행위, 상상의 산물, 관념, 인물, 사물, 사건, 제도 등이 있다. 즉, 상징의 존재 양식이다. 언어라는 존재양식에 있는 상징의 종류는 말과 글 그리고 기호이다. 말에 해당하는 상징에는 연설, 웅변, 대화, 논쟁이 있고, 글의 경우는 단어, 구호, 표어, 기록 등이 있다.

행위양식에는 일상적 행위와 규범적 행위가 있고 신호, 몸짓(gesture)은 일상적 행위에 속하고, 의례, 의식, 주술행위는 규범적 행위에 속한다. 상상의 산물에는 신화, 전설, 꿈과 같은 신비적 산물이 있고 음악, 미술, 공간 구성 같은 예술적 산물이 있다. 관념양식에서 정치적인 것으로는 이데올로기, 비정치적인 것으로는 신념, 태도, 가치관이 있다. 인물은 긍정적 인물과 부정적인 인물로 나눠지고 사물은 인위적인 것과 자연적인 것으로 나눠진다. 깃발, 건축물, 조형물, 도구, 의상, 표장(badge), 미장(emblem) 등은 인위적인 것이고 해, 달, 별, 산, 나무, 꽃, 돌, 물, 동물 등은 자연적인 것이다. 사건에는 역사적인 사건과 극적, 돌발적인 사건으로 나눠지는데, 건국, 전쟁, 발명, 발견, 혁명은 전자에, 자연재해, 정치적 사건, 사회적 사건 등은 후자에 속한다. 제도에는 정치제도, 경제제도, 사회제도, 문화제도가 각기 해당되는 하위 내용들을 망라하고 있다(임채욱, 2002: 25).

상징은 정서적 반응을 일으킨다는 뜻에서 정치적·종교적으로 그 활용성이 매우 높다. 상징의 정치적 활용은 나치스 독일의 깃발 선전에서 잘 드러나고 있다.

연단에 나치스 깃발을 수없이 걸어두고 전이・전환(transfer)을 통한 위광 효과를 내려는 수법이 사용되었다. 정치지도자들은 대중적인 상징을 현명하게 창출해 내는 것이 주요하다. 정치적 상징은 표현의 정치(expressive politics), 즉 표현을 위한 정치행위를 도와주는 것으로서 대중 조작을 용이하게 하는 주요한 요소이다. 국기, 국가 등 국가 상징의 등장도 이러한 맥락에서 출발한다.

인간의 마음은 그 경험의 어떤 구성 요소가 다른 구성 요소에 관한 의식, 믿음, 정서 및 용도 등을 이끌어 낼 경우에는 상징적으로 기능하고 있는 것이다. 전자의 일련의 구성 요소는 '상징'이고, 후자의 일련의 구성 요소는 그 상징의 '의미'를 구성한다. 상징에서 의미로의 변의를 일으키는 유기적 기능이 '상징적 관련성'이라 일컬어질 것이다(임채욱, 2012: 19).

이 상징적 관련성은 지각자의 본질이 제공하는 능동적인 종합적 요소이다. 그것은 상징의 본질과 의미의 본질 사이의 어떤 공통성에 기초하는 근거를 필요로 한다. 그러나 두 본질 사이에 있는 이와 같은 공통 요소는 그 스스로 상징적 관련성을 필연적으로 일어나게 하는 것도 아니고, 그리고 어떤 것이 상징이 되고 또 어떤 것이 의미가 되어야 하는가를 결정하지도 않으며, 또한 상징적 관련성이 지각자에게 오류와 재난을 일으키지 않을 것이라는 것을 보장하지도 않는다. 우리는 지각을, 현실적 존재라는 경우를 스스로 만들어 내는 자기 창출(self-production)의 일차적 국면이라는 시점에서 생각하지 않으면 안 된다(안창호, 2012: 13-14).

상징에 대한 개념 정의가 시각에 따라 매우 다양하듯이, 상징 형식에 속하는 상징의 종류와 이를 분류하는 견해 역시 상당히 다양하다. 상징의 유형을 분류할 때 가장 전형적인 견해가 사피어(Edward Sapir)의 분류 방식이다. 사피어는 상징을 준거적 상징(neferential symbol)과 함축적 상징으로 나눠 분류하고 있다(Sapir, 1984: 493). 준거적 상징이란 사실적 토대를 가지고 있는 것으로서 언어적 표현, 쓰는 것, 부호, 국기 등과 같이 우리가 감각적으로 느낄 수 있는 대상과 경험을 나타낸다.

반면에 함축적 상징이란, 정서적 토대를 가지고 있는 것으로서 종교의식, 국민의례, 국경일 등과 같이 우리가 감각적으로 범할 수 없는 그 무엇으로 정서, 감정, 믿음 등이 부여된 것을 나타낸다.

반면, 퍼스(Charles S. Peirce)는 상징 유형을 도상적 상징, 동기 상징, 무동기 상징 세 가지 차원으로 분류했으며, 그중 무동기 상징(자의적 상징)은 단지 약속에 근거해 상징적인 가치를 지니는 상징을 말한다. 현재 사용되는 대부분의 국기는 그 기원이나 동기를 국민 대부분이 모른다는 점에서 자의적 상징에 해당된다고 말할 수 있다. 상징은 관념의 표지이나 국기처럼 약정인 것일 수 있기 때문에 사회 속에 세워지는 것이다. 그러나 때로는 개인적으로 만들어지는 경우도 있는데 이 상징은 개인에 대한 언급이나 그의 작품에 대한 언급이 결부되었을 때만 유효하며, 유효성은 지속적일 수도 있고 특별한 경우 제한될 수도 있다(Malmberg, 1977).

한편, 문학이론가들은 상징이 생성되는 과정에 초점을 맞춰 상징의 유형을 자연적 상징, 관습적(제도적)상징, 개인적(창조적) 상징 등으로 분류하고 있으며(김용직, 1988: 145－152) 상징의 형성 주체에 따라 자연적 상징과 인위적 상징으로, 상징의 존재양식에 따라 물질적 상징과 추상적 상징 등으로 분류하기도 한다. 또 다른 분류 방식으로는 비본질적 상징, 본질적 상징, 통찰 상징으로 분류한 던바(H. F. Dunbar)의 상징 분류도 있다(Dunbar, 1929). 이러한 분류들을 종합적으로 수렴해 '상징의 존재양식'이라는 분류 기준에 따라 상징을 여덟 가지 유형으로 분류되는데, 상징의 다양성을 포괄적으로 이해하는 데 큰 도움이 되며, 그 분류 방식을 살펴보면 다음과 같다(유영옥, 1997: 39).

1) 언어: 말(연설, 웅변, 대화, 논쟁), 글(단어, 표어, 슬로건, 기록), 기호(논리적 기호, 수학적 기호, 일상적 기호)
2) 행위: 일상적 행위(신호, 몸짓), 규범적 행위(의례, 의식, 주술)
3) 상상의 산물: 신비적 산물(신화, 전설, 꿈), 예술적 산물(음악, 미술, 공간 구성)
4) 관념: 정치적 관념(이데올로기, 준이데올로기), 비정치적 관념(신념, 태도, 가치관)
5) 인물: 긍정적 인물(영웅, 성인, 국부, 위인, 애국자), 부정적 인물(악인, 적, 반역자, 침략자)
6) 사물: 인위적 사물(깃발, 건축물, 조형물, 도구, 의상, 배지), 자연적 사물(해, 달, 별, 동물 등)
7) 사건: 역사적 사건(건국, 전쟁, 발견, 발명, 혁명), 극적·도발적 사건(자연재해, 정치적 사태, 사회적 사건)
8) 제도: 정치제도(헌법, 정당, 선거, 투표), 경제제도(자유 시장경제, 통제, 계획경제) 사회제도(가족, 교육, 언론, 종교), 문화제도(관습, 규범, 생활양식, 예절)

위에서 살펴본 것과 같이 상징의 유형이 다양한 것처럼 상징의 기능 또한 다양하다. 상징의 기능은 대개의 경우 복잡하고 존재하지 않는 사람, 물건, 상징 등을 간편화하는 데 있다. 상징이 구체적으로 어떠한 기능을 하는지 살펴보면 다음과 같다.[2)]

첫째, 상징은 본질적으로 표출의 기능과 의미 함축의 기능을 한다. 예를 들어 국기나 애국가는 추상적인 국가의 개념을 상징적으로 표출하고, 이순신 장군은 호국정신을, 비둘기는 평화의 의미를 함축하고 있다.

둘째, 상징은 사회 관계를 유지시키는 기능을 하며, 개인과 사회의 관계를 중개하는 역할 또한 수행한다. 언어와 상징을 통해 사람들은 서로 밀접한 관계를 발전시키며, 그들이 공통적으로 형성한 가치, 태도, 규범, 이념, 감정 등은 사회적 상호작용을 가능케 한다. 이러한 과정을 통해 사회 관계는 상징에 의해서 유지되고 발전된다.

셋째, 역할과 관계를 객관화시킴으로써 상징 체계는 사회 질서를 유지시켜 주고 안정성과 지속성을 보장해 준다. 예를 들어, 헌법과 같은 상징이 국가의 근본적인 사회 질서를 유지하는 데 중요한 역할을 하는 것을 들 수 있다.

넷째, 상징은 집단 내에서의 의사소통과 정보 전달의 기능을 한다. 상징은 개인 또는 집단 간에 서로의 태도, 의도, 요구, 기대 등을 표현하기 위한 커뮤니케이션의 수단으로 이용되며, 또한 집단 내에서의 가치, 규범, 감정 등을 이해할 수 있는 정보를 전달하는 기능을 한다.

다섯째, 상징은 집단성원들의 신념을 강화하는 기능을 한다. 상징은 고도로 신성화되고 의례화된 행위를 통해 어떠한 믿음을 확신시키고 지지한다. 예를 들어 십자가는 기독교 신앙의 상징으로, 왕관은 절대군주의 상징으로, 상아탑은 학문과 진리의 상징으로 사람들의 믿음을 강화하는 역할을 한다.

여섯째, 상징은 집단 결속과 사회통합의 기능을 한다. 상징은 집단 내부 개인들을 결합시키며, 내부적인 단결의 수단과 단합된 행위의 대의명분으로 이용된다. 예를 들어 국기가 국가집단 내의 갈등하는 성원들을 단결시키는 것이나, 오늘날 같은 민주국가에서도 영국의 여왕이나 일본의 국왕이 국민적 단결의 근원이 되는 것을 보면 알 수 있다.

---

2) 유영옥은 상징의 기능을 여덟 가지로 정리했다.

일곱째, 상징은 어떤 행위에 대한 정당성을 부여하는 기능을 한다. 모든 사회적 행위는 극적이고 위해적인 요소를 지니고 있는데, 실제 생활이 펼쳐지는 데 상징적 의미를 크게 갖는 아주 명백한 행위를 관찰할 수 있다. 왕의 대관식, 공직자의 취임식 및 취임선서, 다른 기관에 공식적 정당성을 부여하는 행위 등이 바로 그것이다.

여덟째, 상징은 사람들의 감정과 정서에 영향을 미쳐 개인들에게 동기를 부여하고 행위를 유발시키며 집단적으로 사람들을 동원시키는 기능을 한다. 한편, 상징적 행위는 집단에 불만을 가진 사람들을 회유하고 집단에 대한 지속적 지지를 보장하며 반대와 갈등을 감소시킨다(안창호, 2012: 16).

제 3 절 | 경찰조직의 상징성 분석 접근방법

1. 상징성 분석 접근방법

조직의 역사는 인류의 역사만큼이나 오래되었다고 볼 수 있다. 인간은 조직을 형성하고, 그 속에 존재하면서 살아왔다. 사회가 발전하면서 조직은 더욱 다양화되고, 복잡하고, 체계화되고, 대규모화되는 양상을 보이고 있는데, 현대 사회에 들어 다양한 조직의 중요성이 크게 인식되면서 이에 대한 의미 있는 연구가 다양하게 진행되고 있다.[3]

사실상 조직은 특정한 한 가지 측면으로 완전히 파악할 수 없는 매우 복잡하고 다양한 유기체로 볼 수 있다. 사회 현상을 설명하는 대부분의 접근법이나 이론들이 그러하듯이 조직은 서로 다른 시각에 의해서 다양하게 설명되고 이해될 수 있으며, 어느 한 측면을 설명하다 보면, 불가피하게 다른 측면들은 배제되기 마련이다. 이러한 이유로 복잡한 조직 현상들을 빠짐없이 포괄적으로 설명하는 접근법이나 이론적 분석틀이 아직 존재하지 않는다.

---

3) 가장 대표적인 조직에 대한 연구자로 모르간(Gareth Morgan)을 꼽을 수 있는데, 그는 조직에 대한 비유의 예로서 기계, 유기체, 두뇌, 문화, 정치체계, 심리적 감옥, 흐름과 변환, 지배의 도구 등을 제시하고, 이에 입각해 고전적 조직이론에서 현대적 조직이론에 이르기까지 수많은 조직이론들을 체계적으로 분류해 설명하고 있다.

이 연구에서는 기존의 전통적인 조직이론[4]과는 달리 문화 및 상징적 접근법을 통한 대한민국 경찰조직의 상징성을 분석하고자 한다. 이러한 접근방법의 배경은 경찰조직이 언어, 행위(의례), 신화, 관념, 인물, 사물, 제도 등의 상징성을 통해 특정 이념과 가치관을 확대, 재생산하고 있고, 각 경찰조직의 구성원들은 이러한 상징성을 해석하고 참여하는 과정에서 특정 사건, 행위, 대상 등에 의미를 부여하는 등 상징적 행위를 하고 있으며, 이러한 과정을 통해 조직으로서의 경찰청이 움직이고 있다는 점이다. 즉, 각 구성원들이 하나의 조직으로서 상징을 만들어 내고 지속시켜서 조직에 대한 몰입을 불러일으키고 정당화시킨다는 점에 주목한 것이다.

상징적 관점이 조직분석에 적용될 때, 조직은 하나의 상징적 의사소통 유형으로 인식된다. 하나의 조직을 해석하기 위해 연구자는 상징적 의사소통에서의 유형을 기술하고, 가치, 신념과 행위 사이의 연결을 고찰하는 데 관심을 갖는다. 이와 같이 다양한 상징적 양식으로 표현된 주제들이 문화로서 조직에 대한 상징적 분석의 핵심을 이루게 된다.

이와 같은 전제 하에 기존 학자들에 의해 성립된 대표적인 조직 상징의 연구에는 네 가지 접근법[5]이 있는데, 첫째, 기능주의적 접근법(Morgan, Frost, & Pondy, 1983: 15−30) 둘째, 해석적 접근법, 셋째, 급진적 인간주의 접근법(radical humanist approach),[6] 넷째, 급진적 구조주의 접근(radical structuralist approach)[7]이 그것

---

4) 전통적인 조직이론에서는 합리성과 능률성을 조직이 추구하는 최고의 가치로 삼고, 이에 입각해서 조직의 본질을 파악해 왔다. 테일러(F. W. Taylor)의 과학적 관리론, 메이요(E. Mayo)의 인간관계론, 베버(M. Weber)의 관료제론, 사이먼(H. A. Simon)의 조직이론 등 오늘날까지 주류를 이루고 있는 대부분의 조직이론의 합리성과 능률성을 조직의 절대적 가치로 여기는 사고의 범주 안에서 '목표 지향적 합리적 행위(purposive−ration action)'를 강조한다. 이러한 조직이론들은 조직을 하나의 '기계'나 '유기체'와 같은 것으로 비유하는 것에 근거하고 있기 때문에, 조직의 성격을 인간 활동의 복잡한 형태로서 파악하기보다는 조직의 공식적이고 합리적인 측면에만 초점을 맞춤으로써 조직의 성격을 지나치게 단순화시켰다는 평가를 받는다.

5) 버렐과 모르간(Burrell & Morgan, 1979)의 '조직이론 분류도식'을 빌려 조직상징주의 연구에 접목한 것이다.

6) 급진적 인간주의 접근법(radical humanist approach)은 개인이 상징적 형태의 매체를 통해 어떻게 억압되고 소외되는 병리적 경향을 지니게 되는가의 문제에 초점을 맞춘다. 이 접근법은 '심리적 감옥'이라는 비유 속에 표현된 이미지에 입각해 도출된 것이다. 이에 따르면, 인간은 자신의 속성을 소외시키고 있는 상징적 형태의 세계를 만들고 유지하는 존재로 간주된다. 이는 비판이론과 정신분석이론에서 발전된 입장으로서 실제로 언어, 논리, 담론, 텍스트의 분석을 통해 인간의 소외 문제를 밝혀내고자 하며, 특히 조직의 병리적 현상을 분석하는 데 많은 기여를 하고 있다.

7) 급진적 구조주의 접근(radical structuralist approach)은 상징이 사회 체계에 내재하는 급진적 변화를 압력에 대해 현상을 유지하고, 지배 엘리트의 이해관계에 따라 이데올로기적 통제 수단으로

이다.

이 중 해석적 접근법은 상징을 인간이 그들의 세계를 창조하는 데 필수적인 매개물로 간주함으로써, 상징이 발생하는 과정을 이해하는 데 집중한다. 즉, 의미 표상을 통한 상징적 행위를 통해 문화가 창출된다는[8] 관점에서 상징 과정에서의 해석적인 면을 강조하는 방법론인 것이다.

문화 및 상징적 접근법은 인간의 이성적이고 합리적인 생활 속에서의 의식, 의례, 신화, 상징 등과 같은 정적이고 비합리적인 요소의 중요성에 대한 연구의 시도이다(Turner, 1986: 15－30). 이러한 접근방법에 따르면, 사회란 상징적 형태로 스스로를 구성하고, 그것이 사회의 실재에 관한 관점을 결정 지으며, 구성원의 행동을 규정하는 특성을 지닌다(Gunnell, 1968: 159－201).

이와 같이 조직의 현상들을 상징적 활동으로 다루는 연구가 최근에 활발히 진행되고 있는데, 이러한 일련의 연구들은 조직을 기계와 같이 단순한 체계가 아니라 인간이 모여 복잡한 형태의 상징적 활동을 하는 문화 체계라고 본다는 점, 또 조직을 있는 그대로 정확하게 인식하기 위해서 조직생활의 상징적 측면의 중요성을 인식하고자 한다는 점에서 일치한다(Morgan, 1986: 3). 결국, 조직은 기계와 같은 폐쇄 체계도 아니고, 단지 적응만 하려는 유기체 또한 아닌 상징을 통해 어떤 의미를 창출하는 체계라고 볼 수 있다(Pfeffer, 1981: 1－52).

이 연구에서는 경찰조직의 문화 및 상징적 접근법과 해석적 접근법을 통해 이들 조직에서 핵심적 이념으로서의 상징을 발견하고, 이 상징들이 조직성원의 행동에 어떤 영향을 주고 있는지를 분석하는 데 관심을 둔다. 즉, 조직활동 속에 내재한 의미의 체계를 설명하기 위해 상징들이 어떻게 연관되어 있는가를 분석하고 이러

이용되는 점에 관심을 가진다. 급진적 구조주의자는 조직에서 상징 체계를 '지배의 도구'로 비유한다. 이들은 상징이 이데올로기의 표상으로 전환되어 지배의 도구로 사용되는 것에 주목하면서 모든 상징은 이데올로기적 의미를 지니고 있으며 이러한 이데올로기적 의미는 언어, 종교적 신념, 과학적 지식, 교육 형태, 정치적 수사, 관습, 의례 등 어느 것에나 함축되어 있음을 강조한다. 결국 모든 종류의 조직은 사회적 이데올로기를 형성하게 되며 그것도 상징적으로 형성된다는 것이다. 따라서 급진적 구조주의 접근법에서는 지배집단이 자신의 이익을 위한 현상 유지를 위해 사회 내에 고유하게 존재하는 사회 변혁의 급진 세력에 대해 사용하는 이데올로기적 통제의 형태를 분석함으로써 상징적 지배의 형태를 밝히고자 한다.

8) 해석주의자는 조직 현상을 문화와 극장, 언어게임, 교과서, 의미 형성 등으로 비유한다. 문화와 극장 비유를 통해서는 조직에서의 의미 있는 행위의 발생을 이해하고 어떻게 개인이 그의 상황을 인식하고, 그에 따라 상당히 관례화된 방식으로 객관화될 수 있는 현실을 정의하고 공유하게 되는가에 관해 관심을 갖는다.

한 이해와 해석이 경찰청의 구성원들 및 그 밖의 일선기관의 경찰관들에게 더 나아가 한국의 치안 유지 확산에 어떠한 영향을 미치는가를 살펴본다.

2. 분석틀

그림 15-2 문화 및 상징적 접근법과 해석적 접근방법을 통합한 상징주의적 관점

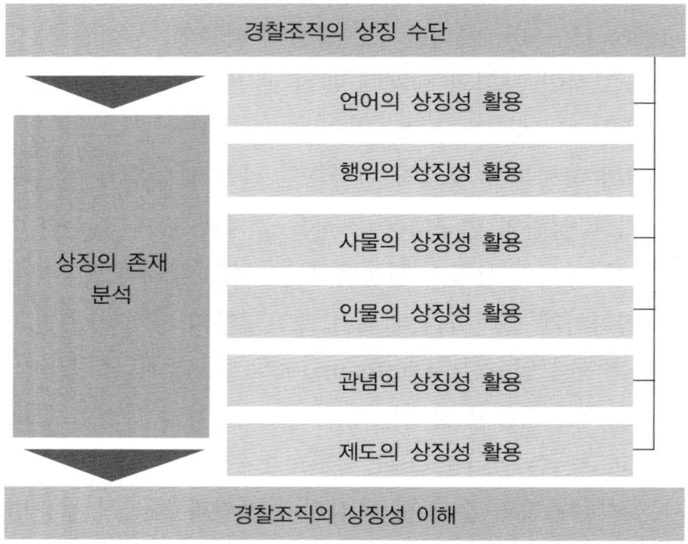

제4절 | 경찰조직의 상징성 분석

1. 언어로서의 상징

언어로서의 상징이 드러나는 예	
슬로건 강령	1. 경찰이 곧 시민이고 시민이 곧 경찰입니다. 2. 국민과 함께하는 따뜻하고 믿음직한 경찰 3. 함께하는 민주 경찰, 믿음직한 민생경찰, 따뜻한 인권경찰

인사말, 발표문, 연설문	제73주년 경찰의 날 행사에서 민갑룡 경찰청장은 15만 경찰이 자랑스러운 선배들의 전통을 되살려 국민의 사랑과 신뢰를 받는 진정한 국민의 경찰로 나아갈 것을 다짐하면서, 백범 선생께서 남긴 가르침에 따라, 국민과 함께 나아가는 '민주경찰', 국민의 기본권을 지키는 '인권경찰', 국민의 평온한 삶을 지키는 '민생경찰'로 새롭게 태어나 국민의 인권과 안전을 책임질 것을 약속했다.
상징 의미와 목적	시민을 위해, 시민과 함께 신뢰받는 경찰, 안전을 안심을 더하는 든든한 경찰, 정의와 인권을 수호하는 따뜻한 경찰, 참여 협력으로 함께하는 경찰, 유연 소통으로 활력이 있는 경찰, 기본과 원칙 봉사와 정성, 책임과 긍지를 고양하는 목적이 있다.

출처: http://www.edaily.co.kr/, "제73주년 경찰의 날 행사"(검색일: 2019.2.18).

1) 함께하는 민주 경찰

언어로서의 상징이 드러나는 예	
슬로건 강령	'함께하는 민주 경찰'
상징 의미와 목적	– 공동체 중심 예방치안 활성화 – 자율・책임에 기반 한 평화적 집회・시위 문화 정착 – 경찰활동에 대한 민주적 통제 강화 – '견제와 균형' 원리에 충실한 수사 구조개혁 추진

출처: https://www.police.go.kr/portal/main/경찰청. "비전・목표"(검색일: 2019.2.21).

2) 따뜻한 경찰

언어로서의 상징이 드러나는 예	
슬로건 강령	'따뜻한 인권 경찰'
상징 의미와 목적	– 경찰관 인권감수성 제고 – 근무혁신 등 조직문화 개선 – 현장 법집행력 강화 – 처우 개선 및 사기 진작

출처: https://www.police.go.kr/portal/main/경찰청. "비전・목표"(검색일: 2019.2.21).

3) 믿음직한 경찰

언어로서의 상징이 드러나는 예	
슬로건 강령	'믿음직한 민생 경찰'
상징 의미와 목적	– 사회적 약자 보호 내실화로 치안 사각지대 해소 – 민생 침해 범죄 근절로 서민생활 보호 – 고질적 부패 및 부조리 엄단 – 테러・안보 대응 태세 확립

출처: https://www.police.go.kr/portal/main/경찰청. "비전・목표"(검색일: 2019.2.21.)

2. 행위로서의 상징

1) 치안 예방 및 지원

행위로서의 상징이 나타나는 예	
활동	1. 메모리 해킹 2. 범죄 피해자 지원 3. 경찰의 마약류사범 단속 4. 생활 치안 단속 5. 생애주기별 치안 서비스
상징 의미와 목적	1. 예방 차원의 홍보 2. 보호 및 자원활동 전개 3. 검거

출처: http://www.police.go.kr/portal/main/. "경찰청"(검색일: 2019.2.18).

2) 의례의식

행위로서의 상징이 나타나는 예	
활동	1. 순직경찰관 추모행사 2. 경찰 추모행사 3. 경찰기념공원 조성 4. 경찰유적지 순례
상징 의미와 목적	애국심, 국가에 대한 충성과 헌신, 국가안보와 자유민주주의 체제의 초석, 호국 영령에 대한 추모

출처: http://www.police.go.kr/portal/main/. "경찰청"(검색일: 2019.2.18).

3. 사물로서의 상징성

1) 심볼 마크

사물로서의 상징이 나타나는 예	
사물로서의 상징	
상징 의미와 목적	경찰 60년을 맞아 새롭게 선정된 경찰심벌은 참수리(경찰)가 무궁화(국가와 국민)를 잡고 하늘 높이 날아오르는 모습을 형상화한 것으로 경찰이 국가와 국민을 수호하는 동시에 '최상의 치안 서비스'를 제공해 선진 한국으로서의 도약을 이끄는 기수가 되겠다는 굳건한 의지를 형상화했다. 이번 경찰 CI 도입은 미군정 하에 제작(1946년)되어 그간 정체성의 논란이 있었던 독수리의 상징물을 과감히 한국 수리인 '참수리' 형상으로 새롭게 표현해 기존의 경찰 브랜드 가치는 유지하면서도 과거 부정적 이미지를 털어냈다는 데 가장 큰 의미가 있다.

출처: http://www.police.go.kr/portal/main/. "경찰의 상징"(검색일: 2019.2.18).

2) 가슴 표장

사물로서의 상징이 나타나는 예	
사물로서의 상징	
상징 의미와 목적	가슴 표장의 전체 형태는 마패 모양으로 태양과 달을 뜻하는 두 개의 원을 겹치게 만들었으며, 태양을 뜻하는 앞쪽의 원에는 한가운데에 태극을 배치하고 그 주위를 태극 5개로 둘러싸 무궁화를 형상화하며, 달을 뜻하는 원의 윗부분에는 부채 모양으로 '경찰'을 표기하고 그 밑에는 'POLICE'를 표기함. 가슴 표장이란 경찰관 제복 착용 시 좌측 가슴 부위에 부착하며, 사복부서 근무자들은 가죽 케이스에 넣어 상시 휴대하고 있다. 또한 2001. 8.15 기존 독수리 모양의 흉장을 개선해 현행 흉장을 보급, 착용 중에 있다. 국가와 국민을 위해 태양과 달이 되어 밤낮없이 국민을 비춰 주고 국민의 재산과 생명을 보호하는 임무를 헌신적으로 수행하고 있는 경찰 본연의 임무와 이를 수행하는 강인한 경찰정신을 보여준다.

출처: http://www.police.go.kr/portal/main/, "경찰청"(검색일: 2019.2.18).

3) 무궁화

사물로서의 상징이 나타나는 예	
사물로서의 상징	
상징 의미와 목적	무궁화 중심의 태극장은 만물의 근원으로서 '대한민국과 국민'을 상징하며, 이를 감싸는 무궁화의 꽃잎은 5장으로 각각 경찰이 지향하는 가치 개념인 '충(忠), 신(信), 용(勇), 의(義), 인(仁)'을 의미한다.

출처: http://www.police.go.kr/portal/main/, "경찰청"(검색일: 2019.2.18).

4) 포돌이 · 포순이

사물로서의 상징이 나타나는 예	
사물로서의 상징	
상징 의미와 목적	POLICE의 머리글자 'PO'를 따서 경찰을 상징하고 조선시대 포도청과 포졸의 '졸'자를 의미하며 전통성과 상징성을 지니고 있다. 국민을 보호하고 감싸안는다는 포용의 '포', 청렴과 공정의 대명사인 중국 포청천의 '포'를 의미한다. '돌이'와 '순이'는 '포'자 뒤에 붙여 우리 민족 고유의 쉽게 부르고 듣기 편한 이름이다.

출처: http://www.police.go.kr/portal/main/. "경찰청"(검색일: 2019.2.18).

5) 순찰차(1950년대)

사물로서의 상징이 나타나는 예	
사물로서의 상징	
상징 의미와 목적	1950년대의 순찰차는 당시 모든 관공서는 4륜 지프 차량을 운용했는데 흰색으로 차량을 도색해서 다른 차량과 다른 특수차라는 점을 강조하기 시작했다.

출처: https://blog.naver.com/gyungdangi_/"경찰차변천사"(검색일: 2019.2.21).

6) 순찰차(1980년대)

사물로서의 상징이 나타나는 예	
사물로서의 상징	

상징 의미와 목적	1980년대에 접어들면서 우리의 경찰차는 큰 변화를 시도했는데, 이는 권위적이고 무거운 기존 경찰의 이미지에서 벗어나 신뢰감을 주고 좀 더 대중에게 친숙한 이미지를 주는 계기가 되었다.

출처: https://blog.naver.com/gyungdangi_/"경찰차변천사"(검색일: 2019.2.21).

7) 순찰차(1990년대)

사물로서의 상징이 나타나는 예	
사물로서의 상징	
상징 의미와 목적	도색에는 변함이 없지만, 시대의 유행에 따라 직사각형의 자체에서 유선형 차체로 모습이 바뀌던 1990년대의 경찰차이다. 시민들에게 안정감의 이미지 계기가 되었다.

출처: https://blog.naver.com/gyungdangi_/"경찰차변천사"(검색일: 2019.2.21).

8) 순찰차(2000년대)

사물로서의 상징이 나타나는 예	
사물로서의 상징	
상징 의미와 목적	2000년대 중반에는 창설 60년을 맞이해 경찰차의 디자인에 한 번 더 변화가 일어난다. 기존의 파란색 중심의 도색에 노란색이 악센트 컬러로 추가해 이 색상은 야간업무 시의 어두운 환경에도 눈에 잘 띄는 효과가 있다.

출처: https://blog.naver.com/gyungdangi_/"경찰차변천사"(검색일: 2019.2.21).

9) 승용(112순찰, 다목적)

사물로서의 상징이 나타나는 예	
사물로서의 상징	
상징 의미와 목적	대한민국의 순찰차는 112범죄 신고 시 빠르게 대응할 수 있는 스마트 내비게이션, 수배차량 등 실시간 조회가 가능한 조회단말기, 순찰차 내부와 외부를 촬영하는 블랙박스 등이 탑재되었을 뿐만 아니라, 서울 시내 모든 순찰차는 자체 내장된 GPS를 활용해 서로의 위치를 공유하면서 범죄에 발빠르게 대처하도록 설계되어 있다.

출처: https://smartsmpa.tistory.com/1811, "스마트서울경찰"(검색일: 2019.2.18).

10) 승합(형사순찰용) 범죄 예방 및 피의자 호송용

사물로서의 상징이 나타나는 예	
사물로서의 상징	
상징 의미와 목적	인원 수송, 이동경찰소, 현장지휘, 수감자 호송범죄자 및 유치인 호송용

출처: https://blog.naver.com/"미래경찰소년"(검색일: 2016.6.25).

11) 이륜(교통순찰용) 경호 의전 및 교통지도용

사물로서의 상징이 나타나는 예	
사물로서의 상징	
상징 의미와 목적	교통순찰용 오토바이와 126대와 함께 219대의 방범순찰용 오토바이로 서울 시내 곳곳을 순찰하고 있다. 오토바이는 차량이 쉽게 갈 수 없는 좁은 길과 정체가 심한 도심지역의 순찰에 아주 적합한 순찰 도우미 역할을 수행하고 있다.

출처: https://smartsmpa.tistory.com/ "스마트서울경찰Blog"(검색일: 2019.2.16).

12) 경호실 및 의전용

사물로서의 상징이 나타나는 예	
사물로서의 상징	
상징 의미와 목적	경호실이나 의전용 사용

출처: http://www.police.go.kr/portal/main/, "경찰청 장비 소개"(검색일: 2019.2.21).

13) 수갑

사물로서의 상징이 나타나는 예	
사물로서의 상징	
상징 의미와 목적	범죄 피의자 체포용 유치장 및 초소 사용

출처: http://www.police.go.kr/portal/main/, "경찰청 장비 소개"(검색일: 2019.2.21).

14) 경찰봉

사물로서의 상징이 나타나는 예	
사물로서의 상징	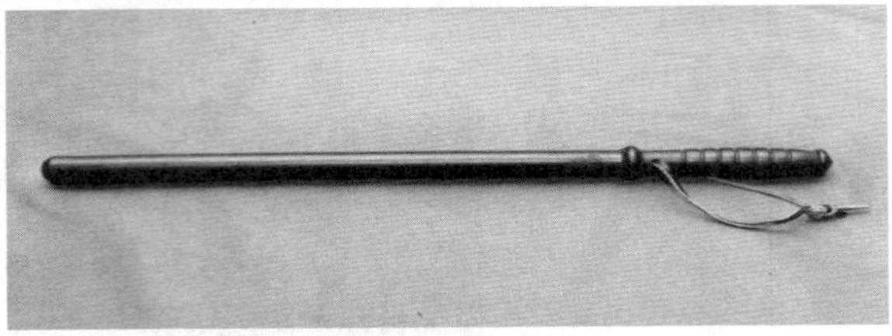
상징 의미와 목적	임무 수행 중 돌발 상황 시

출처: http://www.police.go.kr/portal/main/, "경찰청 장비 소개"(검색일: 2019.2.21).

15) 헬기

사물로서의 상징이 나타나는 예	
사물로서의 상징	
상징 의미와 목적	대테러작전, 공중순찰, 교통 단속 및 공중 추적, 경찰작전 및 재난 시 공중통제 등

출처: http://www.police.go.kr/portal/main/, "경찰청 장비 소개"(검색일: 2019.2.21).

16) 특수 식당차

사물로서의 상징이 나타나는 예	
사물로서의 상징	
상징 의미와 목적	이동식 식당 사용 · 시위현장 휴게실

출처: http://www.police.go.kr/portal/main/, "경찰청 장비 소개"(검색일: 2019.2.21).

17) 승용(경비작전용)

사물로서의 상징이 나타나는 예	
사물로서의 상징	
상징 의미와 목적	기동대, 방순대 지휘용 차량

출처: http://www.police.go.kr/portal/main/, "경찰청 장비 소개"(검색일: 2019.2.21).

18) 순찰정

사물로서의 상징이 나타나는 예	
사물로서의 상징	
상징 의미와 목적	강, 호수 등 순찰

출처: http://www.police.go.kr/portal/main/, "경찰청 장비 소개"(검색일: 2019.2.21).

19) 특수구급차

사물로서의 상징이 나타나는 예	
사물로서의 상징	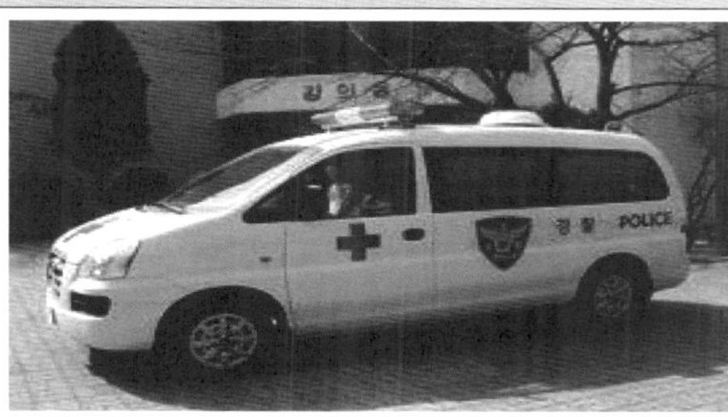
상징 의미와 목적	환자 수송용(간이침대, 장의장, 산소탱크, 수혈 병걸이, 보조들 것, 약품함 등)

출처: http://www.police.go.kr/portal/main/, "경찰청 장비 소개"(검색일: 2019.2.21).

20) 특수 조명차

사물로서의 상징이 나타나는 예	
사물로서의 상징	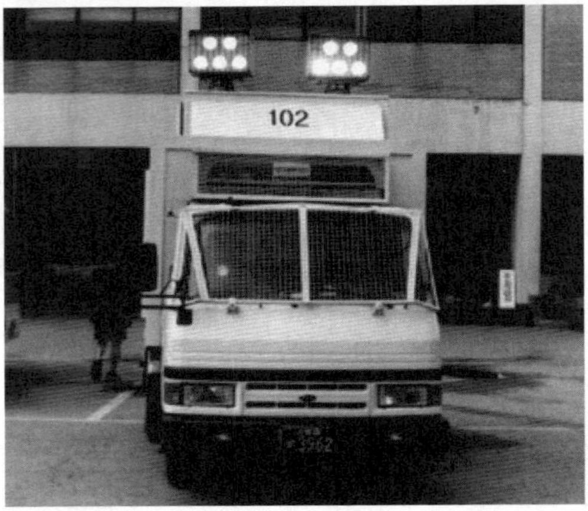
상징 의미와 목적	고광도 조명용

출처: http://www.police.go.kr/portal/main/. "경찰청 장비 소개"(검색일: 2019.2.21).

21) 특수(견인차)

사물로서의 상징이 나타나는 예	
사물로서의 상징	
상징 의미와 목적	불법 주정차량 및 사고차량 견인용

출처: http://www.police.go.kr/portal/main/. "경찰청 장비 소개"(검색일: 2019.2.21).

22) 승합(과학수사용)

사물로서의 상징이 나타나는 예	
사물로서의 상징	
상징 의미와 목적	과학수사용(경광등, 앰프, 무전기, 캐비닛 설치)

출처: http://www.police.go.kr/portal/main/, "경찰청 장비 소개"(검색일: 2019.2.21).

23) 화물(물자수송용)

사물로서의 상징이 나타나는 예	
사물로서의 상징	
상징 의미와 목적	작전 및 물자수송, 타격대 출동용(장의자, 호로, 호로봉)

출처: http://www.police.go.kr/portal/main/, "경찰청 장비 소개"(검색일: 2019.2.21).

24) 특수(유조차)

사물로서의 상징이 나타나는 예	
사물로서의 상징	
상징 의미와 목적	헬기유류 운반용(항공유는 밀도가 강해 정밀용접)

출처: http://www.police.go.kr/portal/main/, "경찰청 장비 소개"(검색일: 2019.2.21).

25) 승합(경찰수송용)

사물로서의 상징이 나타나는 예	
사물로서의 상징	
상징 의미와 목적	수송용 우등(스윙도어 설치 · 항공기식 선반, 후방카메라설치 · 전기모터 에어컨 설치 · 유로5엔진 설치)

출처: http://www.police.go.kr/portal/main/, "경찰청 장비 소개"(검색일: 2019.2.21).

26) 특수위생차

사물로서의 상징이 나타나는 예	
사물로서의 상징	
상징 의미와 목적	화장실용(위생시설)

출처: http://www.police.go.kr/portal/main/, "경찰청 장비 소개"(검색일: 2019.2.21).

27) 호루라기

사물로서의 상징이 나타나는 예	
사물로서의 상징	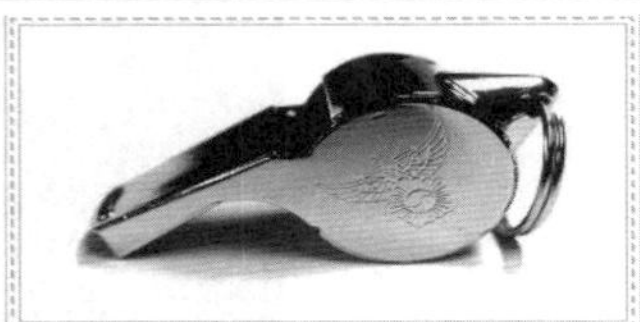
상징 의미와 목적	아주 오래전부터 인간은 개인이나 집단에 뭔가 이상이 생기거나 잘못이 있는 경우 호루라기를 불어 주위에 경각심을 불러일으키곤 했다. 오늘 날 경찰관들은 외근 활동 시 신호를 보내기 위한 수단으로 경적소리를 내고 있다.

출처: http://news.kmib.co.kr/article/view.asp?arcid "호루라기"(검색일: 2019.2.16).

4. 인물로서의 상징성

1) 김구

인물로서의 상징이 나타나는 예	
인물로서의 상징	김구
상징 의미	김구 선생은 초대 경무국장으로서 우리 역사상 최초 민주공화제였던 대한민국 임시정부 경찰의 기틀을 확립했다. 이로써 백범 김구 선생은 우리 역사상 1호 민주경찰이 된 것이다. 김구 선생은 1932년 내무총장 취임 후 그해 12.17. 임시정부 산하 상하이(上海) 교민단에 치안조직인 의경대를 창설한다. 의경대는 교민사회 치안 유지와 일제 밀정 색출 등의 임무를 수행했다. 의경대는 젊은 의열 청년들이 독립운동에 투신하는 경로가 되었다. 1925년 이승만 대통령 탄핵 이후 임시정부가 내홍을 겪으며 그 활동이 침체되자, 김구 선생은 1932년 의경대를 직접 이끌고 의열 독립투쟁을 지휘해, 대한민국 독립투쟁의 전환점을 만들었다.

출처: http://www.police.go.kr/portal/main/, "경찰청"(검색일: 2019.2.18).

2) 전대욱 경사

인물로서의 상징이 나타나는 예	
인물로서의 상징	전대욱 경사
상징 의미	1950년 6월 25일 3시경, 정동진 등명해안 초소에서 근무 중이던 전대욱 경사가 북한군의 공격을 받고 사망, 한국전쟁 최초의 전사자로 기록되었다.

출처: http://www.police.go.kr/main.html, "경찰역사"(검색일: 2019.2.18).

3) 차일혁 경무관

인물로서의 상징이 나타나는 예	
인물로서의 상징	차일혁 경무관
상징 의미	차일혁 경무관은 대표적 전쟁 영웅이다. 6·25전쟁 중 빨치산 2,000여 명이 국내 유일의 정읍 칠보발전소를 포위하자 제18전투경찰대대장으로서 75명의 대원을 이끌고 빨치산을 격퇴했으며, 1953년 9월 빨치산 남부군 총사령관 이현상을 사살해 빨치산 토벌에 종지부를 찍었다. 그러나 가급적 귀순을 유도해 많은 빨치산의 목숨을 살렸으며, 6·25전쟁 당시 화엄사, 천은사, 쌍계사, 선운사 등 사철의 소각 명령에 대웅전 등의 문짝을 떼어내 소각함으로써 공비들의 은신처를 없애는 기지를 발휘해 문화재 보호에도 큰 공을 세웠다.

출처: http://www.police.go.kr/main.html, "경찰역사"(검색일: 2019.2.18).

4) 안병하

인물로서의 상징이 나타나는 예	
인물로서의 상징	안병하 전남경찰국장
상징 의미	안병하 전남경찰국장은 계엄군의 발포명령에 대해 "시민에게 총을 겨눌 수 없다"며 거부했고, 이후 경찰이 치른 대가는 가혹했다. 안병하 국장은 보안사에 끌려가 고문당한 후 강제 사직당했다. 이는 1980년 5월 광주시민과 함께했던 민주경찰로 기억하고 있다.

출처: http://www.police.go.kr/main.html, "경찰역사"(검색일: 2019.2.18).

5. 관념으로서의 상징성

관념으로서의 상징이 나타나는 예	
관념으로서의 상징	모든 사람의 인격을 존중하고 누구에게나 따뜻하게 봉사하는 친절한 경찰이다. 정의의 이름으로 진실을 추구하며, 어떠한 불의나 불법과도 타협하지 않는 의로운 경찰이다. 국민의 신뢰를 바탕으로 오직 양심에 따라 법을 집행하는 공정한 경찰이다. 건전한 상식 위에 전문지식을 갈고 닦아 맡은 일을 성실하게 수행하는 근면한 경찰이다. 화합과 단결 속에 항상 규율을 지키며, 검소하게 생활을 하는 깨끗한 경찰이다.
상징 의미	경찰은 국민의 생명과 신체 및 재산을 보호하고, 범죄를 예방하며 수사하며 범죄자를 체포하고, 교통을 단속하는 등 많은 일을 하고 있다. 이렇게 경찰은 사회의 공공질서가 유지되고 국민이 안전하고 행복하게 생활할 수 있도록 도와주고 있다.

출처: https://terms.naver.com/(검색일: 2019.2.16).

6. 제도로서의 조직 상징

1) 경찰헌장

제도로서의 조직 상징이 나타나는 예	
제도로서의 조직 상징	우리는, 모든 사람의 인격을 존중하고 누구에게나 따뜻하게 봉사하는 친절한 경찰이다. 우리는, 정의의 이름으로 진실을 추구하며, 어떠한 불의나 불법과도 타협하지 않는 의로운 경찰이다. 우리는, 국민의 신뢰를 바탕으로 오직 양심에 따라 법을 집행하는 공정한 경찰이다. 우리는, 건전한 상식 위에 전문지식을 갈고 닦아 맡은 일을 성실하게 수행하는 근면한 경찰이다. 우리는, 화합과 단결 속에 항상 규율을 지키며, 검소하게 생활하는 깨끗한 경찰이다.
상징 의미	개인의 자유와 권리를 보호하고 사회의 안녕과 질서 유지, 모든 국민이 평안하고 행복한 삶을 누릴 수 있도록 해야 할 영예로운 책임을 진다.

출처: https://blog.naver.com/criminal_law1/, "박문각"(검색일: 2019.2.18).

2) 경찰 서비스 헌장

제도로서의 조직 상징이 나타나는 예	
제도로서의 조직 상징	하나, 국민이 필요하다고 하면 어디든지 바로 달려가 도와드리겠습니다. 하나, 범죄와 사고를 철저히 예방하고 법을 어긴 행위는 단호하고 엄정하게 처리하겠습니다. 하나, 모든 민원은 친절하고 신속, 공정하게 처리하겠습니다. 하나, 국민의 안전과 편의를 제일 먼저 생각하며 성실히 직무를 수행하겠습니다. 하나, 인권을 존중하고 권한을 남용하는 일이 없도록 하겠습니다. 하나, 잘못된 업무는 즉시 확인하여 바로잡겠습니다.
상징 의미	국민의 생명과 재산을 보호하고 법과 질서를 수호하고 국민의 경찰로서 모든 국민이 안전하고 평온한 삶을 누릴 수 있도록 실천할 것을 약속하는 경찰 서비스 헌장을 5개 분야로 나눠 서비스를 실천한다.

출처: http://www.police.go.kr, "경찰서비스헌장"(검색일: 2018.2.18).

제 5 절 | 결론

경찰청은 치안 유지와 국가안전 모든 영역에 일관되게 적용하고 실천하며, 이를 공고히 하기 위해 구성된 조직이다.

이러한 경찰청는 조직으로서의 상징성을 지니며, 언어, 행위(의례), 신화, 관념, 인물, 사물, 제도 등의 상징성을 통해 특정 설립 이념과 가치관을 확대, 재생산하고 있다. 또한 경찰청 구성원들은 이러한 상징성을 해석하고 참여하는 과정에서 어떤 특정 사건이나 행위, 혹은 대상에 의미를 부여하는 상징적 행위를 전개하게 된다. 이러한 상징성의 형성과 확대 재생산의 과정을 거치면서 조직으로서의 경찰청은 작동하고 있다고 말할 수 있다.

이 연구에서는 경찰청의 문화 및 상징적 접근법과 해석적 접근법을 통해 이들 조직에서 핵심적 이념으로서의 상징은 어떤 것이 있는지, 그리고 그 상징성은 조직성원의 행동과 일반 시민의 인식에 어떤 영향을 주고 있는지 살펴보면 다음과 같다.

먼저 경찰청이 추구하는 "1. 경찰이 곧 시민이고 시민이 곧 경찰입니다. 2. 국민과 함께하는 따뜻하고 믿음직한 경찰. 3. 함께하는 민주 경찰, 믿음직한 민생경찰, 따뜻한 인권경찰" 슬로건을 경찰청 구성원과 일선기관 경찰관들에게 확산과 지지를 받을 수 있기를 원한다는 점이다. 그러므로 경찰청은 대외적으로도 시민들에게 매우 효과적으로 전달하는 상징성을 지니고 있기 때문에 경찰청과 내부적으로는 일선기관이 처해 있는 현재 상황을 좀 더 넓은 시각으로 분별할 수 있는 안목을 기르고, 동시에 나아가야 할 방향 및 시대적 흐름이 조화를 이룰 수 있도록 좀 더 깊은 고민과 세밀하고 조심성 있는 활동 전개가 필요하다고 할 수 있다.

반면, 시민의 안전과 생명의 중요성을 강조하고 있는 경찰청의 조직구성원들에게 미치는 영향력이나, 일반 시민들에게 느껴지는 경찰청의 상징성이 합당한 관심과 지지를 확보하고 있는가를 면밀하게 분석해야 할 것이다.

구체적으로 믿음직한 경찰을 기반으로 하는 경찰청을 분석해야 할 것이다. 예를 들어, 시민의 안전과 생명의 중요성을 강조하고 있는 상징으로 하는 경찰청은 현재 각종 기념행사 거행, 안전지도 활동 등 나름대로 활동을 전개하고 있기는 하지만 그 성과는 어떻게 나타나고 있는가 혹 미미하다면 첫째, 경찰청의 전 구성원과 일선기관들의 활동에 대한 의욕과 인식이 부족이며, 둘째, 여러 행사가 몇몇 구성원 간 형식적인 내부적 행사에 지나지 않는 경우가 많아 경찰청의 소속한 구성원과 일선기관이 함께 하는 행사가 되지 못하기 때문이다. 셋째, 그 결과 자연히 경찰청은 다른 여타의 조직과 언론 및 기타 유관기관들과의 연계성이 점차 약화될 것이다.

끝으로 제언하면, 1991년 8월 1일에 경찰청으로 확대되면서 시민의 안전과 시민과 함께하는 믿음직한 경찰이 되어 시민들을 섬기는 기관이다. 미래에 이 기관이 제 역할을 다해낼 때, 경찰청이 글로벌 환경 속에서 시민들에게 인정받는 기관이 될 것이다.

따라서 경찰청은 권익 신장에만 관심을 둘 것이 아니라 상징 조작[9]인 각종 기념행사 거행, 시민활동 등 경찰청의 특성에 맞는 구성원들의 능력을 강화하고 자발적인 사명감을 가질 수 있도록 변화를 추구하는 슬로건을 적극 전개해 나가는 방안을 모색해 적극 추진해야 할 것이다. 특히 이러한 점에서 경찰청은 여타 조직 가

9) 상징 조작(symbol manipulation)이란 어떤 개인이나 조직(국가)이 상징을 이용해서 다른 사람들의 행태를 그들의 의도에 가깝게 조정하는 것을 말한다. 사람은 현실을 지각함으로써 반응하는데, 이때 상징은 사람의 지각에 영향을 미침으로써 태도 및 행태를 변화시킬 수 있다. 결국 사람의 현실지각은 다른 사람들의 영향을 받아서 결정되며, 이런 의미에서 인간은 물리적인 현실(physical realities)보다는 사회적으로 형성된 현실(socially constructed realities) 속에서 살고 있는 것이다. 상징 조작의 주요 방법으로 여론, 선전, PR, 정보왜곡 등이 있다(유영옥, 2007: 486－7).

운데 기대와 시민들의 지원을 받고 있기에 막중한 책임감을 가지고 안으로는 경찰청 구성원과 일선기관들에게 밖으로는 시민들에게 "국민과 함께하는 따뜻하고 믿음직한 경찰"로 확산을 최우선적으로 노력을 기울일 때 상징 효과를 확보할 수 있을 것이다.

참고 문헌

김용직(1988). 『상징』. 서울: 문학과지성사,

김익달(1993). 『철학대사전』. 서울: 학원사.

안창호(2012). "국가상징으로서 국기(國旗)의 인식과 통일국가기 제작방안 연구". 홍익대학교 대학원 박사학위 논문.

박정필(2005). "경찰공무원의 직무만족도에 관한 연구". 대구대학교, 행정대학원 석사학위 논문.

유영옥(1994). "공공정책의 상징성에 관한 연구". 한양대학교 박사학위 논문.

______(1997). 『상징과 기호의 정치행정론』. 서울: 학문사.

______(2007). 『상징과 기호의 사회과학』. 서울: 홍익재.

______(2009). 『각국의 보훈정책비교론』. 서울: 홍익재.

______(2012). "국가유공자 단체의 상징성에 관한 연구". 『한국보훈학회 24차 춘계학술세미나집』.

______(2013). "조직문화와 조직상징의 조직실제와 관리전략". 『한국보훈논총』. 제12권 1호.

유요한(2009). 『종교적 인간, 상징적 인간』. 서울: 이학사.

윤용제(2005). "수사 경찰제도의 발전 방안에 관한 연구". 한남대학교 행정정책대학원 석사학위 논문.

이병하(2015). "경찰조직의 사회자본 형성 요인과 조직효과성에 관한 연구". 건국대학교 대학원 석사학위 논문.

임채욱(2002). 『북한 상징문화의 세계』. 서울: 화산문화.

정우일(2003). "보훈지표 개발에 관한 연구". 『보훈제도의 역사적 조명』. 서울: 한국보훈학회.

Burrell, G. & Morgan, G.(1979). *Sociological Paradigms and Organizational Analysis*. London: Heinemann.

Chevalier, J & Gheerbrant, A.(1996). *Dictionnaire des symboles*, Robert Laffont.

Dunbar, H. F.(1929). *Symbolism in Medieval Thought*, Yale University Press.

Frankle, C.(1954). "Liberalism and Political Symbols", in L. Bryson et. al., *Symbols and Values*.

Gunnell, J.(1968). "Science and Political Reality: The Problem of Explanation". *Social Research*. 35, Spring.

Langer, S. K., 이승훈 옮김(1982). 『예술이란 무엇인가?』. 서울: 고려원.

Lippmann, W.(1950). *Public Opinnion*, New York: Penguin Books.

Malmberg, B.(1977). *Signeset symboles*, Picard.

Morgan, G.(1986). *Images of Organization*, Beverly Hill: Sage. 3.

Morgan, Frost, & Pondy(1983). "Organizational Symbolism", in L. R. Pondy, et. al., *Organizational Symbolism*.

Pfeffer, J.(1981). "Management as Symbolic Action: The Creation and Maintenance of Organizational Paradigms," in B. M. Staw & L. L. Cummings(eds.). *Research in Organizational Behavior*. Vol. 3, A. J. Press.

Sapir, E.(1934). "Symbolism", in E. Seligman(ed). *Encyclopedia of Social Sciences*. Vol. 14. New York: Macmillian.

______(1984). "Symbolism", in E. R. A. Seligman(ed.), *Encyclopedia of the Social Science*. Vol. 14, New York: Macmilan.

Turner, B. A.(1986). "Sociological Aspects of Organizational Symbolism". *Organization Studies*.

Urban, W. M.(1951). *The Principles of Symbolsm, Language and Reality*. London: Metheun & Co. Ltd.

https://blog.naver.com/criminal_law1/, "박문각". 검색일: 2019.2.18.

https://cafe.naver.com/tocop/455211. 검색일: 2019.2.20.

http://news.kmib.co.kr/article/view.asp?arcid "호루라기" 검색일: 2019.2.16.

https://smartsmpa.tistory.com/1811. "스마트 서울경찰". 검색일: 2019.2.16.

https://terms.naver.com/entry.nhn?docId "경찰업무를 맡아 하는 경찰청". 검색일: 2019.2.16.

http://www.edaily.co.kr/, "제73주년 경찰의 날 행사". 검색일: 2019.2.18.

http://www.police.go.kr, "경찰서비스헌장". 검색일: 2018.2.18.

http://www.police.go.kr/portal/main/, "경찰의 상징". 검색일: 2019.2.18.

https://blog.naver.com/gyungdangi_/ "경찰차변천사. 검색일: 2019.2.21.

https://www.police.go.kr/portal/main/경찰청. "비전 · 목표". 검색일: 2019.2.21.

제17장 대한민국을 대표하는 상징

제1절 | 서론

1. 연구 배경과 목적

최근 우리나라는 대한민국의 역사상 그 어느 때보다 국민통합이 요구되고 있다. 이는 건국 초기의 좌·우 갈등만큼이나 보수와 진보로 대표되는 이념 간의 견해 차이와 충돌이 심각해져 가고 있고, 동북아 신국제 질서의 도래라고 해도 과언이 아닐 정도로 한반도를 둘러싼 중국, 미국, 러시아, 일본의 국제 관계는 날로 한치 앞을 내다볼 수 없는 격동을 겪고 있기 때문이다. 게다가 3대째 세습을 이어가고 있는 북한의 공산독재정권은 수백만의 북한 주민을 굶주림으로 사망에 이르게까지 하면서도 한반도 공산화 야욕을 버리기는커녕, 핵무기를 앞세운 비대칭 전략을 강화해 가면서 전쟁 협박을 일삼고 있다.

가장 큰 문제는 이러한 내·외적인 국가적 위기를 해결해 나갈 우리의 내적 힘이 부족하다는 것이다. 우리 사회 안에서 발생하는 많은 문제가 종국에는 남남 갈등의 이념 대립으로 종결되는 과정을 통해서도 알 수 있듯이 우리의 내부적 갈등을 조장하고, 극대화시키는 북한의 대남전략은 매우 효과적인 결과를 양산한다고 볼 수 있다. 즉, 북은 자신들의 체제에는 접근조차 하지 못하도록 구조적으로 조직해 놓고, 자유민주주의를 추구하고 있는 우리 대한민국에는 자유라는 이름으로 종북좌파의 활동을 번식시켜 놓은 것이다.

한 국가도 하나의 생명체와 같은 유기체적인 특성을 지니고 있다. 즉, 탄생과 죽음, 성장과 퇴화, 병약함과 건강함과 같은 지니게 된다는 것이다. 단 평균수명이라고 하는 것이 없어서 각 국가의 형편과 상황에 따라 나이가 달라질 뿐이다. 그렇다면 현재 우리나라의 모습은 어떠한가? 과연 우리는 성장하고 있는 것인지, 건강한 국가의 모습을 하고 있는 것인지 궁금하지 않을 수 없다. 우리나라 경제 규모의 변화나, 국제사회에서의 위상 변화를 생각해 보면, 외적으로 대한민국은 세계사에서 흔치 않은 성장을 이어온 것이 분명하다. 원조를 받아 근근이 이어가던 국가가 원조를 해주는 국가가 되었고, 하계・동계올림픽을 비롯해 월드컵과 같은 대표적인 국제경기를 유치・운영해 냈고, G20정상회의, 핵안보정상회의, 세계원조개발총회와 같은 국제적으로 중요한 이슈를 다루는 회의를 성공적으로 주최했으며, 앞으로 세계은행이나 IMF를 능가하는 큰 기구로 발전해 나갈 것이라고 전망되고 GCF(녹색기후기금)를 유치하기에 이르렀다. 한강의 기적이 1970년대뿐만 아니라 2019년 현재에도 이어지고 있는 것만 같다.

2. 연구방법

국가 상징과 국가적 영웅이 지니는 인물로서의 상징성은 다의성과 함축성을 지닌 대표적인 상징 체계이다. 관찰자의 입장에서 인간을 구속하는 힘의 실재를 법칙적으로 연구하는 입장이 객관주의적 입장이라면, 인간의 자유의지와 자발성을 바탕으로 참여자의 속성을 강조하며, 현상의 의미를 형성하고 해석해 나가는 입장은 주관주의적 입장이다. 또한 객관주의는 실증주의를 지향하는 양적 분석방법을 주로 사용하고, 주관주의는 반실증주의를 지향하는 질적 분석방법을 주로 사용한다는 점에서 양자는 구분된다.

'상징적 접근법(symbolic approach)'은 주관주의적 접근방법 중의 하나로서 질적 분석방법을 주로 사용해 상징성을 분석하는데, 이는 '외부로부터 설명'하려는 것이 아니라 '내부로부터 이해'하려는 방법을 말한다. 즉, 표면적으로 드러나 있는 것에 더해 의미 부여과 의미 해석의 과정을 거쳐 추상적이고 관념적인 가치를 이끌어 내는 것을 의미한다. 즉, 상징주의적 관점이란 간단히 말해 어떤 대상이나 현상을 상징이라는 관점을 통해 이해하는 것으로서 분석 대상이 지니고 있는 상징성의 의미를 분석하고, 상징적 효과가 나타나는가를 해석하는 방법론이다. 상징주의적 관점의 분석은 전통적인 과학적, 합리적 분석이 지니는 불완전함을 보완해 준다는 점에서, 그리고 실제 인간의 삶과 그것이 모여 있는 사회는 초합리적이고, 비분석적인 요소를 더 많이 지니고 있다는 점에서 효과적인 분석방법이다. 이러한 상징주의적 관점으로 어떤 한 인물과 활동 내용을 들여다보면, 그것이 하나의 상징적 실제로 보인다는 것을 알 수 있다.

이 연구에서는 상징적 접근법을 통한 질적·귀납적 분석방법을 토대로 대한민국의 국가 상징인 태극기, 애국가, 무궁화, 국가 문장과 대한민국을 대표하는 상징성을 지닌 독립운동가(김구, 유관순, 안중근), 이승만, 박정희를 분석하고자 한다. 사물로서의 상징에 해당하는 국가 상징은 그 유래와 의미 및 특성을 중심으로 살펴볼 것이며, 인물로서의 상징에 해당하는 독립운동가(김구, 유관순, 안중근), 이승만, 박정희에 대한 상징성 분석은 각각의 인물들에 대해 발행된 문헌, 논문, 언론매체의 기사 등을 분석한다. 특히 이 연구가 국민통합을 위한 상징성 분석이므로 이들 분석 대상에 해당하는 인물들이 지니는 여러 가지 다양한 활동과 평가 중 대한민국 국가정체성 강화 측면에 도움을 주는 부분을 중심으로 고찰하게 될 것이다.

이승만의 경우 자유민주주의 체제 확립과 관련된 업적을, 박정희는 경제 발전을 통한 근대화와 관련된 부분이 그 대상이 된다. 분석 대상 중 독립운동가에 김구, 유관순, 안중근 세 사람으로 한정한 것은 지면상의 한계로 인해 세대와 계층에 관계 없이 대한민국 국민에게 가장 많이 알려지고 인기가 높은 인물을 선택적으로

그림 17-1 연구의 분석틀

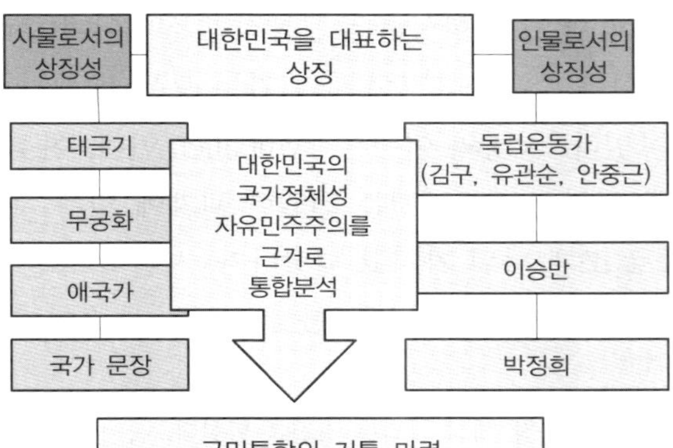

선정한 것이고, 이승만과 박정희는 각각 '자유민주주의' 국가 건설의 초석을 놓은 건국 대통령으로서, 강력한 국가 주도 경제개발로 근대화를 이룩한 지도자로서의 신화적 의미와 상징성이 매우 크기 때문이다. 이 연구의 분석틀은 앞의 [그림 17-1]과 같다.

제 2 절 | 상징의 이론적 배경

1. 상징

1) 상징의 개념과 차원

symbol이라는 단어가 어떤 과정을 거쳐 우리말 '상징'으로 옮겨졌는지 그 경유는 불확실하다. '상징'이란 말은 동양에서 명확히 정의되어 사용된 단어는 아니었으며, 중국의 고전 『주역』에서 "左天成象 左址成刑 變化見矣"라고 해서 '상(象)'과 '형(刑)'을 구분하고 있는 것 정도로 그 연원을 찾을 수 있다. 한국인의 의식구조 형성에 지대한 영향을 미친 조선시대의 사서삼경[1] 중 하나였던 『주역』을 근거로 살펴볼 때, '하늘'로 표현된 어떤 '궁극적 본체' 또는 '실재의 세계'에 대한 표상이 '상(象)'이고 지상의 가시적 세계의 표상은 '형(刑)'이다. '징(徵)'은 '징조(徵兆)'의 뜻으로 예부터 사용되어 왔으므로 '상(象)'과 '징(徵)'의 뜻이 합쳐져서 '상징(象徵)'이란 말이 이뤄진 것으로 유추할 수 있다(마광수, 1988: 11-12).

'상징'은 인간 세계의 본질을 형성하는 근본적인 실체이며(Langer, 1942: 33) 인간이 사회화되고, 문화를 수용하며 발전시켜 가는 모든 과정은 본질적으로 상징적 과정이라고 말할 수 있다. 상징의 어원은 'symballen'인데, 이것은 '짝을 맞춘다'는 의미를 지닌다. 고대 그리스 사회에서는 긴밀한 관계에 있는 두 사람이 서로 헤어질 때 한 물체를 둘로 쪼개 나눠 가지고 떠났다가, 시간이 흐른 후 다시 만나게 되었을 때 나눠 가진 물체의 짝을 맞춰 서로를 확인하는 풍습이 있었다고 한다. 이와

---

1) 유교를 배우거나 가르침에 가장 핵심이 되는 경전을 말한다. 사서(四書)는 『논어(論語)』, 『대학(大學)』, 『중용(中庸)』, 『맹자(孟子)』의 네 경전이고, 삼경(三經)은 『시경(詩經)』, 『서경(書經)』, 『주역(周易)』의 세 경서인데, 오경(五經)은 삼경에 『예기(禮記)』, 『춘추(春秋)』를 더한 것이다.

관련된 표현이 바로 '짝을 맞춘다'는 뜻의 그리스어 동사 'symballen'이고, 여기에서 현재의 '상징(symbol)'이란 단어가 유래되었다고 한다(유영옥, 2007: 13).

여기서 짝을 맞춰 보는 단순한 물체인 두 조각은 두 사람이 본인임을 확인하는 인지 표시가 되고, 나아가 그들의 실체(identity)를 대행하는 표징이 된다. 즉, 어떤 것을 매개로 삼아 어떤 일정한 효과를 얻고자 하는 것이 상징인 것이다. 여기서 중요한 상징의 속성을 볼 수 있는데, 상징은, 나눠 가진 두 조각과 같이, 눈으로 보고 만져볼 수 있는 물질의 세계인 감각의 차원과, 두 조각이 지닌 의미로 미뤄 상대방을 인식하는 관념의 차원이 서로 맞닿아 있음을 알 수 있다. 이는 상징이 상징의 한 끝에 닿아 있는 불가시의 세계(정신의 세계)를 가시의 세계(물질의 세계)로 바꿔낼 수 있어야 함을 함축한다(유영옥, 2007: 14).

즉, 상징이란 "겉으로 드러난 객관적 존재(형식)의 차원을 넘어서 초경험적 세계에 감춰진 주관적 본질(내용)의 차원을 지닌 것으로서 그것이 처한 맥락 속에서 인식 주체의 해석에 따라 다양한 의미를 나타내고 정서와 감정을 표출시켜 사람들의 태도와 행동을 인도하는 사물, 행위, 언어, 추상적 구성물 등을 포괄해서 나타내는 것"이다(유영옥 · 정우일, 1991: 208). 이와 같이 상징은 그 무엇인가를 표시하고, 다중적 혹은 지시적인 의미를 가지며, 사실과 허구를 동시에 포함하기 때문에 다의성, 은유성, 모호성 세 가지 차원이 존재하는 것으로 설명할 수 있다(Urban, 1951: 415-426).

첫째, 은유란 다른 것에 근거해서 한 사물을 설명하는 것을 말한다. 이러한 은유성(metaphorically)은 실재를 더욱 부각시키는 힘을 표출시키며,[2] 이를 통해 조직(국가)이 가지고 있는 다양한 실재 중 어느 한 실재를 부각시킨다. 즉, 은유는 복잡성과 모순이 내포된 실재 중 어느 한쪽만 두드러지게 부각시킴으로써 특정 정책의 안정성 확보를 도모한다. 통일정책에 일관성이 부여되고, 일반 국민들이 일관성이 있다고 여기는 이면에는 이러한 은유의 영향력이 내재해 있는 것이다.

둘째, 상징은 어떤 환경 속의 구성원들에게 그 환경에 대한 설명을 해주는 역할을 하게 되는데, 그 과정에서 특정 부분이 구별되고 강조될 경우 항상 긴장과 불안을 동반하게 된다. 그 원인은 상호작용하는 사람들이 어떤 대상에 대해 모두 동일

2) 다만 주어진 대상이 상징이 되었든 은유가 되었든 두 개의 실재를 통합적으로 연결시키는 전개과정을 가지고 있기 때문에 상징적인 것과 은유적인 것의 엄격한 구별은 없으며, 이 연구에서는 상징이 은유를 포괄하는 것으로 파악하고자 한다.

하게 범주화하지 않기 때문이다. 이러한 상징적 행동의 불안정한 토대로 인해 모든 상징 활동에는 이와 같은 불안이 존재하며, 그것을 대변하는 개념이 바로 한계성(marginality)이다. 한계성이란 두 개의 극단적인 상태가 있을 때 그 어느 것에도 속하지 않으면서 사실은 두 개의 속성 모두 가지고 있는 상태(유영옥, 2007: 27)를 의미한다.[3)]

셋째, 상징이 갖는 해석의 다양성 때문에 상징은 항상 모호성(ambiguity)을 기반으로 한다. 일반적인 의미로 모호성은 실재의 정확한 이해와 행동의 일관성을 위해 제거되어야 할 것으로 이해되지만, 상징에서는 오히려 그 의미를 풍부하게 하고 적용의 폭을 넓게 하는 기능을 한다.[4)] 또한 모호한 상태를 이용해 통합적인 이미지를 만들어 낸다는 점은 상징의 장점이라고 할 수 있다. 즉, 상징을 이용하면 하나하나 열거해서 비교할 필요도 없이 통합적인 지각을 형성하므로 간단하고 기억하기도 쉽다. 그래서 상징은 조직이나 국가의 분위기나 문화를 만들어 내기도 하고, 다시 변형시키기도 하며, 그것을 명확하게 드러내게 하기도 한다.

2) 상징의 존재양식

상징의 존재양식과 종류는 논자에 따라 다양하다. 상징을 분류하는 데 가장 전형적으로 이용되는 사피어(Ernst Sapir)의 견해에 따르면, 상징을 준거적 상징(referential symbols)과 함축적 상징(condensational symbols)으로 나누고 있다. 준거적 상징이란 사실적 토대를 가지고 있는 것으로서 언어적 표현, 부호, 국기 등

---

3) 상징이 익숙한 것을 통해 새로운 것을 쉽게 파악하게 하고, 하나의 상징 안에 실재의 다양한 모습들이 담겨져 있다면, 상징을 토대로 한 행동은 변화의 개념을 설명하는 데 유용하게 사용될 수 있다. 이것은 상징적 행동이 이전의 상태와 새로운 상태 사이의 경계선에 위치하는, 즉 한계성을 지니고 있다는 의미이다.

4) 상징이 세상을 이해할 수 있는 길잡이가 되는 이유는 "우리가 당연하게 받아들이는 현실을 반성할 수 있게 해주기 때문이다. 혼란스럽고 변화가 심한 경험세계가 일목요연한 틀로 정리될 수 있는 이유는 상징을 통해서이다. 예컨대 상징의 한 유형인 의식은 세상에 대한 믿음을 형성시키고, 그것을 강화시키며, 믿음 자체를 변화시키기도 한다. 의식을 통해 내부 경험이 외부로 향하게 하며, 주관적 세계의 모습이 사회적인 실체를 가지게 된다. 즉, 인간은 의식을 통해 경험의 지속성을 느끼게 된다. 그리고 의식은 그것에 참여하는 사람들에게 하나의 이미지를 제공하고 사람들은 그 이미지에 대한 감정적으로 결속되기 때문에 정치적 정당성을 이끌어 낼 수 있다. 정치적 정당성은 특히 의식이 제공하는 신비화에 의해 강화된다. 신비화는 사회구성원들에게 그 사회의 현 질서가 정당하고 따라서 어느 누구도 그 질서를 반박할 수 없다는 믿음을 심어준다. 예컨대 신비화는 독재사회의 구성원들에게 '권력자가 마땅히 다른 사람들에게 신성불가침의 권력을 휘두를 자격이 있다'는 믿음을 심어줄 수 있다.

과 같이 우리가 감각적으로 느낄 수 있는 대상과 경험을 나타낸다. 반면에 함축적 상징이란 정서적 토대를 가지고 있는 것으로서 종교의식, 국민의례, 국경일 등과 같이 우리가 경험적으로 접할 수 없는 정서 · 믿음 · 감정 등이 부여된 것을 나타낸다(Sapir, 1934: 492-495). 이러한 상징에는 다양한 존재양식과 종류가 존재하는데, 이 연구와 관련이 있는 사물로서의 상징과 인물로서의 상징을 정리해 보면 <표 17-1>과 같다.

표 17-1 사물과 인물로서의 상징의 존재양식과 유형

사물	인위적인 것	깃발, 건축물, 조형물, 도구, 의상, 배지
	자연적인 것	해, 달, 별, 산, 나무, 불, 물, 동물
인물	긍정적 인물	영웅, 성인, 국부, 위인, 애국자
	부정적 인물	악인, 적, 반역자, 침략자

3) 상징의 기능

상징은 그 표현되는 형태가 다를지라도 어떤 특수한 사회적 맥락 안에서 동일한 상징적 기능을 수행할 수 있으며, 역으로 동일한 상징 형태라고 할지라도 다른 기능을 수행할 수 있다(Cohen, 1976/윤승용 옮김, 1982: 51). 이러한 탄력적 상징의 기능에 대한 이해는 어느 사회와 문화 속의 상징성을 연구하기 위해 매우 중요하다. 다음은 상징의 구체적인 기능에 대한 기존 연구자들의 해석이다.

(1) 상징은 본질적으로 표출의 기능, 의미 함축의 기능을 한다. 예를 들어 국기나 애국가는 추상적인 '국가'라는 개념을 상징적으로 표출하는 기능을 하며, 십자가, 비둘기는 기독교, 평화의 의미를 함축한다.

(2) 상징은 사회 관계를 유지시키는 기능을 한다. 언어와 상징을 통해 인간과 인간의 관계, 인간과 사회의 관계가 서로 밀접해지고 발전되고, 이러한 과정을 통해 사회 관계는 유지되고 발전된다.

(3) 상징은 끊임없이 생성되고 있는 사회적 관계를 구체적이고 지속적으로 객관화시켜 주는 기능을 한다. 즉 가치, 규범, 명예, 위신, 정의, 선, 악 등과 같은 상징적 개념을 통해 사회를 구성하는 조직과 그 구성원들의 역할과 관계를 객관화시킴으로써 사회 질서의 안정성과 지속성을 보장해 준다.

(4) 상징은 집단 내 의사소통과 정보 전달을 하는 기능을 지닌다. 상징은 개인

간 또는 집단 간에 서로의 태도, 의도, 요구, 기대 등을 표현하기 위한 커뮤니케이션의 수단과 가치, 규범, 감정 등에 대한 상호 이해를 높이는 정보 전달의 기능을 한다.

(5) 상징은 집단성원의 신념을 강화하는 기능을 한다. 상징은 고도로 신성화되고 의례화된 행위를 통해 어떤 믿음을 확신시키고 지지한다.

(6) 상징은 집단 결속과 사회통합의 기능을 한다. 상징은 어느 한 집단의 각 구성원들을 결합시키는 역할을 하므로 국민통합의 수단으로 활용되는 경향이 빈번하다.

(7) 상징은 어떤 행위에 대한 정당성을 부여하는 기능을 한다. 인간이 지니는 모든 의식과 의례는 상징적 의미를 크게 갖는데, 그러한 의식과 의례를 행하는 목적이 정당성을 확고히 하기 위한 경우가 많다.[5)]

(8) 상징은 사람의 감정과 정서에 영향을 미쳐 각 사회의 구성원들에게 동기부여와 함께 구체적 행위 유발이 가능하도록 하며, 집단적으로 사람을 동원시키는 기능을 한다(Pfeffer, 1981: 1－52). 따라서 상징은 국가정책에 대한 국민적 지지를 이끌어 내기 위한 정책의 하나로 자주 활용된다.

2. 상징과 기호

국가 상징이란 국가의 상징적 이미지를 기호를 통해 국가 대내·외에 메시지로써 전달한다고 볼 때 기호학의 기본적 이론인 통신 시스템의 블록도를 먼저 이해할 필요가 있다.

기호는 집단 간, 개인 간, 그리고 집단과 개인 사이에서의 커뮤니케이션이 가능하게 하는 구성 요소로서 국가상징 또한 자신의 정체성을 전달하기 위해 [그림 17－2]와 같은 시스템 블록도를 거치게 된다. 여기서 통상적으로 기호는 항상 그 의미(signified)와 표현(signifier)을 동시에 포함하는데, 기호의 발신자가 의미의 전

---

5) 예를 들어 군주의 대관식, 공직자의 취임선서와 같은 것이 공식적인 정당성 획득을 위한 대표적 의례라고 볼 수 있다. 이러한 모든 상징적 행위는 단순한 행위 그 이상의 의미를 가지며, 일정한 집단의 성원들이 공유할 수 있는 구체적인 의미를 창출하고, 그 공유된 의미를 바탕으로 행위의 정당성을 찾게 된다. 의례와 의식에는 기념식이나 시상식과 같은 의식 자체를 예로 들 수도 있지만, 그 의식들을 구성하는 깃발, 노래, 고유의 언어, 건물의 양식 및 규모, 기념탑 같은 시설 등도 포함한다(Pfeffer, 1981: 1－52).

그림 17-2 통신 시스템 블록도

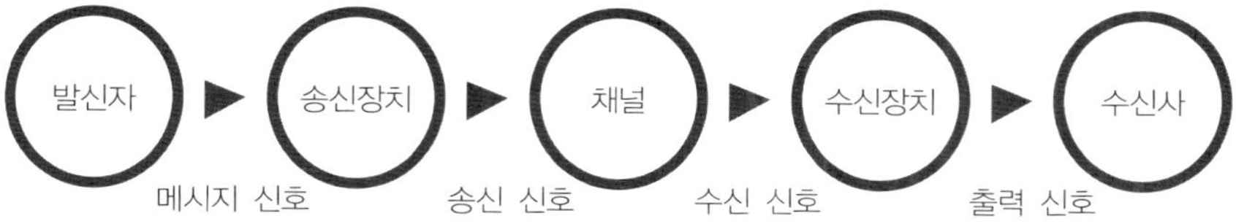

달을 목적으로 표현하는 것을 커뮤니케이션 과정에서 제대로 전달되지 않으면, 의미와 표현의 불일치되는 현상을 겪게 된다(이두원, 1994: 14).

이러한 경우 특히 국가의 상징성은 기업이나 이윤을 위해 구성된 집단과는 달리 탄력적 대응 능력의 부족으로 오류를 명확히 조정하거나 중재하는 데 문제가 커질 수 있다. 이러한 이유에서 국가가 그 자신의 상징성에 대해 이미지화하고, 그것을 강화하거나 유지하는 과정은 면밀한 검토가 필요하며, 전달하려는 메시지에 대한 발신자와 수신자 간의 공통규칙(rule)[6]을 공유하는 범위와 틀을 넓혀 커뮤니케이션의 오차를 최소화할 필요가 있다.

커뮤니케이션 측면에서 국가가 자국의 이미지에 대한 메시지의 발신자 역할을 담당할 때 그 메시지를 받아들이는 수신자와 공통 약호(code)를 형성해야 한다. 하나의 국가도 개인이나 조직체와 같이 동일한 메시지라 할지라도 원활한 커뮤니케이션과 정보 전달의 효용성, 명확성의 측면에서 시간과 공간, 상황에 따라 다른 형태와 형식으로 전달해야 하고, 어떤 수신자에게 전달해야 하는가에 따라 유동적인 속성을 가지고 있어야 하는 것이다.

이것은 한 국가의 상황이 시간의 변화에 따라 국내·외적으로 다른 환경과 영향 요인에 놓이게 되고, 각각의 영향 요인은 끊임없이 변화하므로 그에 따른 적절한 대응이 절대적으로 필요한 것이다. 즉, 국가 상징 이미지는 그 시대 변화를 반영하고 공통의 규칙을 형성해 문화적 약호(코드)를 공유할 수 있도록 당시의 시간·공간·상황 변화에 따른 수정된 메시지를 끊임없이 생산해 내야 한다는 것을 말한

6) 기호학적 용어로 이러한 규칙을 문화적 약호(code)라고 한다. 기호학에서 메시지란 한 기호에 의해 전달될 수 있는 많은 의미체 중에서 각 내용들의 개인적/변수적 상태(variances)를 말하되, 코드란 기호의 그 많은 의미체 중에서 최대공약수와 같은 객관적/불변적 구조(invariance)를 말한다(유영옥, 2007: 188−189).

다. 이는 국가 상징 이미지의 아이덴티티 확립에 유동적이고 유기적인 형식을 가지고 있지 않으면 시대 환경과 흐름(trend)에 뒤떨어지게 되어, 효율적인 커뮤니케이션이 일어나지도 않거니와 신선함, 새로움의 측면에서 큰 손해를 볼 수 있고 동시대에 부합되는 이미지로 기억되기도 어렵다는 것을 의미하다(조영민, 2004: 389).

특히 국가 상징이라는 기호를 통한 상징의 집단성원의 신념을 강화하는 기능과, 집단 결속과 사회통합의 기능, 정당성 부여의 기능 및 구성원에 대한 감정적・정서적 동기부여와 그에 부합하는 행위 유발 기능으로 볼 때 현재 우리 사회의 국민통합이라는 문제 해결에 매우 유용한 방법론이 될 수 있다.

3. 상징과 신화

1) 신화의 개념과 유형

어원상으로 볼 때 신화는 원래 그리스어에서는 '이야깃거리' 또는 '전설'을 의미했으며, 라틴어에서는 '읽을거리'라는 뜻이었다. 신화란, 글자 그대로 '신(神)의 이야기'인 셈이다. 따라서 '신'과 '이야기'라는 두 가지 개념을 통해 신화의 개념 및 본질에 접근해 볼 수 있을 것이다. 먼저, 신에 대한 규정은 종교가 있는 사람과 그렇지 않은 사람에 따라 다를 수 있다. 신을 신앙의 대상이 아닌 연구의 대상으로 하는 경우, 신이란 궁극적 실재 또는 절대적 능력자가 아니라 인간의 상징행위에 기초한 상징물로서 관찰자의 관점으로 접근하게 된다. 한편 이야기라는 측면에서 신화를 보면, 그것은 사실 그 자체로서 믿어지는 이야기이다. 신화가 말하는 역사는 특정한 시대의 사실(史實)로서의 역사가 아니라, 언제나 그것이 의도하는 수미일관(首尾一貫)된 줄거리를 지닌 살아 있는 생명체로서의 이야기이다.

신화를 상징적인 언어로 구성된 이야기[7]라고 정의할 수 있는데, 이것은 서구에

---

7) 신화는 학자에 따라 정의하는 바가 조금씩 다르다. 엘리아데(Mircea Eliade)는 신화를 허구로 보는 경향을 반대하며, 종교학은 '신화'를 가치중립적인 의미로 사용한다고 주장했다. 그에게 신화는 인간정신의 창조물이며 문화의 산물이다. 그는 모든 인간이 성스러움을 추구하는 성향을 보편적으로 가지고 있어서 이를 신화와 같은 상징의 다양한 형태로 표현하고자 한다고 봤다(Eliade, 1987: 3). 이때 신화는 종교적인 이야기 혹은 종교적인 이야기의 구조를 지닌 서술을 총칭하는 의미로 사용된다. 아리스토텔레스(Aristoteles)는 신화를 성스러움과 연관시키지 않았으나, 신화가 순서에 따른 이야기 혹은 극의 줄거리라고 하여 신화가 이야기라는 점은 분명히 지적했다. 신화의 첫 번째 필요 조건이 이야기여야 한다는 것이다. 하지만 물론 이야기가 전부 신화는 아니다. 엘리아데가 말하는 것처럼, 신화는 성스러움을 내포하고 있어야 하며, 이 성스러움의 의미로

서 매우 오랜 시간 동안 부정적인 의미로 사용되어 왔다. 그러나 그것은 처음부터 그랬던 것은 아니다. 호메로스(Homeros)나 헤시오도스(Hesiodos)의 작품에서 신화(myth)의 어원인 mythos는 참되고 모범적이며 권위 있고 교화적인 것이라는 의미로 널리 사용되었다. 그리고 이에 대립되는 개념어로 로고스(logos)는 진리에 근거하지 않고 유혹과 속임수가 가능한 말에 의한 설득에 근거한 것이라는 부정적인 의미를 지니고 있었다. 그러나 크세노파네스(Xenophanes)가 신화를 인간이 꾸며낸 이야기로 전락시키고, 플라톤이 철학을 이해하지 못하는 하층민을 계도하는데 효과적으로 사용될 수 있는 도구라고 신화를 규정하면서 신화를 부정적으로 인식하는 전통이 시작되었다(Lincoln, 1999: 19-43).

그러나 현재 신화는 어떠한 사실적 근거의 유무와 관계없이 그 내용이 진실이라고 믿는 신념 체계로 정의되고 있다. 그러나 그 의미나 목적은 시간, 장소, 상황에 따라 달라질 수 있으며, 단순히 이야깃거리가 아니라 어떤 목적을 위해 형성된다(Tudor, 1972: 16). 따라서 신화의 의미를 이해하려면 신화 발생의 구체적 상황을 파악하는 것이 중요하다.

신화의 유형은 논자에 따라 다양하게 분류될 수 있다. 신화는 그 대상에 따라 자연신화와 인문신화로 나눌 수 있는데, 자연신화란 천체, 산, 바다 등에 관한 신화를 의미하며, 인문신화란 수렵, 어로, 농경, 관습 등에 관한 신화를 말한다. 또 신화는 그 기능에 따라 종교적 신화와 세속적 신화로 분류될 수 있으며, 주제에 따라서는 세계 기원 신화, 인류 기원 신화, 생활기술 신화, 일원성신 신화, 죽음에 관한 신화 등으로 나뉘기도 한다. 그 밖에 신성성(神聖性)의 범위에 따라 건국신화,

---

인해서 진실되고 권위 있게 받아들여질 수 있어야 한다. 오플라허티(Wendy Doniger O'Flaherty)는 "신화란 그것의 가장 중요한 의미를 발견하는 일군의 사람들에게 공유되며 그들에게 신성한 이야기"라고 정의한다(O'Flaherty, 1988: 27). 이것은 신화가 되기 위한 조건으로 다른 사람에 의한 반복이 필요함을 의미한다. 어느 한 사람이 성스러움과 관련된 이야기를 하고, 성스러움을 근거로 자신의 이야기가 참되다고 주장하고 그렇게 믿는다 하더라도, 다른 사람들이 그 이야기를 받아들이지 않는다면 신화가 될 수 없다. 즉, 혼자만의 독백은 신화가 아닌 것이다. 그러므로 공동체 내에서 반복을 통해 공유되어야만 신화가 성립된다는 특성을 알 수 있다. 뒤프레(Louis K. Dupre)는 신화의 상징적 성격을 "신화는 언어로 발전된 상징이며, 상징의 주석이다… 신화는 상징의 언어이다. 그리고 원래는 유일한 언어였다"라고 표현했다(Dupre, 2000: 90). 엘리아데는 신화를 "상징 이야기의 형태로 조합되어 성스러운 실재를 드러내는 참된 이야기나 역사를 보여주는 특정한 종류의 종교 현상"이라고 정의하면서 신화와 종교의 연관성을 강조했다(Allen, 1998: 129). 이렇게 신화의 구성 요소는 이야기의 형태로 조합된 상징들이며, 그 내용은 성스러움과 연관되어 사람들이 진실로 받아들일 수 있는 근거를 제공한다.

시조신화, 부락신화, 무속신화 등으로 분류되기도 한다.

2) 신화의 특징과 기능

신화의 가장 대표적인 특징은 초월성이라고 할 수 있다. 이러한 신화의 특성은 많은 경우 신화가 종교를 전제로 형성된 원인을 설명해 준다. 특히 초월성으로 인해 형성되는 종교의 성(聖)과 속(俗)의 구분은 신화의 본질적인 모든 것을 보여주며, 신화의 내용과 종교적 의식을 연결시켜주는 중요한 연결고리가 된다(Cassirer, 1965: 74). 그 밖에 신화를 믿는 사람에게 신화가 하나의 유기체적 생명체로 간주되어 마치 살아 있는 것처럼 받아들여지거나, 확고한 역사로 인식되는 점, 문화의 하위 요소(subsystem)의 하나로서 문화적 특수성과 역사적 개별성이 전제되어야 하는 점, 신화를 전승하는 문화 전반의 의미망을 형성하는 점, 인간의 의식이 투사된다는 점 등을 주요 특징으로 들 수 있다.

이러한 신화는 공동체의 전통을 강화하고, 집단이나 민족에 대한 긍지를 불어넣으며, 그 전통에 커다란 가치와 위신을 부여하는 기능을 한다. 또한 신화는 어떤 믿음을 제시하고, 그것을 통한 어떤 사상과 신념을 고취하고, 또 그것을 성문화한다. 그것은 신화가 도덕과 윤리를 강화하는 기능을 하며, 때로 인간의 행동을 인도하는 실제적 규칙을 제시하는 특성을 지니고 있는 점에 기인한다. 한편 신화는 사회적 긴장을 완화하기도 하고, 기득권자의 이익을 방어하기 위해 사용되기도 하는 등 정치적 목적으로 이용되기도 한다. 또 사회적 의례나 의식을 효율적으로 지속시키면서 궁극적으로 사회구성원들 간의 의식 통합과 사회적 질서 및 안정을 유지하는 데 기여하기도 한다(Malinowski, 1954: 101－146). 신화의 기능을 좀 더 구체적으로 살펴보면 다음과 같다.

첫째, 신화는 사람들로 하여금 기꺼이 믿는 마음을 강화해 현상의 이해를 촉진시킨다. 둘째, 공동체 의식을 토대로 결속을 강화시킨다. 즉, 신화는 공동체가 공유하는 가치와 공감에 호소해 설득력을 확보하고, 공동체와 연관된 것의 기원과 역사를 설명하기 때문에 당연히 공동체 의식을 고양한다.[8] 셋째, 자신이 어떤 사람이라는 믿음을 형성시켜 소속감 혹은 일체감을 만들어 낸다. 넷째, 사람들을 감정적으로 설득시킬 수 있는 수단이 되어 준다. 즉, 상징적 표현을 통해 경험해 본 현상

8) 우리 민족의 경우 초등학교 교과서에서부터 "우리는 한겨레, 단군의 자손"이라는 이야기를 지속적으로 들어 왔고, 그것은 우리의 공동체의식 형성에 지대한 영향을 주고 있다.

을 설명할 수 있게 함으로써 공감을 이끌어 내기도 하고, 상징적 표현으로 긴장을 고조시키거나, 매력을 확대시키거나, 반감을 불러일으키기도 한다. 이 모든 감정적 발생은 실제로 행동할 수 있는 에너지를 발생시킨다. 그밖에 차별화[9] 혹은 통합화[10]라는 상징의 정치적 기능을 통해 질서와 안정을 부여한다. 다섯째, 인간의 지적 호기심을 충족시켜 준다.[11] 여섯째, 의미 있는 행위의 기원과 본보기를 제시하고, 모범적인 역사를 구성하는 기능을 한다.[12] 일곱째, 모순이 발생하는 상황이나 소망이 현실과 불일치하는 상황을 효과적으로 해결해 질서화 하는 기능을 한다[13](유요한, 2009: 121). 결국, 신화의 매력은 그것이 항상 진실이라고 믿어지는 데 있으며, 이러한 신화적 사고에 의해 인간이 이성적으로 해결하기 어려운 감성적, 심리적, 도덕적, 비합리적 영역의 문제를 쉽게 해결할 수 있다는 점이다. 여덟째, "모르는 것"을 "아는 것"으로 바꾸는 기능을 한다[14](유요한, 2009: 123). 아홉째, 신화는 공동체 혹은 공동체가 중시하는 어떤 것의 기원과 역사를 특유의 방식으로 설명하는 기능을 한다.[15]

---

9) 여기서 차별화란 특정 대상을 찬양하거나 격하시킴으로써 사회의 질서를 규정해 주는 것을 의미한다.

10) 통합이란 모호하고 광범위한 여론을 활성화시켜 충성을 당연하게 받아들이게 하는 것을 말한다.

11) 대부분의 신화는 지식적 요소를 갖고 있는데, 이는 한때 인간을 지적으로 경성시키는 중요한 과제를 수행했으며, 이러한 신화의 기능은 인간으로 하여금 과학 및 철학을 발견하게 만들었으며, 후에 인간의 지식을 대신하게 되었다(뒤프레, 1996: 207).

12) 신화를 반복해서 원초적인 성현을 재확인하고 성스러운 실재와 접촉하며 사는 삶이 의미 있는 삶이라고 여기도록 만든다. 즉, 신화의 중요한 기능이 '일체의 의례나 의미 있는 모든 인간 행위의 모델을 제시 한다"고 볼 수 있다(Eliade, 1987: 410－411).

13) 파퓨아뉴기니 사람들은 모든 물건을 서로 교환하면서 나눠 생활하는 것을 오랜 풍습으로 지녀왔다. 19세기 이후 백인들이 많은 물건을 실은 화물선을 타고 파퓨아뉴기니에 등장했을 때, 원주민들은 혼란에 빠졌다. 왜냐하면 이 백인들은 파퓨아뉴기니의 전통에 따라 그 많은 물건을 나눠주지 않았기 때문이다. 게다가 파퓨아뉴기니에는 자신들은 흰색의 피부를 지닌 조상을 두고 있다는 오랜 신화를 믿고 있었기에 그 혼란은 더욱 가중되었다. 결국 이러한 불일치의 상황을 극복하기 위한 장치로 이들은 화물숭배(cargo cult)라는 새로운 신화를 만들었다. 즉, 이들 백인은 진정한 그들의 조상이 아니며, 그들의 진짜 조상이 배나 비행기에 귀한 물건을 가득 싣고 와서 파퓨아뉴기니 사람들에게 나눠줄 것이라는 것이다(Smith, 1982: 98－101).

14) 예를 들어 남미에 거주하는 야노마니 부족은 타제석기만을 사용한다. 그런데 먼저 그 땅에 살았던 사람들이 사용하던 마제석기가 가끔 발견될 때가 있다. 자신들이 이해할 수 없는 선주문명의 흔적에 대해 야노마미 부족은 이것이 "하늘의 정령이 만들었다"고 해석한다. 즉, 알 수 없는 어떤 현상을 해석함에 있어 신화를 사용하는 것이다(유요한, 2009: 123).

15) 예를 들어 북한에서 김일성이라는 존재는 그가 태어나고 자라고 이뤄온 일 모두가 이제 역사이자 신화가 되었다. 이렇게 신화는 현대에도 지속적으로 만들어지고 그 기능을 유지하고 있다.

제 3 절 | 대한민국을 대표하는 상징

1. 국가 상징

1) 국가 상징의 의미와 유래

국가 상징이란 국제사회에 한 국가가 존재한다는 사실을 알리기 위해 자기 나라를 잘 알릴 수 있는 내용을 기호화해서 공식적으로 표명하는 것을 말한다. 이러한 국가 상징은 어느 한순간에 인위적으로 만들어진 것이라기보다는 오랜 세월 동안 국가가 형성되는 과정에서 그 나라의 역사 · 문화 · 사상을 배경으로 자연스러운 국민적 합의를 거쳐 이뤄진 것이다. 따라서 국가 상징은 그 나라 국민이라면 누구나 공감할 수 있으며, 그것을 통해 하나될 수 있는 최고의 영속적인 가치를 갖는다.

인류의 역사가 시작되면서 집단끼리 싸움이 일어날 경우 아군과 적군을 구별하기 위해, 또 군사적 명령을 전달하기 위한 신호 수단 등으로 사용하기 위해 군기(軍旗)는 필수적이었다. 덴마크의 국왕 왈데머 2세(Waldemar II)가 1219년 이교도와의 전쟁에 나설 때 신의 계시에 따라 붉은 천에 흰 십자가를 그려 넣은 군기를 사용했는데, 이 전쟁에서 큰 승리를 거두게 되면서 그후 이 군기를 국기로 사용하게 되었고, 이것이 현존하는 가장 오래된 국기가 되었다.[16] 그 밖에 국제적 교역이 활발해짐에 따라 바다를 항해하는 상선이나, 실크로드 혹은 모피길을 따라 문명을 가로지르던 상인들이 지니던 상징 깃발에서도 국기의 유례를 찾을 수 있다. 또한 봉건시대 이전에도 군주(君主)나 황실(皇室)의 상징으로 또는 유명한 가문(家門)에서도 나름대로 기장(旗章)이나 문장(紋章)을 만들어 자신들의 권위를 유지하는 데 필요한 상징으로 사용하기도 했다.

오늘날 세계 각국은 각기 국기를 대표적인 국가 상징으로 제정해 사용하고 있는데, 이러한 국기 제정이 일반화된 과정에는 1789년의 프랑스대혁명이 결정적인 계기가 되었는데, 그것은 바로 그 시기에 이르러 근대국가, 즉 국민주권국가가 등장하기 시작했던 것이다. 따라서 최초의 근대적 국가 상징은 1792년 프랑스대혁명 당시 루이 16세의 폭정에 저항해 들고 일어선 혁명군대가 내부적인 결속을 공고히

---

16) http://www.mopas.go.kr/gpms/view/korea/korea_index_vm.jsp?cat=bonbu/(검색일: 2012.9.26. 검색어: 국가상징)

해서 혁명을 성공적으로 이끌어내기 위한 목적으로 사용된 현재 프랑스의 국기(國旗) '삼색기(三色旗, Tricolor)'[17]를 들 수 있다.

그 이후 이러한 국기 상징은 세계 각국으로 널리 보급되면서 나라마다 그 역사와 문화에 맞는 상징적 깃발을 국기로 제정해 자국을 대표하는 데 사용하기 시작했다. 국기 외에도 국가(國歌), 국화(國花), 국장(國章)[18] 등의 국가 상징 제정이 일반화되었는데, 이는 이러한 국가 상징을 통해 국민들의 애국심을 고취하고 대외적으로는 나라 이미지를 부각시킬 수 있기 때문이다. 우리나라의 국가 상징으로는 태극기, 애국가, 무궁화, 국새(나라 도장), 나라 문장 등을 들 수 있다.

2) 국가 상징의 종류

(1) 태극기

우리나라 국기(國旗)인 '태극기(太極旗)'는 흰색 바탕에 가운데 태극 문양과 네 모서리의 건곤감리(乾坤坎離) 4괘(四卦)[19]로 구성되어 있다. 태극기의 흰색 바탕은 밝음과 순수, 그리고 전통적으로 평화를 사랑하는 우리의 민족성을 나타내고 있다. 가운데의 태극 문양은 음(陰: 파랑)과 양(陽: 빨강)의 조화를 상징하는 것으로 우주 만물이 음양의 상호작용에 의해 생성하고 발전한다는 대자연의 진리를 형상화한 것이다(전신욱, 2009: 56). 태극 문양은 예로부터 우리 선조들이 생활 속에서 즐겨 사용하던 전통문양 중 하나로서 우주와 더불어 끝없이 창조되고 발전하는 상태를 상징적으로 표현한 것으로서 현재 대한민국이 추구하는 이상을 잘 나타내고 있다.

우리나라의 국기 제정은 1882년(고종 19년) 5월 22일 체결된 조미수호통상조약(朝美修好通商條約) 조인식이 직접적인 계기가 되었다. 하지만 당시 조인식 때 게양된 국기의 형태에 대해서는 현재 정확한 기록이 남아 있지 않다.[20] 태극기에 관

---

17) 이 기는 1794년 법률에 따라 현재와 같이 청, 백, 적(青白赤)의 삼색기(三色旗)로 결정되었는데, 삼색(三色)은 파리시(市)의 색깔인 청(青)과 적(赤), 그리고 부르봉 왕가(王家)의 상징인 백(白)이라고 믿어지고 있으며, 한편으로는 대혁명 당시의 표어인 자유(自由)·평등(平等)·박애(博愛)를 각각 상징하고 있다고 한다.

18) 나라 문장, 국가 문장(國家紋章) 등으로도 불린다.

19) 네 모서리의 4괘는 음과 양이 서로 변화하고 발전하는 모습을 효(爻: 음 – –, 양 –)의 조합을 통해 구체적으로 나타낸 것이다. 그 가운데 건괘(乾卦)는 우주 만물 중에서 하늘을, 곤괘(坤卦)는 땅을, 감괘(坎卦)는 물을, 이괘(離卦)는 불을 각각 상징한다. 이들 4괘는 태극을 중심으로 통일의 조화를 이루고 있다. http://www.mopas.go.kr/gpms/view/korea/korea_index_vm.jsp?cat=bonbu/chief&menu=chief_06_04_02_sub01(검색일: 2012.9.27. 검색어: 태극기).

련된 최초의 기록은 고종의 명을 받아 특명전권대신(特命全權大臣) 겸 수신사(修信使)로 일본에 다녀온 박영효(朴泳孝)의 『사화기략(使和記略)』이다. 이 자료에 따르면, 박영효는 선상에서 태극 문양과 그 둘레에 8괘 대신 건곤감리(乾坤坎離) 4괘를 그려 넣은 '태극 · 4괘 도안'의 기를 만들어 1882년 9월 25일부터 사용했으며(전신욱, 2009: 49－50), 10월 3일 본국에 이 사실을 보고했다고 한다. 이어 고종은 1883년 3월 6일 왕명으로 '태극 · 4괘 도안'의 '태극기'를 국기(國旗)로 제정 · 공포했다.[21)]

그러나 당시 국기 제작 방법을 구체적으로 명시하지 않은 탓에 이후 다양한 형태의 태극기가 사용되어 왔는데,[22)] 1948년 8월 15일 대한민국 정부가 수립되면서 태극기의 제작법을 통일할 필요성이 커짐에 따라, 정부는 1949년 1월 '국기시정위원회(國旗是正委員會)'를 구성해서 그해 10월 15일에 「국기제작법 고시」를 확정 · 발표했다. 이후, 국기에 관한 여러 가지 규정이 제정 · 시행되어 왔는데,[23)] 현재에는 2007년 1월 26일 제정된 「대한민국국기법」[24)]과 2009년 9월 10일 「국기의 게양 · 관리 및 선양에 관한 규정」을 정한 「국무총리훈령」 제538호를 기준으로 삼고 있다.[25)]

한편 태극기의 기원과 의미에 관해 많이 알려져 있으면서도 상당한 주장들이 엇갈리고 있는 형편이다.[26)] 또한 우리나라의 국기에 대한 법적 언급은 놀랍게도 헌

---

20) 지난 2004년에 발간된 미국 해군부 항해국이 제작한 「해상국가들의 깃발(Flags of Maritime Nations)」에 실려 있는 이른바 'Ensign'기가 조인식 때 사용된 태극기(太極旗)의 원형이라는 주장이 있다. http://www.mopas.go.kr/gpms/view/korea/korea_index_vm.jsp?cat=bonbu/chief&menu=chief_06_04_02_sub01 (검색일: 2012. 9. 27. 검색어: 태극기)

21) http://www.mopas.go.kr/gpms/view/korea/korea_index_vm.jsp?cat=bonbu/chief&menu=chief_06_04_03(검색일: 2012.9.26. 검색어: 국가상징)

22) 대한민국 임시정부에서 1942년 6월 29일 국기제작법을 일치시키기 위해 '국기통일양식(國旗統一樣式)'을 제정 · 공포했지만 일반 국민들에게는 널리 알려지지 않았다.

23) 직접적으로 국기 제작 방법(1949년), 국기 게양 방법에 관한 건(1966년), 대한민국 국기에 관한 규정(1984년)이 있으며, 간접 법규로는 '국가 상징에 관한 특별보호규정', '국기에 대한 죄' 등이 있다(최은석, 『통일한국』, 2010. 6).

24) 2007년 1월 26일 법률 제8272호로 「대한민국국기법」이 제정되었고, 2007년 7월 27일 시행되었다.

25) 대한민국국기법 및 같은 법 시행령에 따른 국기의 게양 관리 및 선양에 관해 그 시행에 필요한 사항을 정하는 한편, 그동안 개별적으로 시행되어 온 국기 관련 각종 지침 및 기준들을 하나의 규정으로 통합 · 정비하기 위한 목적으로 행정안전부에서 제정되었다. http://www.mopas.go.kr/gpms/view/korea/korea_index_vm.jsp?cat=bonbu/chief&menu=chief_06_04_11(검색일: 2012.9.27. 검색어: 대한민국 국기법)

26) 박영효(朴泳孝)의 『사화기략(使和記略)』에 의해 태극기가 국가 상징으로 사용한 기원을 1882년

법상에서는 별도의 명문 규정을 두고 있지 않고 하위 법규에 국기와 관련된 여러 가지 법 영역을 두고 있다. 반면 북한은 국기(인공기)에 대한 규정을 1948년 제정 헌법에서부터 명문화(제102조)했고, 단일 법률로는 「국기법」을 1992년에 처음 최고인민회의 상설회의(현 상임위원회)에서 제20호로 채택한 바 있으며, 그 후 여러 차례의 법 개정을 통해 국기에 대한 제작과 사용을 강조하면서 보관관리에 대한 지도통제를 해왔다(최은석, 『통일한국』, 2010. 6.). 대표적인 국가 상징인 국기에 대한 예우를 직접적으로 표현한다고 할 수 있는 「국기에 대한 법과 규정」에서 확인할 수 있는 남・북 간의 차이점은 현재 우리나라의 국가적 문제로 대두되고 있는 국가정체성의 하락과 국론 분열과 관련해 깊이 있는 성찰이 요구되는 부분이 아닐 수 없다.

(2) 애국가

애국가(愛國歌)는 말 그대로 '나라를 사랑하는 노래'를 뜻한다. 우리나라는 애국가에 그 기원을 알리는 고유 명칭을 붙이지 않고 사용하고 있는데, 애국가의 가사와 작곡이 이뤄진 것은 조선말 개화기 이후로 추정된다. 1896년 『독립신문』 창간을 계기로 여러 가지의 애국가 가사가 신문에 게재되기 시작했는데, 이 노래들을 어떤 곡조로 불렀는가는 명확하지 않다. 다만 대한제국(大韓帝國)이 서구식 군악대를 조직해 1902년 '대한제국 애국가'라는 이름의 국가를 만들어 나라의 주요 행사에 사용했다는 기록은 지금도 남아 있다.[27)]

오늘날 불리고 있는 애국가의 가사는 1907년을 전후해 형성되었는데, 조국애와 충성심과 자주의식을 선양하기 위한 것으로 유추할 수 있다. 그 후 여러 선각자의 손을 거쳐 오늘날과 같은 내용을 담게 되었는데, 처음 애국가의 가사에 붙여진 곡조는 스코틀랜드 민요 '올드 랭 사인(Auld Lang Syne)'이었다. 이후 해외에서 활동 중이던 안익태(安益泰)는 애국가에 남의 나라 곡을 붙여 부르는 것을 안타깝게 여겨, 1935년에 오늘날 우리가 부르고 있는 애국가를 작곡했다.[28)]

박영효의 외교적 일본 방문으로, 또 태극기를 처음 도안한 사람을 박영효로 추정하는 것이 일반적이다. 그러나 지난 2010년 8월 27일 MBC방송에서 방영한 「고종의 꿈 대한제국」의 내용에서 태극기를 도안한 것이 박영효가 아니라 고종황제였다는 설명이 있다(http://www.mbcplus.com. 검색일: 2012. 10. 26. 검색어: 고종 제국의 꿈).

27) http://www.mopas.go.kr/gpms/view/korea/korea_index_vm.jsp?cat=bonbu/chief&menu=chief_06_04_03.(검색일: 2012.9.26. 검색어: 국가상징)

애국가 제창 및 연주 애국가를 부를 때에는 경건한 마음을 가져야 하며, 애국가의 곡조에 다른 가사를 붙여 부르거나 곡조를 바꿔 불러서는 안 된다는 것은 우리 모든 국민이 상식적으로 알고 있는 사실이다. 그런데, 최근 들어 일부 좌파단체들이 공식행사에서조차 애국가를 부르지 않는가 하면, 애국가 대신 다른 노동운동가를 부르고 있어 심각한 문제로 대두되고 있다. 따라서 주요 행사 등에서 애국가를 제창하는 경우에는 애국심과 국민적 단결심을 고취하는 의미에서 부득이한 경우를 제외하고는 4절까지 제창하는 운동을 확산시켜 나가야 한다. 한 세기에 가까운 세월 동안 슬플 때나 기쁠 때나 우리 겨레와 운명을 같이해 온 애국가를 부를 때마다 우리는 선조들의 나라사랑 정신과 국가의 의미를 새롭게 되새겨야 할 것이다.

(3) 무궁화

대한민국의 국화(國花) 무궁화(無窮花)는 '영원히 피고 또 피어서 지지 않는 꽃'이라는 뜻을 지니고 있다. 옛 기록을 보면, 우리 민족은 무궁화를 고조선(古朝鮮) 이전부터 천상의 꽃으로 귀하게 여겼고,[29] 신라(新羅)는 스스로를 '근화향(槿花鄕)[30]이라고 지칭했는데, 당나라의 정사(正史)인 『구당서(舊唐書)』에도 신라를 지칭해 근화향(槿花鄕)으로 표기한 것, 또한 4200여 년 전 저술된 중국의 고문헌 『산해경(山海經)』에 우리나라를 '무궁화가 피고 지는 군자의 나라'로 지칭한 표현이 존재하는 것[31]으로 미뤄 무궁화는 매우 오랜 세월 동안 우리 민족과 함께 해 온 것으로 추정할 수 있다.

1919년 3·1운동을 통해 창간된 『동아일보』의 창간사에 "동방아세아 무궁화동

---

28) 대한민국 임시정부는 안익태가 작곡한 곡을 애국가로 채택해 사용했으나 이는 해외에서만 퍼져 나갔을 뿐, 국내에서는 광복 이후 정부 수립 무렵까지 여전히 스코틀랜드 민요에 맞춰 부르고 있었다. 그러다가 1948년 대한민국 정부가 수립된 이후 현재의 가사와 함께 안익태가 작곡한 곡조의 애국가가 정부의 공식 행사에 사용되었고, 각급 학교의 교과서에도 실리면서 전국적으로 애창되기 시작했다. 그 후 해외에서도 이 애국가가 널리 전파되어 실질적인 국가(國歌)로 자리 잡게 되었다. http://www.mopas.go.kr/gpms/view/korea/korea_index_vm.jsp?cat=bonbu/chief& menu=chief_06_04_03(검색일: 2012.9.26. 검색어: 국가상징)

29) 무궁화가 우리 민족과 연관되어 나타난 것은 역사적으로 그 연원이 고조선까지 거슬러 반만년의 역사(원색무궁화도감 편찬위원회, 1993: 28)를 지니고 있지만 국화로 제정된 정확한 근거에 관한 문헌이나 연구보고서는 찾을 수 없다.

30) 무궁화 나라라는 뜻

31) http://www.mopas.go.kr/gpms/view/korea/korea_index_vm.jsp?cat=bonbu/chief&menu=chief_06_04_03(검색일: 2012.9.26. 검색어: 국가상징 무궁화)

산 속의 2천만 조선민중은 일대 광명을 견(見)하노라"라는 구절이 들어 있었으며, 1935년 4월 21일자에는 "우리 조선의 대표적인 꽃은 여러분도 아시다시피 무궁화입니다. 그래서 우리 조선을 무궁화 꽃동산이라고 하여 근역(槿域)이라고 부릅니다."라는 기사가 실린 바 있다(류청산, 1996: 599). 이후 1928년에 발간된 『청년』[32] 제8권 6-7호에 '무궁화 예찬'이란 논문이 연재되면서 무궁화는 우리 민족의 이상화(理想化)로서 자리를 굳혔다(구미래, 2002: 108-109).

그러나 무궁화는 우리 민족의 문화와 정신을 말살하려 했던 일제에 의해 멸종의 위기까지 갔다. 이러한 당시의 상황 속에서 남궁억(南宮檍, 1863. 12. 27~1939. 4. 5)은 무궁화를 전국적으로 보급하는 운동과 무궁화 교육을 통해 민족혼을 고취시키고 나라사랑하는 마음을 키우는 데 노력했던 대표적 인물로 평가받는다. 교육가였던 그는 한반도 모양의 무궁화 가지에 조선 13도를 상징하는 13송이의 무궁화를 수놓은 '무궁화 삼천리'라는 수본(繡本)을 고안해 배화학당의 학생들이 수를 놓으며 민족과 역사를 생각하게 했다[33](무궁화대전편찬위원, 1993: 54). 남궁억은 1918년 모곡학교를 설립해 실업교육과 특별활동을 중심으로 한 농촌 청소년 교육을 시작했는데,[34] 농촌 청소년에게 실제적인 농촌생활을 체득시킨다는 목적 하에 실시한 실업교육의 내용 중에 뽕나무 묘포(苗圃)[35] 기르는 작업을 포함시켰다. 그는 뽕나무 묘목과 무궁화 묘목을 육안으로는 거의 분별할 수 없다는 점에 착안해 무궁화를 뽕나무로 위장해 기른 다음 해마다 수만 그루의 무궁화 묘목을 각 지방의 사립학교와 교회 및 사회단체에 보급했던 것이다. 그러나 1933년 11월 2일 시조사원(時兆社員)을 가칭한 형사에게 발각되어 이른바 '무궁화 및 역사사건'의 핵심 인물이라는 이유로 구속되어 옥고를 치렀고, 그가 모곡학교 묘포에서 애써 기른 무궁화 묘목 7만여 주가 포장과 함께 모두 불살라졌다(류청산, 1996: 601).

그러나 오히려 일제강점기의 수난을 거치면서 무궁화는 민족의 꽃으로 더욱 굳건히 인식되었으며, 비록 법으로 성문화된 것은 아니지만, 1948년 대한민국 임시정부 수립과 함께 애국가의 후렴구에 "무궁화 삼천리 화려강산"이란 가사가 등장

---

32) 발행자는 유호익이다.

33) 당시 완성된 무궁화꽃 한반도 작품은 미국의 교포들에게까지 전해졌으나, 이러한 사실이 일본 경찰에게 알려져 모두 압수되었다(무궁화대전편찬위원, 1993: 54).

34) 한서는 건강이 나빠지자 1918년 12월 고향인 강원도 홍천군 서면 모곡리에 내려가 자신의 재산을 정리해 모곡학교를 설립했다(류청산, 1996: 601).

35) 어린 묘목을 기르는 터.

함으로써 대한민국의 국화(國花)로 인정받게 되었다(구미래, 2002: 108－109; 류청산, 1996: 600).

우리나라에는 1백여 품종의 무궁화가 자라고 있는데, 꽃 색깔에 따라 단심계, 배달계, 아사달계 등으로 크게 분류된다. 정부는 이들 가운데서 꽃잎 중앙에 붉은 꽃심이 있는 단심계(丹心系) 홑꽃을 보급 품종으로 지정했다. 무궁화는 7월 초순에서 10월 하순까지 매일 꽃을 피워 보통 한 그루에 2천~3천여 송이가 피며, 옮겨 심거나 꺾꽂이를 해도 잘 자라고 공해에도 강한 특성을 지니고 있어 민족의 무궁한 발전과 번영을 기원하는 마음을 잘 나타내 주기도 한다. 한편 무궁화의 학명은 *Hibiscus syriacus L.*인데,[36] 여기에는 이집트의 미(美)의 여신 히비스(Hibis)를 닮은 아름다운 꽃이란 의미가 담겨 있으며, 영어로는 '샤론의 장미(Rose of Sharon)'라고 하는데, '샤론'은 성경에 등장하는 대표적인 상징적 명칭으로 '신의 축복을 받은 땅'이라는 의미를 지닌 팔레스티나 서부의 비옥한 평야 이름이다. 즉, 무궁화의 영어명은 '신의 축복을 받은 땅에서 장미꽃처럼 아름답게 핀 꽃'이란 의미를 지니고 있는 것이다.

무궁화는 우리나라의 대표적인 국가 상징인 국기를 게양하는 깃대의 깃봉에서부터, 각 국가기관을 상징하는 국회기, 법원기, 정부기와 정부의 각 부처의 기(旗)[37] 및 국가가 수여하는 훈장,[38] 상장,[39] 배지,[40] 모표, 군인과 경찰의 계급장과 모자 등에 상징적 도안으로 사용되고 있다. 또한 외국에 발신하는 공문서와 국가적 중요 문서, 기타 시설물, 물자 및 대한민국을 상징하는 문장의 도안, 국가원수인 대통령의 관저, 집무실, 대통령이 탑승하는 항공기, 기차, 자동차 등에도 무궁화 도안이 사용되고 있다. 그 밖에 정부에서 주관하는 국경일 등 각종 행사에서도 행사장을 장식하는 데에 무궁화 화분과 경축 현판 도안에도 무궁화를 이용하고 있고, 일부 행사 참석자에게도 무궁화 리본을 달아주고 있다.

---

36) http://www.mopas.go.kr/gpms/view/korea/korea_index_vm.jsp?cat=bonbu/chief&menu=chief_06_04_03(검색일: 2012.9.26. 검색어: 국가상징 무궁화)

37) 국회기, 법원기, 정부기 등의 경우에는 무궁화 꽃 도안의 중심부에 기관 명칭을 넣어 사용하고 있다.

38) 우리나라의 훈장 중에서 가장 등급이 높은 훈장의 명칭이 '무궁화대훈장'이다.

39) 대통령 표창장, 국무총리 표창장, 그 밖에 각종 상장도 무궁화 도안이 들어 있다.

40) 국회의원 및 지방의회의원 배지, 장·차관 등의 배지가 무궁화를 기본 도안으로 하고 있다.

(4) 국가 문장

국가를 상징하는 인장(印章)의 명칭은 새(璽), 보(寶), 어보(御寶), 어새(御璽), 옥새(玉璽), 국새(國璽) 등으로 다양하게 불려 왔다.[41] 국권의 상징인 국새가 가진 불가침의 권위와 신성성은 다소 퇴색했으나, 오늘날에도 국새의 상징적 의미는 그대로 존속하고 있어 헌법개정 공포문의 전문, 대통령이 임용하는 국가공무원의 임명장, 외교문서, 훈장증 등 국가 중요 문서에 지금도 국새를 사용하고 있다. 따라서 국가 문장은 국가 권위를 상징하며, 그 나라의 시대성과 국력, 문화를 반영하는 상징물로서 중요한 의미를 지닌다.[42]

우리나라의 국새의 기원과 역사에 관한 자료는 대부분 조선시대 임진왜란 이후의 것들이다.[43] 그러나 우리나라의 오래된 단군신화 속에 환웅(桓雄)이 아버지 환인(桓因)으로부터 받아가지고 왔다는 천부3인(天符三印)[44]이나, 부여(夫餘) 예왕(濊王)이 예왕지인(濊王之印)을 사용했다는 기록이 남아 있는 것으로 볼 때[45] 우리

---

41) 여기서 새(璽), 보(寶)는 나라의 인장(印章)의 뜻을 지니고 있으며, 어보(御寶), 어새(御璽)는 시호, 존호 등을 새긴 왕실의 인장을 뜻하는 말이다. 옥새(玉璽)는 재질이 옥으로 만들어졌다고 해서 붙여진 이름으로, 현대적 의미에서 국가를 상징하는 인장의 이름으로는 국새(國璽)라고 표기하는 것이 가장 타당하다고 할 수 있다. 국새는 동양(한국, 일본 등)에서는 인장의 형태로, 서양(미국, 영국, 프랑스 등)에서는 압인의 형태로 주로 사용되고 있으며, 나라의 중요 문서에 국가의 상징으로 사용된다. http://www.mopas.go.kr/gpms/view/korea/korea_index_vm.jsp?cat=bonbu/chief&menu=chief_06_04_03(검색일: 2012.9.26. 검색어: 국가상징 국새)

42) 국새는 시대와 용도에 따라 여러 가지 종류가 있었으나 외교문서(특히 대중국 관계)에 사용되는 국인(國印, 大寶로 통칭)과 국내용 보인(寶印)으로 대별된다. 국권의 상징으로 국가적 문서에 사용되는 국새는 고려・조선시대에는 국인(國印), 새보(璽寶)・대보(大寶)라 해서 왕의 인장이 국새로 간주되었다. 이것은 국왕의 권위와 정통성을 상징하는 것으로 사대교린(事大交隣)의 외교문서와 왕명으로 행해지는 국내문서에 사용되었고, 왕위 계승 시에는 전국(傳國)의 징표로 전수되었으며, 왕의 각종 행차 시 그 위의(威儀)를 과시하기 위해 행렬의 앞에서 봉송되기도 했다.

43) 관인사(官印史)에 관한 유물이나 기록 등이 여기에 속하는데, 이를 통해 우리나라의 관인(官印)의 용도는 치민(治民)의 장(長)이 전신(傳信)의 표시로 사용한 것으로 추정된다.

44) 풍백(風伯), 우사(雨師), 운사(雲師)를 이른다.

45) 『증보문헌비고』. '예고새인조(禮考璽印條)'에 있는 기록이다. 고려시대인 1172년(명종2년) 금나라에서 금인을 보낸 것을 비롯해, 요・원・명나라 등에서도 여러 차례 고려왕의 인장을 만들어 보냈으며, 1370년(공민왕 19년) 명나라 태조가 공민왕에게 보낸 금인(金印)에는 '고려국왕지인(高麗國王之印)'이란 인문(印文)이 있다. 1392년에 조선을 건국한 태조는 고려 국새를 명나라에 반납하고, 새 국새를 내려주도록 여러 차례 청했으나 실현되지 않다가 1403년(태종3년)에 성조(聖祖)에 의해 비로소 '조선국왕지인(朝鮮國王之印)'의 국인(國印)이 수여되었다. 이를 대보(大寶)라 하여 1636년(인조14년)까지 대중국 외교문서에만 사용했다. 이 밖에도 여러 가지 보인(寶印)들이 제작, 사용되었는데, 교서・교지 등에 찍는 '시명지보(施命之寶)', 유서(諭書)에 찍는 '유서지보(諭書之寶)', 과거시험의 문서에 찍는 '과거지보(科擧之寶)', 교린문서, 특히 대일본 관계에 찍는

나라의 국새의 사용 역사는 수천 년에 이를 것으로 추정된다.

1894년 갑오경장 후에는 중국과의 사대 관계를 종식해 이전의 대보(大寶)를 폐지하고, 1881~1882년경에 제작한 '대조선국보(大朝鮮國寶)'와 '대조선대군주지보(大朝鮮大君主之寶)' 등을 사용한 데서 좀 더 근접한 대한민국의 국장으로서의 국새의 연원을 찾을 수 있다. 이후 1897년에 대한제국이 수립되면서 국새로 '대한국새(大韓國璽)', '황제지새(皇帝之璽)', '황제지보(皇帝之寶)', '칙명지보(勅命之寶)', '제고지보(制誥之寶)', '시명지보(施明之寶)', '대원수보(大元帥寶)', '원수지보(元帥之寶)' 등이 제작·사용되었다.

대한민국이 건국된 이듬해인 1949년 5월 사방 두 치(약 6cm)의 정방형 인면(印面)에 한자 전서(篆書)로 '대한민국지새(大韓民國之璽)'라고 전각한 국새가 마련되었다. 1963년 1월에는 국새 규정을 고쳐, 사방 7cm의 정방형 인면(印面)에 한글 전서체로 「대한민국」 넉 자를 가로로 새겨 국새의 모양을 바꿨으며, 1999년 2월 1일부터는 민족의 자존과 문화적 자긍심을 회복하자는 취지로 국새 규정을 전면 개정해 사방 10.1cm의 정방형 인면에 훈민정음체로 '대한민국' 넉 자를 가로로 새겨 사용했다. 또한, 제4대 국새는 새로운 국새 관련 사항을 반영해 국새 규정을 개정, 2008년 2월 22일부터 사용했다. 그러나 2010년 9월 제4대 국새에 대한 경찰 수사 결과 국새를 전통적 방식으로 만들었다는 것이 허위로 밝혀져 국새로서의 권위와 위상이 손상됨에 따라 제4대 국새를 폐기하고 새로운 제5대 국새를 제작(2011.9.30.)해 2011년 10월 25일부터 제5대 국새를 사용하고 있다.

이러한 국새는 대한민국 정부 수립 이후에는 총무처에서 관장해 왔으며, 정부조직 개편으로 1998년 2월 28일부터는 행정자치부 의정국 의정과(현, 행정안전부 의정관실 의정담당관실)에서 대통령 직인, 국무총리 직인과 함께 관리하고 있다. 또한 2008년 2월 29일부터 시행된 대통령령 제20741호에 의해 전반적인 국새 규정을 정하고 있다. 또한 외국에 발송하는 공문서와 국가적 중요 문서 및 기타 시설물자 등에 사용되는 나라 문장에 대한 규정(대통령령 제5151호)도 지난 1970년 7월

'소신지보(昭信之寶)' 등이 있었고, 소신지보는 조선 후기에 '이덕보(以德寶)'로 고쳤다. 국새의 관리기관 국가의 인장(印章) 제조에 대한 통제 기록으로는 고려 18대 의종(毅宗, 1146~1170) 때 "인부랑(印符郞)"이란 인부(印符)를 두었다는 기록과 조선시대 초기에 상서사(尙瑞司)가 설치되어 새보(璽寶)·부패(符牌)·절월(節鉞)을 전담했다는 기록이 남아 있다. http://www.mopas.go.kr/gpms/view/korea/korea_index_vm.jsp?cat=bonbu/chief&menu=chief_06_04_03(검색일: 2012.9.26. 검색어: 국가상징 국새)

3일 이후 2006년 6월 12일 개정(대통령령 제19513호)을 통해 시행(2006.7.1)되고 있다.[46)]

(5) 화폐

사전적 의미의 화폐는 교환경제 사회에서 상품의 교환·유통을 원활하게 하기 위한 일반적 교환 수단 내지 일반적 유통 수단으로 풀이된다(네이버 지식백과, 2012.12.15, 검색어: 화폐). 화폐란 거래를 원활하게 하는 데 쓰이는 일종의 매개물이다. 이 매개물은 조개껍데기·곡물·옷감·소금 등과 같은 물품일 수도 있으며, 오늘날 사용하는 지폐나 주화일 수도 있다. 이러한 화폐는 가치 척도, 지급 수단, 가치 저장, 교환 수단 등의 다양한 기능을 가지고 있다(원유한, 2005: 6).

우리나라의 화폐는 삼국시대 이후 지금까지 끊임없이 생성, 유통, 소멸되었다. 고려시대 이전에는 상거래 수단으로 주로 곡물, 포백 등 물품 화폐류가 이용되었다. 그러다가 10세기에 철주전이, 11세기에 주조 동전과 은병이 발행되었다. 또 고려 말에 원나라로부터 지원보초라는 지폐가 수입, 유통되는 등 부분적으로 금속화폐와 지폐도 유통되었다는 사실을 알 수 있다. 그러나 고려시대에는 금속화폐가 보편적으로 유통되었다고 보기는 어렵고 본격적으로 유통되기 시작한 것은 동전이 주조, 유통된 조선시대 이후부터라고 짐작된다. 조선 초기 저화(楮貨)라는 지폐가 통용되었으나 17세기에 주조 발행된 상평통보가 조선시대의 주된 화폐로서 구한말 개화기까지 광범위하게 통용되었다. 그러나 근대적인 화폐가 제조, 유통된 것은 구한말 서양 문물이 전파되면서부터라고 할 수 있다. 1901년 금본위제 채택을 전후해서 금·은화가 통용되는 한편, 일본 제일은행권이 유통되다가 1909년 중앙은행인 구 한국은행이 설립되어 3종의 지폐를 발행했다. 그리고 1950년 지금의 한국은행이 설립되어 현대 금융 이론에 입각한 완전한 관리 통화제도가 채택되었고, 1950년, 1953년, 1962년 세 차례의 화폐 개혁이 있었다. 2차 화폐 개혁으로 화폐 단위가 원에서 환으로 바뀌었고, 3차 화폐 개혁 때 다시 원으로 바뀌었다. 1970년대 이후부터는 경제의 발달로 고액권인 만원권이 등장했으며 수표, 어음, 신용카드 등 신용화폐의 이용이 활발해졌다(장상진, 2003: 10-11).

화폐는 대한민국의 상징물 중 하나일 뿐만 아니라 전 세계에서도 또한 각국의

46) http://law.go.kr/LSW/lsInfoP.do?lsiSeq=74358#AJAX(검색일: 2012.9.27, 검색어: 나라문장규정)

상징물 중 하나일 것이다. 화폐는 교환과 유통 수단으로의 상징, 부와 권력으로서의 상징, 명예로서의 상징 등으로 특징지어 볼 수 있다. 고대의 화폐인 명도전, 오수전, 왕망전 등의 금속화폐는 상품거래 수단의 교역 매개물, 위세품, 분묘 부장품, 의례용 등 여러 가지 기능과 용도로 사용되었다. 출토량도 소량이고, 또 당시는 화폐경제 사회가 아니었으므로 화폐로써 유통되었다고 보기는 어렵고 위세품으로 역할이 컸다(다음백과사전, 2012.12.18, 검색어: 오수전). 이후 고려시대와 조선 초기에는 화폐가 존재했으나, 농경 중심의 사회였기 때문에 화폐로서의 기능은 쌀과 포(布) 등이 대신했다. 이때의 화폐는 주로 부의 상징, 재산 축적의 기회로 특징지어 볼 수 있다. 조선 후기에 이르러서는 김육, 이익, 박지원 등의 실학자들을 통해 화폐경제가 발전을 이루게 된다. 이때부터가 화폐가 교환과 유통 수단으로서의 상징을 가지게 된다고 볼 수 있다. 그러나 현대에 이르러서는 화폐는 단순히 교환의 매개체만을 의미하지 않으며 부와 권력, 명예로서의 상징성을 지니게 되었다. 또한 현대에는 수표, 어음, 신용카드 등의 등장으로 이러한 신용화폐를 통해 재산 축적과 권력을 가지게 된다(원유환, 2006: 143-260).

그리고 속담을 살펴보면, '돈'이 등장하는 경우가 많다. 예를 들어, 돈이 생기는 운수를 '재수(財數)'라고 한다. 재수는 '있다', '없다'라고 말한다. '재수가 물밀 듯하다', '재수가 불일 듯하다'라는 말은 재수가 있다는 것이고, '재수가 옴 붙 듯하다.', '재수에 옴 올랐다'는 말은 재수가 없다는 것이다. 즉, 이들 속담에서는 돈이 운수(재수)라는 상징성을 지니고 있음을 알 수 있다(네이버 지식백과, 2012.12.18, 검색어: 돈).

반면에, '돈이 많으면 장사 잘 하고, 소매가 길면 춤을 잘 춘다'고 해서 사람의 능력이 오히려 중요하지 않게 된 사태를 지적한다. '돈만 있으면 처녀 불알도 산다', '돈만 있으면 귀신도 부릴 수 있다', '돈만 있으면 개도 멍첨지라'고 하는 데서는 돈의 위력을 강조하느라고 불가능한 상상을 하며 돈 때문에 세상이 잘못될 수도 있다는 우려를 은근히 나타낸다.

돈이 없을 때 돈에 대해 말을 많이 한다. '돈 없으면 적막강산이요, 돈 있으면 금수강산이라'고 한다. 그런데 돈 벌기는 힘들어 '돈 한 푼 쥐면 손에서 땀이 난다'고 하고, '돈 나는 모퉁이 죽을 모퉁이'라고 한다. '돈 놓고 돈 먹는다'는 말이 있듯이, 돈은 노력을 한다고 벌 수 있는 것이 아니고 밑천이 있어야 벌 수 있으며, 밑천을 굴려 돈을 버는 과정에서 온갖 비리를 저지를 수 있다. 그래서 '돈에 침 뱉을 놈 없다'고 하지만, 돈 많은 사람을 존경하지는 않는다. 특히, 돈을 벌어 모으기만 하고 쓰지는 않는 구두쇠 · 자린고비 · 수전노 등은 비난과 풍자의 대상이 된다. 돈은 벌기보다 쓰기가 더 어렵다고 해서, '돈은 더럽게 벌어도 깨끗이 써라', '개같이 벌어서 정승처럼 써라'라고 한다. 즉, 이들 속담에서는 돈이 물질적인 가치만을 추구하는 세태를 풍자해 지적하고 있다(다음백과사전, 2012.12.18, 검색어: 돈).

이처럼 화폐는 우리에게 풍요로움과 부와 권력을 줬지만 그에 따른 물질만능주의 등 타락성도 함께 줬다. 즉, 화폐는 부와 권력의 상징, 명예로서의 상징, 교환과 유통 수단으로서의 상징을 가진 반면에, 인간의 물질적 가치만을 추구하는 타락성의 상징을 또한 내포하고 있다. 그러면서도 화폐는 우리에게 가장 친하고 익숙한 국가를 상징하는 상징물이기도 하다.

3) 국가 상징의 기능

국가 상징(國家象徵)이란 한 나라의 국민통합을 이루는 구심체(求心體) 역할을 하는 공식적인 표상(表象)으로서, 대내적으로는 국민적 일체감(國民的 一體感)을 조성하고, 대외적으로는 국제 사회에서 그 나라의 이미지를 부각하는 데 매우 중요한 역할을 하고 있다.

일제강점기의 암울했던 식민지 시절 일제의 탄압에 굴하지 않고 애국지사들은 태극기(太極旗)라는 상징을 앞세워 국권 회복을 주장했으며, 3 · 1운동으로 대표되는 민족운동을 통해 남녀노소 누구나 애국가를 부르며 일제에 항거했다. 또한 북한의 침략에 맞서 싸우던 6 · 25전쟁에서도 태극기는 자유민주주의 대한민국의 상징으로 가장 앞에 세워 뒀다. 이제 대한민국의 국력이 과거의 그 어느 시대의 한민족 역사와 비교가 되지 않을 정도로 성장한 지금 우리는 세계 어느 곳에서나 쉽게 대한민국을 상징하는 태극기를 접할 수 있다. 특히 올림픽과 같은 국제경기에서 한국 선수들이 두각을 나타내면서 지난 일제강점기였던 1936년 우리나라의 손기정 선수가 베를린 올림픽경기대회의 마라톤 경기에서 우승을 하고도 일장기(日章旗) 앞에 고개 숙이고 서 있어야 했던 치욕과 아픔을 회복해 가고 있다.

이와 같이 우리 민족이면 누구나 이러한 국가 상징을 통해 나라를 사랑하는 마음을 갖게 할 뿐만 아니라 같은 민족, 같은 국민이라는 공감대(共感帶)를 확고하게 하며, 외국인으로 하여금 바로 대한민국(大韓民國)이라는 나라를 연상케 한다. 따라서 국가 상징은 그 나라를 대표하는 중요한 상징성을 지니고 있다. 이러한 국가 상징의 주요 기능이 발휘되는 경우는 다음과 같다.

첫째, 국난(國難)을 당해서 국민적 공감대를 형성해 구심점을 마련해야 하는 절박한 경우가 이에 해당한다. 외적의 침입을 당했을 때 국가의 존망(存亡)을 그냥 좌시(坐視)할 수만 없는 경우 하나의 구심점을 만들어 기준을 부여해야 그곳으로 민심이 모일 수 있어 외난(外難)을 무난히 극복할 수 있는 것이다.

둘째, 외국과의 각종 교류 · 교역, 상호 교차 방문, 사신 파견, 조약 문안의 협의 등 외교적인 국사(國事)의 국정 행위로서 다른 나라의 대표와 공식적으로 만나 협론(協論)할 때 그 나라의 대표적인 상징이 필요하다. 이때 국가 상징은 자국(自國)의 애국 의지, 특성, 함축된 나라의 문화와 전통 등을 전달하는 기능을 한다.

셋째, 국론 분열과 국가 내의 갈등이 심화될 때 국가 상징은 사회적 · 도덕적 혼란을 예방하고 국민통합을 유도하는 중요한 기능을 지닌다. 이때 국가 상징이 추구하는 목표인 국민통합은 강제적 통합이 아니라 국민 스스로의 자발적 참여를 유도해 화합과 조화를 기초로 한 사회통합을 지향하며, 이를 통해 사회의 도덕적 혼란을 방지하고 문화의 지속성을 보장함으로써 국가의 영속성을 도모하고 있는 것이다.

2. 인물로서의 상징

1) 독립운동가

(1) 김구

백범(白凡)[47] 김구(金九, 1876~1949)는 해방 전후를 통해 가장 영향력 있는 민족의 지도자 중의 한 사람으로 지금까지 우리나라 국민들에게 인식되는 인물이다. 그는 일제 강점기 상하이(上海) 임시정부의 '문지기'를 자청했던 일에서 볼 수 있듯이 그는 오직 조국의 독립과 번영이라는 하나의 목표만을 실현하고자 했으며, 그에게서 그것은 궁극적 삶의 의미이자 모든 행동의 원천이었다.

---

47) 그는 옥고를 치르는 동안에 이름 김구(金龜)를 김구(金九)로 바꾸고, 호 연하(蓮下)를 백범(白凡)으로 바꾸었다. 이름을 바꾼 것은 일제의 호적에 들어가지 않겠다는 것이고, 호를 바꾼 것은 "우리나라의 하등사회, 곧 백정(白丁)과 범부(凡夫)들이라도 애국심이 지금의 나의 정도는 되고야 완전한 독립국민이 되겠다는 소원을 가지자"는 뜻에서였다(http://www.kimkoo.or.kr/01kimkoo/sub.asp?pagecode=m01s01t02, 백범 김구 기념사업회 홈페이지 참조).

그는 우리에게 너무나 잘 알려진 『백범일지』에 다음과 같이 기록했다. "네 소원(所願)이 무엇이냐 하고 하느님이 내게 물으시면, 나는 서슴지 않고, '내 소원은 대한 독립(大韓獨立)이오' 하고 대답할 것이다. 그 다음 소원은 무엇이냐 하면, 나는 또 '우리나라의 독립이오.' 할 것이요, 또 그 다음 소원이 무엇이냐 하는 세 번째 물음에도, 나는 더욱 소리를 높여서, '나의 소원은 우리나라 대한의 완전한 자주독립(自主獨立)이오.' 하고 대답할 것이다"(김구, 1980: 289-290). 이러한 김구의 지고지순한 애국심은 그를 대표하는 가장 큰 특징이라고 할 수 있다. 따라서 자신의 모든 것을 다 희생하더라도 일제의 침략 하에 신음하는 조국과 민족을 구하는 일에 앞장섰던 김구는 대표적인 나라사랑 정신의 상징적 인물이라고 볼 수 있다.

인물로서의 백범의 또 다른 큰 특징은 '포용성'이라고 할 수 있다. 그는 공동의 목표를 가진 사람들이라면 자기와 생각이 달라도 협상과 연합을 통해 서로 포용하고 협력해야 한다고 확신했으며, 끊임없이 이러한 자신의 신념을 실천해 갔다. 백범이 임시정부의 국무령(1927년)이 되었을 때에 민주적인 국무위원 제도를 추진한 것이라든지, 임시정부 말기에 좌파인 민족혁명당의 조선의용대를 포용해 광복군 제1지대로 편입해서 광복군을 통일군대로 만들었던 것, 또 의정원에도 좌파 사회주의 정당과 단체 대표들을 야당 의원으로 영입했던 점과 같이 광범위하게 좌파 독립운동단체들을 포용했던 것이나, 광복 후 남북 협상을 추진해 통일된 국가를 이루고자 노력했던 일 등은 바로 이러한 김구의 포용력에서 출발한 행보로 해석되고 있다. 이러한 이유에서 그를 국민통합을 이끌어 낸 '한민족의 위대한 스승,'[48] '민족통일의 화신'[49]으로 묘사하는 경우가 많다.

특히 김구가 해방 후 지속적으로 불협화음을 내고 있는 좌・우의 갈등을 해결해 온전한 국민통합을 이뤄 내려고 끊임없이 노력했던 점(윤무한, 2006: 113)은 수많은 독립운동가들이 '과거의 기억' 속으로 스러져 갔지만, 현재까지도 우리나라 일반인이나 정치인들이 한결같이 존경하는 인물 중 첫 손가락으로 백범 김구를 꼽는 중요한 배경이 되고 있다. 이러한 특성으로 인해 김구에 대한 연구는 다른 독립운

48) "백범은 27년간 대한민국 임시정부를 이끌어 온 민족독립운동가요, 해방된 조국을 민족, 통일민주 문화의 바탕 위에서 굳건히 세우려고 애쓰다 비명에 가신 근대 한민족의 큰 스승이시다"(백범 김구 기념사업회 홈페이지, http://www.kimkoo.or.kr/01kimkoo/sub.asp?pagecode=m01s01t03 검색일: 2012. 10. 30, 검색어: 민족의 스승 백범).

49) http://www.kimkoo.or.kr/01kimkoo/sub.asp?pagecode=m01s01t05(백범 김구 기념사업회 홈페이지) 참조.

동가들에 비해 비교적 활발하게 진행되어 왔다.[50)]

한편 남북협상에 의한 백범 김구의 평화통일론에 대해서는 여러 가지 논란이 있어 왔다. 한편에서는 김구의 평화통일론이 용공좌파적 성향을 지닌다는 의혹을 제기했고,[51)] 다른 한편에서는 김구가 1948년 남북연석회의 이후 이승만 정권 참여로 노선을 전환했다는 주장도 있었다(박명림, 1996: 331－332). 분명한 것은 김구가 북한이 약속을 손바닥 뒤집듯 하는 바꿔버리는 특성을 인지하고 있었을 뿐만 아니라 그에 대한 우파의 비판을 수용하면서도 남북협상은 바른 길이며 계속되어야 한다는 기본적 입장을 견지했다는 것이다(도진순, 2004: 121). 그러나 전쟁과 군사와 같은 현실적인 질문에 대해 같은 민족 사이에 이익이 없고 피해만 있는 전쟁은 있

---

50) 김구의 임시정부에서의 활동을 중심으로 한 연구에는 "위대한 독립운동과 백범 김구"(김영수, 1976), "김구의 한인군관학교(1934－35) 운영과 그 입교생: 중국 내 한국독립운동의 개화 과정과 관련하여"(한상도, 1987), 『백범 김구의 민족독립운동과 평화통일운동』(백범 김구선생기념사업회, 2002,), 『상해임시정부와 백범김구』(손충무, 1988), "김구와 중경임시정부"(한시준, 1991) 등이 있으며, 해방 이후 통일운동과 관련한 연구는 주로 통일을 위한 정치노선, 우익 사이의 갈등과 같은 문제를 중심으로 한 당시 여러 정치지도자 사이의 비교연구가 주류를 이룬다. 여기에는 "정치지도자들의 해방 정국 인식과 대응에 관한 연구: 이승만, 김구, 김규식, 여운형, 박헌영을 중심으로", 경상대 정외과 박사논문(윤원태, 1989), "이승만, 김구의 정치 이념과 통일노선 비교연구", 단국대 정외과 석사논문(양상완, 1991): "좌우합작의 실체와 김구의 선택"(진덕규, 1992), "환상주의, 명분론자(김규식, 김구)와 현실 직시한 실사구시 정신(이승만)"(이도형, 1998) 등이 있다. 또한 백범의 민족주의, 민주주의 사상 등 정치사상을 중심으로 한 연구에는 "백범 김구의 정치사상연구: 민족주의 사상을 중심으로", 성균관대 일반사회교육원 석사논문(김도필, 1988), "김구의 정치활동과 정치 이념에 관한 연구", 성균관대 사회교육원 석사논문(송임종, 1988), "김구의 민족주의 정치사상", 부산대 교육대학원 석사논문(안병환, 1988), "김구 민족주의 사상의 형성과정과 특징", 전남대 국민윤리과 석사논문(전봉일, 1994), "백범 김구의 정치사상과 민족통일국가 건설"(정경환, 2001) 등을 들 수 있다. 그 밖에 김구의 사상을 '현대적 리더십'으로 해석("한국적 리더십 모형에 관한 탐색적 연구"(김호현, 2006, 서강대 대학원 경영학 박사논문))하거나, 민족교육론("백범 김구의 민족교육론 연구"(이강수, 1978, 부산대 교육대학원 석사논문), 혹은 통일헌법 이념("통일헌법 이념에 관한 연구: 백범사상을 중심으로"(홍원식, 2005, 국민대 북한법전공 박사논문)과 같은 관점에서 고찰한 연구도 있다.

51) 가장 대표적인 것이 김구를 암살한 안두희가 지은 『弑逆의 苦悶』(학예사, 1955)이다. 그러나 중국 상하이에서 1932년 윤봉길 의사 사건 이후 김구 일행 4명을 28일간 집에 숨겨줬고, 해방 직후에도 김구와 긴밀한 관계 유지해 온 피치(Fitch) 목사의 부인은 "한국에서 우익은 단지 좌익의 반대 개념이다. 한국에서는 좌익을 반대하면, FRD과 같은 뉴 딜러(New Dealer), 노먼 토머스(Norman Thomas) 같은 사회주의자, 중국의 쑨원(孫文) 같은 사람도 한국에서는 공산주의에 반대한다면, 우익이다. 이 같은 정의에 의하면 김구는 우익이다."라고 평가했다(김구, 『백범김구전집』 9권, 1980: 870). 한편 그녀는 보편적인 미국인의 생각과 동일하게 남한정부가 유엔에서 인정받고 국제적 민주주의 진영의 일원이 되는 것이 한반도 통일에 더 유리하다고 봤기 때문에 남북연석회의에 참여한 김구와 김규식의 행위를 정치적 실수로 규정했다(도진순, 2004: 134).

을 수 없으며, 같은 민족으로서 '韓國人 不殺韓國人'이라는 기대를 지니고 있었던 점, 또한 중국의 내전을 바라보며 전쟁에서의 승리나 군사의 위력은 무기나 포탄이 아니라 민심에서 나온다(김구, 『백범김구전집』 8권, 1980: 589-590)고 주장한 점[52] 등으로 미뤄 김구는 북한 공산정권의 호전적 특성이나, 소련을 중심으로 한 공산주의의 확대 전략과 같은 현실적 국제 정세에 대한 해석이 지나치게 추상적이거나 비현실적이라는 비판을 받기도 한다. 즉, 김구는 당분간 미소 간의 큰 전쟁은 없다고 봤을 뿐만 아니라, 남북 간의 전쟁 가능성은 매우 낮으며, 만일 남북 간에 전쟁이 일어나다 하더라도 전면적이 아닌 국지전 혹은 게릴라전과 같은 형태가 되기 쉬울 것이라고 판단했던 것이다(도진순, 2004: 125).

김구는 미·소를 중심으로 냉전이 본격화되어 갔지만, 그는 이 냉전도 평화의 한 종류라고 파악해 곧 통일의 기회가 올 것으로 판단했다(도진순, 2004: 136). 이것은 김구가 미·소 양군 철수를 확대 해석해서, 한반도의 상황을 전반적으로 낙관했기 때문이다. 그러나 미국과 소련은 군대 자체는 철수시키더라도 한반도 내에 미치는 영향력을 지속할 수 있으며, 다시 돌아와 재배치될 수도, 대리전을 치를 수도 있는 초강대국이었다. 즉, 김구는 미소관계 및 소련의 북한과 중국에 대한 정책을 정확히 파악하지 못한 문제점을 지녔다고 볼 수 있으며, 이것은 이후 1950년 발발한 6·25전쟁으로 증명된다.

그러나 개인 혹은 각 집단의 권리와 이익을 국익보다 우선시하는 현재 우리 사회의 풍토와 날로 심각해져 가는 국론 분열과 남남 갈등을 생각할 때 백범 김구의 포용성과 국민통합을 지향하는 이념과 실천이 우리에게 주는 교훈은 매우 크다고 할 수 있다. 이러한 점에서 김구는 세계에서 가장 아름답고 높은 문화[53]를 가진 자유민주 통일조국을 건설하려고 했던 우리 민족의 영원한 큰 스승임이 분명하다.

(2) 안중근

안중근(1879. 9. 2.~1910. 3. 26.)은 우리 대한민국을 상징하는 위대한 민족 영

---

52) 그는 중국 장제스(蔣介石)의 국민당 군대의 패배를 민심 이반으로 해석했으며, 무리한 반공공작이나 빈곤이 오히려 공산당의 싹을 키우는 비료가 될 수 있다고 주장했다. 즉, 공산주의는 군사력이나 포탄의 위력이나 탄압으로 없앨 수 없는 것으로 파악했다. 이것은 이승만이 장제스와 연합으로 동아시아 반공전선을 형성할 것을 주장한 것과 대조를 이룬다(도진순, 2004: 124).

53) 백범이 구상하고 있던 이상국가는 문화국가였다. 이에 대한 연구로서는 "백범 김구의 이상국가론: 문화국가를 중심으로"(정경환, 2006)를 참조 바람.

웅 중 한 사람으로 '영원히 타오르는 불꽃'으로 칭송받는다. 그는 30여년이라는 짧은 생애를 통해 독실한 천주교 신앙인으로, 교육자로, 애국계몽가로, 의병장으로 일제강점기 역사가 요구하는 민족적 과제 앞에 온몸을 불사른 애국자였다. 안중근이 온몸을 던져 보여준 그의 삶은 한마디로 농축한다면 민족 사랑과 인류의 보편적 가치인 평화 구현을 추구한 삶이었다고 할 수 있다(윤경로, 2010: 169). 이러한 점에서 안중근을 "만대를 두고 기려야 할 겨레의 표상"이라고 주장하기도 한다(김삼웅, 2009a: 8).

안중근은 부유한 집안의 맏아들로 태어났으나 양반가의 기득권을 버리고 험난한 독립운동에 뛰어들었다. '국채보상운동', '교육사업', '의병전쟁,'[54] '단지동맹,'[55] '공판투쟁', '『동양평화론』 저술' 등으로 요약할 수 있는 그의 독립운동 활동은 1909년 10월 26일 아침 9시 30분 하얼빈(哈爾濱) 역에서 일본제국주의 침략의 원흉인 이토 히로부미(伊藤博文)를 저격하는 의거를 일으킴으로써 정점을 찍었다.

안중근의 하얼빈 의거를 단순히 일제에 항거한 자주독립운동이라는 차원에서만 이해한다면, "좁게는 한국의 독립과 주권을 침해한 나라의 적을 응징한 독립운동이고, 넓게는 제국주의 침략자를 저격함으로써 국제평화를 유지하려 했던 평화운동"(김삼웅, 2009a: 152)이었던 안중근의 의거는 그 의미가 가려지게 되고 만다. 안중근 의거가 '중국 영토 내의 러시아 관할 철도 구역인 하얼빈 역에서 일본인을 대상'으로 삼고 있었다는 데서 알 수 있듯이 그 국제정치적 성격을 이해하는 것은 매우 중요하다. 당시 일본은 1895년 청・일전쟁에서, 이어 벌어진 1905년 러・일

54) 그의 의병활동은 1908년 여름 동의회를 통한 국내 진공 유격전으로 잘 알려져 있다. 그런데 안중근이 러시아서 전개한 교육활동도 또한 의병운동과 밀접한 연관성을 지닌다. 안중근 자신은 이를 '동포의 교육'이라고 표현했는데, 러시아에서의 그의 교육활동은 국내에서와 같은 학교 설립을 통한 후학 양성이 아니라, 러시아 지역 한인사회의 동포들을 순방하며 연설과 유세를 통한 교육활동이었다. 그 첫 번째가 러시아연해주로 건너가게 된 1907~1908년 겨울의 연해주 한인사회 순방이고, 두 번째가 1908년 여름의 국내 진공작전 이후 1908~1909년 겨울의 연해주와 아무르 강 연안의 한인사회 순방이라 할 것이다. 안중근이 가졌던 두 차례의 순방은 국내진격을 위한 의병운동의 조건을 마련하기 위한 것이었다(반병률, 2009: 6).

55) 안중근의 동의단지회를 교훈적 전범(典範)으로 삼아 러시아지역 한인애국지사들 간에 결의동맹 형식으로 비밀결사를 조직하는 관행이 일어났다. 대표적인 사례가 1912년 1월에 국권회복의 목적으로 결의동맹 한 '21형제'이다. 그 밖에 1912년 1월 12일에 결성된 '6형제', 8월 18일에 결성된 '16형제,' 그리고 1914년 8월 1일에 결성된 금란계(金蘭契)가 이러한 의형제 결의동맹의 사례로서 1908년 봄의 동의회나 1909년 봄의 동의단지회와 같은 성격의 비밀결사였던 것이다(반병률, 2009: 46).

전쟁에서 모두 승리함으로써 조선을 지배할 수 있는 유리한 고지를 점령했으며, 이를 기반으로 중국 동북지역으로 세력 확대를 도모했다.[56]

이러한 배경에서 이토의 하얼빈 방문은 '러시아와 협상해 만주를 확실히 일본의 세력권으로 장악한 후, 베이징으로 건너가 청국의 재정을 감독해 장래 중국을 한국과 같이 보호국으로 만들겠다는 일본의 원대한 포부'(이규태, 2010: 121; 장석흥, 『국민대신문』, 2009.11.9.)를 표현해 주는 것이었다. 일본을 비롯한 제국주의 열강들의 야합과 침략정책에 대해 안중근은 "이토의 동양 침략을 그대로 묵인하고 방관할 때 동양권의 평화가 깨짐은 물론, 이로 인해 야기될 전쟁과 희생은 명약관화하다고 판단했고, 더 이상 무모한 희생과 전쟁을 차단시키기 위해서"(윤경로, 2010: 164) 의거를 일으켰던 것이다. 즉, 안중근은 일본이 한국과 중국을 침략해 동양평화를 깨뜨렸으며, 그 원흉은 이토 히로부미라고 봤던 것이다.

그는 옥중에서 『동양평화론(東洋平和論)』을 집필했는데,[57] 여기에는 그의 사상이 잘 드러나 있다. 그는 동양의 평화를 유지하기 위해서는 한·중·일 3국이 각기 독립을 유지하는 가운데 일치단결해 서양의 침략을 막아야 한다고 주장했다. 그러나 이것은 서양을 배척하거나 부정하는 의미가 아니라 동·서양을 막론하고 국가와 민족 간의 전쟁과 분쟁의 원인을 제거하자는 데 그 기저를 두고 있기 때문에 세계 평화사상과 대치되거나 모순되지 않는다(장석흥, 2016: 3).

당시 이토 히로부미로 대표되는 일본 정치인들도 안중근의 『동양평화론』과 유사한 '아시아연대론'이나 '삼국제휴론'을 주장했다. 그러나 일본의 동양평화론은 첫째, 자국을 중심으로 한 신동아시아 질서 구축 의도를 내포하고 있었고, 둘째, 동·서양의 인종적 차이를 강조함으로써 청·일전쟁으로 적대적 관계가 된 중국

---

56) 제국주의적 팽창정책을 추구했던 미국과 일본이 서로의 충돌을 피하기 위해 러·일 전쟁 직후 미국의 필리핀에 대한 지배권과 일본의 대한제국에 대한 지배권을 상호 승인하는 문제를 놓고 1905년 7월 29일 미국 육군 장관 태프트(William Howard Taft)와 일본제국 내각총리대신 가쓰라 다로(桂太郎)가 도쿄에서 회담 개최 결과 맺어진 '태프트·가쓰라조약(Taft-Katsura Agreement)'으로 인해 일본은 오키나와, 대만 이남의 필리핀 지역으로 진로가 봉쇄된 상황이었다. 따라서 제국주의적 팽창에 열을 올리고 있었던 일본은 만주침략은 반드시 이뤄내야 할 과제이자 목표로 삼았다.

57) 이 책에는 일본이 3국 간섭으로 인해 뤼순(旅順)을 청나라에 돌려준 뒤 한·중·일 3국이 공동으로 관리하는 군항으로 만들어 세 나라에서 대표를 파견하고 평화회의를 조직하고 3국 청년으로 구성된 군단을 편성하고, 이들에게 2개국 이상의 언어를 배우게 하며, 은행을 설립하고 공용화폐를 만들자는 주장이 들어 있다. 미완성의 옥중 저서가 된 『동양평화론』은 '하얼빈 의거'를 '동양평화의전(東洋平和義戰)'으로 기술하고 있다.

의 협조를 이끌어 내기 위한 술책이었으며, 셋째, 이를 통해 일본의 침략을 합리화하고자 하는 의도를 지닌다는 점에서 안중근의 『동양평화론』과 분명하게 구분[58]된다(현광호, 2006: 37). 안중근은 자주독립의 문제를 일본의 식민지로 전락한 조선(대한제국)의 문제로 국한시켜 보지 않고, 영・일 동맹을 기반으로 하는 아시아의 식민지화를 비판하며, 제국주의적 팽창을 동아시아 약소국 모두에 해당하는 공동의 문제로 인식했다는 점에서 보편적 평화론을 지향했다고 할 수 있다(나카오 야스오, 1995: 207). 바로 이러한 맥락에서 안중근의 하얼빈 의거는 동아시아의 국제반전평화운동의 여명기에 전쟁 당사국이 아닌 피해국의 입장을 대표하는 의미를 지니며, 더욱이 자신의 죽음으로 진정성을 담보한[59] 독보적 의의를 지니고 있다고 평가할 수 있다(도진순, 2010: 256). 특히 중국의 급속한 부상과 이에 따른 새로운 동북아 질서의 형성으로 격동하고 있는 최근의 상황과 관련해 이미 한 세기 전 안중근 의사가 주장했던 『동양평화론』의 의미는 현재의 우리에게도 시사하는 바가 매우 크다는 점은 놀라운 점이 아닐 수 없다.[60]

이러한 안중근 의사는 대한민국을 대표하는 상징성을 지니고 있고, 그것은 국가적 차원의 민족정기 선양, 애국심 고양과 같은 활동에 중요한 대상이 되고 있다는 점뿐만 아니라 젊은 세대를 중심으로 한 아래로부터의 대중문화의 영역에서 애국자 '안중근'이 매우 중요한 '상징적 소재'가 되고 있다는 점에서도 확인할 수 있다. '대한국인 안중근'이라는 글자와 함께, 잘 알려진 약지가 없는 손바닥 낙관이 찍힌

58) 즉, 일본이 주장한 '아시아연대론'은 조선 병탄과 중국 침략을 위한 '대륙침략론'이라고 볼 수 있는데 반해, 안중근의 '동양평화론'은 구조적 동일성을 가지면서도 반침략주의라는 대립적인 특성을 가지고 있다(현광호, 2003: 174; 윤경로, 1992: 334).

59) 안중근은 사형을 당하는 최후의 순간에도 "나의 의거는 오로지 동양평화를 도모하려는 성심에서 한 것이니 바라건대 오늘 임검한 일본 관헌들도 다행히 나의 미충을 양해하여 피아의 구별 없이 합심 협력하여 동양평화를 기필코 도모할 것을 간절히 바란다"는 유언을 남겼다(김영호, 2004: 8).

60) 만일 우리가 안중근이 주장하는 동양평화론에 근거한 동북아공동체를 건설할 수만 있다면 현재 우리가 직면한 국가적 위기 중의 하나인 북핵과 관련된 안보문제를 좀 더 쉽게 해결할 수 있을 것이다. 즉, 동북아공동체라고 하는 구조 속에서 북한의 위험천만한 일탈행위는 허용되지 않을 뿐만 아니라 좀 더 적극적이고 효율적인 동아시아 국가 간의 공조를 통해 북핵문제를 제어할 가능성이 높기 때문이다. 또한 동북아공동체는 동북아 각 국가 간의 교역을 활성화시킬 것이고, 이를 통한 시장경제의 발전은 북한을 개혁・개방의 길로 나오도록 유도하는 촉진제 역할을 하게 될 것이기 때문이다. 동아시아 지역 통합과 밀접하게 관련된 기능주의적 접근 방식을 제안한 안중근의 '동양평화론'을 만일 일본이 수용해 현실화되었다면, 유럽 통합보다도 훨씬 앞선 시기에 동북아 지역공동체가 형성되었을 가능성이 있으며, 20세기 인류의 역사는 완전히 다른 방향으로 나아가게 되었을 것이다(오일환, 2012: 230－231).

그림이나 '견리사의 견위수명(見利思義 見危授命)', 혹은 '일일부독서 구중생형극(一日不讀書 口中生荊棘)'이라는 글귀는 티셔츠나 스티커, 캐릭터의 문구 혹은 책갈피로서 일상에서 쉽게 찾아볼 수 있다.

특히 가장 각광받는 '안중근 아이콘'은 바로 1909년 하얼빈 의거이다. 이를 주제로 한 영화 『2009 로스트 메모리즈』(2002년), 『도마 안중근』(2004년)이 제작되었고, 안중근 의사 의거 100주년을 기념해[61) 2009년 6월부터 연극 '대한국인 안중근'의 막이 올랐으며, 그해 11월까지 하얼빈, 일본 등지에서 절찬리에 공연되었다. 또한 같은 해 안중근 의사의 의거일인 10월 26일에 맞춰 그의 이야기를 담은 창작 뮤지컬 '영웅'이 초연[62)되었는데, 현재까지도 관객의 큰 호응을 얻어 공연이 지속되고 있다. 그 밖에 2010년 7월 27일~2010년 8월 22일까지 국립극장에서 안중근의 삶과 그의 아들 안준생의 이야기를 그린 연극 '나는 너다' 초연되었고, 이러한 현상은 국외에서도 동일한 것으로서 1975년 안중근과 관련된 북한 영화 「안중근, 이등박문을 쏘다」[63)가 제작되었으며, 러시아의 시각에서 본 안중근 의사의 활동인 『하얼빈 역의 보복』[64)이 출판되기도 했다. 특히 안중근의 하얼빈 의거를 "장엄한

---

61) 안중근 의사 순국 100주년을 기념해 2009년 9월 4일 중국 하얼빈 시에 세워졌다가 대한민국에 반입된 안중근 의사의 동상이 대한민국 국회에 임시 전시(『연합뉴스』(2009. 9. 4.))되었고, 이어 10월 9일~10월 10일 중국 하얼빈에서 안중근 의사의 1909년 10월의 의거 100주년을 기념해 최초로 국제 장기 기전인 제1회 세계인 장기대회가 개최되었다(『흑룡강신문』, 2009. 10. 12). 또한 러시아에서는 정부 측에서 안중근과 관련된 외교 문서를 대한민국 정부에 처음 전달했다(『연합뉴스』, 2010. 9. 30). 우리 정부에서도 2010년 9월 30일, 국방부와 조선일보가 안 의사 순국 100주년과 조선일보 창간 90주년을 맞아 공동으로 제정한 위국헌신상이 11명에게 처음 수여되었다.

62) 제작사: 에이콤, 연출: 윤호진, 공연장: LG아트센터.

63) 민족의 영웅인 안중근 의사의 일대기를 담고 있는 이 영화는 안중근 의사가 민족의 원흉인 이토 히로부미를 제거하기까지의 시대 상황을 완벽하고 생생하게 재연한 대하 역사물로 평가받고 있다. 북한 영화로는 보기 드물게 유명배우가 총출연하고 막대한 제작비와 수천 명의 엑스트라가 동원된 이 영화는 인민배우 출신으로 현재 북한에서 최고의 명성을 얻고 있는 엄길선 감독이 연출했다. 이 영화는 특히 이토 히로부미를 제거한 역사의 현장인 만주 하얼빈에서 촬영해 사실성이 뛰어나는 등 북한 영화 가운데서도 수작으로 꼽히고 있다. 이 영화는 1998년 SBS를 통해 방영된 바 있다(http://blog.daum.net/rkfqltl/14932356, 검색일: 2012.11.1: 검색어: 안중근, 이등박문을 쏘다).

64) 이 책은 러시아 이르쿠츠크 국립사범대학에서 한·러관계사와 러시아 이주 한국인사 분야에서 많은 학문적 업적을 남긴 박 보리스(Пак, Б. Д. (Борис Дмитриевич))의 러시아에서의 관점에서 연구한 안중근 의사에 대한 기록이다. 특히 러시아 중앙국립기록보존소(러시아 국립 역사기록보존소, 러시아 연방국립기록보존소, 극동 국립역사기록보존소, 제국러시아 대외정책기록보존소)의 자료들과 러시아에서 발행된 중앙과 지방의 신문·잡지에 게재된 기사들을 활용해 연구한 이 책은 러시아인에 비친 안중근 의사와 조선(대한제국)의 독립투쟁의 모습을 보여준다는 점에

민족 교향시"(이기웅 편, 2000: 1), 혹은 "한민족의 독립 의지와 기상을 천하에 떨쳤다"(김삼웅, 2009a: 8)라고 표현하는 위 영화와 연구서의 내용은 안중근의 하얼빈 의거를 국내·외에서 어떻게 인식하고 있는가를 잘 보여주고 있다. 특히 2010년 중국 정부가 안중근 의사 추모행사를 공식적으로 승인(『연합뉴스』, 2010. 3. 25)한 것은 매우 큰 의미가 있다고 볼 수 있다.[65)]

(3) 유관순

유관순(柳寬順, 1902년 12월 16일~1920년 9월 28일)은 3·1운동과 동격으로 우리에게 인식되는 인물이다. 3·1운동이 시작되자 어린 소녀임에도 불구하고 이화학당 담을 뛰어넘어 탑골공원까지 뛰어가 만세를 부르고, 고향 병천으로 내려간 뒤에도 그곳의 '아우내장터'를 중심으로 만세운동을 이어가다 결국 체포되어 갖은 고문을 당하고 옥중에서 죽음을 맞이한 꽃다운 '청춘을 바친 열일곱 살의 독립운동가'(『통일한국』, 2008년 3월: 97) 유관순은 우리나라 국민이라면 모르는 사람이

서 중요한 가치를 지닌다. 이러한 배경에서 러시아에서 1999년 『*Возмездие на харбинском вокзале: документально-исторический* очерк』라는 다소 딱딱한 학문적 제목으로 출판된 이 책은 2009년도 『하얼빈 역의 보복: 이토 히로부미에 대한 안중근의 총성』이라는 제목으로 한국의 안중근의사기념사업회가 편집, 소개했다 이 책의 서문에 수록된 「소개의 글」에서 유리 바닌은 러시아에서 간행된 한국에 관한 역사책들에서 부분적으로 언급되어 왔다고는 하더라도 러시아의 한국학 학자들은 "안중근의 영웅적인 행적과 한국인의 민족해방투쟁사 속의 그의 위치에 관심을 두지 않아 왔다는 점"을 지적하면서, 이 책이 "특별히 이 주제에만 국한되어 집필"된 것임을 밝히고 있다(박 보리스, 2009: 23) 또한 안중근이 "조국의 자유와 독립, 더 나은 미래를 위해서 자신의 목숨을 희생"했다는 점에서 "애국심을 고양하고 자신의 조국과 민족에 대한 훌륭한 헌신적인 본보기"를 제공했다고 평가하고 있다(박 보리스, 2009: 18).

65) 이러한 안중근의 명성이나 비중과는 대조적으로 그에 대한 학계의 연구가 본격적으로 시작된 것은 1980년대 이후였다는 점은 우리에게 많은 성찰을 요구한다. 그의 옥중 저술인 『안응칠역사』와 『동양평화론』 자체가 국내에 알려지지 않고 있다가 1979년 9월 재일동포 김정명 교수가 일본 국회도서관 헌정연구실 '七條淸美關係文書' 중에서 『안응칠역사』와 『동양평화론』의 등사본을 합책한 『安重根傳記及論說』을 발굴하면서 우리나라 학계의 관심을 모으기 시작했다(市川正明, 2005: 13-17). 1990년대 이후 들어 국가보훈처나 독립기념관 한국독립운동사연구소와 같은 국가기관들에서 자료집과 전집의 간행과 더불어 상대적으로 많은 단행본과 연구 논문들이 발표되었다. 한편 안중근에 대한 연구가 한국 다음으로는 가장 활발한 일본에서는 일찍이 1984년에 나카노 토무(中野泰雄)가 쓴 『日韓關係の原像』(東京: 亞紀書房)이 『동양평화의 사도 안중근』(양억관 옮김, 하소, 1995)이라는 제목으로 번역되었으며, 1994년에는 여순형무소의 간수 치바 도히치(千葉十七)가 묻혀 있는 다이린지(大林寺)의 주지인 사이토 타이켄(齊藤泰彦)이 소설 형식의 단행본 『わが心の安重根』이 출판되었고, 이것은 2002년 『내 마음의 안중근』(이송은 옮김)이라는 제목으로 한국에 번역·소개되었다. 또한 2003년에는 사키 류조(佐木隆三)가 1996년 쓴 『伊藤博文と安重根』이 『안중근과 이토 히로부미』라는 제목으로 번역(이성범 옮김)되어 소개되었다.

없을 정도로 잘 알려진 나라사랑의 상징적 인물이다.

우리나라 초등학교 교과서에 3·1운동과 함께 유관순의 일대기가 소개된 것은 물론이거니와, 어린 아이들이 즐겨 부르는 고무줄놀이의 노래로부터 대한민국을 대표하는 시인 중의 하나인 박두진(朴斗鎭)의 1963년 발표된 유관순을 찬양하는 시,[66] 유관순의 삶을 주제로 한 여러 편의 영화[67]에 이르기까지 유관순은 국민적 영웅으로 우리의 기억 속에 새겨져 있다. 특히 지난 2007년 5만 원권 화폐가 등장하면서 그 화폐 도안에 유관순이 적합하다는 주장이 강력히 제기되었는데,[68] 이를 통해 소녀 열사 유관순이 내포하고 있는 상징적 의미를 확인할 수 있는 계기가 되었다.

특히 박두진의 시에서는 유관순을 잔다르크와 비교하는 표현이 있는데, 이는 유관순과 잔다르크가 구국을 위해 목숨을 바친 나이 어린 여성 영웅이라는 점에서 공통점을 지닌다는 점에서 출발한다. 또한 구약성경에서 이스라엘 민족을 구해낸 '에스더'와 비교되기도 한다.[69] 한편 일각에서는 이러한 유관순에 대한 형상화가 정치적 목적에서 출발했다는 견해도 있다. 즉, 잔다르크와 같은 민족을 구원한 소녀 영웅과 비교할 때, 유관순은 그 활동이 상대적으로 미미했으며, 일제강점기에 우리나라에는 유관순보다 더 많이 대중적으로 알려져 있었고, 활동 내용도 명확히 애국계몽운동 노선을 보였던 여성들이 존재했었다는 것이다. 1944년까지 생존하며 일제의 주요 감시 대상자로 지내면서 교육활동을 벌였던 김마리아가 대표적인 예이다. 김마리아는 언론을 통해 당시 대중에게 잘 알려져 있었고, 역시 일제의 고문으로 인해 지병을 얻고 평생을 고통받았다.[70] 그럼에도 불구하고 유관순이 3·1운

---

66) '유관순 누나로 하여 처음 나는 / 삼월 하늘에 뜨거운 피무늬가 어려 있음을 알았다 / … / 아, 만세, 만세, 만세, 만세 / … / 유관순 누나는 저 오르레안, 짠다르끄의 살아서의 영예 / 죽어서의 신비도 곁들이지 않은 /수수하고 다정한 우리들의 누나…'(박두진, 1963년 발표, 정상우, 2009: 235).

67) 유관순의 행적이 해방 직후부터 1970년대까지 무려 네 차례나 영화화되었다. 그런데 일부 학자들은 해방 이후 유관순의 형상화와 관련해서 영화라는 매체를 통해 급속하게 확대되어간 유관순의 이미지와 상징성에 주목하고 있다(신광철, 2003: 23).

68) 류근창 유관순열사기념사업회장은 "21세기 여성상으로 신사임당이 적합한지, 아들인 율곡 이이 선생이 이미 화폐 도안에 있는데 굳이 넣어야 하는지 이해가 가지 않는다"며 "진취적이고 주체적인 여성상의 대표적인 인물인 유관순 열사를 제외한 것은 말이 되지 않는다"고 비판했다(문화일보, 2007. 11. 05). 또한 호주제 폐지 시민모임 고은광순 대표도 "기존 남성 중심 사회의 구미에 맞았던 인물을 여성이라는 이유로 다시 내세워선 안 된다"며 "새 화폐에 들어갈 여성으로 유관순이 가장 합당하다"고 주장했다("신사임당은 안돼"… 여성계 반발 예상 세계일보, 2007.11.05).

69) 김기창(2005)의 "기독교 여성 애국자 유관순과 에스더" 참조 바람.

동의 아이콘이 될 수 있었던 배경에는 유관순 삶에 대한 영화화, 교과서 수록과 같은 정치적 선전과 지원이 있었다는 주장인 것이다[71](정상우, 2009: 236－242).

유관순이 3 · 1운동의 아이콘으로 대중적 인기를 모은 것은 유관순 일대기에 대한 도서출판과 영화 제작이 큰 영향력을 미친 것으로 평가된다. 유관순 전기 간행은 1948년 5월에 발표된 것으로 보이는데, 집필자는 당시 목사이자 소설가이며 해방 이후 문교부 편수국 편수관을 지내기도 한 전영택(田榮澤)이었다(정상우, 2009: 251). 이 책의 서문에서 다음과 같이 출판 의도를 밝히고 있다.

“시방 우리나라에 제일 큰 근심거리가 되는 것은 우리 겨레의 사상이 혼란하여 통일되지 못하고 청년 남녀의 정신이 떨어지고 해이한 것이라고 할 수 있다…그런데 우리가 기미년 독립운동 당시에 16세 소녀 유관순이 깨끗하고도 굳센 애국정신을 가지고 용감스럽게 싸우다가 마침내 생명을 바쳐서 나라를 순한 사실을 가졌다는 것은 진실로 세계에 대한 우리의 자랑거리이다”(전영택, 1948: 1; 정상우, 2009: 251 재인용).

이러한 의도 하에 서술된 유관순 전기에는 우리에게 익숙한 유관순의 강직한 성품과 불굴의 의지, 아우내장터 만세운동의 주도, 체포 후 감옥생활과 고문, 죽음을 눈앞에 두고도 굽힘 없는 대한 독립의 의지 등이 그것이다. 즉, 유관순 전기는 넓게는 해방 이후 사상의 혼란이 가중되는 가운데, 그 원인을 애국심 부족이라고 파악한 정부가 유관순이 청년들에게 부족한 애국심을 보여주는 좋은 선례에 착안해 애국심 선양과 국가정체성을 확고히 할 정치적 목적으로 간행되었다는 것이다(정상우, 2009: 252).

이후 이 책을 근간으로 유관순의 삶을 영화화했는데, 1948년 상영된 이 영화는 서울 총인구의 1할 이상을 동원한 최초의 영화가 되면서 흥행에 대성공하게 되었고[72](이영일, 2004: 184; 정상우, 2009: 255, 재인용), 현재에도 영화라는 매체가 주는 파급 효과는 매우 크지만 당시로서는 지금보다 훨씬 대단한 위력을 지녔다고

---

70) 김마리아의 독립활동에 대해서는 “기독교 교육가 김마리아 연구”(김호일, 2003)를 참조 바람.

71) 이에 대한 증거의 하나로 유관순이 북한에 잘 알려져 있지 않다는 점을 지적한다. 즉, 유관순을 통해 3 · 1운동을 떠올리고, 일제의 무차별적 탄압과 한민족의 저항정신을 떠올리는 것은 남한만의 현상이며, 이러한 유관순의 형상화가 이뤄진 것은 바로 분단을 낳게 되는 이념 갈등이 표면화된 시점 이후의 일이라는 것이다(정상우, 2009: 236).

72) 이후 유관순의 일대기를 영화로 제작한 윤봉춘은 1959년, 1966년에 걸쳐 무려 세 차례나 유관순의 삶을 주제로 한 영화를 제작했다.

볼 수 있다. 그 결과 유관순은 3·1운동을 실질적으로 주도한 인물이 아니었음에도 3·1운동을 상징하고 대표하는 애국 소녀가 되었다. 물론 여기에는 유관순의 삶을 통해 어린 소녀에 대해 떠올리는 일반적 이미지인 '순수함'이 강조되고, 그 어린 소녀의 참담하지만 의로운 죽음이 주는 감동과 안타까움이라는 극적 요소를 무시할 수 없을 것이다. 또한 순수한 존재에 대한 잔혹한 고문을 가하는 일제에 대한 항일 감정과 그에 따른 반사적인 애국애족 정신의 강화는 이 영화를 보는 이들에게 자연스러운 감정의 흐름이 될 것이다.

국민통합과 국가정체성 강화를 위해 정부가 정책적으로 이러한 상징적 요소를 활용하는 것이 어느 국가에서나 일반적인 현상이다. 따라서 비록 정치적 목적이 배경이 된 유관순 전기의 출간이나 영화 제작이 이뤄졌다는 것이 사실이라고 해도 그것이 비판의 대상이 되지 않는다. 오히려 현재처럼 국가정체성의 약화, 국가안보의식의 저하, 및 국론 분열 양상의 심화가 진행되고 있는 시점에서 유관순의 3·1운동의 아이콘화 과정은 면밀하게 검토해 봐야 할 연구과제가 될 것이다.

2) 이승만

현재 대한민국은 세계 10위권의 국가경쟁력을 지닌 경제 대국으로 성장했다. 단군 이래로 이렇게 자랑스러운 국가를 우리 민족이 가져본 적이 없었다. 참으로 오랫동안 기아와 내·외적 폭압(暴壓)은 우리 민족을 억누르고 있었던 것이다. 그러나 대한민국이라는 근대국가의 출범과 함께 한민족의 역사는 분명 그 이전과는 완전히 다른 차원으로 발전되었다.

이러한 자랑스러운 대한민국은 건국의 공로자인 이승만(李承晩, 1875. 4. 18.~1965. 7. 19)을 제외하고는 생각할 수 없다. 그가 주축이 되어 세워진 대한민국은 1960년에서 1995년까지의 36년간 UN통계에서 평균 경제성장률이 세계 1위였으며, 삶의 질(인간개발지수), 교육, 소득평균, 수명에서도 가장 빠른 속도로 향상되었다. 반면 북한의 경제력은 남한의 백분의 일의 수준에 머물고 있다. 비록 이승만 대통령이 자신이 통치하던 당대에 지금 우리가 보는 것과 같은 위대한 대한민국의 모습을 볼 수는 없었지만, 주위의 성처럼 진치고 있는 공산주의자들과 대치하면서, 또 전쟁으로 폐허된 대한민국을 복구하면서 동시에 민주주의 국가, 근대화된 선진국가의 실현이라는 이상을 향해서 질주했던 그의 노력만큼은 인정해야만 할 부분이 아닐 수 없다.

특히 이승만의 업적 중에서 가장 중요한 부분은 미국을 모델로 제시한 민주주의 체제와 자유시장 경제의 도입에 있다. 이는 기존의 왕조정치를 벗어나 비로소 대한민국이 근대국가의 하나로 다시 탄생하는 결정적인 계기가 되었다.[73] 그가 실현시킨 대통령 중심제 채택에는 많은 저항도 따랐지만,[74] 그것은 그가 젊은 시절부터 정립해 온 오랜 신념이고, 그는 결국 그것을 이 땅에 실현시키고야 말았던 것이다.

이승만의 자유와 평등에 근거한 민주주의 국가 건설에 대한 열망은 그가 20세의 젊은 나이에 접하게 되었던 미국 선교사들의 영향이 컸다.[75] 이승만이 훗날 회고했던 대로, 그가 이들 미국인 선교사들로부터 배운 것들 중에서 가장 중요하게 생각했던 것은 '정치적 자유'의 개념이었다. 조선의 봉건적 군주제도와 신분제도의 굴레 속에서 억압받으며 살아온 이승만으로서는 모든 사람이 태어날 때부터 평등

73) 이승만은 1905년 11월 17일 대한제국 정부의 박제순과 일본제국 정부의 하야시 곤스케(林權助)에 의해 체결된 불평등 조약인 '한일 협상조약' 즉, 을사늑약(乙巳勒約)이 체결되기 바로 전에 1882년에 체결된 한미수호통상조약의 거중조정(居中調整) 조항에 따라 대한제국 독립유지를 위한 미국의 개입을 촉구하는(인보길, 2011: 88) 고종의 밀서를 가지고 미국으로 건너가 이후 미국의 프린스턴, 하버드, 조지워싱턴대를 거쳐 박사학위를 받았다. 또한 해방이 되기까지 오랜 기간 미국 등의 국제무대에서 독립외교를 펼쳐온 이승만은 당시 어떤 민족의 지도자보다 자유와 평등에 입각한 민주주의 국가의 의미를 잘 알고 있었으며, 이를 조국의 땅에 실현하기 위한 열망이 컸다.

74) 정치 일각에서는 이승만이 자신의 권력욕을 충족시키기 위해 중론을 무시하고 대통령중심제를 채택하게 만들었다고 비난하기도 한다. 그러나 이승만은 적어도 1904년부터 미국식 대통령중심제를 세상에서 가장 선진적인 정치제도라고 표명한 바 있고, 1919년 이후 일관적으로 대통령제의 헌법을 구성하고 기안한 점, 1919년 필라델피아의 제1차 한인의회에 참가했던 100여 명의 애국지사들이 모두 대통령중심제 정부 형태를 지지했으며, 1948년 제헌국회 의원도 결과적으로 안정적인 국정 운영을 위한 대통령중심제를 선호했던 것을 감안해야 한다. 더욱이 당시의 대한민국 정치 현실은 이승만 대통령 혼자서 자신의 의지를 자유롭게 관철시킬 수 있는 분위기가 아니었다. 그는 오랜 미국 생활 때문에 실제로 국내에지지 기반이 없었고, 국회 안에서 독자적인 조직을 갖지 못했다. 그러므로 주로 개인적인 명성에서 오는 힘만을 의지할 수밖에 없었던 이승만이 제헌헌법에서 채택한 대통령중심제를 독재에 악용하기 위해 채택했다고 보는 것은 무리라고 여겨진다(유영옥, 2012: 274).

75) 1894년 11월 배재학당에 입학한 이승만은 1897년 7월 졸업할 때까지 2년 8개월여 동안 훌륭한 서양인 교사들을 많이 만났다. 특히 이승만은 미국인 W. A. 노블 박사와 D. A. 벙커, 영국인 F. 올링거 박사 등과 가깝게 지냈다. 그는 선교사들로부터 영어로 된 책과 신문을 빌려 읽었으며, 제중원의 의료선교사로 후일 연희전문학교 교장이 된 애비슨(Oliver R. Avison) 박사와는 매주 일요일에 만나 대화를 나눴다. 또한, 이승만은 영문으로 『조선역사』를 쓰고 있던 헐버트(Homer Hulbert) 박사를 자주 만나 그에게 한국의 문화에 대해 자문해 줬다. 이렇게 인연을 맺게 된 애비슨과 헐버트는 조선이 독립되고, 이후 대한민국이 건국되어 이승만이 대통령이 될 때까지 오래도록 이승만의 주변에서 그를 도왔다(이주영, 2009: 44－47).

하고 동등한 권리와 기회를 지니고 있으며, 선거를 통해 정부를 선택할 권리를 갖는다는 미국의 자유주의 사상과 민주주의 제도가 새롭고 놀라운 것이 아닐 수 없었던 것이다(이주영, 2009: 44－47). 이후 이승만은 강한 개혁적 성향의 독립협회[76]와 만민공동회[77]에 적극적으로 참여하다 결국 5년 9개월이라는 기간 동안 한성감옥에 투옥되기도 했는데, 당시 그는 옥중에서도 『데국신문』, 『독립정신』 등의 언론·저술활동을 통해 그의 민주주의를 향한 신념을 공고히 했다.

그리고 44년이 지난 1948년 5월 10일 제헌국회를 구성하기 위한 총선거가 실시되었고, 이를 통해 선출된 의원들은 1948년 5월 31일 제헌국회를 소집해 이승만을 초대 의장으로 선출했다. 이어 7월 12일 대한민국 헌법을 제정해 17일 이를 공포해 헌법 제1조에 국체가 '민주공화국'임을 선언했다.[78] 이로써 그는 그가 청년 시절이었던 1904년 한성감옥에서 저술한 『독립정신』을 통해 피력한 자신의 국가관(이승만, 1993: 58－105),[79] 즉 헌법에 기초한 민주정치의 기틀의 확립이라는 위대한 업적을 달성한 것이다.

---

76) 배재학당을 졸업한 후 이승만은 독립협회에 적극 참여했는데, 당시 독립협회는 『독립신문』을 통해 정부의 무능을 비판하고, 만민공동회를 열어 정부에 개혁 압력을 넣었다(이한우, 2008: 43).

77) 최초의 만민공동회는 독립협회 주최로 1898년 3월 10일 종로에서 약 1만 명의 서울 시민이 참여해 개최되었다. 이 대회에서는 주로 당시 러시아의 침략정책(부산 절영도 조차 요구, 한·러은행 개설)을 규탄하는 성토 연설이 이뤄졌고, 러시아의 군사교관과 재정고문의 철수를 요구하는 반러 성향이 강했으며, 이후 대한제국의 러시아 고문단 철수와 한·러은행의 철폐 조치에 일정한 영향을 끼쳤다. 만민공동회는 총대위원이나 대표위원을 직접 뽑아 회의 결의 사항을 집행하는 직접대표제와 같은 민주적 운영 방식으로 시민의 자발적 참여가 더욱 확대되어 독자적인 민중운동으로 성장해 갔다. 1898년 3월 10일, 종로에서 제1차 만민공동회의가 열렸을 때 이승만은 총대의원으로 뽑혀 정부에 대한 투쟁에 앞장선 바 있다(이한우, 2008: 43).

78) 헌법 체제와 이념을 중심으로 고찰할 때 1948년 건국헌법은 근대 헌정 체제를 등장시키기 위한 한국 사회의 거시적인 헌법혁명(constitutional revolution)의 귀결이라는 의미를 갖는다(박명림, 2003: 115－116).

79) 이승만은 『독립정신』을 통해 정부의 설립 목적에 대한 자신의 의견을 다음과 같이 제시한 바 있다. "나라를 세우고 정부를 두어 정치를 마련하며 법률을 정하는 것이 다 사람의 일신상 자주 권리를 보호코자 함이니 … 불가불 평균하게 법을 세워 대소 강약 물론하고 제 분수 안에 속한 권리는 저마다 있어서 능히 빼앗을 자 없나니, 이것이 곧 나라를 설립한 본의라." "대개 사람이라 하는 것은 여럿이 모여 살게 마련이요 여럿이 모인즉 다툼이 생김은 천연한 성품이라… 그러므로 각기 방편을 따라 한 무리씩 따로 모여 지경을 구획하고 나라를 설립하여 정치와 법률을 마련하고 다스릴 자를 정하여 인민의 생명과 재산을 보호하게 하였으니 이것이 나라의 설립과 본의라." 여기서 이승만이 전제정치에 대해서는 부정적이었으나, 헌법정치(입헌정체)와 민주정치(공화제)에 대해서는 긍정적이었음을 알 수 있다. 이승만이 긍정적으로 평가하는 헌법정치와 민주정치의 특징은 국가가 백성을 위해 존재하며, 다스리는 자도 백성을 위한 선정(善政)을 편다는 것이다(김지혜, 2005: 65－67).

그러나 그 과정은 결코 순탄치 않았다. 일본의 패망으로 맞이한 해방은 좌·우파의 분열로 국민통합을 이루지 못했고, 결국 5년간의 미·소·영 등 강대국에 의한 신탁통치가 합의되었다. 이승만은 이를 무효화시키는 한편, 38선 이북에 진주한 소련군과 연계해 한반도를 공산화하려는 남로당의 공격도 막아내야만 했다. 그는 공산주의자들이 민족보다 이데올로기를 앞세운 나머지 조국을 소련의 속국으로 만드는 작업에 종사한다고 생각해 적대시했고, 좌우합작 또한 이론과는 달리 동유럽과 중국의 선례에서 증명되었듯이 결국 공산당에게만 유익한 노선이라고 판단했다.80) 즉, 이승만은 민족주의와 자유 민주주의를 벗어난 다른 어떤 정치노선과도 타협하기를 거부했던 것이다(산정, 1979: 131－139).

1946년 봄 제1차 미소공동위원회가 유산되자 그는 미·소 합의에 의한 통일정부 수립이 전혀 불가능하다고 판단, 6월 초부터 남한만의 단독정부 수립론을 제창했다. 이를 근거로 이승만을 '한반도 분단의 책임자', '미제국주의자의 앞잡이'라고 극단적으로 평가하는 시각이 존재하는데, 이는 대단히 편파적이며 근거가 없는 주장이다. 예컨대 분단의 책임을 이승만에게 전가시키는 것은 1946년 6월의 남한만의 단독정부 수립을 주장한 이승만의 정읍 발언과 그 실천 때문일 것이다(이정식, 2004: 41). 그러나 남한만의 단독 정부 수립은 이승만의 분단책임론과는 거리가 멀다. 그 당시 소련의 스탈린은 1945년 9월 20일에 이미 북괴의 소련 군정에게 북한만의 단독정부 수립 지령을 내린 사실이 있으며, 박헌영도 1946년 1월 8일 한국이 장차 소련의 연방이 되어야 한다고 주장했기(이정식, 2004: 13) 때문이다. 따라서 이승만의 남한만의 단독 정부 수립은 국내외의 정치적 상황을 고려해 볼 때 국민적 공감과 지지를 받을 수 있는 결정이었으며, 남한만이라도 공산화를 면하기 위한 최후의 수단이었다고 볼 수 있다.

또한 이승만이 '미제국주의자의 앞잡이'라는 비판도 마찬가지이다. 냉전 상태에

---

80) 이승만은 철저한 반공주의자였다. 그의 반공 노선은 해방 후의 좌우 투쟁 분위기 속에서 갑자기 임기응변으로 채택된 것이 아니라 청년기부터 일본 못지않게 침략 야욕을 보여 온 재정러시아와 러시아혁명을 통해 공로(恐露) 의식을 가지고 있었으며 이러한 맥락에서 해방 후 반공주의를 내세운 것이었다. 또한 그는 공산주의를 "원래 자유롭게 되기를 원하는 인간의 본성을 거역해 가며 국민을 지배하려는 사상 체계"라고 간주하고 이 사상에 입각한 정치는 반드시 실패할 것이라고 장담했다(유영익, 2006: 14). 이러한 이승만의 반공사상은 그가 1932년 외교적 목적으로 모스크바를 방문했을 때 소련인의 생활상을 목도하면서 더욱 확신하게 되었다. 지금의 현실 즉 북한과 대한민국의 국민생활을 비교해 볼 때 반공을 선택한 이승만의 선택은 탁월한 안목이라고 볼 수 있다.

서 동북아지역에 대한 스탈린의 적극적인 소련의 영향력 확대 시도를 의식한 미국이 1947년 3월 '트루먼 독트린[81]'을 발표하면서 드디어 철저한 반공주의자 이승만을 미국이 선호하게 된 것이지(한승조 외, 1990: 151－170), 그 이전까지 지나치게 미국 정세에 밝고 국제정치적 노련함과 명성을 갖췄던 이승만은 오히려 미국의 국익에 방해되는 인물로 여겨졌다. 가장 대표적으로 미군정기 신탁통치 안을 놓고 이어졌던 미국과 이승만의 갈등을 꼽을 수 있을 것이다.

제헌헌법 제정을 통해 현재의 자유민주주의 국가 대한민국의 기틀을 확립한 것 외에도 이승만은 이후의 국정 운영을 통해 우리나라의 민주주의의 발전에 기여한 부분이 적지 않다. 헌법이 정지되거나 국회가 해산되거나[82] 언론의 자유가 근본적으로 봉쇄되는 일은 없었으며,[83] 부정과 관권 개입에 대한 비난이 대두되긴 했지만, 선거는 예정된 해를 넘기지 않고 어김없이 실시되었다. 이는 한국 국민들이 선거를 통해 정·부통령과 국회의원, 그리고 지방의회 의원들을 뽑는 관행을 확립함으로써 국민의 민주주의 정치 경험 축적에 기여한 바가 크다고 볼 수 있다(이주영, 2008: 172－173). 또한 이승만 대통령은 집권 말기에 자유당과 민주당의 대결 구

---

81) 1947년 3월 미국 대통령 트루먼(Harry S. Truman)이 선언한 미국의 '반소반공' 세계외교정책 원칙으로서 당시 공산 세력의 직접적인 위협에 직면하고 있던 그리스와 터키의 반공정부에 대해 미국이 경제적·군사적 원조가 제공하기 위한 것이었다. "공산주의 세력의 확대를 저지하기 위해 자유와 독립의 유지에 노력하며, 소수자의 정부 지배를 거부하는 의사를 가진 여러 나라에 대해 군사적·경제적 원조를 제공한다."는 트루먼 독트린의 원칙은 그 후 미국 외교정책의 기조가 되어, 유럽부흥계획(마셜플랜)과 북대서양조약, 외국에 대한 경제군사원조 등으로 이어졌다(http://pr eview.britannica.co.kr/bol/topic.asp?mtt_id=96375, 검색일: 2010.09.10. 검색어: 트루먼 독트린).

82) 이 대통령은 그의 집권 기간에 국회를 한 번도 해산하지 않고 유지함으로써 이 땅에 대의민주주의가 뿌리내리는 데 기여했다. 이 대통령은 1952년 부산정치파동 때 국회를 해산할 것을 여러 번 고려하였고 실제로 지방의원들과 '민중자결단' 등을 사주해 국회 해산 요구 시위를 하도록 선동했지만 초대 대통령으로서 국회를 해산시켰다는 전례를 만들기 원치 않는다는 이유로 끝내 국회를 해산하지 않았다(조용중, 2004: 251).

83) 이승만은 집권 기간에 언론의 자유를 비교적 폭넓게 허용함으로써 자유민주주의 신장에 기여했다. 이 대통령 집권기에 한국에는 신문과 잡지 등 많은 정기간행물이 발간되었는데, 그 가운데 지식인들에게 가장 큰 영향력을 발휘한 매체는 『동아일보』, 『경향신문』, 『사상계』 등이었다. 잘 알려진 것처럼 이 세 가지 언론매체는 김성수가 창당한 한민당, 장면을 지지하는 가톨릭교회, 그리고 김구가 이끌었던 한독당의 입장을 각각 대변하는 야당계 정기간행물이었다. 그런데도 이승만 대통령은 적어도 1957년 11월에 국회에서 '언론규제 조항'을 통과시킬 때까지 이들 야당계 출판물에 대한 통제를 시도하지 않았다. 이승만에 대해 비판적인 전기를 쓴 알렌조차 이 대통령이 언론의 자유를 폭넓게 허용한 사실을 인정했을 정도이다(유영익, 2006: 523). 많은 신문이 그의 정책에 반대의 목소리를 높였고, 한국의 감옥은 언제나 개방되어 있었으며, 외국 기자들과 한국에 온 외국 인권운동가들은 사전 통보 없이 수시로 방문이 가능했다(황정일, 2002: 311).

도로써 상징되는 보수 양당제도의 출현을 용인함으로써 근대적 정당제도의 발달에 기여했으며, 지방자치제를 도입[84]함으로써 풀뿌리 민주주의의 성장의 기반을 마련했다.

결론적으로 이승만 대통령은 대한민국에 민주주의제도를 정착시켰으며, 1952년 이후 권력 확장에의 끊임없는 집착에도 불구하고 언론의 자유를 폭넓게 허용했고, 선거와 의회제도를 존속시켰으며 지방자치제를 도입하는 등 민주주의 창달에 도움이 되는 조치를 취함으로써 대한민국 민주주의의 초석이 되었다고 평가할 수 있다(유영익, 2006: 523). 물론 이승만의 재선과 관련된 일련의 사건들이나 3·15부정선거는 아직도 그가 대한민국의 민주주의의 발전에 기여한 위대한 점들을 평가절하되도록 만드는 근본적인 문제이다. 그럼에도 불구하고 이승만의 민주주의 제도를 정착시키고, 시장경제 체제를 확립시켜 대한민국의 국가 건설을 이뤄온 공로가 제대로 평가받아야 함에는 이의가 없다.

특히 중요한 이승만 대통령의 공(功)은 소련·중공, 김일성·박헌영, 남노당, 한독당, 중간파, 그리고 초기 미국의 모호한 정책을 물리치고 대한민국 자유민주주의 헌법과 체제와 국가의 건설을 줄기차게 밀어붙였다는 점이다(류근일, New daily-핫이슈, 2010. 03. 26). 그는 대한민국 5000년 역사에서 최초로 "헌법을 만들어 헌법에 의해 대통령을 뽑고, 국회를 구성하는 삼권분립 국가를 만들었고(김문수, 조선일보(조선닷컴), 2010. 08. 23) 이를 기점으로 과거 한민족의 역사에서 경험하지 못한 완전히 질적 다른 비약의 시대를 열어갔다. 따라서 이승만을 중심으로 했던 건국과 반공이야말로 민주혁명이었고 한국 민주 투쟁의 본질임이었음을 분명히 해야 한다(김광동, New daily, 2010: 8. 15). 이러한 점에서 이승만 대통령은 "미국의 워싱턴(George Washington), 중국의 쑨원(孫文), 터키의 케말 아타루르크(Mustafa Kemal Atatork)에 비견할 만한 건국의 아버지"(금진호, 『한강포럼』, 2010: 09)이자

84) 이승만 대통령은 1952년 2월, 즉 제1차 개헌을 앞둔 시점에서 자기의 심복인 전 치안국장 장석윤을 내무부 장관에 기용해 그로 하여금 1949년 7월 제정·공포된 지방자치법에 따라 지방의회 선거를 실시토록 했다. 그 결과 1952년 4월 25일에 시, 읍, 면, 선거에서는 정원 387명 가운데 자유당 118명(31%)을 당선시킴으로써 무소속 의원 148명(40%)과 함께 야당에 대해 압승을 거뒀다. 이러한 지방선거를 거쳐 5월 20일에 한국 역사상 최초로 지방의회인 각도 의회가 개원했던 것이다. 여기서 중요한 점은 지방자치제가 1919년 이승만이 소집한 필라델피아 회의에 참가했던 독립운동가들이 한국의 민주주의 발전에 필수 요건으로서 소망했던 사항의 하나였다는 점이다(유영익, 2006: 523).

"현대 한국의 설계자", "가장 잘 준비된 지도자", 대한민국 "역사의 거인(巨人)"이었다고 할 수 있다(김충남, 2006: 185).

3) 박정희

박정희(朴正熙, 1917.11.14.~1979.10.26.)는 미국의 원조에 의지해 살아가던 절대빈곤 국가 대한민국에 '한강의 기적'을 이끌어 낸 '근대화[85] 대통령'으로 상징된다. 그는 '4·19혁명'의 발발과 이후 이어진 정치·경제·사회적 혼란 및 지식인들 사이에 급속히 확산된 종북적 통일운동으로 인한 국가안보의 위기 상황에서 '5·16 군사정변'[86]을 주도하면서 전면적으로 대한민국의 역사에 등장하게 되었다.

4·19가 발생될 즈음 북한은 현재 우리가 남북대화, 남북 간 문화 교류, 경제교류 등을 좀 더 적극적으로 주장하는 것처럼 남북 교류에 더 적극적이고 자신감을 보였다.[87] 북한의 이러한 자신감 있는 대(對)남한정책의 배경에는 물론 당시 남북한의 경제적 역량과 밀접한 관계가 있다. 1950년대 남한은 경제 성장 면에서 성과를 보지 못한 반면, 북한은 1950년대에 현재까지 북한의 역사상 가장 급속한 경제성장을 경험했다(홍석률, 2000: 123). 따라서 북한정권은 자신의 체제에 대한 확신

---

85) 1960~70년대의 국가 주도적 경제개발을 통해 한국 사회는 근대적 산업사회로 변모했다. 1962년에 2억 달러에 불과하던 제조업 부가가치가 1979년에는 181억 달러로 늘어났으며, 1962년에 9%에 불과하던 그 비중이 1979년에 이르면 30% 높아졌다. 또한 1962년에는 60만 명에도 미치지 않았던 제조업 부문 취업자는 1979년에는 313만 명으로 늘어났으며, 그 비중은 8% 미만에서 23%로 높아졌다. 이러한 변화는 계급 구성 변화에 직접 반영되는데, 전근대적인 농어민 계층은 1960년에서 1980년 사이에 65%에서 34%로 감소한 반면, 노동자 계급은 같은 기간에 11%에서 37%로 증대해(서관모, 1987: 66) 1960년 이후 한국 사회의 발전 단계가 이전과는 질적으로 구분되는 단계임을 시사하고 있다.

86) 4·19혁명과 5·16군사정부는 서로 대치되는 갈등 관계의 전형으로 그동안 인식되어 왔다. 즉, 5·16군세력을 4·19혁명으로 지켜내려 했던 민주주의 정신을 파괴하고 4·19 이후 들어선 민주정부를 무력으로 정복해 정권을 장악한 군사쿠데타 세력으로 보는 관점이 지배적인 것이다. 그러나 우리가 4·19혁명과 5·16군사정변으로 이어지는 역사적 과정을 선입견과 편견을 없애고 좀 더 개방적 시각으로 관찰한다면 당시 한국 사회의 변혁을 주도한 서로 다른 두 세력이 결국 조국의 번영과 민주주의를 향한 열정이라는 동일한 목표를 지니고 있었다는 것을 이해할 수 있다. 이에 대한 자세한 내용은 "4월혁명과 5·16군사 세력 간의 갈등 해소와 국민통합"(권기숙, 한국보훈학회 제27차 추계학술세미나(일시: 2012. 10. 26. 장소: 백범김구기념관) 참고 바람.

87) 1950년대 북한의 전기상은 남한에 다시 송전해 주겠다고 제안한 바 있으며, 판문점 군사정전위원회에서 북한 대표는 경제 교류를 주장하기도 했다. 또한 북한 당국의 체신상은 남북한 서신 교환을 주장한 바 있고, 국제적십자를 통한 이산가족 상봉 제안도 1950년대 북한이 먼저 한 것이다(홍석률, 2000: 123).

과 자신감으로 다방면에 걸친 남한과의 교류와 협력에 제안을 했을 뿐만 아니라, 경제력의 우위를 근거로 남한도 자신들의 방식을 따라 북한과 협력하는 것이 살아나갈 수 있는 유일한 길이라고 강력히 선전했다(홍석률, 2000: 125). 특히 이러한 북한의 선전 · 선동은 4 · 19혁명 발발을 계기로 더욱 본격화되어 갔다.

문제는 당시에 북한 측이 주장하는 한반도 통일 논리와 맥을 같이하는 일부 좌파 성향의 학생들과 지식인이 주장하는 통일론이 부각되어 가면서[88] 4 · 19혁명은 본래의 의미, 즉 3 · 15 부정선거로 촉발된 국민주권을 주장하는 민주주의의 확립이라는 의미가 반외세적 민족자주에 근거한 통일 논리에 대한 주장으로 전환되어 갔다는 것이다(정용석, 1998: 152－154). 더욱이 이러한 주장의 대부분이 북한이 4 · 19 직후 내걸었던 대남 제안과 정확히 일치했던 점(국토통일원, 1990: 51－53)은 국론 분열과 혼란의 가속화 및 국가안보의 위기의식을 불러왔다. 결국 이러한 북한 측의 대남정책과 통일노선에 부합하는 일련의 좌파 성향의 통일운동 전개 양상은 국민적 경계심과 위기감을 불러일으키기에 충분했으며,[89] 또한 새로운 혁명 세력을 필요로 하는 근본적인 원인이 되었다. 이러한 측면에서 군부가 중심이 되어 발생한 5 · 16군사혁명은 반공을 국시로 한 국가안보 강화, 국가정체성 재확립, 질서와 안정 회복 및 강력한 국가 주도의 놀라운 경제 발전을 이뤄낸 점에서 '근대화'의 상징성뿐만 아니라 궁극적으로는 대한민국의 건국 이념인 자유민주주의를 수호한 상징성(권기숙, 2012: 80－82)도 지닌다고 평가할 수 있다. 또한 공산국가의 전체주의(totalitarianism)적 계획경제에 비해 5 · 16 이후 적극 추진되었던 우리나라의 권위주의적 국가 주도 개발의 효율성을 극찬하고 있는 서구의 페레스트로이카론자들의 주장[90](Migrarian, 1990: 125－131)을 통해서도 5 · 16이 지니는 의미를 확인할 수 있다(권기숙, 2012: 80).

---

88) 정용석의 논문 "4 · 19혁명의 통일 이상과 현실" 참조 바람.

89) 이러한 이유에서 4 · 19혁명의 통일 이상은 그 후 오늘에 이르기까지 학원가의 현실을 외면한 통일지상주의와 감상주의 및 친북통일노선 운동의 원류로 간주되기도 한다. 특히 1980년대 이후 학원가를 파고들어 현재 우리 사회의 갈등의 불씨가 되고 있는 '주사파' 통일운동도 이에 뿌리를 두고 있는 것이 아닌가 하는 의혹이 제기된다(권기숙, 2012: 85). 한편 4 · 19혁명 통일 이상과 종북주의자들의 통일론은 별개의 것이라는 주장도 적지 않다(정용석, 1988: 150).

90) 페레스트로이카론자들의 경우 전체주의(totalitarianism)이론에 근거해 구소련의 체제를 전체주의로 규정하면서 이에 비해 '상대적으로 민주적인' 한국 등 제3세계의 '권위주의는 소련에게는 (추구해야 할) 꿈'이라고 주장하면서 이에 근거한 '개발독재론'을 지지하고 있다(Migrarian, 1990: 125－131; 권기숙, 2012: 80 재인용).

한편 5·16 군사정부의 경제 개발과 성과에 대해 1960~70년대의 경제 성장이 비록 형식적으로는 독자적인 국민국가 권력에 의한 경제 개발이 실행되긴 했지만 그 내용은 국내 자본의 대외종속성을 심화시키고 제국주의 자본의 국내 진출을 강화했다[91]는 '신식민지 국가독점자본주의'에 근거한 비판[92]이 현재까지도 좌파 지식인들 가운데 설득력을 얻고 있다. 그러나 5·16 군사정부의 경제 개발은 원조경제의 탈피를 목표로 한다는 점에서, 또 그 수단인 수출 지향 공업화가 그것을 실현하는 하나의 방식이라는 점에서는 결과적으로 '자립적인' 것이었다고 말할 수 있다(이재희, 1991: 164).[93] 즉, 1960~70년대에 걸쳐 강력하게 전개된 군사정부의 민족부르주아지 육성정책은 국내 자본 축적 영역을 기존의 협소한 내수의 범위를 벗어나 수출로, 또 경공업의 범위를 벗어나 중화학공업으로 끊임없이 확대할 수 있게 했다는 점에서 이 시기 국가 개입의 성격은 민족주의적인 것이지, 결코 신식민지주의적인 것이라고 할 수 없다(이재희, 1991: 166). 따라서 5·16군사정부의 경제 개발은 대한민국 발전의 견인차가 되었던 중대한 역사적 사건으로서의 상징성을 충분히 내포한다고 평가할 수 있다. 이러한 4·19혁명과 5·16군사정변의 맥을 잇는 해석은 현재 우리나라 발전의 가장 큰 걸림돌이 되고 있는 국론 분열의 문제

---

91) 이들은 국민경제의 재생산구조를 수출지향적인 것으로 왜곡시킬 뿐만 아니라 경제 잉여를 유출함으로써 국민경제의 발전을 제약하는 요인이 된다는 점, 또 국민경제의 금융 종속의 심화의 필연적인 귀결로서 외국 자본의 직접적인 진출에 따른 자본 종속이 특히 1970년대 들어서 급속하게 증대했다는 점을 근거로 5·16군사정권의 경제정책을 '신식민지 국가독점자본주의'에 해당한다고 폄하하고 있다. 이러한 주장은 외국 자본의 직접투자는 1961년까지는 전혀 없었고, 1970년까지도 그 잔액이 1억 달러 미만이었으나 1980년에 이르러 12억 달러에 달했는가 하면(경제기획원, 1982, 『외국인투자백서』 참조), 이에 따라 이들 직접투자 외국 자본의 국민경제 지배력이 증대되었다는 것을 근거로 하고 있다.

92) 5·16 군사정부의 국가 개입에 대해 초기에는 민족주의적 지향을 가졌으나 이후 경제개발 진행 과정에서 그것은 허구화되고 신식민주의적 지향이 강화되었다는 견해와 처음부터 신식민주의적이었다는 견해가 공존하지만, 1960년대 후반에 이르면 민족주의적 지향은 완전히 상실된다고 보는 관점이 일반적이다(이재희, 1991: 164).

93) 실제로 경제개발계획이 추진된 배경에는 대외적으로 미국의 정책 변화, 즉 원조의 감축과 이에 따른 경제위기와 함께 대내적으로는 4·19혁명 이후 원조경제에 대한 비판에 근거한 경제적 민족주의의 강력한 요구가 있었기 때문이다(이재희, 1991: 164). 또한 그 실질적 결과 면에서도 1961년에 국내 총투자의 70%나 차지하던 해외원조가 1979년에는 2%로 줄어들었으며, 1961년에는 국내 총수입의 62%를 차지하던 원조 수입도 1979년에는 완전히 사라졌고, 반면 국내 총투자 중 국내 저축 비중이 29%에서 75%로 높아졌으며, 총수입 중에서 수출로 획득한 정부 보유 외화에 의한 자력수입의 비중도 33%에서 83%로 높아졌다는 점에서 민족적이라고 평가할 수 있다(이재희, 1991: 165).

를 넘어선 자유민주주의 국가정체성에 근거한 국민통합의 상징성으로 시사하는 바가 매우 크다(권기숙, 2012: 87-88).

박정희 정권의 경제 발전 노력과 관련해 '월남 파병 결정'과 '한 · 일 국교 정상화'는 간과할 수 없는 중요한 의미를 지닌다. 당시 월남 파병은 대다수의 국민들로부터 열렬한 지지와 성원을 받아 이뤄졌고, 박정희 정권의 강력한 통치와 경제 발전의 기초를 마련했다고 해도 과언이 아니다. 그뿐만 아니라 이로 인해 세계 여러 나라들은 가난하고, 게으르고, 희망 없는 나라라는 한국에 대한 이미지를 바꿀 수 있게 되었고, 대한민국이 국제 사회의 일원으로 당당히 인정받게 되었다는 외교적 성과는 물론 국가안보적 차원에서 큰 획을 그었던 중대한 계기가 되었다. 또한 많은 반대에도 무릅쓰고 진행되었던 '한 · 일 국교정상화'[94]는 현재 대한민국의 경제 성장과 번영을 논할 때 빼놓을 수 없는 중요한 역사적 사실임이 분명하다.

5 · 16 이후 박정희 정부는 미국으로부터 경제 개발과 군을 유지하기 위한 자금 지원과 정부의 정통성을 인정받는 일이 절실한 과제였다. 그러나 우리가 미국의 국가적 이익을 위해 제시할 수 있는 것이 아무것도 없다는 것이 한계였다. 더욱이 북한과 비교해 볼 때 상대적인 한국군의 군비 불균형 상태뿐만 아니라 미국의 한국에 대한 군사 지원 약화 조짐이 대두되어[95] 우리에게 커다란 안보 불안 요인으로 작용했다. 반면 북한은 1961년 7월 중 · 소와 군사동맹 관계를 수립하면서 한반도 공산화를 향해 더욱 박차를 가하는 상황이어서[96] 안보불안감은 더욱 증가될 수밖에 없었다.

또한 1960년대 초중반 한국 경제는 해방 후 미국과 일본을 중심으로 한 자본주

---

94) 박정희는 경제 개발에 필요한 자금을 확보하기 위해 한 · 일 간의 국교정상화를 추진했다. 1962년 11월에 독립 축하금으로 3억 달러와 차관 3억 달러를 일본으로 받았다. 이에 대해 한편에서는 일제 36년간 동안 고통당했던 우리 동포를 배신하는 굴욕적 외교였다고 비판하는 한편 다른 한편에서는 경제 개발을 위한 자금을 확보하기 위한 필수불가결한 외교였다고 주장하는 상반된 평가를 받고 있다.

95) 맥나마라(Robert McNamara) 미 국방장관의 보좌관에 의하면 미국은 1963년과 1966년에 주한미군의 감축을 고려한 바 있었다고 한다. 그러나 이 계획은 존슨 대통령의 월남전 참전 대상국에 대한 관심 증대로 실행되지 않았다(유윤식, 2003: 28; 권기숙, 2012a: 139 재인용).

96) 북한은 1961년 7월 6일 소련과 그리고 이어 7월 11일 중국과 우호 협력 및 상호원조 조약을 체결했다. 그 내용에 따르면, 일방이 타국으로부터 무력 침공을 당해 전쟁 상태에 처하게 되는 경우 상대국은 모든 힘을 다해 지체없이 군사적 및 기타 원조를 제공할 것을 약속했다. 이로써 북한은 한 · 미동맹에 대치해 북방삼각 군사동맹 관계를 공고히 한 것이다(전사편찬위원회, 1981: 943-946).

의 세계경제 질서에 편입된 이후 한국전쟁과 전후 복구사업으로 인한 재정적 어려움에서 벗어나지 못하고 있었음에도 1950년대의 미국을 포함한 세계 각국의 무상원조경제에서 차관경제로의 새로운 전환을 요구받던 힘겨운 시기였다. 당시 원조규모를 보면 경제 원조가 차지하는 비중이 1945년에서 1965년까지 연평균 총수입의 73%, 연평균 국민총생산의 12%를 차지함으로써 한국 경제는 거의 모두가 외국의 원조에 의해 운영되어 왔음을 알 수 있다. 또한 당시 완전 실업률이 9%대를 육박했고 총 실업률은 30%에 달하는 극도로 어려운 시기였다.[97]

월남전에 한국군이 파병되어 활동하던 기간 동안 한국의 한·미·월남 간의 삼각무역을 통한 경제적 이득은 막대한 것이었다.[98] 월남전이 심화됨에 따라 미국 달러화의 유입이 증가되어 소비재 중심의 소비가 급격히 늘어났고, 당시 겨우 간단한 수준의 소비재 물건을 생산해 내던 한국에 월남은 황금시장이 되어 줬다.[99] 1965년에서 1972년까지 한국의 월남참전을 통한 직접적인 수입은 무역, 월남 진출기업과 민간 노무자, 군인들이 벌어들인 임금, 건설·서비스 분야의 한국 업체의 송금액 등을 합해 무려 10억 3천 6백만 달러에 달한다. 이는 같은 기간 외환보유고의 29.83%에, 총 GNP의 2.07%에 이르는 금액이다. 이렇게 증가된 외환보유고가 1966년 시작된 박정희 정부의 제2차 경제개발 5개년계획을 추진하는 데 절대적으로 기여했음은 물론이다.[100]

---

97) 박정희 정권을 대두시킨 1961년 5·16 당시 미국의 경제 원조는 국내 자원의 52%에 달해 국정 운영의 기본인 예산마저 절반이 넘도록 미국에 의존하고 있었다. 바로 이러한 상황이 5·16군사혁명을 일으킨 직접적인 원인이 되었다고 밝힌 바 있다(박정희, 1963: 34-38). 해방 이후 1960년까지의 경제지표에 대한 자세한 자료는 한국경제인협회의 「韓國經濟年監 1966」을 참조 바람. 이와 같은 경제적 상황 하에서 제3공화국 정부의 중요한 목표 중 하나는 정치적 안정과 함께 경제적 발전을 통하여 자립경제 체제를 확립하고 정부재정의 자립화를 꾀하는 것이었다(박정희, 1963: 34-38).

98) 월남 참전 이후 한국의 대 월남 수출량은 1964년에 630만 달러에 불과했던 수출액이 참전 직후인 1966년에는 4배에 가까운 2,380만 달러에 이르렀으며, 같은 시기 대미 수출량도 참전 이후 3배 이상 급격히 증가되었다. 대(對)월남 무역으로 발생한 한국의 경제적 이득은 1965년부터 1973년까지 총 2억 8천 3백만 달러에 달했으며, 그중 3분의 2는 전쟁 관련 물자의 수출로 인한 것이었다.

99) 당시의 한 유엔보고서는 1960년대 한국의 고도 성장을 유도한 가장 큰 요인은 "수출시장의 시기적절한 등장"이라고 밝히고 있다. 즉, 월남전에 미국이 직접 개입함으로써 발생한 막대한 소비시장의 등장이 바로 그 요인이라는 것이다(최동주, 2001: 208).

100) 1960년대 후반과 1970년대 초반에 서서히 증가하기 시작된 외환보유고는 대외적인 재정신용도를 높이는 결정적 계기가 되어 차관이나 외국인 투자를 유리하게 했을 뿐만 아니라 국내 경기의 활성화를 이끌어 전반적인 산업 기반을 견고히 했고, 지속적인 GNP 성장을 견인했다. GNP는

또한 한국은 월남 참전 기간 동안 이룬 직접적인 수입 못지않게 막대한 양의 공공·상업 차관과 무상 식량 및 면화 지원을 미국으로부터 얻을 수 있었다. 가장 대표적으로 월남전 한국군 파병에 대한 공식적 대가를 명시한 '브라운 각서'를 그 예로 들 수 있다.[101] 이렇게 월남 참전을 계기로 도입된 공공차관은 총 11억 달러를 기록했으며, 총 외자 도입액의 26.4%를 차지했다. 이중 미국으로부터 도입된 총 5억 2천 2백 50만 달러의 '월남전 관련 공공차관'은 공공차관 총액의 45.5%, 외국인 직접투자액을 합친 총 차관 도입액의 16%, 총 외자 도입액의 12.7%에 해당하는 규모의 자금이다(재무부·산업은행, 1993: 110). 이렇게 도입된 외자는 발전소, 철도, 고속도로, 수도시설 건설과 같은 사회간접자본과 정유, 화학, 시멘트, 철강 등의 전략적 기간산업시설의 확충에 사용되었다. 이 과정에서 박정희는 국가 주도적 민간기업의 육성을 이어갔고, 그것은 세계시장을 주도하고 있었던 일본의 대기업들과 경쟁할 만큼의 규모와 내실을 갖춘 우리나라의 대기업이 등장하게 된 배경이 되었다(권기숙, 2012a: 153).[102]

이러한 박정희의 국가 주도의 경제개발정책과 근대화 사업에 대해서는 긍정적 찬사와 부정적 비판[103]이 공존하지만, 6·25전쟁의 폐허 위에 절대 빈곤에 허덕이던 국민들의 삶의 질을 완전히 다른 차원으로 끌어올렸을 뿐만 아니라, 현재 우리

1965년의 30억 달러에서 1972년의 100억 2천만 달러로 증가했으며, GNP성장률은 참전 이전 7%에서 13%로 증가했다. 일인당 GNP도 1964년 105달러에서 1973년에는 373달러로 늘어나 300%의 증가율을 보였다/(http://contents.archives.go.kr/next/content/listSubjectDescription.do?id=006080& pageFlag=].2010.09.23(경제계획. 국가기록원 나라기록포털, 검색일: 2012. 04. 23, 검색어: 경제지표 국가기록).

101) 1966년 3월 4일 합의된 미국의 '브라운 각서'의 내용 중 경제협조에 대한 부분을 보면, 한국군 추가 병력에 대한 비용 전액의 지급, 보급물자 용역 및 장비의 한국산 구매, 주월 미군과 월남공화국을 위한 군수물자의 한국 발주를 약속했다. 또한 미국의 공급업자들과만이 경쟁한다는 원칙에 따라 월남공화국에서 농촌건설사업, 선무, 구호, 보급 등의 사업을 위해 구매하는 물자의 상당한 양을 한국이 제공할 수 있는 최대한까지 한국에서 구매할 것과 월남공화국 내에서 행하는 건설사업 등 기타 용역 부분에서 한국인 민간기술자 고용을 확대할 것을 약속했다. 그밖에 수출 진흥을 위한 전반적인 부분에서 우리에게 기술 협조를 강화할 것과 대한민국의 경제 발전을 지원하기 위해 1965년 5월 이미 약속한 바 있는 1억 5천만 달러에 추가해 AID차관 1억 5천만 달러를 추가로 제공할 것을 천명했다(권기숙, 2012a: 151).

102) 월남 참전을 계기로 등장한 가장 대표적인 기업으로 현대, 한진, 대우 등을 들 수 있다.

103) 월남 삼각무역으로 인해 대일 무역구조가 심하게 왜곡되어 구조적으로 고착화되었다는 것과 정부 특혜에 힘입은 월남 재벌의 등장과 이들의 무차별적 문어발식 사업 확장으로 인한 우리나라의 산업구조와 사회계층구조가 왜곡되었으며, 지나친 성장 위주의 개발 지향적 국가 발전의 한계에 대한 비판이 그것이다.

가 누리고 있는 민주주의, 문화 발전, 경제적 풍요로움, 국제 사회에서의 영향력 향상과 같은 총체적인 대한민국의 성장과 발전의 초석을 이뤘다는 점은 어떻게 해도 부정할 수 없다. 이러한 점에서 박정희는 대한민국을 대표하는 상징적 인물의 하나임이 분명하다.

제 4 절 | 결론

국가와 민족 개념이 날로 희석되어 가는 현실을 감안할 때 '국가에 대한 충성', '애국심'과 같은 표현은 너무 진부하다는 느낌을 주는 것이 사실이다. 그러나 그것은 한민족의 역사상 처음으로 누려 보는 오랜 평화와 번영의 시간을 지내면서 우리 안에 발생된 지나친 낙관주의와 권태감의 표현일 수 있다. 21세기의 세계화 바람이 아무리 강하다 하더라도 아직도 국가는 인류 사회에서 가장 강력하게 개인의 삶에 영향을 미치고, 여전히 배타성을 강하게 지니는 강력한 공동체이다. 따라서 국가 발전을 위한 국민통합은 국가의 존립을 위해 필수적인 요소라고 할 수 있다.

그렇다면 과연 우리는 무엇으로 어떻게 국민통합을 이뤄야 할 것인가? 국민통합을 이루려면 그것의 목표와 구심점이 확실해야 한다. 즉, 무엇을 중심으로 왜 통합해야 하는가가 분명해야 한다는 말이다. 우리는 이미 1948년 대한민국이 건국될 당시 이 부분에 대한 국민통합이 이뤄졌다. 바로 헌법에 명시되어 있는 바대로 대한민국은 자유민주주의를 국가 이념으로 하는 민주공화국으로서 민주적 대의정치와 시장경제를 두 축으로 삼아 지금까지 발전해 왔다. 만일 이에 대해 100%의 동의가 이뤄지지 않았다고 비판하는 사람이 있다면, 북한을 제외하고 세계 어느 곳에서 100% 동의가 이뤄지는 국가가 있는가 질문하고 싶다. 따라서 국민통합을 이루기 위해서는 가장 처음으로 돌아가 대한민국의 국가정체성이 무엇인가를 명확히 하는 것이 중요할 것이다.

국가 상징도 바로 이러한 의미에서 중요하다. 태극기, 무궁화, 애국가, 국가 문장과 같은 대표적인 대한민국의 국가 상징은 바로 이러한 '자유민주주의'를 표방하는 우리의 국가정체성을 잘 표현해 주는 상징물들로서 국내 · 외에 사용되어 왔다. 그런데 언제부터인가 우리는 애국가 4절을 제대로 다 부를 수 없는 사람들이 많아졌다. 태극기를 정확히 규칙에 맞게 그리기는커녕 위·아래 구분도 제대로 국기 게양도 못하는 경우도 흔해졌다. 미국이나 캐나다와 같은 곳에서는 국경일 아니어도 그냥 국기가 자랑스럽고 좋아서 문 앞에 게양하는 경우를 자주 볼 수 있다. 그러나 우리는 반드시 달아달라고 독려하는 방송이 나오는 국경일에도 태극기를 제대로 게양하는 가구를 찾아보기 힘들어졌다. 또 예전에는 공공기관이나 학교에 가면 늘 볼 수 있었던 무궁화도 언제부터인가 자취를 감추고 있다. 대한민국을 상징하는 상징물들이 사라지고 있는 것이다. 이것은 요즘 우리 사회에 대두되고 있는 국가정체성의 약화 문제와 무관하지 않다고 생각된다. 과연 앞으로 자라나는 후세들에게 대한민국은 어떤 의미의 국가가 될 것인가 궁금하지 않을 수 없다. 따라서 최소한 태극기, 무궁화, 애국가에 대해서는 정규 교육과정에서 수업을 통해 제대로 배울 수 있어야 할 것이다.

대한민국을 대표하는 인물을 분석하면서 독립운동가(김구, 유관순, 안중근), 이승만, 박정희는 모두 개별적으로 봤을 때에는 지극히 존경받아야만 하는 오늘날의 우리나라가 있게 한 애국자들이었다. 독립운동으로 상징되는 애국심은 다른 어떤 부가 설명이 필요하지 않을 정도로 명확하게 그들의 삶이 무엇을 추구했는가를 보여주고 있다. 특히 김구, 유관순, 안중근은 우리나라 국민들에게 가장 인기 있는 독립운동의 아이콘이라고 할 수 있다. 한편 이승만은 그가 1948년 대한민국 건국에 매우 중요한 역할을 했고, 초대 대통령으로서 자유민주주의 체제의 확립이라는 위대한 업적을 이뤘음에도 불구하고 일반인들에게는 그와는 정반대의 '독재자'로서의 상징적 인물이 되어 있다. 박정희도 마찬가지로 '조국의 근대화'를 위해 혼신의 힘을 다했고, 그것은 결국 오늘날 우리가 누리고 있는 풍요와 번영의 기틀이 되었다고 해도 과언이 아니다. 그럼에도 불구하고 그 또한 그가 이룩한 업적에 비해 상반된 평가가 교차되고 있는 지도자이다.

문제는 지금의 대한민국이 있기까지 대표적인 애국자로서 역사의 중요한 부분들을 담당해 왔던 독립운동가(김구, 유관순, 안중근)와 이승만과 박정희에 대한 평가가 '자유민주주의'라고 하는 우리나라의 국가정체성을 구심점으로 일맥상통한 분석이 이뤄지고 있지 않다는 점이다. 물론 역사적 인물에 대한 평가에서 긍정적·부정적 관점은 상존할 수밖에 없다. 그러나 중요한 것은 극단적인 긍정, 극단적인 부정은 매우 위험하다는 것이다. 그러나 유감스럽게도 이승만과 박정희에 대한 평가는 아직도 우리 사회 속에서 양 극단을 달리고 있고, 이것은 후세들에게 매우 큰 국가정체성의 혼란을 제공해 주고 있다. 대표적인 예로 초등학생들이 많이 읽고 있는 위인전을 살펴보면, 김구, 유관순, 안중근 등의 독립운동가들에 대한 소개는 거의 대부분이 우리나라의 국가정체성을 강화하는 측면으로 모아진다. 반면, 이승만과 박정희에 대해서는 제대로 소개되어 있는 위인전을 찾아보기 힘들 정도이다. 우리나라 초등학생들이 미국의 조지 워싱턴이나 베트남의 호치민은 알아도 자국의 건국 대통령, 근대화 대통령은 모르고 있는 것이다. 상황이 이럴진대 젊은 세대에게 애국심과 충성심을 요구하는 것 자체가 무리가 아닐까 생각한다.

결론적으로 국가 이념을 통합하지 않고는 건강하고 강력한 국가가 될 수 없다. 대한민국이 탄생했던 1948년 성문화해서 이미 공식적으로 표명했고, 그동안 우리가 누려왔던 '자유민주주의'라고 하는 국가정체성을 구심점으로 그동안 흩어져 있던 우리의 가치 있는 유무형의 것들을 하나로 모아야 한다. 그중에서 국가 상징에 대한 국민적 관심과 대한민국을 대표하는 상징성을 지니는 인물들, 특히 자유민주주의의 초석을 놓았고, 근대화를 이룩한 이승만과 박정희의 상징성에 대한 국민적 인식의 변화가 요구된다. 이를 통해 한 줄로 꿰어진 대한민국의 역사에 대한 인식을 확고히 할 때 남남 갈등을 조장하는 북한의 전략에도 흔들리지 않는 굳건한 국가가 될 수 있을 것이다.

참고 문헌

경제기획원(1982). 『외국인투자백서』. 서울: 경제기획원.

구미래(2002). 『한국인의 상징세계』. 서울: 교보문고.

국토통일원(1990). 남북한 통일 · 대화제의비교 1945－1987』. 서울: 국토통일원.

권기숙(2012a). "월남전과 월남참전 유공자의 평가에 대한 고찰". 『한국보훈 논총』. 제11권 제3호 통권 24집. 서울: 한국보훈학회.

______(2012b). "4월혁명과 5 · 16군사세력 간의 갈등 해소와 국민통합". 한국보훈학회 제27차 추계학술세미나집(주제: 지식인들의 갈등 해소가 국민통합에 미치는 영향. 일시: 2012.10.26. 장소: 백범김구기념관).

김 구(1980). 『백범일지』. 서울: 교문사.

______(1999). 『백범김구전집』. 대한매일신보사.

김기창(2005). "기독교 여성 애국자 유관순과 에스더". 『대학과 복음』. 제11집.

김도필(1988). "백범김구의 정치사상연구: 민족주의 사상을 중심으로". 성균관대 일반사회교육원 석사논문.
김삼웅(2009a). 『안중근 평전』. 서울: 시대의 창.
______(2009b). 동양평화론. 변함없는 가치." 『인물과 사상』. 제139호.
김영호(2004). "안중근 의사의 동양평화론과 동북아경제공동체". 『대한국인 안중근 학술연구지: 안중근 의사의 위업과 사상 재조명』. 서울: 안중근의사 숭모회.
김영희(1997). "나라꽃 무궁화 문양 디자인 연구". *KOREA JAPAN JONT SYPOSIUM ON DESIGN STUDIES*. 31.
김영희 · 최수정(2001). "국가상징물 이미지 통합연구". 『디자인학연구』. 통권 43호. Vol.14. No.3.
김지혜(2005). "독립정신에 나타난 이승만의 대한독립방안 연구". 이화여대 석사학위 논문.
김충남(2006). 『대통령과 국가경영: 이승만에서 김대중까지』. 서울: 서울대학교출판부.
김호일(2003). "기독교 교육가 김마리아 연구". 『인문학연구』. 36.
김호현(2006). "한국적 리더십 모형에 관한 탐색적 연구". 서강대 대학원 경영학박사 논문.
나카오 야스오, 양억관 옮김(1995). 『동양평화의 사도 안중근』. 서울: 도서출판 하소.
도진순(1997). 『한국민족주의와 남북관계: 이승만 · 김구시대의 정치사』. 서울: 서울대학교출판부.
______(2004). "1948~49년 김구 평화통일론의 내면과 외연". 『정신문화연구』. 제27권 제4호(통권97호).
______(2007). 『백범어록』. 돌베게.
______(2010). "안중근의 전쟁과 평화. 죽임과 죽음." 『역사와 현실』. 제75호. 서울: 한국역사연구회.
뒤프레, L. K., 권수경 옮김(1996). 『종교에서의 상징과 신화』. 서울: 서광사.
랭거, S. K., 이승훈 옮김(1982). 『예술이란 무엇인가?』. 서울: 고려원.
류달영 · 강도의(1987). 『나라꽃 무궁화』. 서울: 학원사.
류청산(1996). "나라꽃 無窮花를 위한 敎育課程 模型開發". 『실과교육연구』. 제9집.
마광수(1988). 『상징시학』. 서울: 청하.
무궁화대전편찬위원(1993). 『무궁화 대전』. 2권. 서울: 용진민족문화연구원.
문룡호(2002). 『태극기 이야기』. 서울: 교보문고.
박 보리스, 신운용 · 이병조 옮김(2009). 『하얼빈역의 보복 이토 히로부미에 대한 안중근의 총성』 서울: 안중근의사기념사업회편. 서울: 채륜.
박명림(1996). 『한국전쟁의 발발과 기원』 2. 서울: 나남.
______(2003). "한국의 초기 헌정체제와 민주주의: '혼합정부'와 '사회적 시장 경제를 중심으로". 『한국정치학회보』. 제37집 1호. 한국정치학회.
박정희(1963). 『國家와 革命과 나』. 서울: 향문사.
반병률(2009). "러시아에서의 안중근의 항일독립운동에 대한 재해석". 『한국독립운동사연구』. 제34집. 천안: 독립기념관 한국독립운동사연구소.
백범김구선생기념사업회(2002). 『백범김구의 민족독립운동과 평화통일운동』.
사이토 타이켄, 이송은 옮김(2002). 『내 마음의 안중근』. 서울: 집사재.
사키 류조, 이성범 옮김(2003). 『안중근과 이토 히로부미』. 서울: 제이엔씨.
산정(1979). 『내일을 위한 형언』. 서울: 샘터사.
서관모(1987). "한국사회 계급구성의 연구". 서울대 사회학과 박사학위논문.

손충무(1988). 『상해임시정부와 백범김구』. 범우사.
송임종(1988). “김구의 정치활동과 정치이념에 관한 연구”. 성균관대 사회교육원 석사 논문.
市川正明(2005). 『安重根と朝鮮獨立運動の源流』. 東京: 原書房.
신광철(2003). “영화를 통해 재현된 유관순의 삶”. 『유관순연구』.
안두희(1955). 『弑逆의 苦悶』. 서울: 학예사.
안병환(1988). “김구의 민족주의 정치사상”. 부산대 교육대학원 석사논문.
양상완(1991). “이승만 · 김구의 정치이념과 통일노선 비교연구”. 단국대 정외과 석사논문.
오일환(2012). “제6장 안중근의 동양평화사상과 남북통일”. 『통일전략』. 제12권 제1호. 서울: 한국통일전략학회.
원색무궁화도감 편찬위원회(1993). 『원색무궁화도감』. 서울: 용진민족문화연구원.
원유한(2005). 『한국의 전통사회 화폐』. 서울: 이화여자대학교출판부.
______(2006). 『한국화폐사(고대부터 대한제국시대까지)』. 서울: 한국은행 발권국.
유영옥(2002). 『상징정책론』. 서울: 학문사.
______(2007). 『상징과 기호의 사회과학』. 서울: 홍익재.
______(2012). “이승만과 4월 혁명가들의 갈등해소와 국민통합”. 한국보훈학회 제27차 추계 학술세미나집(주제: 지식인들의 갈등해소가 국민통합에 미치는 영향. 일시: 2012. 10. 26. 장소: 백범김구기념관).
유영옥 · 정우일(1991). 『상징정책론』. 서울: 학문사.
유영익(2006). 『이승만 대통령 재평가』. 서울: 연세대학교출판부.
유요한(2009). 『종교적 인간, 상징적 인간』. 서울: 이학사.
유윤식(1998). “베트남전쟁의 현대적 평가.” 『국방연구』. 제41권 제2호. 서울: 국방대학원 안보문제연구소.
윤경로(1992). “사상가 안중근의 생애와 활동.” 『한국근대사의 기독교사적 이해』. 서울: 역민사.
______(2010). “안중근의거 배경과 「동양평화론」의 현대사적 의의: 동아시아의 평화와 미래를 전망하며”. 『한국독립운동사연구』. 제36집.
윤무한(2006). 『인물대한민국사』. 서울: 나남신서.
윤원태(1989). “정치지도자들의 해방정국 인식과 대응에 관한 연구: 이승만 · 김구 · 김규식 · 여운형 · 박헌영을 중심으로”. 경상대 정외과 박사논문.
이강수(1978). “백범 김구의 민족교육론 연구”. 부산대 교육대학원 석사논문.
이규태(2010). “안중근 의거를 둘러싼 일본의 인식과 대한정책.” 안중근의사 기념사업회(편). 『안중근과 동양평화론』. 서울: 채륜.
이기웅 편(2000). 『안중근 전쟁 끝나지 않았다』. 서울: 열화당.
이도형(1998). “환상주의. 명분론자(김규식 · 김구)와 현실 직시한 실사구시정신(이승만)”. 『한국논단』. 112.
이두원(1994). 『커뮤니케이션 현상에 대한 기호학적 접근』. 성균관대학교출판부.
이병화(1987). “백범 김구의 균부사상 성립 배경에 관한 연구”. 『신라대논문집』. 2.
이승만(1993). 『독립정신』. 서울: 정동출판사.

이영일(2004). 『한국영화사를 위한 증언록』. 서울: 소도.
이재희(1991). "5·16 군사정부의 경제개발의 성격". 『역사비평』. 통권 14호. 서울: 역사비평사.
이정식(2004). "냉전의 전개과정과 한반도 분단의 고착화: 스탈린의 한반도 정책". 『해방전후사의 재인식(2권)』. 서울: 책세상.
이정은(2005). 『유관순: 불꽃같은 삶, 영원한 빛』. 유관순기념사업회.
이주영(2009). 『우남 이승만, 그는 누구인가?』. 서울: 배재학당 총동창회.
______(2011). 『이승만과 그의 시대』. 서울: 도서출판 기파랑.
이한우(1995). 『거대한 생애: 이승만 90년』. 서울: 조선일보사.
______(2008). 『우남 이승만, 대한민국을 세우다』. 서울: 해냄.
이현희(2002). 『석오 이동녕과 백범 김구』. 서울: 동방도서.
인보길(2011). 『이승만 다시 보기』. 서울: 도서출판 기파랑.
장상진(2003). 『한국의 화폐』. 서울: 대원사.
장석흥(2016). 『한국 독립운동의 혁명 영수 안창호』. 서울: 역사공간.
재무부·산업은행(1993). 『한국외자도입 30년사』.
전봉일(1994). "김구 민족주의 사상의 형성과정과 특징". 전남대 국민윤리과 석사논문.
전사편찬위원회(1981). 「國防條約集」. 서울: 삼문인쇄사.
전신욱(2009). "국민통합을 위한 「태극기」의 상징적 효과". 『한국보훈논총』. 제8권 제2호 통권15집. 서울: 한국보훈학회.
전영택(1948). 『殉國處女 柳寬順傳』.
정경환(2001). "백범 김구의 정치사상과 민족통일국가건설". 『사회과학논집』. 19.
______(2006). "백범김구의 이상국가론: 문화국가를 중심으로." 『한국정치외교사논총』. 제27집 2호. 서울: 한국정치외교사학회.
정상우(2009). "3·1운동의 표상 '유관순'의 발굴". 『역사와 현실』. 74. 한국역사연구회.
정용석(1998). "4·19혁명의 통일이상과 현실". 『통일문제연구』. 통권 제29호.
齊藤泰彦(1994). 『わが心の安重根』. 東京: 五月書房.
조영민(2001). "시대정신의 변화와 Coperate Identity Design의 상관관계에 관한 연구". 서울대학교 석사학위 논문.
______(2004). "국가상징이미지의 적용가능성에 관한 연구". 『인하교육연구논문집』. 제10호.
조용중(2004). 『대통령의 무혈혁명』. 고양: 모아북스.
佐木隆三(1996). 『伊藤博文と安重根』. 東京: 文藝春秋.
진덕규(1992). "좌우합작의 실체와 김구의 선택". 『한국논단』. 34.
최기영(2012). "김구와 기독교". 『한국기독교와 역사』. 제37호.
최동주(2001). "베트남 파병이 한국 경제의 성장과정에 미친 영향". 『동남아시아연구』. 제11권 봄호. 서울: 한국동남아학회.
한국경제인협회(1966). 『韓國經濟年監 1966』. 서울: 한국경제인협회.
한상도(1987). "김구의 한인군관학교(1934-35) 운영과 그 입교생: 중국 내 한국독립운동의 개화과정과 관련하여". 『한국사연구』. 58. 서울: 한국사연구회.

한승조 외(1990). 『해방전후사의 쟁점과 평가 2』. 서울: 형설출판사.
한시준(1991). "김구와 중경임시정부". 『역사비평』. 3. 서울: 역사비평사.
현광호(2003). "안중근의 동양평화론과 그 성격". 『아세아연구』. 46(3). 고려대학교. 서울: 아세아문제연구소.
______(2006). "유길준과 안중근의 동아시아 인식 비교." 『역사비평』. 제76호. 서울: 역사비평사.
홍석률(2000). "4 · 19시기 북한의 대남 제안과 남북경제협력". 『통일시론 6』. 서울: 청명문화재단.
홍원식(2005). "통일헌법 이념에 관한 연구: 백범사상을 중심으로". 국민대 북한법전공 박사논문.
황의서(2003). "김구와 김규식의 정치노선 비교연구". 『국민윤리연구』. 54.
황정일(2002). 『신화에 가린 인물 이승만』. 건국대학교출판부(원서: Rovert T. Oliver, 1960, *The Man Behind the Myth*, New York: Dodd Mead and Company).

Allen, D.(1998). *Myth and Religion in Mircea Eliade*, New York: Garland Publishing, Inc.,
Cassirer, E.(1965). *the Philosophy of Symbolic Forms*, II, Yale University Press.
Cohen, A.(1976)/윤승용 옮김(1982). *Two-Dimensional Man: An Essay on he Anthropology Power and Symbolism in Complex Society*, Berkely: UCLA Press.
Dupre, Louis K.(2000). *Symbols of the Sacred*, Wm. B. Eerdmans Publishing Company.
Eliade(tranc. by Willard R. Trask)(1987). *The Sacred and the Profane*, Harcourt, Inc.
Frost, Peter J. et. al.(1981). *Organizational Culture*, Beverly Hills: Sage Publishers.
Lincoln, Bruce(1999). *Theorizing Myth: Narrative, Ideology, and Scholarship*, Chicago: University of Chicago Press.
Migrarian, Andranik(1990). "For the USSR Authoritarianism is a Dream". *Telos*. summer.
Malinowski, Bronislaw K.(1954). *Magic, Science & Religion*, New York: The Free Press.
O'Flaherty, Wendy Doniger(1988). *Other People's Myth: The Cave of Echoes*, Chicago: University of Chicago Press.
Pfeffer, J.(1981). Management as Symbolic Action: The Creation and Maintenance of Organizational Paradigms. *Research in Organizational Behavior*. 35.
Sapir, Edward(1934). "Symbolism" in E. Seligman(ed). *Encyclopedia of Social Sciences*, Vol. 14. New York: Macmillian. Study on Symbolism in Veteran's Welfare Policy in South Korea
Smith, Jonathan Z.(1988). *Imagining Religion: From Babylon to Jonestown(Chicago Studies in the History of Judaism)*, Chicago: University Of Chicago Press.
Tudor, H.(1972). *Political Math*, London: Macmillan.
Urban, W.(1951). *Language and Reality*, London.

『New daily』(2010.8.15). 김광동. "대한민국 건국은 민주주의 혁명 '소련위성국' 막아낸 세계 유일의 인물".
______(2010.03.26). 류근일. "4 · 19 의거의 역사적 평가. 이승만도 '이승만 헌법' 지키려 물러났다".
『국민대신문』(2009.11.9). 장석홍. "안중근의 하얼빈 의거와 동양평화론".

『내일을 여는 역사』 26(2006.12). 윤무한. "앞서 걸은 민족통일의 발자취. 백범 김구: 우익에서 좌우 통합으로의 대반전".
『문화일보』(2007.11.05). "신사임당. 21세기 여성상에 안 맞아".
『寶雲』(1976.6). 김영수. "위대한 독립운동과 백범 김구".
『세계일보』(2007.11.05). "신사임당은 안돼"… 여성계 반발 예상.
『연합뉴스』(2009.9.4.). "안중근 의사 동상. 국회에 임시 전시".
______(2010.3.25.). "中. 안중근 추모행사 첫 공식 승인(종합)".
______(2010.9.30.). "러. '안중근 외교문건' 한국에 처음 전달(종합2보)".
『조선일보』(조선닷컴. 2010.08.23). 김문수. "대한민국의 정통성".
『통일한국』(2006.7). "겨레의 스승. 백범 김구 선생에서 삶과 사상을 배우다".
______(2008.3). "청춘을 바친 열일곱 살 독립운동가".
『한강포럼』(2010.09). 금진호. "두 분의 지도자를 생각한다".
『흑룡강신문』(2009.10.12). "안중근 의사 의거 100주년 기념 제1회 세계인 장기대회 하얼빈서 개최".

http://law.go.kr/LSW/lsInfoP.do?lsiSeq=74358#AJAX(검색일: 2012.9.27. 검색어: 나라문장 규정).
http://www.mopas.go.kr/gpms/view/korea/korea_index_vm.jsp?cat=bonbu/chief&menu=chief_06_04_02_sub01(검색일: 2012.9.27. 검색어: 태극기).
http://www.mopas.go.kr/gpms/view/korea/korea_index_vm.jsp?cat=bonbu/chief&menu=chief_06_04_11(검색일: 2012.9.27. 검색어: 대한민국 국기법)(http://www.mbcplus.com. 검색일: 2012.10.26. 검색어: 고종 제국의 꿈).
http://www.mopas.go.kr/gpms/view/korea/korea_index_vm.jsp?cat=bonbu/chief&menu=chief_06_04_03(검색일: 2012.9.26. 검색어: 국가상징).
http://law.go.kr/LSW/lsInfoP.do?lsiSeq=74358#AJAX(검색일: 2012.9.27. 검색어: 나라문장규정).
http://contents.archives.go.kr/next/content/listSubjectDescription.do?id=006080&pageFlag=].2010.09.23(경제계획. 국가기록원 나라기록포털. 검색일: 2012.04.23. 검색어: 경제지표 국가기록).
http://preview.britannica.co.kr/bol/topic.asp?mtt_id=96375.(검색일: 2010.09.10. 검색어: 트루먼 독트린).
http://www.kimkoo.or.kr/01kimkoo/sub.asp?pagecode=m01s01t02(백범김구 기념사업회 홈페이지).
http://terms.naver.com/ 네이버 지식백과(검색일: 2012.12.18. 검색어: 화폐 · 돈).
http://100.daum.net/ 다음 백과사전(검색일: 2012.12.18. 검색어: 돈 · 오수전).
http://www.bok.or.kr/ 한국은행(검색일: 2012.12.15).
http://www.komsco.com/ 한국조폐공사(검색일: 2012.12.15).

찾아보기

인 명

사 항

ㄱ

ㄴ

ㅅ

ㅇ

ㅈ

ㅊ

ㅋ

ㅌ

ㅍ

ㅎ

유영옥

- 국민대 특임교수, 전 경기대 국제대학장, 통일안보대학원장, 행정학 박사
- The George Washington University 대학원 졸, 교육정책학 박사
- MBC 등 주요 TV 해설위원, 조선일보 등 주요 신문 칼럼니스트
- 국가보훈학회 회장, 통일안보학회, 국가유공자학회 회장
- 국무총리실 기획위원, 통일부, 국정원, 국방부 등 정책자문위원
- 민주평화통일자문회의 상임위원. 안보국제위원장, 포럼위원장
- 행정고등고시, 사법고시, 외무고시, 입법고시 등 국가고시위원
- 동의대사건 희생자 명예회복 및 보상심의위원회 위원

박휘락

- 국민대학교 부교수, 국제정치학 박사
- 전 국민대학교 정치대학원장
- 전 국방대학교 교수
- 대한민국수호예비역 장성단 전략위원
- 한국군사학회 부회장
- YTN TV, 연합뉴스, TV조선 등 패널, 문화일보 등 칼럼니스트

권옥자

- Lordland University 명예경영학 박사
- 대한민국 경찰유가족회 중앙회 회장
- 국가보훈안보연구원 교수부장, 상임고문
- 국가보훈학회 연구위원, 명예회장
- 인간안보학회 상임이사, 부회장, 회장
- KBS, EBS TV 등 시사프로 출연

차승만

• 경복대학교 교수, 행정학 박사
• 한국보훈정책연구소 소장
• 국가보훈처 심사평가 및 정책자문위원
• 국가보훈처 보훈문화대상 심사위원
• 인간안보학회 부회장 및 편집위원장
• (사)한국보훈학회 상임이사
• 경기대, 백석대, 성결대 대학원 외래교수

강석승

• 경기대 정치전문대학원 교수, 행정학 박사
• 21안보전략연구원장
• 월간 『군사저널』 편집위원장
• 통일부 연구개발과장, 정세분석팀장, 사이버교육과장
• 국군방송 '북한의 오늘' 진행
• 민주평화통일자문회의 자문위원 · 상임위원 · 운영위원 · 운영위원회 간사

김효중

• 경기대학교 원격교육원 교수, 경영학 박사
• 육군사관학교 졸업, (예)육군 대령
• 제3야전군사령부 보임과장, 인력과장, 인사차장
• 국방대학교 합동참모대학 교수
• 경기대학교 서비스경영전문대학원 겸임교수
• 국민대학교 정치대학원 겸임교수

송유창

• 극동대, 대전대, 한림대 초빙교수, 행정학 박사
• 육사 31기 임관
• 9공수 특전여단장/육군부사관학교장 역임
• 월간 『군사저널』 편집위원
• (사)21C안보전략연구원 부원장

김논선

- 국가보훈안보연구원 연구실장 겸 교수
- 대한민국 경찰유가족회 사무국장
- 전남지방경찰청 경찰학교 교관
- 경찰대학 발전위원회 실무위원
- 경찰청 지식관리시스템 지식전문가
- 인간안보학회 부회장, 국가보훈학회 부회장

하상군

- 한양여대 행정실무과 교수
- 행정학박사, 경찰학 박사
- 한국테러학회 기획이사
- 한국행정학회 운영이사
- 한국보훈학회 편집위원
- 부산대, 동국대, 전남대 외래교수

안찬일

- 한국열린사이버대학 석좌교수, 정치학 박사
- 고려대학교 정치외교학과 졸
- 미국 컬럼비아대학 초빙교수
- 민주평통 상임위원, 육군발전 자문위원
- 국방부 정책자문위원
- YTN TV, 연합뉴스, TV조선 패널 등

곽명일

- 북한대학원대학교 정치학 박사
- 미래통일연구소장
- (주)연합뉴스 통일외교부 기자
- 미래한국신문 북한파트 기자
- (북)황해남도 인민보안국 경제감찰처 종합부원

구국경찰론

펴낸날 제1판 제1쇄 2019년 10월 15일

엮은이 경찰청 등록단체 대한민국경찰유가족회
지은이 유영옥 · 박휘락 · 권옥자 · 강석승
김효중 · 차승만 · 송유창 · 김논선
하상군 · 안찬일 · 곽명일

펴낸이 임춘환
펴낸곳 도서출판 대영문화사
주소 (본사) 사무실: 경기도 고양시 일산서구 주화로 70
우신프라자 307호 (우 10387)
(본사) 물류센터: 경기도 고양시 일산서구 덕산로
107번길 68-50 (우 10205)

등록 1975년 12월 26일 제3-16호
전화 (031) 913-3062, (031) 914-3884~5
팩스 (031) 913-3839
홈페이지 http://www.dymbook.co.kr

ISBN 978-89-7644-751-7
값 35,000원